위대한 자본가의 탄생
─ WARREN BUFFETT ─

워런 버핏

로저 로웬스타인 엮음 | 김정혜 옮김

비즈니스맵

추천의 글

"로저 로웬스타인이 들려주는 워런 버핏의 투자 인생에 눈을 뗄 수가 없다. 로웬스타인은 버핏이 어떻게 투자 신화를 써왔는지, 그가 어떻게 자신의 재산을 지켜왔는지를 환상적으로 풀어준다. 특히 자린고비 일면이야말로 버핏의 투자 신화에서 가장 매력적인 부분이다. 소탈하고 검소한 자본주의자에 관한 유쾌 발랄한 초상화이다."

－《뉴욕타임스The New York Times》

"로저 로웬스타인은 철저한 조사를 바탕으로 생생하고 매끄럽게 이야기를 풀어간다. 전설적인 투자 귀재에 관한 역대 최고의 작품이다."

－《비즈니스위크Businessweek》

(1995년 경영 부문 베스트셀러 10위권에 포함되었다.)

"모두가 웃고 즐길 수 있는 투자 교본이다."

－《뉴욕타임스 북리뷰The New York Times Book Review》

"전 세계 투자자들에게 영감과 교훈과 위안을 주는 귀중한 선물 같은 책이다. 로웬스타인이 전기물의 새 지평을 열었다."

－《시카고트리뷴Chicago Tribune》

워런 버핏

"광범위한 조사와 예리한 통찰력이 돋보인다. 일반 투자자들의 필독서로 손색이 없다."

— 《파이낸셜타임스Financial Times》

"로웬스타인이 전기물 역사에 일을 냈다."

— 《로스앤젤레스타임스Los Angeles Times》

"이 책은 미국 2위 부자로 우뚝 설 수 있었던 투자 실력만큼이나 오늘날에는 소박한 명언 제조기로 유명한 한 남자의 요모조모를 철저히 해부한다."

— 《인디펜던트The Independent》

"로웬스타인이 버핏의 투자 신화를 날카로운 현실의 칼날로 철저히 해부해 살아 숨 쉬는 진짜 신화로 만들었다."

— 《배런즈Barron's》

"워런 버핏의 천문학적인 재산과 탁월한 투자 실력이야 천하가 안다. 그러나 이 책에서는 동네 골프장에서 '중고로 팔 수 있는 분실구'를 줍고 유동 인구가 적은 자신의 집 앞 대신에 좋은 장사목을 찾아 친구 집 앞에서 레모네이드 행상에 나섰던 소년을 만날 수 있다. 또한 투자 귀재로 불리는 한 남자의 개인적인 삶에서 일어난 깨알 같은 사건으로 가득하다. 특히 법률혼을 유지하면서도 사실혼을 이어가는, 쉽게 말해 두 집 살림하는 남자이자 세 아이를 둔 아버지의 정신세계를 엿볼 수도 있다."

— 《U.S. 뉴스 앤 월드 리포트U. S. News & World Report》

"로웬스타인은 미국의 독보적인 우상에 대해 유려한 붓질로 기념비적인 초상화를 그려냈다. 초상화 속에서 만나는 남자는 현실적이고 매력적이며 지극히 인간적이다. 경영학도라면 이 책을 놓쳐서는 안 된다. 미국의 모든 개인 투자자와 기관 투자가의 현재 이익은 물론 미래 이익과도 직결된다."

– 《비즈니스 북 리뷰Business Book Review》

"로웬스타인의 신작은 오마하의 현인을 독자들의 안방으로 데려다준다. 책을 가득 채운 생생한 간접 경험을 통해 버핏이 어떤 인물이고 어째서 위대한 투자자인지를 직접 알아보길 바란다. 혹시 아는가. 놀라운 이 책 하나로 우리 모두가 투자 실력이 일취월장할지."

– 《더 모틀리 풀The Motley Fool》

"20세기 후반기의 투자 역사는 물론이고 그 역사의 부침을 뚜벅뚜벅 헤쳐온 투자의 귀재에 대한 날카로운 통찰을 제공하는 최고의 역작이다."

– 살롱닷컴Salon.com

"달콤한 고독에 빠져 있는 투자의 달인을 눈앞에서 보는 것 같은 착각을 불러일으키는 최고의 전기물이다."

– 《퍼블리셔스 위클리Publishers Weekly》

워런 버핏

"굉장한 일을 해낸 로웬스타인에게 박수를 보낸다. 버핏이 주식투자의 대가로 성장한 과정을 금융의 관점에서 세밀하게 재구성했다. 놀랍도록 흥미롭고 매혹적이다. 위인전으로도 손색이 없다."

– 《라이브러리 저널Library Journal》

"미국이 낳은 위대한 투자자의 삶과 경력이 이제 우리 손안에 펼쳐진다. 가장 신뢰할 수 있는 내부자들의 생생한 증언이 우리를 그의 인생으로 안내한다."

– 《잉그램Ingram》

"전설적인 투자자에 관한 이야기가 현실적인 통찰과 시적인 표현으로 절묘하게 뒤섞여 감탄사가 절로 나온다. 공감하게 되면서도 지적이며 과장하거나 미화하는 문장은 하나도 없다."

– 《워싱턴 먼슬리The Washington Monthly》

"로저 로웬스타인의 신작은 한마디로 예술 작품이다. 역사상 가장 위대한 투자자로 꼽히는 인물의 투자 경력과 내밀한 사생활을 연대순으로 정확히 기록한다."

– 마켓쇼츠닷컴MarketThoughts.com

워런 버핏

로저 로웬스타인

작가의 말

나는 두 가지 인연이 맞닿아 워런 버핏을 세상에 소개하게 되었다. 먼저 나는 버핏이 운영하는 지주회사 버크셔 해서웨이Berkshire Hathaway의 오랜 투자자다. 또한《월스트리트 저널》에서 10년 넘게 금융 전문 기자로 활동하면서 투자의 귀재 버핏의 활약을 관심 있게 지켜보았다. 나는 투자자로서의 직접적인 경험과 기자로서의 객관성이 버핏이 투자 세상에 세운 금자탑을 그려내기에 환상적인 조합이라고 생각한다. 물론 이 책이 그런 높은 이상을 완벽히 담아냈는지의 판단은 결국 독자의 몫이다.

나는 1991년 가을부터 버핏의 발자취를 추적하는 일을 시작했다. 그때는 버핏이 채권 명가 살로몬 브라더스Salomon Brothers의 구출 작전을 진두지휘하느라 눈코 뜰 새 없던 시절이었다. 그를 세상에 소개하고 싶다는 내 바람과 달리 버핏은 어떤 식으로든 협조하지 않을 테지만 내 조사 활동을 방해하지도 않을 거라고 못을 박았다. 구체적으로 내가 앞으로 만날 잠재적 정보원들이 내게 협조하는 것을 말리지도 부추기지도 않겠다고 약속했다. 그는 자신의 약속을 정확히 지켰다. 하지만 그는 커다란 선물 보따리를 안겨주었다. 그가 지금껏 언론에 기고한 글은 물론이고 1950년대 말 투자조합 시절부터 써온 방대한 연례 보고서였다. 그는 내가 인용할 수 있도록 허락해 주었고 그 글들이 정말 큰 도움이 되었다.

이 책은 그의 인생 앨범에서 한 페이지를 장식하는 사람들과의 인

워런 버핏

터뷰 결과물이라고 해도 틀리지 않다. 버핏의 가족, 친구, 사업 동료 등 인터뷰에 동의해 주고 귀중한 이야기를 들려준 그들 모두에게 깊이 감사드린다. 익명을 요청한 극소수만 제외하고, 정보원들은 본문이나 이 책 말미의 주석 해설에서 모두 밝혔다. 다만 굳이 밝히지 않아도 충분히 알 수 있는 경우는 별도로 신원을 밝히지 않았다. 가령 버핏이 포함된 대화나 일화 중에서 상대방을 밝히지 않은 경우는 대부분 당사자와의 인터뷰를 통해 입수한 내용이다.

여건이 허락한다면 일일이 감사 인사를 해야 옳지만, 특별히 지면을 ㅈ 고마움을 전하고 싶은 사람들이 있다. 록산느 브랜트, 켄 체이스, 밥 골드팝, 스탠퍼드 립시, 바버라 모로, 찰리 멍거 등은 내가 최고의 기자에 버금가는 사명감에 불타 반복해서 도움을 요청하거나 껄끄러운 질문을 해도 기꺼이 응해주었다. 그리고 그의 누나 도리스와 여동생 로버타는 피를 나눈 우애 좋은 누이들로서, 수지와 하워드와 피터는 부친을 존경하는 자식들로서 버핏의 가족사를 이해할 수 있는 귀중하고 관대한 안내자 역할을 해주었다.

《월스트리트 저널》의 브루스 레비, 《오마하 월드-헤럴드》의 잔느 하우저와 스티븐 알라드, 이들 세 사람은 세상이 컴퓨터 시대로 바뀌어도 최고의 사서가 어떤 사람인가를 실력으로 보여주었다. 무엇보다 《월스트리트 저널》 편집자들이 내게 많은 시간을 배려해 주지 않았더라면 이 책은 탄생하지 못했을 것이다.

또한 교정본을 읽고 예리한 비판과 따뜻한 응원을 보내준 닐 바스키, 로버트 굿맨, 안드레아 로웬스타인, 루이스 로웬스타인, 제프리 테넨바움 등에게 고개 숙여 감사드린다. 아울러 배짱과 뚝심으로 이 책을 처음부터 믿어준 에이전트 멜라니 잭슨에게도 고맙다는 인사를 하고 싶다. 특히 단호하면서도 정곡을 찌르는 예리한 비판을 아끼지 않았던 앤 고도프 편집장, 그녀의 비판이 없었다면 이토록 완성도 높은 책이 탄생하지 못했을 것이다. 아빠의 절반을 이 책에 빼앗긴 두 아들 매튜와 재커리 그리고 외동딸 앨리슨, 많이 참아줘서 고마워 (아빠도 너희들이 너무 보고 싶었단다). 마지막으로 많이 베풀어 주시고도 더 못 줘 안타까워하시는 부모님께 사랑을 전한다. 특히 아버지의 금융에 대한 사랑과 확고한 윤리 의식은 많은 영감이 되었다.

1995년 1월
로저 로웬스타인

워런 버핏

차례

버크셔 해서웨이 대 다우존스 산업평균지수

월별 최종가

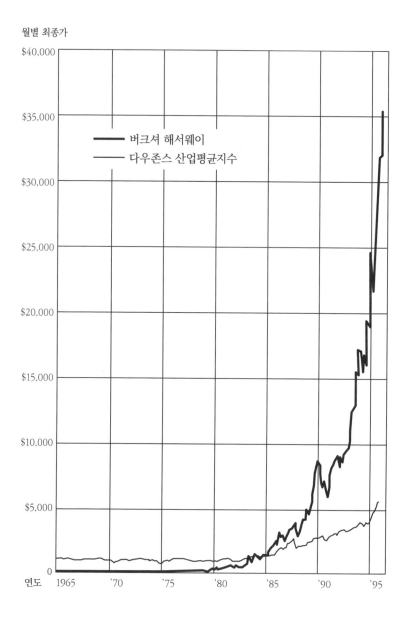

출처: 데이터스트림 인터내셔널(Datastream International), 베이스라인(Baseline)

들어가며

신화 속 영웅이 아니라 보통 사람의 희망

투자 역사에 신기원을 세운 불세출의 거인이 탄생했다. 오마하의 현인, 투자 귀재 등 수많은 수식어가 따라붙는 워런 버핏이다. 그는 주식투자의 외길로만 천문학적인 자산을 일궈 20세기 최고 부자에 이름을 올렸다. 그의 위업은 맨주먹으로 주식과 기업들을 분석함으로써 투자 세상에 발을 들인 뒤 과도한 위험을 감수하지 않았기에 더욱 대단해 보인다. 뿐만 아니라 강산이 네 번이나 바뀌는 세월 동안 버핏은 주식시장의 수익률을 한 해도 거르지 않고 엄청난 격차로 따돌렸다. 감히 누구도 동전 던지기나 다트 던지기 같은 단순한 행운이라고 치부할 수 없을 정도로 긴 시간이다. 사실상 월스트리트의 전문 투자자들도 메인스트리트의 중개인들도 심지어 상아탑의 학자들도 오랫동안 불가능하다고 단언했던 대기록이다. 그는 마법의 복리에 힘입어 150억 달러의 순자산을 일구었고 지금 이 순간에도 그의 자산은 자가 증식 중이다.

버핏은 증시가 호황이든 불황이든, 경기가 좋건 나쁘건, 새들 슈즈 saddle shoes가 휩쓸던 1950년대 아이젠하워 시절에서 시작해 베트남 전쟁을 넘어 정크본드를 지나 정보화 시대인 1990년대 빌 클린턴 시절까지 한눈팔지 않고 투자의 한 우물만 팠고 전대미문의 기록으로 보상받았다. 2차 세계대전 이후 반세기 동안 주요 주가지수의 연평균

상승률은 약 11퍼센트였던 반면, 같은 기간 버핏의 연복리 수익률은 29.2퍼센트였다.[1]

여기서 주목할 점은 그런 독보적인 기록이 장기 투자라는 구시대 스타일의 결실이라는 사실이다. 월스트리트의 현대 금융 전문가들은 대중을 이용해서 돈을 벌었다. 그들의 핵심 전략은 적절한 순간에 대중에게서 주식을 사들이거나 팔아치워서 돈을 버는 것이었다. 하지만 버핏은 달랐다. 치고 빠지는 그런 게임은 물론이거니와 월스트리트의 악명 높은 과도한 모든 머니게임을 기피했다. 이렇게 볼 때 그가 순수 자본주의의 원칙, 다시 말해 냉혹하되 공정한 게임 원칙을 재발견했다고 칭송받아 마땅하다.

버핏에게 투자했던 일반 주주들도 각자의 투자 원금에 비례해 부자가 되었다. 이는 그들의 투자수익률이 버핏의 투자수익률과 정확히 일치했다는 뜻이다. 그들 투자자의 자산이 얼마나 불어났는지는 솔직히 눈으로 보고도 믿기 힘들 정도다. 버핏이 오마하에서 투자 조합을 결성해 전문 투자가로 첫걸음을 뗀 1956년에 1만 달러를 투자해서 1995년 말까지 그대로 유지했다면 1995년 말 기준으로 1억 2,500만 달러로 불어났을 것이다.[2]

물론 그런 수치 하나만으로도 버핏에게 따라붙는 수식어를 정당화시켜준다. 그렇지만 그런 가시적인 기록만으로는 버핏이 월스트리트에 드리우는 신비한 영향력을 충분히 설명할 수는 없다. 매년 5월 초가 되면 금융의 메카가 월스트리트에서 오마하로 옮겨 간다. 추종자들과 자산운용 전문가들이 성지 순례를 하듯 오마하로 몰려든다. 이유는 딱 하나다. 난해하기 짝이 없는 투자와 사업과 금융에 관해서 버핏이 해석한 강연을 듣기 위해서다. 버크셔의 연례 주주 총회는 엘비스 프레슬리 콘서트나 종교 부흥회처럼 미국적인 문화 현상의 하나로 자리매김했다. 금융 종사자들은 버핏의 연례 서한들을 성서처럼 움켜쥐고 산상설교의 복음인 양 그의 투자 조언들을 암송하며 오마하로 몰려왔다.

단순한 진리들에 관한 그의 쉬운 해설을 듣는 행사는 그의 생애를 관통하는 한 편의 대하 드라마를 연상시킨다. 순례자들이 오마하로 몰려오기 아주 오래전에, 그가 이렇다 할 투자 성적을 거두기 아주 오래전에, 솜털이 보송한 얼굴과 총명한 눈빛을 가진 청년 버핏이 있었다. 그는 남학생 사교 클럽 파티장의 한쪽 귀퉁이에서 자신보다 나이가 많고 술에 취한 회원들에게 둘러싸여 우주에 대해 설명하고 있었다. 적을 때는 10명 많으면 20명 남짓했다. 시간을 몇 년 뒤로 빨리 돌려보자. 이제 그 친구들이 월스트리트에 진출해 젊은 투자 전문가로 변신했지만 여기서도 그 의식이 그대로 재연되었다. 무리 중에서 가장 어린 버핏이 크고 넓은 팔걸이의자에 앉아 금융에 대해 설명하면 나머지 친구들은 그의 발밑에 옹기종기 얌전히 앉아 귀를 기울였다.

그들만이 아니었다. 그의 소탈하고 소박한 태도는 전염성이 강했고 덕분에 월스트리트에서 그를 숭배하는 무리를 몰고 다녔다. 버핏한테는 정말이지 남다른 능력이 있었다. 살 떨리게 복잡한 금융도 그의 입을 통하면 슈퍼마켓 점원이 날씨 이야기하는 것처럼 쉽게 들렸다. 이는 다시 주식과 채권에 대한 그의 뛰어난 통찰력이 한몫했다. 아무리 난해하고 불가사의해도 주식과 채권의 배후에는 평범하고 실체적인 기업이 반드시 존재한다는 사실이었다. 마치 외계어 같은 월스트리트의 전문용어 아래에서도 그는 익숙한 소도시에서 도로 하나를 발굴하듯 아주 편안했다.

투자에 관심을 가진 평범한 미국인들이 갈수록 늘어나는 와중에 월스트리트는 청개구리마냥 역주행했다. 갈수록 복잡하고 난해하며 모호하고 위협적인 곳으로 변한 것이다. 요지경도 그런 요지경이 없었다. 버핏이 태어난 대공황 시절에는 돈이 있어도 스스로 자본을 운용할 수 있다고 생각하는 사람이 거의 없었다. 기껏해야 대형 우량주 blue chip와 AAA 채권들에 묻어두는 것이 투자의 전부였다. 대공황이 긴 그림자를 드리웠지만 2차 세계대전 후에 찾아온 번영이 그 그림자를 말끔히 지워냈다. 오늘날에는 개미 투자자까지 합쳐 수천만의 미국인들이 증시에 뛰어든다. 하지만 투자에 대한 걱정 없이 두 다리 뻗고 자는 사람은 극소수다. 심지어 예전의 신중한 투자 습관을 유지하는 사람은 더 희귀하다. 기껏해야 초조한 눈빛으로 경제면을 훑는 것이 전부다. 주택 공시가나 인플레이션 데이터의 일일 변동에서 오매불망하는 '답'을 찾을 수 있기라도 하듯 말이다. 하긴 이조차도 나은 편이다. 최악은 조부모 세대가 걱정할 정도로 뮤추얼펀드(mutual fund, 주식 발행을 통해 투자자를 모집하고 모집된 투자 자산을 전문 운용회사에 맡겨 운용 수익을 투자자에게 배당금의 형태로 되돌려 주는 투자회사이며 상호 펀드라고도 한다. – 옮긴이)들을 수시로 갈아타는 경우다.

이토록 복잡한 시대에서 버핏은 그야말로 독야청청한 존재다. 한 우물만 파온 것에 더해 그의 투자 기법은 누구나 쉽게 따라 할 수 있는 수준이었다. 정말이다. 버핏이 이제까지 해온 대부분의 행보는 보통 사람도 충분히 모방할 수 있는 정도였다(사람들이 철새처럼 5월이면 오마하로 몰려드는 이유도 바로 이 때문이다). 버핏의 천재성은 대부분이 성격과 관련 있었다. 인내심, 자제력, 합리적 분별력. 하나 같이 아주 평범해도 특히 주식시장에서 자신의 패기를 시험하려는 사람에게는 필수적인 자질들이다. 그런데 투자 심리가 발갛게 달아오르고 시장이 들썩이면 그런 자질 모두가 천연기념물이 되고 말았다. 이렇게 볼 때 버핏의 성격적 특성과 경력은 투자와 미국 재계에 관한 대중 참고서라고 해도 과하지 않다. 버핏은 처음부터 자신이 어떤 역할을 해야하는지 잘 알았고 자신의 투자 발자취를 연대순으로 기록하는 독특한 습관을 길렀다. 심지어 새로운 투자 모험을 시도하는 중에도 사람들에게 알려주는 것을 꺼리지 않았다.

투자자로서 버핏은 레버리지leverage 투자 쉽게 말해 '빚투', 선물(先物, futures, 파생 상품의 하나로 품질, 수량, 규격 등이 표준화되어 있는 상품이나 금융자산을 미리 결정된 가격으로 미래의 일정 시점에 인도하고 인수할 것을 약정한 거래 - 옮긴이), 적극적 위험 회피, 현대 포트폴리오 분석 등등 학자들이 개발한 난해한 모든 전략을 기피했다. 트레이더의 사고방식을 가진 현대의 포트폴리오 운용자와는 달리, 버핏은 엄선한 소수 기업들의 장기적인 성장에 투자 승부를 걸었다. 이런 점에서 버핏은 J. P. 모건 시니어 같은 앞선 세대의 투자 거인들을 닮았다.

하지만 모건과 버핏 사이에는 뚜렷한 차이가 있었다. 비밀주의로 일관한 모건은 월스트리트 투자자의 전형이었지만 중서부 출신의 솔직담백한 버핏은 그런 전형과는 정반대였다. 버핏은 그야말로 투자에 관한 명언 제조기였다. 은행가들은 복면으로 얼굴을 가려야 했다는 등[3], 이발사에게 머리를 잘라야 할지 묻지 않는 것처럼 투자 은행가에게 거래를 해야 할지 의견을 구하지 않을 거라는 등[4] 말이다. 또한 번은 금융회사에서 일자리를 제안받은 한 친구에게 "월스트리트에서는 투자의 정석定石을 따르면 경쟁자가 많지 않을 것"이라고 조언했다[5]. 상식적이면서 소박한 이런 재치 덕분에 그는 월스트리트보다 더 크고 훨씬 기본적인 무언가의 전형이 되었다. 그것은 미국의 과거로 거슬러 올라간다. 진정한 영웅들을 오매불망 기다렸던 미국인들의 깊은 욕구를 건드렸던 것이다.

예나 지금이나 미국인들의 마음에는 세속적인 영웅 신화가 있다.

중서부나 서부 출신의 부패하지 않은 청렴한 보통 사람이, 정치인이든 은행가든 아니면 재계 거물이든 타락한 동부 사람들에게 당당히 대항해 주기를 바란다. 그것은 미국의 근원에 대한 속죄이며, 진실하고 순수한 최초 미국인들이 파괴되었다는 것을 기억하고 그들을 기리는 것이다. 유럽인들이 군주를 섬기든 말든 상관없었다. 미국적인 이상형은 언제나 중서부 출신의 자수성가형 인물이었다. 켄터키주에서는 가난한 농부의 아들 에이브러햄 링컨 대통령이, 미주리주에서는 가난한 개척민의 아들 마크 트웨인이, 오클라호마주 체로키족 보호구역에서 태어난 윌 로저스(William Penn Adair Rogers, 미국의 정치인, 저널리스트, 연극배우, 영화배우, 각본가, 영화 프로듀서, 유머리스트로 재치 있는 경구와 유머로 1920년대와 1930년대에 최고의 전성기를 누렸다. – 옮긴이) 같은 인물 말이다.(켄터키, 미주리, 오클라호마 모두 대략 중서부 지역으로 분류된다. – 옮긴이) 영웅이 없는 시대에서 추종자들이 오마하에서 찾아낸 버핏이 바로 이런 인물이었다.

작가 잭 뉴필드가 로버트 케네디(Robert Francis Kennedy, 미국의 정치인으로 제35대 대통령 존 F. 케네디의 동생이다. – 옮긴이)에 대해 묘사한 것처럼(뉴필드는 1969년 『Robert Kennedy: A Memoir』를 발표했다. – 옮긴이), 버핏은 영웅이 아니라 희망이었고 신화가 아니라 평범한 사람이었다.[6] 다방면에 걸친 뛰어난 재치에도 불구하고 버핏은 이상할 정도로 외부 세상에 무덤덤했다. 가령 관광 천국 파리에 갔을 때는 관광은 완전 뒷전이었고 그저 음식이 오마하보다 더 맛있다는 생각뿐이었다. 이는 그의 재능이 어디서 나오는지를 단적으로 보여주었다. 첫째는 범접하기 힘든 독자적인 사고방식이었다. 또한 그는 세상과 담을 쌓은 채 자신의 일에 온전히 초점을 맞추는 능력을 타고났다. 하지만 바로 그런 특성 때문에 삶에서 놓치는 것도 많았다. 가령《워싱턴 포

워런 버핏

스트》의 발행인 캐서린 그레이엄의 마서즈비니어드 섬Martha's Vineyard에 있는 저택을 방문했을 때 한 친구가 석양이 아름답다고 감탄하자, 버핏은 자신은 석양에 **집중**하지 못하겠다고 대답했다. 마치 일부러 노력해야만 석양을 볼 수 있듯이 말이다.[7] 심지어 캘리포니아 라구나 비치에 있는 자신의 별장에서조차 버핏은 물 근처에는 가지도 않은 채 몇 주 동안 하루도 쉬지 않고 일 속에 파묻혔다.

천재들이 그렇듯, 그의 천재성에는 대가가 따랐다. 다소 평범하지 않은 가정에서 성장한 그는 좀처럼 감정을 드러내지 않았다. 그와 사무실을 함께 사용했던 소수의 동료조차 수십 년이 지나도 그의 내면을 전혀 이해하지 못했다. 오죽하면 자식들마저도 그가 감정을 드러내는 모습을 본 기억이 거의 없을 정도였다.

그는 쇼맨이나 설교가 같은 일면이 있지만 근본적으로는 내성적인 사람이다. 뮤추얼펀드의 마법사 피터 린치는 1980년대에 버핏을 방문했다가 그의 사무실이 무소유를 실천하는 사찰 같아서 깜짝 놀랐다. 철제 서류 캐비닛에 알파벳 순서로 깔끔하게 정리된 서류들은 마치 다른 시대에서 튀어나온 파일 같았다. 린치와는 달리 그의 사무실에는 트레이더 직원들도, 전자 모니터도 없었다. 하물며 주식 시세표도, 컴퓨터도 없었으며 그저 1929년 대공황에 관한 신문 기사 하나와 유리 돔 안에 들어 있는 옛날식 주식 시세 표시기ticker가 전부였다. 둘은 오랜 경력 동안 각자 무슨 주식을 사고팔았는지 등등 투자 모험 보따리를 푸느라 시간 가는 줄 몰랐다. 린치는 주가가 떨어진다 싶으면 몇 주를 버티지 못하고 처분했지만 버핏은 일단 투자하고 나면 대부분 종목을 몇 년은 기본이고 아주 오랫동안 보유했다. 린치는 마치 과거로의 시간 여행을 한 것처럼 마음이 아려왔고 괜한 자격지심이 들었다.[8]

버핏이 현대 스타일을 받아들인 것은 딱 하나였다. 바로 개인 전용
기였다. 그것 말고는 자신을 위해 돈을 쓸 줄도 돈 쓰는 재미도 몰랐
다. 그는 여느 부자들과는 달리, 미술품을 수집하는 취미도 없고 고
급차를 소유하지도 않으며 고급 식당을 전전하지도 않는다. 그는 예
나 지금이나 햄버거 하나면 진수성찬이 부럽지 않다. 그는 가로수가
늘어선 간선 도로가의 중산층 주택에서 몇십 년째 살고 사무실도 같
은 도로에 위치해 있다. 그의 뜨거운 열정은 오직 하나를 향한다. 자
신의 일이다. 그의 식으로 표현하자면 투자를 화폭에 담는 일이다.
일 자체가 그의 열정을 쏟는 대상인 동시에 기쁨의 원천이기도 하다.
그는 그 화폭에 자신이 해온 거래의 비결을 고스란히 담고 자화상을
그렸다.

워런 버핏

1장   오마하에 투자 거목의 싹이 움트다

에메랄드 가운데에 박힌 영롱한 다이아몬드처럼
미주리강 서쪽 기슭에 오마하가 우아한 자태를 뽐내며 자리한다.
미국 서부 마법의 도시요, 모험심과 능력
그리고 진취적 기상의 경이로운 요람이다.

_ 1900년 전화회사의 홍보물에서

1930년 오마하의 한 병원에서 예정일보다 5주 일찍 6파운드(약 2.7킬로그램)의 사내아이가 태어났다. 훗날 투자의 귀재로 이름을 날리는 워런 버핏이었다. 과연 될성부른 나무는 떡잎부터 달랐다. 아주 어릴 적부터 워런의 지독한 '숫자 사랑'이 시작되었다. 일례로, 꼬마 워런의 오후 일과 중 하나는 단짝 친구 밥 러셀Bob Russell과 그의 집 앞 현관에 앉아 붐비는 교차로를 내다보며 자동차의 번호판 숫자를 종이에 적는 것이었다. 그리고 날이 어두워지면 둘은 집 안으로 들어가 일간지 《오마하 월드헤럴드》를 펼쳐놓고는 각 알파벳이 몇 번 나오는지 일일이 세어 스크랩북에다 빠짐없이 기록했다. 마치 기하학적 수수께끼를 풀 실마리라도 있는 듯 스크랩북은 온통 숫자로 가득했다. 워런은 숫자를 외우는 재능도 비상했다. 가끔 러셀이 연감을 펼쳐 도시 이름을 대면 워런은 각 도시의 인구수를 정확히 대답했다. 반세기가 지난 뒤 러셀은 "아이오와주 대븐포트, 캔자스주 토피카, 오하이오주 애크런, 이런 식으로 내가 도시 하나를 불러주면 그가 그 도시의 인구수를 바로 알아맞혔죠"라고 회상했다. "도시 10개를 한꺼번

워런 버핏

에 말해도 전부 알아맞혔답니다." 인구수만이 아니라 야구 기록 통계, 경마 배당률 등 그는 숫자로 된 것이면 뭐든 나이답지 않은 기억력으로 싹 다 외웠다. 셈은 또 어떤가. 가령 일요일에는 머리부터 발끝까지 말쑥하게 단장하고 던디 장로교회 예배당에 앉아 찬송가 작곡가들의 수명을 심심풀이 삼아 계산했다. 또한 거실 벽에 공을 치며 때는 1시간에 몇 번 치는지 계산하는 것도 좋아했다. 심지어 모노폴리 게임을 할라치면 자신이 축적한 가상의 재산을 계산하는 데에 푹 빠져 시간 가는 줄도 몰랐다.

뽀얀 피부에 파란 눈동자와 발그레한 볼을 가진 워런은 숫자에 대한 관심 못지않게 돈에도 일찌감치 눈을 떴다. 그의 생애 1호 재산이 니켈로 도금한 동전 교환기였을 정도다. 앨리스 고모에게서 크리스마스 선물로 받은 뒤부터 자랑스럽게 허리띠에 차고 다녔다. 또한 5살 때는 집 앞 보도에 가판대를 차려 행인들에게 껌을 팔았고, 그다음에는 인적이 드문 자신의 집 앞 보도가 아니라 러셀의 집 앞에서 레모네이드 장사를 시작했다. 무릇 장사는 목이 좋아야 하는 법. 러셀의 집 앞 도로는 사람들과 자동차 왕래가 잦아서였다.

9살 때는 그의 숫자 사랑이 단순한 놀이 차원에서 진일보했다. 러셀네 건너편에 주유소가 있었는데 워런은 러셀과 함께 그곳의 음료수 자판기 옆에 버려진 병뚜껑을 조사했다. 이는 원시적인 형태여도 엄연한 시장 조사였다. 오렌지 크러시 병뚜껑은 몇 개고 콜라와 맥주는 얼마나 팔렸을까? 두 소년은 한술 더 떠서, 수레를 끌고 동네를 돌아다니며 병뚜껑을 주워 와 워런네 지하실에 **종류별**로 분류해 쌓아두었다. 가장 많이 팔린 음료수 상표는 어떤 것이고 가장 돈 되는 **사업**이 무엇인지 조사하기 위해서였다.

또래 대부분이 비즈니스의 '비'자도 모르는 어린 나이에 워런은 비즈니스 세상에 '입문'했다. 주식 중개인이었던 아버지의 영향이 컸다. 그는 아버지에게서 티커 테이프(ticker tape, 주식 종목명, 최근 시가, 증권 거래량 같은 주식 정보를 알려주는 기다란 종이테이프 – 옮긴이) 뭉치를 얻어 바닥에 늘어놓고는 스탠더드앤드푸어스 지수Standard & Poors Index, S&P의 티커 부호를 판독하는 데 열을 올렸다. 또한 동네 골프장에서 분실구를 주워 중고로 팔았다. 심지어 아크사벤Ak-Sar-Ben* 경마장에서는 톱밥과 짚으로 뒤덮인 바닥을 샅샅이 훑으며 찢어지고 버려진 마권을 하나하나 뒤집어 확인했다. 간혹 사람들이 실수로 버린 당첨된 마권을 줍는 행운이 따라주기도 했다. 워런의 뜨거운 돈 사랑은 네브래스카의 뜨거운 여름도 이겼다. 그와 러셀은 땡볕 아래서 오마하 컨트리클럽을 찾은 부자들의 골프채를 들어주는 캐디 아르바이트로 일당 3달러를 벌었다. 저녁 어스름이 깔리면 둘은 러셀의 집 앞 베란다에 놓인 그네 의자에 나란히 앉아 아무 말 없이 미국 중서부의 황혼을 즐겼다. 러셀의 집 앞 도로는 우회로가 없는 외통길이라 통행량이 많았다. 끝없이 이어지는 자동차 행렬을 지켜보고 전차의 땡땡거리는 소리를 듣다 보니 워런의 머릿속에 '사업 아이디어'가 떠올랐다. 그런 지리적 이점을 이용해 돈을 벌 수 있겠다는 생각이었다. 그로부터 50년이 지난 후 러셀의 어머니 에벌린Evelyn은 당시의 일화 하나를 들려주었다. 워런이 "집 앞으로 자동차와 전차가 저렇게 많이 지나다니잖아요. 그런데 아주머니는 사람들에게서 왜 돈을 받지 않으세요? 제가 속상해서 그래요"라고 말했다는 것이다. 마치 러셀의 가족이 마음만 먹으면 노스 52가에 요금소를 설치해 통행료를 징수할 수 있는 듯 말이다. "아주머니, 돈 벌 기회를 그냥 놓치시다니 너무 **딱하세요.**" 그렇다면

---

* 거꾸로 쓰면 네브래스카가 된다.

그는 어째서 그토록 일찌감치 돈에 눈을 뜬 것일까?

　워런은 3남매 중 둘째로 누나와 여동생이 있었다. 네브래스카의 작은 마을 출신인 어머니는 체구는 아담해도 화끈하고 당찬 성격에 여장부 기질이 다분했고, 본의 아니게 조연 역할로 밀려난 여성들을 표현하는 말마따나 "숫자와 셈이 밝았다". 워런의 아버지 하워드 버핏Howard Buffett은 진지하되 다정한 성품으로 외아들의 인생에 지대한 영향을 미쳤음은 확실했다. 워런이 주식과 채권의 세상에 눈을 뜨게 해준 아버지가 장차 투자계의 거목으로 성장할 씨앗을 심은 것은 두말하면 잔소리다. 그러나 이제까지 드러난 사실로 보면 숫자를 지배하는 능력 면에서 하워드는 아들의 상대가 되지 못했다. 돈을 버는 것에 대한 열정도 아들과는 비교가 되지 못했다. 그렇다면 점잖은 데다 남 부러울 것 없는 집안의 이른바 금수저인 워런이 집을 박차고 나가 진주조개 밭인 양 경마장 바닥을 기어 다닌 까닭은 무엇이었을까? 훗날 수십 개의 숫자를 암산으로 계산하고 또한 산더미 같은 데이터도 어릴 적 애크런의 인구수를 정확히 알아맞혔을 때처럼 술술 읊어 사업 동료들을 — 몇 번이고 — 기함하게 만들 수 있었던 원동력은 무엇이었을까? 워런의 여동생 로버타는 딱 잘라 말했다. "오빠는 그런 재능을 유전적으로 타고났다고 봐요." 한마디로 집안 내력이었다.

　버핏가 사람들은 예로부터 다정하고 예의 바르다는 평판을 얻었다. 한편 그들은 사업 수완이 뛰어났고 1달러에도 벌벌 떠는 자린고비였다. 미국에 버핏 가문(당시는 **뷔페**로 발음되었다)을 세운 사람은 모직물 직조공 존 버핏John Buffett이었는데 그는 미국으로 이민 온 프랑스 위그노 교도[Huguenot, 프랑스의 개신교 신자들을 가리키는 말로 역사적으로 프랑스 칼뱅파(Calvinism)로 알려졌다. − 옮긴이]로 1696년 뉴욕주 롱아일랜드 북

부 해안에 위치한 헌팅턴에서 해나 타이터스Hannah Titus와 결혼했다.[1]
이후 버핏 가문은 남북전쟁이 끝날 때까지 롱아일랜드에서 대대로
농사를 지으며 살았다. 그러나 그들의 핏속에는 야심이 흘렀고, 마침
내 그 야심이 분출돼 근검절약이 몸에 밴 가풍과 충돌했다. 1867년
시드니 호먼 버핏Sidney Homan Buffett은 조부인 지블런Zebulon의 개척지에
서 고용인으로 일하던 중 일당이 50센트라는 이야기를 들었다. 이에
오만 정이 떨어진 시드니는 그 길로 곡괭이를 집어던지고 서부로 향했
으며 오마하 외곽에서 역마차를 모는 마부로 취직했다. 그리고 2년 뒤
1869년 시드니는 자신의 이름을 따서 S. H. 버핏이라는 식료품점을 열
었다. 당시 오마하는 개척시대의 초창기로 버핏가는 오마하의 상업사
회에 확실하게 자리를 잡았다. 훗날 그곳에서 불과 1.5마일(약 2.4킬로
미터) 떨어진 숲속에 시드니의 증손자이자 미국 최고 부자의 사무실
이 들어서게 된다.

　당시 오마하는 미주리강 뒤에 우뚝 솟은 험준한 절벽들을 배경 삼
아 목조 건물들이 빼곡했고 앞에는 너른 평야가 펼쳐져 있었지만 도
시 자체는 언덕이 많은 구릉지였다. 말 그대로 황무지였던 오마하에
변화가 시작된 것은 1854년이었다. 마하 원주민 부족(훗날 오마하 부족으
로 불림)이 미국 연방정부와 조약을 체결했는데, 네브래스카 준주準州에
백인 정착지 건립을 허용하는 것이 포함되었다. 그로부터 5년 뒤 오마
하의 성장에 결정적인 계기가 찾아왔다. 일리노이주에서 철도 전문 변
호사로 활동하던 에이브러햄 링컨이 그 지역의 토지 한 필지를 대출
담보로 잡은 것이다. 이후 백악관의 주인이 된 링컨 대통령이 1863년
오마하를 유니언 퍼시픽 철도의 동부 기점으로 지정했다.[2]

　시드니 버핏은 그야말로 완벽한 타이밍에 식료품점을 개업했다.
1869년 5월 유니언 퍼시픽 철도가 6년간의 공사 끝에 대륙을 동서

로 연결하는 철도를 완공하고 석 달이 지난 뒤였으니 말이다. 당시 오마하는 대평원을 횡단하는 열차의 출발 기점으로 '안성맞춤'이었다.[3] 대륙 횡단 열차가 개통하고 얼마 지나지 않아 오마하는 정착민, 부랑자, 투기꾼, 남북전쟁 참전 병사, 철도 종사자, 전과자, 매춘부 등등 온갖 인간 군상의 집합지가 되었다. 그리고 그들의 상당수는 우연히 들른 버핏 식료품점에서 메추라기, 들오리, 초원 멧닭 같은 먹을거리를 샀다. 한편 지블런은 시드니의 사업 전망에 매우 회의적이었다. 지블런은 21살짜리 손자에게 보낸 편지에서 사업에서의 신중함이 버핏 가문의 가훈이라고 강조했다.

> 식료품점으로 큰돈을 벌기는 힘들 게다. 그래도 할애비는 봄이 되면 상황이 좀 나아지기를 바란다. 하지만 혹시라도 가게가 자리를 잡지 못하면 질질 끌지 말거라. 가게를 접고 빚을 갚아 신용을 지켜야 한단다. **신용이 돈보다 중요한 법이다.**[4]

지블런의 우려와는 달리 신생 도시 오마하는 번영했고 시드니도 덩달아 성장했다. 1870년대가 되자 오마하에는 주철을 사용한 철골 건축물과 오페라 하우스도 들어섰다. 그리고 20세기로 접어들 즈음에는 고층건물이 올라갔고 케이블카도 건설되었으며 인구도 크게 증가해 14만 명에 이르렀다. 시드니는 가게를 넓혀 이전한 뒤 두 아들도 사업에 끌어들였고, 특히 작은아들 어니스트Ernest가 집안 혈통에 흐르는 사업 수완을 발휘했다. 그가 바로 워런 버핏의 할아버지였다. 한편 운명의 장난으로 형제는 한 아가씨를 동시에 사랑했고, 결국 어니스트가 사랑을 쟁취해 그녀와 결혼하는 바람에 형제 사이가 틀어져 서로 말도 섞지 않았다. 1915년 어니스트는 도심에 있는 아버지

가게를 그만두고 독립해서 오마하 서쪽 지역에 버핏 앤 선_{Buffet & Son}이라는 자신의 가게를 시작했다.

이번에도 행운의 여신은 버핏가 편이었다. 시기가 절묘하게 맞아떨어졌다. 오마하의 인구가 미주리강 인근 도심에서 서부 외곽 쪽으로 이동했다. 그 변화에서 기회를 포착한 어니스트는 외곽 지역을 겨냥해 배달 서비스와 외상 판매를 시작했고 그 전략이 기막히게 먹혀들었다. 얼마 지나지 않아 부잣집 요리사들이 버핏 앤 선에 식재료를 전화로 주문했으며 가게는 나날이 번창했다. 그러나 역시 피는 속이지 못하는 법인가 보다. 어니스트는 버핏가 특유의 구두쇠 같은 면모를 여실히 드러냈다. 그는 점원들에게 11시간 일하는 하루 일당으로 2달러를 지급했다. 그것도 큰 선심 쓰듯 했을 뿐 아니라 최저임금제도와 유사한 '사회주의적' 강제 규정의 폐해에 대해 일장 연설을 늘어놓았다. 장신에 몸집이 좋은 어니스트는 단순히 가게를 운영한 것이 아니라 그곳의 독재자로 군림했다.

어니스트의 네 아들 중 하워드 — 워런의 아버지 — 는 3대째 가업을 이을 생각이 조금도 없었다. 하워드는 어니스트만큼이나 독립심이 강했던 반면 좀 더 온화했고 폭군 기질도 없었다. 그는 와이오밍주의 한 송유관 회사에서 잠깐 일했지만 진짜 관심은 따로 있었다. 바로 정신적인 삶이었다. 네브래스카의 주도_{州都} 링컨에 소재한 네브래스카대학교에서 하워드는 학보사 《데일리 네브래스칸》의 편집자로 활동하면서 언론인의 꿈을 키웠다. 대단한 미남은 아니었어도 짙은 머리칼에 백만 불짜리 눈빛이 인상적이었으며, 거기다가 남학생 사교 클럽의 회장이라는 명함까지 더해져 그는 소위 사교계의 꽃들만 골라 사귀었다. 그러나 결혼할 인연은 따로 있는지 졸업반 때 그는 시골에서 갓 올라온 레일라 스탈_{Leila Stahl}을 만났는데, 그녀는 사교 생활이

워런 버핏

라고는 근처에도 가본 적이 없었다.

레일라의 아버지 존 애먼 스탈John Ammon Stahl은 네브래스카 웨스트포인트에서 《커밍 카운티 데모크랏Cuming County Democrat》이라는 주간지를 운영했다. 웨스트포인트는 척박한 시골 마을로 2,200명의 주민 대다수는 독일계였지만 레일라의 가족은 영어를 사용했다. 그러다 보니 자연히 레일라의 가족은 이방인처럼 겉돌았다. 특히 레일라의 어머니는 소외감을 많이 느꼈고 대부분의 시간을 우울감에 사로잡혀 침대에서 나오지 않았다. 어머니의 보살핌을 받지 못하자 레일라는 물론이고 남동생과 두 여동생들까지 스스로 제 앞가림을 해야 했다. 특히 맏이인 탓에 레일라는 초등학교 5학년 때부터 아버지의 신문사에 나가 일손까지 거들었다. 나중에 식자기인 라이노타이프Linotype를 사용하기 전까지는 등받이도 없는 높은 의자에 앉아 수작업으로 일일이 조판했다. 그리고 가끔 열차가 웨스트포인트에 정차하면 기자로도 변신했다. 기삿거리를 찾아 객차에 올라타 승객들을 인터뷰한 것이다. 식자공에 기자 노릇도 모자라 목요일이면 가냘픈 그 여학생은 인쇄공이 되어야 했다. 거대한 인쇄기 옆에 서서 인쇄된 신문을 단단히 움켜쥐고 끄집어내는 일이었다. 이때는 배출구에서 인쇄되어 나오는 용지를 정확한 순간에 잡아 빼는 것이 관건이었다. 그 일이 얼마나 고됐으면 레일라는 얼마 지나지 않아 《커밍 카운티 데모크랏》이 신문을 인쇄하는 날이면 머리가 깨질 듯 아파왔다.

레일라는 16살에 고등학교를 졸업하자마자 링컨으로 상경했지만 대학 학비를 마련하기 위해 3년을 더 일해야 했다. 일자리를 찾던 어느 날 그녀는 《데일리 네브래스칸》을 찾았고 하워드를 처음 만났다. 150센티미터가 간신히 넘고 차분한 용모에 웨이브 있는 밝은 갈색 머리의 예쁜 소녀였다. 그러나 그런 여성적인 외모와는 달리, 작은 몸으로 고된 유년기를 견뎌내느라 신랄한 혀와 비뚤어진 유머 감각을 갖게 되었다. 결론적으로 말해, 본인 입으로도 말했듯 그녀는 "결혼을 전공"했다.[5] 여차하면 웨스트포인트로 돌아가야 하는 처지에 놓인 어린 아가씨에게 그리 생뚱맞은 전공은, 시쳇말로 밑지는 장사가 결코 아니었다.

하워드는 시간을 끌지 않았다. 레일라를 채용한 뒤 곧바로 데이트를 신청했다. 레일라도 곧바로 하워드를 사랑하게 되었고, 졸업이 다가오자 하워드는 그녀에게 청혼했다. 존 스탈은 내심 큰딸이 자신처럼 대학 공부를 마치기를 바랐지만, 결국 둘의 결혼을 허락하며 축복해 주었다. 하워드와 레일라는 1925년 크리스마스 다음 날 웨스트포인트에서 결혼식을 올렸는데, 수은주가 영하 20도 아래로 떨어져 몹시 추운 날이었다. 훗날 레일라가 손주들을 위해 작성한 회고록에 따르면, 시간이 흐른 뒤 하워드는 "내가 당신과 결혼한 것은 내 평생 최고의 거래였다오"라고 말했다. 신혼여행은 꿈도 꿀 수 없는 처지였던 둘은 결혼식을 마친 직후 버스를 타고 오마하로 출발했다.

사실 하워드는 두 가지 진로 사이에서 고민했다. 먼저 그는 한 신문사에서 일자리를 제안받았는데, 자신의 꿈을 실현시킬 수 있는 절호의 기회였다. 한편 아버지의 친구가 주급 25달러짜리 보험회사 일자리를 알선해 주었다. 결국 그는 꿈보다는 현실과 타협했다. 레일라의 말에 따르면 "하워드는 대학 학비를 대주신 아버님의 말을 거역하지 못했어요."[6]

20대 초반의 동갑내기 신혼부부는 바커 애비뉴에 있는 하얀 판잣집에 신혼살림을 차렸다. 방이 두 칸에 석탄 화로를 때는 집이었다. 레일라에게는 인생의 새 출발이 이래저래 녹록지 않았다. 무엇보다 심신이 허약한 어머니 밑에서 성장한 레일라는 가정주부의 역할에 대해 전혀 배우지 못했다. 게다가 살림살이도 넉넉지 않아 그녀는 생활비를 보태려 이따금 비서나 인쇄소에서 아르바이트했다. 솔직히 결혼 초 몇 년은 그녀가 하워드보다 주급이 더 많았던 때도 더러 있었다. 더군다나 일을 나갈 때면 하워드가 자동차를 사용하는 바람에 그녀는 전차 정거장까지 걸어가야 했고 일을 마친 다음에도 걸어서 집에 돌아와 밀린 집안일을 했다. 1927년 레일라는 눈 수술을 받았는데 수술 후유증인지 몰라도 두통이 재발되었다. 이듬해 레일라가 출산 중에 40도가 넘는 고열에 시달려 모두를 걱정시켰지만 부부는 무사히 첫딸 도리스Doris를 품에 안았다. 그리고 2년 뒤 여름, 아들이 태어났고 워런 에드워드Warren Edward라고 이름을 지었다. 워런이 태어난 1930년 8월 30일은 폭우가 내려 30도가 넘는 더위는 한풀 꺾였지만 그 바람에 대기가 매우 습했다.

어릴 적부터 워런은 또래보다 신중했다. 예컨대 걸음마를 배웠을 때는 절대 넘어지지 않겠다는 듯 똑바로 서지 않고 무릎을 굽힌 채 엉거주춤 걸었다. 또한 레일라가 도리스와 워런을 교회 모임에 데려가면 도리스는 사방을 헤집고 다니다 길을 잃기 일쑤였지만 워런은 껌딱지처럼 어머니 옆에 딱 붙어 얌전히 앉아 있었다. 훗날 레일라는 워런이 "크면서 애를 먹인 적이 한 번도 없었고 손이 많이 가지 않는 아이였다"라고 적었다.

워런이 두 살 때 찍은 사진을 보면, 끈 달린 흰색 부츠에 흰색 양말을 신은 통통한 금발 소년이 한 손에 정육면체 모양의 블록을 들고 옅은 미소를 띤 채 카메라를 그윽한 눈빛으로 바라보고 있다. 처음에는 붉은 기가 감도는 금발이었던 그의 머리카락은 시간이 흐르면서 점차 적갈색으로 변했지만 그의 성격은 하나도 변하지 않았다. 그는 낯선 곳에 가면 함부로 돌아다니지 않았고 말썽을 피우거나 싸움을 일으키는 경우도 없었다. 오죽했으면 세 살 터울의 여동생 로버타Roberta가 동네 불량배들로부터 오빠를 지켜주었을까. 한번은 하워드가 권투 글로브 몇 켤레를 구해와 한 소년을 초대해서 워런과 권투 시합을 벌이도록 했다. 레일라는 "그 시합 이후 부자는 권투 글로브를 한 번도 사용하지 않았다오"라고 회상했다. 워런은 천성이 순한 양 같아서 누나와 여동생에게서 보호 본능을 불러일으켰다. 아니 누이들만이 아니라 다른 모든 사람도 그에게 보호 본능을 느꼈다. 워런은 싸움의 유전자가 아예 없는 것 같았다.

워런이 태어나고 몇 년간은 가족 모두에게 아주 힘든 시간이었다. 하워드는 유니언 스테이트 은행에서 증권 영업사원으로 일했다. 수전노였던 어니스트는 하워드의 직업이 영 못마땅했다. 그는 워런의 백부이자 자신의 맏아들인 크래런스Clarence에게 보낸 편지에 그런 마음을 노골적으로 드러냈다.

> 이 애비도 주식에 대해 알 만큼은 안다. 쉽게 말해주마. 평생 한 푼 두 푼 알뜰히 모아오다가 쉰 살이 되어서 갑자기 주식시장에 발을 담근다면 그 사람은 천하의 바보라는 뜻이다. 그냥 하는 쉰 소리가 아니니 허투루 듣지 말거라.[7]

하워드는 자신의 일에 대해 색안경을 끼는 아버지한테 마음이 상해 그 편지의 여백에 "이런 말까지 들었는데 보란 듯이 성공하겠어!"라고 휘갈겨 썼다. 그러나 채 1년도 지나지 않아 어니스트의 예상이 적중하는 것 같았다. 워런의 첫돌을 얼마 앞둔 1931년 8월 13일 퇴근하고 돌아온 하워드가 가족들에게 안타까운 소식을 전했다. 유니언 스테이트 은행이 문을 닫았다는 것이었다. 이는 모든 믿음을 박살

내는 대공황이 벌인 또 다른 참사 현장이었다. 그는 하루아침에 직장도, 저축도 잃었다.[8] 어니스트는 하워드에게 식료품을 외상으로 주었지만 하워드는 아버지의 그런 배려가 울며 먹는 겨자보다 더 매웠다. 하워드도 외상이나 빚을 죄악시하는 버핏가의 피를 물려받았기 때문이다. "신용을 지켜라. 돈보다 신용이 중요하다." 하워드는 앞으로 먹고살 일이 얼마나 막막한지 처자식을 데리고 처가가 있는 웨스트포인트로 이사하는 것도 고민했을 정도였다.

그러나 이내 하워드는 재기를 위한 몸부림을 시작했다. 동업자 둘과 버핏, 스클레니카 앤 컴퍼니Buffett, Sklenicka & Co.라는 증권회사를 창업했고 파넘 가Farnam Street의 예전 직장 유니언 스테이트 은행 건물에 사무실을 마련했다고 발표했다. 여담이지만 훗날 워런은 바로 그 파넘 가에 집도 사고 사무실도 열었다. 하워드와 동업자 조지 스클레니카George Sklenicka는 '투자 증권, 지방채, 공사채, 주식과 채권'을 팔러 열심히 뛰어다녔다. 이제 하워드는 주식시장의 붕괴로 무너진 대중의 신뢰를 회복하기 위해 용기와 의지를 그러모아 심기일전했다. 1929년 대공황이 발발했을 때만 해도 솔직히 오마하 시민들은 강 건너 불구경하듯 태평했다. 그러나 대공황의 영향을 받지 않을 거라는 그들의 자신감은 채 3년도 못 가서 무너졌다. 1932년이 되자 밀 가격이 폭락했고 농부들은 무료 급식소에서 끼니를 해결하는 신세로 전락했다. 전통적으로 공화당 텃밭이었던 오마하는 1932년 대통령 선거에서 공화당에 등을 돌렸고 민주당 후보 프랭클린 루스벨트에게 압도적인 표를 몰아주었다. 이듬해 정부 구호 프로그램을 신청한 오마하 시민이 1만 1천 명에 이르렀다. 그처럼 가장 어려운 시기에 출사표를 던졌으니 버핏 스클레니카가 처음에는 그럴듯한 간판을 내건 허울뿐인 증권회사처럼 보인 것도 당연했다. 그저 하워드가 매일 출근해 수수료를 받으며 일할 수 있는 공간 말이다. 사업을 시작하고 한참이 지난 뒤에야 비로소 거래를 체결했지만 수수료는 쥐꼬리만 했다. 한편 당시 오마하 로터리 클럽의 회장이었던 어니스트는 아들을 도와줄 법도 했건만, 오히려 회원들에게 하워드가 사람은 좋으나 주식은 초짜이니 그와 거래하지 않는 것이 상책이라고 재를 뿌렸다.[9] 하워드가 고전하는 동안 가족의 끼닛거리를 챙기는 것은 레일라의 몫이었다. 레일라의 노력으로 식구들이 굶지는 않았지만 정작 자신은 남편에게 시쳇말로 '고봉밥'을 주느라 가끔 끼니를 거르기도 했다. 살림이 얼마나 쪼들렸는지 레일라는 커피 원두 1파운드(약 450그램)를 살 29센트가 없어서 교회 모임에도 발길을 끊었다.

설상가상 대공황만큼이나 워런의 가족을 괴롭히던 것이 있었다. 중서부 지역 특유의 극단적인 자연 현상이었다. 마치 자연이 대공황과 한편을 먹고 쌍으로 괴롭히는 것 같았다. 레일라는 회고록에서 "대공황은 45도에 육박하는 끔찍한 폭염과 함께 시작되었다"라고 적었다. 게다가 오클라호마로부터 모래먼지 폭풍이 불어왔고, 메뚜기 떼마저 극성을 부렸다. 사람들은 문이며 창문을 모조리 잠그며 메뚜기 떼의 습격에 단단히 대비했지만 헛일이었다. 또한 워런의 네 번째 생일잔치를 하던 중에 "열기를 가득 품은 강풍"이 불어 닥쳐 탁자 위에 놓인 종이 접시와 냅킨을 날려버렸고 현관 베란다는 붉은 흙먼지로 뒤덮였다. 워런과 도리스는 숨 막히는 찜통더위에도 바깥에 서서 얼음 장수를 이제나저제나 기다렸다. 말이 끄는 수레를 모는 그에게서 얼음 조각 하나를 얻어먹으려고 말이다. 그나마 여름의 폭염은 겨울의 혹한에 비하면 그럭저럭 견딜 만했다. 겨울의 등굣길은 그야말로 고난의 행군이었다. 워런과 도리스는 따뜻한 옷으로 완전무장한 채 살을 에는 추위를 뚫고 집에서 8블록 떨어진 컬럼비안 스쿨까지

워런 버핏

도보로 등교했다. 오마하의 추위가 얼마나 대단했는지 외판원들은 꼭 외근을 나가야 할 때 엔진이 얼어 자동차의 시동이 걸리지 않을까 봐 아예 자동차의 시동을 켜두었을 정도였다.

워런이 초등학교에 입학할 무렵부터 집안 형편이 몰라보게 좋아지기 시작했다. 워런이 6살이었을 때는 오마하 외곽의 노스 53가에 있는 튜더 양식의 벽돌집으로 이사했다. 예전 집보다 훨씬 넓었고 비스듬한 지붕은 널빤지로 덮여 있었다. 이제 워런 가족에게 고생은 옛말이 되었다. 그들은 어둠의 터널을 완전히 빠져나왔다.

하지만 그처럼 가난하고 어려웠던 시간이 워런에게 깊은 영향을 주었던 것처럼 보인다. 그는 경제적으로 힘든 유년기를 보내면서 큰 부자가 되겠다고 굳게 결심했다. 요컨대 그의 마음에 부자에 대한 열망이 싹튼 것이 채 5살도 되기 전이었다. 그때부터 그는 거의 한시도 그 꿈을 잊은 적이 없었다.

워런이 6살이었을 때 아이오와 북부 오코보지 호수로 간만에 가족 여행을 가서 오두막 한 채를 빌려 머물렀다. 워런은 주머니를 탈탈 털어 25센트를 주고 6개들이 콜라 한 팩을 산 다음 호수 주변을 돌아다니며 한 병당 5센트를 받고 팔았다. 6개를 전부 팔면 5센트가 남았으니 영업이익률이 20퍼센트였다. 휴가에서 돌아온 뒤 그는 본격적인 음료수 장사에 나섰다. 할아버지 가게에서 탄산음료를 사서 동네 꼬마들이 바깥에서 한창 신나게 노는 여름밤에 집집마다 돌며 음료수를 팔았다.

그때부터 돈을 벌기 위한 워런의 노력은 한 번도 멈추지 않았다. 사실 어린 워런이 돈벌이에 나선 데는 **목적**이 있었다. 결코 단순한 용돈벌이가 아니었다. 오히려 자신의 마음속에 자리한 아주 큰 꿈을 실현하겠다는 일념뿐이었다.

워런은 7살 때 원인 미상의 열로 입원했다가 맹장 수술을 받았지만 상태가 호전되지 않아 의사들이 그가 잘못될까 봐 걱정하는 지경까지 되었다. 심지어 워런은 그토록 좋아하던 누들수프를 아버지가 가져왔을 때 입도 대지 않았다. 그러나 병실에 혼자 남겨지자 종이 한 장을 가득 채울 만큼 커다랗게 숫자를 적었고, 간호사에게 그것을 보여주며 자신이 미래에 모을 재산이라고 당돌하게 말했다. 워런은 "지금은 돈이 별로 없어요"라고 천진난만하게 덧붙였다. "그렇지만 언젠가는 반드시 신문에 내 사진이 나오게 만들 거예요."¹⁰ 죽음의 고비 같은 순간에 꼬마 워런은 좋아하는 수프가 아니라 부자가 되겠다는 꿈에서 위안을 얻은 것이다.

하워드는 자신이 경험한 가난과 고생을 아들에게 물려주지 않겠다고 맹세했다. 또한 부모로서 그는 자신의 아버지 어니스트의 전철을 절대 밟지 않고 **자신의** 아들을 무시하는 아버지가 되지 않겠다고 결심했다. 실제로도 하워드는 워런이 무엇을 하든 무조건 지지하며 아들에 대해 한결같은 믿음을 보여주었다. 비록 워런은 어머니의 쾌활한 성격을 물려받았지만 그의 우주는 아버지를 중심으로 돌아갔다.

183센티미터의 장신이었던 하워드는 신체적으로는 물론이고 다른여러 측면에서도 가족에게는 태산 같은 존재였다. 그는 가족을 부양하기 위해 열심히 일했고 증권회사만이 아니라 오마하의 가축 사육장 옆에 사우스 오마하 사료 회사라는 작은 사업체도 소유했다. 하지만 하워드의 피를 끓게 만드는 것은 돈이 아니었다. 오히려 종교와 정치에 대한 열정이 뜨거웠다. 그리고 남의 눈을 많이 의식했지만 도덕심이 강했고 극우 보수주의였던 자신의 신념을 실천할 용기도 있었다(지역의 한 은행가는 "그의 자리는 하느님의 오른쪽"이라고 말했다).

하워드는 루스벨트 대통령이 달러의 가치를 떨어뜨릴 거라고 즉 달리의 평가절하 정책을 실시할 거라고 확신했다. 이에 그는, 당시 미국에서는 개인이 금이나 금화를 보유하는 것이 불법이었는데도 아들딸에게 금화를 나누어주었고 크리스털 샹들리에, 영국산 고급 은식기, 동양산 양탄자 같은 고가품을 구매했다. 달러보다 유형자산이 더 가치 있다는 생각 때문이었다. 심지어 통조림 식품을 사재기했고 인플레이션의 지옥에서 탈출할 가족의 도피처 용도로 농장도 매입했다.

한편 하워드가 자신의 모든 정치적인 소신보다 우선순위에 두었던 철칙이 하나 있었다. 바로 독립적으로 사고하는 습관이었다. 그는 아이들과 나란히 앉아 유명한 사상가이자 시인이었던 랠프 월도 에머슨Ralph Waldo Emerson의 주옥같은 명언 중에서 자신이 좋아하는 격언을 읊어주곤 했다.

> 위대한 사람은 군중 속에서도 혼자 있을 때와 똑같이 한 치의 흐트러짐 없는 온화한 모습으로 초연한 독립성을 유지한다.

하워드는 아이들에게 종교적인 가치관뿐만 아니라 세속적인 가치관도 훈육했다. 그는 성인 대상 주일학교에서 교사로 활동했고 공립학교 위원회에도 관여했다. 또한 거의 한 주도 빠짐없이 워런과 두 딸에게 하느님만이 아니라 지역 사회에 대한 그들의 의무를 상기시켰다. 특히 그가 즐겨 하던 말이 있었다. "너희들은 모든 책임을 짊어질 필요는 없단다. 그러나 너희 각자의 의무를 등한시해서도 안 된단다."

그는 그런 교훈적 격언을 기회가 있을 때마다 강조하는 것에 그치지 않고 스스로 솔선수범하기 위해 최선을 다했다. 어쩌면 그 시절의 아버지들은 다들 그렇게 살았을 수도 있다. 어쨌든 그는 평생 술을 마시지도 담배를 피우지도 않았다. 또한 우수 고객이 손해를 보면 안타까운 마음에 그들의 증권과 주식을 본인이 직접 되사주기도 했다.

그는 무엇이건 사회적 병폐에 관한 이야기를 들으면 "당신은 선량한 시민입니다"라고 위로의 말부터 건넸고 "그것에 대해 이제는 어떻게 하실 생각입니까?"라고 덧붙였다.

보조개가 인상적인 하워드의 취미 중 하나는 거실에 놓인 빨간 가죽 의자에 푹 파묻혀 축음기를 틀어놓고 스티븐 포스터(Stephen Foster, 미국 민요의 아버지로 불린다. – 옮긴이)의 노래를 듣는 것이었다. 또한 그는 찬송가와 행진곡도 매우 좋아했다. 그뿐만 아니라 습관을 아주 중시했다. 가령 일요일 저녁마다 적갈색 테라코타 벽돌 건물의 북적이는 유니언 역에서 가족 외식을 했고 식사를 마친 다음에는 중심가에 있는 에번스 아이스크림을 꼭 들렀다. 짙은 양복을 말끔히 차려입어 엄숙한 인상을 풍겼지만 사실 그는 잘 웃었다. 한때 동료였던 허버트 데이비스는 "하워드는 누구나 원하는 완벽한 아버지상"이었다고 회고했다.

워런과 두 누이는 존경하는 아버지를 실망시킬까 전전긍긍했다. 심지어 도리스는 맥주를 마시는 친구들과 합석하는 것조차 거부했다. 혹시라도 아버지의 눈에 띄어 자신이 술을 마신다고 오해를 사고 싶지 않아서였다. 막내딸 로버타는 "아버지는 원칙주의자로 강직하고 높은 도덕적 원칙들을 엄격히 고수하셨죠"라고 회상했다. "그래서 우리는 착한 사람이 **되어야 한다**는 강박이 있었어요."

워런은 누구보다도 아버지를 우상화했다. 부자 사이가 아주 끈끈해 워런은 아버지와 함께 있으면 편안했고 거리낌도 없었다. 한번은 약간 음치였던 하워드가 찬송가를 부르다 음정을 틀리자 워런이 "아빠, 아빠도 노래할 줄 알고 저도 노래를 부를 줄 알아요. 하지만 우리 둘이 합창은 못 할 거 같아요"라고 당돌하게 말했다. 하워드는 아들을 애정이 뚝뚝 묻어나는 말투로 "불덩어리fireball"라고 불렀다.

워런이 10살이었을 때 부자는 단둘이 야간열차를 타고 뉴욕으로 갔다. 하워드는 두 딸도 한 명씩 돌아가며 뉴욕으로 데려갔으니 일종의 가족 의식인 셈이었다. 어쨌든 레일라는 워런이 한 손으로는 "둘도 없는 친구"인 아버지의 손을 잡고 다른 쪽 겨드랑이에는 커다란 우표첩을 낀 채 집을 나서는 모습을 지켜보았다. 부자는 뉴욕에서 야구 경기와 우표 전시회를 관람했고 "라이어널Lionel 장난감 기차가 있는 어떤 장소"도 구경했다.[11] 그리고 월스트리트에 들렀을 때는 뉴욕 증권거래소도 방문했다.

또래 소년들이 모형 비행기에 흠뻑 빠졌을 나이에 워런은 이미 주식에 매혹되었다. 하워드는 사업이 잘되자 17번가와 파넘 가의 교차로에 있는 오마하 내셔널 은행 건물로 사무실을 이전했다. 대리석 기둥이 멋진 건물이었다. 하워드는 이제 명실상부 잘나가는 주식 중개인이었다. 워런은 참새가 방앗간을 찾듯 아버지의 새 사무실로 툭하면 달려갔다. 그곳에 가면 워런의 눈길을 사로잡는 것이 있었다. 금색의 창살문 뒤에 보관된 주식과 채권 증서들이었다. 워런의 눈에는 그런 증서가 신비로운 매력을 내뿜는 것처럼 보였다.[12] 가끔은 아버지 사무실의 아래층에 입주한 증권회사 해리스 업햄Harris Upham의 오마하 지점으로 내려갔다. 오마하에서 활동하는 금융권 종사자들이 주식 시세와 동향을 알아보러 그곳을 자주 들렀다. 동부 해안 지역에서 투기꾼으로 악명 높았던 제시 리버모어Jesse Livermore도 오마하를 방문할 때면 그곳에 들러 휘갈겨 쓴 주문서를 제출한 다음 조용히 자리를 떴다. 해리스 업햄의 주식 중개인들은 귀찮을 법도 했건만 오히려 큰 귀를 가진 꼬마 워런에게 칠판에 주식 시세를 적는 일을 시킴으로써 주식시장에 대한 그의 목마름을 채워주었다.[13]

집에서도 워런의 주식 사랑은 식을 줄 몰랐고, 언젠가부터 스스로 주가 그래프를 작성하는 경지에 올랐다. 그러자 주가의 변동을 관찰하는 눈이 생겼고 주가의 동향을 분석하고 판독하는 재미에 푹 빠져들었다. 11살 때 드디어 워런은 생애 처음으로 주식에 투자했다. 미국 에너지 회사 시티즈 서비스Cities Service였다. 그는 그 회사의 우선주를 주당 38달러에 총 6주를 매수했다. 그중 3주의 주인이었던 도리스는 "동생이 주식에 대해 안다고 믿었죠"라고 회상했다. "동생은 숫자와 함께 살고 호흡하는 아이였어요." 그렇다면 훗날 투자의 귀재가 되는 어린 워런의 최초 투자 성과는 어땠을까? 시티즈 서비스의 주가가 27달러로 떨어져 꼬마 투자자들의 애간장을 태우다가 40달러까지 반등하자 워런은 주식을 매도했다. 그리하여 그는 수수료를 제하고 생애 첫 주식투자로 5달러를 벌었다. 그런데 하필 워런이 주식을 매도한 직후부터 시티즈 서비스의 주가가 상승하더니 급기야 200달러까지 치솟았다. 이 일로 워런은 주식투자에 관한 귀중한 생애 첫 교훈을 얻었다. 주식투자에서는 인내와 끈기가, 다른 말로 장기 투자가 중요하다는 깨달음이었다.

　사실 워런은 주식보다는 경마에서 더 짭짤한 재미를 보았다. 수학특히 확률에 관심이 컸던 워런과 러셀은 경마꾼들을 위해 우승마를 예측하는 시스템을 개발했다. 며칠 후 둘은 그 예측 시스템이 꽤 정확하다는 확신이 생겼고, 이름까지 정해 본격적인 영업을 시작했다. 〈마구간 소년의 선택Stable-Boy Selections〉이었다. 그 제목 아래에 자신들이 예상한 우승마를 적었는데, 일종의 경마 정보지였다. 그러고는 정보지를 한 아름 복사해 아크사벤 경마장으로 가져갔다. 러셀의 말을 직접 들어보자. "우리는 그 정보지로 돈을 벌 수 있겠다고 생각했죠. 우리는 정보지를 신나게 흔들며 〈마구간 소년의 선택〉이 우승마를 알려줍니다'고 고래고래 소리를 질렀어요. 그러나 경마장이 우리에게 면허가 없다며 정보지를 팔지 못하게 해서 사업을 접어야 했어요."[14]

워런의 돈벌이 모험은 모두가 숫자에 기초했다. 그는 이 세상 무엇보다 숫자를 믿었다. 반면에 그는 집안의 종교를 따르지 않았다. 심지어 어릴 적에도 그는 지나치게 수학적이고 너무 논리적이라 종교적인 신념을 가질 수가 없었다. 그는 아버지의 엄격한 윤리적인 가르침을 받아들였지만, 눈에 보이지 않는 신에 대한 아버지의 맹목적인 믿음은 수긍할 수 없었다. 냉철하고 자신의 생각에 솔직한 사람에게는, 특히 어린 소년에게는 정제되지 않은 그런 과도한 종교적 논리가 하나의 끔찍한 두려움으로 귀결될 뿐이다. 죽음에 대한 깊은 두려움이다. 그리고 워런도 바로 그 두려움에 사로잡혔다.[15]

레일라와 하워드는 워런이 주일학교에 반드시 참석해야 한다고 강요했다. 심지어 어린아이 키 높이만큼 눈이 쌓인 주말도 예외가 아니었다. 그러나 소를 물가로 데려갈 수는 있어도 억지로 물을 먹일 수는 없는 법이다. 워런이 딱 그랬다. 그의 몸은 교회 예배당에 있었지만 정신은 딴 데를 배회했다. 특히 찬송가 작곡가들의 수명을 계산하는 데에 심취했는데, 신앙이 수명을 늘려주는 효과가 있는지 알고 싶어서였다.[16] 여느 신앙인과는 달리 내세는 그의 관심 밖이었고 오히려 그는 **이번** 생애에서 오래 살 수 있는지 알고 싶었다.

워런과 러셀은 쥐 죽은 듯 고요한 오후 러셀의 집 앞쪽 베란다에 놓인 그녀 의자에 나란히 앉아 있곤 했다. 그럴 때면 가끔, 마치 대평원에서 갑자기 불어오는 회오리바람에 실려 온 듯 워런이 뜬금없이 말했다. "있잖아, 난 세상에서 무서운 게 딱 하나야. 죽는 게 무서워." 어쩌면 워런은 1년에 한 번씩, 아니 최소한 러셀의 머리에 확실히 각인될 만큼 그런 말을 자주 했다. 러셀에게는 그런 고백이 자신이 아는 친구의 평소 모습과는 너무 달라 이질적으로 느껴졌다. 대개의 경우 워런은 아주 기운차고 쾌활한 소년이었기 때문이다. 이따금 러셀이 빈 우유 상자 바닥에 모이를 놓아 새를 유인해서 잡으면 워런은 새를 해치지 말고 그냥 풀어주라고 애원했고, 러셀은 연결된 줄을 당겨 뚜껑을 열어 새를 날려 보냈다. 하지만 러셀이 새는 풀어줄 수 있어도 **자신의** 죽음에 대한 워런의 공포심은 없애줄 방법이 없었다.

"하느님이 네게 주신 재능을 발휘하면 너도 성공하고 다른 사람들도 도울 수 있어. 그러면 웃으면서 죽을 수 있어"라고 러셀이 친구를 다독였다.

"난 그냥 죽는 게 겁나"라고 워런이 대답했다.

천주교 신자였던 러셀은 친구의 두려움을 이해하지 못했다. 그는 친구가 어째서 죽음을 무서워하는지, 무엇 하나 부족함 없는 친구에게 왜 그토록 깊은 두려움이 생겼는지 의아했다. 그러나 워런의 가정사에는 러셀이 미처 몰랐던 측면이 하나 있었다. 바깥에서 보면 버핏의 가정은 이상적인 모습이었다. 가족애가 넘치고 유복하며 높은 도덕적 원칙에 따라 행동했고 가족이 최우선 순위였다. 더욱이 버핏가에 대한 그런 모든 이미지는 꾸며낸 위선이 아니라 진짜였다. 레일라는 하워드를 처음 만난 날을 "내 평생 가장 운 좋은 날"이었다고 회고했다.

레일라는 남편 하워드를 왕처럼 떠받들었다. 아무리 자애로운 왕이라고 해도 어디까지나 왕은 왕이었다. 현실주의자였던 레일라는 주식에 대해서도 나름의 소신이 있었지만, 하워드에게 자신의 생각을 밝힌 적은 한 번도 없었다. 심지어 두통이 아무리 심해도 남편을 귀찮게 하거나 그의 독서를 방해할까 봐 별다른 내색을 하지 않았다. 그도 그럴 것이 그녀의 꿈은 완벽한 현모양처가 되는 것이었다. 워런의 친구들은 레일라가 아담한 체구에 예쁜 미소를 가진 유쾌한 아주 머니라고 생각했다. 『오즈의 마법사』에 나오는 착한 북쪽 마녀처럼 다정하고 싹싹하며 언제나 **활기가 넘친다**고 말이다.

그러나 완벽한 현모양처가 되려는 마음이 도리어 레일라에게 감당하기 힘든 스트레스가 될 때도 있었다. 그럴 때면 그녀는 자신의 감정을 주체 못 해 워런과 두 딸에게 분노 섞인 저주를 쏟아냈다. 평소 유머 감각이 뛰어났던 레일라는 사전 경고도 없이 마치 다른 사람처럼 돌변했다. 자신의 분을 삭이지 못해 형언할 수 없을 정도로 격분했고, 아들딸들에게 무자비하고 저열한 방식으로 화를 분출했다. 더러는 몇 시간 동안 호통이 이어지기도 했다. 그녀는 아이들을 토끼 몰듯 다그치며 몰아세웠고, 그들의 행동 하나하나가 그녀의 성에 차지 않았다. 그녀는 그저 머리에 떠오르는 대로 자식들의 잘못을 들춰내 비교하고 꾸짖었다.

화가 났을 때의 레일라에게 평소의 모습은 온데간데없었다. 마치 『오즈의 마법사』에 나오는 사악한 서쪽 마녀같이 끔찍하고 부당한 어떤 기운에 씌어 조종당하는 것 같았다. 워런이나 두 딸의 어떤 행동도 그녀의 시선에서 비껴갈 수 없었고, 아무리 사소한 잘못이나 결점도 그녀의 잔인한 불호령을 피할 수 없었다. 심지어 아이들이 아무 잘못을 저지르지 않았을 때도 그녀는 자신의 머릿속에서 혼낼 거리를 만들어냈다.

워런은 물론이고 그의 누이들이 보기에, 레일라는 감정 기복이 극단적이어서 언제 폭발할지 예측할 수 없는 시한폭탄이었다. 이것이 그들을 더욱 두렵게 만들었다. 게다가 일단 심사가 뒤틀려 그녀의 뚜껑이 열리면 숨을 곳조차 없었다. 또한 식자기를 다룰 정도로 당차고 강인했던 11살 소녀가 지금도 그녀 안에 숨 쉬고 있었다. 어쩌다가 워런과 두 누이가 그 상황에서 벗어나려고 하면 여지없이 폭언이 날아왔다. **"내 말 아직 안 끝났어."**[17] 그런 다음 시작만큼이나 갑자기 모든 소동이 진정되었고, 언제 그랬냐는 듯 다정하고 가냘픈 여성으로 돌아왔다.

레일라가 자식들에게만 분노의 화살을 쏘는 것은 아니었다. 한번은 워런의 두 아들 중 하나가 대학을 다니다 집에 돌아왔을 때의 일이다. 그는 어떤 사태를 불러올지 꿈에도 모른 채 할머니에게 안부 인사차 전화를 드렸다. 그런데 갑자기 레일라가 마치 활화산처럼 손자를 맹비난했다. 전화를 자주 하지 않는다면서 배은망덕하다고 몰아세우고 자기가 생각하는 손자의 수많은 성격적 결함들을 일일이 열거했다. 그렇게 잔소리가 2시간이나 꼬박 이어졌다. 마침내 수화기를 내려놓았을 때 워런의 아들은 울고 있었고, 워런이 부드럽게 다독였다. "아빠가 날마다 어떤 심정으로 살아왔는지 이제 너도 알겠구나."

레일라가 웨스트포인트를 떠나고 얼마 후 그녀의 가족에게 비극이 연이어 닥쳤다. 여동생 중 하나가 자살했고, 다른 여동생과 어머니는 보호시설로 보내졌다. 스탈가의 여인들이 일련의 정신 이상이나 정서적 장애로 불행한 삶을 살았지만 레일라는 최소한 살아남았다.

한편 워런과 두 누이는 어떤 방패막이도 없이 어머니가 쏟아내는 분노의 파편을 스스로 견뎌내야만 했다. 가족들 누구도 그것에 대해 공개적으로 말하지 않은 것은 분명했지만, 암묵적인 어떤 규칙 같은 게 있었다. 일례로 어린 꼬마여도 눈치가 빨랐던 워런은 어느 아침 하워드가 아래층으로 내려왔을 때 "엄마가 또 잔뜩 화났어요"라고 슬쩍 귀띔해 주었다.[18] 그나마 하워드가 집에 있을 때는 좀 나았다. 대개는 하워드가 출근한 후에 폭풍우가 몰아쳤다. 워런과 누이들은 레일라의 목소리에서 먹구름이 몰려온다는 징조를 잘 살폈다가 서로

워런 버핏

에게 주의를 주었다. 하워드와 레일라는 부부싸움도 하지 않을 만큼 금실 좋은 사이였고, 레일라는 오직 자식들하고만 부딪혔다. 그리고 워런과 두 누이는 어머니와의 갈등에서 백전백패했다.

워런은 이런 가망 없는 싸움에 대처하는 나름의 방법을 터득했다. 어머니에게 **대들지 않는 것**이었다. 로버타의 말을 빌리면 "어머니가 아무리 성질을 내도 오빠는 절대 화를 내지 않았어요. 혼자 속으로 삭혔어요." 길 건너편에 살았던 친구 제리 무어는 워런이 싸우는 것을 한 번도 보지 못했다. 그는 동네에서 흔하게 일어나는 어떤 싸움에도 끼어들지 않았다. 아니 어떤 것이든 갈등 상황에 관여하지 않았다.

워런은 친구들에게 어머니의 '감정 기복'에 대해 털어놓은 적이 없었다. 게다가 쾌활하고 낙천적인 그의 행동에서는 그런 낌새가 조금도 묻어나지 않았다. 다만 친구 몇몇은 워런이 자신의 집보다 친구들의 집에서 노는 시간이 더 많다는 사실을 눈치챘다. 가령 러셀의 어머니는 "그 아이를 고양이와 함께 밖으로 내보냈다가 나중에 우유를 가지러 나가보면 아직 바깥에 그대로 있어서 다시 집안에 들였다"는 말을 자주 했다. 또한 워런의 학교 친구였던 바이런 스완슨이 방과 후 집에 와보면 워런이 먼저 와서 마치 제집인 양 부엌에서 콜라와 감자 칩을 먹고 있었는데, 그 모습이 천진하면서도 약간 귀여워 보였다고 했다. 여담이지만, 당시는 미국인들이 너나없이 문을 잠그지 않고 지내던 시절이라 그런 일도 가능했다. 심지어 월터 루미스는 저녁에 아버지가 퇴근하고 식사 시간이 되면 어머니가 워런을 억지로 돌려보냈다고 회상했다(월터는 지난날을 떠올리며 "억지로 가라고 할 것까지는 없었는데 너무 지나쳤어요"라고 담담하게 덧붙였다).

혹시 어머니가 조성한 살얼음판 같은 집안 분위기가 워런의 성공에 모종의 역할을 한 것은 아니었을까? 훗날 워런의 막내아들 피터

Peter도 그런 취지의 말을 했다. 워런이 성공한 이유 중 하나가 하루라도 빨리 집에서 벗어나 독립하고 싶은 욕구 때문이었을 수도 있다고 말이다. 물론 그것은 워런 자신 말고 누구도 대답할 수 없는 문제다. 그러나 **무엇** 때문인지는 몰라도 실제로 그런 욕구가 있은 것은 확실했다. 워런은 친구들과 로즈힐 초등학교의 비상계단에 앉아 놀다가 자신은 35살이 되기 전에 부자가 될 거라고 당당히 말했다.[19] 워런이 이렇게 말해도 친구들은 그가 허풍을 친다거나 잘난 체하는 밉상이라고 생각하지 않았다(러셀은 어릴 때부터 "그는 한다면 반드시 하는 사람"이라고 애정을 담아 말했다). 그저 그는 자신이 부자가 될 거라는 확고한 **믿음**이 있었다.

어릴 적 워런은 『1,000달러를 버는 1,000가지 방법One Thousand Ways to Make $1,000』이라는 책을 좋아했는데, 얼마나 읽었는지 달달 외우다시피 했다. 그 책에는 "직접 만든 수제 캔디로 사업을 시작하라", "맥두걸 여사Mrs. MacDougall는 38달러로 100만 달러를 벌었다" 등등 미래의 백만장자들에게 영감을 주는 실제 사례들이 가득했다. 워런은 그 책에 나오는 주인공이 된 자신의 모습을 생생하게 그릴 수 있었다. 동전 더미에 파묻힌 자신의 모습을 말이다! 어린 나이인데도 그는 사탕보다 동전이 훨씬 더 좋았다. 그가 그 책이 들려주는 꿈의 성공 사례들을 스펀지처럼 빨아들이고 심취한 것은 분명했다. 어떤 계획이든 기다리지 말고 "지금 당장 시작하라"는 조언을 실천했다는 것이 단적인 예다.

워런이 책벌레였다는 사실은 동네에서 모르는 사람이 없었다. 그리고 그가 "사진처럼 정확한 기억력"의 소유자였다고 이웃들이 한목소리로 증언했다. 그는 나이에 비해 큰 편이었고 운동을 좋아했다는 것만 빼면, 달리 눈에 띄는 점이 없었다. 그런 그도 이른바 '인싸'가 되는 순간이 있었는데, 돈벌이 아이디어에 대해 말할 때였다, 말은 청

워런 버핏

산유수였고 그의 열정은 주변 사람들에게 고스란히 전염되었다. 워런이 그런 이야기를 할 때면 친구들은 귀를 쫑긋 세웠다. 그는 자신의 사업적 모험을 함께하자며 친구들을 **설득하지** 않았다. 아니 그럴 필요가 없었다는 말이 더 정확했다. 그에게는 그저 자석처럼 친구들을 끌어당기는 힘이 있었다. 그의 아버지가 그를 불덩어리라고 부르지 않았던가. 불이 나방을 부르는 것이 아니라 나방이 불을 보고 달려드는 법이다. 가령 워런이 아크사벤으로 마권 사냥을 갈 때는 러셀과 에릭슨, 스완슨이 동행했고, 골프공을 줍는 일에는 동네 친구 절반이 동원되었다. 얼마 지나지 않아 그는 주워온 골프공들을 상표와 가격대별로 구분해 바구니에 담아 자신의 방에 보관했다. 이웃이었던 빌 프리처드는 "그가 친구들에게 골프공 12개를 나눠줬어요. 우리가 골프공을 팔아오면 그가 판매 금액에서 일정 부분을 자기 몫으로 떼어갔죠"고 회상했다. 심지어 워런과 에릭슨은 엘름우드 공원에서 가판대를 놓고 중고 골프공을 팔았다. 에릭슨의 말에 따르면, 한동안 장사가 아주 잘됐는데 공원 관리사무실에 신고가 들어가 관리인에게 쫓겨났다고 한다.

《새터데이 이브닝 포스트Saturday Evening Post》에 소개된 그 시절의 오마하는 한마디로 황량한 도시였다. 아이오와주 디모인Des Moines에서 멈춘 문명의 서쪽이고 로키 산맥에서 시작하는 아름다운 자연 풍광의 동쪽이었다고 오마하를 시적으로 표현했지만 그 말이 그 말이었다.[20] 오마하를 표현할 수 있는 유일무이한 특징은 '순응성conformity'이었다. 물론 극단적인 기후만은 예외였다. 오마하가 미국의 문화에 기여한 것은 TV 디너(TV를 보면서 간단히 먹는 저녁식사 - 옮긴이)로 유명한 즉석식품 브랜드 스완슨이 전부였다. 문화 불모지라는 이런 통념 외에 오마하를 좀 더 낭만적으로 보는 시각도 있었는데, 오마하가 죄악이 넘치는 동부로부터의 오염되지 않은 피난처라는 것이었다. 쉽게 말해 오마하는 '소박하고' 어딘지 목가적이라고 여겨졌다. 이것이 전혀 틀린 말은 아니었어도 크게 과장된 이미지였다. 그리고 나중 일이지만, 흔히 뉴욕의 전문 투자가들은 재능과 지혜를 겸비했다고 설명하면서도 유독 버핏만은 예언가처럼 묘사하는 경향이 있었다. 아마 오마하의 그런 이미지가 그것에 모종의 역할을 했을 것으로 보인다. 실제로 워런은 '오마하의 현인Oracle of Omaha' 또는 '오마하의 마법사Oz of Omaha'라는 별명으로 불린다(『오즈의 마법사』에 나오는 마법사 오즈는 오마하 출신이었다).

하지만 워런에게는 오마하가 황량하고 척박한 동네가 아니었다. 버핏 집안사람들과 이웃들은 교육 수준이 높고 세련되었으며 문화적 주류의 일부였다. 가령 춤으로 스크린을 정복한 무용가 프레드 아스테어Fred Astaire는 파넘 가의 체임버스 아카데미에서 춤을 배웠고, 네브래스카 출신으로 미국 영화사에 한 획을 긋는 헨리 폰다Henry Fonda는 오마하의 한 아마추어 극단에서 데뷔했다. 워런이 어렸을 때 오마하는 인구 22만 명의 소도시였지만 결코 보이는 게 다가 아니었고 남다른 '한 끗'이 있었다. 오마하에서 석탄 광부로 일했던 시인 칼 샌드버그Carl Sandburg의 말을 들어보자. "오마하는 지저분한 얼굴로 군대를 먹이고 음식을 삼키며 욕을 해대는 상남자다."[21]

워런이 열한 번째 맞이한 여름이었다. 자식들에게 진정한 농촌 생활을 체험시켜 주고 싶었던 하워드는 시골 하숙집을 구한다는 광고를 냈고, 워런과 도리스가 몇 주간 엘머 베네라는 농부 집에 하숙했다. 워런은 베네 부인이 구운 파이를 실컷 먹는 것은 좋았지만 소나 옥수수에는 도통 관심이 없었다. 워런에게 높다란 곡식 저장탑은 시골 소년에게 오마하의 아르데코 양식의 근대식 고층건물처럼 생경했다. 워런은 천생 **도시** 소년이었다.

오마하 노스 53가에서 워런은 누가 어디에 사는지 전부 알았다. 그리고 그곳은 쌍둥이 박공지붕, 갈색 벽돌, 중앙 출입구 등등 집들이 다 똑같이 생겼다. 그는 우유 배달 트럭, 전차에서 흘러나오는 음악, 근방을 지나가는 화물 열차, 시내의 원두 볶는 공장에서 풍겨오는 커피 냄새 등에 익숙했다. 심지어 따뜻한 여름 저녁 남풍에 섞여오는 육류가공 공장의 역겨운 육향마저도 그의 삶의 일부였다. 걸어가든 자전거나 전차를 타든 그는 골프장으로, 아버지 사무실로, 할아버지 식료품점으로 오마하 어디든 마음대로 갈 수 있었다. 어머니 때문에 힘들고 교회에서 보내는 시간이 고역이었어도 그에게 오마하는 변하지 않고 항상 일정한 값을 갖는 상수常數, constant 같은 존재였다. 언제든 기댈 수 있는 버팀목이었다는 말이다.

워런이 11살이었던 1941년 12월 미국 전역을 혼란의 소용돌이로 몰아넣는 충격적인 사건이 벌어졌다. 그 일은 워런의 평온한 삶에 차츰 암울한 그림자를 드리우게 된다. 일본이 진주만을 기습 공격했던 운명의 일요일, 그 시각 워런은 가족과 함께 웨스트포인트의 외할아버지 댁을 방문한 참이었다. 집으로 돌아오는 차 안에서는 군가가 울려 퍼졌다. 이후 몇 달간 전쟁이 미국인들의 삶 속으로 차츰 깊이 들어왔지만 오마하에서 워런의 삶은 예전과 다름없이 흘러갔다.

그러나 총선이 열리는 1942년이 되자 워런의 오마하 삶에 커다란 전환점을 가져올 폭풍우가 다가왔다. 네브래스카 제2 하원의원 선거구에서 공화당은 인기 높은 전시戰時 대통령 프랭클린 루스벨트가 이끄는 민주당과 격돌할 마땅한 후보자를 찾을 수 없었다. 절박한 마음에 공화당은 뉴딜 정책을 공개적으로 반대했던 사람을 선택했다. 하워드 버핏이었다.

고립주의(isolationism, 국제 정세가 자국의 경제나 안보에 악영향을 미치지 않을 경우 국제 분쟁에서 중립적인 위치를 유지하며 정치적으로나 군사적으로 국제 사회에서 고립한다는 정책 - 옮긴이)를 지지했던 하워드가 세계대전 중에 치러지는 선거에서 이길 가능성은 매우 희박했다. 하워드는 선거 유세 중에 2차 세계대전의 원흉 나치 독일의 히틀러나 이탈리아 독재자 무솔리니가 아니라 루스벨트 대통령을 향해 독설을 뿜어냈다.

> 저는 이번 선거에서 공화당 후보가 얼마나 불리한지 잘 압니다. 우리 공화당 후보의 적은 바로 안방에 있습니다. 인류 역사상 가장 강력한 정치 기계[political machine, 20세기 미국 정계에서 유래한 것으로 권위 있는 보스 정치인(들)을 중심으로 지지자와 기업들이 모여 유착한 것을 말한다. - 옮긴이]인 태머니 협회[Tammany Society, 태머니파(派), 1789년에 조직된 단체로 1930년대까지 뉴욕시의 민주당을 지배한 파벌 기구를 말하며 때로는 부정한 모든 정치 조직을 지칭하기도 한다. - 옮긴이]입니다. 극악무도한 태머니파 일당의 목표는 2차 세계대전을 허울 삼아 국민들의 목에 사슬을 감고 옥죄어 정치 노예로 만드는 것입니다.[22]

인플레이션과 큰 정부(국가가 경제적으로 불필요한 부분에 다소간의 제재를 가하기 위해 어느 정도 간섭할 필요가 있다고 주장하는 이념이며 반대 의미로는 작은 정부가 있다. - 옮긴이)를 맹비난했던 하워드는 40년을 앞서나간 인물이었다. 하지만 오마하에서 그는 정치적인 성향을 떠나 개인만 놓고 보면 인기가 높았다. 그는 비록 정치 자금은 보잘것없었지만 — 그의 선거 비용은 겨우 2,361달러가 전부였다 — 선거 운동에 악착같이 매달렸다.

워런 버핏

사실 하워드도 선거에서 이길 거라고 기대하지 않았다. 오죽하면 투표 당일 일찌감치 선거 패배를 예상해 승복 연설문까지 작성해 놓고 밤 9시쯤 잠자리에 들었다. 그런데 다음 날 눈을 떠보니 놀라운 소식이 기다리고 있었다. 그는 선거 승리가 자신의 생애에서 "가장 행복하고도 놀라운 일 중 하나"였다고 말했다.

아버지에게는 행복하고도 놀라운 일이었지만 워런에게는 달랐다. 오히려 자신의 운명이 급선회한 것에 충격을 받았다. 12년 몇 개월을 살아오는 동안 오마하의 테두리를 벗어난 적이 없었는데 생전 처음 고향을 떠나게 되었다. 선거 직후 찍은 가족사진을 보면 워런의 똘똘한 얼굴에는 불안한 기색이 역력했다. 시선은 멍했고 앙다문 입술에서는 보일 듯 말 듯 아주 희미한 미소가 걸렸다.

워싱턴 시내는 전시 상황이라 집을 구하기가 힘들었다. 그래서 하워드는 워싱턴에서는 멀어도 아름다운 버지니아주 프레더릭스버그Fredericksburg에 집을 얻었다. 래퍼핸녹강Rappahannock River을 굽어보는 언덕 위에 옆으로 죽 펼쳐진 식민지풍의 흰색 주택이었는데 앞쪽으로는 베란다가 있고 정원에는 장미가 심어 있었다. 로버타는 그 집이 "영화 속에서 튀어나온 것"처럼 보였던 반면 워런은 그 집이 그냥 싫었다.

영화 속 풍경처럼 아름다웠을지언정 프레더릭스버그는 남북전쟁 당시 남부 연합에 속했던 외딴 도시였다. 더구나 중서부 오마하 사람의 눈에는 남부 도시의 모든 게 낯설었다. 워런에게는 어떤 변화도 달갑지 않았겠지만, 특히 이것은 그의 세상을 완전히 뒤죽박죽으로 만들었다. 이웃이며 친구들과 억지로 떨어진 것도 날벼락이었는데, 설상가상으로 주중에는 우주의 중심인 아버지와도 떨어져 지내야 했다. 하워드는 출퇴근이 힘들어 주중에는 북쪽으로 50마일(80킬로미터)이나 떨어진 워싱턴 시내 도지 호텔에 머물렀다. 하워드는 식구들에게 의정 활동은 한 번으로 끝이라고 약속했다. 하지만 아버지의 약속도 워런에게는 위안이 되지 못했다. 오마하에서, 아니 이제껏 자신이 알던 모든 것에서 직선거리로도 1,000마일(1,600킬로미터)이나 떨어진 워런은 "지독한 향수병"을 앓았다.[23]

오마하로 돌아가고 싶은 마음이 간절했지만 워런은 천성적으로 가족들과 대립하는 성격이 아니었다. 그는 그저 원인 모를 "알레르기"가 생겼고 그저 잠을 이루기가 힘들다고 둘러댔다. 물론 금욕적이고 절제된 그의 선비 같은 태도는 진짜 감정을 들켜 가족들에게 걱정을 끼치고 싶지 않은 마음에서 나온 것이었다. 먼 훗날 그는 당시에 대해 이렇게 회고했다. "부모님께 숨을 못 쉬겠다고 말씀드렸어요. 그러고는 행여 밤잠을 설치실까 봐 걱정할 만큼은 아니라고 얼른 안심시켜 드렸죠. 그렇지만 저는 한숨도 못 자고 밤을 꼬박 새웠습니다."[24] 당연히 부모님은 아들이 몹시 걱정되었다.* 한편 워런은 어니스트 할아버지께 보낸 편지에 불행하다고 털어놓았다. 어니스트는 곧장 답장을 보내면서 워런이 오마하로 돌아와 8학년을 마칠 때까지 자신과 앨리스 고모와 함께 지내자고 제안했다. 몇 주간 고민하다가 그의 부모님도 어니스트의 제안을 받아들였다.

워런은 야간열차를 타고 오마하로 돌아가면서 네브래스카 상원의원 휴 버틀러Hugh Butler와 침대칸을 함께 사용했다. 동틀 무렵 버틀러 상원의원은 하워드가 걱정했던 말과는 달리 어린 길동무가 간밤에 잘 자는 게 신기한 듯 "나는 네가 잠을 못 잘까 걱정했었는데"라고

---

* 버핏이 그 말을 하고 몇 년 뒤 도리스에게 그가 정말로 밤새 한 숨도 못 잤느냐고 묻자 "세상에, 웬걸요. 아주 잘 잤어요"라고 말했다.

워런 버핏

말했다. 워런은 날아가는 말투로 "펜실베이니아주를 지나면서 불면증이 사라졌어요"라고 대답했다.[25]

오마하에 돌아오자 워런은 예전의 활발하고 씩씩했던 소년으로 돌아왔다. 가정 과목 교사에 사고방식이 자유분방했던 앨리스 고모는 조카의 자애로운 보호자가 되었고 조카에게 많은 관심을 쏟았다. 교사들이 흔히 그렇듯 앨리스도 조카의 총명함과 호기심에 매혹되었다.

학자풍이었던 어니스트 할아버지도 영민한 손자에게 속절없이 빠져들었다. 당시 어니스트는 책을 집필 중이었는데 매일 밤 워런에게 몇 페이지를 받아쓰게 했다.[26] 고심 끝에 선택한 그 책의 제목은 『식료품점을 운영하는 방법과 낚시에 관해 내가 배운 몇 가지How to Run a Grocery Store, and a Few Things I Have Learned about Fishing』였다. 그런 제목을 선택한 이유는 그가 큰아들 클래런스에게 보낸 편지에 뚜렷이 드러났다. 그는 슈퍼마켓이 일시적인 유행에 지나지 않는다고 장담했다.

> 나는 크로거Kroger, 몽고메리 워드Montgomery & Ward, 세이프웨이 Safeway가 이미 정점을 찍었다고 본단다. 지금부터 체인 슈퍼마켓은 내리막길을 가며 고전하게 될 거다. 내 말이 맞을 테니 두고 보거라.[27]

다행히도 어니스트의 야심작은 출판되지 않았다(체인 슈퍼마켓의 원조였던 몽고메리 워드는 2,000년 말 파산을 선언할 때까지 존속했고 크로거는 현재 월마트에 이어 미국 제2의 유통업체이며 세이프웨이는 오늘날 미국 전역에 현재 2,400여 개의 매장을 운영한다. – 옮긴이).

워런은 버핏 앤 선에서 아르바이트를 시작했고, 덕분에 할아버지의 사업 운영 노하우를 가까이서 지켜볼 수 있었다. 어니스트의 인색함은 손자라고 봐주지 않았다. 쥐꼬리만 한 워런의 임금에서 매일 2센트씩 차감한다고 일방적으로 통보했다. 이는 워런에게 사회보장제도 같은 정부의 복지 프로그램이 돈 먹는 하마라는 사실을 단단히 각인시키기 위해 계산된 행동이었다. 게다가 직업윤리에 관한 장황한 훈계도 '덤으로' 들어야 했다. 워런은 할아버지 가게에서 상자들을 들고 음료수병들을 옮기는 잡일을 했는데, 12살 소년에게는 힘을 쓰는 그런 일 자체가 버거웠다. 게다가 그는 그런 일이 마음에 들지 않았고 솔직히 식료품점 특유의 냄새도 질색했다. 더구나 썩은 과일이 담겼던 용기를 씻는 일도 워런의 몫이었다.[28]

그럼에도 워런은 나무 바닥이 삐걱거리는 할아버지 가게가 마냥 좋았다. 버핏 앤 선은 식료품점치고 상당히 쾌적한 편으로 천장에 달린 선풍기가 쉴 새 없이 돌아갔고 천장까지 닿은 나무선반이 줄지어 있었다. 간혹 손님이 맨 위 선반에 진열된 통조림을 원하면 워런이나 다른 점원이 슬라이딩 사다리를 끌고 와서 올라가 꺼내주었다.

할아버지 가게는 워런이 태어나서 처음으로 목격한 성공적인 사업이었다. 계산을 담당하던 프레드 삼촌은 모든 손님과 일일이 유쾌하게 대화를 주고받았다. 고소한 냄새로 코끝을 간질이는 갓 구운 빵, 알맞게 숙성된 치즈, 포장을 하지 않고 진열한 쿠키와 견과류 등등 버핏 앤 선은 손님들이 다시 찾게 만드는 **무언가**가 — 아마도 어니스트의 짠돌이 근성과 절약 정신에 대한 집착이었을 것이다 — 있었다.[29]

훗날 워런의 평생 동업자이자 버크셔 해서웨이Berkshire Hathaway Inc.의 현 부회장 찰리 멍거(Charlie Munger, 본명은 Charles Thomas Munger)도 토요일마다 어니스트의 가게에서 아르바이트했다(그러나 그와 워런이 만난 것은 그로부터 오랜 시간이 흐른 뒤였다). 멍거는 그 가게에서 문화의 영향력이 얼마나 대단한지 직접 목격했다. 화가 겸 일러스트레이터인 노먼 록웰Norman Rockwell의 그림이 주는 영향과 비슷했다. 그곳에서는 누구 하나 빈둥거리지 않았다. "모두가 아침에 일을 시작할 때부터 일이 끝날 때까지 눈코 뜰 새 없이 바빴습니다." 워런의 사촌 윌리엄 버핏William Norris Buffett이 몇 분 지각이라도 할라치면 2층 발코니에서 손에 회중시계를 들고 내려다보던 뚱뚱한 백발의 할아버지에게서 어김없이 불호령이 떨어졌다. "지금 **몇 신데** 이제 기어오는 게냐?"

워런은 아버지의 증권회사 동업자였던 칼 포크의 집에 점심을 먹으러 종종 찾아가곤 했다. 메리 포크 부인이 점심을 준비하는 동안 워런은 서재에서 투자 관련 서적을 가져와 몸을 웅크린 채 독서 삼매경에 빠졌다. 확실히 식료품보다 그런 서적이 그의 취향에 더 맞았다. 하루는 포크 부인이 만든 치킨누들 수프를 먹다가 워런이 뜬금없이 선언했다. 30살이 되기 전에 백만장자가 되겠다는 것이었다. 그런 다음 알쏭달쏭한 말을 덧붙였다. "그렇게 되지 못하면 저는 오마하의 최고층 빌딩에서 뛰어내릴 거예요."

메리 포크가 워런의 당돌한 말에 기겁해 다시는 그런 말을 입에 담으면 안 된다고 타이르자 워런은 그녀를 쳐다보며 싱긋 웃었다. 그럼에도 그녀는 이미 워런의 매력에 포로가 되었고 꼬마 손님이 찾아오면 언제나 따뜻하게 맞아주었다. 아마 포크 부인은 워런에게 처음으로 이런 질문을 했던 사람이었지 싶다. "워런, 너는 어째서 많은 돈을 벌고 싶은 거니?"

"돈을 **원해서가** 아니에요"라고 워런이 대답했다. "돈을 벌고 돈이 불어나는 걸 보는 게 즐거울 뿐이에요."

8학년이 끝나기 전 몇 달간 워런은 자신에게 주어진 자유 시간을 만끽했다. 친한 친구들과 다시 뭉쳤고, 서쪽 교외의 할아버지 가게에서 자갈로 포장된 시내까지 오마하를 안마당처럼 누볐다. 오마하 시내는 노천 시장들하며 적벽돌과 주철로 지어진 창고건물들이 즐비했고 늘 사람들로 북적였다. 75년 전 오마하에 처음 정착한 버핏, 즉 시드니의 가게도 바로 그곳에 있었다. 워런은 오마하에 뿌리를 내린 버핏 집안의 4대째 후손으로서 그곳에만 가면 마음이 아주 편안했다. 그는 꾸밈없고 격식에 얽매이지 않는 분위기와 대평원 지방 특유의 직설적인 말투 그리고 감정을 드러내지 않는 아리송한 표정까지 오마하를 그대로 닮았다. 그는 '단순한' 사람과는 거리가 멀었지만, 그의 본질적인 성향과 특성에서 보면 — 서서히 싹트기 시작하는 자립심, 야심적이되 신중한 자본주의자적 열정, 침착하고 차분한 외모 — 영락없는 중서부 사람이었다. 하지만 안타깝게도 1943년 가을이 되자 워런도 워싱턴에 있는 가족으로 돌아가지 않을 핑곗거리가 없어졌다. 그에게 주어진 몇 달간의 자유 시간도 끝났다.

2장 다시 오마하로

버핏 가족은 워싱턴 북서쪽 외곽 스프링 밸리의 노스웨스트 49가에 있는 방 4개짜리 하얀 벽돌집으로 이사했다. 앞쪽에는 베란다가 있었고 경사를 이루는 진입로를 따라 집 뒤쪽으로 돌아가면 울창한 숲밖에 없었다. 조금만 걸어가면 워싱턴 시내로 곧장 이어지는 매사추세츠 애비뉴가 있어 수수한 젊은 하원의원의 집으로 안성맞춤이었다. 나중 일이지만 37대 대통령 리처드 닉슨도 그곳으로 이사 온다.

워런은 앨리스 딜 중학교에 진학했다. 하지만 워런의 새 생활은 학교가 아니라 유력 일간지 《워싱턴 포스트》(이하 《포스트》)를 배달하는 일을 중심으로 흘러갔다. 이제 고작 13살인데 벌써 고정 수입이 생겼고 소득 신고서도 작성하는 어엿한 납세자였으며 세금을 대신 내주겠다는 아버지의 제안도 단호히 거절할 만큼 자립심도 강했다.[1]

그러나 워런은 신문 배달을 빼면 매우 불행했다. 무엇보다 학교에 잘 적응하지 못해 선생님들이 약간 애를 먹었고 학업 성적도 평범했다.[2] 게다가 한 학년을 월반하는 바람에 친구들보다 어려 교우 관계도 원만하지 못했으며, 눈이 나빠져 안경을 쓴데다 용모도 단정치 못해 교장이 레일라에게 신경을 써달라고 당부할 지경이었다.[3]

그렇게 불행한 1년을 보내고 여름방학이 되었다. 6월 워런은 미주리 하원의원의 아들이었던 로저 벨Roger Bell과 다른 친구 하나와 작당해 가출을 감행했다. 그의 인생에서 첫 번째 진짜 반항이었다. 가출소년 셋은 지나가는 차를 얻어 타서 워런이 미리 점찍어둔 골프장이 있는 펜실베이니아의 허쉬로 갈 예정이었다. 그리고 워런은 그곳에서 며칠 캐디 아르바이트를 하며 지내기로 계획을 세웠다. 하지만 이번 모험은 돈과는 전혀 무관했다. 그는 식구들한테도 화가 났고 워싱턴에서 사는 것도 지긋지긋했다. 아니, 자신을 둘러싼 모든 것에 진절머리가 났다.[4]

집을 나오면서 칫솔 하나도 챙기지 않았던 세 소년은 저녁 어스름 무렵 허쉬에 도착해 한 모텔에 투숙했다. 이튿날 아침, 셋의 모험은 어이없게 끝을 향해 달려갔다. 모텔을 나서자마자 경찰에게 제지당한 것이다. 벨은 체구가 왜소한 반면 워런과 다른 친구는 180센티미터에 육박했다. 그들을 멀리에서 본 경찰의 눈에는 벨이 훨씬 어려 보였고 — 납치당했을 수도 있다고 생각했고 — 셋을 붙잡아 심문했다. 영특한 워런이 어떻게 했을지 상상이 되지 않는가. 두어 달만 지나면 14살이 되는 워런은 경찰 앞에서도 주눅 들지 않고 현란한 말솜씨로 자신들의 무고함을 설득했다. 더군다나 깜찍하게도 자신들이 **가출했다**는 사실을 들킬 만한 이야기는 거의 하지 않았다. 경찰은 그들을 놓아주었지만 이미 김이 다 샜다. 그들은 바로 그날 또다시 차를 얻어 타고 집으로 돌아왔다.

새 학년이 되자 학교에서의 행동이 눈에 띄게 얌전해진 걸 보면 워런은 다소 어설픈 반항을 계속할 생각은 없었던 것 같았다. 여동생 로버타는 그의 행동이 반항이라고 부를 만큼 대단하지 않았다고 말했다.

한편 하워드와 레일라는 워런이 돌아왔을 때 별 내색하지 않고 다정하게 대했지만 내심 큰 충격을 받았다. 특히 하워드는 더 이상 말썽을 못 피우게 이참에 반항의 싹을 없애야겠다는 생각에 특단의 조치를 내렸다. 성적을 올리지 않으면 신문 배달을 그만두어야 한다고 못을 박았다.

워런 버핏

하워드의 최후통첩이 먹혀들었는지 워런의 성적이 향상되었다. 그러자 신문 배달을 그만두기는커녕 오히려 확대했다. 이내 그는 《포스트》의 경쟁 조간지 《타임스-헤럴드》도 같은 구역에서 배달하기 시작했다. 이제는 지역의 유력 일간지 둘을 취급하니 행여 신문사를 바꾸고 싶어 하는 고객이 있어도 걱정이 없었다. 이에 대해 훗날 버핏은 누군가가 신문을 바꾸어도 "저는 다음 날에도 회심의 미소를 지으며 그 집에 신문을 넣었죠"라고 말했다.[5] 머지않아 배달 구역은 **5개**로 늘어났고 매일 아침 배달할 신문이 500부 정도 되었으며, 등교 전에 마치려면 늦어도 새벽 5시 20분에는 집을 나서야 매사추세츠 애비뉴에서 버스를 놓치지 않았다. 그래서 레일라는 꼭두새벽에 일어나 아들에게 아침을 차려주었고 워런이 아주 드물게 몸이 아파 쉬는 날이면 신문을 대신 배달했다. 그러나 그녀는 아들이 신문 배달로 번 돈을 구경도 못 해봤다. 그녀는 회고록에서 "당시 아들은 돈을 모으는 것이 세상에서 제일 중요"했다고 적었다. "워런은 책상 서랍에 돈을 보관했는데 누구도 건드릴 수 없었다. 동전 하나까지 자신이 넣어둔 그대로 있어야 했다."

워런의 배달 구역 중에서 최고 '꿀 구역'은 캐서드럴 애비뉴의 웨스트체스터 아파트였는데 8층짜리 빨간 벽돌 건물들로 이뤄진 단지였다. 그는 곧바로 자동차 왕 헨리 포드의 조립라인에 버금가는 효율적인 배달 방법을 개발했다. 먼저, 각 건물의 4층과 8층 승강기 바로 앞에 신문을 절반씩 내려놓았다. 그런 다음 계단으로 이동하면서 각 세대의 현관 앞으로 신문을 밀어 넣는 식이었다. 신문 대금을 수금하는 기발한 방법도 고안했다. 1층 현관 안내데스크에 수금용 봉투 하나를 비치해둔 덕분에 집집마다 찾아갈 필요가 없었다. 그해 여름 가족과 오마하를 방문할 때는 친구 월터 딜에게 그 구역을 부탁하면서 자신의 방법을 자세히 일러주었다. 딜의 말을 직접 들어보자. "신문뭉치가 이만큼, 그러니까 **산더미**처럼 쌓여 있었어요. 하지만 1시간 15분 정도면 충분했죠. 정말로 배달 동선이 환상적이었습니다. 모든 건물이 지하로 연결된 터라 바깥으로 한 발짝도 나갈 필요가 없었거든요."

한편 워런은 수익을 증대시킬 방법도 찾아냈다. 그 아파트에서 잡지도 판매하는 것이었다. 명실상부 제품군의 다양화였다. 영업 비결은 적절한 타이밍에 잡지 구독을 제안하는 것에 달려 있었다. 이번에는 버핏의 말을 들어보자. 일부 고객들이 "잡지를 비상계단에 내놓았는데 주소 라벨에 만기가 적혀 있었죠. 그래서 주소 라벨을 떼어 갖고 있다가 구독 기간이 만료될 때를 공략했습니다."[6]

웨스트체스터 아파트 단지는 부촌이었지만 — 워런은 재클린 부비어(Jacqueline Bouvier, 제35대 대통령 존 F. 케네디의 부인으로 결혼 전의 성이 부비어였다. – 옮긴이)와 승강기를 함께 탄 적도 있었다 — 가끔 대금을 못 받는 경우가 있었다. 당시는 세계대전 중이라 워싱턴에서는 사람들의 이동이 잦았고, 더러는 신문 대금을 깜박하고 이사 가는 사람들이 있었다. 워런은 이것에 대한 해결책도 찾았다. 이번에는 승강기 승무원들과 '업무 협약'을 맺었다. 그들은 이사를 계획하는 입주민이 있을 때 그에게 미리 알려주고, 대신에 워런은 그들에게 신문을 공짜로 제공하는 거래였다.[7]

요컨대 워런은 신문 배달을 어엿한 사업으로 전환시켰다. 그는 매달 175달러의 고정 수입이 생겼고 — 당시 많은 정규직 청년들의 한 달 급여에 해당하는 상당한 액수였다 — 10센트까지 모조리 저축했다.[8] 심지어 1945년에는 '임대업'으로 진출했다. 고작 14살짜리 소년이 1,200달러를 주고 네브래스카에서 농지 40에이커(약 0.16제곱킬로미터 또는 약 49,000평)를 구입해 임대했다.

워런 버핏

2차 세계대전은 워런의 워싱턴 생활 전반에 간접적으로 영향을 미쳤다. 학교에서는 '전쟁채권 매수 운동'이 전개되었고 가정에서는 야간 등화관제가 실시되었다. 그럼에도 전쟁은 딱 한 번을 제외하면, 워런에게 직접적인 영향은 거의 미치지 않았다. 1945년 8월 워런은 가족과 함께 오마하에 머무르던 중에 미국이 히로시마에 원자폭탄을 투하했다는 소식을 접했고, 동네 친구 제리 무어와 원자폭탄에 관해 열띤 토론을 벌였다. 무어는 워런이 굉장히 우려했던 걸로 기억했다. 그는 상대성 이론에 대해서도 종교를 대할 때와 똑같은 **논리**로 반응했다. 즉 기저에는 떨쳐 버릴 수 없는 공포가 깔려 있었다. "지금도 생생하게 기억합니다. 우리 집 잔디마당에 앉아 대화를 나누었죠. 그는 핵 연쇄반응이 불어올 결과들을… 세상을 파괴시킬 거라고 무서워했어요"(핵 연쇄반응은 우라늄이나 플루토늄 같은 무거운 원자핵이 중성자에 맞아 가벼운 원소로 쪼개어지면서 중성자와 에너지를 생성시키고, 새로 생성된 중성자는 또 다른 원자핵의 분열을 야기하는 연속적인 과정을 말하며, 이런 연쇄반응을 이용한 폭탄이 원자폭탄이다. – 옮긴이).

워런은 워싱턴으로 돌아온 뒤 우드로 윌슨 고등학교에 진학했고, 중학교 때보다 약간 수월하게 적응했다. 그는 향수병을 신문 배달로 달래며 새로운 친구들도 사귀기 시작했다. 그러다가 오마하에서처럼 친구들을 데리고 골프공 사냥에 나섰고, 골프에도 상당한 소질이 있어 학교 대표팀에 들어갔다.

골프 대표팀에서 워런은 또 다른 인생의 스승을 만났다. 로버트 드와이어 코치였다. 열정적이면서도 나대지 않는 워런에게 흥미를 느낀 드와이어는 워런을 경마장에도 데려갔고 경마 전문지 《데일리 레이싱 폼》을 분석하는 법도 가르쳐주었다. 2학년을 마친 여름 방학 때 드와이어는 미국 프로야구 메이저리그 올스타전이 열리는 날 우연히 워런과 골프를 치게 되었다. 도중에 갑자기 비가 내려 둘은 드와이어의 차에 올라 올스타전 라디오 중계를 들었다. 뉴욕 양키스의 간판타자 찰리 켈러가 타석에 들어섰을 때 드와이어가 말했다. "우리 20대 1로 내기할까? 나는 켈러가 홈런을 친다는 데에 돈을 걸지." 워런은 "그럼 저는 켈러가 홈런을 못 친다는 쪽에 1달러를 걸게요"라고 응수했다. 켈러가 거포답게 홈런을 날렸고 워런이 1달러를 잃었다. 그러나 드와이어는 다른 내기에서 20달러를 일부러 잃어주었다. 그러나 당시 워런이 드와이어보다 수입이 더 많다는 것은 둘 다 알았다.[9]

낯선 도시에 갇힌 워런은 겨우 면도할 수 있는 나이가 되면서부터 경력 엔진에 다시 시동을 걸었다. 경영 관련 서적을 닥치는 대로 읽었고 온갖 통계표들을 달달 외웠으며 신문 배달을 계속했다. 고등학교에서 만나 평생 친구가 된 도널드 댄리Donald Danly는 워런이 (재정적) 목표를 향해 차근차근 나아갔다고 회상했다.

미국 법무부 소속 변호사의 아들이었던 댄리는 진지하고 총명한 학생이었다. 얼핏 보면 둘은 공통점이 거의 없었다. 댄리는 과학에 푹 빠졌고 예쁜 여자 친구가 있었던 반면 워런은 돈에만 관심을 둘 뿐데이트조차 하지 않는 숙맥이었다. 그런데도 둘은 곧잘 뭉쳐 다녔고 특히 어머니를 일찍 여읜 댄리는 전범들을 기소하러 아버지까지 일본으로 가시는 바람에 혼자 있게 되자 워런의 집에서 보내는 시간이 많아졌다. 둘은 음악 취미가 통해 워런이 우쿨렐레를 댄리가 피아노를 연주하며 합주할 때도 있었다. 그러다가 둘은 서로의 진짜 공통점을 알아봤다. 댄리의 못 말리는 과학 사랑과 비즈니스에 대한 워런의 집착 사이에 공통 언어가 있었는데, 바로 숫자였다. 그들은 포커에서 각 핸드(hand, 처음으로 받은 두 장의 카드를 말하고 총 169가지의 핸드 조합이 있다. – 옮긴이)가 이길 확률이나 한 공간에 있는 12명 중에 두 사람의 생일이 같을 가능성을 계산했다(이것은 생일 문제라고 하는 것으로 사람들이 임의로 모였을 때 그중 생일이 같은 2명이 존재할 확률을 구하는 문제를 말하며 10명이 모이면 확률은 12퍼센트, 23명이 모이면 50퍼센트, 57명이 모이면 99퍼센트가 넘고, 100명이 모이면 확률은 100퍼센트에 가까워진다. - 옮긴이). 또는 댄리가 먼저 두 자리 숫자를 여러 개 불러주면 워런이 암산으로 총합을 구하기도 했다.

고등학교 졸업반 때 댄리가 25달러를 주고 중고 핀볼 게임기를 산 뒤로 둘은 핀볼 게임에 푹 빠졌다. 가끔 게임기가 고장 나면 댄리가 직접 수리했는데, 워런은 기계를 다루는 친구의 뛰어난 재능을 눈여겨보았다. 그러고는 신박한 사업 아이디어를 떠올렸다. 위스콘신 애비뉴에 있는 단골 이발소에 그 게임기를 임대하면 어떨까 하고 말이다.[10]

워런은 이발사를 찾아가 사업을 제안했고 수익은 50대 50으로 나누기로 합의했다. 게임기를 설치한 첫날 영업이 끝난 뒤 동전함을 보니 무려 14달러나 들어 있었다. 그로부터 채 한 달도 지나지 않아 워런과 댄리는 이발소 **3곳**에 핀볼 게임기를 설치했고, 장사가 잘돼 마침내 7곳으로 늘어났다. 워런은 — 현실 속 환상에서 살았다 — 자신들의 임대 사업에 윌슨 동전 게임기 회사라는 그럴싸한 상호까지 정했다. "급기야 일주일에 50달러까지 수입이 올랐어요. 인생이 그토록 멋지다는 걸 생전 처음 알았습니다."[11]

윌슨 동전 게임기 회사는 자연스레 분업화가 이뤄졌다. 그들은 오락실에서 중고 게임기를 대당 25달러에서 75달러에 구입했는데, 워런이 구입 대금 대부분을 부담했고 댄리가 게임기를 수리했다. 또한 워런은 출납 장부를 기입했을 뿐 아니라 매월 재무제표도 작성했다. 한편 그들은 이발사들에게 기계가 고장 나면 댄리에게 연락해 달라고 말했다. — 특히 한 대는 맨날 말썽이었다. 그리고 고장이 접수되면 둘은 뒷좌석을 떼어낸 댄리의 1938년식 뷰익 자동차를 타고 바람같이 달려갔다.

워런은 고등학생 둘이 핀볼 임대 사업을 운영한다는 사실이 마음에 걸려 이면도로에 있는 소규모 이발소들하고만 거래했다. 또한 그들은 이발소 주인들이 자신들을 어리다고 무시하지 못하도록 윌슨이라는 가짜 사장 아래서 고용된 직원들인 것처럼 행동했다. 버핏의 이야기를 들어보자.

> 이발소 주인들은 새 기계를 설치해 달라고 노래를 불렀어요. 그럴 때마다 저희는 그저 게임기를 배달하고 관리하며 수금하는 직원들이라며 사장한테 전달하겠다고 얼버무렸죠.[12]

그들은 일주일에 한 번씩 거래처를 돌며 수금했고, 가끔은 댄리의 여자 친구 노마 진 서스턴도 동행했다. 수금 담당자는 워런이었고 댄리와 노마 진이 자동차에서 기다렸다. 워런이 수금하고 돌아와 이발소 주인의 외모나 자신에게 했던 말을 재미있게 들려주면 셋은 신나게 낄낄거렸다. 워런은 그런 상황이 얼마나 우스운지 즉 고등학생들이 마치 거물 사업가인 양 행세하는 것이 얼마나 역설적인지 잘 알았다.

노마 진은 워런이 아주 재미있는 친구라고 생각했다. 그녀는 반달 모양의 눈썹에 얼굴도 예뻤고 날씬했으며 특히 멋진 금발 머리가 인상적이어서 별명도 '페록사이드(Peroxide, 본래는 과산화수소수를 말하며 금발로 염색한 여성을 가리키는 은어로도 사용된다. - 옮긴이)'였다. 댄리는 도널드라는 이름 덕분에 애칭이 '덕'이었던 반면 워런은 그냥 '버핏'으로 불렸다. 그들의 윗세대는 전쟁으로 피폐해졌지만 버핏과 덕과 페록사이드는 여전히 순수했다. 그 나이대의 청소년들이 그렇듯 껄렁

워런 버핏

대기는 했지만, 그들은 담배도 거친 말도 욕설도 입에 담지 않았다. 특히 워런은 술도 마시지 않았고 그의 입에 들어가는 음료수는 펩시콜라가 다였다. 또한 노마 진이 아는 모든 친구는 숫처녀였을 뿐 아니라, 그녀의 주변 친구 사이에서 **어떤 종류든** 성적 행위는 거의 없었다. 하지만 셋 중에서도 워런이 좀 더 순수했는데 그는 금요일 밤 댄스파티조차 가지 않았다. 노마 진은 워런이 보통 남자애들하고는 달랐다고, 그들처럼 되려는 시도도 하지 않았다고 회상했다.

워런은 움츠린 어깨를 구부정하게 수그린 채 숫염소처럼 터벅터벅 걸었고, 가끔은 투박한 동전 지갑을 허리띠에 차고 다녔다.[13] 특히 그는 신발 때문에 친구들 사이에서 촌뜨기로 통했다. 오죽하면 고교 동창들은 수십 년이 지나도 그의 신발만은 생생히 기억했다. "친구들은 워런과 그의 신발을 보며 묘한 쾌감을 느끼곤 했어요"라고 캐스퍼 하인들Casper Heindl이 말했다. "워런은 1년 내내 똑같은 신발만 신었어요. 눈이 무릎 높이만큼 쌓여 발이 푹푹 들어가도 그는 운동화를 고집했죠." 또 다른 동창 로버트 무어도 그의 신발 이야기를 했다. "워런을 아주 잘 알죠. 친구들의 놀림거리 중 하나는 그가 허구한 날 테니스화만 신는다는 것이었죠. 심지어 한겨울에도요."

워런은 운동화에서 비뚤어진 쾌감을 느낀 듯했다. 노마 진도 비슷한 말을 했다. "당시 저희 대부분은 남들하고 똑같아지려고 기를 썼어요. 가령 여학생들은 뒷단추가 달린 스웨터를 입는 식이었어요. 그런데 지금 생각해 보면 워런은 남들과 다르다는 걸 **즐긴** 것 같아요." 그는 쾌활하고 농담도 곧잘 했지만, 괴짜랄까 어딘지 남다른 구석이 있었다. 누군가가 그의 유별난 행동을 지적해도 그는 멋쩍어할지언정 달라지지 않았다. 노마 진은 "워런은 그냥 워런이었어요. 다른 애들처럼 되려고 하지 않았어요"라고 말했다.

워런 가족의 저녁 식탁 풍경은 '고집'에 대한 야간 세미나 같았다. 하워드가 제일 심했다. 공직은 한 번으로 끝이라고 약속했음에도 불구하고 1944년과 1946년에 연이어 재선에 성공해 3선 의원이 되었다. 뿐만 아니라 무위도식하는 하원에서 33대 해리 트루먼 대통령과 사사건건 부딪히는 것으로 유명세를 얻었다. 그는 퇴근 후 가족들에게 의회에서 벌어졌던 혼란스럽고 긴박했던 상황을 눈앞에서 벌어지듯 생생하게 들려주었다. 오죽했으면, 하워드의 어떤 보좌진에게 줄 크리스마스 선물을 의논하다가 꼬마 로버타가 큰 소리로 말했다. "저축 채권은 어때요? 설마 그 아저씨도 그게 종잇조각에 불과하다는 걸 알겠죠?"(2차 세계대전 중에 미국 정부는 일명 전쟁채권으로 시리즈 E 미국 저축 채권을 발행했다. - 옮긴이)

한번은 하워드가 인기 있는 노동 관련 정책에 반대표를 던진 적이 있었다. 그런 일이 있고 얼마 뒤 하워드는 워런을 데리고 오마하에서 열리는 야구 경기를 보러 갔다. 장내 아나운서가 하워드를 소개했을 때 관중석에서 엄청난 야유가 터져 나왔다.[14] 그러나 그는 아들에게 마음의 동요를 털끝만큼도 내색하지 않았다.

그야말로 도덕과 윤리의 화신이었던 하워드는 외유성 시찰은 물론이고 심지어 세비歲費의 일부마저 거부했다. 그가 초선이었을 때 하원의원의 세비가 1만 달러에서 1만 2,500달러로 인상되었다. 하워드는 자신은 세비가 1만 달러일 때 선출되었으니 받을 이유가 없다며 인상분을 의회 총무부에 부득불 돌려주었다.

레일라는 남편이 정책을 심의할 때 오직 한 가지만 고려했다고 말했다. "이것이 인간의 자유를 확대시킬까? 아니면 약화시킬까?" 그런데 문제는 그의 자유관 자체가 매우 편협했다는 사실이다. 그의 목표는 하나였다. 루스벨트와 2차 세계대전이 고착화시킨 비대해진 정부를 예전처럼 작은 정부로 되돌리는 것이었다.

 2차 세계대전 중에 그는 미국이 나치 독일의 무조건적인 항복을 요구하는 정책에 대해 "상세한 설명"을 요구하고 "우리가 무엇을 위해 싸웁니까?"라는 흥미로운 질문을 제기하는 서한을 공동으로 제출했다.[15] 그렇다면 그는 나치주의를 완전히 제거하는 것이 "인간의 자유를 확대시키지" 못한다고 생각한 걸까?

 종전 후 그는 폭격으로 파괴된 영국을 지원하는 것에도, 학교 급식에도, 유럽에 대한 곡물 수출에도, 브레턴우즈 통화 체제(Bretton Woods System, BWS, 1944년 연합국 총 44개국이 미국 브레턴우즈에서 통화 금융 회의를 개최해 통화 가치 안정, 무역 진흥, 개발 도상 국가 지원, 환율 안정 등을 주요 목표로 결정한 국제 통화 체제로 국제 통화 기금IMF과 국제 부흥 개발 은행 IBRD이 설립되었다. - 옮긴이)에도 반대표를 행사했다.[16] 뭐니 뭐니 해도 최악은 그의 미국 제일주의 사상이 외국인 혐오증과 공산주의자 사냥으로 변질된 것이다. 하워드는 가족이 저녁 무렵 자동차를 타고 불이 밝혀진 영국 대사관 앞을 지나갈 때마다 으르렁거렸다. "저자들은 우리 국민의 돈을 갈취할 방법을 궁리하느라 잠조차 자지 않는군."[17] 그는 서유럽의 재건을 돕기 위한 마셜 플랜(Marshall Plan, 2차 세계대전 이후 유럽 동맹국들의 재건을 원조하기 위한 계획으로 공식 명칭은 유럽 부흥 계획European Recovery Program, ERP이며 그 계획을 주창한 미국 국무부 장관 조지 마셜 George Marshall의 이름을 딴 것이다. - 옮긴이)이 "예산만 잡아먹는 쥐구멍 작전"일 뿐 아니라 스탈린의 소련이 배후에서 은밀히 지원하고 있을 거라며 반대했다.[18]

 반대로 하워드의 선견지명이 빛을 발했던 사안들도 일부 있었다. 그가 발의했던 몇몇 제안 중 하나는 미국 저축 채권 보유자들을 인플레이션으로부터 보호하는 조치였다. 그러나 그의 의정 활동을 포괄적으로 정의하면, 편협하고 극단적인 주장들로 얼룩진 도덕주의자의 민낯이었다.

워런은 존경하는 아버지의 정치적 사상들을 앵무새처럼 따라했고[19] 아마 피상적으로는 동조했을 것으로 보인다. 그러나 그런 소신을 직접 실천하는 것은 다른 이야기였다. 일례로 그는 아버지의 애국주의를 받아들였지만 그의 지독한 고립주의는 지지하지 않았다. 몇 년 후 워런은 대학 동창에게 보내는 편지에서 아버지의 독단적인 태도를 넌지시 비꼬았다. "나는 아버지의 독단을 어떻게든 막았어야 했어. 그리고 아버지가 다른 목표를 위해 싸우도록 적극적으로 도와드려야 했어."[20]

워런은 아버지의 양심적인 도덕성과 사회에 대한 관심을 물려받았다(일례로, 훗날 워런은 사람들의 돈을 갈취하는 기업들의 도둑질을 신랄하게 비판했다. 이는 하워드가 미국 정부의 정책을 혈세 낭비라며 싸잡아 비난할 때와 맥락이 거의 같았다). 하지만 어린 시절 대공황과 2차 세계대전을 직접 경험한 워런에게 정부는 사회의 적이 아니라 수호자였다. 물론 이런 정치관이 아직 완전히 정립된 상태는 아니었다. 그러나 아버지에 대한 깊은 존경과 애정으로 보건대, 이런 생각만으로도 독립성의 싹이 움텄음을 말해준다.

워런은 아버지의 발자취를 따르지 않겠다고 즉 정치인이 되지 않겠다고 이미 다짐했다. 노마 진이 그에게 워싱턴에 정착할 거냐고 물었을 때 워런은 일말의 망설임도 없이 대답했다. "아냐. 난 오마하에서 살 거야."

졸업반이었을 때 워런은 진로를 결정했다. 경영 분야, 특히 투자 분야에 관심이 컸다. 주방의 간이탁자에 앉아 또래들이 스포츠 기사에 코를 박을 나이에 그는 이미 주식 시세표를 파고 들었다. 또한 그가 주식에 일가견이 있다는 소문이 학교에도 퍼져 교사들까지 주식 정

보를 캐내려 할 정도였다.[21]

그는 '주식 전문가'라는 명성을 교묘히 이용해 선생님들을 골려줄 계획을 짰다. 미국 전화 전신 회사_{American Telephone & Telegram Company, AT&T}의 주식을 공매도(空賣渡, short, 주가 하락을 예상하고 보유하지 않은 주식을 빌려 판 뒤 주가가 떨어지면 해당 주식을 싼값에 사서 되갚는 방식으로 차익을 실현하는 투자 기법 – 옮긴이)한 것이다. 이는 주가의 하락에 대비하는 투자였다. 그렇다면 왜 하필 AT&T였을까? 선생님들이 그 주식을 보유했기 때문이다. "선생님들은 제가 나름 주식의 고수라고 생각했어요. 따라서 제가 AT&T를 공매도한다면 선생님들은 자신들의 노후자금이 날아갈까 발을 동동 굴릴 거라고 생각했죠."[22]

그렇다면 고등학생에 불과한 워런에게 어째서 주식의 고수라는 명성이 생긴 걸까? 솔직히 그때까지만 해도 그가 주식으로 큰돈을 만진 적은 없었다. 그런데도 사람들은 그에게서 고수의 냄새를 맡았다. 이는 그에게 선천적으로 타고난 무언가가 있어서였다. 나이답지 않은 방대한 지식을 축적한 것은 사실이었지만 그보다는 자신이 아는 것을 논리적으로 표현하는 남다른 능력이었다. 그는 신념에 좌우되지 않았다. 오히려 유연하고 합리적인 방법으로 수집한 사실을 기반으로 움직였다. 댄리의 말을 들어보자. "그를 보면 그냥 통찰력이 대단하다는 생각이 들었어요. 그가 무슨 말을 하면 그것에 대해 정확히 알고 말한다는 믿음이 절로 생겼거든요."

워런은 1947년 6월 374명 졸업생 중에 16등으로 고등학교를 졸업했다(댄리가 공동 1등이었다). 졸업앨범에 실린 사진을 보면 그는 반듯한 2대8 가르마에 멋쩍은 미소를 지으며 초롱초롱하고 열정적인 눈매로 전면을 응시하고 있다. 그리고 사진 아래에는 "좋아하는 과목은 수학… 장래 희망은 주식 중개인"이라고 소개되어 있다.

하워드는 워런이 워싱턴과 멀지 않은 필라델피아의 펜실베이니아 대학교 경영학부 와튼 스쿨에 진학하기를 바랐다. 워런은 아이비리그의 하나인 그 대학에 진학하는 것은 시간과 돈 낭비일 뿐이라고 대답했다. 그는 이제까지 거의 60만 부의 신문을 배달했고 그 일로 5,000달러 이상을 벌었다.[23] 게다가 신문 배달 외에 핀볼 게임기 사업과 네브래스카 농지를 임대한 임차인에게서 돈이 꼬박꼬박 들어왔다. 뿐만 아니라 이제까지 그가 섭렵한 경영 관련 서적이 줄잡아 100권은 되었다. 워런의 생각을 간단히 정리하면, 이런 마당에 굳이 대학에서 배워야 할 것이 있을까?

하워드는 17살 생일도 아직 2달이나 남았다고 아들을 부드럽게 타일렀다. 고민 끝에 워런이 항복했다. 워런은 그해 8월 한 퇴역 군인에게 윌슨 동적 게임기 회사를 팔았고, 매각 대금에서 자신의 몫을 챙겨 와튼 스쿨로 향했다.

결과적으로 말해 이번은 하워드의 판단이 틀렸다. 세계 최고의 경영대학이라는 와튼 스쿨의 명성에도 불구하고 교과 과정은 알맹이가 부족했다. 오죽하면 워런이 넌더리 난다는 투로 교수들보다 자신이 더 많이 안다고 말했을까. 그의 불만은 교수들의 접근법이 피상적인 데다 지나치게 포괄적이라는 데서 비롯했고, 이는 경영대학원들에 대한 전반적인 불신으로 이어졌다. 교수들은 하나 같이 이론이라면 일가견이 있었지만 정작 워런이 원하는 것에는 무지했다. 워런은 화려한 이론이 아니라 돈을 벌 수 있는 실질적이고 세부적인 지식을 배우고 싶었다.

워런이 오마하를 방문했을 때 메리 포크 부인은 학업을 등한시하면 안 된다고 당부했다. 그러자 워런은 아주 태평하게 대답했다. "아주머니, 저는 시험 전날 밤에 벼락치기 해도 펩시콜라 큰 걸로 한 병

마시면 100점 맞는 건 우스워요."

사실 그는 학기 중에도 필라델피아의 한 증권회사에 죽치고 앉아 다양한 주식들을 분석하며 많은 시간을 보냈다.[24] 하지만 아직까지는 구체적인 투자 체계가 없었다. 행여 있었다고 해도 주먹구구였다. 그는 주식 차트들을 조사했고 주식 정보를 수집했지만 아직까지는 조사하고 분석하는 단계였을 뿐 기본적인 주식투자 체계를 갖추지는 못했다.

1학년 때 워런의 룸메이트는 동향 출신의 찰스 피터슨이었다(훗날 피터슨은 워런의 최초 투자자 중 한 명이 된다). 또한 워런은 멕시코 유학생 해리 베자와도 금방 친해졌는데, 둘은 공통점이 있었다. 베자도 워런처럼 자신의 뜻에 반해 미국 동북부의 대학에 억지로 들이밀어졌다. 베자는 학교에서 **가장** 진지하고 근엄한 학생이었는데도 워런은 멕시코에서 '인디언들'과 산다고 친구를 놀리곤 했다. 둘은 산업 1Industry 1에서 나란히 A+를 받았지만, 베자는 자신이 워런보다 훨씬 더 열심히 공부했다는 사실을 잘 알았다. 당연히 베자도 사람인지라 워런이 남들보다 덜 노력하고도 좋은 성적을 받아 속이 상했다. 그래도 워런을 **좋아하는** 것은 확실했다. 워런은 베자가 평소 생각하던 이상적인 미국인상像에 딱 들어맞았다. 솔직하고 속물적이지 않으며 겸손하고 소탈한 중서부 미국인 말이다.

워런에게 판박이처럼 비슷한 또 다른 친구도 생겼다. 베자의 룸메이트로 뉴욕 브루클린 출신의 제리 오런스였다. 어깨가 떡 벌어진 오런스는 학교 체육관에서 워런을 처음 만났을 때부터 그를 '천재'라고 점찍었다. 워런과 마찬가지로 오런스도 약간 소외감을 느꼈고 특히 지독한 향수병으로 1학년 대부분을 눈물로 보냈다.[25] 그러나 오런스는 재치가 번득이고 미소가 따뜻했으며 아주 똑똑한 학생이었다. 끼리끼리 모인다고 워런과 오런스는 이내 둘도 없는 친구가 되었다.

결과적으로 보면, 당시 워런은 작정한 것은 아니지만 미래의 투자자 군단으로 성장할 씨앗을 뿌리고 있었다.[*] 그런데 정작 본인은 조금도 성장하지 못하며 시간을 낭비한다는 기분을 떨치지 못했다. 와튼 스쿨에서 1년을 보내고 나자 그는 자퇴하고 싶어 몸이 근질거렸다. 그런데 하워드가 1년만 더 해보라고 또다시 강하게 밀어붙였다. 워싱턴에서 여름방학을 보내던 중 워런은 약간 황당한 아르바이트를 생각해냈다. 이번에도 예전의 핀볼 사업 동업자 댄리와 의기투합했다. 댄리가 350달러짜리 구형 롤스로이스를 구입했고 자동차로 약 1시간 거리의 볼티모어에 있는 한 폐차장으로 가서 차를 받아와야 했다. 워런이 댄리를 태우고 가서 차를 받아 댄리를 뒤따르며 워싱턴으로 돌아왔다. 그런데 워싱턴 시내로 막 진입했을 때 그들은 경찰에게 제지당했다. 댄리의 말을 들어보자.

> 제 롤스로이스는 번호판도 없었고 후미등도 고장 나서 작동하지 않았어요. 경찰이 범칙금 고지서를 발부하려는 찰나였는데 워런이 나섰어요. "저기요, 경관님, 이 차를 저희 집 차고까지만 몰고 가면 돼요. 도착하자마자 교통안전 규정에 맞춰 완벽히 수리한다고 약속드릴게요." 워런은 끈질기게 사정했고 결국 경찰이 저희를 그냥 보내주었어요.

---

[*] 오런스는 버핏의 투자자이자 평생의 추종자가 되었다. 그리고 한번은 베자에게도 워런에게 투자하라고 권유했다. 하지만 베자는 자신이 직접 투자자가 되기로 마음을 정했다. 그때부터 오런스는 워런의 수익률이 얼마나 올랐는지 자랑하려 해마다 한두 차례 전화했다고 베자가 말했다. "앞으로도 끝없이 계속 오를 거 같아."

워런 버핏

워런과 댄리는 여름이 다가도록 워런의 집 차고에서 롤스로이스를 수리하며 비지땀을 흘렸다. 당연히 차체 아래로 들어가 직접 수리한 것은 댄리였다. 워런은 등받이 없는 의자에 앉아 비즈니스 세상의 재미있는 일화들로 친구의 귀를 즐겁게 해주었고 책도 읽어주었다. 『친구들을 잃고 사람들과 멀어지는 방법How to Lose Friends and Alienate People』이었는데 둘은 뭐가 그리 재미있는지 내내 깔깔거리며 웃었다.

댄리의 롤스로이스는 1928년식 모델로 앞쪽에는 1인 운전석만, 뒤쪽에는 널찍하고 기다란 좌석이 있었고 장식용의 수동 시동기가 달려 있었다. 그들은 댄리와 노마 진이 파란색으로 칠한 롤스로이스를 유료로 몇 번 빌려준 적은 있었지만, 진짜 속셈은 따로 있었다. 롤스로이스를 타고 자랑하는 것이었다. 워런이 운전기사가 딸린 부자 부부 행세를 하면서 시내로 드라이브를 가자고 제안했다. 단, 자신이 부자 '귀족'이고 댄리가 기사 역할이었다. 그리하여 댄리는 하워드의 검정색 오버코트를 입고 운전석에, 너구리털 코트에 중산모를 쓴 워런은 노마 진과 나란히 뒷좌석에 앉았다. 자동차가 시내의 《타임스-헤럴드》 건물에 다다랐을 때 댄리가 미리 짠 각본대로 시동을 끄자 차가 천천히 움직이다가 멈췄다. 그런 다음 댄리가 자동차에서 내려 보닛을 열고 여기저기를 만지작거렸다. 마치 어디가 고장 났는지 알아내려는 듯 말이다. 행인들이 하나둘 쳐다보기 시작하자 워런이 — 귀족이 — 지팡이로 앞 유리창을 탁탁 두드리며 고장 난 부위를 알려주는 것처럼 어딘가를 가리켰다. 댄리가 조금 더 만지작거렸고 보란 듯이 다시 시동이 걸렸다.*

---

* 훗날 댄리는 다국적 생화학 기업인 몬산토(Monsanto)에서 화학공학 기술자로 성공적인 경력을 쌓았고, 은퇴한 뒤에 재규어(Jaguar)를 샀다.

하지만 워런은 미리 짠 각본이 없으면 숫기가 거의 없었다. 그해 여름 워런은 노마 진이 사촌 바버라 월리Barbara Worley를 소개해줘 빌리 홀리데이 콘서트에도 함께 가는 등 데이트를 즐겼다. 워런은 쾌활하게 행동했지만 딱 거기까지였다. 월리에게 수수께끼와 '두뇌 퀴즈들'을 끝없이 내 질리게 만들었고 연인으로 발전할 가능성을 날려버린 것이다. 워런 입장에서 좋게 생각하면, 어색함을 덜기 위한 나름의 노력이었을 수도 있었다. 어쨌거나 워런이 용기를 쥐어짜 주말에 학교로 놀러오라고 제안했는데 월리가 거절했다.

2학년이 된 워런은 남학생 사교클럽 알파 시그마 파이Alpha Sigma Phi, ΑΣΠ 회원 전용 기숙사에서 생활했다. 스프루스 가Spruce Street에 있는 빅토리아풍의 대저택 같은 건물로 높은 천장과 우아한 나선형 계단이 있었다. 그는 클럽 회원들에게 양가적인 감정을 느꼈다. 완전히 거리를 두지는 않았지만 그들의 많은 활동에 적극적으로 참여하지도 않았다. 점심시간 후 그는 바깥으로 돌출된 창문 옆에 놓인 곡선형의 브리지 의자에 앉아 하트(heart, 4명이 하는 카드 게임으로 게임 후 점수가 가장 낮은 사람이 승리한다. - 옮긴이)나 브리지 게임을 했다. 한편 식사 시간처럼 자연스러운 상황에서는 워런이 매우 적극적으로 대화에 참여했고, 자신의 의견을 느긋하면서도 확실하게 표현했다. 당시에는 남학생 사교클럽 회원들이 저녁 식사 때 웨이터의 시중을 받았고 재킷과 넥타이는 필수였다. 클럽 동창이었던 앤서니 베키오네는 워런의 '밥상머리 대화'를 떠올리며 "일단 말을 시작하면 재담꾼이었고 웃기도 잘 했죠"라고 말했다.

> 그는 아주 재미난 친구였고 정말 똑똑했습니다. 코미디언처럼 야단을 떨지 않고 진지하게 말하는데도 괜히 웃겼죠. 또한 그

는 세상을 약간 냉소적으로 봤어요. 지금도 똑똑히 기억나는데, 자신이 부자가 되면 뜨거운 증기로 데워지는 좌변기를 설치할 거라고, 그게 부자의 궁극적인 상징이라고 하더군요.

그러나 워런의 속에는 채워지지 않는 갈망이 있었다. 지적인 — 또는 재정적인 — 일종의 자극을 갈구했다. 유펜은 대학 대항전에 열광하는 학교였다. 1948년 유펜의 캠퍼스 생활 중심에는 응원전과 상위 10위권의 미식축구 대표팀이 있었다. 역설적이게도 워런이 학보《펜 픽스Penn Pics》의 표지에 모범적인 미식축구 팬으로 등장했다. 중산모와 너구리털 코트를 입은 워런이 함박웃음을 지으며 엽궐련을 삐딱하게 문 채, 왼손에는 학교 깃발을 들고 오른손으로는 휴대용 술병을 데이트 상대처럼 보이는 여학생에게 권하고 있었다. 그리고 표지 밑단에는 행군 악대 사진과 미식축구용 가죽 헬멧을 쓴 선수가 공을 들고 달리는 사진이 합성되어 있었다.

그 표지 사진은 한마디로 '구라'였다.《펜 픽스》의 편집진이었던 제리 오런스가 장난친 거였다. 실제 워런은 그 표지 인물과는 정반대였다. 술은 마시지 않았고 여학생들과 잘 어울리지도 못했으며 사교성이 뛰어나지도 않았다. 유펜은 유난히 늦깎이 학생들이 — 참전 제대군인들 — 많았던 터라 그는 '기름 위에 뜬 물'처럼 보였다. 아무렇게나 헝클어진 머리에 삐쩍 마른 멀대같은 18살짜리 학생은 형의 대학을 방문한 동생 같았다.

무엇보다도 그는 성적인 면에서 또래보다 크게 늦됐다. 성관계 경험이 없는 것은 차치하고 남자들끼리의 야한 농담에도 불편해하는 기색이 역력했다. 롱아일랜드에서 부친이 하청업체를 운영하던 베치오네는 "지금도 생생히 기억납니다. 친구들이 성관계 이야기를 시작하면 그는 눈을 깔고 바닥만 쳐다보았죠. 심지어 얼굴을 붉히기도 했어요"라고 회상했다.

주말이면 기숙사에서 맥주 파티가 열려 금녀의 집은 여자들로 넘쳐났다. 대개 워런은 파트너 없이 혼자 참석했다. 하지만 굳이 무리에 섞이지 않아도 그는 아무렇지 않았다. 이는 미래의 투자자에게는 아주 중요한 자질이었다. 남학생 대부분이 파트너의 어깨에 팔을 두른 채 서 있었고 워런은 소파에 편히 앉아 금본위제에 관한 짧은 강의로 그들의 귀를 즐겁게 해주었다. 친구들은 그의 이야기에 매혹되었고 그러자 파티가 열릴 때마다 하나의 의식이 생겼다. 워런을 구석에 세워놓고 에워싼 채 경제와 정치에 관해 그에게 질문 세례를 퍼붓는 것이었다. "그가 이야기를 시작하면 1~2분도 안 돼 10명에서 20명 정도가 모여들었어요"라고 윌리엄 웨인 존스가 말했다. 감리교 목사를 꿈꾸는 신학도로 워런처럼 술을 마시지 않던 존스가 덧붙였다. "그의 태도가 아주 겸손했기 때문에 모두가 저절로 빠져들었어요. 그는 '이것에 대해 별로 아는 것은 없지만 내 생각에는 이것이…'라는 식으로 말했죠."

클럽 동기들에게 워런의 뛰어난 머리는 경외의 대상이었다.[26] 워런이 어떤 책이든 읽은 내용을 그대로 암기해 버렸다고 그들이 입을 모았다. 심지어 대학원생 조교가 수업 중에 교과서를 보고 답을 읽으면 이미 그 부분을 달달 외운 워런이 "쉼표를 빠뜨리셨는데요"라고 큰소리로 말했을 정도였다.[27] 더욱이 그가 교수들을 아주 논리적으로 비판하는 바람에 동기들은 모두가 워런이라는 마법에 걸렸다. 남학생 사교클럽의 동기 리처드 켄들은 "워런은 와튼에서 배울 것이 없다고 결론 내렸죠. 결국 그의 판단이 옳았습니다"라고 말했다.

1949년 가을 친구들이 학교로 돌아왔다가 워런의 모습이 보이지 않자 깜짝 놀랐다. 베키오네도 그중 하나였다. "워런이 2학년을 마치고 연기처럼 증발해 버렸어요. 이후 아무도 그의 소식을 몰랐어요."[28] 요컨대 그는 또다시 도망을 선택했다. 하워드가 1948년 4선에 도전했다가 낙선하자 워런만 동부에 남겨둔 채 가족 모두가 오마하로 돌아갔다. 와튼에서는 그를 계속 붙잡아둘 수 있는 것이 없었다. 신문배달 아르바이트도 핀볼 게임기 임대 사업도 없었다. 그는 링컨에 있는 네브래스카 대학교로 편입했다. 부모님이 처음 만났던 그 대학은 그에게도 친숙했다. 워런은 그 결정에 대해 간단히 언급했다. "와튼에서는 별로 배운다는 기분이 들지 않았어요. 네브래스카가 저를 불렀고 와튼이 저를 쫓아낸 셈입니다."[29]

클럽 동기들의 뇌리에 깊이 남은 기억은 돌출된 커다란 창문 옆에서 브리지 게임을 하던 워런의 모습이었다. 그런 기억을 빼면 그가 와튼에 다녔다는 흔적이 거의 없었다.

네브래스카로 돌아온 순간부터 버핏은 허울뿐인 학생이었고, 사실상 사회생활을 시작했다. 여름 동안 한 백화점에서 일했는데 대학을 졸업한 뒤에 입사하라는 제안을 받았다(그가 거절했다). 홈그라운드에 돌아와 마음이 한결 편해진 덕분에 연애 사업에도 청신호가 켜졌다. "사랑하는 괴물에게"(제리 오런스였다) 보낸 편지에서 장난기가 발동한 버핏이 한껏 잘난 체를 했다.

> 여자 친구가 지나가는 투로 테니스를 친다고 말하기에 이참에 원초적인 강인한 남성미를 과시해 점수를 따야겠다고 생각했지. 그런데 어떻게 됐는지 알아? 내 코가 납작해졌어.[30]

그는 무리한 학업 계획을 세웠다. 1949년 가을 학기에 5과목을 이

들해 봄 학기에 6과목을 수강했고 대부분이 경영과 경제 과목이었다. 그래놓고는 정작 그의 관심은 캠퍼스 외부에 집중되었다. 신문 배달을 시작한 것이다. 오런스에게 그 일을 설명하면서 "나를 '버핏 씨'라고 부르는 50명의 소년들을 관리하는 일"도 포함된다고 했다. 그는 6개 시골 카운티에서 《링컨 저널Lincoln Journal》을 배달하는 소년들을 감독하는 일을 맡아 1941년식 포드 자동차를 타고 네브래스카 남동부 지역을 돌아다녔으며 시간당 75센트를 받았다. 배달 총 책임자였던 마크 시크레스트는 워런이 학업을 병행하면서 일을 잘 해낼지 미심쩍었다. 그것은 한낱 기우였다. 버핏은 "맡은 일을 전부 완벽히 해냈습니다." 그는 매주 사무실에 출근해 업무를 배정받은 다음 순식간에 해치웠다. 버핏에게는 그 일이 충분히 할 만했다. 그의 말을 들어보자.

> 네브래스카의 수어드나 포니 시티 또는 위핑 워터 같은 구역에서는 배달할 신문이 많지 않습니다. 매일 15부 정도죠. 그래서 굳이 신문 배달이 아니더라도 그와 비슷한 일을 해줄 소년을 구하면 됩니다. 그리고 여러분이 늦은 오후나 이른 저녁 대학에서 수업을 듣는 동안 그들에게 그 일을 시키는 거죠. 제 경험에서 보면 그것도 엄연히 배움의 하나입니다.[31]

링컨에서 버핏은 페퍼 애비뉴에 있는 빅토리아풍 주택 2층에서 누나 도리스의 약혼자 트루먼 우드와 함께 살았다. 버핏은 오후 늦게 신문사 일을 마치고 돌아와 《월스트리트 저널》을 읽었고 그런 다음 우드와 허름한 식당으로 가서 그레이비소스를 곁들인 으깬 감자와 소고기 같은 걸로 저녁을 때웠다. 우드는 버핏이 성서를 서너 번이나 완독했는데도 여전히 무신론자라는 사실에 흥미가 생겼으며 그를 전향시키고 싶은 유혹을 뿌리칠 수 없었다. 둘은 툭하면 신앙과 내세에 대해 토론을 벌였지만 버핏은 꿈쩍도 하지 않았다. 우드가 제기하는 모든 주장에 버핏은 지극히 논리적으로 되받아쳤다.

우드와의 토론 말고도 버핏은 몸이 열 개라도 모자랄 정도로 바빴다. 먼저 3년 만에 대학을 졸업하려면 학업에도 신경을 써야 했고 사실상 정규직이나 다름없는 일도 했으며 브리지 게임도 계속하면서 A학점도 놓치지 않았다. 또한 가을에 오런스에게 보낸 편지에서도 밝혔듯 상금 100달러가 걸린 면도크림 브랜드 버마-세이브의 CM송 공모전에 12번이나 응모했다.* 심지어 "꽤 괜찮은 독일계 아가씨"와 데이트에도 열심이었다.

그해 겨울 버핏은 골프공 사업을 부활시켰다. 이번에는 필라델피아 지점까지 운영하는 정식 사업으로 오런스가 그 지점을 맡았다. 1950년 1월 버핏은 오런스에게 사업을 본격적으로 시작하라고 닦달했다.

> 아직 그곳에는 골프를 치는 학생들이 별로 없겠지. 3월 1일까지는 네가 원하는 골프공이 반드시 도착하도록 해줄게. 그러니 아무 걱정 말고 주문부터 받았으면 해.[32]

버핏은 "불량품"에 대해서는 이유를 불문하고 손해를 보상해 주겠다고 약속했다. 또한 오런스에게 골프공의 품질에 대해 안심해도 된다고 장담했다. 그러면서도 "불이나 고온의 물체에 가까이 두지 말라"고 당부했다. 편지 말미에 버핏은 기말시험에서 "상당히 좋은 성

---

* 버핏이 제출한 최고의 문구는 "키스가 자꾸 실패하세요? 그렇다면 면도크림부터 바꾸세요. 버마-세이브로"였다.

적"을 받았다는 깨알 같은 자랑을 잊지 않았고 봄 학기에 수강할 과목까지 알려주었다. 4월 오런스에게 주문받은 골프공을 보낸 뒤 그는 친구에게 "버핏 골프 회사Buffett's Golf Enterprises"가 자선단체가 아니라는 점을 가볍게 — 그러나 콕 집어 — 상기시켰다.

> 내가 너희 아빠 동업자에게 보낸 최상급 중고 골프공들을 팔아 요즘 네가 어떻게 지낼지 눈에 선하다. 그 돈으로 온갖 사치를 부리고 있겠지. 그래도 혹시 잊었을까 봐 하나만 말할게. 필라델피아에서 골프공이 잘 팔려도 네가 65.94달러짜리 수표로 '작은 성의'를 보여주기 전까지 이곳 링컨 본사는 동전 하나 수익이 없다는 걸 잊지 마.[33]

그해 여름 버핏은 강행군을 이어갔다. 방학을 맞아 오마하의 부모님 집으로 돌아가서 졸업 학점을 채우기 위해 특강 3개를 들었다. 또한 7월까지 12개짜리 골프공 세트를 220개 팔아 1,200달러를 벌었다.[34] 어릴 적부터 다양한 아르바이트와 사업으로 모은 돈이 이제는 9,800달러에 이르렀다.

훗날 버핏의 재산에 비하면 새발의 피였지만, 사실 그 돈은 버핏이 앞으로 세울 거대한 금융 제국의 밑천이었다.[35] 그는 동전 하나까지 모든 수입을 — 시티즈 서비스 주식, 신문 배달, 골프공 판매, 핀볼 게임기 임대 — 비뚤배뚤 들쑥날쑥 손으로 직접 기록했다. 특히 골프공이나 핀볼 사업 등등의 현금 출납부는 일종의 예언서 같았고, 어떤 기자는 그것들을 보고 "허레이쇼 앨저(Horatio Alger, 미국의 아동 문학가로 가난한 소년이 근면, 절약, 정직의 미덕으로 성공한다는 성장 소설을 주로 발표했다. – 옮긴이)가 하버드 경영대학원 베이커 도서관에 기증했을 법한" 원

워런 버핏

고들을 떠올렸다.[36]

버핏은 졸업을 앞두고 하버드 경영대학원에 지원했다. 뉴욕의 컬럼비아 법학대학원을 선택한 오런스에게 보낸 편지에서 그는 합격이 따논 당상인 양 당당했다. "야, 너무 아깝다. 다시 생각해 봐. 나랑 같이 하버드로 가자."[37] 여름에 버핏은 동문 면접을 보러 시카고행 열차에 몸을 실었다. 면접관은 비쩍 마른 몸에 촌티가 흐르는 데다 19살밖에 안 된 '코흘리개'가 자신의 동문으로 어울린다고 생각하지 않았다. 면접은 겨우 10분 만에 끝났다.[38] 버핏은 7월 19일 오런스에게 편지를 보내 근황을 알렸다. 먼저 세무학 수업을 들으며 "기막힌 온갖 절세 방법"을 배우는 중이라고 말한 다음 자신의 "유명한 대포알 강서브"를 자랑했다. 그러고는 요양 중인 오런스의 아버지의 쾌유를 빌었고 골프공 판매에 관한 최신 소식을 전했다. 그렇게 주저리주저리 늘어놓은 다음 마침내 불합격 소식을 알렸다.

> 이제 충격적인 소식을 알려줄게. 하버드의 콧대 높으신 양반들은 하버드 경영대학원에 나를 입학시킬 이유를 찾지 못했대. 19살짜리는 경영대학원에서 공부하기에 너무 어리다는 거지. 그러면서 1~2년 뒤에 다시 지원해 보래. 나는 지금 냉혹한 현실의 벽에 맞닥뜨렸어. 지난 4주간 피 같은 하숙비를 내면서 여기 있었는데 말이야. 아빠는 다른 경영대학원을 알아보라고 하시지만 나는 별로 내키지 않아.

2주 후 그는 오런스에게 다시 편지를 보내면서 솔직하게 털어놓았다.

> 저번에 하버드에서 불합격 통보를 받았을 때는 충격으로 잠

시 정신이 어떻게 되었었나 봐. 지금은 컬럼비아에서 입학지원서 양식을 기다리는 중이야. 거기 경영대학원은 금융 분야가 아주 강해. 최소한 그레이엄과 도드라고 보통주 평가를 정말 잘 가르치는 두 분의 스타 교수님이 계셔.[39]

버핏은 약간 지나칠 만큼 무심한 척했다. 사실 벤저민 그레이엄 Benjamin Graham은 증권분석학과의 학과장으로 동료 교수 데이비드 도드David Dodd와 공동으로 그 분야에서 최고의 교과서로 꼽히는 『증권분석Security Analysis』을 집필했다. 그리고 버핏은 네브래스카대학교에 다닐 때 그레이엄의 신작 『현명한 투자자Intelligent Investor』도 이미 읽었고, 그 책에 깊이 매료되었다. 버핏과 한집에서 살던 우드는 "그는 마치 신이라도 영접한 것 같았어요"라고 말했다.[40] 버핏이 장난스럽게 '스타' 교수들이라고 말한 것은 아마 또다시 거절당할까 불안한 마음에 허세를 부린 것인지도 모르겠다. 그러나 8월 버핏은 합격 소식을 들었고 '스타' 교수의 제자가 되기 위해 뉴욕으로 향했다.

3장 그레이엄을 통해 가치 투자에 눈을 뜨다

> 미스터 마켓Mr. Market은 사실 아주 친절하다.
> 그는 매일 당신이 보유하는 주식의 가치를 나름대로 평가해 알려준다.
>
> _ 벤저민 그레이엄, 『현명한 투자자』

버핏은 고사리 손으로 칠판에 주가들을 기록했던 그 순간부터 주식과 사랑에 빠졌다. 그는 주식도 직접 매매했고 시장도 조사했으며 주식 전문가들에게 의견도 구했다. 또한 위대한 통찰, 다시 말해 주식 차트에서 신비한 어떤 연관성과 그를 부자로 만들어줄 구체적인 체계를 찾고자 했다. 그러나 현실은 이상과 달랐다. 그는 버려진 마권을 찾아 경마장 바닥을 뒤졌던 시절에서 한 발짝도 나아가지 못했다. 간혹 버려진 마권에서 당첨된 마권을 찾았듯, 오른 주식도 있었지만 그렇지 못한 주식이 훨씬 많았다.

그런 버핏에게 그레이엄은 신세계로 이어지는 문을 열어준 동시에 직접 그 세상으로 안내했다. 그레이엄은 버핏에게 주식시장에서 다양한 가능성을 탐색할 수 있는 도구와 제자의 기질에 딱 맞는 접근법도 알려주었다. 그레이엄의 기법들로 무장한 버핏은 주식 예언가들을 무시하고 오롯이 자신의 천부적인 재능을 활용할 수 있게 되었다. 그리고 그레이엄의 성격을 가까이서 지켜본 덕분에 버핏은 한결 단단해진 마음으로 자신의 전매특허인 자신감을 갖고 투자를 했다. 버핏이 아버지 하워드에게서 들었던 에머슨 식의 "초연한" 독립성 말이다.

그러나 버핏에게 그레이엄은 단순한 스승 이상이었다. 경이로우면서도 가끔은 무서운 그 도시, 즉 주식시장에서 믿고 의지할 수 있는 지도를 처음으로 제공해 준 사람이 그레이엄이었다. 또한 그는 주식을 체계적이고 방법론적으로 선택하는 토대까지 놓아주었다. 사실 예전에는 주식을 선택하는 것이 감에 의존하는 도박과 비슷한 사이비 과학이었다. 그렇게 볼 때 그레이엄 없는 투자는 카를 마르크스 없는 공산주의였을 것이다. 아니, 그가 없었다면 주식투자라는 학문이 존재했을 가능성도 거의 없다.

그레이엄의 저서들은 획기적이었지만, 제자들에 대한 그의 영향력을 완벽히 설명하기에는 역부족이었다. 월스트리트의 여느 전문 투자자들과는 달리, 그레이엄은 자신의 생각을 숨김없이 공개했고 자신의 아이디어를 자유롭게 공유했다. 그에게는 월스트리트가 그저 추상적인 개념에 지나지 않았다. 요컨대 그에게 돈은 아무 의미가 없었다. 또한 편협한 사람들로 가득한 세상에서 그레이엄의 이력은 가히 이단적이었다. 대학에서 라틴어와 그리스어를 공부한 고전주의 학자에 스페인어 시를 영어로 번역했으며 비록 나흘 만에 간판을 내리기는 했지만 브로드웨이에 데뷔한 어엿한 극작가이기도 했다. 투자의 패러다임을 혁신시킨 사람치고 그의 남다른 행보는 또 있었다. 독특한 취미와 발명 활동에 많은 시간을 쏟은 것이다. 가령 새로운 종류의 계산자(slide rule, 계산척이라고도 불리는 아날로그식 공학 계산기의 일종으로 로그의 원리를 이용하여 곱셈, 나눗셈, 제곱근, 로그, 삼각함수 등의 근사치를 계산할 수 있지만 덧셈이나 뺄셈은 불가능하고 일반 자처럼 길이를 재거나 직선을 긋는 데도 부적절한 도구다. - 옮긴이)와 '더욱 실용적인' 가구들을 만들었다(이것 역시도 추상적이었다. 그레이엄은 직접 망치를 잡아본 적조차 없지 싶다).[1] 그는 단신에 입술이 두툼했고 연한 파란색 눈은 사람들의 마음을 꿰뚫어보듯 날카로웠다 — 그의 동료 한 사람은 "땅딸막하고 우스

갯소리를 잘했으며 약간 못생긴 편"이었다고 말했다. 하지만 그의 안에는 거대한 불꽃이 일렁거렸다.[2]

1894년 런던의 한 유대인 가정에서 출생한 그레이엄의 본명은 벤저민 그로스바움Grossbaum이었다.[3] 1살 때 가족 전부가 뉴욕으로 이민 온 뒤 그의 선친은 도자기 수입업체의 뉴욕 지점을 운영했다. 그러나 그레이엄이 9살 때 아버지가 돌아가셨고 어머니가 모아둔 돈을 주식에 투자했다가 1907년 공황에서 몽땅 날려버렸다. 그레이엄은 온갖 허드렛일을 전전하며 돈을 버는 와중에도 브루클린의 보이즈 고등학교를 우수한 성적으로 졸업해 컬럼비아 대학교에 진학했다. 1914년 대학교를 졸업했을 때 그레이엄은 3개 학과로부터 — 영어, 수학, 철학 — 교수직을 제안받았지만, 학장의 조언에 따라서 월스트리트로 진출했다.[4]

그레이엄은 '증권분석가'라는 이름이 무색하게 가장 밑바닥 일을 하면서 주당 12달러를 받았는데 칠판에 주가를 기록하는 일이었다.[5] 하지만 당시는 증권분석가라는 직업이 없던 시절이라 그저 '통계 전문가statistician'라고 불렸다. 어쨌든 그레이엄은 이내 투자자로서 두각을 나타내는 한편 글도 쓰기 시작했다. 그리고 1920년대 말부터 퇴근 후 모교인 컬럼비아 대학교에서 투자론에 관한 야간 강의를 나갔다.

그의 투자론 강의는 기하학에 대한 그의 열정이 고스란히 반영되었다. 말인즉 그는 투자를 체계화하는 데에, 다른 말로 주식시장에 적용할 수 있는 일련의 유클리드 기하학적 원리들을 고안하는 데에 열정을 쏟았다. 그레이엄의 접근법은 — 1920년대 말 주식시장 환경에서는 아주 특이했다 — 주식이 아주 싸서 돈을 잃을 위험이 없는 투자처를 찾는 것이었다. 가령 1926년 그는 노던 파이프라인Northern Pipe Line이라는 송유관 회사를 발굴했는데, 그 회사는 송유관과 관련된 자산 말고도 다량의 철도 채권을 보유했다. 당시 노던 파이프라인의 시가가 겨우 65달러였던 것에 반해, 그들이 보유한 철도 채권은 자사 주식 1주당 무려 95달러의 가치가 있었다. 그레이엄은 노던 파이프라인의 주식 2,000주를 매수한 뒤, 채권 포트폴리오에 매몰된 가치를 환수할 수단으로 철도 채권을 매각하라고 압박했다. 록펠러 일가가 장악한 노던 파이프라인의 경영진은 그의 요구를 거부했다. 그렇다고 포기할 그레이엄이 아니었다. 그는 의결권을 모으기 위해 이른바 위임장 쟁탈전을 전개해 이사로 선출되었고 결국 회사의 항복을 받아냈다. 노던 파이프라인은 채권을 매도해 주당 70달러의 배당금을 지급했다.

1929년 그레이엄의 투자조합회사 '벤저민 그레이엄 조인트 어카운트Benjamin Graham Joint Account'의 총 자본이 250만 달러에 이르렀고 그레이엄은 그야말로 승승장구했다.[6] 다들 알겠지만 당시 월스트리트는 부자들로 넘쳐났으며 투기꾼들이 주가를 천정부지로 끌어올렸다. 바로 그해에 예일대학교의 저명한 경제학자이자 통계학자 어빙 피셔Irving Fisher 교수가 선언했다. "주가는 영원히 지속될 고점으로 보이는 곳에 도달했다."[7] 앞으로 주가가 하락할 가능성이 없다는 그의 주장은 불과 열흘 뒤 주식 대폭락으로 말미암아 희대의 망언으로 남게된다.

그러나 그레이엄은 신중했다. 1929년 주식 대폭락에서 조인트 어카운트는 20퍼센트의 손실을 입었지만, 다른 투자자들에 비하면 상당히 선방한 편이었다. 1930년 많은 전문가들과 마찬가지로 그레이엄도 최악의 상황은 지나갔다고 확신했다. 그는 마진 거래(margin trading, 주식 매매 방법의 하나로 증거금 거래라고도 하며 신용을 바탕으로 매매 대금의 일정 비율에 해당하는 증거금을 예탁하고 필요한 자금이나 주식을 차입하여 매매하는 방식 - 옮긴이)로 자금을 빌려 주식시장에 쏟아부었다. 그런데 주식이 끝없이 추락했다. 이에 대해 경제학자 존 케네스 갤브레이스 John Kenneth Galbraith는 "대폭락의 특징 하나는 최악의 상황이 계속 악화된 것"이라고 진단했다.[8]

소위 '스마트 머니(smart money, 시장 흐름을 신속히 파악해 높은 수익을 좇는 투자자들 - 옮긴이)도 — 대공황이 끝나기를 기다렸던 투자자들 — 여타 투자자들과 마찬가지로 쪽박을 찼다. 1932년이 되자 조인트 어카운트의 자본금이 70퍼센트나 증발했고, 그레이엄 자신도 거의 파산 직전으로 몰렸다. 그의 가족은 센트럴파크가 내려다보이는 베레스포드Beresford의 고급 복층 아파트에서 북쪽으로 몇 블록 떨어진 곳으로 이사했다. 공실이 갈수록 늘어나던 엘도라도 지역의 아파트였는데, 예전 집보다 평수도 작았고 센트럴파크도 보이지 않았다. 댄스 강사였던 그레이엄의 아내마저 다시 일을 시작할 정도로 상황이 나빴다. 그런데 그레이엄이 회사를 포기하려는 찰나 구세주가 나타났다. 투자조합의 동업자 제롬 뉴먼Jerome Newman의 한 친척이 7만 5,000달러를 투자해 준 덕분에 조인트 어카운트는 회생의 발판을 마련할 수 있었다.[9] 1934년 『증권분석』이 세상에 나왔을 때 40살의 공동 저자는 5년 연속 무보수로 일하고 있었다.[10]

그레이엄은 『증권분석』의 서론에서 보통주 투자가 "신뢰를 잃은" 것 같다고 솔직하게 인정했다.[11] 증시의 최근 저점에서 미국 기업 3곳 중 하나가 청산 가치(liquidation value, 모든 자산을 매각하고 모든 부채를 상환했을 경우 기업의 소유주가 받을 수 있는 이론상 금액 - 옮긴이)보다 낮은 가격으로 거래되는 실정이었다.[12] 불과 몇 년 전 월스트리트를 영원한 젖과 꿀이 흐르는 곳으로 생각했던 전문가들이 이제는 누군가의 말마따나 "보통주는 투자 가치가 없다"고 조언했다.[13] 월스트리트의 기라성 같은 주식 중개인이자 『증권분석』과 비슷한 시기에 출판되어 베스트셀러가 된 『목숨을 걸고 투자하라The Battle for Investment Survival』의 저자 제럴드 M. 로브는 주식투자로 돈을 버는 시대는 끝났다고 단정했다. 다우존스 산업평균지수Dow Jones Industrial Average가 1929년에 381.17이었다가(10월 말 대폭락이 발발하기 불과 약 한 달 보름 전인 9월 3일의 다우존스 지수였다. ─옮긴이) 1932년에 90퍼센트 가까이 폭락해 41.22가 될 수 있다면 "실질" 가치가 얼마인지 누가 알 수 있을까? 로브는 "특정 주식이 '싼지' '비싼지' 아무도 알 수 없다"고 단언했다. 대신에 로브는 "시장의 추세를 예측하고… 그것에 근거해 투기하는 것이 필요하다"고 조언했다.[14]

특히 로브는 기업의 수익이 아니라 대중 심리를 예의 주시하고 관찰해야 한다고 강조했다.

> 대중의 감정과 기대와 의견을 그리고 그런 것들이 주식 가격에 미치는 영향을 완벽히 고려하는 것이 얼마나 중요한지는 아무리 강조해도 지나치지 않다.[15]

그렇다면 대중의 감정은 어떻게 측정할 수 있었을까? 주가를 추적하여 "추세를 읽는" 것이 최선이었다. 가령 주가가 하락하면 매수 시점이고 반대로 상승하면 매도 시점이라는 이야기였다. 또 다른 관건은 신속하게 움직이는 것이었다. 요컨대, 단순히 싼 주식을 매수하는 것만으로는 충분하지 않고, "주가가 상승하기 시작할 때" 매수해야 했다.[16]

그런데 로브의 주장에 중대한 허점이 있었다. 수많은 투자자가 서로에게 반응하는 동시에 남들보다 한발 앞서려 노력한다는 역설을

워런 버핏

간과한 것이다. 반면 그레이엄과 도드는 그것을 놓치지 않았다.

> 주식 투기를 간단히 설명하면 A는 B, C, D의 움직임을 예상
> 하는 것이다. 그리고 B와 C와 D도 A와 똑같이 한다.[17]

『증권분석』은 그런 함정을 피할 수 있는 도피처를 제공했다. 그레이엄과 도드는 주가가 아니라 주식 이면의 기업 자체에 관심을 두라고 강변했다. 모름지기 투자자는 기업의 "내재 가치"를 이해해야 하고, 주가와 무관한 내재 가치를 알려면 기업의 수익, 자산, 미래 전망 등등에 초점을 맞춰야 한다는 이야기였다.

또한 그레이엄과 도드는 주식시장은 가치를 정확하게 측정하는 "저울"이 아니라고도 주장했다. 오히려 무수한 사람들이 각자의 이성과 감정, 다른 말로 지능과 정서적 안정감에 근거해서 내린 선택을 기입하는 "투표 기계"로 생각하라고 강조했다.[18] 더러는 그런 선택이 합리적인 가치 평가와 일치하지 않을 터였다. 그래서 비결은, 일단 주가가 내재 가치보다 훨씬 낮을 때 매수하고 그런 다음 시장이 정상 가격으로 회복하는 경향을 믿고 기다리는 것이었다.

대공황이 정상 항로에서 크게 이탈했다는 사실을 뒤집어 생각하면, 시장에 대한 믿음을 보여줄 좋은 기회라는 뜻이었다. 한마디로 매수 시점이었다. 실제로 많은 기업의 주식이 자사가 보유한 현금 가치보다 훨씬 낮은 가격에 거래되었다.[19] 그러나 고전학파였던 그레이엄의 눈에는 다른 것이 보였다. 월스트리트의 침체가 지극히 자연스러운 주기의 일부였던 것이다.

> 커다란 수익이 더 막대한 손실로 뒤바뀌는 것, 새 이론이 유행

하다가 신뢰를 잃는 것, 무한한 낙관주의가 가장 깊은 절망으로 이어지는 것 등은 역사의 오랜 전통과 완벽히 일치한다.[20]

그레이엄은 보통주는 물론이고 회사채와 [1970년대 주식 중개인 마이클 밀켄(Michael Milken)이 정크본드(junk bond)라고 부른] 고위험 고수익 증권을 마치 생물학자가 개구리를 해부하듯 세세히 분석했다. 피상적으로 보면 『증권분석』은 아직 자리 잡지 못한 증권분석가라는 직업군을 위한 교재였다. 뉴욕 증권분석가 협회New York Society of Security Analysts, NYSSA는 『증권분석』이 출간되고 3년 뒤 1937년 그레이엄이 창단했다.

하지만 1929년 주식 대폭락과 이후 대공황의 여파 속에서 탄생한 『증권분석』은 투기의 죄악과 폐해와의 일전을 요구했다. 그런 점에서 보면 『증권분석』은 그야말로 혁명이었다. 로브가 말하는 투기꾼에게 주식은 다음 매수자가 얼마를 지불하는가에 가치가 결정되는 종잇조각에 불과했다. 따라서 투기꾼의 목표는 다음 매수자를 예측하는 것이었고, 다음 매수자의 목표도 그다음 매수자를 예측하는 것이었다. 반면 그레이엄과 도드가 말하는 투자자는 주식을 **기업의 일부를 소유하는 것**이었다. 다른 말로 주식의 가격은 기업의 장기적인 가치에 부합한다고 여겼다. 월스트리트가 "그 기업의 현재 매각 가치가 얼마일까?"라고 절대 묻지 않는다는 사실은 정말로 믿을 수가 없다.[21]

그레이엄과 도드는 그 질문을 주식의 가치를 결정하는 지침으로 제시했다. 그것은 완벽히 정확한 과학적인 방법은 아니었지만 사실 누구도 정확함이 필요하지 않았다(이것이 핵심이었다). 그저 가치보다 주가가 저평가된 기업을 확인하는 기술만이 필요했다.

쉬운 예를 들어보자. 가령 한 여성을 자세히 관찰하면 정확한 나이는 몰라도 투표 연령인지는 충분히 알 수 있다. 마찬가지로 한 남성을 찬찬히 뜯어보면 정확한 몸무게는 알 수 없어도 비만 여부는 알고도 남는다.[22]

주식시장에는 고질적인 질문이 있었다. 기업 가치보다 저평가된 주식을 매수했는데도 이후 주가가 더 하락할 때는 어떻게 해야 할까? 그레이엄과 도드도 『증권분석』에서는 그 질문에 대해 명확한 답을 내놓지 못했다. 다만, 더러는 주가가 틀리는 경우가 있고 이럴 때는 정상으로 조정되기까지 "상당히 많은 시간"이 걸릴 수 있다고 인정했을 뿐이다.[23]

그러다가 그레이엄은 버핏이 컬럼비아 경영대학원에 입학하기 1년 전 그 질문에 대한 답을 내놓았다. 『현명한 투자자』는 그레이엄의 철학을 단 두 단어로 요약했다. 바로 "안전 마진(margin of safety, 최악의 상황을 고려했을 때도 수익을 낼 수 있는 내재 가치와 주가의 차이를 말하는 것으로 내재 가치에 비해 주가가 저평가될수록 안전하다는 개념이다. - 옮긴이)이었다.[24] 그레이엄은 투자자에게 매수하려는 주식의 시장 가격과 자신이 예상하는 예측치 사이에 차이가 있어야 한다고 강조했다. 당연히 차이는 클수록 좋았다. 이것은 운전할 때 만일의 사태에 대비해 넉넉한 차간 거리를 유지하는 것과 같은 이치다. 요컨대 마진이 클수록 투자자는 안전하다. 그런데 방어 운전하듯 안전 마진을 확보해 방어 투자하지 않는다면 어떻게 될까? 가령 주가가 지속적으로 하락한다고 하자. 그레이엄은, 만약 그 기업 자체에 아무런 변화가 없다면 주가가 아무리 불안하게 움직여도 주가를 무시하라고 당부했다.

그레이엄은 한술 더 떴다. 투자자가 시장 하락에 너무 낙심한 나머지 낮은 가격에 투매한다면 "자신의 장점을 단점으로 전환시키는" 형국이라고 경고했다.[25] 투자자의 장점이라고? 투자자 대부분은 자신에게 그런 장점이 있는 것조차 몰랐다. 그레이엄은 그 개념을 우화를 빗대 설명했다.

> 당신이 어떤 주식을 1,000달러어치 보유한다고 치자. 그리고 동업자 중에 미스터 마켓이라는 사람이 있는데 아주 친절하다. 매일 그는 당신이 투자한 주식의 가치를 결정해 알려줄 뿐 아니라 자신의 판단을 토대로 당신의 주식을 매수하겠다거나 추가로 매도하겠다고 제안한다. 가끔은 그가 제시하는 가격이 합리적으로 보인다…. 또 가끔은 미스터 마켓이 자신의 열정이나 두려움에 과도하게 사로잡히고 그래서 그가 제시하는 가격이 당신이 보기에 약간 터무니없어 보인다.[26]

현실의 투자자가 처한 상황이 딱 그랬다. 투자자는 시장이 매일 제시하는 가격을 이용하거나 무시할 수 있는 선택의 자유가 있었다. 그리고 미스터 마켓은 매일 새로운 가격으로 돌아오게 되어 있었다.

버핏에게는 그런 아이디어가 이집트의 상형문자를 해독하게 해준 로제타석Rosetta Stone 같았다. 그는 이미 여러 투자 기법들을 실전에 적용했다. 가령 주식 정보를 반영해 투자한 적도 있었고 추세를 분석한다는 명분으로 기술적 분석가[technical analyst, 기술적 분석이란 주가나 거래량 등등 주식시장의 기존 데이터를 기초로 시세를 예측하는 것을 말하고 주로 차트를 이용하기 때문에 차트 분석이라고도 하며, 경제적, 재무적으로 관련 있는 기본 요소들인 펀더멘털(fundamental)을 조사해 주식의 내재 가치를 측정하는 기본적 분석 즉 펀더멘털 분석과 대조를 이룬다. - 옮긴이]로 유명한 존 매기John Magee의 주식 차트들도 활용했다. 그러나 버핏이 그레이엄의 접근법을 적용하자 이제는 "B와 C와 D"를 모방할 필요가 없어졌다. 대신에 자신의 아버지에게서 배웠던 초연한 독립성만 유지하면 그만이었다. 버핏에게 그것은 "사도 바울이 다마스쿠스(Damascus, 오늘날 시리아의 수도 –옮긴이)로 가는 길에 들었던 하나님의 음성"과 같은 계시였다.[27] 요컨대 그는 자신의 우상을 발견했다.

컬럼비아 대학원에서 버핏은 그레이엄의 추종자가 되었다. 그레이엄은 배우 에드워드 G. 로빈슨을 닮았고 그의 강의는 한 편의 드라마였다. 하루는 그레이엄이 수업 중에 A 회사와 B 회사의 재무상태표(balance sheet, B/S, statement of financial position, 대차대조표라고도 하며 특정 시점에서 기업의 재무 상태 즉 기업의 자산, 부채, 자본의 상태를 보여주는 재무제표 – 옮긴이)를 설명했는데, 한눈에도 그 차이가 확연했다. 그런데 나중에 알고 보니 둘 다 항공기 제조업체 보잉Boeing의 재무제표였다. 차이점은 하나는 보잉이 성장 국면이었을 때 다른 하나는 어려웠을 때였다.[28]

1950년 그레이엄의 제자는 총 20명이었다. 대부분이 버핏보다 나이가 꽤 많은 편인 데다 일부는 이미 투자에 발을 담그고 있었다. 하지만 희한하게도 그레이엄의 강의는 2명이 주도하는 쌍방향 세미나로 둔갑했다.[29] 그레이엄이 먼저 소크라테스식 문답법으로 질문을 던지면 오마하 출신의 20살짜리 제자가 미처 스승의 말이 끝나기도 전에 손을 번쩍 들었다.

그레이엄은 거의 언제나 버핏의 대답에 '옳다, 그르다' 단정해서 말하지 않았다. 그는 우주를 동그랗게 말아 공 모양으로 만들지 않았고, 오히려 이런 식으로 되물었다. "흥미로운 말이군. 자네는 어떻게 그런 결론을 내리게 되었는가?"[30] 그러면 버핏이 자신의 주장을 논리적으로 전개했다. 버핏의 동창이었던 잭 알렉산더가 수업 분위기를 이렇게 회상했다.

> 워런은 아마 우리 동기 중에 제일 어렸지 싶습니다. 하지만 나이는 어려도 신동이 분명했어요. 모르는 대답이 없었고 언제나 손을 들었으며 토론을 주도했습니다. 게다가 열정도 엄청났고 질문이든 발표든 제일 많이 했죠.

그레이엄은 특히 값싼 주식을 강조했다. 그런 것은 일명 '담배꽁초' 주식인데, 길바닥에 버려진 담배꽁초도 잘만 고르면 한두 모금 흡입할 수 있듯, 거의 공짜나 다름없는 가격으로 '줍줍'할 수 있다는 이유로 붙여진 이름이었다. 그해 언젠가 그레이엄은 제자들에게 주가가 5달러 이하인 주식들의 수익률을 조사하라는 과제를 내주었다.[31]

또한 버핏은 재무제표를 분석하는 세부적인 방법도, 부정행위를 가려내는 방법도 배웠다. 쉽게 말해, 그레이엄은 버핏에게 기업의 공개된 서면 자료를 통해 공정한 주식 가격을 산정하는 법을 가르쳤다. 그뿐만 아니라 그레이엄은 버핏이 와튼 스쿨에서 느꼈던 갈증을 말끔히 해갈해 주었다. 그는 단순히 이론에 입각해 가르치지 않았고, 오히려 살아 있는 진짜 주식에 대해 강의했다. 이는 학생들이 그의 아이디어로 돈을 벌 수 있었다는 뜻이다. 실제로도 그랬다. 하지만 그레이엄은 학생들이 그러거나 말거나 거의 신경 쓰지 않았다. 1950년 56세가 된 그레이엄은 1930년대보다 주식을 고르는 눈은 족집게처럼 더욱 예리해졌지만 그의 태도는 그때나 지금이나 한결같았다.

그의 한 제자도 그것을 시인했다. "교수님의 제자들은 하나같이 영리한 투자자들이었어요. 그들은 교수님의 아이디어로 주식에 투자해 꽤나 쏠쏠하게 재미를 봤죠. 그래도 교수님은 전혀 개의치 않는 눈치였습니다."[32] 그레이엄은 투자 이론가인데도 건망증이 심했다. 오죽하면 잠을 잘 때 늘 배게 옆에 메모장을 두었고 짝짝이 신발을 신고 출근할 정도였다. 버핏의 동창으로 훗날 친구이자 그의 주식 중개인으로 일하는 마셜 와인버그는 그레이엄의 수업을 두 번이나 들었다. 그의 말을 들어보자.

> 교수님은 수업 시간에 자신의 투자 아이디어를 무심하게 툭 던졌습니다. 저도 그의 아이디어를 주워들어 영스타운 시트 앤 튜브Youngstown Sheet & Tube 주식을 34.625달러에 샀다가 75달러와 80달러 사이에서 팔아 2배 넘게 남겼죠. 또한 교수님의 추천으로 제너럴 모터스General Motors, GM와 이지 워싱머신Easy Washing Machine 주식도 샀습니다. 교수님은 이런 식으로 말했어요. 오늘 아침 "내가 보기에 이 주식은 저평가된 것 같군." 뿐만 아니라 저는 그가 언급한 양말 제조업체 리얼 실크 호시어리Real Silk Hosiery에도 투자했어요. 솔직히 교수님이 제 대학원 학비를 대준 셈이었어요. 교수님의 수업을 듣고 투자해서 번 돈으로 대학원을 졸업했으니까요.

버핏은 그레이엄의 발자취를 따르기 위해 최선을 다했다. 먼저 그는 그레이엄의 투자회사였던 그레이엄-뉴먼 코프Graham-Newman Corp.가 보유한 주식들에 투자했다. 철물 도매업체 마셜 웰스Marshall Wells와 의류업체 타임리 클로즈Timely Clothes가 대표적이었다.[33] 또한 인명사전 『후즈후Who's Who』에서 그레이엄을 찾아보고 그가 워싱턴에 본사를 둔 공무원 보험회사 일명 가이코Government Employees Insurance Company, GEICO의 회장이라는 사실을 알게 되었다. 버핏은 그레이엄이 회장인 회사이니 그에 대해 하나라도 더 알 수 있을까 싶은 마음에 직접 찾아가보기로 마음먹었다.[34] 게다가 일석이조이기도 했다. 하워드가 저번 총선에서 떨어지고 낙향했다가 1950년에 재도전해서 4선에 당선되어 때마침 워런이 컬럼비아에서 두 번째 학기를 보내던 1951년 봄 워싱턴으로 돌아와 있던 참이었다.

버핏은 어느 토요일에 워싱턴행 열차에 몸을 실었다. 그리고 워싱턴에 도착해서는 곧장 15가와 K가 교차로에 있는 가이코 사무실로 향했다. 토요일이라 워싱턴 도심은 적막했고 가이코 건물도 잠겨 있었다. 하지만 뉴욕에서 몇 시간이나 걸려 왔는데 그냥 포기할 수는 없었다. 그는 문을 쾅쾅 두드렸고 드디어 건물 경비원이 나왔다.

"이야기를 좀 하고 싶은데 여기 사무실에 아무도 안 계세요?"라고 버핏이 물었다.[35]

다행히 6층 사무실에 한 사람이 남아 있다는 경비원의 말에 버핏은 거기로 데려다 달라고 부탁했다. 당시 혼자 사무실에 있던 사람은 로리머 데이비슨이었다. 그는 책상 주변에 처음 보는 어린 학생이 어슬렁거리자 깜짝 놀랐다. 그런 다음 그 학생이 질문 세례를 퍼부어 또다시 놀랐다. 결국 둘은 4시간이나 이야기를 나누었다.

15분 정도 이야기해 보니 제 앞의 어린 학생이 여간한 보통내기가 아니라는 것을 단박에 알겠더군요. 질문들을 쏟아냈는데 하나 같이 날카롭고 전문성이 있었습니다. 가이코는 어떤 회사입니까? 영업은 어떤 방식으로 하죠? 전망과 성장 잠재력은 어떤가요? 그는 유능한 증권분석가가 할 법한 질문을 했습니다. 당시 저는 재무 담당 부사장이었는데, 그는 제가 아는 모든 것을 알아내겠다고 작정하고 덤볐죠.

워런 버핏

버핏은 우연하게도 완전 임자를 만났다. 데이비슨은 가이코는 물론이고 그레이엄이라는 사람에 대해서도 많이 알게 되었다. 가이코는 1936년 레오 굿윈이 두 가지 획기적인 아이디어에 따라 텍사스에서 창업했다. 첫째, 업계의 관례인 대리점을 거치지 않고 광고용 우편물 즉 다이렉트 메일을 통해 자동차 보험을 판매했다. 둘째 가이코는 공무원들만 상대했는데, 공무원들의 보험금 청구가 업계 평균보다 낮다는 이유에서였다. 결과적으로 낮은 판매비용과 우수한 보험 계약자라는 양 날개를 타고 가이코는 높이 날아올랐다. 1947년 가이코의 창업자이자 대주주는 회사를 매각하고 싶었다. 그래서 당시 투자 중개인이었던 데이비슨을 고용해 매각을 맡겼는데 처음에는 아무도 관심을 보이지 않았다. 이듬해인 1948년 마침내 데이비슨은 매수자를 찾아냈다. 그레이엄이었다. 그레이엄은 가이코가 금광이라고 생각했다. 그레이엄-뉴먼은 곧바로 — 총자산의 4분의 1에 해당하는 — 72만 달러를 투입해 가이코의 지분 절반을 인수했다. 얼마 지나지 않아 그레이엄-뉴먼은 가이코 주식을 자사 주주들에게 팔았고, 가이코 주식은 공개적으로 거래되기 시작했다. 한편 데이비슨은 매각 작업을 성공리에 마친 공로를 인정받아 가이코에 정식으로 합류했다.

뉴욕으로 돌아오는 버핏은 이미 가이코와 사랑에 빠졌고, 이후 좀 더 조사했다. 가이코는 알면 알수록 정말 굉장한 회사였다. 영업 이익률(profit margin, 회사가 매출 1달러당 벌어들인 수익을 백분율로 나타낸 것 - 옮긴이)이 업계 평균의 5배인 데다 보험료와 수익 모두가 급등하고 있었다.[36] 그런 다음 버핏은 보험 전문 투자자들을, 다른 말로 당시 최고의 B와 C와 D를 찾아갔다. 그런데 그들은 가이코 주식이 과대평가되었다고, 기업 가치보다 비싸다고 입을 모았다. 자신이 조사한 내용은 정반대였지만, 그는 그들의 말도 무시하기가 겁났다.[37] 어쨌건 그들은 전문가였고 자신은 기껏해야 경영대학원 학생 나부랭이일 뿐이었다.

밥값을 하는 주식 전문가들은 결국 언젠가는 그런 갈림길에 서게 된다. 청개구리처럼 손가락질받을 각오를 하고 대세를 거슬러 투자하는 것은 지극히 힘들다. 이러하기에 그레이엄이 대단했다. 그가 즐겨 했던 말이 있었다. **"대중과는 다른 길을 선택하기 때문에 당신의 선택이 옳을 수도 틀릴 수도 있다."**[38] 요컨대 변덕스러운 대중 심리가 아니라 사실들에 기초해 투자할 주식을 선택하라는 조언이었다. 버핏은 이것을 가슴 깊이 새겼다. 이는 그가 자신의 아버지에게 그랬듯 그레이엄을 '영웅'으로 우상화한 것도 부분적으로 작용했다.[39]

그레이엄은 다른 학생들에게도 비슷한 영향을 미쳤다. 그는 내성적인 성격으로 속을 잘 드러내지 않았지만 제자들에 대한 속정은 여느 부모 못지않았다.[40] 특히 잭 알렉산더는 그레이엄을 "사실상 아버지같이" 생각했다. 어찌 보면 얄궂은 운명의 장난이었다. 잘은 모르겠지만, 제자도 느낀 그런 부정父情을 그레이엄 친자식들은 별로 느끼지 못한 것 같다.

그레이엄은 자신의 가족에게는 유행가 가사처럼 '가까이하기에 너무 먼 당신'이었다. 그의 상습적인 바람기 때문에 더욱 그랬다. 그는 젊은 모델과 눈이 맞아 조강지처를 버렸고, 버핏을 만났을 때 그레이엄은 세 번째 아내와 살고 있었는데 자신의 비서였던 에스텔Estelle이었다. 그레이엄이 전통이니 인습이니 하는 것을 얼마나 우습게 여기는지 단적으로 보여주는 일화가 있었다. 어느 아침 그레이엄이 에스텔과 함께 침대에 있는데 갓 결혼한 젊은 여성이 찾아왔다. 그레이엄이 그녀에게 '스리섬'을 제안했다.

그레이엄의 자식들은 아버지가 멀게 느껴졌고 서로 데면데면했다. 특히 장남이 9살 때 죽은 뒤에는 더 서먹해졌다.[41] 그들에게 그레이엄이라는 존재는, 모자를 쓰고 지팡이를 짚으며 센트럴파크를 산책하고, 시를 암송하고, 아이디어가 풍부한 사람일 뿐이었다. 언젠가 아들 벤저민 주니어가 학교의 라틴어 수업과 관련해 간단한 질문 하나를 했는데 그레이엄이 대답 대신 고대 로마의 철학자이자 문호 키케로의 연설을 암송했다. 마치 강의를 하듯 말이다. 그는 가벼운 잡담이 못내 불편했던 사람인 터라 자신이 주최한 디너파티가 한창인 와중에 슬그머니 빠져나와 책 속에 파묻히는 경우도 더러 있었다.

제자들은 이야기가 달랐다. 1950년대에 그의 제자가 된다는 것은 특별한 세상의 일원이 된다는 뜻이었다. 월스트리트는 거저나 다름없는 담배꽁초 주식들로 넘쳐났고, 적절한 도구와 강인한 의지를 가지고 먼저 줍는 사람이 임자였다. 그레이엄과 도드가 포진한 컬럼비아 경영대학원은 역동적이고 집단적인 에너지를 발산했으며, 자산운용자와 투자자를 꿈꾸는 사람들에게는 성지나 다름없었다. 그것은 1920년대에 한 젊은 작가가 파리의 카페 데자마퇴르Cafe des Amateurs 에서 어니스트 헤밍웨이의 목소리가 들리는 탁자에 앉았을 때 경험했을 법한 감격과 비슷했다.

버핏은 이내 그레이엄 사단의 핵심 구성원들과 어울리기 시작했다. 첫 번째는 같은 집에서 살던 프레드 스탠백이었다. 노스캐롤라이나주 출신으로 내성적이었던 스탠백은 자신의 어머니에게 걱정 말라는 뜻으로 버핏은 "햄버거와 펩시콜라만" 먹는다고 말했다. 버핏과 스탠백은 맨해튼과 허드슨 강을 사이에 두고 있는 뉴저지주 저지시티에서 열리는 마셜 웰스의 정기 주주 총회에 참석했다. 그곳에서 둘은 그레이엄-뉴먼의 직원으로 그레이엄의 열성적인 추종자 월터 J. 슐로스를 만났다. 셋은 점심을 먹으면서 숟가락 들 힘이 없어질 때까지 주식에 관해 이야기꽃을 피웠다.

또 한 번은 버핏이 월스트리트 클럽을 방문했다가 얌전한 성격의 톰 냅을 만났다. 롱아일랜드 출신이었던 냅은 본래 화학도였는데 데이비드 도드의 야간 수업을 들은 뒤 주식투자로 진로를 변경했다. 또한 버핏은 빌이라고 불렸던 윌리엄 루안과도 가까워졌는데, 하버드 경영대학원을 졸업한 루안은 당시 그레이엄의 수업을 청강하던 성실한 모범생 타입이었다. 끼리끼리 통한다고 그들은 그레이엄에 대한 뜨거운 헌신을 매개로 의기투합했다. 나중에 버핏도 알게 되듯, 그레이엄의 주변에는 딱 두 부류만 있었다. 그레이엄에게 곧바로 빠져들거나 그를 철저히 멀리하거나 둘 중 하나였다.[42] 개중 특정한 기질을 가진 사람은 아무리 설득해도 쇠심줄이었다. 당연히 버핏의 새 친구들은 그레이엄의 마법에 순간적으로 걸린 첫 번째 부류였다. 그들은 그레이엄의 전략이 — 요컨대 1달러의 가치가 있는 주식을 절반 가격인 50센트에 사는 것 — 강력하면서도 헛웃음이 나올 만큼 단순하다고 생각했다. 반면에 대부분의 월스트리트 투자자들은 그의 전략은 요행을 노리는 주사위 노름이나 다름없다고 일축했다. 그들은 그레이엄 사단을 구축하기 시작했다. 그리고 재치 있고 성격 좋으며 누구보다도 늘 한발 앞서 있는 버핏이 그 모임의 중심이었다. 버핏에 대한 냅의 첫인상처럼 버핏이 뛰어나다는 것은 그들 모두도 인정하는 바였다. "버핏은 뉴욕 증권거래소에서 매매되는 거의 모든 기업의 재무제표를 꿰고 있었어요."

1951년 버핏이 대학원을 졸업했을 때 이상하게도 그레이엄과 그의 아버지는 월스트리트 입성을 말렸다. 대공황을 몸소 체험한 그레이엄과 하워드는 대공황의 후유증에서 아직 벗어나지 못했고 그런 일이 재발할까 걱정했다. 특히 그레이엄은 1951년을 제외하고 다우지수가 해마다 어느 시점에서 200 이하로 떨어졌다고 지적했다. 두 영웅의 생각은 같았다. 다음번 폭풍이 증시를 지나갈 때까지 월스트리트는 쳐다보지도 말고 대신에 프록터 앤 갬블P&G 같은 안전한 일자리로 '피신'하라는 것이었다.[43]

그것은 끔찍한 조언이었다. 게다가 시장을 예측하지 말라는 그레이엄의 평소 투자 철학과도 어긋났다. 그렇다면 이후 다우지수는 어떻게 되었을까? 한 번도 200 이하로 떨어지지 않았다. 훗날 버핏은 그때를 회상하며 말했다. "당시 제 수중에 1만 달러 정도가 있었습니다. 만약 그들의 조언대로 했더라면 제 재산은 한 푼도 늘지 못하고 여전히 1만 달러에 머물러 있었을 겁니다."[44]

두 영웅이 걱정하는 바를 모르지 않았지만 버핏으로는 기다릴 마음이 눈곱만큼도 없었다. 그레이엄이 컬럼비아에서 교편을 잡은 22년간 A⁺를 준 학생은 버핏이 유일했다.[45] 버핏은 제 딴에, 스승이 도저히 내치지 못할 것 같은 제안으로 승부수를 띄웠다. 그레이엄-뉴먼에서 무보수로 일하겠다는 것이었다.

하지만 그레이엄은 애제자의 제안을 거절했다. 당시는 유대인들이 월스트리트의 비유대인 투자회사들에 발도 들일 수 없던 시절이었다. 그래서 그레이엄의 회사는 유대인들을 먼저 채용했다.[46]* [세계적인 투자회사 모건 스탠리(Morgan Stanley)는 1963년 처음으로 유대인 직원을 채용했다.][47] 그레이엄이 자신의 제의를 거절한 진짜 이유를 버핏이 당시에 알았는지, 어느 정도 시간이 흐른 뒤에 알았는지 명확하지 않다. 그러나 그레이엄의 속마음을 알았을 때 버핏이 충격을 받은 것은 확실

---

* 훗날 버핏은 공개 발언에서 그레이엄을 옹호했다. 그는 자신이 무보수로 일하겠다고 제안하자 "교수님은 자신의 주특기인 가격 대비 가치를 계산했고 제 제안을 거절"했다는 농담을 즐겼다.

했다. "그에게는 그 경험이 일종의 감수성 훈련"이었다는 그의 친구의 증언에서 버핏의 충격이 짐작된다.[48]

하지만 버핏은 월스트리트에서 그레이엄의 회사 말고 다른 곳, 즉 자신이 알지 못하는 누군가를 위해 일하는 것은 생각해 볼 가치도 없었다. 이번에도 그는 안전한 고향 품으로 돌아갔다. 오마하 내셔널 은행이 일자리를 제의했지만 버핏이 거절했다. 그는 익숙한 경계를 벗어나고 싶지 않았고 아버지 회사 버핏-포크 앤 컴퍼니Buffett-Falk & Co.를 선택했다. 하워드의 어떤 친구가 "나중에 사람들이 버핏 앤 선Buffett & Son으로 부르게 될까?"라고 물었다.

"그럴 리가요"라고 버핏이 날카롭게 대꾸했다. "버핏 앤 파더Buffett & Father라고 부르겠죠."[49]

버핏은 고향으로 돌아온 뒤 수전 톰슨Susan Thompson에게 구애하기 시작했다. 버핏과 수전은 가족끼리 친한 사이였다. 오마하에서 유명한 목사이자 심리학 교수였던 수전의 아버지 윌리엄 톰슨은 하워드의 선거 운동을 한번 도운 이력도 있었다. 또한 수전은 시카고의 명문 대학 노스웨스턴 대학교에서 워런의 여동생 로버타의 룸메이트였다.

수전은 눈부신 미소에 둥그스름한 볼을 가졌고 목덜미까지 내려오는 짙은 머리는 끝이 살짝 말려 있었다. 얼핏 만화 주인공 베티 부프Betty Boop를 닮았다고 보면 된다. 수전은 명랑하고 외향적인 성격이었고 그래서 그녀를 처음 만났을 때 경솔하고 심지어 멍청한 '날라리'라고 생각하는 사람들이 많았다.

그러나 실제로는 정반대였다. 수전은 어릴 적 병치레가 잦았고 병약했다. 특히 만성 중이염으로 고생이 심했고 귀 절개 수술도 여러 차례 받았으며 류마티스열로 집에서 오랫동안 요양했다. 윌리엄과 그의 아내 도로시는 그런 어린 딸이 안쓰러워 관심과 애정을 듬뿍 쏟았고 물질적으로도 풍족하게 해주었다.

수전은 부모님의 무조건적인 사랑을 한없이 받으며 성장했노라고 말했다.[50] 그리고 건강을 되찾은 후에는 '잃어버린 시간을 보상받으려는 듯' 자유가 주는 느낌을 만끽했다. 그녀는 단순히 몸만 건강해진 것이 아니라 통증으로부터 해방된 기분이었다. 그녀는 그것을 이렇게 표현했다. "통증에서 벗어나는 것은 존재가 충만해지는 기분이죠. 저는 그것을 아주 어릴 적에 배웠어요."[51]

성인이 된 수전은 워런이 갖지 못한 온갖 감정적 물질들로 똘똘 뭉친 사람 같았다. 그녀는 사람들과 어울리는 것을 유달리, 아니 못 말릴 정도로 좋아했다. 또한 타고난 공감력으로 사람들을 편하게 해줘 속이야기를 끌어내는 데는 선수였다. 심지어 사람들은 무언가에 홀린 듯 그녀에게 마음속 감정까지 드러내보였다. 대학 시절 여학생 사교클럽의 동기이자 훗날 뉴욕의 유명한 고급 레스토랑 러시안 티 룸 Russian Tea Room을 소유하는 페이스 스튜어트-고든의 말을 들어보자.

> 수전은 별세상 사람 같았어요. 우리는 철학 수업을 같이 들었는데 하루는 그녀가 선불교에 관한 책을 주더군요. 바로 이 책이에요. 그녀는 늘 사소한 것들이 아니라 커다란 문제에 관심을 두려고 노력했죠. 가령 제 눈을 똑바로 쳐다보며 이렇게 말하는 식이었어요. "요즘 어떻게 지내?" 그건 단순한 안부 인사가 아니었죠. "네 인생에 아무 문제없지? 네 영혼도 잘 지내지?"라는 뜻이었어요.

특히 수전은 죽음에 관심이 아주 많았다. 하지만 죽음에 대한 워런의 집착과는 정반대의 관심이었다. 어릴 적 병치레를 하던 중에 그녀는 죽음의 공포에서 벗어났다. 이제는 임종을 앞둔 환자들의 곁을 지키며 죽음에 대한 그들의 두려움을 덜어주는 일에 헌신했다. 워런이 죽음을 논리적인 관점으로 파헤치고 지독히도 끔찍한 그 주제에서 가능한 한 멀리 달아나려고 했던 것과는 반대로, 수전은 죽음을 영성적인 관점에서 바라보았고 죽음을 따뜻하게 감싸 안으려 최선을 다했다.

1951년 여름 워런은 수전과 데이트를 시작하고 이내 사랑에 빠졌다. 그러나 짝사랑이었다. 수전은 사랑은커녕 워런에게 별다른 매력을 느끼지 못했다. 입만 열었다 하면 골치 아픈 수수께끼만 늘어놓는 통에 따분할 뿐이었고 그의 전화가 오면 뒷문으로 슬쩍 도망치기도 했다. 부자가 될 거라는 그의 호언장담도 수전에게는 전혀 감흥을 주지 못했다. 오히려 그녀에게 돈은 아무 의미가 없었다. 더욱이 훗날 수전이 본인 입으로도 말했듯, 당시 "다른 누군가를 열렬히 사랑"하고 있었다. 그래서 워런은 수전의 아버지를 공략하기로 전술을 바꾸었다. 그녀의 말을 들어보자.

> (워런은) 매일 밤 저희 부모님 집을 찾아왔고 우쿨렐레를 연주했어요. 아빠는 20살 때부터 만돌린을 연주하셨던 터라 누군가와 합주한다는 사실에 매우 흡족해하셨죠. 그래서 워런은 제가 데이트하러 집을 비워도 매일 밤마다 찾아와 아빠랑 시간을 보냈어요.[52]

"다른 누군가"의 이름은 밀턴 브라운으로, 둘은 고등학교 때부터 사귀기 시작했고 나란히 노스웨스턴에 진학한 뒤에도 계속 만나고 있었다. 수전의 부모님은 유대인이라는 이유로 둘의 연애를 반대하며 그를 한 번도 집에 초대하지 않았다.[53] 아버지가 유니언 퍼시픽 철도 회사에서 우편물 담당자였던 브라운은 늘 돈에 쪼들리는 가난한 대학생이었던 터라 수전의 여학생 사교클럽에서도 환영받지 못했다. 그런데 평소 과잉보호하는 와스프(White Anglo-Saxon Protestant, WASP, 앵글로색슨계 백인 개신교도로 미국 사회의 가장 영향력 있는 계층에 속하는 것으로 여겨진다. – 옮긴이) 부모님의 영향에서 벗어나고 싶은 마음이 컸던 수전에게 가난한 유대인이라는 브라운의 배경은 감점 요인이 아니라 가산점이었다. 하지만 결국 수전도 아버지의 고집을 꺾지 못했고 브라운과 헤어졌으며 반항심에 노스웨스턴을 중퇴했다.[54]

그러는 동안 워런은 아주 영리하게도 수전에게 강요하지 않고 그저 상황이 흘러가는 것을 지켜만 보았다. 반면 수전의 아버지에게 계속 공을 들였고 자신이 완벽한 타협안이라고 말했다. "유대인이 수전에게 어울린다면 개신교도는 아저씨에게 딱이죠."[55] 워런은 수전이 유대인과 사귈 정도면 자신에게서도 많은 공감거리를 찾을 거라고 확신했다(당시 네브래스카 오마하는 종교가 다른 사람들에게 아주 폐쇄적이고 편견이 많았다. – 옮긴이). 수전의 언니 도로시는 미래의 '제부감'에 대해 이렇게 말했다.

> 아버지는 제부를 만나자마자 마음에 들어 했어요. 그는 저희 가족이 저녁식사를 마친 다음에 찾아왔죠. 수전이 설거지를 하는 동안 근처의 등받이 없는 의자에 앉아 우쿨렐레나 작은 기타를 연주하면서 노래를 불렀는데 목소리가 정말 끝내줬어요.

자기 뜻을 관철시켜야 직성이 풀리는 흑발의 목사는 워런과의 결혼을 강요하며 딸을 어르고 달랬다. 수전은 자신의 아버지를 존경했고 그의 판단을 존중했다.

마침내 수전도 고집을 꺾고 워런과 데이트를 시작했다. 그녀는 무엇보다 워런의 유머감각이 마음에 들었다. 집안끼리도 잘 알고 삶의 수준도 엇비슷한 둘의 교제는 머잖아 사랑으로 발전했다. "둘은 서로에게 푹 빠졌었다오"라고 워런의 케이티Katie 숙모가 말했다. "서로의 무릎에 올라앉고 입을 맞추고, 아주 요란하게 연애했지."

워런과 수전의 관계는 워런이 일찍이 예상했던 대로 흘러갔다. 워런의 예상이 맞았다. 수전에게 워런은 사실상 "유대인처럼 보살펴줘야 하는" 존재였다는 이야기다. 그의 내면에는 어머니의 모진 언어폭력과 억지로 고향을 떠나 낯선 워싱턴으로 이사했던 경험 등등 어린 시절의 아픈 기억들이 고스란히 남아 있었다. 이제 수전이 그런 남모르는 아픔을 어루만지고 달래주었다. 게다가 수전에게는 그가 이제까지 누구에게서도 받아보지 못했던 깊은 이해심이 있었다. 훗날 워런은 과거를 회상하면서 그녀를 만나기 전까지 외롭게 살았다고 말했다.[56]

1952년 4월 셋째 주 토요일, 워런은 어릴 적 찬송가 작곡가들의 수명을 계산했던 던디 장로교회에서 비단 망사 면사포와 고급 레이스의 웨딩드레스를 입은 수전과 결혼식을 올렸다. 캘리포니아로 신혼여행을 가던 길에 둘은 오마하 외곽의 위그웜 카페Wigwam Café에 들러 부부로서 첫 식사를 했다. 누군가에게서 그들의 신혼여행에서 벌어졌던 한 일화를 들었는데 아마 지어낸 이야기이거나 과장되었을 가능성이 컸다. 어쨌든, 결혼식 다음 날 그러니까 부부로서 맞이하는 첫 일요일이었다. 워런은 어떤 회사의 본사 앞에 주차되어 있던 캐딜락을 발견했다. 21살짜리 새신랑이 뜬금없이 차를 세우고 그 건물에 들어가 회사 사장과 이야기를 나누었다. 자동차에 홀로 남겨진 19살짜리 새 신부는 워런 버핏과의 결혼으로 맞닥뜨릴 엄연한 현실에 대해 깊은 시름에 빠졌다.

워런 버핏

워런과 수전은 월세 65달러짜리 방 3칸 아파트에서 결혼 생활을 시작했다.[57] 워런이 부자가 되겠다고 큰소리쳤다는 점에서 보면, 수전이 신혼집을 보고 약간 당황했을지도 모르겠다. 얼마나 낡았는지 밤에는 쥐들이 돌아다니다 그들이 벗어놓은 신발 속으로 기어들어가기도 했다. 게다가 워런은 정말이지 못 말리는 구두쇠였다. 예컨대 엄마 이름을 딴 첫딸 수전(이하 수지 - 옮긴이)이 태어났을 때조차 아기 침대를 사는 돈이 아까워 옷장 서랍장 하나를 침대 대용으로 사용했다.

버핏-포크에서 버핏은 여러 점에서 볼 때 어디에나 있는 평범한 주식 판매원이 아니었다. 가령 그가 처음 팔았던 주식은 거의 알려지지 않은 것으로 영업이 쉽지 않았다. 바로 가이코였다. 그러나 이제 자기 의심의 시간을 끝낸 버핏은 전 재산이나 다름없는 1만 달러를 가이코에 투자했을 뿐 아니라 반신반의하는 오마하 전역의 투자자들에게 가이코를 적극적으로 권유했다(그의 1호 고객은 앨리스 고모로 1,000달러어치를 사주었다). 그리고 이듬해에 가이코 주식을 매도해 50퍼센트의 이익을 올렸다.[58]

뭐니 해도 초보 주식 판매원이 가장 남달랐던 것은 열심히 조사하고 연구한다는 점이었다. 만화책에 푹 빠진 어린아이처럼 그는 보라색으로 제본된 무디스Moody's의 투자 매뉴얼에 매달렸다. 투자 아이디어를 찾으러 두꺼운 그 책을 한 장도 허투루 넘기지 않고 꼼꼼히 조사했다. 그런 노력에 보답이 있어서 작은 여러 보석들을 발견할 수 있었다. 보험회사들인 캔자스시티 라이프Kansas City Life와 웨스턴 보험 증권Western Insurance Securities, 석유회사 제네시 밸리 가스Genesee Valley Gas 같이 아주 저렴하고 아무도 원하지 않는 담배꽁초들이었다. 놀랍게도 3개 주식 모두가 주가수익비율[price-earning ratio, PER, 주가를 1주당 수익으로(EPS, 주당순이익) 나눈 수치로 주가가 1주당 수익의 몇 배가 되는가를 나타내며 주가

수익비율이 높으면 EPS에 비해 주식 가격이 높고 주가수익비율이 낮으면 EPS에 비해 주식 가격이 낮다는 것을 의미하므로 주가수익비율이 낮은 주식은 앞으로 주식가격이 상승할 가능성이 크다. - 옮긴이]의 최대 3배 가격으로 거래되고 있었다. 너무 좋아서 믿기 힘들 정도였다. 그런 주식이 그토록 저렴하다면 버핏은 **누군가**가 반드시 매수해야 한다고 생각했다. 그러나 그의 마음속에 어떤 생각이 서서히 자리 잡기 시작했다. 그 누군가가 바로 자신이라는 생각이었다. 누구도 가령 웨스턴 보험이 노다지라고 말해주지 않을 터였다. 결국 그런 보물찾기는 본인이 직접 해야 했다.[59]

그러나 버핏은 직업을 잘못 선택했다. 주식 판매원에게는 그런 모든 조사와 연구가 헛수고였다. 주식 판매원은 자신이 추천한 종목이 대박을 치건 깡통을 차건 소정의 수수료만 받을 뿐이었다.

한편 고객들도 경험이 부족하다는 이유로 버핏을 미덥지 않아했다. 많은 고객이 버핏에게서 투자 아이디어를 들은 뒤 자신이 거래하던 경험 많은 중개인에게 그것을 확인하고 그러고는 그 중개인을 통해 주식을 매수했다. 버핏의 오마하 친구 대니얼 모넨은 "그런 일이 자꾸 생기자 워런은 완전히 돌아버렸어요"라고 말했다.

버핏은 고심 끝에 사람들이 거미줄에 걸리게 만들 비책을 찾아냈다. 예전 골프 코치였던 로버트 드와이어에게 그 비법을 털어놓았다. "세금을 아껴줄 수 있다고 믿게 만들면 백발백중이에요."*

그러나 버핏은 사람들에게 투자하라고 **설득하는** 것이 천성에 맞지 않았다. 자신의 이익이 즉 수수료가 그들의 투자수익과 비례할 수 없

---

* 버핏의 말은 결코 허세가 아니었다. 그는 와튼을 중퇴한 뒤 재스퍼 벨(Jasper Bell) 하원의원과 점심식사를 같이 한 적이 있었다. 워싱턴에 있는 친구의 아버지였던 벨 하원의원은 버핏이 "미국의 어떤 변호사보다 세법에 대해 더 많이 알더군요"라고 술회했다.

다는 냉혹한 현실을 깨달은 뒤로는 더욱 그랬다. 둘 사이에는 상충적, 아니 거의 대립되는 측면이 있었고, 그래서 마음이 매우 불편했다.[60] 도널드 댄리의 말을 들으면 그의 심정이 어땠는지 짐작이 된다. "저는 워런이 주식 판매원 일을 혐오했다고 생각합니다."

버핏은 부업으로 텍사코Texaco 주유소를 매입했다. 규모는 20배도 더 넘었지만 그에게는 윌슨 동전 게임기 회사와 비슷한 사업이었다. 또한 같은 취지로 부동산에도 투자했다. 그러나 둘 다 수익이 시원치 않았다.[61] 한편 그는 벤저민 그레이엄의 회사에서 일할 가능성을 열어두기 위한 나름의 전략을 고안했다. 그레이엄이 관심을 가질 만한 주식 두 가지를 발굴해 추천한 것이다.[62]

엉뚱하게도 버핏이 버핏-포크에서 이룬 가장 큰 성과는 투자가 아니었다. 자기 계발의 대가 데일 카네기Dale Carnegie의 대중 연설 과정을 이수한 것이 신의 한 수였다. 버핏에게 대중 연설은 그야말로 공포였지만 그런 만큼 그 두려움을 극복하고 싶은 마음도 간절했다.

도대체 21살짜리 주식 중개인이 대중 연설을 배우고 **싶은** 이유는 무엇이었을까? 관전 포인트는 바로 이 질문에 있었다. 버핏의 유일한 꿈이 투자자였다면, 자신이 대중 앞에서 연설할 **필요가** 있을 거라고 생각했을 턱이 없었다. 모두가 대본이 있다고 확신할 정도로 설득력 있고 간결하며 정확하게 즉흥적으로 연설하고 싶은 것은 더더욱 아니었다. 그렇다면 버핏에게 주식투자자가 되는 것 말고 어떤 꿈이 있어 대중 연설을 배우고 싶었을까?

버핏은 카네기 강좌를 이수한 뒤 실전에서 대중 연설 기술을 연마할 기회가 생겼다. 오마하 대학교에서 '투자 원칙'에 관한 야간 강의를 맡았다. 수강생들은 30~40대였고 상당수가 의사였다. 남방셔츠를 입은 멀대 같은 21살짜리 강사가 강의실로 들어왔을 때 의사들이

대놓고 낄낄거렸다.[63]

버핏은 수업을 시작하자마자 그레이엄에 관한 이야기부터 꺼냈다. "그의 말을 5분만 들으면 안 넘어갈 사람이 없습니다"라고 산부인과 의사 릴런드 올슨이 말했다. "그는 자신의 이야기를 납득시키려 애쓰지 않았어요. 오히려 느긋하고 태평했죠."

버핏은 『현명한 투자자』를 교재로 몇 학기를 가르쳤다. 자칫 딱딱할 수 있는 수업인 터라 가끔 그가 재미있거나 통찰 있는 유익한 이야기로 수업의 지루함을 달래주었고 간결하게 말했으며 완급을 완벽히 조절했다.

> 월스트리트에서 부자가 될 수 있는 비결을 알려드릴게요. (잠시 말을 멈춘다.) 사람들이 들으면 안 되니 먼저 문을 닫아주세요. 비결은 간단합니다. 다른 사람들이 두려워할 때 당신은 탐욕스러워지고, 다른 사람들이 탐욕을 부릴 때 당신은 두려워하면 됩니다. 이것은 1987년 미디어 그룹 캐피털 시티즈 Capital Cities에서 있었던 한 즉석 강연에서 한 말이다. 그의 투자 수업은 녹음된 것이 없다.
>
> (미국 뉴스 전문 채널 CNN은 공포 탐욕 지수Fear & Greed Index라는 것을 발표하는데 지수가 100에 가까울수록 극단적인 탐욕 상태를, 반대로 지수가 0에 가까울수록 극단적인 공포 상태를 나타낸다. 일례로 2008년 글로벌 금융위기 때는 지수가 12까지 내려갔다. − 옮긴이)

버핏이 강의할 때 특유의 자세가 있었다. 먼저 책상 뒤에 서서 오른팔을 어색하게 구부렸다. 그러면 팔꿈치는 자연스럽게 허리춤까지 내려왔고 손은 볼에 닿았다. 전화기를 들고 있는 모습을 상상하면 된다. 그런 다음 굽힌 오른팔이 떨어지기라도 하는 듯 왼팔로 오른쪽 팔꿈치를 괴었다. 마지막으로, 고개를 들어 수강생들의 머리 위쪽에 시선을 고정시켰는데 눈 맞춤을 두려워하는 것 같았다.

그런 어정쩡한 자세에도 그의 말은 열정이 가득했고 수강생들은 저절로 매료되었다. 스페인어 교사로 IBM 판매원이었던 남편과 함께 1953년 그의 강좌를 수강했던 엘리자베스 잰은 버핏의 강의 태도에 신선한 충격을 받아 그의 모든 움직임을 상세히 설명했다. 잰이 특히 놀랐던 것은 그의 모습이 아주 모순되게 보인다는 점이었다. 버핏은 행동이 아주 '굼뜬' 동시에 자신이 말하고자 하는 내용에는 혼신의 열정을 담았다. 격식에 얽매이지 않는 그의 태도는 외려 격식으로 가득 찬 집중된 수업 내용 때문에 더욱 돋보였다. "굼벵이처럼 느릿느릿 했는데도 저는 그에게 홀딱 반했죠"라고 잰이 말했다.

그는 골똘한 생각에 빠질 때면 고개를 다소곳하게 숙인 채 강의실을 서성거렸다. 잰이 그가 벽에 부딪힐까 걱정이 될 즈음 그는 몸을 휙 돌려 똑같은 자세로 반대 방향으로 걸어갔다. 아무도 무엇도 그의 집중력을 방해할 수 없었다. 버핏은 강의의 청사진을 머릿속에 미리 그려놓은 사람 같았고, 직선으로 뻗은 철길을 가듯 정확히 한 단계씩 앞으로 나아갔다.

그레이엄과는 달리 버핏은 투자 정보를 알려주지 않았다. 수강생들은 간접적으로라도 투자 정보를 얻어 보려 애썼다. 가령 짐짓 태연을 가장한 채 특정 기업에 대해 운을 떼보는 식이었다. 그래도 버핏은 그저 웃어넘길 뿐이었다. 심지어 잰은 애절한 노랫말을 지어 큰 소리로 불렀다.

주식 전문가 선생님,

우리의 외침이 들리지 않으시나요.

당신이 어떤 주식을 사는지 왜, 도대체 어째서 말해주지 않으시죠?

이번에도 버핏은 웃을 뿐 가타부타 말이 없었다. 젊은 주식 판매원은 한술 더 떠서, 주식 중개인한테서 정보를 **구해서는 안 된다고** 그런 정보는 믿을 수 없다고 조언했다.[64] 솔직히 그는 정보를 공유하는 행위 자체에 부정적이었다. 제공하는 쪽과 받은 사람 모두 정보를 악용하고 남용할 가능성이 크다고 생각하는 듯했다. 그는 투자 정보 대부분은 허접한 쓰레기이며, 그렇기 때문에 주식 중개인이 정보를 흘리는 것이라고 생각했다. 그러나 버핏은 좋은 아이디어는 — 자신의 아이디어 — 아주 사적인 대상으로 다루었다. 그는 그런 아이디어를 자신의 창작물로, 약간 성스러운 존재로까지 여겼다.

1952년 4선 하원의원을 끝으로 정치에서 은퇴했던 하워드 버핏은 워런을 정직한 주식 중개인이라고 생각했으며 그런 점에서 아들을 존경했다.[65] 하워드의 동료였던 허버트 데이비스에 따르면 "하워드는 언제나 워런을 자랑스러워했어요. 워런이 투자자로서 이렇다 할 실적을 보이기 훨씬 전부터 그랬지요. 하워드는 입만 열었다 하면 워런 이야기였고 그럴 때마다 그의 목소리와 태도에서 아들에 대한 애정이 뚝뚝 묻어났습니다." 한편 워런도 아버지에게 변함없이 지극한 충성을 다했다.

1954년 네브래스카 상원의원이었던 휴 버틀러가 임기 중 사망하는 바람에 상원의원 자리가 공석이 되었다. 버틀러의 자리를 승계할 가장 유력한 후보 지명자는 하워드였다. 하워드도 내심 그 자리가 탐났다. 그러나 공화당 내부의 온건파들은 생각이 달랐고 오히려 하워드의 출마를 저지하려 은밀하게 움직였다. 결국 공화당의 네브래스카주 중앙위원회도 그 문제에 주목했으며 링컨에서 공화당원들의 아지트였던 콘허스커 호텔에 음모의 기운이 감돌았다.

워런의 누나 도리스에 따르면, 워런이 아버지를 돕고자 비밀리에 콘허스커 호텔을 찾아갔다고 한다. 그런데 하워드 대신에 온건파였던 로만 흐루스카가 지명되었다는 실망스러운 소식을 들었다.* 도리스의 말을 들어보자. "동생은 아버지를 도우려 그 호텔에 갔다가 커피숍에서 그들의 대화를 슬쩍 엿들었다고 해요. 집에 돌아온 동생은 '아빠의 목이 댕강 잘려나갔어'라고 말했죠."[66]

최소한 다른 사람들이 기억하는 한, 워런은 그 일을 입에 담은 적이 없었다. 하워드는 무너졌고 워런도 그런 아버지를 보며 같이 낙담했다. 그러나 부전자전, 하워드와 마찬가지로 워런도 그것을 마음에 묻었다. 그런데 하워드의 꿈이 좌절되었을 무렵 뜻밖에 워런의 오랜 꿈이 실현되었다. 마침내 벤저민 그레이엄이 워런의 손을 잡아준 것이다. 그는 종교적 장벽을 제거했다면서[67] 버핏에게 같이 일하자고 제안했다. 버핏은 급여를 물어볼 생각도 하지 않았고 (나중에 알고 보니 연봉 1만 2,000달러였다) 곧바로 다음번 비행기에 올랐다.[68]

---

* 하워드는 1952년 공화당 예비 경선에서 2차 세계대전의 전쟁 영웅 드와이트 아이젠하워(Dwight Eisenhower)를 비난했고 그와 맞붙은 우파 로버트 태프트(Robert Taft)를 지지했다. 당시 네브래스카 주지사였던 로버트 크로스비(Robert Crosby)는 훗날 이렇게 회고했다. "공화당은 아이젠하워 진영과 태프트 진영으로 첨예하게 갈라져 내분이 심각했습니다. 하워드 버핏은 보수 진영에 섰던 반면 저는 중도파였죠. 휴 버틀러가 사망했을 때 중앙위원회에서 고성이 오가는 등 분위기가 살벌했습니다. 제 기억에는 유서 깊은 콘허스커 호텔의 한 객실에 위원들이 모였던 것 같습니다. 저는 평소 가깝게 지내던 정치 동지들에게 전화를 돌려 로만 흐루스카가 당선되도록 최선을 다해 준비해달라고 부탁했죠. 다 지난 일이니 하는 말이지만 저는 로만이 가까운 친구라고 생각했습니다."

버핏을 맞이한 월스트리트는 시간 왜곡time warp에 갇혀 있었다. 월스트리트를 주물렀던 기성 투자자들은 또 다른 대공황에 대한 두려움을 떨치지 못했다. 반면에 월스트리트에 새로운 피는 수혈되지 않았다. 가장 최근 하버드 경영대학원 졸업생 가운데 월스트리트에 입성한 비율은 고작 2.9퍼센트였다. 신세대들은 월스트리트에 매력을 느끼지 못했다. 괴물 석상들로 장식된 석조 요새 바깥에는 검은색 리무진이 빛바랜 기억에 갇혀 있는 사람들을 기다렸다. 건물 안은 노회한 남성들의 세상이었고 첨단기술은 흔적조차 보이지 않았다. 그냥 버핏이 뉴욕을 떠났을 당시 그 모습 그대로였다. 투자은행 메릴린치, 피어스, 페너 앤 빈Merrill Lynch, Pierce, Fenner & Beane에서는 고객들의 작은 주문서 용지가 컨베이어벨트를 타고 "(각각) 운명과의 약속 장소로 씩씩하게 이동했다."[69]

물론 당시 미국은 경기가 살아나 나날이 번창했고 다우지수가 380을 찍었다. 그러나 '신중함'이 월스트리트의 좌우명이었다. 주가는 1929년 이후 최고점이었고, 그레이엄 같은 사람들에게 **주가가 고점을 찍은 뒤** 무슨 일이 벌어졌는지 상기시키는 것은 사실상 불필요했다. 특히 그레이엄은 자신이 "신종 투기"라고 명명한 것에 대한 경계를 늦추지 않았으며 1914년에 발행된 무디스의 투자 매뉴얼 전권을 항상 가까운 곳에 두었다. 마치 최근에 발행된 것은 못 믿겠다는 듯이 말이다.[70]

그레이엄-뉴먼은 42가 채닌 빌딩Chanin Building에 입주해 있었다. 유리 버블 아래에 주식 시세 표시기가 있었고 끝없이 찰칵거리는 소리를 냈다. 직원은 버핏을 포함해 총 6명이었는데 버핏은 처음에는 월터 슐로스와 나중에는 톰 냅과 작은 사무실을 함께 사용했다. 그는 그곳의 다른 주식 중개인과 다르지 않았다. 똑같이 회색 면 재킷을 입었고 똑같이 투자 기업을 찾기 위해 S&P의 『주식 가이드Stock Guide』를 분석하며 시간을 보냈다. 냅의 말을 들어보자.

> (버핏은) 처음부터 아주 자신만만했습니다. 본인은 극구 부인했지만 제가 보기에는 자신의 아버지에게서 돈을 약간 받았거나 빌린 것 같았어요. 어쨌든 그는 무에서 유를 창조하고 싶어 했죠. 또한 아주 깨끗하고 투명한 방식으로 돈을 벌고 싶어 했습니다. 제가 두어 번인가 "이쿠, 워런, 이 거래를 (정부에) 보고하지 않았네"라고 말했죠. 그러면 말이 떨어지기가 무섭게 그가 자신이 보고하겠다고 나섰어요.

뮤추얼펀드(mutual fund, 주식 발행을 통해 투자자를 모집하고 모집된 투자 자산을 전문 운용회사에 맡겨 운용 수익을 투자자에게 배당금의 형태로 되돌려 주는 투자회사이며 상호 펀드라고도 한다. – 옮긴이)였던 그레이엄-뉴먼은 엄선된 몇 가지 기법에 따라서 주식을 매입했다. 특히 그레이엄은 기업의 순운전자본net working capital* 보다 3분의 1 가격에 거래되는 주식을 선호했다. 그냥 쉽게 말해 **터무니없이** 싼 주식을 샀다. 버핏을 포함해 직원들이 그런 주식을 발견하면 그레이엄에게 보고했다(반면 그들은 그레이엄의 동업자 제롬 뉴먼은 어떻게든 피하고 싶었다. 그레이엄의 다정함과 뉴먼의 고약함을 저울로 달면 팽팽히 균형을 이룰 만큼 그는 기피 대상이었다). 그러면 그레이엄의 장점 중 하나가 발휘되었다. 바로 그 자리에서 매수 여부를 결정해준 것이다. 다른 말로 그레이엄은 설득할 필요조차 없었다. 그에

---

* 순 운전 자본은 현금, 재고, 매출 채권 같은 현재의 유동 자산에서 (공장과 설비 자산은 포함되지 않는다) 모든 유동 부채를 차감한 후의 자산 총합을 말한다.

게 주식의 종류는 둘 중 하나였다. 그의 기준에 부합하는 주식과 부합하지 않는 주식이었다. 게다가 그는 오직 숫자에 근거해 결정했다.

당시 버핏의 문제는 투자 대상을 찾지 못하는 것이 아니었다. 오히려 자신이 팔 수 있는 것보다 더 많은 주식을 찾아내서, 그게 문제였다. 그는 전기톱처럼 S&P 가이드북을 낱낱이 분석했다 — 그에게 S&P 가이드북은 어른들이 보는 『1,000달러를 버는 1,000가지 방법』이었다. 그는 그레이엄을 하나부터 열까지 모방하기 위해 안간힘을 쓰는 것 같았다.

한번은 필라델피아의 한 주식 중개인이 버핏에게 홈 프로텍티브 Home Protective라고 잘 알려지지 않은 보험사의 주식을 주당 15달러에 매수하라고 제안했다. 그런데 그 회사에 관해 공개되거나 발표된 자료가 없었다. 이는 가치를 평가할 방법이 없다는 뜻이었다. 그러나 버핏은 포기하지 않고 펜실베이니아의 주도 해리스버그Harrisburg에 있는 주 정부의 보험국으로 직접 가서 기어코 약간의 재무 정보를 찾아냈다. 버핏은 홈 프로텍티브가 숨은 작은 보석이라는 확신이 생겼지만 제롬 뉴먼이 거부했다. 그래서 버핏과 냅은 각자의 개인 계좌를 통해 매수했고, 얼마 뒤 홈 프로텍티브의 주가가 70달러까지 치솟았다.[71]

또한 버핏은 매사추세츠 뉴베드퍼드New Bedford에 있는 유니언 전차 Union Street Railway라는 큰 보석도 발견했다. 그 회사의 당시 시장 가격은 45달러였는데 보유 현금자산만도 주당 120달러에 이르렀다.[72] 버핏은 자신의 행운을 믿을 수 없을 정도였다, 그러나 이번에는 그레이엄이 퇴짜를 놓았고 버핏은 또다시 자기 주머니를 털어 매수했다.[73]

어쨌거나 버핏은 근무 첫 해에 커다란 성과를 낼 수 있었다. 1954년 브루클린의 초콜릿 회사 록우드 앤 코Rockwood & Co.는 코코아 원두 재고가 산더미처럼 쌓이자 버핏에게 코코아 원두와 자사 주식 일부를 맞교환하자고 제안했다. 버핏은 주식과 코코아 원두를 맞교환하는 것과 상품 시장에서 원두를 판매한다는 아이디어를 동시에 조사했는데, 당시는 원두 가격이 급상승한 터라 막대한 수익이 예상되었다. 훗날 그는 그것에 대해 이렇게 말했다.

> 몇 주간 정말 눈코 뜰 새 없이 바빴습니다. 록우드 주식을 매수하고 원두를 판매하는 와중에도 주식 매수 확인서를 위탁 증권으로 교환하기 위해 슈뢰더 트러스트Schroeder Trust도 주기적으로 들러야 했죠. 이번 거래로 저는 막대한 이익을 남겼지만 제가 쓴 비용은 지하철 승차권 값이 전부였습니다.[74]

타 시장 간의 가격 차이를 이용하는 그런 거래는 차익 거래arbitrage라고 불린다. 차익 거래는 그레이엄-뉴먼의 핵심적인 투자 기법이었다. 하지만 버핏은 잠재적인 차익 거래를 발굴하는 것과 관련해 다른 직원들보다 말하자면 지하철의 두어 정거장을 앞서 있었다.

정확히는 버핏이 모든 점에서 앞서 나갔다. 그레이엄은 숫자들로 가득한 서류 한 장을 죽 훑어보고 곧바로 실수를 짚어내는 놀라운 능력으로 직원들을 경악하게 만들었다. 그러나 버핏은 그레이엄보다 더 빨랐다. 제롬 뉴먼의 아들로 아버지 회사에서 일하던 하워드 뉴먼은 버핏을 한껏 추켜세웠다. "워런은 뛰어난 머리에 겸손함까지 갖췄어요. 그는 그레이엄보다 몇 배나 뛰어났습니다."

워런과 수전은 뉴욕 교외 화이트 플레인스White Plains에서 정원이 딸린 아파트를 임대했다. 오마하에서나 뉴욕에서나 워런의 구두쇠 기질은 여전했다. 뉴욕으로 이사 오고 얼마 지나지 않아 워런 부부에게 아들이 태어났고 워런이 숭배하는 두 영웅의 이름을 따서 하워드 그

레이엄이라는 이름을 지어주었다. 이제 워런은 상당한 수입이 있었음에도 아들의 침대를 빌려 썼다.[75]

워런과 수전은 각자 다른 이유로 월스트리트에 종사하는 젊은 부부들 사이에서 논란의 중심에 있었다. 주식 중개인 헨리 브란트의 아내 록산느의 말을 들어보자.

> 워런과 수전은 저와 남편이 아는 젊은 사람들과 달랐어요. 그들은 더 단순했죠. 아니 최소한 겉으로는 그렇게 보였어요. 수전은 저희 부부가 아이를 갖지 않는 이유에 관심이 아주 많았어요. 그리고 제가 그 이유를 기어코 말하게 만들었죠.

격식과 예의범절을 중시하는 50년대의 문화에 비해 워런과 수전은 확실히 좀 더 자유분방한 편이었다. 하루는 록산느가 버핏의 집에 초대받아 저녁식사를 마친 뒤였다. 당시는 버핏의 아들인 하워드가 배밀이를 시작한 지 얼마 되지 않았을 무렵이었다. 록산느는 "온 집안이 아이들과 장난감으로 꽉 찬 것" 같은 기분을 느꼈다. 맨해튼의 어느 디너파티에서와는 달리 버핏 부부는 손님들을 초대해도 아이들을 "딴 곳에" 두지 않았다. 요컨대 아이들도 그 파티의 일원이었다.

한편 하버드 경영대학원을 수석으로 졸업한 헨리 브란트는 버핏에게 흥미를 느꼈다. 특히 버핏은 주식에 대해서만은 누구보다 많이 알았다. 게다가 그는 아주 쉽고 겸손하게 설명도 잘했다. 어느새 브란트 부부가 버핏 부부를 포함해 다른 월스트리트 부부들을 초대할 때면 독특한 의식 하나가 만들어졌다. 식사 후 남자들이 서재로 우르르 몰려갔다. 그런 다음 버핏이 견고한 팔걸이가 있는 편안한 흑백 안락의자에 앉았고, 그보다 나이가 많았던 나머지 남자들이 맨바닥에 앉았다. 그러고는 주식 세상에 대해 진득하게 설명하는 버핏의 한마디 한마디에 귀를 기울였다. 대학 시절 남학생 사교클럽의 파티에서 그 랬던 것처럼 말이다. 록산느 브란트는 그들을 "예수와 사도들"이라고 놀렸다.

한편 **자신의** 제자 중 버핏을 최고라고 생각했던 그레이엄은[76] 둘 사 이의 비슷한 점도 정확히 파악했다. 언젠가 점심시간 사무실 인근의 샌드위치 가게로 가던 길에 그레이엄이 "워런, 나나 자네는 돈이 아무 리 많아도 달라지는 것이 없겠지. 우리는 지금과 똑같을 걸세. 그리고 자네 아내와 내 집사람은 평생 돈 걱정 없이 잘살게 되겠지."[77]

그레이엄은 배려 깊은 상사였고, 버핏의 아들이 태어났을 때는 무 비카메라와 영사기를 축하 선물로 사주었다. 겨우 몇 달간 근무한 직 원에게 주는 선물치고 아주 관대했다.[78] 또한 자신의 생일에는 본인 이 전 직원에게 선물을 돌렸다. 이 세상에 태어난 것 자체가 행운이 라는 의미였다.[79]

그러나 버핏은 자신이 바랐던 것만큼 그레이엄과 업무적으로 가까 워진 것 같지가 않았다.[80] 버핏의 말을 그대로 옮기면, 그레이엄은 "일 종의 조개껍데기 속에 들어가 있었어요. 모두가 그를 좋아했고 존경 했으며 함께 있으면 즐거웠어요…. 그러나 누구도 그와 가까워지지 못 했습니다."[81] 아마 사람들은 버핏에 대해서도 똑같이 말했을지 싶다.

어쨌든 버핏은 그레이엄-뉴먼에서 좌절감을 느꼈다. 펀드의 자본 이 겨우 500만 달러에 불과했던 터라 많은 투자를 진행할 여력이 없 었다. 그레이엄과 뉴먼은 개방형 펀드인 그레이엄-뉴먼과는 별도로 비공개 펀드인 뉴먼 앤 그레이엄Newman & Graham을 운용했지만, 두 펀 드를 합쳐도 운용 자금이 고작 1,200만 달러였다. 이는 당시에도 상 당히 적은 규모였다.[82] 설상가상 그레이엄은 주식시장을 믿지 못했고 그래서 불안한 마음에 뉴먼 앤 그레이엄의 투자자들에게 자본의 일부를 **인출**하라고 조언했다.

요컨대 버핏의 기회가 제한적이었다. 한번은 고등학교 시절 골프 코치였던 로버트 드와이어에게 고민을 털어놓았다. 그레이엄에게서 배우는 것은 많지만 그가 "400만 달러를 뭉개고 앉은 것도 모자라 시장에서 언제 철수할지만 고민해요"라고 말했다. 그것은 버핏이 자신의 경력을 시작하고 싶었던 방식과는 너무 거리가 멀었다.

역설적이게도 그레이엄-뉴먼의 주식은 수요가 아주 많아서 포트폴리오 가치에 비해 200달러의 웃돈이 얹혀서 매매되었다. 주당 약 1,200달러였다(그저 포트폴리오를 '구경'하려고 달랑 1주만 사는 사람들도 많았다). 그레이엄이 원하기만 했다면, 그레이엄-뉴먼을 대형 투자회사로 키울 수 있었을 것이다. 하지만 그레이엄에게 가장 중요한 목표는 돈을 버는 것이 아니었다. 돈을 잃지 않는 것이 최우선 목표였다.

이렇듯 보수적인 투자 성향 때문에 그는 기업들을 주관적으로 분석하지 않았다. 대신에 수치에 근거한 수학적인 방식을 엄격히 고수했다. 그레이엄의 조수였던 어빙 칸Irving Kahn은, 누군가가 특정 기업의 제품에 관해 의논할라치면 "벤저민은 창밖을 쳐다보며 딴청을 피웠고 지루한 기색을 감추지 않았어요"라고 술회했다.

칸은 버핏과 그레이엄이 "이것에 대해 논쟁"을 벌였다고 주장했다. 둘의 성향을 놓고 볼 때 칸의 말은 과장일 가능성이 높다. 그래도 둘이 달랐던 것은 엄연한 사실이었다. 버핏은 특정 기업의 경쟁 우위가 무엇인지에 관심이 있었고 그 점을 철저히 분석하고자 했다. 반면에 기업의 경영진을 불신했던 그레이엄은 버핏이 현장 실사로 기업들을 방문하는 것조차 말렸다.[83] 결과적으로 그레이엄은 자신의 정형화된 접근법 때문에 톡톡한 대가를 치렀다.

워런 버핏

월터 슐로스는 그레이엄에게 제록스Xerox의 전신 할로이드Haloid를 인수하자고 설득했다. 할로이드는 영세한 사진용품 회사였지만 제로그래피(xerography, 건식 방식으로 문서와 사진 복사하는 기술 – 옮긴이)라고 불리던 유망한 기술의 권리를 소유했다. 할로이드의 주식은 21달러였고, 그중 약 17달러는 할로이드의 주력 사업에 대한 가격이었다. 따라서 슐로스는 4달러 정도면 제록스 복사기에 충분히 도박을 걸어볼 만하다고 생각했다. 그러나 그레이엄은 기술주 같은 모험성 투자에는 **전혀** 관심이 없었다. 그는 "할로이드는 충분히 싸지 않네"라고 일축했다.[84]

주식시장이 초강세였을 때도 그레이엄의 불안감과 초조감은 오히려 더욱 커졌다. 1955년 다우지수가 420을 돌파했고, 이는 1929년의 고점보다 10퍼센트가 상승한 수치였다. 대공황이 발생하고 4반세기가 지난 마당에 증시가 상승 동력을 받지 못할 아무런 이유가 없었다. 그런데도 대공황을 경험한 구세대들은 1929년의 망령을 떨쳐내지 못했다. 주식시장이 붕괴할까 봐 얼마나 걱정이었으면 의회가 청문회까지 열었다. 그해 3월 경제학자 존 케네스 갤브레이스는 1929년 주식시장을 충격에 빠뜨려 하루 동안 빈사 상태로 만들었던 주가 대폭락에 대한 일종의 보고서로 출간 예정이던 『대폭락 1929The Great Crash』을 챙겨 상원의 은행 통화 위원회Committee of Banking and Currency에 출석해 증언했다. 다음의 주가 대폭락 사태가 정말 다가오고 있었을까?

미래를 누가 알 수 있겠는가마는 어차피 그 청문회의 진짜 목적은 그 질문에 대한 답을 알아내는 것이 아니었다. 정치판에서 들끓고 있는 어떤 욕구를 해소하는 것이 일차 목표였다. 다시 말해 청문회는 월스트리트의 민낯을 만천하에 고발하고 싶은 검은 속내를 숨긴 위장물에 지나지 않았다. 미국 최대 금융 그룹을 설립한 J. P. 모건 시니어John Pierpont Morgan, Sr. 시절부터 정치권이 재편될 때마다 금융권 사제들을 워싱턴으로 소환했다. 1955년에는 그레이엄도 J. 윌리엄 풀브라이트James William Fulbright가 위원장을 맡고 있던 상원의 은행 통화 소위원회가 개최한 청문회에 출석했다. 풀브라이트는 금융권의 생리에 훤했고 당대 최고의 주식투자자에게 직접 물었다. 어떻게든 그의 투자 비결을 드러내고 싶었던 풀브라이트는 주식 거래의 모든 측면에 관해 예리하게 질문했다. 가끔은 하도 꼬치꼬치 캐묻는 통에 마치 자신이 거래하는 중개인에게 전화한 사람 같았다.

> 위원장: 그레이엄 씨, 당신의 회사와 관련해서… 특수한 상황을 과소평가했는지 여부는 어떻게 판단하십니까?[85]

그레이엄은 풀브라이트 상원의원의 질문에 참을성 있게 차근차근 설명했다. 그러다가 그레이엄이 스톡옵션stock option 즉 주식 매입 선택권(기업의 임직원이 사전에 정해진 가격으로 일정 기간 내 자사 주식을 살 수 있는 권리 – 옮긴이)에 대해 회의적으로 발언하자 풀브라이트가 이때다 싶어 그의 비위를 맞춰주려 했다.

> 위원장: 당신의 의견과 내 의견이 일치하는 경우가 꽤 많군요.
> 그레이엄: 의원님, 저는 의원님이 동의할 수 있는 기대치에 제 생각을 일부러 맞추고 싶은 마음이 없습니다.

마침내 풀브라이트가 본론을 꺼냈다.

> 의장: 마지막으로 한 가지만 더 묻겠습니다. 당신이 특수한 상

황을 발견하고, 가령 30달러의 가치가 있는 주식을 10달러에 매수할 수 있다고 판단해 매집한다고 칩시다. 그런데 많은 투자자도 그것이 30달러의 가치가 있다고 생각하기 전에는 수익을 실현할 수 없습니다. 그런 과정은 어떻게 이뤄집니까? 광고를 합니까? 아니면 다른 무언가를 합니까?

풀브라이트의 질문을 간략히 요약하면 이랬다. "어떻게 싼 주식이 정당한 가치를 찾아갑니까?"

그레이엄: 그것이 우리 업계의 수수께끼 중 하나입니다. 다들 그렇듯 저도 그것이 궁금합니다. (그러나) 우리 경험으로 보면 시장은 결국 스스로 가치를 찾아가게 되어 있습니다.

그레이엄이 두루뭉술하게 대답했지만, 사실 그의 대답이 버핏 경력의 토대였다. 주식은 결국 내재가치까지 오르게 되어 있다. 다른 말로 주가는 가치에 수렴하게 되어 있다. 따라서 자신의 판단을 믿는 투자자는 주가가 가치를 반영할 때까지 인내하며 기다릴 수 있다.

하지만 그레이엄 자신은 더 이상 미련이 없었다. 청문회가 있고 1년 뒤인 1956년 그는 현역 투자자로서 은퇴했고 아내와 함께 로스앤젤레스 베벌리힐스로 이사했다. 당연히 프랑스 출신의 정부도 데려갔다. 그는 캘리포니아 주립대학교 로스앤젤레스 캠퍼스University of California, Los Angeles, UCLA에서 후학을 양성하는 동시에 금융 관련 저술 활동에도 매진하고 스키도 즐기면서 고전문학에도 다시 도전할 계획이었다. 한편 그는 평소 소신대로 자선단체에 많은 돈을 기부했다. 그는 죽을 때 본인 명의의 자산이 100만 달러가 넘는 사람은 바보라고 주장했다.[86]

그레이엄-뉴먼의 수익률은 최고 수준은 아니었지만 꽤 좋은 편이었다. 1936년 첫 영업을 시작하고 1956년 문을 닫을 때까지 21년간 연평균 수익률이 17퍼센트에 가까웠다. 반면 동기간 S&P 지수의 연평균 수익률은 14퍼센트에 약간 못 미쳤다. 게다가 17퍼센트는 진짜 알짜배기 주식을 포함하지 않은 수익률이었다. 그 주식은 그레이엄-뉴먼의 최고 투자라고 해도 과언이 아니었다. 바로 그레이엄-뉴먼의 주주들에게 배분했던 가이코 주식이었다. 1956년까지 가이코 주식을 보유했던 투자자들은 S&P 500 지수의 거의 2배에 달하는 수익을 올렸다.[87]

하지만 소리 소문 없이 자신의 돈을 직접 투자했던 버핏의 수익률은 더 좋았다. 1950년 대학을 졸업할 당시 9,800달러였던 버핏의 개인 자본은 14만 달러로 14배 이상으로 불어났다.[88] 그레이엄마저 은퇴하자 버핏은 또다시 편안한 보금자리로, 오마하로 돌아가고 싶어 몸이 쑤셨다. 통근자들로 콩나물시루 같은 열차 승강장에 서 있자니 이는 자신이 꿈꾸던 삶이 아닌 것 같았다는 생각이 물밀듯 밀려왔다.[89]

1956년 봄 그와 수전은 버핏 식료품점에서 두 블록 떨어진 언더우드 애비뉴의 한 주택을 임대했다. 2년 전 오마하를 떠날 당시 딸을 포함해 단출했던 세 식구가 다시 고향으로 돌아올 때는 반려묘까지 포함해 5명으로 늘어났다. 이제 버핏은 아버지든 누구든 다른 사람을 위해 일할 마음이 없었다. 오마하에 도착한 직후인 5월 1일 그는 가족과 친구들을 모아 투자조합을 만들었다. 7명의 유한 책임 투자자(limited partner, LP, 개인과 기관 투자가를 포함하는 개념으로 투자조합을 구성하는 출자자 중 출자액 한도만큼 유한 책임을 지는 조합원을 말한다. - 옮긴이)들로부터 — 누나 도리스 부부, 앨리스 고모, 장인 도널드 톰슨, 와튼 1학년 때 룸메이트였던 찰스 피터슨과 그의 어머니, 그의 고문 변호사 대니얼 모녠 — 총 10만 5,000달러의 자금을 모았다. 버핏 본인은 무한 책임 파트너(general partner, GP, 투자조합을 구성하는 출자자 중 조합의 채무에 대해 무한 책임을 지는 조합원을 지칭하고 쉽게 말하면 펀드를 운용하는 개인이나 팀이다. – 옮긴이)로 100달러를 투자했다.(LP는 펀드에 자금을 출자하여 GP에게 운용을 맡기고, 그 대가로 GP에게 보수를 지급한다. – 옮긴이) 보잘것없는 자본이었지만 버핏은 아버지나 그레이엄이 아니라 자신의 투자조합 버핏 어소시에이 츠Buffett Associates, Ltd.를 위해 돈을 운용할 계획이었다.

이즈음 물리학자이자 그레이엄–뉴먼의 투자자였던 호머 도지Homer Dodge가 그레이엄에게 어떤 질문을 했다. 사실 그레이엄의 예전 투자 자 중 상당수도 알고 싶었던 질문이었다. "당신을 대신해 줄 사람은 누구입니까?" 그레이엄은 두 번 생각지도 않고 워런 버핏을 추천했 다. 도지는 자동차에 카누를 연결해 서부로 여름휴가를 가던 길에 오 마하에 들렀다. 그는 버핏을 만나 잠깐 이야기를 나눈 뒤 멋진 대자 연을 즐기러 출발했다. 그는 12만 달러를 투자하기로 합의했다.[90]

그리하여 이제 버핏은 재택근무로 3개의 소규모 투자조합을 운영 하게 되었다. 한편 그는 가족 조합의 자본을 증가시키는 것을 고민하 기 시작했다. 8월 버핏은 뉴욕에서 열린 그레이엄–뉴먼의 마지막 주 주 총회에서 그레이엄의 제자 에드워드 앤더슨을 만나 그레이엄의 투 자 기법을 따르는 투자조합을 조직할 계획이라고 말했다. 최소 투자 금액은 5만 달러로 생각한다고 덧붙였다. 그러나 과연 그가 그레이엄 의 명성을 이어갈 후계자가 될지 누가 장담할 수 있었을까? 주주들 은 투표를 통해 그레이엄–뉴먼의 폐업에 공식적으로 동의했고, 루이 스 그린이라는 한 투자자가 잔뜩 비꼬며 마지막 일갈을 날렸다. 맨해 튼에서 중개회사를 운용하던 그린은 그레이엄이 "큰 실수"를 저질렀 다고 단언했다. 인재를 키우지 못한 실수라는 것이었다. 그린은 에둘러 말하지 않고 버핏을 면전에서 대놓고 깎아내렸다. "그레이엄-뉴먼은 어차피 문을 닫을 수밖에 없습니다. 그들 가운데 회사를 계속 운영할 수 있는 딱 한 명이 바로 워런 버핏이라는 애송이 중개인입니다. 도대체 어느 얼빠진 사람이 그에게 돈을 맡기려 하겠습니까?"[91]

4장 본 게임이 시작되다

시장의 결정들은 차곡차곡 누적되고 믿건 말건
결국에는 일종의 인격을 갖게 된다.

_ 애덤 스미스Adam Smith의 머니 게임「Money Game」중에서

투자조합이 안정적인 궤도에 접어들면서 버핏에게 걱정이 하나 생겼다. 남들 눈에는 배부른 소리처럼 들릴지 몰라도 본인 딴에는 꽤 심각한 걱정이었다. 친구 제리 오런스에세 보낸 편지에서 그는 자신이 너무 돈을 많이 벌어 그 돈이 자식들을 망칠까 두렵다고 속을 털어놓았다. "돈을 논리적으로 쓰는 방법"을 찾지 못했다는 것이었다.

> 이것이 지금은 문제가 안 돼. 그러나 사업 전망을 낙관적으로 생각하면 조만간 문제가 될 소지가 커. 아무리 생각해도 어떻게 해야 할지 모르겠어. 지금으로서는 아이들에게 많은 유산을 남겨줄 생각이 없는 건 확실해. 혹시 또 모르지. 훗날 나이를 먹어 나무의 열매를 즐길 시간적 여유가 생길 때는 마음이 달라질지도. 아이들에게 얼마를 물려줘야 할까? 남은 돈은 또 어떻게 해야 할까? 이런 생각들 때문에 요즘 골치가 많이 아파.[1]

버핏은 이제 겨우 26살이었다. 아직까지는 모아둔 돈도 많지 않았고 고정적인 수입도 없었다. 도대체 어떤 청년이 미래에 벌어들일 수

백만 달러에 대해 미리 걱정한단 말인가. 시간이 남아도는가 보다고 비웃음 사기 딱 좋았다. 하지만 버핏은 결코 객기를 부리는 것이 아니었다. 누구라도 그럴 테지만, 그는 부자가 될 자신이 있었다. 단순히 성공하는 수준이 아니라, 산더미 같은 돈으로 무엇을 어떻게 해야 할지 고민할 정도로 큰 부자가 말이다. 그는 돈을 버는 것에 대해서는 고민하지 않았다. 사실상 아직 수중에 큰돈이 없는데도 돈을 어떻게 쓸지가 벌써부터 걱정이었다.

이렇다 할 실적이 없었을 때 버핏이 무너지지 않고 계속 나아갈 수 있었던 원동력이 바로 그런 경이로운 자신감이었다. 1957년 그의 운용 자금은 가족, 친척, 친구들에게 십시일반 투자받은 30만 달러가 고작이었다. 만약 오마하에서 평범한 주식투자자로 조용한 삶에 만족하지 않을 거라면, 그는 자본이 그것도 아주 많은 돈이 필요할 터였다. 그리고 자본을 끌어와야 한다면, 갈수록 커지는 자신감 말고 그가 투자자들의 신뢰를 얻기 위해 내세울 수 있는 것은 무엇이었을까?

버핏은 투자회사를 직접 운영해본 경험이 없었다. 또한 사람들의 신뢰를 받을 가치가 있음을 증명해 줄 서류나 문서도 한 장 없었다. 그런데도 그는 투자자들의 돈을 운용하는 것에 대한 단순한 재량권이 아니라 **완벽한 통제권과 결정권**을 원했다. 그는 자신의 투자 결정에 대해 누구도 이러쿵저러쿵 해명을 요구하는 것을 바라지 않았다. 특히 버핏-포크에서처럼 의심 많은 고객이라면 그레이엄-뉴먼에서처럼 비관적인 상사라면 없느니만 못했다.

이제 버핏은 현존하는 주식과 채권이라면 사실상 모르는 것이 없었다. 그는 재무제표와 무디스의 가이드북들을 닥치는 대로 그리고 게걸스럽게 분석했다. 또한 매일 머릿속으로 월스트리트를 그렸으며 분석이라면 자면서도 할 수 있었다. 특히 그는 이 세상 누구보다 자신의 분석이 더 정확하다고 확신했다.

제리 오런스에게 보낸 편지에서 그는 군더더기 없는 짤막한 두 문단으로 유명 뮤추얼펀드들을 비판했고, 미국 재무부 증권 즉 미국 국채에 대해 조언했으며, 대박을 꿈꾸든 소소한 용돈벌이든 투자에 관한 사회적 통념에 일갈을 날렸다. 더욱이 그런 모든 지식을 단 하나의 확고한 목적에 초점을 맞추었다. 오런스가 편지로 뮤추얼펀드에 대한 조언을 구했을 때 버핏이 명쾌하게 대답했다.

> 네가 편지에서 언급했던 목적들은 전부 무의미해. 더도 말고 덜도 말고 판매자들이 내뱉는 헛소리라고 보면 돼. 사람들의 목표는 다 똑같아. 돈을 잃을 위험을 최소화하고 투자한 돈보다 더 많은 돈을 버는 것이지.[2]

버핏의 이런 자신감과 명확한 투자 계획이 사람들의 신뢰를 얻지 못한다면, 도대체 누가 신뢰를 얻을 수 있겠는가. 그리에 애초에 그런 자신감과 계획이 없었다면 시도할 엄두도 내지 못했을 것이다.

1957년 여름 버핏은 오마하의 유명한 비뇨기과 의사로 자신과는 일면식도 없던 에드윈 데이비스Edwin Davis에게서 뜬금없이 전화를 받았다. 데이비스의 환자 중에 뉴욕의 투자 자문가 아서 비젠버거Arthur Wiesenberger라는 인물이 있었는데, 버핏이 뉴욕에 살았을 때 둘은 아는 사이였다.[3] 버핏이 자본을 모은다는 소문을 들은 비젠버거가 데이비스에게 버핏한테 연락해 보라고 제안했다. 데이비스는 초보 주식 중개인에게 돈을 맡기는 것이 마뜩잖았지만 일단은 그를 만나보기로 했다. 그리고 약속한 일요일 데이비스는 버핏을 정확히 판단하기 위해 가족을 총출동시켰다. 데이비스가 버핏에게서 받은 첫인상은 한

마디로 충격이었다.

> 현관문을 여니 한 청년이 들어오더군요. 세상에, 딱 18살짜리
> 같았어요. 머리는 얼마나 짧은지 거의 반삭발인 데다 셔츠 깃
> 은 아무렇게나 벌려져 있었고 코트는 체구에 비해 너무 컸죠.
> 나만 그런 인상을 받은 게 아니라 우리 가족 모두가 그렇게 생
> 각했어요. 게다가 그는 말도 아주 빨랐습니다.[4]

이번 만남은 버핏에게 이래저래 중요했다. 데이비스가 직접 자금을
투자할 수도 있었고, 더욱이 지역 명사인지라 잘하면 자신의 인간 보
증서가 되어줄 수도 있었다. 만약 데이비스 가족과 투자 계약을 체결
한다면 이제 부모님과 앨리스 고모만을 위해서 투자하는 수준을 초
월해서 당당히 투자 전문가로서 첫발을 뗄 수도 있을 터였다.

그러나 버핏은 태도며 행동이 상대방의 환심을 사려는 사람 같지
가 않았다. 오히려 그의 전체적인 맥락에는 데이비스 가족에게 무언
가를 확실히 전달하기 위해 철저히 계산된 발언이 섞여 있었다. 자신
은 그들의 돈을 어디에 투자했는지 즉 투자 내역에 관해 아무 정보도
제공하지 않을 거라고 단단히 못을 박았다. 다만 1년에 한 번 투자
성과 보고서를 보여주겠지만, 그 외는 아무것도 제공하지 않겠다고
정확히 말했다.

게다가 버핏은 1년에 딱 하루만 "사무실 문을 열" 생각이었다. 이는
12월 31일 하루에만 데이비스 가족이 투자금을 추가하거나 회수할
수 있다는 뜻이었다. 반대로 그날 딱 하루만 빼고 1년 364일 버핏이
제 마음대로 운용한다는 의미였다(그렇지만 그는 그레이엄의 투자 원칙들에
근거해서 투자할 거라고 보장했다). 그는 이런 조건을 차분하게 — 목에 힘

을 빼고 — 설명했지만, 그의 메시지는 명확했다. 버핏은 데이비스 가족의 투자가 절실히 필요했지만 자신의 조건대로가 아니면 그들과 계약할 마음이 전혀 없었다.

그런 다음 버핏은 드디어 자신의 조건을 제시했다. 첫째, 데이비스 가족은 유한 책임 투자자로 참여하고 투자 수익의 최대 4퍼센트까지는 그들이 전액 가져갈 수 있었다. 그리고 나머지 수익에서 데이비스 가족이 75퍼센트 버핏 본인이 25퍼센트를 나눠 갖게 될 터였다.[5] 요컨대 버핏은 데이비스 가족에게만 위험을 부담시키지 않았다. 버핏도 한배를 탈 예정이었다. 투자 수익률이 4퍼센트에 못 미치면 버핏은 급여도 수수료도 땡전 한 푼 챙기지 못한다는 뜻이었다. 데이비스의 사위 리 시맨Lee Seemann에 따르면, "모든 것이 아주 명쾌했어요. 우리는 그것이 마음에 들었죠. 그는 자신의 조건을 분명하게 밝혔거든요."

버핏이 떠나고 데이비스 가족은 그가 던져놓은 폭탄을 어떻게 처리할지 머리를 맞댔다. 객관적으로 생각하면 버핏의 제안을 받아들일 아무 이유가 없었다. 그런데 데이비스의 아내 도로시가 단 한 문장으로 가족의 의심을 단번에 잠재웠다. "나는 그 청년의 모든 게 마음에 들어." 에드윈 데이비드는 10만 달러를 투자했다.

연말이 되자 버핏은 5개의 소규모 투자조합을 운영했고 총 자본금이 50만 달러에 이르렀다. 사업 첫해 버핏은 10퍼센트의 수익을 올려 8퍼센트가 하락한 다우 산업지수의 수익률을 가뿐히 넘어섰다.*

워런의 사업이 순조로운 듯 보이는 데다 마침 수전도 셋째를 임신하자 버핏 가족은 파넘 가의 침실 5개짜리 집으로 이사했다. 워런은

---

* 다우지수와 관련된 모든 수치는 버핏이 자신의 투자자들에게 보고한 것을 그대로 인용한다. 즉 배당금이 포함된 수치다.

새집으로 이사하는 날 큰딸이 예전 집과 '아름답게 작별'하도록 도와주었다. 4살짜리 수지가 얼마 전부터 안경을 쓴 침입자가 있다고 무서워했는데 딸은 상상 속 침입자를 '안경맨'이라고 불렀다. 매일 밤 수지는 잠자리에 들기 전 워런에게 안경맨이 숨어 있는지 바깥 발코니를 확인해달라고 고집을 부렸다. 그래서 이삿짐을 다 빼고 출발하기 직전 워런이 딸에게 집안으로 같이 들어가서 마지막으로 둘러보자고 했다. 워런은 몸을 낮춰 딸과 눈을 맞추며 꿀이 떨어지는 목소리로 말했다. "안경맨은 이 집에서 계속 살 거야. 그에게 작별 인사를 하렴."

새집은 회벽토를 바르고 테두리를 갈색으로 마감한 1920년대 주택이었다. 한마디로 전형적인 중상층의 교외 주택이었다. 전면에는 통행량이 많은 도로가 있었지만, 우거진 수풀이 자연 가림막 역할을 해서 바깥에서는 내부가 잘 보이지 않았다. 제리 오런스에게 보낸 편지에서 그저 지나가는 투로 언급했을 정도로 버핏은 그 집에 대해 별다른 감흥이 없어 보였다. "뭐, 딱히 새로운 건 거의 없어. 아참, 집을 새로 장만했다는 말은 일전에 했겠지…." 그가 새집에 유일하게 관심을 보인 것은 가격이었다. "버핏의 어리석음(Buffett's Folly, 버핏은 그 집에 들인 돈이 아까워 이렇게 불렀다고 한다. – 옮긴이)은 내부도 아주 넓고 마당도 축구장만 해"라고 말했다. 그러나 그는 "가격에 대해서는 심드렁하지" 않았다. 친구의 구두쇠 성향을 익히 알았던 오런스에게 이런 반응은 새삼스러운 일이 아니었다.[6] 버핏의 새집은 3만 1,500달러였다.[7]

버핏은 이제 침실에 붙은 쪽방을 사무실로 사용했다. 수전이 달러 무늬의 벽지로 재택 사무실을 그럴듯하게 꾸며주었다. 막내아들 피터가 그해에 태어났지만, 워런의 정신은 온통 주식과 채권에 쏠려 있었다. 사실상 눈을 뜨고 있는 모든 시간 일에 파묻혔고 그런데도 일하는 매 순간이 즐거웠다. 본인 입으로도 침대에서 일어나기 전부터

돈 벌 궁리를 한다고 말했을 정도였다.[8]

버핏 가족이 뉴욕을 떠난 직후 벤저민 그레이엄이 위스콘신주 벨로잇Beloit에서 연설을 하게 되었다. 그레이엄-뉴먼의 예전 동료 톰 냅이 이참에 버핏 가족도 만나보고 버핏과 함께 가려고 오마하를 방문했다. 벨로잇으로 가던 도중에 냅이 무심코 미국 우정국이 푸른 독수리가 그려진 4센트짜리 우표 판매를 중단할 계획이라고 말했다. 버핏은 순식간에 화색이 돌았다. 돈 냄새를 맡은 것이다! 둘은 오마하로 돌아오는 길에 보이는 족족 우체국에 들렀다. 조만간 희귀해질, 그래서 가격이 급등할 푸른 독수리 우표에 '투자'하기 위해서 말이다. 결국 총 1만 2,000달러어치의 우표를 샀다. 그래서 얼마를 벌었냐고? 그 많은 우표는 결국 냅이 우편물을 보낼 때 전부 사용되었다.

버핏은 주식에서 상당한 두각을 보였다. 그의 투자조합은 1958년 투자수익률이 41퍼센트에 달했고, 39퍼센트 상승한 다우지수를 간발로 제쳤다. 그리고 3년 차 말에 최초 투자조합의 자본은 **2배**가 되었다.

그는 새로운 투자자들도 꾸준히 모집했다. 컬럼비아 경영대학원 친구였던 프레드 스탠백, 워싱턴 친구 도널드 댄리, 와튼 스쿨 동창 제리 오런스 같은 친구들과 계약했다. 그는 이웃은 물론이고 예전에 오마하 대학교의 투자 원칙 수강생들도 찾아갔다. 특히 예전 수강생이었던 산부인과 의사 릴런드 올슨는 그에게 투자하기로 합의했고, 자신의 어머니도 참여시키고 싶어 했다. 그래서 버핏은 앞이 보이지 않을 정도의 눈보라가 휘몰아치는 날씨에 하늘색 폭스바겐 비틀을 몰고 그녀를 찾아갔다. 그런데도 그녀의 집에 도착했을 때 그는 마치 폭스바겐 CF에서 튀어나온 듯 팔팔했다. 그는 투자자를 유치할 때 한 가지 원칙은 무슨 일이 있어도 고수했다. 절대 자신의 규칙과 조건을 어기거나 굽실거리지 않았다.

버핏이 승승장구하자 앨리스 고모의 친구로 오마하에서 보험회사를 운영하던 잭 링월트Jack Dabney Ringwalt에게서 연락이 왔다. 둘은 직접 만난 적이 없는데도 그는 조카 같은 버핏에게 "마음껏 놀아보라며" 1만 달러를 투자하겠다고 제안했다.

버핏은 링월트 같은 거물은 이제까지 최소 투자금액이 **5만** 달러였다고 말했다. 그런데 링월트는 쥐뿔도 고마운 줄 모른다며 괘씸하게 생각했고 1만 달러만 투자하겠다고 재차 말했다. 결국 버핏은 자신의 원칙에 의거해 그의 제안을 거절했다.[9]

젊고 경험도 많지 않은 버핏이 급속도록 성장하는 데다 남다른 패기를 앞세운 저돌적인 행보를 보이자 오마하 시민 모두가 놀라워했다. 하루는 대형 호텔 블랙스톤에서 오찬 모임이 열렸는데, 버핏의 어떤 투자자의 말을 들어보면 당시 상황이 가히 짐작이 된다. "모두가 워런 버핏에 대해 말했습니다. 당시 오마하 최고 유력 인사 가운데 하나였던 밥 스톨츠Bob Storz도 그날 모임에 참석했죠. 그는 젊은 주식 중개인이 파산할 거라고 장담하더군요. 그의 투자조합은 단지 새로운 아이디어일 뿐이고, 그에게 투자한다면 1년도 못가 돈을 날릴 거라고 말했죠."

하지만 버핏을 직접 만나본 사람들이 받은 인상은 정반대였다. 그의 투자 성과보다는 그의 고요한 자신감에 깊은 인상을 받았다. 한번은 그가 '반상회'에 참석했다. 주민들은 파넘 가로 자동차 통행을 우회시키려는 시 당국의 안건에 대해 어떻게 대응할지 열띤 토론을 벌였다. 버핏이 자리에서 일어나 그 안건에 대해서는 잊어버리는 것이 상책이라고 차분하게 말했다. 그걸로 모든 상황이 종료되었다. 사람들은 그의 말이 옳다는 것을 깨달았고 모두 집으로 돌아갔다.* 버핏

---

* 그날 모임을 주최했던 조지 페인(George Payne)은 곧바로 워런에게 전화를 해서 투자조

은 투자자들에게도 비슷한 반응을 이끌어냈다. 그들은 자신들이 놓치는 단순한 진실들을 버핏은 볼 수 있다고 믿었다.

한편 버핏은 자신의 투자 내역을 공개하지 않는다는 원칙을 꺾지 않았다. 누군가가 자신을 따라 하는 것을 우려했기 때문이다. 그렇게 되면 자신이 특정 주식을 더 매수하고 싶을 때 주가가 올랐을 수도 있어서였다. 그는 아내를 포함해 **누구에게도** 어느 주식에 투자했는지 말하지 않았다. 그 문제에 얼마나 민감했는지 심지어 아내가 누군가에게 부지불식간에 말할까 봐 침실에서 이야기하는 것조차 꺼릴 정도였다고 한다.[10]

그는 소위 '영업 비밀'의 장막 뒤에 숨어 그레이엄과 도드가 만든 환상의 세상에 살고 있었다. 즉 저렴한 소규모 주식들을 연이어 줍고 있었다. 그는 팔방미인형이 아니었다. 오히려 투자에만 정밀한 초점을 맞추었고, 그렇게 하나에만 몰두할 때 그의 재능이 빛을 발했다. 그는 값싼 주식에 투자한다는 하나의 목적에만 시쳇말로 영혼을 갈아 넣었다. 어릴 적 신문 배달을 할 때 그랬던 것처럼 말이다. 그는 기업들을 하나씩 분석했고 언젠가 필요할 때를 대비해 정보를 머리에 차곡차곡 쌓아두었다. 그리고 염두에 두었던 주식이 꽁초 가격으로 떨어졌을 때 잽싸게 주웠다.

오마하에 본사를 둔 내셔널 아메리칸 화재보험National American Fire Insurance, NAFI이 좋은 예다. 금융왕 하워드 F. 아맨슨Howard Fieldstad Ahmanson과 그의 동생 헤이든Hayden이 운영하던 NAFI를 아는 사람은 거의 없었다. NAFI의 주식은 1920년대에 농부 등등 네브래스카의 많은 주민에게 배분되었고, 이후 주주 대부분이 그 주식에 대해 잊고

합에 가입했다.

살았다. 그런데 이제 아맨슨 일가가 주당 50달러로 자사 주식을 되사겠다고 제안했다. 50달러는 저렴했지만, 그 주식에 대한 대중적인 매수 수요가 없었던 터라 주주들은 아맨슨 일가에 알음알음 주식을 처분하고 있었다.

버핏은 주 정부의 보험국 자료들을 약간 조사해본 뒤 NAFI 주식이 너무 싸서 거저나 다름없다는 사실을 깨달았다. 그러나 그 주식을 사고 싶어도 찾을 수가 없었다. 그는 고문 변호사 대니얼 모넨과 함께 NAFI의 정기 주주 총회를 찾아갔지만 사실상 문전박대 당했다. 헤이든 아맨슨은 주주 명부를 열람하게 해달라는 그들의 요청을 단칼에 거절했다. 그렇다고 포기할 버핏이 아니었다. 그는 모넨에게 네브래스카 일대를 샅샅이 뒤져 NAFI 주식을 찾아오라고 제안했다. 마치 친구에게 골프장에 가서 골프공을 주워오라고 요청하는 투였다. 이미 버핏이라는 전염병에 지독히 감염된 상태였던 모넨은 곧바로 빨간색과 흰색이 섞인 쉐보레를 출발시켰다. 그는 네브래스카의 구석구석을 훑었고 시골의 법원과 은행 등등에서 마주치는 모든 사람에게 주당 100달러에 매수하겠다고 제안했다. 훗날 모넨은 마음먹은 것은 해내야 직성이 풀리는 버핏의 강인한 의지를 회상하면서 이렇게 말했다. "진부하게 들리겠지만 버핏은 제 주위에서 가장 '미스터 완벽주의'에 가까운 사람입니다." 미스터 완벽주의와 모넨은 NAFI 주식의 10퍼센트까지 어렵게 확보했고 10만 달러 이상의 수익을 올렸다. 이것은 버핏이 생애 처음으로 맛본 짜릿한 만루 홈런이었다.[11]

샌본 지도Sanborn Map도 버핏이 벤저민 그레이엄 덕분에 찾아낸 보석이었다. 한때 샌본에게 황금알을 낳는 거위였던 지도 사업이 사양길에 접어들었다. 그러나 샌본에게는 알짜배기가 따로 있었다. 전성기 시절에 구축한 투자 포트폴리오였는데 이제는 주당 약 65달러의 가치가 있었다. 그런데 **샌본의 주식은 고전하는 지도 사업 때문에 겨우 주당 45달러에 거래되고 있었다.** 이것은 그레이엄이 철도 채권으로 빛나는 승리를 거두었던 '노던 파이프라인 전투'의 복사판이었다. 스승의 발자취를 따라 버핏은 1958년부터 이듬해 전반기에 걸쳐 샌본의 주식을 닥치는 대로 사들였다. 그는 그레이엄의 투자 신조를 철석 같이 믿었다. **조만간 주식은 자신의 가치를 찾아 오르게 되어 있다.**

그러나 이번 전투는 양상이 달랐다. 샌본의 이사들이 보유한 주식을 전부 합쳐도 400주에 불과했다(샌본의 총 주식 수는 무려 105,000주였다). 게다가 그들은 주가가 약세여도 그것에 만족했다. 여기에는 그럴 만한 이유가 있었다. 거대한 투자 포트폴리오를 깔고 앉은 덕분에 그들은 8년간 다섯 차례나 배당금을 삭감할 수 있었다. 그러나 버핏이 주장했듯, 그들은 하나만 알고 둘은 몰랐다. 이사들은 각자의 몫도 줄어들었다는 생각은 하지 못했다.[12]

버핏은 그레이엄의 전략을 그대로 따라 했다. 샌본 주식을 확보해 이사회에 입성했고 자사의 투자 포트폴리오에 매몰된 가치를 실현하라고 경영진을 설득했다. 그러나 경영진이 강하게 저항했다.

총성 없는 치열한 전투가 벌어지는 와중에도 버핏은 자신의 투자자들에게 샌본에 대해서는 입도 벙긋하지 않았다. 다만 그들의 총 자본에서 35퍼센트를 한 회사의 주식에 투자했다는 사실 하나만 공개했다. 버핏은 경영진에 비우호적인 주주들과 힘을 합쳐 공세를 이어갔다. 1960년 샌본이 항복했고, 주당 약 65달러 선에서 포트폴리오와 맞교환하는 형식으로 주주들의 지분을 인수하기로 합의했다. 이로써 버핏은 약 50퍼센트의 수익을 거두었다. 그제야 그는 조합원들에게 보내는 편지에서 지분의 35퍼센트를 투자한 회사의 정체를 밝혔다. 샌본은 "두 가지가 옳다는 것을 증명했습니다. 우리 조합의 포트폴리오 운용 내역을 비공개로 해야 유리하고 조합의 단기 투자 성과를 평가하는 것은 무의미하다는 것입니다…."[13]

모두가 버핏의 그런 비밀 조항을 받아들인 것은 아니었다. 뉴욕에서 금융 전문 작가로 활동하던 존 트레인John Train도 그중 하나였다. 샌본을 둘러싼 비밀 작전이 한창이었을 때 트레인은 투자조합에 참여하려고 버핏을 만났다가 투자 내역을 공개하지 않을 거라는 사실을 알고는 마음을 접었다.[14]

버핏의 이웃 중에도 그런 사람이 있었다. 커피 도매상에서 부▒관리자로 성공적인 경력을 쌓아가던 도널드 키오Donald Keough였다. 버핏은 아이들끼리 가끔 같이 놀기도 해서 여차여차 그에게 슬쩍 운을 뗐다. "도널드, 사랑스러운 아이들을 두셔서 정말 뿌듯하시겠어요. 그런데 아이들이 대학 공부까지 마치려면 돈이 적잖이 들어갈 텐데 계획은 있으세요?"

키오는 버핏을 좋아했지만, 그가 종일 집에서 그것도 늘 운동화와 티셔츠 차림으로 일하는 것이 이상하게 보였다. 키오도 그의 투자 제의를 거절했다.[15]

그의 투자조합에 가입한 사람들은 시각이 정반대였다. 그들은 은 둔의 배우 그레타 가르보처럼 혼자 일하는 방식이 그의 장점 중 하나라는 사실을 직관적으로 이해했다. 버핏이 비밀주의를 고집하는 것은 비단 정보 유출에 대한 걱정 때문만은 아니었다. 간섭을 받지 않고 초연한 독립성을 유지하고 싶은 마음도 컸다. 그는 어설픈 정보를 가져오는 사람도 이러쿵저러쿵 뒷말하는 사람도 사절이었다. 특정 주식의 투자 적합성을 결정하려면 먼저 자신이 그 주식에 대한 확신을 가져야 했다. 그런 마당에 굳이 다른 사람의 의견이 필요했을 턱이 없었다. 게다가 기질적으로 그는 투자 조언을 제공하는 사람도 이른바 투자 예언가들도 신뢰하지 않았다. 변덕이 죽 끓듯 하는 대중 심리도 마찬가지였다. 가령 대중의 투자 심리를 좇아서 매수했는데 대중의 마음이 변하면 낭패가 아닌가. 그는 자신의 분석이 대중의 의견보다 덜 변덕스럽고 더 믿음직하다는 확신이 있었다.

버핏이 외부에서 원하는 것은 딱 하나, 자본뿐이었다.

1960년 30살 생일이 얼마 남지 않았을 즈음 버핏은 가장 헌신적인 조합원 가운데 한 명에게 손을 내밀었다. 소탈한 심장병 전문의 윌리엄 앵글William Angle이었는데, 자신의 집 다락에 버핏을 위해 모형 기차 세트를 만들어줄 정도로 버핏을 아꼈고 그를 위해서라면 무엇이든 해주려 했다. "워런이 의사 10명을 모아 1만 달러씩 총 10만 달러를 투자할 의향이 있냐고 물었어요"라고 앵글이 말했다. "그래서 내가 클락슨 병원에서 근무하는 의사 몇몇을 도지 가와 49가 교차로에 있는 한 레스토랑에 불러 모았다오."

버핏은 아직 자산 운용자로 사람들 앞에 공개적으로 '데뷔'하지 않았다. 그러나 그 레스토랑에서 — 힐탑 하우스 — 그는 데일 카네기에서 배워 야간 강좌에서 갈고닦은 연설 기술을 유감없이 뽐냈다. 어둠이 깔리는 여름 하늘을 배경으로 실루엣을 드러낸 그는 벤저민 그레이엄과 셰익스피어에서 인용한 주옥같은 명구들을 약간 자조적인 방식으로 쏟아냈다. 그의 '투자 설명회'는 1시간이 조금 못 되게 이어졌다.

이튿날 클락슨 구내 커피숍에서는 버핏에 대한 치열한 갑론을박이 벌어졌다. 한 산부인과 의사는 "그 젊은이에게 돈을 투자하지 맙시다. 돈을 갖고 해외에 튈지 누가 압니까"라고 정색을 하고 반대했다. 또한 버핏의 투자 강좌를 수강했던 아서 그린은 자신이 보유한 AT&T 주식을 버핏이 "노부인들의 주식"이라고 조롱했다는 이유로 자신은 투자하지 않겠다고 선언했다. 훗날 그린은 "내가 정말 어리석었어요"라며 후회했다. 하지만 11명의 의사들은 그에게 승부를 걸어 보기로 결정했다. 이로써 버핏은 최소한 오마하에서 자산 운용자로 커다란 한 발짝을 내디뎠다.

이듬해 버핏은 어떤 회사에 100만 달러를 몰아넣었는데, 이제까지 한 종목에 대한 그의 투자로는 최대 규모였다. 어쩌면 그들 의사가 그 사실을 알았더라면 밤잠을 이루지 못했을 것이다. 그 회사는 창업 8년 차의 뎀프스터 밀 매뉴팩처링Dempster Mill Manufacturing으로, 오마하에서 남 쪽으로 90마일(약 144킬로미터) 떨어진 비어트리스Beatrice에서 농업용 풍 차와 농기구를 생산했다. 엄밀히 말하면 농업용 풍차 산업은 제2의 제 록스가 아니었다. 설상가상 뎀프스터는 요지부동인 매출과 낮은 수익 성으로 고전 중이었다. 사실 버핏은 뎀프스터의 주식을 몇 년 전부터 야금야금 매수했었다. 이는 싼 가격으로 투자하는 전형적인 그레이엄 스타일이었다. 1961년 때가 무르익었다고 판단한 그는 뎀프스터의 주 식 70퍼센트를 확보해 경영권 행사에 충분한 지배 지분을 거머쥐었고, 투자조합의 총자산에서 5분의 1을 쏟아부었다. 그리고 버핏은 스스로 회장에 취임했다. 이는 일반적인 자산 운용자로서는 예외적인 행동이 었으며 미래에 대한 예언적인 의미가 있었다. 다시 말해, 그가 단순한 투자자를 넘어서는 커다란 야망이 있음을 보여주는 신호탄이었다.

버핏은 자신의 성격대로 대니얼 모넨도 이사로 선임했다. 마치 돈키 호테와 충직한 산초 판사처럼, 버핏과 충성스러운 모넨은 대평원에 위 치한 황량한 비어트리스를 매달 방문했다. 하지만 버핏은 뎀프스터를 장악할 수 없었다. 뎀프스터는 대대적인 경영 혁신이 필요했지만 자잘 한 세부사항을 처리하는 것은 그의 장점이 아니었고 성미에도 맞지 않 았다. 그것은 버핏 식료품점에서 과일 상자를 세척하는 일과 비슷했 다. 그는 기업을 경영하는 일보다는 숫자와 관련된 추상적인 개념화 작업이 더 좋았다.[16] 매달 버핏은 경영진에게 간접비용을 줄이고 재고 관리에 만전을 기해 달라고 부탁했다. 그들은 입으로는 그러겠노라 약속했지만 속으로는 그가 오마하로 돌아가기만을 기다렸다.[17] 얼마 지나지 않아 버핏은 두 손을 들었고 뎀프스터를 매물로 내놓았다.[18]

당연히 뎀프스터도 그레이엄의 투자 기법을 따른 것이었다. 그러나 버핏은 뎀프스터를 인수했다가 실패했음에도 그 방식의 근본 전제에 의문을 품지는 않았다. 사실 그레이엄의 영향력이 버핏의 투자조합 깊숙이 스며들어 있었다. 뎀프스터를 제외하면 버핏은 그레이엄-뉴먼의 투자 기법에 근거해 40개의 주식에 — 담배꽁초, 차익거래, (청산 같은) 워크아웃(workout, 재무적으로 곤경에 처했으나 경제적으로는 회생 가능성이 있는 기업과 채권 금융기관이 협력하여 재무구조와 사업구조를 조정하는 방식 – 옮긴이) — 분산 투자했다.[19] 그는 조합원들에게 보내는 연례 서한에서 자신의 스승을 노골적으로 흉내 냈다.[20] 심지어 그레이엄의 단점들도 그대로 따라 했다. 일례로 버핏은 그레이엄의 기피증을 물려받아 모든 첨단기술 기업들을 투기적이라며 배척하고 제외했다. 그레이엄은 제록스를 거부했고 버핏은 주당 1달러에 매수하라는 컨트롤 데이터Control Data의 제안을 퇴짜 놓았다. 컨트롤 데이터는 세계 최초로 슈퍼컴퓨터를 생산한 컴퓨터 거인이었다. 더구나 그 회사의 창업자 윌리엄 노리스William Norris는 사돈지간이었을 뿐 아니라 그것이 얼마나 좋은 기회인지 누구보다도 잘 알았다.*

버핏 가족은 그해 여름 캘리포니아로 휴가 갔을 때 그레이엄 가족

---

* 버핏은 이것이 "실수"라고 절대 생각하지 않았다. 그는 컨트롤 데이터의 가치를 평가할 수 있을 만큼 컴퓨터에 관한 기술적인 전문성이 없었으므로 그 회사에 투자하는 것이 오히려 도박이었을 거라고 주장했다

을 두 번 방문했다(당시 그레이엄은 **싸구려** 모텔에 머물고 있었다). 버핏은 스승과 단둘이 방에 틀어박혀 몇 시간이나 대화를 나누었다. 여담이지만 그는 그레이엄의 아내 에스텔과도 어느덧 친구가 되었다.

당시 그레이엄의 정부는 프랑스 출신으로 올리브색 피부에 과묵하고 말루Malou라는 애칭으로 불렸던 마리 루이즈 아밍그스Marie Louise Amingues였다.* 남편이 말루와 보내는 시간이 많아지자 에스텔 그레이엄은 몹시 힘들어했다. 브루클린의 가난한 집안에서 태어나 독학으로 공부한 에스텔은 로스앤젤레스에서의 상류층 생활을 좋아했다. 특히 그레이엄 부부는 원형극장 할리우드 볼의 박스석에서 공연을 관람했고 사치스러운 파티를 자주 열었다. 길 건너에 살았던 그레이엄의 사촌 로다 사르나트는 올케 편을 들었다. "벤저민과 사는 것이 결코 꽃길은 아니었어요. 천재랑 다정하고 배려 깊은 남편이랑은 다르잖아요."

버핏은 에스텔을 친절하게 대했고 심지어 그레이엄이 없을 때도 그의 집에서 즐거운 시간을 보냈다. 역설적인 것은 그레이엄의 아내가 버핏의 가장 열렬한 추종자가 되었다는 점이다. 당연히 그레이엄도 사람들에게 자신의 수제자를 자랑스레 소개해 주었지만, 에스텔은 버핏에게 직접 투자할 정도로 그를 신뢰했다. 그녀가 사르나트에게 큰 소리로 말했다. "워런은 정말 크게 될 거예요. 세상에서 가장 믿음직하죠. 아가씨도 그에게 돈을 맡겨야 해요."

버핏은 결코 경거망동하지 않았다. 그는 미스터 마켓이 언제든 안면을 바꾸고 비열해질 수 있다는 사실을 잘 알았다. 그는 노파심에 조합원들에게 "우리 수익률이 다우지수보다 낮을 때가 반드시 있을

---

* 말루는 예전에 그레이엄의 둘째 아들과 사귀었고, 그의 아들은 자살했다.

겁니다"²¹라고 경고했다. **해마다** 다우지수를 앞질러야 한다는 기대를 짊어지고 사는 부담은 이루 말할 수 없을 정도로 무거웠다. 그런데도 그가 부담을 딛고 짧은 기간 이뤄낸 성과는 심지어 아직 해결되지 않은 뎀프스터를 포함해도, 감탄사가 절로 나올 정도였다. 대부분의 연도에서 대다수 자산 운용자들이 다우존스 산업평균지수만큼의 수익률도 내지 못한다는 사실을 고려해야 한다. 버핏이 사업을 시작하고 처음 5년간 그의 투자조합들은 다우지수를 크게 앞질렀다.

1957년 버핏 투자조합 +10.4%, 다우존스지수 −8.4%

1958년 버핏 투자조합 +40.9%, 다우존스지수 +38.5%

1959년 버핏 투자조합 +25.9%, 다우존스지수 +19.9%

1960년 버핏 투자조합 +22.8%, 다우존스지수 −6.3%

1961년 버핏 투자조합 +45.9%, 다우존스지수 +22.2%

그리고 5년 후 누적 수익률은 버핏 투자조합 +251.0퍼센트대 다우존스지수 +74.3퍼센트였다.²² 특히 누적 수익률에 주목하자. 다우지수는 4분의 3배가 늘어난 반면 버핏의 포트폴리오는 **2배 반**이 증가했다.

버핏의 성공담이 오마하에 들불처럼 퍼졌다. 지인들은 로스 스테이크 하우스에서 그를 발견하면 어슬렁어슬렁 다가와 애써 무심한 척 투자 정보가 있는지 넌지시 떠보곤 했다. 그러면 버핏은 아주 친절한 목소리로 이렇게 조언했다. 연필을 쥐고 눈을 감아 주식 시세표에서 연필로 아무 종목이나 찍으라고 말이다. 또한 그가 면바지에 편안한 캐주얼 구두를 신고 오마하 컨트리클럽에 도착하면, 골프화와 골프복을 갖춰 입은 연장자들이 벌 떼처럼 몰려와 그를 에워쌌다.²³ 그러나 그들은 꿀을 한 방울도 얻지 못했다.

솔직히 버핏의 이런 태도는 미국의 **다른** 모든 주식 중개인들과 사뭇 달랐다. 그들은 투자 정보랍시고 두 번 생각지도 않고 자신의 아이디어를 떠들어댔다. 투자 전문가들은 점심을 먹으며 골프를 치며 전화 통화로 ― 하루에만도 수만 번씩 ― 자신이 생각하는 유망 종목의 이름을 내뱉었다. 그리고 그런 정보 대부분은 비록 당장은 아니더라도 며칠 뒤면 흔적도 없이 잊혔고 다른 종목이 새로운 유망주로 떠올랐다. 하지만 버핏은 달랐다. 그는 주식에 대한 **소유욕**이 강했다. 이는 화가가 미완성 그림에 집착하는 것과 닮았다. 그는 자신의 주식 투자 성공담에 대해 말하는 것을 좋아했다. 단, 둘 중 하나의 경우에만 그랬다. 첫째 모든 결과가 나온 다음, 둘째 **자신**의 입장에서 꼭 말할 필요가 있는 주식에 대해서만 공개했다.

한편 사람들도 그의 이야기를 듣기 좋아했다. 그는 유머 감각까지 곁들여 아주 시원시원하게 설명했기 때문이다. 예를 들어 1960년 그는 오마하의 영세한 컴퓨터용 탭 카드 제조업체 데이터 도큐먼츠Data Documents에 투자했다. 자신의 친구 웨인 이브스Wayne Eves와 아버지 하워드의 예전 보좌관 존 클리어리John Cleary가 공동으로 창업한 회사였다. 이브스와 클리어리는 무언가를 물으면 아주 신속하게 답변하는 버핏을 회장에 앉혔다. 그런 다음 버핏은 컬럼비아 경영대학원 시절 그레이엄의 수업을 같이 들었던 빌 루안과 프레드 스탠백 그리고 시카고에서 일하던 로버트 말로트Robert Malott를 이사진에 선임했다. 그들은 이사회가 열리는 전날 밤 오마하로 날아왔다. 누군가는 그런 그들을 보고 "로스 스테이크 하우스에서 스테이크를 먹고 서너 시간 버핏과 이야기를 나눌" 핑곗거리가 필요했다고 말했다. 정말로 그들은 제사보다 잿밥에 관심이 더 컸는지도 모르겠다.[24] 그런 수고를 마다하지 않을 만큼 그와 함께 있으면 즐거웠던 것이다.

　버핏은 굉장히 끈끈한 친구 무리가 있었는데, 그들은 그의 친구인 동시에 투자자였다. 그는 의리가 있었고 인간적인 매력이 넘쳤으며 겸손했고 격식에 얽매이지 않았다. 게다가 어떤 모임에서도 그는 어딘가 선생님 같은 존재였다. 보통 사람들과는 달리 그는 '일'과 다른 활동을 엄격하게 구분하지 않았다. 가령 골프장에 가면 그는 고양이 같은 집중력을 발휘했다. 그와 골프장을 자주 다녔던 로버트 빌리그 Robert Billig는 버핏이 퍼팅 레슨을 누구보다 잘 받아들였다고 말했다. 한번은 빌리그가 방향 잡는 법인 에이밍 Aiming을 알려주자 버핏이 모든 것을 잊고 골프공에만 온전히 집중했다며 "그런 모습을 한두 번 보는 게 아닌데도 매번 놀라웠어요"라고 감탄했다.

　일과 관련된 것 말고 버핏은 브리지 게임에 푹 빠졌다. 규칙적으로 브리지 게임을 즐겼고, 멤버들은 미국의 전형적인 중산층들이었다. 광고회사 임원, 뷰익 Buick 자동차 판매원, 판사, 생명보험 대리점주, 주택담보 대출업자, 철도 관련 변호사, 미국 자동차 협회 American Automobile Association, AAA 지부장 등이었다. 버핏은 언제나 6개짜리 펩시콜라 한 팩을 들고 등장해 끝없는 농담과 이런저런 이야기로 좌중을 즐겁게 해주었다. 그러나 업무 즉 자신이 버는 돈에 대해서는 일언반구도 하지 않았다. 어차피 그런 사적 모임에서 그가 그것에 대해 말할 필요도 의무도 없었기 때문이었다. 브리지 게임을 하는 그를 보면 얼마나 열심인지 트럼프카드가 아니라 마치 주식과 채권으로 **일하는 것** 같은 착각이 들 정도였다.

　버핏은 브리지에서조차 승부욕이 발동했고 돈을 잃는 것이 질색이었다. 자신의 팀에게 승산이 있다고 생각할 때 말고는 절대 큰돈을 걸지 않았다. 큰돈이라고 해봤자 1점에 1센트였는데도 말이다. 그러

나 그는 0.25센트 내기에도 눈에 불을 켜고 덤볐다.[25]

버핏의 최고 장점은 집중력이었다. 그는 카드를 뚫어져라 쳐다보면서 기계처럼 확률을 계산했다. 변호사로 가끔 그와 한 팀이었던 제임스 콜리James Koley는 "그는 감정에 휘둘리지 않았어요. 그에게는 브리지 게임도 그저 수학일 뿐이었죠"라고 말했다.

그는 카드를 받고 본격적인 게임을 시작하기 전에 전체 핸드의 계획부터 세웠다. 불리해질 가능성을 제거하려는 전술이었다. 생명보험을 판매하던 케이 코이터Kay Koetter의 말을 들어보자.

> "워런은 망부석처럼 앉아서 생각하고 또 생각하며 또 생각했어요. 한 벌에서 모든 카드가 어디에 있는지 알아낼 때까지 생각을 멈추지 않았죠. 한번은 제가 아버지를 모셔갔는데 아버지는 워런 때문에 답답해 팔짝 뛰더군요."

버핏은 거의 언제나 분석적인 사람이었다. 정말 **지나칠** 정도였다. 컨디션이 좋을 때는 특히나 감정의 변화가 크지 않았다. 그리고 펩시콜라로 기분이 고무되었을 때는 어떤 일이 있어도 분노, 실망, 무모함 등등의 부정적인 감정을 표출하지 않았다. 그는 늘 논리적이었고 평정심을 잃지 않았으며 또 언제나 정해진 행동반경을 벗어나지 않았다.

가장으로서 버핏은 아내에게 많이 의존했다. 수전은 공과금을 납부하는 자질구레한 일부터 육아며 집안 살림을 아예 도맡았다. 사실상 남편의 영역을 벗어나는 모든 일은 그녀가 처리했다. 특히 시어머니로부터 남편을 보호하는 일도 수전의 몫이었다. 레일라도 이제 늙어 기력이 많이 쇠했고 버핏도 부모가 되었다. 그런데도 예전에 폭언으로 그의 마음을 아프게 했던 어머니가 눈에 들어오면 그는 감정적으로 동요하거나 입을 닫았다. 그래서 가능한 어머니를 마주치지 않으려 기를 썼다. 하지만 가족 모임은 피할 수 없었고, 식사 후 "눈을 좀 붙인다"는 핑계를 대며 슬그머니 자리에서 일어났다.

한번은 집으로 돌아가던 레일라가 복도에서 아들과 맞닥뜨리자 작별키스를 하려 다가갔다. 그런데 워런이 본능적으로 몸을 빼는 바람에 결국 그녀는 눈물을 흘리며 돌아갔다. 하지만 그처럼 아주 드문 돌발 상황이 아니면 수전이 암탉처럼 그를 싸고 돌며 보호했다. 워런이 어머니와 대화할 필요가 없도록 수전이 레일라를 붙들고 계속 말을 걸었다.[26]

워런에게 수전이 필요한 사람인 것은 두말할 필요가 없었다. 가령 워싱턴에 살던 누나 도리스를 방문했을 때 수전이 게실염으로 통증이 너무 심해 새벽 6시에 일어났다. 병원으로 가는 내내 아픈 사람은 자신이었는데 수전은 오히려 워런을 다독이느라 여념이 없었다. 그는 병원을 죽을 만큼 무서워했고 수전이 보기에도 완전히 정신이 나간 사람 같았다.[27]

평소에도 아내가 방에 들어오면 전등 스위치를 켠 듯 워런의 얼굴이 밝아지면서 온 얼굴에 감정이 고스란히 드러났다. 그녀는 남편의 머리카락을 손가락으로 쓸어내리고 비뚤어진 넥타이를 만져주었으며 그의 무릎에 앉아 따뜻하게 안아주었다. 요컨대 수전은 워런을 지탱해 주던 **정신적 지주**였다. 워런도 언젠가 누나에게 "집사람이 내 마음에 박힌 가시를 하나씩 뽑아냈어요"[28]라고 말했다. 아마 그녀가 어린 시절의 아픔을 부드럽게 어루만져준 것을 말했을지 싶다. 수전도 워런을 자신이 꼭 보살펴야 하는 나약한 아이처럼 생각했을 뿐 아니라 심지어 아이들한테도 아버지를 이해시키기 위해 노력했다. 워런한테는 그들이 모르는 오직 자신만이 아는 부분들이 있다는 식으로 말했다.[29]

그들은 서로의 부족함을 보완해 주는 완벽한 한 쌍이었다. 워런은 자신에게만 몰두했던 반면 수전은 세상일에 관심이 많았다. 그녀의 주변에는 친구들은 물론이고 그녀에게서 위안을 얻으려는 사람들이 끊이질 않았다. 이혼 문제로 피폐해진 친구도 있었고 아픈 가족 때문에 힘들어하는 이웃도 있었다. 문제나 고민이 있는 모든 오마하 시민이 그녀를 찾아오는 것 같았다. 심지어 레스토랑에서 종업원들과 대화하다가 얼마나 말이 잘 통했는지 그들의 전화번호를 받아 돌아온 적도 한두 번이 아니었다.

　　수전은 남편과 자식들이 외곬의 편협한 삶을 살게 하지 않겠다고 다짐했다.[30] 단순한 예를 들면, 수전은 워런과 함께 '미식 요리 클럽'에 참여했다. 일단의 부부들이 모여 이번 달에는 스웨덴식 미트볼을 다음 달에는 프랑스식 크레이프를 만들어 먹는 친목 모임이었다. 하지만 워런은 매번 안주인에게 햄버거를 만들어달라고 상냥하게 부탁했다.[31] 그는 무엇이든 익숙한 것이 좋았다. 똑같은 도시와 똑같은 음식은 물론이고, 목표도 하나였고 그 목표를 달성하기 위한 노력도 한결같았다. 간단히 말해 그는 정해진 범위를 고수했다.

　　특히 파티에서 보면 워런과 수전은 그야말로 극과 극이었다. 수전은 온 방을 돌아다니며 사람들과 일일이 인사를 나누었다. 그리고 동그란 큰 눈으로 상대방과 눈을 맞추며 "요즘 잘 지내시죠?"라고 안부를 물었다.[32] 반면 워런은 한쪽 구석에 기둥처럼 서 있었다. 수전의 친구 유니스 데넨버그는 워런이 "나이보다 한참 어려 보였고 앞머리를 바싹 세워 힘을 준 것이 약간 귀여웠어요"라고 말했다. 그런데도 사람들은 자석에 이끌리는 쇠붙이마냥 그의 주변으로 몰려들었고 그는 자연스럽게 이야기의 포문을 열었다. 딱히 눈에 띄게 노력할 필요도 없었다. 그는 천성인 것처럼 적절한 단어를 선택했고 강약을 완벽하게 조절했다. "문득 주변을 둘러보면 사람들이 갑자기 그의 주변에 모여 있었어요." 언제나 그가 있는 곳에는 사람들이 들끓었다.

버핏은 대화에 능숙하다기보다 말을 잘했다. 오마하의 한 광고회사를 공동으로 운영하던 리처드 홀랜드Richard Holland가 이것을 정확히 꿰뚫어 보았다. 그는 버핏이 업무가 아니라 사회적 환경에서조차 목표를 정해놓고 행동한다고 생각했다. 홀랜드는 1950년대 말 파산한 고객에 대한 채권자 협의회에서 워크아웃 관리자로 참석한 버핏을 처음 만났다. 홀랜드는 늘 그렇듯 테니스 운동화와 낡은 셔츠 차림으로 나타난 버핏의 첫인상에 대해 그가 곧 파산할 사람처럼 보였다고 말했다. 이후 둘은 좋은 친구가 되었고 홀랜드는 버핏의 투자조합에 가입했다. 그는 버핏이 가벼운 잡담이 아니라 주제가 있는 대화를 원한다는 것을 알아챘다. "그는 **무언가**에 대해 말하고 싶어 했어요." 그러나 그는 가벼운 대화를 불편해했고, 그럴 때마다 초조한 기색으로 싱긋 웃으며 대화를 서둘러 끝냈다.

제리 오런스의 아내 제인도 버핏의 독특한 성향을 알아보았다. 그녀는 그의 사고방식이 보통사람들과 다르다고 생각했다. 그는 만날 때마다 특정한 주제를 선택했고, 세미나를 진행하듯 각자에게 그것에 대한 의견을 물었다. 정확하지는 않지만 1961년 무렵 워런과 수전이 오런스 부부를 뉴욕에서 만났을 때의 일이다. 워런은 거의 저녁 내내 인구 과밀이 가장 심각한 세계 문제라고 주장했다. 그것은 딱 버핏다운 주장이었다. 논리와 수학에 근거한 주장 말이다. 게다가 인구 과밀은 인류 생존에 대한 그의 병적인 두려움과도 연결되었다. 그렇다고 버핏이 자기주장을 억지로 강요한 것은 아니었다. 말하자면 이슬비에 옷 젖는 식이었다. 제인 오런스의 말을 들어보자.

그는 그런 말을 하면서도 유머를 잊지 않았어요. 설득력도 뛰어났고 매우 논리적이었지만 일방적으로 가르치려 들지는 않았어요. 오히려 사람들 스스로가 그와 생각이 같다는 기분이 들게 만들었죠. 물론 그가 더 많이 생각한 것은 분명했지만요. 헤어지고 나서 집에 돌아오고 나면 그가 모임을 자기식대로 이끌었다는 생각이 불현듯 들어요. 하지만 묘한 것이 저도 그 시간을 즐기지 않았다는 기분은 들지 않아요.

버핏은 뉴욕에서도 많은 투자자를 모았다. 버핏 부부는 철새마냥 봄이면 뉴욕을 찾았다. 오롯이 친구들과 시간을 보내는 수전과는 달리 워런에게는 뉴욕 방문이 친구들도 만나고 투자금도 모으고 일석이조였다. 그는 뉴욕에 올 때면 단골로 묵는 플라자 호텔에 짐을 풀기가 무섭게 객실에서 오런스에게 전화를 걸어 대뜸 말했다. "어이, 친구, 여기 올 때 펩시콜라 한 팩 사 들고 오는 거 잊지 마. 룸서비스 비용이 얼마나 사악한지 말해줘도 믿지 않을걸!" 그러거나 말거나 그는 뉴욕에서 수십만 달러의 자금을 유치했다.

버핏은 벤저민 그레이엄의 인맥을 어느 정도 활용했다. 그는 뉴욕의 사립대학교 뉴스쿨에서 열린 한 강의를 찾았다가 그레이엄의 제자로 주식 중개인으로 일하던 마셜 와인버그를 만났다. 둘은 이내 친구가 되었고, 와인버그는 자신의 형제들과 돈을 합쳐 워런에게 10만 달러를 투자했다. 뉴욕에서 주식 중개인으로 일하던 또 다른 친구 헨리 브란트도 버핏에게 투자했을 뿐 아니라 자신의 고객들을 버핏에게 연결시켜 주었다. 또한 그레이엄-뉴먼의 예전 동료 하워드 뉴먼의 소개를 받은 로렌스 티시Laurence Tisch도 10만 달러를 흔쾌히 투자했다. 한편 부실기업들을 회생시키는 가족 사업을 운영하던 데이비드 스트래슬러David Strassler도 어쩌다 보니 버핏의 투자자 명단에 이름을 올렸다. 뉴욕 토박이였던 스트래슬러는 본래 농기구 제조업체 뎀프스터를 인수하는 데에 관심이 있었다. 그래서 조사차 오마하로 날아왔고 버핏이 직접 공항으로 마중 나갔다. 다음은 스트래슬러의 말이다.

> 저는 시골 사람을 만나는 전형적인 뉴욕내기같이 행동했어요. 하버드와 MIT를 졸업한 뒤 줄곧 가족 사업에 참여했고 그를 만났을 때는 거래 몇 건을 막 마무리한 참이라 기분이 상당히 좋았습니다. 함께 자동차를 타고 얼마를 달린 뒤부터 그가 저희 가족이 최대 주주인 어떤 회사에 관해 질문 세례를 퍼붓기 시작하더군요. 코네티컷주 하트퍼드에 있는 빌링스 앤 스펜서Billings & Spencer였는데, 주력 제품은 단조품鍛造品과 금속 절단기였죠. 그 회사 주식은 극히 일부만 (약 2퍼센트) 공개적으로 거래되었는데, 그가 그 회사에 대해 어떻게 알았는지 지금도 저는 잘 모르겠습니다. 그런 다음에는 재무제표에 대해 질문을 쏟아내기 시작했죠. 솔직히 그 회사의 재무제표에 대해 저보다 더 정확히 꿰뚫고 있었습니다. 저는 너무 놀라 완전히 얼어붙었습니다.

스트래슬러, 그러니까 "전형적"인 뉴욕 깍쟁이가 바로 그 자리에서 버핏에게 투자하기로 결정했다. 버핏의 투자조합들은 10만 5,100달러의 자본으로 시작해 1962년 720만 달러로 70배 이상 증가했고, 그레이엄-뉴먼의 최고 전성기 시절 자본보다도 더 많았다. 그중 버핏의 개인 자본은 100만 달러였다. 물론 아직은 주식시장의 생태계에서 어린나무에 불과했지만 그의 실력은 이미 검증되었다고 할 수 있다. 또한 일반 대중에게는 전혀 알려지지 않았지만 그는 더 이상 투자 세상에서 무명의 아웃사이더가 아니었다. 맨 처음 7명이었던 투자자가 이제 90명으로 불어났고 서부 캘리포니아에서 동북부 버몬트주에 이르기까지 미국 곳곳에 투자자 군단이 포진했다.[33]

버핏은 투자자들이 나날이 증가하자 모든 투자조합을 하나로 통합한 뒤 버핏 파트너십Buffett Partnerships, Ltd., BPL을 출범시켰다. 그리고 최소 투자액을 4배 늘려 10만 달러로 상향했다. 당시까지도 침실 옆의 쪽방 사무실에서 일했는데 이제는 재택근무에서 탈출할 때가 되었다고 결정했다. 그는 파넘 가에 있는 연녹색과 흰색이 뒤섞인 14층짜리 키위트 플라자에 사무실을 마련했다.

키위트 플라자는 오마하 도심 상업 지구 외곽의 언덕 꼭대기에 위치했다. 주변에는 상점가와 아파트와 오래된 철강 주조공장이 있었다. 건물 내부는 합성 카펫이 깔린 복도를 포함해 전반적으로 우중충한 분위기였지만 기능적인 면에서는 전혀 하자가 없었다. 게다가 칙칙한 분위기는 투자자들에게 버핏이 낭비하지 않는다고 안심시켜줄 수 있으니 도리어 장점일 수도 있었다. 심지어 버핏의 관점에서 보면 그 건물은 아방궁이었다. 그는 이제 비서와 조수까지 고용했고 덕분에 세부적인 관리 업무에서 해방되었다. 이는 무디스 가이드북을 분석하는 데에 더 많은 시간을 쓸 수 있다는 뜻이었다. 또한 몸이 편찮으신 아버지에게 빌려줄 여유 공간도 생긴 데다 집과 같은 도로에 위치해 두루 편리했다. 말인즉 출퇴근 거리가 늘어났다고 해봐야, 침실에서 쪽방까지의 거리가 겨우 2마일(3.1킬로미터) 더 길어진 것에 불과했다.

버핏의 하루 일과는 빤했다. 연례 보고서들과 경영 관련 간행물들을 읽고 전화 통화를 하며 하루를 보냈다. 조사할 연례 보고서와 분석할 주식이 계속 늘어나도 버핏은 매일매일 구름 위를 걷는 기분이었다. 당연히 재택근무 때보다는 약간 외롭고 쓸쓸했다. 그리고 가끔은 비서나 조수에게 치즈버거와 감자튀김을 사오라고 해서 혼자 사무실에서 점심을 때웠다. 아내 수전과 마찬가지로 직원들도 그가 어떤 주식을 얼마나 보유하는지 몰랐다.

버핏에게는 외부 자문가가 1명 있었다. 그 자문가는 오마하에서 1,500마일(약 2,400킬로미터) 이상 떨어진 곳에, 자신의 성향에 딱 맞는 곳에 살았다. 그는 조합원들에게 보내는 연례 서한들에서 "서부 해안의 철학자" 친구에 관해 기회가 있을 때마다 언급했다. 그 별명에서 그가 버핏에게 얼마나 큰 영향을 미치는지 미루어 짐작할 수 있다. 그 사람은 바로 찰리 멍거였다. 버핏보다 6살 많은 멍거도 오마하에서 성장했는데 아버지는 변호사였고 할아버지는 판사였으니 소위 말하는 금수저였다. 그는 비뇨기과 의사 에드윈 데이비스와 그의 아내 도로시와 막역한 친구 사이였고 한때는 토요일마다 버핏 식료품점에서 아르바이트했다(아니 그의 말마따나 "노예처럼 혹사"당했다).

멍거는 대학 3학년을 마치고 2차 세계대전 중에 잠깐 기상학을 공부했으며 대학 졸업장이 없는데도 하버드 법학대학원에 진학했다. 대학 동기들은 멍거가 똑똑하지만 지나칠 정도로 자기주장이 강하고 독선적이었다고 생각했다. 가령 한번은 수업 중 미처 준비하지 못한 질문을 받았을 때 멍거가 교수에게 당돌하게 말했다. "그 사건은 아직 읽지 못했습니다. 그렇지만 교수님이 관련 사실들만 알려주시면 제가 판결을 하겠습니다."[34]

멍거는 하버드 법학대학원을 졸업한 뒤 LA에서 변호사로 개업했다. 1959년 아버지가 돌아가시자 그의 변호사 사무실을 정리하기 위해 고향 오마하로 잠시 돌아왔다. 에드윈 데이비스의 아들은 멍거와 버핏의 성향이 놀랄 만큼 많이 닮아서 둘의 오작교를 자청했다. 버핏의 투자자이기도 했던 그가 회원제인 오마하 클럽에 마련한 점심 약속 자리에서 둘은 보자마자 죽이 척척 맞았다.[35]

"워런, 무슨 일을 합니까?"

"투자조합을 운영합니다."

"어쩌면 나도 LA에서 투자조합을 운영할 수 있을 것 같은데."

버핏이 멍거를 요모조모 뜯어보며 말했다.

"네, 제 생각에도 그러실 수 있을 것 같군요."

다음 날 저녁 버핏과 멍거는 또 만났다. 이번에는 서로 아는 사이였던 리처드 홀랜드의 집이었다. 멍석이 깔리자 둘은 쉴 새 없이 대화를 이어갔고, 멍거는 저녁 내내 같은 음료만 마시며 버핏과의 대화에 푹 빠졌다. 심지어 음료를 마시려 고개를 숙일 때도 손을 들어 사람들에게 둘의 대화에 끼어들지 말라는 신호를 보냈을 정도였다.[36]

외모만 놓고 보면 멍거는 평범했다. 꼬마요정을 닮은 얼굴에 피부는 창백했고 1인치나 될 법한 두꺼운 안경을 꼈다. 그러나 내면은 좀 복잡했다. 약간 고상한 티를 내는 속물근성에다 상당히 비판적인 사람이었음에도 윤리 의식이 아주 강했고 자신의 명석한 머리에 걸맞은 자신감을 갖추었으며 인생이 똑똑하게 즐길 줄 알았다. 한번은 피아노를 칠 줄 아냐는 질문을 받았을 때 멍거는 조금도 주눅 들지 않고 당당하게 대답했다. "건반을 두드려본 적도 없으니 칠 수 있을지 없을지 모르겠군요." 버핏은 그런 멍거에게서 자신과 비슷한 지성과 강한 독립심을 보았다.

멍거가 캘리포니아로 돌아간 뒤 그해 여름에도 둘의 우정은 매일 진행형이었다. 버핏은 가족을 데리고 캘리포니아를 방문했을 뿐 아니라 집에서도 걸핏하면 멍거와 통화하느라 전화기를 붙들고 바닥을 뒹굴었다. 버핏의 딸 수지는 저녁 식사 때마다 익숙한 광경이 펼쳐지고 잔소리가 이어졌다고 말했다. "아니, 아빠는 맨날 찰리 아저씨랑 통화 중이야." 수지는 "아버지와 아저씨는 일단 통화를 시작하면 몇 시간은 기본이었어요. 두 분은 누군가처럼 '관심법'으로 서로의 마음을 읽었죠. 솔직히 딱히 할 말도 거의 없는 것 같았어요. 가령 '예… 어어… 무슨 말인지 알죠… 맞아요'라는 식이었어요"라고 회상했다.

버핏은 자신과 멍거가 생각이 하도 비슷해서 "등골이 오싹"할 정도였다고 했다.[37] 그러나 버핏의 많은 친구와는 달리 멍거는 버핏에게 경외심을 갖지 않았다. 이것은 버핏이 멍거에게 끌렸던 하나의 이유였음에 분명했다. 되려 버핏이 멍거에게 홀딱 반해서 자신과 함께 일하자고 조르는 처지였다. 그는 멍거에게 변호사 일은 그의 재능을 낭비하는 거라고 끊임없이 상기시켰다. 멍거도 버핏의 말이 틀렸다고 반박하지 않았다.

> 나도 부자가 되고 싶은 마음은 워런에게 못지않았어요. 페라리 때문에요? 천만의 말씀입니다. 돈이 많으면 독립할 수 있기 때문이었죠. 나는 그런 독립과 자유가 정말 간절했습니다. 먹고 사느라 사람들에게 청구서를 발송해야 하는 생활은 품위 있는 삶이 아니었죠. 어째서 그런 생각을 했는지는 모르겠지만 그 생각이 머리에서 떠나질 않더군요. 그래서 하루라도 일찍 독립하고 싶어 몇 년 전부터 돈을 아끼느라 허리띠를 졸라매고 살았습니다.

그는 멍거, 톨레스 앤 힐스Munger, Tolles & Hills라는 법률회사를 창업했지만 거의 곧바로 그만두었다. 1962년 버핏이 키위트 플라자에 사무실을 얻었을 즈음 이미 멍거는 자신의 투자조합을 운영하고 있었다.

　그해 봄 버핏이 멍거를 찾아가 뎀프스터 문제를 의논했다. 벤저민 그레이엄의 추종자가 아니었던 멍거는 부실기업들이 그레이엄의 주장처럼 낮은 가격에 팔리는 경향은 있지만 회생 가능성은 높지 않다고 생각했다.

　멍거는 뎀프스터를 회생시킬 방법은 몰라도 그런 일의 적임자를 추천해 주었다. 해리 보틀Harry Bottle이라는 기업 회생 전문가였다. 버핏은 당장 LA에서 보틀을 면접했고 6일 후 보틀은 비어트리스에 짐을 풀었다. 그는 비용을 삭감했고 공장들을 폐쇄했으며 재고량을 대폭 줄였다. 버핏은 조합원들에게 보내는 서한에서 보틀을 소개하며 이렇게 말했다.*

> 해리는 명실상부 올해의 인물입니다…. 그는 불가능할 줄 알았던 일들을 하나씩 성공적으로 처리했습니다….[38]

　보틀은 버핏이 할 수 없는 '지저분한 일'을 도맡아 말끔히 처리했다. 버핏은 보틀이 실적 나쁜 뎀프스터의 공장들에서 쥐어짜낸 현금을 주식과 채권에 투자했다. 결과적으로 그는 보틀이 가져다준 진흙을 빚어 전혀 새로운 조각품을 만들어냈다. 다양한 증권으로 위험을 분산시킨 (동시에 꾸준히 성장하는) 투자 포트폴리오를 보유한 사업이었다. 이것은 일종의 연금술이었고 버핏에게는 그런 능력이 충분했다.

---

* 버핏은 자신이 지배 지분을 확보한 다음에는 투자 기업에 대해 말하는 것을 주저하지 않았다.

우리는 사양 산업이었던 한 제조업에 자산이 묶여 있었습니다. 그러나 이제는 그 자산을 유망한 성장 산업이라고 불러도 좋을 사업으로 어느 정도 전환했다고 봅니다. 바로 증권 투자입니다.[39]

자산 재배치에는 대가가 따랐다. 무엇보다 종업원 100명을 해고했는데, 버핏은 그 일로 비어트리스에서 엄청난 비판을 받았다.[40] 그와 브리지를 자주 즐겼던 빌 오티스는 농담 반 진담 반으로 버핏에게 말했다. "그렇게 많은 사람을 해고하고도 다리 뻗고 잘 수 있겠습니까?"

버핏은 자신의 평판에 대해 아주 민감했고 그래서 그것은 농담이 아니었다. "종업원들을 해고하지 않았다면 회사가 파산했을 겁니다. 제가 직접 그 모든 과정을 엄중히 챙겼죠. 그리고 이제 그들 대부분은 이전보다 상황이 좋아졌습니다." 그의 말도 이론적으로는 일리가 있어 보인다. 하지만 버핏은 청산인liquidator이라고 불리는 것이 싫었고 그래서 이후는 **절대** 사람들을 해고하지 않을 거라고 맹세했다.[41]

그렇다면 뎀프스터는 어떻게 되었을까? 뼈를 깎는 회생의 노력에 따른 결과는 만족스러웠다. 1년 후 뎀프스터는 계속된 회생 조치들로 규모는 줄었지만 수익성이 제고되었을 뿐 아니라 200만 달러의 가치가 있는 증권을 보유했다. 1963년 버핏은 뎀프스터를 매각했고, 그의 투자조합은 230만 달러의 순이익을 달성했는데 투자 대비 거의 3배에 달하는 금액이었다.[42] 이는 세 가지가 맞물려 시너지 효과를 내면서 만들어낸 결과물이었다. 첫째 애초에 할인된 가격으로 지분을 인수했고, 둘째 버핏이 인내로 그 회사를 끝까지 끌어안았다. 마지막으로 그와 보틀은 경영 정상화를 위해 노력했다. 그리고 벤저민 그레이엄의 가장 열성적인 추종자였던 버핏에게는 셋 중에서 첫 번째가 가장 중요했다.

이것은 우리 투자 철학의 기본 토대입니다. 비싸게 파는 것은
신경 쓰지 마십시오. 애초에 아주 싸게 샀다면 심지어 어지간
한 가격에 팔아도 꽤 수익을 올릴 수 있습니다.[43]

워런 버핏

5장 비상의 날개에 올라탄 조합원들

저는 조합원들에게 투자 결과를 약속드릴 수 없습니다.

_ 워런 버핏, 1963년 1월 조합원들에게 보내는 서한에서

키위트 플라자에 솔 파소Sol Parsow라는 주인이 운영하는 남성복 매장이 있었다. 파소는 다른 것은 몰라도 버핏의 패션 취향만큼은 잘 알았다. 버핏이 가끔 그곳에서 양복을 구입했는데 대개는 한꺼번에 다섯 벌을 주문한 다음 곧장 자리를 떴다. 그리고 파소가 다른 색을 권해봤지만 하나같이 칙칙한 회색만 골랐다.

어느 아침 버핏이 양복점 문을 열고 들어왔다. 이번에는 고객으로서가 아니라 패션에 관해 일종의 자문을 구했다. 뜬금없이 모자 제조업체인 바이어-롤닉Byer-Rolnick에 관한 파소의 의견을 물었다.

파소는 요즘은 케네디 대통령처럼 모자를 쓰지 않는 것이 대세라고 대답했다. "저라면 그 회사는 쳐다보지도 않겠습니다. 모자를 쓰던 시대는 갔어요."

얼마 후 버핏이 다시 찾아왔다. "솔, 요즘 양복업계는 어떻습니까?"

"죽을 맛입니다. 남자들이 양복을 사야 말이죠."

이번에는 버핏이 파소의 '전문가적 소견'을 받아들이지 않았다. 버핏 파트너십은 매사추세츠 뉴베드퍼드에 있는 양복 안감 제조업체의 주식을 정확히 주당 7.6달러로 소량 매수했다.[1] 그 회사 이름이 버크셔 해서웨이였다. 1962년 버크셔는 벤저민 그레이엄 제자들이 '환장'하는 값싼 담배꽁초 주식의 하나였다. 1839년 미국 동북부에 설립된

유서 깊은 그 회사는 오래전부터 값싼 노동력을 앞세운 동남아시아 섬유업체들과의 가격 경쟁력에 밀려 고전하고 있었다. 그러나 최소한 장부 가치로 보면 버크셔의 주식은 저렴했다. 운전 자본이 주당 16.5달러로 주가보다 2배나 높았다. 그레이엄과 도드의 렌즈로 기업을 평가하던 버핏은 버크셔의 주식에 마음을 빼앗겼고 점차 지분을 늘렸다.

그레이엄의 투자 철학을 받들어 버크셔에 투자했지만, 버핏은 이미 스승의 단순한 복제품 수준을 뛰어넘고 있었다. 그는 그레이엄보다 훨씬 대담했고, 한 종목에 과감히 투자하거나 도박을 거는 승부사 기질도 더 컸다. 그리고 당연히 그의 투자 성적이 더 좋았다.

하지만 아직은 겉으로 명확히 드러나지 않은 일면이 있었는데, 버핏은 이미 스승과 조금 다른 관점으로 **생각**하기 시작했다. 그는 그레이엄이 매료되었던 수치적인 측면은 물론이고 정성적인 측면도 고려하게 되었다. 쉽게 말해 어떤 주식을 분석할 때, 현재의 유동 자산 가치만이 아니라 독특한 일련의 역동성과 잠재력을 지닌 유동적이고 가변적인 사업도 염두에 두었다. 버크셔에 투자하고 1년이 지난 1963년 버핏은 이제까지 한 번도 투자하지 않았던 유형의 어떤 주식을 눈여겨보았다. 그 회사는 공장을 비롯해 사실상 유형자산은 전무했다. 솔직히 가장 가치 있는 상품은 바로 그 회사의 이름 즉 브랜드였다.

아메리칸 익스프레스American Express는 당시 시대 상황에 완벽히 어울리는 회사였다. 미국은 바야흐로 우주 시대에 진입했고 미국인들의 사고방식도 미래 지향적으로 바뀌었다. 아메리칸 익스프레스의 제품만큼, 현대인의 삶이 얼마나 발전했는지를 명확하고 상징적으로 보여주는 브랜드는 찾기 힘들었다. 비행기 여행의 문턱이 갈수록 낮아지자 중산층도 유럽 여행을 시작했고 여행자 수표가 여권처럼 여행의 필수품이 되었다(미국의 월간지 《리더스 다이제스트》는 여행자 수표를 "부도 위험이 없는 수표"라고 광고했다).[2] 아메리칸 익스프레스가 발행한 여행자 수표는 5억 달러나 유통되었고 거의 현금처럼 취급되었다. 이것 못지않게 중요한 사실은, 1963년 불과 5년 전에 도입된 아메리칸 익스프레스 신용카드를 보유한 사람이 100만 명을 돌파했다는 점이다. 이로써 지갑에 현금을 채워 여행하던 순수의 시대가 저물고 있었다. 미국의 시사 주간지 《타임》은 "현금 없는 사회"가 도래했다고 대서특필했다.[3] 이제 혁명이 눈앞에 다가왔고, 아메리칸 익스프레스가 그 혁명의 신호탄이었다.

그런 다음 아메리칸 익스프레스가 나락으로 떨어졌다. 그런 일이 대개 그렇듯, 문제는 그 기업 제국에서 하찮아 보이는 외딴 식민지 한 곳에서 시작했다. 이번 문제의 근원은 아메리칸 익스프레스의 자회사 한 곳이 소유한 창고로 뉴저지 베이온Bayonne에 있었다.

평소에도 거래 방식이 별로 체계적이지 못했던 그 창고는 식물성 기름이라는 거래처의 말만 믿고 엄청난 기름을 덜컥 받아 탱크에 저장했다. 그 거래처는 이름이 아주 거창했는데 얼라이드 크루드 베지터블 오일 리파이닝Allied Crude Vegetable Oil Refining이었다. 그 창고는 샐러드용 기름에 대한 물품 보관 확인증인 창고 증권을 발행했고, 얼라이드는 그 증권을 담보로 대출을 받았다. 이후 얼라이드가 파산을 신청했고, 당연히 채권자들은 얼라이드의 담보물을 압류했다. 아니 정확히 말하면 압류하려고 했다. 이때쯤 정확히는 1963년 11월 아메리칸 익스프레스는 자회사 창고에 문제가 생겼음을 알게 되었다. 아메리칸 익스프레스는 1963년 연례 보고서에서 "추후 조사를 통해 저장탱크에 식물성 기름이 거의 없다는 것을 발견했습니다"라고 말했다.[4] 대신 탱크에는 바닷물이 일부 담겨 있었고, 샐러드 오일만큼의 가치는 없지만 품질은 아주 좋은 바닷물이었다. 요컨대 그 창고는 대규모 사기를 당했고, 일부의 추정치에 따르면 피해액이 총 1억 5,000만 달러에 달했다.

　손해에 대한 배상 책임은 누구에게 있었을까? 1차적인 배상 책임 자는 얼라이드였다. 그런데 얼라이드는 파산했고, 아메리칸 익스프 레스의 자회사도 파산을 신청했다. 그렇다면 모회사인 아메리칸 익 스프레스는 어땠을까? 법적인 배상 책임이 있는지는 불확실했다. 그 러나 하워드 클라크Howard Clark CEO는 여행자 수표를 발행하는 회사 로서 대중 신뢰를 가장 중요하게 생각했고 결국 성명서를 발표했다. 도의적 책임을 명시하는 그의 성명서는 책임감이 낮은 CEO들을 뜨 끔하게 만들었을 것이다.

　　　아메리칸 익스프레스는 이번 사태의 해결을 위해 모든 노력을 총동원해야 한다는 **도의적인 책임**을 느낍니다. 본사는 전반적 인 책임 한도 내에서 막대한 채무가 완전히 해결될 때까지 최 선의 노력을 다할 것입니다.

　다른 말로 모기업인 아메리칸 익스프레스는 법적인 책임이 있건 없 건 모든 채무를 배상하겠다고 약속했다. 잠재적 손실은 '엄청' 났다. 사실상 클라크 CEO의 말대로, 전체 채무액이 아메리칸 익스프레스 가 보유한 자산보다 더 많았다.[5]

　아메리칸 익스프레스의 주가는 일명 샐러드 오일 스캔들이 알려지 기 전 60달러에서 케네디 대통령이 암살된 11월 22일 56.50달러로 하락했다. 그리고 암살 사건 이후 주식시장이 재개장했을 때 아메리 칸 익스프레스의 주가는 49.50달러까지 또 떨어졌다.

　이쯤해서 사건의 전말은 짚어보자. 얼라이드는 '샐러드 오일 왕'이라고 불리던 앤서니 데 안젤리스가 운영했다. 데 안젤리스는 미국 금융계에서 흔히 볼 수 있는 최고 악질의 화이트칼라 사기꾼 유형이었다. 그런 사기꾼은 두 가지 특징이 있었다. 첫째는 명석한 두뇌였다. 그리고 도덕 잣대를 자신에게 유리하게 적용하는 유연성이 두 번째 특징이었다. 샐러드 오일 스캔들이 그의 처음 범죄가 아니었다. 앞서 그는 뉴저지에서 육류가공업체를 운영했는데, 납품 대금을 과잉 청구하고 검수받지 않은 불량 육류 식자재를 납품하는 등의 불법 행위를 저질러 결국 파산했다.[6] 그런 다음 1955년 수출용 식물성 기름을 공급하는 얼라이드를 창업하며 오뚝이처럼 재기했지만 파산 이력 때문에 은행과의 거래가 막혔다. 그리하여 그는 '샐러드 오일'을 아메리칸 익스프레스 소유의 창고에 저장하자는 교활한 사기극을 꾸몄다. 그는 미국 기업 중에서 가장 명성 높은 브랜드가 기재된 창고 증권을 들고 은행 문을 두드려 대출을 받아 식물성 기름 선물(先物, futures, 파생 상품의 하나로 품질, 수량, 규격 등이 표준화되어 있는 상품이나 금융자산을 미리 결정된 가격으로 미래의 일정 시점에 인도하고 인수할 것을 약정한 거래 - 옮긴이)에 투자했다가 몽땅 날렸다.

샐러드 오일 스캔들의 여파로 풍풍한 데 안젤리스는 브롱크스에 있는 2층짜리 빨간 벽돌집에서 끌려 나와 뉴저지 뉴어크Newark 소재 연방 법원에 기소되었다.* 한편 1850년 창업 후 94년간 한해도 빠짐없이 주주들에게 배당금을 지급했던 '모범 기업' 아메리칸 익스프레스는 갑자기 파산할 거라는 소문에 휩싸였다.

---

* 그는 유죄가 인정되어 10년 징역형을 선고받았다. 1992년 데 안젤리스는 세간에 또 이름을 알렸는데, 허위 신용장(letter of credit)을 사용해 110만 달러어치의 육류를 가로챈 사기 혐의로 기소되어 또다시 유죄 판결을 받았다.

이런 일련의 사건들이 벌어지는 동부에서 멀찍이 떨어진 중서부의 버핏은 로스 스테이크 하우스를 찾았다. 예전에 양복점 주인 솔 파소를 방문했을 때처럼 일종의 현장 조사 목적이었다. 이번에 그가 알고 싶은 것은 손님들의 스테이크도 그들의 옷이나 모자도 아니었다. 그는 계산대 뒤에 떡하니 자리 잡고 앉아 입으로는 식당 주인과 가벼운 대화를 나누며 눈으로는 열심히 관찰했다. 유심히 보니, 손님들은 스캔들이 있건 말건 예전처럼 아메리칸 익스프레스 신용카드로 결제했다.[7] 이런 관찰 결과를 토대로 그는 하나의 결론을 도출했다. 미주리주 세인트루이스, 시카고, 앨라배마주 버밍햄 같은 도시들의 레스토랑에서도 똑같은 광경이 벌어질 거라는 점이었다.

그런 다음 그는 오마하 시내의 은행들과 여행사들을 찾아갔고 여행자 수표 업무가 정상적으로 이뤄지는 것을 눈으로 확인했다. 내친김에 그는 아메리칸 익스프레스의 우편환을 취급하는 슈퍼마켓들과 편의점들도 들러 사람들의 반응을 직접 조사했다. 마지막으로 그는 아메리칸 익스프레스의 경쟁업체들과도 이야기를 나누었다. 이런 '탐정 놀이'를 통해 당시 시장에 떠도는 파산 소문과 상반되는 두 가지 결론을 내렸다.

첫째, 아메리칸 익스프레스는 파산하지 않을 것이다.

둘째, 아메리칸 익스프레스는 세계 최고의 브랜드 가치를 지닌 프랜차이즈의 하나다.[8]

아메리칸 익스프레스는 벤저민 그레이엄의 투자 논리에 따르면 안전 마진이 없었다. 따라서 그레이엄은 죽는 한이 있어도 그 회사에 투자하지 않았을 것이다. 그레이엄의 투자 원칙은 아주 명확했다. "통계 데이터에 기초해 산술적으로 추론한 단순하고 명확한 결과"를 토대로 주식을 사야 한다.[9] 다른 말로 운전 자본 그리고 공장, 설비 등등을 포함하는 실물 자산을 토대로 투자 여부를 결정해야 한다. 말인즉 측정 가능한 자산에 근거해야 한다.

그러나 버핏은 그레이엄이 간과했던 새로운 유형의 자산을 찾아냈다. 아메리칸 익스프레스라는 브랜드가 보유한 프랜차이즈 가치였다. 프랜차이즈는 간단히 말하면 시장의 자물쇠다. 일례로 프로야구팀 카디널스Cardinals는 연고지 세인트루이스에서 야구에 대한 독점 운영권을 소유하고 다른 어느 팀도 그곳에서 독점권을 신청할 수 없다. 아메리칸 익스프레스의 프랜차이즈도 프로야구팀의 독점권에 비견될 정도로 훌륭했다. 미국 전역에서 아메리칸 익스프레스는 여행자수표 시장의 80퍼센트를 독식했고, 신용카드 시장에서도 지배적인 점유율을 자랑했다. 버핏은 이제까지 무엇도 아메리칸 익스프레스의 아성을 흔들지 못했고 앞으로도 그럴 수 없을 거라고 확신했다.[10] 고객 충성도는 그레이엄이 신봉하던 "단순한 통계 데이터"에서 추론할 수 없었다. 또한 버크셔 해서웨이의 공장 같은 실물 자산과는 달리 회사의 재무제표에도 기재되지 않았다. 하지만 아메리칸 익스프레스의 프랜차이즈는 가치가 있었다. 아니, 버핏은 막대한 가치가 있다고 생각했다. 아메리칸 익스프레스는 지난 10년 연속 해마다 기록적인 수익을 달성했다. 샐러드 오일 스캔들이 터졌든 말든, 고객 충성도는 아무 변화가 없었다. 그런데도 주식시장은 고객 충성도가 약화된 것처럼, 고객들의 '엑소더스'가 시작된 것처럼 반응했다.

1964년 초반 아메리칸 익스프레스의 주가는 35달러까지 주저앉았고, 월스트리트는 합창단처럼 한목소리로 노래했다. "팔자." 그러나 버핏은 청개구리 같은 역발상으로 주식 매수를 결정했다. 그는 전체 자산 중 거의 4분의 1을 한 종목에 투자했다. 그것도 부채 규모가 정확히 파악되지 않았지만 엄청날 거라는 소문이 파다한 종목에 말이다. 만약 버핏의 판단이 틀린 경우 그동안 쌓아온 수익은 물론이고 평판도 한순간에 공중 분해될 판이었다.

아메리칸 익스프레스의 CEO 겸 사장 클라크는 자회사 창고의 채권자들에게 6,000만 달러를 제공하면서 분쟁을 해결하기 위해 최선을 다했다. 그러나 주주들은 허울뿐인 도덕적 의무를 무리하게 확대 해석해서 자산을 "낭비"했다며 그를 고소했다.

버핏은 주주들의 움직임에 동조하기는커녕 클라크를 직접 찾아가 자신을 우호적인 주주라고 소개했다. "버핏은 우리 주식을 사재기 중이었고, 당시는 우리 주식을 매수하는 사람은 누구라도 참된 친구였습니다"라고 클라크가 회상했다.

아메리칸 익스프레스의 한 변호인이 클라크를 지지한다는 버핏의 말을 듣다가 법정에서 증언해줄 수 있는지 물었다. 버핏은 흔쾌히 증인으로 출석해 이번 일은 주주들이 고소할 사안이 아니라고 주장했다. 오히려 클라크가 그들을 대신해 문제를 조속히 해결하려고 노력하는 것을 응원해야 한다고 한술 더 떴다.[11] 그의 법정 증언을 직접 들어보자. "저는 6,000만 달러가 주주들의 배당금이었을 거라고 생각합니다. 그런데 도중에 배달 사고가 발생한 겁니다. 만약 주주들에게 6,000만 달러의 배당금을 지급한다고 발표했다면 어떠했을까요? 아무도 세상에 망조가 들었다고 생각하지 않았을 겁니다. 당연히 이런 소송도 없었겠죠."[12]

소송이 지지부진하며 지연되는 사이 아메리칸 익스프레스의 주가가 반등하기 시작했다. 그러나 버핏은 이번에도 주가가 상승할 때 이익을 실현하라는 스승의 투자 철학을 따르지 않았다. 그는 클라크는 물론이고 그 회사의 제품들도 마음에 들었고, 자신의 판단을 믿으며 아메리칸 익스프레스의 주식을 계속 사들였다.

장면을 뉴베드퍼드로 돌려보자. 버크셔 해서웨이의 처지는 사면초가였다. 사실상 눈앞에 지옥문이 열렸다. 섬유 시장 전반이 불황의 늪에 빠졌고 버크셔는 계속된 적자 행진으로 공장을 하나둘 폐쇄했다. 그런데도 버핏은 버크셔의 주식을 꾸준히 매입해 마침내 버핏의 투자조합이 지배 지분을 확보했다. 그런 다음 뎀프스터에서 벌어졌던 광경이 재연되었다. 버핏이 회사를 회생시키려는 목적으로 이사회에 진출했다. 특히 버크셔의 뉴잉글랜드 공장이 내뿜는 강인하고 거친 매력에 푹 빠진 그는 조합원들에게 보내는 서한에서 버크셔의 어려움에도 불구하고 "버크셔를 소유하게 되어 가슴이 벅찹니다"[13]라며 기쁨을 감추지 않았다.

이제 그의 투자 포트폴리오의 절반이 극과 극인 2개의 주식으로 채워졌다. 둘은 포트폴리오를 떠받치는 한 쌍의 기둥처럼 서로를 마주봤다. 버핏의 표현대로 말하면, 버크셔의 매력은 가격에 기초하는 '양적인' 요소에 있었고, 아메리칸 익스프레스는 뛰어난 제품과 탄탄한 경영진 같은 '질적인' 요소들에 대한 주관적 판단에 기초했다. 그러나 그는 질적인 요소에 근거하는 방법론이 덜 명확하다고 생각했지만 낮과 밤처럼 다른 두 접근법 사이에서 어떻게 균형을 맞출지는 정확히 몰랐고 그래서 적당한 타협안을 찾았다. 조합원들에게 보내는 서한에서, 일단 투자를 결정하는 "핵심적인 요소는 저렴한 가격"이라고 단정한 다음 정성적인 요소들에도 "많은 관심"을 기울이겠다고 약속했다.[14]

버핏은 조합원들에게 아메리칸 익스프레스 주식을 보유한다는 사실을 밝히지 않았다. 그러나 그레이엄과 차별화된 자신만의 방법론을 실험하는 한편 조합원들에게 보내는 서한들을 통해 그들과 더욱 광범위하게 소통하기 시작했다. 말하자면 그런 서한들은 투자 성과 보고서인 동시에 자신의 접근법을 설명하고 넓은 의미의 독자들에게 투자를 가르친다는 점에서 일종의 투자 수업이었다.

버핏의 서한들에서는 한 가지 양상이 갈수록 뚜렷해졌다. 벤저민 그레이엄의 투자 이론 다른 말로 『현명한 투자자』에서 인용한 문구들이 차츰 줄어드는 대신에, 그 자신의 목소리가 갈수록 커졌다. 그의 서한들은 명쾌함과 유머와 자기 비하와 겸손함의 경계를 자유자재로 넘나들었다. 무엇보다 사람들이 30대의 전문 투자자에게서 기대하는 것보다 훨씬 깊이가 있었다. 젊은 사람치고 자기 확신이 놀라울 정도였다. 가령 버핏은 32살 때 조합원들에게 보내는 서한에서 "복리의 마법"에 관해 이렇게 말했다.

> 정확한 이야기인지는 모르겠지만, 에스파냐 여왕 이사벨이 1492년 크리스토퍼 콜럼버스에게 처음 약속했던 항해 비용이 대략 3만 달러였다는 말을 어디선가 들었습니다. 지금까지 이것은 최소한 벤처 자금을 꽤 성공적으로 활용한 사례로 여겨져 온 것이 사실입니다. 하지만 신대륙을 발견함으로써 얻은 정신적인 이득을 제외하면, 반드시 짚고 넘어가야 하는 것이 있습니다…. 거래 전체는 엄밀히 말해 또 다른 IBM이 아니었다는 사실입니다. 어림잡아서 3만 달러를 4퍼센트의 연 복리의 상품에 투자했다면 1963년인 오늘날 '0'이 12개 붙은 2조 달러로 불어났을 것입니다….[15]

위의 말에서 핵심은 아무리 적은 돈이라도 **최대한** 신중하게 투자해야 한다는 것이다. 버핏에게는 3만 달러를 날리는 것이 단순히 3만 달러를 잃는 것이 아니었다. 2조 달러의 가능성까지 사라지는 것이었다.

워런 버핏

또 다른 서한에서 그는 조합원들이 재무 계획을 세울 때 절세 욕구에 지나치게 휘둘린다고 자칫하면 소탐대실할 수 있다고 경고했다. 솔직히 인생에서 저지르는 많은 실수는 사람들이 자신의 **진짜** 목적을 망각하기 때문이었다.

> 사람들이 투자를 통해 정말로 원하는 것은 무엇일까요? 세금을 가능한 한 적게 내는 것은 아닙니다. 물론 절세는 투자 목표를 달성하기 위해 고려해야 하는 요소일 수는 있습니다. 하지만 수단과 목표를 혼동해서는 안 됩니다. 목표는 세후 기준으로 최대한의 자본 이득을 실현하는 것입니다.

버핏은 세금에 대한 **감정적**인 거부감 때문에 사람들의 판단과 행동이 이성적이지 못하다고 단정했다. 버핏 본인은 그 함정에 빠지지 않도록 극도로 주의했다. 그는 '궁극적인' 절세 방법은 딱 세 가지뿐이라고 생각했다. 첫째는 자산을 기부하는 것이고 둘째는 이익을 포기하는 것이며 셋째는 자산을 보유한 채로 죽는 것이었다. "저는 세 번째 방법이 좀 극단적이라고 생각합니다. 세금이 아무리 아까운 사람이라도 이 '치유법'에 대해서는 마음이 착잡하고 복잡할 것입니다."[16]

버핏은 조합원들에게 보내는 서한들에서 위의 절세처럼 자신이 정한 특정 주제에 관한 통찰력 빛나는 주장들을 반복했다. 사실상 그의 서한들을 처음부터 끝까지 찬찬히 읽어보면, 훗날 버핏이 서한들에서 단골로 등장시킬 주제들을 짐작하게 만드는 초기 징후들을 발견할 수 있다. 반면에 하나씩 읽어보면, 전체적인 어조를 특히 그가 개인적인 성장과 발전에 얼마나 면밀하게 초점을 맞추는지 더욱 명확히 확인할 수 있다. 그는 가족이 모두 잠든 깊은 밤에 서한들을 작성했다. 그래서인지 서한들에는 자신의 발전과 성장에 대한 자기 성찰적인 특성이 고스란히 묻어났다. 마치 사춘기 소년의 일기처럼 솔직하고 다분히 의식적이었다. 쉽게 말해 그 서한들의 작성자는 현실의 버핏과 똑같이 매력적이고 격의 없는 성격의 소유자다.

당연한 말이지만 그런 서한의 독자 중 상당수가 본인의 친척이거나 친구들이었기에 버핏은 그들을 잘 알았다. 하지만 조합원이라는 테두리로 뭉뚱그린 그들 전체와의 관계는 그에게 특별한 의미가 있었다. 물론 어떤 점에서는 추상적인 관계이기도 했다.

그는 사적인 관계에서는 어느 정도 거리를 유지했다. 하지만 엄연히 공적인 관계인 투자조합에서는 달랐다. 사실상 그는 무한 책임 파트너로서 자신의 가장 내밀한 걱정에 대해 솔직하게 털어놓았다. 투자조합에서 그가 하는 일이 일종의 자화상이었다면, 조합원들에게 보내는 서한들에 담긴 기본 주제는 버핏 본인의 성격이었다. 이렇게 볼 때 그가 반년에 한 번씩 보내는 서한들은 단순한 실적 보고서가 아니었다. 오히려 조합원들에게 자신의 기대와 생각을 알려주고 그들도 자신과 똑같이 기대하고 생각하도록 만들 수 있는 기회였다. 요컨대 그는 그들에게 **이야기를 들려주었다.**

> 제가 하는 일은 전반적인 주식시장이나 경기 변동을 예측하는 것이 아닙니다. 만약 제가 그런 일을 할 수 있다고 생각하시거나 그런 일이 투자 프로그램에서 필수라고 생각하신다면 우리 조합에서 탈퇴하셔도 좋습니다.[17]

버핏은 조합원들이 자신을 신뢰하게 만드는 것이 지극히 중요했다. 자신과 수전은 물론이고 그의 조수 주식 중개인 빌 스콧Bill Scott은 개

워런 버핏

인 재산의 90퍼센트 이상을 조합에 투자했다. 그는 "우리 모두가 한 배를 탄 것이지요"라며 조합원들을 안심시켰다.[18]

버핏은 조합원과 투자 계약을 체결하기 전에 자신의 접근법을 **미리** 그것도 아주 구체적으로 설명했다. 이는 의도된 것으로 이유는 명확했다. 조그만 개미구멍 하나 때문에 둑 전체가 붕괴하듯 작은 오해 하나가 투자조합 전체를 무너뜨릴 수 있음을 잘 알았기 때문이다. 한번은 어떤 조합원이 자신의 돈이 어디에 투자되었는지 궁금해서 약속도 없이 키위트 플라자를 무작정 찾아왔다. 당시 버핏은 훗날 보스턴 은행의 은행장이 된 빌 브라운과 회의 중이었다. 버핏은 비서에게 지금은 바빠서 만날 시간을 낼 수 없다고 전해달라고 부탁했다. 얼마 후 돌아온 비서는 그 조합원이 버핏을 꼭 만나야 한다며 **고집을 피운다**고 말했다. 버핏은 잠깐 어디론가 사라졌다가 돌아와 비서에게 말했다. "그 사람에게 돈을 줘 돌려보내세요." 이는 투자조합에서 퇴출시킨다는 뜻이었다. 그런 다음 버핏은 브라운을 쳐다보며 "조합원들은 제 규칙을 압니다. 저는 1년에 한 번 그들에게 투자 내역과 실적 보고서를 보내줍니다."[19]

버핏은 자신의 투자 수익률을 예측하려고 시도하지 않았지만, 조합원들이 자신을 공정하게 평가해야 한다는 것에 집착했다. 감정을 철저히 배제하고 오직 중립적이고 산술적인 척도에 따라 평가해야 한다는 것이다(이는 버핏이 자신을 평가하는 방법이기도 했다).

> 저는 행동하기에 앞서 기준과 규칙부터 확실히 세워야 한다고 믿습니다. 나중에 다 끝나고 나서는 거의 모든 것을 다른 무언가와 비교해 상대적으로 좋아 보이게 조작할 수도 있기 때문입니다.[20]

그가 처음부터 명확히 밝힌 목표는 매년 다우지수를 평균 10퍼센트 이상 앞서는 것이었다. 그는 서한에서 이 부분을 좀 더 자세히 설명했다. 다우지수는 전문적으로 관리되지 않은 30개의 주식을 합쳐 산출한 수치라고 그가 지적했다. 그런데도 투자자 대부분은 다우지수보다 수익률이 낮았다. 버핏은 똑똑하고 전문 교육을 받았으며 고액 연봉을 자랑하는 "월스트리트의 고위 사제들이" 사실상 개미 투자자들이 주도하는 포트폴리오보다 수익률이 낮은 이유가 무엇인지 궁금했다. 그는 그 이유가 투자 관리자들이 (가령 적정 가격의 주식 같은) 보수적인 포트폴리오를 단순히 **관습적인** 포트폴리오와 혼동하는 경향이 있어서라고 진단했다.[21] 보수와 관습 사이에는 미묘한 차이가 있었고 깊이 생각해볼 가치가 있다. 인기 대장주들을 — AT&T, 제너럴 일렉트릭General Electric, GE, IBM 등등 — **가격과 상관없이** 다량 보유하는 보편적인 접근법은 관습적이었지만, 절대로 보수적인 방법은 아니었다. 버핏은 월스트리트에 만연한 두 가지 현상을 비판했다. 많은 사람이 의사 결정 과정에 관여하는 위원회 방식**committee process**과 집단 사고였다.

> 편협한 소견일지는 모르겠지만 저는 크건 작건 집단이 투자를 훌륭하게 운용하고 관리하는 것은 불가능에 가깝다고 생각합니다….[22]

그처럼 합의를 통한 의사 결정 때문에 — 예나 지금이나 월스트리트의 규칙이다 — 펀드들은 대개가 차별화되지 못하고 엇비슷해졌다. 그것은 "평균이 '안전'한 반면 비전통적인 것은 위험하다"는 설득력 있는 연역논법을 촉진했다. 버핏은 사실상 합리적인 추론이 관습적인 행동으로 귀결될 수도 있지만 가끔은 비전통적인 행동을 도출할 수도 있다고 반박했다.

> 세상 어디에선가에 평평한 지구 학회(Flat Earth Society, 지구가 둥근 형태가 아니라 평면이라는 지평설을 주장하는 단체다. – 옮긴이)의 정기 모임이 지금도 열리고 있을 겁니다. 우리는 영향력 있거나 목소리가 큰 사람들 또는 다수가 우리에게 동의하건 말건 아무 상관이 없습니다. 우리는 우리의 길을 갈 뿐입니다.[23]

버핏의 투자 포트폴리오는 확실히 관습에 얽매이지 않았다. 버핏은 아메리칸 익스프레스와 버크셔 해서웨이 그리고 다른 두세 종목에 대규모로 투자했고, 그리하여 그의 포트폴리오에서는 5개 종목이 차지하는 비중이 매우 높았다.[24] 버핏도 이상적인 상황이라면 가령 하나 같이 '기막힌' 주식 50개를 발굴할 수 있다고 **전제**할 때 폭넓은 분산 투자를 선호했을 것이다. 하지만 현실과 이상은 다른 법이다. 현실에서 그는 좋은 주식 몇 개만 발굴하는 데에 모든 노력을 기울여야 한다는 것을 깨달았다.[25] 이른바 선택과 집중의 전략이었다.

그는 정반대 즉 문어발식 분산 전략을 따르는 펀드매니저들을 비웃었다. 엄밀히 볼 때 월스트리트의 거의 모든 종사자가 그런 유형에 속했다. 분산 투자가 월스트리트의 투자 신조가 되었다. 펀드매니저들이 **수백** 가지 주식들로 구성된 포트폴리오를 운용하는 것은 예사였다. 미국의 유명 공연 연출가 빌리 로즈Billy Rose는 "족장이 여인들을 100명 거느린다면 누구 하나도 제대로 알 수 없다"라고 말했다. 버핏이 보기에 펀드매니저들은 그런 족장과 다르지 않았다. 그들이 포트폴리오에 편입된 많은 주식을 과연 지능적으로 선별할 수 있는 능력이 있을지 의심스러웠다.

> 많은 주식을 보유하는 사람들은 필히 제가 노아의 방주 투자
> 기법Noah School of Investing이라고 부르는 전략을 따르게 됩니다.
> 모든 것을 한 쌍씩 태우는 방주 말입니다. 그런 투자자들은
> 노아처럼 튼튼한 투자 방주를 준비해야 하죠.[26]

　수십 개의 주식으로 구성된 포트폴리오는 종목 하나가 하락해도
반대로 상승해도 상대적으로 영향이 미미할 것이다. 실제로 주식 수
가 늘어나면 포트폴리오는 시장의 평균으로 수렴할 것이다. 초보 투
자자에게는 그것이 안전하면서도 어쩌면 합리적인 목표일 수도 있다.
하지만 전문 투자자는 달라야 한다는 게 버핏의 생각이었다. 시장의
평균을 **뛰어넘는** 대가로 돈을 받으면서 시장 평균을 지향하는 것은
이율배반이라는 것이었다. 결국 과도하게 많은 종목에 투자하는 것
은 유망주에 대한 **선구안이 없다**는 사실을 자인하는 셈이었다.
　선택 집중의 전략 때문에 버핏이 요행을 바라는 도박사로 오해할지
도 모르겠다. 절대 그렇지 않다. 오히려 손실 위험을 피하려는 단호한
의지에 있어서는 그도 벤저민 그레이엄에게 못지않았다. 그러나 그레
이엄이 (극단적인 수준은 아니었지만) 광범위한 분산 투자를 고집한 반면
[27] 버핏은 많은 바구니에 나눠 담지 않고도 달걀을 안전하게 지킬 수
있다고 생각했다.* 그의 겸손함은 보이는 그대로가 아니었다. 그 아

---

* 『톰 소여의 모험(The Adventures of Tom Sawyer)』의 작가 마크 트웨인(Mark Twain)은 비
록 투자에 있어서는 마이너스의 손이었지만 버핏과 비슷한 전략을 따랐다. "모든 달걀을
하나의 바구니에 담고 **그 바구니를 잘 지켜라.**"

래에는 사실상 아주 도발적인 주장이 숨어 있었다. 수면 위로 드러난 모습은 고고해도 수면 아래 두 발을 분주하게 움직이는 백조의 모습과 닮았다. 그리고 그는 계속해서 그 원칙을 고수했다. 그가 운용하던 투자조합의 포트폴리오는 1963년 39퍼센트 1964년 28퍼센트라는 놀라운 성장세를 이어갔고, 버핏은 2,200만 달러를 운용했다. 또한 그의 개인 재산도 400만 달러에 육박했고, 당시로서는 엄청난 자산가였다.[28]

그렇지만 돈이 많아져도 버핏의 생활에서는 두드러진 변화가 없었다. 여전히 솔 파소의 회색 양복을 즐겨 입었고 로스의 스테이크를 좋아했으며 네브래스카대학교 미식축구팀의 경기 결과에 일희일비했다. 가끔 출장 가는 경우를 제외하고 그의 주중 일과는 빤했다. X 좌표는 집과 사무실을 오가는 게 전부였고 Y 좌표는 거의 움직임이 없었다. 버핏의 행동도 돈 냄새를 전혀 풍기지 않았다. 변화라면 방을 몇 개 늘리고 라켓볼 코트를 만든 정도였다. 그래서 다양한 각도로 기울어진 지붕은 들쑥날쑥 아무렇게나 사방으로 뻗은 형태가 되고 말았다. 하지만 수백만 달러의 자산가가 사는 집치고 굉장히 평범했다. 게다가 집 앞 간선도로는 여전히 교통량이 많았고, 집 바깥에는 노란 점멸 신호등이 보초처럼 지키고 있었다.

버핏은 물질에서 위안을 얻으려 돈을 쓰는 것은 거의 생각조차 해본 적이 없었다. 그는 물질적인 풍요를 위해 돈을 버는 것이 아니었다. 돈은 하나의 **증거**, 다른 말로 그가 좋아하는 게임의 성적표였다.

그는 구형 폭스바겐 비틀을 계속 타다가 아내에게 상위 등급의 차로 바꿔 달라고 부탁했다. 공항에 손님들을 마중 나갈 때 시쳇말로 모양새가 빠진다는 이유에서였다. 그러나 자동차 자체에는 눈곱만큼도 관심이 없었다.

"어떤 차가 좋을까요?"라고 수전이 물었다.

"**아무** 차든 나는 상관하지 말고 당신 원하는 대로 해요"(수전은 차체가 길고 실내가 넓은 캐딜락을 골랐다).[29]

오마하에서 컴퓨터용 탭 카드를 제조하던 데이터 도큐먼츠의 부사장 스콧 호드Scott Hord는 버핏과 텍사스 휴스턴으로 출장을 갔을 때 그에게 돈이 어떤 의미인지 정확히 이해했다.

"백만장자는 어떤 기분입니까? 주변에 백만장자가 없어서요." 호든이 순진하게 물었다.

"돈으로 살 수 있다면 원하는 건 뭐든 살 수 있죠. 그러나 살 수 있다는 거지 산다는 말은 아닙니다."

스콧이 꿈꾸는 물건이 무엇이건 — 장난감, 트럭, 자동차, 그림, 보석, 실크 — 버핏은 살 여력이 충분했다. 그렇다고 그런 물건이 그에게 중요했다는 뜻은 아니다. 버핏의 꿈은 키위트 플라자에 들어앉아 매일 곳간에 돈을 차곡차곡 쌓는 것이었다.

역설적이게도 수전은 돈을 **소유**하는 데에 관심이 없어 보였다. 그러나 돈을 쓰는 데는 도사였다. 그녀는 1만 5,000달러를 들여 집안 가구를 싹 바꾸었다. 골프 친구였던 로버트 빌리그는 버핏이 그것 때문에 "죽을 맛"이었다며 "그 돈을 복리로 굴리면 20년 후 얼마가 되는지 아세요?"라고 투덜거렸다고 전했다.

버핏이 물욕이 없는 데는 그만한 이유가 있었다. 하나의 강박이었다. 그에게는 동전 하나까지도 이사벨 여왕이 잃어버린 2조 달러의 재산처럼 생각되었다. 지금의 10센트가 미래에 엄청난 돈이 될 수 있는데 지금 써버리니 그로서는 미칠 지경이었던 것이다. 그는 생명보험도 가입하지 않았는데, 보험료를 보험회사보다 더 빨리 불릴 자신이 있어서였다.* 버핏은 "진정한 짠돌이가 되려면 한참 멀었다"라고 자평했다(하지만 사람들에게 밥을 사주는 데는 후했다).[30]

버핏은 돈과 관련해 이중인격을 가진 듯했다. 그에게 돈은 아무 의미가 없는 동시에 세상에서 가장 중요했다. 그는 돈의 적절한 역할을 지나치게 신성시했고, 그랬으니 돈을 쓰는 것 자체가 일종의 죄악이었다. 그는 다이어트할 때도 그것을 돈과 결부시켰다. 그는 **자신이 다이어트에 실패하면** 몇 월 며칠에 딸 수지에게 지급되는 1만 달러 수표를 써주었다. 그러자 수지는 아이스크림을 자꾸 권하거나 맥도날드로 억지로 데려가려는 등 아버지의 다이어트에 귀여운 방해공작을 폈다. 그러나 아무 소용없었다. 버핏은 1만 달러를 잃고 싶지 않아 아이스크림을 한사코 거부했다.

버핏도 돈에 대한 자신의 양가적인 감정을 잘 알았고, 약간 재미있게 시인한 적도 있었다. 어느 해 여름 가족이 캘리포니아 산 시메온San Simeon에 있는 신문 재벌 윌리엄 랜돌프 허스트William Randolph Hearst의 대저택 허스트 캐슬(1957년 허스트 사가 캘리포니아 주정부에 기부한 저택과 부지 일부가 캘리포니아 주립 역사공원으로 지정되어 관리되고 있다. - 옮긴이)을 방문했을 때였다. 가이드는 허스트가 휘장과 커튼, 카펫, 골동품 등등에 얼마를 썼는지 상세히 설명했다. 눈물이 날 정도로 따분했던 버핏이 항의했다. "그가 얼마를 썼는지 말고 그가 얼마를 **벌었는지** 말해주시죠!"[31]

한편 버핏의 재산은 그에게 정치적으로 영향을 미친 듯 보인다. 넘

---

* 단, 한 가지 예외가 있었다. 보험 대리점을 운영했던 케이 코이터에 따르면, 버핏의 일부 조합원들이 그가 갑자기 죽으면 자신들의 돈을 잃을까 걱정이 컸고 그래서 버핏이 그들을 공동 수익자로 생명보험을 하나 들었다고 한다.

겨줬지 마라. 흔히들 생각하는 방식은 아니었다. 대략 1960년대 초, 중반부터 그는 재정적으로 완벽히 독립했고 마침내 아버지로부터 정치적인 독립을 선언했다. 버핏 내면에서는 어떤 정치적 소신이 점점 자라는 중이었다. 대개 백만장자들은 자신의 경제적 득실에 부합하는 정치 사안에 관심을 두기 마련이다. 아니, 이 점에 있어서는 대부분의 사람이 그렇다. 하지만 버핏은 자신의 경제적 이득이 아니라 자신이 두려워하는 사회 전반의 문제에 정치적인 뿌리를 두었다. 격동의 1960년대에 몇몇 사안들이 그를 각성시켰다. 특히 쿠바 미사일 위기(1962년 10월 22일부터 11월 2일까지 11일간 소련이 핵탄도 미사일을 쿠바에 배치하려는 시도를 둘러싸고 미국과 소련이 대치하여 핵전쟁 발발 직전까지 갔던 국제적 위기를 말한다. – 옮긴이)는 히로시마 원자폭탄 투하 때처럼 그에게 큰 무력감을 안겨주었다. 친구 리처드 홀랜드의 말을 들어보자.

> 워런은 아주 무서워했어요. 그는 극단적인 국가주의로 귀결된 행태들을 분석하는 데에 관심이 컸고 전쟁을 막을 방법에 대해 많이 고민했죠. 그는 늘 한 가지에 사로잡혀 있었어요. 핵전쟁이 세상을 파괴할 확률을 계산하는 거였죠.

이 시기에 버핏은 영국의 철학자이자 수학자이며 평화주의자였던 버트런드 러셀Bertrand Russell의 다양한 저서들을 섭렵했고 러셀의 국제주의 견해를 상당 부분 수용했다.[32] 게다가 러셀처럼 불가지론자인 데다 자신의 삶이 유한하다는 것에 깊이 심취했던 버핏은 핵전쟁 같은 위험으로부터 세상을 보호하는 것은 사회 전체의 역할이라고 여겼다. 무엇보다 고립주의자에 반정부주의자였던 자신의 아버지와는 달리 버핏은 정부가 꼭 **필요하다**고 생각했다.

워런 버핏

논란의 한복판에 있던 민권 문제에 대해서도 마찬가지였다. 오마하에는 흑인들이 많았고 주거지는 물론이고 많은 일자리에서 백인과 흑인이 엄격히 분리되었다. 민권 문제에 대한 하워드 버핏의 입장을 알 수 있는 공식적인 기록은 없다. 하지만 존 버치 협회(John Birch Society, 1945년 중국 공산주의자들에게 살해당한 선교사이자 미군 정보장교인 존 버치를 기념하기 위해 1954년 로버트 웰치가 설립한 단체로 반공산주의와 작은 정부를 지지한다. - 옮긴이)[33]의 열성 회원이었다는 점에서 보면 그가 최소한 민권 문제로 밤잠을 설쳤을 것 같지는 않다.

워런은 흑인들의 처지를 크게 동정했다. 일례로 그는 오마하 로터리 클럽을 탈퇴했는데, 그 단체의 엘리트주의적이고 인종 차별적인 정책들을 반대했기 때문이다.[34] 차별은 그의 핵심적인 두 가지 투자 철학과 충돌했다. 능력주의에 대한 신념과 중립적인 기준에 대한 믿음이었다. 마찬가지 맥락에서 그는 부잣집 아이들이 소위 '부모 찬스'로 남들보다 유리하게 출발하는 것도 잘못이라고 생각했다.

뿐만 아니라 버핏은 아내의 이상주의적인 사상에도 영향을 받았다. 수전은 오마하에서 활동하는 미국인 위원회라는 단체의 창립 멤버이자 열혈 회원이었다. 그 단체는 종교와 인종이 제각각인 여성들이 교회, 학교, 클럽 등을 찾아가서 인종적 편견에 관한 자신들의 경험을 알렸다. 회원 중에는 나치 수용소를 탈출한 여성과 미시시피주 출신의 흑인 여성도 있었다. 수전은 미국의 주류 계층인 와스프 즉 백인 개신교도들의 관점을 대변했다. 1960년대 초, 중반 오마하에서 미국인 위원회는 상당히 도발적인 조직이었다.[35] 수전과 같은 계층에 속한 여성들은 여자 청년 연맹(Junior League, 미국 상류층의 젊고 부유한 여성들이 참여하는 사회봉사 단체 - 옮긴이) 회의에나 참석하는 것이 일반적이었다. 하지만 버핏 가족은 백인 마을인 해피 할로우에서 흑인들을 정례적으로 집에 초대하는 극소수 중 하나였다. 심지어 한동안은 아마 **유일**했을 것이다.

민권에 대한 공화당원들의 무관심에 거부감이 강했던 워런은 결국 아버지가 평생을 몸담았던 공화당을 탈퇴해 민주당에 입당하기로 마음먹었다. 이런 정치적 전향은 그로서는 아주 커다란 결심이었다. 그에게 하워드는 단순한 아버지가 아니라 가장 친한 친구인 데다 당시 하워드는 오래전부터 암 투병 중이었고 공화당은 그의 인생에서 커다란 부분을 차지했기 때문이다.

1964년 겨울 하워드는 극심한 통증에 시달리면서도 꿋꿋하게 견뎌내고 있었다. 워런은 매일 밤 병원에 들렀고 한번은 "당적을 바꾸는 문제로 아버지와 힘든 대화"를 했다.[36] 찰리 멍거에게 설명했듯 그는 하워즈가 많은 사안에서 정말 잘못된 생각을 했는지는 잘 모르겠지만 자신은 아버지처럼 "이념에 끌려다니고" 싶지 않았다(버핏은 하워드가 세상을 떠나기 전까지 당적을 바꾸지도 전향 사실을 공개적으로 인정하지도 않았다. 아버지의 마음을 편하게 해주고 싶은 효심 때문이었지 싶다).

1965년 봄 하워드는 병세가 크게 악화되었다. 하루는 버핏이 리처드 홀랜드의 집에 탁구를 치러 갔는데 얼굴에 근심이 가득했다. 하지만 그는 그런 고통을 홀로 삭일 뿐 아무에게도 말하지 않았다. 며칠 지나지 않아 집으로 돌아온 버핏의 표정이 예사롭지 않았다. 딸 수지는 그토록 침통한 표정의 아버지는 난생처음이었다. "아버지는 기운이 하나도 없고 몹시 슬퍼 보였어요. 제가 왜 할아버지 병문안을 가지 않았냐고 물었던 거 같아요. 아버지는 '오늘 할아버지가 돌아가셨단다'라고 말한 다음 그대로 2층으로 올라가셨어요."

하워드의 장례식에 500명의 조문객이 참석했다. 공화당이든 민주당이든 의원들은 그가 진실하고 따뜻한 사람이었다며 경의를 표했다. 장례식 내내 조용히 앉아 있던 버핏이 행선지를 밝히지 않고 갑자기 어디론가 떠났다.[37] 얼마 뒤 사무실에 모습을 드러낸 버핏은 아버지의 커다란 사진을 책상 맞은편 벽에 걸었다. 하지만 그의 가장 친한 친구는 이제 이 세상에 없었다.

하워드가 자신에게 그랬던 것처럼, 워런은 자식들에게 도덕적인 본보기였다. 하지만 워런은 자식들한테도 조합원들을 대할 때와 똑같이 감정을 배제한 냉철한 분석가의 모습을 잃지 않았다. 당연히 그도 여느 부모처럼 항상 아이들에게 관심을 기울이고 응원했다. 다만 그런 속내를 겉으로 드러내지 않았다. 그는 자신의 아버지가 그러했듯 매주 토요일 큰딸 수지를 사무실에 데려갔다. 그리고 장남 하워드와 미식축구를 하고 막내 피터의 수학 공부를 도와주었다. 하지만 자신의 감정을 드러낼 말한 주제에 대해서는 벙어리가 되었고, 설사 있더라도 극히 드물었다. 이 또한 자신의 부모님과 판박이였다.

부녀 사이에는 어느 정도 애정의 교류가 있었다. 그러나 두 아들은 아버지에게서 감정적으로 버림받은 기분을 느꼈다. 특히 약간 말썽을 부렸던 큰아들 하워드는 아버지가 감정을 표현하지 않아 섭섭함이 많이 쌓였다. 그가 말썽을 피우든 말든 워런은 가타부타 말이 없었다.[38] "저는 아버지의 겉모습만으로 제게 관심이 없다고 오해했어요. 바로 그런 성격이 아버지를 훌륭한 투자자로 만들어주죠. 투자는 감정이 없었으니까요."

대부분의 사람은, 특히 책임이 막중한 경영자들은 자신의 삶을 공적인 영역과 사적인 영역으로 명확하게 구분 짓는 경향이 있다. 가령 사무실에서는 호랑이 같으면서도 집에만 가면 새끼 고양이가 되는 식이다. 하지만 버핏은 언제 어디서나 놀랄 정도로 한결같은 사람이었다. 어린 막내 피터의 눈에는 아버지의 머릿속에 용수철과 톱니가 끝없이 작동하는 시계가 있고 버핏이 그 시계에 맞춰 사는 사람 같았다. 실제로 버핏은 매일 자신만의 태양계에서 살았다.[39] 피터의 말을 들어보자.

> "언젠가 아버지한테 생일 축하 카드를 드렸어요. 아버지는 카드를 펼쳤다가 곧바로 접었어요. 순식간에 다 읽으신 거죠. 그게 다였어요. 그래도 저는 어린 마음에 아버지가 어떤 식으로든 반응을 보여주길 기대했던 것 같아요." 워런은 조합원들에게 보내는 서한에서는 대단한 입심을 과시했지만 아들한테는 조개처럼 입을 다물었다.

잠시 뒤 피터는 어머니와 슈퍼마켓을 갔다가 『아버지 안내서The Father's Handbook』라는 책을 발견했다. 생일 카드 사건으로 아직 앙금이 남아 있던 피터가 약간 삐딱하게 말했다. "아빠한테 이 책을 꼭 사다 주세요." 수전은 워런에게 피터가 사다 주라 했다면서 그 책을 건넸다. 그러자 워런은 피터를 2층 서재로 불러 "아들, 무슨 일 있어? 이 책을 주는 의미가 뭐니?"라고 물었다. 피터는 워런이 자신에 대해 알고 싶은 것도 없고 아무 관심도 없는 것 같다고 말했다. 어쨌든 당시 피터는 정말로 그렇게 생각했다. 당연히 버핏은 아들에게 **관심이 있었다.** 하지만 그는 그런 마음을 표현할 수도 없었고 표현할 줄도 몰랐다. 그도 제 딴에는 다가가려 노력했지만 피터의 눈에는 워런의 그런 노력도 마지못한 것처럼 보였다.

버핏의 집은 늘 태풍 한복판이었고 워런은 그 태풍의 고요한 눈이었다. 딸 수지의 기억 속 아버지는 늘 무언가를 읽고 있는 모습이었다. 버핏의 집은 참새들의 방앗간처럼 온갖 사람들이 수시로 들락거렸다. 친구, 친척, 울적한 마음을 달래려 수전을 찾아오는 이웃 등등. 수전은 노래를 흥얼거리며 온 집안을 돌아다녔고, 아이들은 다락방을 통해 네덜란드 전통 가옥 양식의 박공지붕으로 올라가거나 거실로 우르르 몰려다녔다. 그런 북새통 속에서도 워런은 자신의 서재에 꼼짝 않고 틀어박혀 일에 파묻혀 있었다. 달콤한 체리 펩시콜라가 필요하거나 아이들을 조용히 시켜달라고 아내한테 부탁할 때나 자신의 동굴에서 잠시 나왔을 뿐이었다. "여보, 애들한테 제발 좀 조용히 하라고 해줘요."

집안일에 대한 그의 무신경은 해외 토픽감이었다. 하루는 아래층으로 내려와 아내에게 서재 벽지가 달라졌다면서 언제 바꿨는지 물었다. 달러 지폐 무늬의 벽지를 떼어내고 새 벽지를 새로 바른 것은 **2년 전**이었다.

수전이 그런 가장을 참아준 것은 어쩌면 그런 무심한 태도 속에 숨은 워런의 천성이 정말 착해서일 것이다. 언젠가 수전이 언니에게 "많이 **웃게 해주는** 사람한테 어떻게 화를 내겠어"라고 말했다. 게다가 수전은 물론이고 아이들조차도 워런이 일종의 영적인 사명을 수행한다고 그래서 그가 이런저런 가족 일상에 무심하다고 이해했다. 가족들은 그의 사무실을 반농담조로 "사원"이라고 불렀고, 그의 일은 "화폭에 담는 일" 즉 하나의 예술 활동이었다. 수전은 맨해튼에서 주식 중개인으로 일하는 친구 마셜 와인버그에게 예술계 거장 같은 버핏의 지독한 자기 몰두에 대해 이렇게 말했다. "잘 아시잖아요, 내가 아르투르 루빈스타인(Artur Rubinstein, 폴란드 출생의 미국 피아니스트로 20세기 최고의 피아니스트 반열에 올랐다. – 옮긴이)과 결혼했다는 걸 말이에요."[40]

음악 애호가였던 와인버그는 수전이 무슨 말을 하는지 너무나도 잘 알았다. 버핏은 잠을 자면서도 월스트리트의 단순한 화음과 소협

주곡은 물론이고 심지어 교향곡 전체도 흥얼거릴 수 있는 사람이었다. 즉 월스트리트에서 벌어지는 일에 대해 모르는 게 없었다. 이따금 와인버그는 친구가 한 번만이라도 새로운 것을 경험할 수 있게 월스트리트의 변주곡 몇 소절을 연주하곤 했다. 예컨대 와인버그가 버핏에게 어떤 시멘트 회사의 주식이 장부 가치에 비해 싸다고 말한 적이 있었다. 그러자 버핏이 곧바로 받아쳤다. "그건 맞아. 하지만 장부는 아무 의미가 없어. 지난 7년간 시멘트 공장들이 얼마나 망했는지가 진짜 중요하지."[41]

도대체 버핏의 비결은 무엇이었을까? 와인버그는 그것을 정확히 알았다. 자기 일에 지독할 리만치 집중하는 것이었다. 그게 전부는 아니었지만 최소한 부분적으로는 그랬다. 1965년 와인버그가 이집트 여행을 다녀온 뒤에 워런과 수전이 그의 아파트를 방문했다. 당시는 이집트를 다녀온 미국인이 별로 없던 시절이었다. 그동안 버핏의 천재성에 자주 감탄했던 터라 이참에 와인버그는 자신의 피라미드 슬라이드로 친구에게 확실한 눈도장을 찍고 싶어 좀이 쑤셨다.

버핏이 아무렇지 않게 말했다. "더 좋은 생각이 있어. 그 슬라이드는 우리 집사람한테 보여줘. 그동안 나는 네 침실에서 연례 보고서나 좀 읽고 있을게." 요컨대 그에게 피라미드는 서재 벽지처럼 완전히 관심 영역 밖이었다.

버핏이 피라미드를 마다하고 읽고 싶었던 연례 보고서의 주인공은 영화사 월트 디즈니 프로덕션이었을 공산이 컸다. 와인버그를 방문할 즈음 버핏은 타임스 스퀘어의 한 극장에서 디즈니의 최신작 〈메리 포핀스〉를 관람했다. 역시나 버핏의 관심은 주인공인 줄리 앤드루스가 아니라 그 영화사의 주식이었다.

트위드 재킷 차림의 버핏이 서류가방과 팝콘을 들고 자리에 앉았다. 자리에 앉아 있는데 뒤통수가 따끔거려 급히 주변을 둘러보니 아이를 동반하지 않은 어른은 그가 유일했다. 서른 넘은 남자가 혼자서 어린이 영화를 보러 왔으니 사람들이 약간 이상하게 생각한 것도 당연했다.[42]

하지만 조명이 어두워지고 영화가 시작되자 관객들의 뇌리에서 버핏의 존재는 싹 잊혔다. 이제는 버핏이 관객들을 관찰할 차례였다. 그들은 영화에 푹 빠져들었다. 그러자 버핏은 속으로 생각했다. 오늘, 내일은 물론이고 앞으로도 계속 사람들이 디즈니 영화를 계속 보겠지. 입장권 한 장을 팔 때마다 발생하는 수익에서 쥐꼬리만큼 소유해도 그게 얼마야?

그해 여름 버핏 가족이 캘리포니아를 방문했을 때 멍거 가족과 함께 디즈니랜드를 찾았다. 아이들이 놀이공원을 휘젓고 다니는 동안 버핏과 멍거는 놀이기구를 하나하나씩 분석하며 놀이공원을 재무적으로 휘저었다. 말하자면 이탈리아 출신의 페데리코 펠리니 감독이 기업의 재무제표로 판타지 영화를 찍는 것과 같았다.[43]

이후 버핏은 디즈니의 창업자 월트 디즈니를 직접 찾아갔다. 셔츠 차림으로 그를 맞이한 만화 영화의 아버지는 듣던 대로 열정적이었다. 버핏은 자기 일에 어린아이같이 심취하는 그에게 완전히 매료되었다. 그럴 수밖에 없는 것이 그에게서 버핏 자신의 모습을 보는 것 같았기 때문이다.[44]

당시 디즈니의 주식은 겨우 주가수익비율의 10배 수준에서 거래되었다. 버핏은 디즈니를 하나의 주식으로서가 아니라 전체 회사로서 분석하려 노력했다. 소유권 일부를 인수하려는 오마하의 어떤 사업체를 분석하듯 말이다.[45] 버핏은 디즈니의 가장 귀중한 자산은 〈백설공주〉와 〈밤비〉 같은 옛날 애니메이션을 포함해 디즈니가 제작한 영화들이라고 생각했다. 벤저민 그레이엄이었다면 가치를 정확하게 측정할 수 없는 그런 무형 자산에는 관심이 없었을 것이다. 그러나 버핏은 비례의 원칙을 적용하면 디즈니가 판권을 가진 영화들만으로도 주가에 상당하는 가치가 있다고 추정했다.[46] 게다가 또 다른 일거양득도 있었다. 디즈니의 주식을 사면 디즈니랜드의 일부를 소유하는 것은 물론이고 겸손하고 소탈한 월트 디즈니가 자신의 조합에 투자할 수도 있었다. 그런 계산을 염두에 두고 버핏은 400만 달러를 투자해 디즈니 주식 5퍼센트를 확보했다.[47] 그렇다면 월트 디즈니는 그의 조합원이 되었을까? 그해에 월트 디즈니는 세상을 떠났다.

여기서 분명히 짚고 넘어갈 것이 있다. 버핏이 벤저민 그레이엄의 핵심적인 투자 신조를 포기한 것이 아니라는 점이다. '내재 가치'보다 훨씬 값싼 주식들을 사냥하는 것 말이다. 하지만 가치에 대한 그의 생각이 바뀌고 있었다. 아니, 가치의 범위가 넓어졌다는 것이 더 정확한 표현이겠다. 버핏은 부정확한 데다 대부분이 장부에 기재되지도 않았지만 디즈니 영화들의 가치가 공장 시설 같은 유형자산만큼이나 실질적이라고 판단했다.

게다가 그는 이미 무형 자산에 승부를 걸었던 비슷한 경험이 있었고 거기서 용기와 자신감을 얻은 것이 확실했다. 아메리칸 익스프레스였다. 아메리칸 익스프레스는 샐러드 오일 스캔들이라는 암울한 터널에서 빠져나오기 시작했다. 1965년 아메리칸 익스프레스의 주가가 73.50달러를 기록했고 이는 최근 저점에서 2배가 상승한 성과였다. 더욱이 버핏의 투자조합은 그해에 다우지수를 무려 33퍼센트나 따돌렸다.

버핏은 조합원들에게 이처럼 경이로운 실적이 반복될 거라는 기대는 금물이라고 경고했다.[48] 하지만 이듬해 그는 다우지수보다 36퍼센트나 높은 수익률을 달성했다. 그 후로도 오랫동안 그는 그런 불길한 전망을 마치 고장 난 음반처럼 반복하게 된다. 산이 높으면 골이 깊다고 자칫 커다란 성공이 실망의 씨앗을 뿌릴 것을 염려한 그는 수익률이 떨어질 거라고 반복적으로 말했다.

> (1962년 1월) 수익률이 박살 나면 조합원들이 대거 이탈할 것입니다…. (1963년 1월) 수익률이 바닥에 떨어진 토마토 신세처럼 될 때가… 반드시 있을 것입니다…. (1964년 1월) 저는 우리 조합의 실적이 다우지수를 계속 추월할 수는 없다고 생각합니다…. (1965년 1월) 우리 투자조합이 다우지수보다 16.6퍼센트의 우위를 오랫동안 유지하는 것이 불가능하다고 생각합니다…. (1966년 1월) 1965년의 실적이 얼마간 반복될 거라 기대하신다면 핼리 혜성 관측자 모임Halley's Comet Observers Club의 회의에 참석하는 것과 다르지 않습니다. 우리 조합이 적자일 때도 수익률이 다우지수보다 낮을 때도 틀림없이 있을 것입니다…. (1966년 7월) 그런 높은 수익률은 확실히 비정상이라고 생각해야 합니다.

이렇듯 그는 비관적인 예언을 이어갔다. 그러나 그의 날개는 뜨거운 태양에 녹은 이카로스의 날개가 아니었다. 버핏의 투자조합은 결성 6년 차부터 10년 차까지 경이로운 수익률 행진을 계속했다.

> 1962년: 버핏 투자조합 +13.9%, 다우존스지수 −7.6%
> 1963년: 버핏 투자조합 +38.7%, 다우존스지수 +20.6%
> 1964년: 버핏 투자조합 +27.8%, 다우존스지수 +18.7%

1965년: 버핏 투자조합 +47.2%, 다우존스지수 +14.2%
1966년: 버핏 투자조합 +20.4%, 다우존스지수 −15.6%

그리고 10년간 누적 수익률은 눈이 돌아갈 정도였다.

버핏 투자조합: +1,156%, 다우존스지수: +122.9%[49]

전체 수익에서 버핏의 몫을 빼면, 유한 책임 조합원 LP들의 투자금은 704.2퍼센트나 증가했다. 이는 다우지수보다 6배가 큰 성장 폭이었다. 한편 에드윈 데이비스 가족처럼 원년 조합원들은 1인당 10만 달러를 출자했던 돈이 이제 80만 4,000달러로 8배 이상 불어났다 (다른 조합원들과 마찬가지로 데이비스 가족도 출자금을 꾸준히 증액했다).

1966년 첫 영업일 기준으로 버핏 파트너십의 총자산은 4,400만 달러에 이르렀다. 다른 말로 하면 이제 버핏은 상당한 규모의 기업을 운영하는 셈이었다(물론 대형 뮤추얼펀드들에 비하면 아직 피라미 수준이었다). 그리고 이제 35살이 된 버핏도 조합의 성공에 힘입어 엄청난 부자가 되었는데 1966년 1월 조합원들에게 보내는 서한에서 한껏 너스레를 떨었다. "저희 부부도 우리 투자조합에 684만 9,936달러를 투자했습니다. 그 바람에 저는 오후에 영화를 보며 슬쩍 농땡이도 치지 못합니다."[50]

뿐만 아니라 그는 생전 처음으로 언론의 주목을 맛봤다. 5월《오마하 월드-헤럴드》의 독자들은 눈을 뜨자마자 2면 머리기사에서 버핏이 다람쥐처럼 이를 환하게 드러내고 웃는 모습을 마주했다. 사진 속 버핏은 볼품없는 짧은 머리로 전화 통화 중이었는데 온몸에서 열정이 고스란히 뿜어져 나왔다.《오마하 월드-헤럴드》는 버핏을 이렇게 소개했다.

> 미국에서 가장 성공적인 투자조합 중 하나의 둥지가 여기 오
> 마하에 있다. 그 조합의 운용자는 11살에 처음 주식을 샀던
> 젊은 투자자다.[51]

섬유산업 업계지의 한 기자는 버크셔 해서웨이에서 일어난 변화들
을 보도하면서 버핏의 외견상 모순점들에 초점을 맞춘 좀 더 심층적
인 기사를 냈다.

> 그는 격식에 얽매이지 않은 접근법을 취하면서도 즉흥적이라
> 는 인상을 주지 않는다. 편안하고 무덤덤해 보이는 태도가 진
> 짜라면 모든 사실을 완벽히 파악하고 있음에 틀림없다…. 버
> 핏은 질문들을 회피하지 않는다…. 그러나 가끔은 다소 모호
> 하게 대답한다.[52]

전국적인 유수의 경제지와 일반적인 재계에서 그는 여전히 무명이
었다. 그러나 데이비스 가족 같은 투자자들에게 버핏의 위상은 갈수
록 높아져 신화적인 존재가 되고 있었다. 앳된 티도 벗지 못한 젊은
이가 그들을 **부자**로 만들어주고 있었으니 당연했다. 에드윈 데이비스
의 사위로 농기구 제조업체 인터내셔널 하베스터의 평범한 판매원에
오리 사냥과 미식축구 경기 관람이 취미였던 리 시맨도 그런 사람 중
하나였다. 36대 대통령 린든 존슨처럼 커다란 귀가 인상적인 시맨은
요즘 꿈에서도 생각해 본 적 없는 현실에 살고 있었다. 자고 일어날
때마다 점점 더 **부자**가 되고 있었으니 그로서는 동화의 주인공 같은

기분이었다.[53] 버핏의 투자자들은 스스로를 축복받은 특권층으로 생각하기 시작했다.

버핏은 1년에 한 번 조합원들을 몇몇 집단으로 나눠 자신의 집에 초대했다. 조합원들은 투자 마법사와의 저녁식사를 고대했다. 안주인 수전은 손님맞이로 집안을 멋지게 꾸몄고 손님 각자에게 일일이 신경을 썼으며 대화를 이끌어냈다. 한편 버핏은 지난 한 해의 실적을 자세히 설명했고 짤막한 일화들을 간략히 소개했다. 특히 자신이 궁지에 빠졌었거나 우스꽝스러운 상황에 처했던 이야기들에 공을 들였다. 가령 자신은 뎀프스터를 회생시키려 죽을힘을 다하는데 비어트리스 주민들은 그가 뎀프스터를 무너뜨린다고 오해하는 바람에 위태로운 줄타기를 했다는 둥, 고등학교 시절 핀볼 게임기 대여 사업을 할 때 불량배들에게 쫓겨날까 봐 할 수 없이 이발사들을 앞에서 연기를 했다는 둥 말이다. 다사다난한 이런 이야기의 영웅은 특출한 재능은 없어도 용기만은 대단했던 허클베리 핀처럼 보였다. 소소한 모든 역경을 거의 '운발로' 이겨내 최종 승리한 평범한 사람 말이다. 그리고 손님들은 그의 이야기를 마음 깊이 새겼다. 일례로 릴런드 올슨은 버핏이 들려준 이야기들을 수년 동안 기억했다. "그의 이야기를 들으면 누구라도 매혹됩니다. 게다가 그는 누구를 무시하고 깔보듯 말하지 않았습니다."

실제로 투자자들은 그를 **숭배**하기 시작했다. 주식 중개인 헨리의 아내 록산느 브란트는 딸의 육아일기에서 "20세기 3대 위인"이라는 제목 아래에 슈바이처, 아인슈타인, 워런 버핏이라고 적었다. 그는 오직 펩시콜라만 마셨고 해마다 월스트리트를 연신 두들겨 KO패시킬 수 있는 겸손한 천재였다.

버핏은 자신감 있고 성공적인 사람이라면 누구나 자신처럼 할 수 있다고 겸손하게 말했다. 한껏 몸을 낮춰 자신의 투자 실패 가능성을 조심스럽게 예견하는 것처럼, 자조적인 표현들은 도리어 조합원들이 그를 더욱 경외하게 할 뿐이었다. 당연히 그는 조합원들이 자신을 숭배하는 것이 기뻤다. 그러나 한편으로는 불안한 마음이 똬리를 튼 것도 사실이었다. 투자가 성공할 때마다 기대 수준이 올라갔기 때문이다. 빛이 밝을수록 그림자는 더 어둡다고 하지 않던가. 버핏이라는 별도 마찬가지였다. 버핏은 수익률 고공행진이 영원할 수 없다는 말을 입에 달고 살았다. 그리고 월스트리트에서는 영원한 것이 없다.

6장   사람들이 탐욕을 부릴 때 두려워하라

이제 저는 현재의 증시 상황들과 맞지 않습니다.

_ 워런 버핏, 1967년 10월 조합원들에게 보낸 서한에서

그레이엄의 세대는 은퇴했고 대공황의 우울한 기억도 그들과 함께 사라졌다. 월스트리트는 젊은 세대의 잠든 투자 본능에 다시 불을 붙였다. 그들 대부분은 1929년에 태어나지도 않았고 선배들이 대공황에 대해 끊임없이 늘어놓는 이야기에는 하품만 나왔다. 더 중요한 것은 그들은 대공황 직전 몇 년간 주식시장의 광풍에 대한 기억도 없었다는 점이다. 그들에게 투기는 저주의 대상이 아니었고 1960년대의 강세장은 첫사랑처럼 신선했다. 심지어 그들이 거래하는 주식조차도 새로웠다. 전자제품 관련 주식, 거대 기업들의 대형주, 소규모 성장주 등이었다. 이런 주식들에 투자하기 위해 필요한 것은 딱 하나뿐이었다. 바로 확신이었다. 그리고 월스트리트에는 확신이 넘쳐났다. 그리하여 주식은 **상승세**를 이어갔다.

투자조합의 규모가 작았을 때는 강세장이 버핏에게 거의 문제가 되지 않았다. 그러나 자본이 증가함에 따라 그의 불안감과 초조함도 갈수록 커졌다. 투자금은 증가하지만 싼 주식이 줄어든다는 두 가지 상반된 현실이 그의 발목을 잡았다. 그는 좋은 투자처를 찾아야 한다는 압박감과 서서히 옥죄어오는 스트레스를 호소했다. 솔직히 1960년대 후반 그가 조합원들에게 보낸 서한들을 보면 시대를 역행하는 것 같았다. 월스트리트는 역사상 최고의 호황기를 누리는데 버핏은 갈

수록 회의와 의심이 커졌다. 1966년 초 그는 더 이상 새로운 조합원을 받지 않겠다는 극단적인 조치를 취했다.*

> 이 조치가 성공할 수 있는 유일한 방법은 전면적이고 일률적으로 시행하는 것입니다. 당연히 저도 예외가 아닙니다. 저는 집사람에게 만약 저희 부부 사이에 아이들이 더 생기면 그 아이들은 다른 투자조합에 가입해야 한다고, 그리고 그 투자조합은 집사람이 직접 찾아야 한다고 말했습니다.[1]

　버핏이 투자조합의 문을 잠그는 시기와 맞물려 월스트리트는 돈이 물밀듯이 유입되었다. 베트남 전쟁으로 탄력을 받은 주식시장은 역사상 최고점을 연신 갈아치웠다. 젊은이들은 거리로 뛰쳐나와 반전 시위를 벌인 반면, 그들의 부모는 전쟁의 경기 부양 효과를 기대하며 주식 중개인들 앞에 줄을 섰다. 뮤추얼펀드들이 우후죽순 생겨났고 다우존스 산업평균지수는 역사상 처음으로 1,000선을 돌파했다. 이후에도 다우지수는 무모한 투자 열기에 편승해 3번이나 더 1,000선을 돌파했다. 하지만 애석하게도 매번 매직넘버의 문턱에서 장을 마감했다. 그러다가 1966년 봄 주식시장이 폭락했다(요즘 말로 '주린이'들인 초보 투자자는 늘 불안하기 마련이다). 투자자들은 갈수록 단기 투자에 더욱 집중했다.

---

* 버핏은 연방 증권법의 제약도 받았다. 그 법은 그와 같은 투자조합의 조합원 수를 최대 99명으로 제한했다. 그의 법률 자문이었던 대니얼 모넨에 따르면 그의 조합원들은 99명보다 훨씬 많았지만 '유한 책임 조합원'들은 딱 99명의 기준을 채웠다. 이는 비장의 카드가 있었기에 가능했다. 여러 투자자를 한데 묶어 하나의 투자 주체로 만들었던 것이다. 모넨은 "법의 취지는 별도로 하고 그 행위 자체가 법에 저촉되는 것은 아니었습니다"라고 말했다.

버핏의 일부 조합원들이 그에게 전화를 걸어 주식시장이 더 하락할 여지가 있다고 '경고'했다. 버핏은 그런 전화를 받고 두 가지 질문이 생겼다고 퉁명스럽게 말했다.

> 첫째, 만약 지난 2월 그들이 다우지수가 3달 뒤 5월에 865까지 상승할 거라는 사실을 알았다면 왜 그때는 제게 말해주지 않았을까요? 둘째, 지난 2월 그들이 앞으로 3달간 무슨 일이 벌어질지 몰랐다면 5월인 지금은 앞으로 3달간 무슨 일이 생길지 어떻게 알까요?

당연한 말이지만 그들이 원한 조언은 미래가 '확실해'질 때 주식을 파는 것이었다. 어떤 이유에선지 증시 평론가들은 독특한 맹점을 갖는다. 지금 눈앞의 '불확실성'이 사라지고 나면 최후 심판의 날까지 미래를 명확히 볼 수 있을 거라고 안이하게 생각하는 것이다. 자신들이 과거에 현재의 불확실성을 예견하지 못했다는 사실을 반면교사로 삼아야 옳거늘, 도리어 미래는 구름 한 점 없이 화창할 거라고 태평하게 생각한다.

> 재차 말씀드리지만 저는 이제까지 미래를 명확히 알았던 적이 없습니다(혹시 여러분 중에 앞으로 몇 달을, 아니 지금부터 몇 시간을 정확히 예측할 수 있는 분은 우리에게 전화 주십시오).[2]

버핏은 주식시장을 예측하는 것을 가급적 피했다. 그리고 사람들의 의견을 좇아서 주식을 사거나 팔지 않으려 최선을 다했다. 오히려 각 기업의 장기적인 사업 전망을 분석했고, 이는 논리적으로 추론하는 것을 좋아하는 본인의 성향 때문이었다. 누군가는 시장의 동향을 '예측'할 수 있을지도 몰랐다. 그러나 이것은 나뭇가지에 앉아 있던 새가 어느 방향으로 날아갈지 예상해 보는 것과 다르지 않았다. 요컨대 그것은 결과를 보장할 수 없는 추측일 뿐, 절대 분석은 아니었다. "주가가 하락할 거라는 어떤 점쟁이의 말만 믿고" 자신이 주식을 처분했더라면 조합원 모두가 곤경에 처했을 거라고 그가 경고했다.[3]

다우지수가 하락해서 700대선으로 주저앉았지만 증시 전체는 여전히 거품이 가득했다. 가령 버핏이 유망한 가치주라고 생각했던 주식들을 매수하기 시작했을 때 경쟁자들이 그 주식을 냅다 채갔다. 두 번이나 그런 일이 있었다(대부분의 전문 투자자들과 마찬가지로 버핏은 주식을 점진적으로 매수한다. 이는 그가 해당 주식을 매집하는 동안 주가가 올라가는 것을 막기 위해서였다). 한 번은 그가 매수 상한선으로 생각하는 이상으로 가격이 급등했고, 다른 하나는 누군가의 수중에 들어갔다.[4] 이제껏 그는 그때만큼 화난 적이 없었다.

가뜩이나 자신의 투자 관련 정보가 새어 나가는 것을 염려하는 마당에 그런 일까지 겹치자 그의 비밀주의는 편집증적인 집착으로 커졌다. 그와 거래하는 주식 중개인들은 어떤 상황에서도 심지어 자신의 직원들에게도 버핏의 투자 내역에 대해 **절대** 발설해서는 안 된다는 것을 잘 알았다. 그의 브리지 동무였던 케이 코이터의 말을 들어보면 버핏의 비밀 유지에 대한 집착이 어느 정도였는지 짐작이 된다. 언젠가 버핏이 인근 블랙스톤 호텔에서 누군가가 "망원경 겸용 소리 증폭기"로 자신의 사무실을 도청한다는 생각을 하게 되었다. 그래서 보안업체를 고용해 그곳을 샅샅이 수색했지만 아무것도 찾지 못했다고 코이터가 덧붙였다.

진짜 문제는 사람들이 그의 주식을 가로채는 것이 아니었다. 자신의 투자 기준을 충족시키는 주식을 많이 찾지 못하는 것이 그를 괴롭히는 진짜 문제였다. 부분적으로는 그레이엄의 제자들이 지나치게 많아진 것도 문제를 가중시켰다. 컴퓨터의 도움을 받아 그들은 값싼 주식들을 손쉽게 '수확'했다.

1967년 초 버핏은 조합원들에게 일부 신생 뮤추얼펀드들이 자신의 투자조합보다 최근에 수익률이 앞섰다는 사실을 알렸다. 아울러 자신의 새로운 투자 아이디어가 차츰 고갈되어 거의 바닥이라고도 경고했다. 새로운 투자 아이디어를 찾아 밤낮으로 노력하겠다고 덧붙였지만 그의 말에는 불길함이 감돌았다. 심지어 아이디어가 "완전히 고갈된다면 모두가 대안적인 행동을 취할 수 있도록 즉각적이고 솔직하게 알려주겠습니다"라고 비장한 각오도 잊지 않았다.[5]

여기서 주목할 점은, 버핏이 이처럼 심각한 경종을 울렸던 시기가 월스트리트에 투자 광풍이 불었던 때와 완벽히 일치했다는 사실이다. 전문 투자자들에게 당시는 땅 짚고 헤엄치던 이른바 고고 시대(Go-Go year, 개발이나 발전이 급진적으로 이뤄지는 기업과 경제 상태를 묘사하는 용어 – 옮긴이)였다. 특히 전자 관련 종목은 주식시장의 총아였고, 그런 주식을 신규로 발행할 때마다 제2의 제록스로 각광받았다. 월스트리트가 갑자기 전자 부문에 대한 전문가가 되었던 것일까? 이런 질문을 하는 사람은 시류를 읽지 못하는 얼치기 취급을 당하기 십상이었다. 월스트리트는 묻지도 따지지도 않고 그냥 전자 부문을 **퍼다 담았다.** 아메리칸 뮤직 길드같이 볼품없는 '두꺼비'조차도 스페이스-톤 일렉트로닉스라고 그럴싸하게 간판을 바꿔 달면 '왕자'가 될 수 있었던 시절이었다.

첨단기술 종목에 대한 광풍은 합병의 열풍이 이어받았다. 선두 주자는 국제 전화전신International Telephone & Telegraph, IT&T, 방위산업체들인 리턴 인더스트리스Litton Industries와 링-템코-보트Ling-Temco-Vought 같은 공룡 기업들이었다. 그런 확신의 시대에서 대중은 관료체제를 불신하기는커녕, 오히려 관료체제는 (첨단기술에도 그랬듯) 거대 조직들이 신비한 능력을 갖고 있는 것처럼 보이게 만들었다.

다음의 열풍 주자는 '비공개주letter stock'였다. 증권거래소에 미등록된 주식들로 터무니없는 가격이 매겨졌다. 더군다나 개중에는 상당히 의심스러운 기업들도 있었다. 물론 세상의 모든 유행은 흥망성쇠가 있기 마련이었다. 하나의 거품이 꺼지면 다른 거품이 만들어졌다. 1960년대의 월스트리트가 딱 그랬다. 그 10년 내내 월스트리트는 중독성 있는 투기 추진력이 갈수록 강해졌다.

그런 강세장의 전형적인 세력은 이른바 "퍼포먼스 펀드(performance fund, 투자 신탁을 운용하는 기법 중 하나로 단기간의 가격 상승에 따른 급격한 투자 수익만을 추구하는 적극형 펀드 – 옮긴이)"였다. 이것은 음악으로 치면 통상적인 뮤추얼펀드의 애시드-록(acid-rock, 강렬한 비트의 환각적인 록 음악 – 옮긴이) 버전이었다. 이런 신종 펀드는 장기간이 아니라 분기별, 월별, 주별, 사실상 시간별로 시장 수익률을 이기는 데에 초점을 맞췄다. 퍼포먼스 펀드의 운용자들은 일확천금을 노리는 저돌적이고 공격적인 '메뚜기형' 투자자들이었다. 총잡이(gunslinger, 큰 수익을 창출하기 위해 고위험 투자 기법을 사용하는 공격적인 포트폴리오 관리자를 부르는 속어 – 옮긴이)로 불렸던 그들은 인기주popular stock를 찾아 이 주식에서 저 주식으로 계속 갈아탔다. 관객의 관심을 좇아 이 무대에서 저 무대로 옮겨 다니는 배우처럼 말이다. 요컨대 그들의 목적은 주식시장의 순간적인 흐름에 편승하는 것이었다. 맨해튼 펀드의 운용자 제럴드 차이Gerald Tsai가 퍼포먼스 펀드업계의 첫 번째 신동이었다. 들리는 말에 따르면, 차이가 어떤 주식에 개입한다는 소문만으로도 투자자들의 작은 행렬이 만들어졌다고 한다. 차이는 하워드 버핏의 초연한 독립성 따위는 안중에도 없었다. 그는 대공황의 기억이 없고 젊은 신세대의 총잡이였다.

> 젊은 총잡이들은 어떤 부류였을까? 유복한 중산층 가정에서 태어나 성장했고 개중에는 명문 경영대학원을 졸업한 이들도 있었다. 나이는 많아도 서른 살을 넘지 않았고 20대 초, 중반도 더러 있었다. 그리고 줄무늬가 선명한 셔츠와 폭이 넓고 하늘하늘한 넥타이 차림이 그들의 제복이었다. 그들은 온몸에서 자신감을 발산했고 오만해 보일 정도로 자신들의 지식으로 알은체를 했다. 또한 '성과performance', '개념concept', '혁신적innovative', '시너지synergy' 같은 신조어들을 남발했고 말이 빨랐으며 행동은 단호했다.[6]

주식시장의 호황기는 프레드 카Fred Carr에서 절정에 이르렀다. 그는 엔터프라이즈 펀드의 총괄 운용자로 언론의 관심을 한 몸에 받았다. 1967년 카는 116퍼센트의 경이로운 수익률을 달성했는데, 이는 1년 수익률만 1대 1로 놓고 보면 버핏의 실적을 크게 상회하는 것이었다.[7] 카는 규모는 작아도 이른바 신흥 성장 기업들emerging growth company, EGC과 수많은 비공개 주식들에 투자했고, 언론은 그를 "침착하고 단호하다"라고 추켜세웠다. 신종 투자자의 전형적인 본보기로 등극한 카는 베벌리힐스의 집안 화장실에 전화기를 설치했고 출퇴근 때는 재규어를 이용했으며 사무실은 옵아트(op art, 기하학적 형태와 색채를 이용해 시각적 착시를 불러오는 추상미술 – 옮긴이) 양식으로 꾸몄다. 그의 투자 전략은 단순했다. "우리는 무엇과도 사랑에 빠지지 않습니다. 매일 아침 모든 것이 매물로 나오죠. 우리 투자 포트폴리오에 편입된 모든 주식

워런 버핏

은 물론이고 제가 입은 양복과 넥타이도 원하는 사람이 있으면 팝니다."[8]

이론적으로 보면, 1960년대 강세장에서 전문 투자자들은 나날이 더 큰 부자가 되고 있었다. 인기주들의 가격이 계속 상승한다면 사는 것이 정답 아닐까? 버핏의 머릿속에서는 그 질문이 떠나지 않았고, 그는 자신의 반응을 상세히 기록했다. 이는 비단 자신만을 위해서가 아니라 조합원들을 위한 행동이기도 했다. 그는 '유행 편승'형 투자에 대해 이렇게 말했다.

> 제 머리와 이성은 그런 투자를 완벽히 받아들이지 못합니다 (아니 어쩌면 제 편견이라는 표현이 맞을지도 모르겠습니다). 그리고 확실히 제 기질과도 맞지 않습니다. 저는 제 개인 돈을 유행을 좇는 주식에 투자하지 않을 것입니다. 따라서 저는 반드시 여러분의 돈도 그런 식으로 투자하지 않을 것입니다.[9]

막내아들 피터에 따르면, 버핏은 어느 악단장이 자신의 '소리'를 찾아가는 실화를 바탕으로 제작한 미국 영화 〈글렌 밀러 스토리〉에 동질감을 느꼈다. 버핏에게 올곧은 소리는 단지 돈을 버는 것만이 아니라 뛰어난 추론의 문제였다. 주식투자를 올바르게 한다는 것은 체스에서 완벽한 한 수를 둘 때와 비슷한 맑고 깨끗한 무언가가 있었다. 요컨대 지적인 울림이 있었다. 전설적인 재즈 연주가 글렌 밀러나 세계적인 체스 선수 보비 피셔처럼 버핏도 자신이 정한 기준을 벗어나는 것을 거부했다.

> 기술 기업처럼 투자 결정을 가늠하는 가장 중요한 요소가 제

가 이해할 수 없는 기술이라면, 저는 그런 기업에 투자하지 않을 것입니다. 저는 반도체나 집적회로integrated circuit, IC에 대해서는 딱정벌레의 짝짓기 습성과 마찬가지로 아는 것이 거의 없습니다.[10]

주식시장은 브레이크가 고장 난 자동차처럼 아찔한 속도로 질주하는 것 같았다. 그럴수록 버핏은 제동을 걸고 싶은 욕구가 커져만 갔다. 오죽하면 1929년 대폭락에 관한 당시 신문 기사를 오려 눈에 잘 보이는 벽에 붙여두었다. 그것을 반면교사로 삼기 위해서였다. 그의 사무실에서는 옵아트라곤 그림자도 찾을 수 없었다. 아니, 프레드 카의 본거지 베벌리힐스에서 유행할 법한 것은 하나도 없었다. 라디에이터 위에 진열된 적갈색의 커다란 무디스 가이드북 몇 권과 벽에 걸린 사진 몇 점이 전부였다. 어느 정도 성공한 치과 의사의 진료실 같았다. 안내데스크 주변에는 프랭클린 시대를 연상시키는 경구 하나와 1880년 월스트리트 사진이 걸려 있었다. "어리석은 자와 그의 돈은 머잖아 모든 사람의 먹이가 된다." 프레드 카 방식으로 투자한다는 징후는 눈을 씻고 봐도 없었다. 심지어 버핏은 그 흔한 주식 시세기 표시기도 없었다(주식 시세 표시기는 분 단위로 주가를 알려준다. 전문 투자자라면 사실상 모두가 시세 표시기, 최소한 그것과 동일한 기능을 가진 컴퓨터 장비를 보유하며 그것을 수시로 확인하는 것이 하루 일과의 하나다).

버핏의 투자 포트폴리오는 그의 신문 스크랩만큼이나 구식으로 보였다. 버핏의 투자조합은 1966년과 1967년에 소매 유통업체 2곳을 인수했다. 합쳐서 약 1,500만 달러가 들어갔다. 볼티모어에 있는 백화점 호크실드, 콘 앤 컴퍼니Hochschild, Kohn & Co.와 시카고와 뉴욕을 비롯해 다양한 도시들에 매장을 운영하던 의류전문 유통업체 어소시에이티드 코튼 숍스Associated Cotton Shops였다. 버핏은 두 회사에서 언제든 현금화가 가능한 주식이 아니라 사업 전체를 사들였다. 펀드매니저들 사이에서 이것은 금시초문의 파격적인 투자였다. 이전에도 버핏이 종종 장기간 보유할 **목적**으로 주식을 매수한 적은 있었지만, 호크실드와 어소시에이티드의 경우는 그런 것과는 차원이 달랐다. 그는 두 회사에 시쳇말로 '코가 꿰었다'. 이는 아무 때나 전화를 들고 프레드 카의 넥타이처럼 팔 수 없다는 뜻이었다. 게다가 낙후된 도심 소매 유통업체들의 주식은 인기가 없다는 말조차 상당히 절제된 표현이었다. 그러나 두 회사의 주식은 저렴했고, 버핏은 운영만 잘하면 충분히 수익을 낼 수 있다고 생각했다.

당시 어소시에이티드의 소유주는 63살의 벤저민 로스너였다. 로스너는 버핏이 전화로 자신의 회사에 대해 물었을 때 유통업체에 대한 그의 해박한 지식에 깜짝 놀랐다. 하지만 그는 재무라는 렌즈를 통해서만 이해했을 뿐이었다. 로스너가 매장 한 곳을 보여주겠다고 방문을 제안하자 버핏은 자신이 봐도 무엇인지 모른다고 양해를 구하며 정중히 거절했다. 그가 로스너에게 원한 것은 그냥 전화로 지난 5년의 재무제표를 설명해달라는 것이었다. 다음 날 버핏이 다시 전화해 인수하겠다고 제안했다.[11] 로스너는 그의 제안을 받아들였고 버핏은 계약서를 작성하기 위해 찰리 멍거와 함께 뉴욕으로 날아갔다.

어소시에이티드에 대한 투자가 골칫거리로 되는 것은 시간문제 같았다. 매장들은 낙후된 도심의 빈민 거주지들에 위치한 데다 소유주였던 로스너마저 은퇴할 계획이었다. 버핏은 또다시 산초 판사가 필요했다. 이번에 그 역할을 해줄 사람은 로스너였다. 버핏은 그에게 6개월 은퇴를 미루고 자신이 자리를 잡게 도와줄 수 있는지 점잖게 물었다. 그러고는 멍거랑 둘이 있는 자리에서 회심의 미소를 지으며 말했다. "이 회사를 운영하는 건 고민하지 않아도 됩니다. 로스너는 은퇴할 수 없을 거거든요."

오스트리아-헝가리 이민자 집안에서 태어난 로스너는 1931년 시카고에서 옷 가게를 열었다. 그는 전형적인 자수성가형 인물로 달랑 3,200달러로 옷 가게를 시작해 연 매출 4,400만 달러의 기업으로 키웠다. 맨손으로 부를 일군 사람들이 흔히 그렇듯 그는 일의 노예였고 종업원들에게는 독재자였다. 스크루지도 울고 갈 그의 노동 윤리를 보고 버핏은 예전에 버핏 앤 선 제국을 마음대로 통치했던 자신의 조부를 떠올렸는지도 모르겠다. (버핏이 자주 했던 말처럼) 로스너는 속았을까 봐 화장실 두루마리 휴지가 몇 장인지 세어본 적도 있었다고 하니 확실히 자린고비 버핏과 같은 유형이었다. 그는 로스너의 재량권을 한껏 인정해 주었고, 월별 재무제표를 요청하는 것 외에 그를 딱히 귀찮게 하지 않았다(매장 일에도 일절 간섭하지 않았다). 이것은 누이 좋고 매부 좋은 접근법이었다. 그리고 머지않아 버핏의 예상이 맞아떨어졌다. 로스너는 뭔가에 쫓기듯 허겁지겁 은퇴할 마음이 없다는 것을 깨달았다. 대신에, 레몬이 있다면 레모네이드를 만들라는 속담처럼 그는 찾아온 기회를 놓치지 않고 붙잡았다.*

반면 볼티모어의 백화점 호크실드는 회생시키기가 쉽지 않았다. 특히 백화점의 본점 건물은 그야말로 구식이었고(건물의 한쪽 날개는 계단으로만 이동할 수 있었다), 오직 시장 점유율을 유지하기 위해 자본을 수시로 투입해야 하는 처지였다. 게다가 볼티모어 도심 지역은 노후화

---

* 로스너는 회사를 팔고도 20년을 더 일했고 은퇴를 앞두었을 때 버핏에게 말했다. "우리 거래가 어째서 성공적이었는지 말해드리지. 자네는 우리 회사를 샀다는 걸 잊었고 나는 회사를 팔았다는 걸 잊었기 때문이라네."

워런 버핏

가 정말 심각했다. 싸든 말든 버핏이 바보 같은 실수를 저질렀다는 사실을 깨닫는 데 오래 걸리지 않았다. 호크실드는 싼 게 비지떡이라는 말이 딱 맞았다.

버핏이 장기 보유를 목적으로 인수한 '담배꽁초' 버크셔 해서웨이도 문제가 산적했다. 남성복 업계는 일찍이 솔 파소가 경고했듯 불황의 늪에서 허덕였다. 1967년 한여름 버핏은 조합원들에게 버크셔가 개선될 기미가 전혀 보이지 않는다고 냉정하게 털어놓았다.[12]

그러는 동안 월스트리트는 행복 바이러스가 만연했다. 수익도 수익이거니와 20세기 들어 처음으로 투자 자체가 재미있었다. 강세장에 힘입어 총거래량이 급등했다. 버핏이 투자조합을 결성하고 전문 투자자로 첫발을 뗐던 1950년대에 뉴욕 증권거래소의 하루 거래량은 총 200만 주였다. 그런데 1967년이 되자 **1,000만 주**로 5배가 늘어났다. 당시 월스트리트의 거품이 어느 정도였는지 단적으로 보여주는 황당한 사건이 있었다. 저항 운동가 애버트 호프먼이 그해 여름 뉴욕 증권거래소의 관람석에서 달러 지폐를 공중으로 뿌렸다. 그러자 객장 중개인들이 그 돈을 줍기 위해 이리저리 뛰어다니는 촌극이 빚어졌다. 이것은 당시 주식시장의 오만함을 비꼰 퍼포먼스였다. 한편 서부 해안에서는 주식 중개회사 클라이너 벨Kleiner Bell의 고객들이 주식 티커 테이프 앞에 몰려 "죽죽 올라라"고 구호를 외쳤다. 다우지수가 다시 상승해 900 초반을 회복했다.

때마침 의회가 청문회를 열었다. 하긴 월스트리트의 거품에 대해 의회가 청문회 말고 할 수 있는 것도 없었다. 8월 매사추세츠공과대학MIT의 경제학 교수 폴 새뮤얼슨Paul Samuelson이 10년 전 벤저민 그레이엄이 섰던 상원 금융 통화 위원회에 출석했다. 이번 청문회의 주제는 뮤추얼펀드의 광풍이었다. 새뮤얼슨은 5만 명의 뮤추얼펀드 판매자들이 ─ 이는 판매자 한 명이 투자자 70명을 상대하는 셈이었다 ─ 전국을 이 잡듯 뒤진다고 증언했다. 그들 대부분이 지독히 무능한 것도 문제였거니와 업계의 터무니없이 높은 보수가 그들의 배를 잔뜩 불려주었다. 뮤추얼펀드가 투자자들에게 투자금의 8.5퍼센트를 판매 보수로 부과하는 것이 업계 관행이었다. 그것도 선불로 말이다. 거기에 운용사에게 지불하는 연간 운용 보수는 별도였다. 다시 말해 판매 보수는 오직 마케팅과 판매원들을 관리하는 데에 들어가는 돈이었다(반면에 버핏은 수익의 일부를 자기 몫으로 가져갔지만 선불 판매 보수는 물론이고 운용 보수는 한 푼도 요구하지 않았다). 새뮤얼슨의 말을 들어보자.

> 제가 1달러를 투자하면 제 몫의 투자 수익을 발생시키는 원금은 91.5센트입니다. 그 금액에서 또다시 9.3퍼센트가 판매 제비용의 형태로 영원히 사라집니다.[13]

뮤추얼펀드 광풍의 부산물로 권력형 투자자라는 새로운 계층이 생겨났다. 이는 눈여겨볼 만하다. 사상 처음으로 전문 투자자들이 ─ 뮤추얼펀드, 연기금 등등 ─ 시장에 미치는 영향력이 개인 투자자들보다 커졌기 때문이다. 버핏은 전문가 집단이 개인 투자자들보다 더 투기적이라고 생각했다. 전문가들은 감정에 휘둘리지 않고 냉정을 유지하는 반면 아마추어들은 감정에 쉽게 휘둘린다는 업계의 통설이 이제 옛말이 되었다. 완전한 역전이 이뤄졌다. 어떤 영리한 시장 관찰자도 이미 수십 년 전에 버핏과 비슷한 생각을 했다.

> 사람들은 평균적인 개인 투자자보다 냉철한 판단력과 전문 지식으로 무장한 전문 투자자들이 서로 경쟁하게 되면 좋은

효과가 만들어질 걸로 기대했을지도 모르겠다. 오직 자신의 판단에 따라 움직이는 무지한 개인 투자자들이 시장에 야기한 예측 불허의 혼란을 그들이 바로잡아 줄 거라고 말이다. 그러나 실상은 그렇지 않다. 전문 투자자와 투기꾼들은 자신의 에너지와 기술을 시장 안정화가 아닌 다른 곳에 주로 집중한다. 솔직히 그들 대부분의 최우선 순위는 전체 투자 기간에 걸친 잠재적인 투자 수익률을 장기적으로 정확히 예측하는 것이 아니다. 오히려 전통적인 가치 평가를 토대로 일반 대중보다 조금 앞서 주가의 변동을 예측하는 것에 혈안이 되어 있다. 또한 특정 주식이 장기간 '보유'할 목적으로 투자할 가치가 있을지는 그들에게 하나도 중요하지 않다. 대신에 대중 심리의 영향으로 앞으로 3달 또는 1년 후 그 주식의 시장 가격이 얼마일지에만 관심을 둔다.[14]

위의 글은 영국의 경제학자 존 메이너드 케인스John Maynard Keynes가 1936년에 발표한 『고용 이자 화폐의 일반이론The General Theory of Employment, Interest and Money』에 포함된 것이다. 케인스는 거시 경제학자로 가장 널리 알려져 있지만, 버핏은 시장에 대한 통찰을 얻기 위해 그의 저서를 읽었다. 여러 면에서 케인스는 버핏의 장기 투자자 경력을 앞서 걸어간 선각자였다고 할 수 있다. 케인스는 일찍이 외환, 옥수수, 면화, 고무 등에 투기했다가 많은 돈을 잃었다. 이후 투기에서 발을 빼고 심기일전해 선별적 장기 투자의 주창자가 되었다.[15] 그는 매일 아침 침대에 앉은 채로 딱 1시간만 냉철한 눈으로 시장의 흐름을 집중적으로 분석했다. 그럼에도 그는 경이로운 수익률을 달성했고 자신의 재산도 모교 케임브리지대학교 산하 킹스 칼리지의 재산도 크게 불렸다. 특히 1930년대 자신이 회장으로 있던 국민 상호 생명보험회사National Mutual Life Assurance Society의 정기 주주 총회에서 그가 했던 연설들은 주가에 지대한 영향을 미쳐 런던에서 명성이 자자했다.

케인스의 놀라운 통찰은 1960년대 미국 증시의 활황기에 대한 버핏의 예리한 관찰 결과와 일치했다. 그것은 군중이 주가에 미치는 영향에 관한 것이었다. 주식시장은 매 순간 가격을 좇는 사람들로 구성된 군중이다. 형체가 없는 이 군중이 매일, 심지어 매시간 가격을 다시 평가한다. 하지만 월트 디즈니 같은 특정 기업에 대한 전망은 군중의 그런 움직임보다 훨씬 느리게 변한다. 〈메리 포핀스〉에 대한 대중의 열정이 하루 이틀 사이에 온탕과 냉탕을 오갈 가능성은 작다. 아니 한두 달 사이에도 급격한 변화는 없을 것이다. 따라서 디즈니의 주가가 변하는 주된 이유는 기업 자체가 아니라 그 기업에 대한 대중의 **인식** 즉 대중 심리에서 비롯한다. 게다가 전문 투자자들은 대중보다 선수를 치는 데에, 다시 말해 수시로 변하는 대중 심리보다 한발 앞서 나가는 것에 온 신경을 집중한다. 케인스의 이야기를 다시 들어보자.

> 우리는 이제 제3의 단계에 도달했다. 여기에서 우리는, 평균적인 의견이 기대하는 평균적인 의견이 어떤 것인지 예측하는 데에 모든 지적 능력을 쏟아붓는다.[16]

이것은 버핏과 케인스의 두 번째 공통점이다. 버핏도 케인스처럼 대중 의견을 크게 의심했다. 버핏은 대중이 일종의 지적 전염병을 유발하는 잠재적 감염원이라고 여겼다. 대중은 행위와 감정의 주체였고, 이는 개개인의 행위와 감정을 단순하게 산술적으로 더한 합이 아니었다. 대중을 구성하는 개개인은 절대로 단독으로 행동하고 생각하지 않았을 것이다.[17] 오히려 그들 사이에 무분별한 동조가 발생할 수 있었다.

버핏은 이것을 석유 시추업자 우화에 빗대 설명했다. 그 시추업자가 천국의 문에 도착했을 때 석유업자들을 위한 '방'이 꽉 찼다는 실망스러운 소식을 들었다. 그 시추업자는 성 베드로에게 발언 기회를 얻어 소리쳤다. "지옥에서 기름이 발견되었다!" 그러자 천국에 있던 모든 석유업자가 지옥을 향해 뛰쳐나갔다. 그에게 깊은 감명을 받은 성 베드로가 이제 빈자리가 많이 생겼으니 받아주겠다고 말했다. 버핏은 그 이야기를 이렇게 마무리 지었다.

> 그 석유 시추업자가 잠시 멈칫하더니 말했습니다. "아닙니다. 저도 저들과 함께 가겠습니다. 어쩌면 그 소문이 진짜일지도 모르니까요."[18]

버핏은 1960년대에 벤저민 그레이엄에게서 그 시추업자 이야기를 들었다가 20여 년이 지난 뒤에야 연례 보고서에 처음 소개했다. 1960년대 주식 호황기 시절 그 이야기는 조금도 과장이 아니었다. 퍼포먼스 펀드들은 '스토리'가 있는, 즉 쉽게 이해할 수 있는 단순한 주제를 ("지옥에서 석유가 발견되었다!") 가진 주식들로 우르르 몰려들었다. 이런 스토리 주식에 대한 악명 높은 사례는 내셔널 스튜던트 마케팅National Student Marketing Corporation, NSMC으로 1주당 공모가가 6달러였는데 1년도 안 돼서 82달러로 급등했다.

NSMC는 코르테스 웨슬리 랜델Cortes Wesley Randell이 창업했다. 그는 30대의 개츠비 같은 인물로 도서, 음반, 청소년 대상 항공권 할인 카드 등등 대학생들을 상대하는 다양한 사업을 하나로 통합했다. 그런 다음 복합기업들을 선호하는 대중의 열망과 참신한 '스토리' 즉 젊음이라는 주제와 결합시켰다. 더욱이 랜델 자신은 뼛속까지 판매원이었다. 특히 그는 증권분석가들에게 무한한 공을 들였는데, 그들을 한껏 추켜세웠고 자신의 버지니아 대저택으로 데려가 구경시켜주었으며 자신의 전용기에 설치된 기내 전화기로 그들에게 전화를 걸며 부를 과시했다. 매년 랜델은 수익이 3배 증가할 거라고 예측했고, 희한하게도 그의 예상대로 되었다. 그런데 나중에 알고 보니 모든 게 모래성이었다. 그가 사내 회계사들의 도움을 받아 장난쳤던 것이다. 한마디로 회계를 조작했다. 하지만 월스트리트는 보이는 그대로를 믿었고 NSMC의 주가를 140달러까지 끌어올렸다. 이런 현상은 경제학자 존 케네스 갤브레이스가 1920년대와 관련해 했던 말을 연상시켰다. "어쩌면 잠시 부자로 살 수 있다면 오랫동안 가난하게 사는 것도 감내할 가치가 있을 것이다."[19] 심지어 은행 지주회사 뱅커스 트러스트Bankers Trust, 시중은행 모건 개런티Morgan Guaranty, 하버드대학교 발전 기금 같은 큰손들도 랜델의 주식을 매입했다.[20]

그토록 기라성 같은 조직들이 어떻게 그토록 쉽게 속았을까? 이유는 단순했다. 뒤처지는 것에 대한 두려움에 사로잡혔고 양자택일의 막다른 골목으로 몰렸다. 가격이 상승하는 인기주들을 사든가, 무리에서 일시적으로 뒤처지는 위험을 감수하든가 둘 중 하나였다. 선택은 어렵지 않았다. 당시 시대 상황으로는 겨우 한두 분기만 뒤처져도 새로운 자본을 조달할 수 없었기 때문이다. 1960년대 증시 호황기 시절 자산 운용자에게 두 번째 기회란 없었다.

그러다가 결정적인 분수령이 찾아왔다. 1967년 정통 보수주의의 살아 있는 화신이자 포드 재단Ford Foundation의 맥조지 번디McGeorge Bundy 이사장의 작심 비판이었다. 번디는 자신 같은 기부금 펀드매니저들을 혹독하게 비판했다. 그들이 투자에서 지나치게 과감한 것이 아니라 충분히 대범하지 않다고 비판했다.

> 지금까지의 결과를 보면, 대학들에게 장기적으로 무엇이 더 치명적인지 분명합니다. 신중하게 투자하는 것이 무모하거나 과도한 위험을 무릅쓰고 투자하는 것보다 훨씬 더 큰 손해입니다.[21]

번디의 비판이 월스트리트를 강타했다. 보수적인 포드 재단이 사람들에게 더 많은 위험을 부담하라고 촉구하는 마당에 펀드매니저가 겁먹을 이유가 있을까? 게다가 존 F. 케네디 행정부에서 국가안보 보좌관을 지냈고 베트남 전쟁의 기획자였던 번디는 자신의 말을 행동으로 보여주었다. 그는 주식시장에서 대박을 터트리면 자본 부족을 충분히 메울 수 있다는 판단하에 재단 수입보다 훨씬 초과해 투자했다. 그는 경제지 《포춘》과의 인터뷰에서 "제 생각이 틀릴 수는 있어도 제 생각을 의심하지는 않습니다"라고 재클린 케네디의 카멜롯 발언에 버금가는 확신으로 말했다(재클린은 남편 케네디 대통령이 암살된 뒤 케네디 시절 백악관을 영국 아서 왕 전설의 무대인 카멜롯과 비교했는데 전설 속 왕과 원탁의 기사들처럼 케네디와 그의 사람들도 영원히 빛날 것이란 의미를 내포했다. – 옮긴이)[22]

번디가 작심 발언을 하고 몇 달 뒤, 1967년 10월 버핏이 마치 경쟁하듯 자신의 투자 강령을 발표했다. 버핏은 번디만큼의 자기 확신이 없었다. 아니 솔직히 버핏은 주식시장에 대해 **의심과 회의**뿐이었다. 그의 투자조합은 자본이 6,500만 달러에 이르렀지만 버핏은 그 돈을 투자할 곳을 찾지 못해 발을 동동 굴렀다. 저렴한 주식도 없거니와 게임 자체도 바뀌었다.

월스트리트의 투자 기간은 갈수록 짧아졌고 그런 단기 투자가 진공청소기처럼 돈을 빨아들였다. 버핏이 조합원들에게 말했듯, 이처럼 저절로 돌아가는 회전목마식 투자가 수익률이 높은 것은 사실이었다. 또한 인기주들의 가격이 상승할 가능성이 있는 것도 맞는 말이었다. 그럼에도 불구하고 버핏은 회전목마식 투자도 인기 주식도 자신의 특기가 아니라고 '확신'했다. 사실 그는 그러고 싶은 마음조차도 없었다. 그는 주가가 미쳤다는 물증을 제시할 수는 없었지만 심증은 확실했다.

더는 자신의 방식으로 게임을 할 수 없을 때, 새 접근법이 완전히 엉터리라는 둥 문제만 생길 거라는 둥 핑곗거리를 찾는 것은 인지상정입니다. 저는 이제까지 그렇게 행동하는 사람들을 보면 비웃었습니다. 또한 현재가 아니라 과거의 잣대로 현재의 상황을 평가하는 사람들이 어떤 결과를 맞이하는지도 목격했습니다. 본질적으로 볼 때 저는 현재 상황들과 어울리지 않습니다. 그러나 한 가지는 확신합니다. 저는 제가 이해하는 논리에 입각한 기존의 방식을 포기하지 않을 것입니다. 물론 저도 여기에 어떤 위험이 도사리고 있는지 잘 압니다. 새 접근법으로 쉽게 벌 수 있는 많은 돈을 포기한다는 뜻일 수도 있습니다. 하지만 달리 생각해 볼 여지도 있습니다. 제가 새 접근법을 완벽히 이해하지 못하고 그래서 성공적으로 실행하지 못한다면 어떻게 되겠습니까? 어쩌면 회복할 수 없는 막대한 손실을 입을 가능성도 배제할 수 없습니다.[23]

워런 버핏

지금껏 버핏의 반복적인 암울한 경고를 양치기 소년의 '늑대다' 외침쯤으로 무시했던 조합원들은 뜻밖의 복병을 만났다. 버핏이 매년 다우지수보다 10퍼센트 포인트를 앞서겠다는 목표를 포기한다고 선언하면서 훨씬 낮아진 새 목표를 제시했다. 연 9퍼센트의 수익률과 다우지수보다 5퍼센트 포인트 높은 수익률 중에서 낮은 것을 목표로 정한다고 했다. 더 좋은 기회가 있는 조합원들은 서둘러 발을 빼는 것이 '논리적'인 결정일 수도 있었다. "탈퇴하시는 분이 있다면 제가 그 결정에 전적으로 공감한다는 사실을 알아주시길 바랍니다."

　한편으로는 버핏에게 중년의 위기가 찾아온 조짐도 있었다. 버핏의 개인 재산은 이미 '천만 달러 클럽'에 들어가고도 남았다. 그래서인지 이제 그는 자신이 '더 젊고 더 날씬했을 때'보다 '덜 강박적인 접근법'을 원하게 되었다. 37살의 한창나이에 그는 ― 놀랍게도 ― 비경제적인 활동을 시도하거나 하다못해 금전적인 보상이 유일한 고려 조건이 아닌 사업들을 시작하는 것에 대해 생각했다.

　그런 생각을 했다는 것 자체가 놀라웠다. 거울을 보는 단순한 행위도 그냥 하는 법이 없는 사람이었기 때문이다. 다시 말해 그럴 때조차 여전히 이성적이고 거의 기계와 같은 객관성을 잃지 않는다는 말이다. 그는 자신을 너무 잘 알았다. 예전의 목표를 그대로 유지한다면, 이제까지처럼 죽을힘으로 달리고 싶은 충동에 굴복할 것은 불을 보듯 뻔했다. 그래서 그는 실험용 쥐의 환경을 바꾸는 것처럼 자신의 목표치를 낮추는 특단의 조치를 취할 수밖에 없었다.

> 저 자신을 깊이 분석하지 않아도 저는 잘 압니다. 저를 믿고 돈을 맡긴 여러분에게 공언한 목표를 달성하기 위해 총력을 기울이지 않는 것은, 제 사전에서는 있을 수 없는 일입니다.

그러나 버핏이 '총력'을 다하지 않으려고 진심으로 노력했는지는 의심스럽다. 그의 가족 중 누구도 그의 '덜 강박적인 접근법'을 알아채지 못했거니와 그가 그렇게 할 수 있는 사람이라고 생각하지도 않았다. 딸 수지의 기억에 따르면, 그를 감싼 집중력이라는 안개를 헤집고 들어가는 것조차 사실상 불가능했다. 버핏이 조합원들에게 서한을 보내고 얼마 뒤 수지가 운전면허증을 따던 날의 일이다. 수지는 운전 연습 삼아 버핏의 링컨을 몰고 나갔다가 자신의 실수로 경미한 추돌 사고를 냈고 링컨에 작은 흠집이 생겼다. 당연한 말이지만 아버지에게 그 소식을 전해야 한다는 생각만으로도 수지는 심장이 벌렁거렸다. "막상 2층으로 올라가니 저절로 눈물이 쏟아졌어요"라고 수지가 말했다. "신문을 읽고 계시던 아버지께 '아빠, 제가 아빠 차를 망가뜨렸어요'라고 말했죠. 그런데 아버지는 고개도 들지 않으셨어요. 저는 계속 울고 있었는데 한 5초쯤 지났을까 아버지가 물었어요. '누가 다쳤니?' '아뇨. 다친 사람은 없어요.' 그리고 저는 그대로 서서 잠자코 기다렸어요. 그런데 아버지는 아무 말씀도 없으셨고 저를 쳐다보지도 않으셨죠."

이것이 바로 덜 강박적인 새로운 버핏의 모습이었다. 몇 분 후에야 비로소 그는 아빠로서 따뜻하게 다독여주는 것이 좋겠다는 생각이 들었다. 그래서 수지의 방문을 열고 고개를 빼꼼 내밀며 "수지야, 잊지 마. 상대 차 운전자가 멍청이야"라고 말했다. 그가 한 말은 그게 다였다. 그날 저녁을 먹은 뒤 수지는 또 운전하고 싶었고 그는 가타부타 한마디도 없이 자동차 열쇠를 내주었다.

버핏의 투자 성과는 한 번도 실망시킨 적이 없었다. 조합원들에게 서한을 보낸 직후 그는 1967년에 투자조합이 36퍼센트 성장했다고 보고했다, 이는 다우지수보다 17퍼센트 포인트 이상 앞선 수치였다.

워런 버핏

이번 수익의 상당 부분은 아메리칸 익스프레스에서 발생했다. 아메리칸 익스프레스는 주당 180달러까지 상승했고, 한때는 그의 전체 투자 포트폴리오에서 40퍼센트를 차지했다.[24] 결국 버핏은 1,300만 달러를 투자해서 2,000만 달러의 수익을 거뒀다.[25] 그는 조합원들에게 그 황금알을 낳는 거위가 어떤 건지 절대 공개하지 않았다. 뿐만 아니라 월트 디즈니에서도 55퍼센트의 수익을 올렸다.[26]

투자 성과와는 별개로, 당시가 그에게 매우 힘든 시기였지만 조합원들은 그런 사실을 까마득히 몰랐다. 어쩌면 그의 투자 성과가 신의 경지에 올랐기 때문일 수도 있었다(어떤 조합원들은 당시의 증시 분위기와 자신이 어울리지 않는다는 그의 말이 '정말' 진심인지 묻는 편지를 보내기도 했다. 버핏은 100퍼센트 진심이라고 답장했다).[27] 그가 '손쉬운 커다란 수익'을 기꺼이 포기하겠다고 해서 그렇게 하는 것이 쉬웠다는 뜻은 아니다. 사실상 그의 전체 경력의 중심에는 하나의 전제가 자리했다. 자신의 직관이 옳고 '미스터 마켓'의 직관이 틀렸다는 전제였다. 그랬으니 그의 입장에서는 증시 호황에 편승한 성공담이 계속 이어지는 것을 지켜보기가 분명 고문이었을 것이다.

1968년 초 버핏은 자신의 정신적 지주에 기대고 싶었다. 최소한 그라면 자신을 이해해 줄 거라 생각했다. 벤저민 그레이엄이었다. 버핏은 그레이엄의 예전 제자들에게 스승을 찾아가자고 제안했다. 버핏은 12명의 오랜 친구들에게 캘리포니아 샌디에이고 근처에서 만나자고 초대했다(찰리 멍거를 포함해 그레이엄의 제자가 아닌 친구도 몇 명 포함되었다). 그는 친구들에게 "1934년 판 『증권분석』의 내용보다 최신 아이디어"는 절대 가져와서는 안 된다고 신신당부했다.[28] 그의 서한에 드러난 방어적인 어투로 보아 당시 버핏이 무엇을 걱정했는지 짐작이 된다. 이번 모임에서는 다른 누구도 아닌 자신의 영웅이 반드시 스포트라이트의 주인공이어야 했다.

> 오늘 스승님하고 얘기했는데, 스승님도 1월 26일 금요일에
> '선별된' 사람들이 스승님을 모시고 다양한 의견과 아이디어
> 를 나눈다니 좋아하셨습니다. 다만, 우리 중에 연설을 좋아하
> 는 사람들이 있다는 걸 알기에 (나를 가리키는 손가락 몇 개가 느
> 껴지는군) 한 가지 확실하게 해두고 싶습니다. 그레이엄이 꿀벌
> 이고 우리는 꽃입니다! 여러분의 주소를 확인하다가 자칫 잘
> 못하면 이번 모임을 터키산 카펫 경매장으로 변질시킬 수도
> 있겠구나 싶었습니다. 스승님에게 여러분이 아는 훌륭한 아
> 이디어들을 들려주고 싶은 마음은 이해합니다. 그러나 이번
> 은 스승님이 모르는 아이디어들을 자랑하는 시간이 아니라
> 는 걸 명심하기 바랍니다. 그보다는 우리가 스승님에게서 무
> 엇을 배울 수 있을지에 집중했으면 좋겠어요.[29]

어쩌면 버핏이 주목한 요주의 인물은 속엣말을 담아두지 못하고
거침없이 내뱉는 찰리 멍거였을 것이다. 멍거는 그레이엄의 많은 기법
이 다소 어리석다고 생각한 데다 버핏에게도 다시 생각하라고 계속
설득했기 때문이다.[30] 멍거는 부실기업의 주식을 싸게 사는 것보다 **제
값**을 주더라도 탄탄한 기업의 주식을 사는 것이 더 낫다고 생각했다.
값싼 주식의 기업은 문제가 산적해서 결국 '싼 게 비지떡'이 되는 경
우가 너무 많다는 논리였다.

버핏이라고 어찌 그것을 몰랐을까. 얼마 전에도 조합원들에게 보내
는 서한에서 자신이 주로 그레이엄의 방식을 따르는 저가주 사냥꾼
이지만 "지난 몇 년간 매우 획기적인 투자 아이디어들은 질적인 요소

에 중점을 두었습니다"라고 고백 성사하듯 시인했다.[31] 아메리칸 익스프레스와 디즈니를 염두에 둔 발언이었음이 틀림없다. 그럼에도 그레이엄 방식의 주식들이 자신의 가장 기본적인 '먹거리'라는 생각은 변하지 않았다. 한마디로 저평가된 주식이 '더 확실한 수익원'이었다. 요컨대 그의 스승은 여전히 그에게 강력한 영향을 미쳤다.[32]

캘리포니아로 가는 길에 몇몇이 라스베이거스에서 뭉쳤다. 버핏은 그것이 본 공연을 위한 예열 무대쯤으로 생각했다. 그곳에서 긴장을 풀고 즐거운 한때를 보내면 분위기가 한층 고조될 거라고 말이다. 하지만 그레이엄의 다른 제자들은 생각이 달랐다. 카지노에서 시간을 보내는 것이 오히려 본 공연을 준비하는 좋은 방법이 아니라고 생각한 것이 분명했다. 그레이엄-뉴먼에서 예전에 사무실을 같이 썼던 월터 슐로스도 라스베이거스행이 불만이었다. "우리는 시저스 팰리스에 묵었는데 어째서 숙박비도 저렴하고 음식값도 싼지 알겠더군요."

그레이엄과의 만남은 샌디에이고 만 건너편에 있는 고풍스러운 호텔 델 코로나도(매릴린 먼로가 주연한 영화 〈뜨거운 것이 좋아〉의 촬영장소)에서 이뤄졌다. 그레이엄은 소크라테스 같은 분위기를 풍기며 도착했다. "자네들 모두 머리가 아주 뛰어나지"라는 말로 그레이엄이 포문을 열었다. "제군들의 머리가 얼마나 녹슬었나 간단히 테스트를 해봐야겠네. 문제를 10개 낼 테니 전부 참 또는 거짓으로만 대답해야 하네. 미리 경고하지만 엄청 어려운 문제들일세." 멍거의 법률회사 파트너였던 로이 톨레스를 제외하고 누구도 문제의 절반 이상을 맞히지 못했다. 톨레스는 꼼수라고 생각했고 그래서 모든 문제에 '참т'이라고 적은 것이다. 그레이엄이 말하고자 했던 핵심은, 쉬워 보이는 게임은 조작되었을 가능성이 크다는 것이었다. 그것은 주식 호황기에 대해 미묘한 경고였다.[33]

"우리 모두는 스승님을 만나서 정말 기분이 좋았죠"라고 톰 냅의 파트너 에드워드 앤더슨이 말했다. 그러나 그 모임은 용두사미로 흐지부지 끝나고 말았다. 그레이엄은 몸이 좋지 않아 일찍 자리를 떴고, 솔직히 그는 이미 '꿀벌' 역할을 하는 것에 흥미를 잃었다. 그 모임의 명실상부한 수장은 **버핏**이었다.

그의 친구들은 총명하고 야심이 컸으며 개성이 뚜렷했다. 가령 헨리 브란트는 걱정 DNA를 타고났으며 고급 휴양지 비치 포인트 클럽에서도 더플가방에 읽을거리를 한가득 넣고 어슬렁거릴 정도의 일중독자였다. 또한 고압적인 성격으로 투자 자문회사 퍼스트 맨해튼을 운영하던 데이비드 샌디 고츠먼의 관심사는 딱 하나, 자신과 다른 사람들의 재산 규모였다. 쉽게 말해 돈이었다(그의 이런 성격을 단적으로 보여주는 일화가 있다. 하버드 경영대학원 시절 하루는 저녁식사 중에 고츠먼은 그날 처음 만난 한 여성에게 **"부자입니까?"**라고 물었다).

마셜 와인버그는 아직 독신이었고 외향적인 성격에 약간 통통했으며 예술 애호가였다. 특히 피라미드를 좋아했고 피아니스트 루빈스타인의 열성팬이었다. 그리고 절충파도 2명 있었다. 화학자에서 자산 운용자로 변신했다가 행동 심리학 분야로 진출한 에드워드 앤더슨과, 찰리 멍거였다. 그러나 그처럼 개성이 뚜렷한 그들을 하나로 묶는 공통점이 있었다. 월스트리트에 대한 뜨거운 열정이었다. 그리고 투자에 관해서는 그들의 지적 호기심이 활활 타올랐다. 그러나 스페인 문학이나 고대 그리스의 고전에 대해 그레이엄과 대등하게 토론할 능력이 거의 없었다.

샌디에이고에서 이틀을 함께 지내며 이야기를 해보니 정도의 차이는 있을지언정 그들 모두 증시에 대해 대체로 비관적이었다. 앤더슨은 투자 기회가 고갈되었다는 사실 때문에 "우리 모두 풀이 죽었어요"라고 회상했다. 버핏은 아이디어를 캐내려 대학원 동기 잭 알렉산더에게 이런저런 유도 질문을 했지만 자신의 아이디어에 대해서는 입도 벙긋하지 않았다.[34] 샌디에이고를 떠날 즈음 주식시장에 대한 버핏의 전망이 그곳에 도착했을 때보다 조금이라도 낙관적으로 변했을 가능성은 높지 않아 보인다.

솔직히 버핏은 투자 포트폴리오를 운용하는 일이 약간은 무의미한 다람쥐 쳇바퀴처럼 느껴지기 시작했다. 담배꽁초를 주워 깊게 한 모금 빤 다음 버리는 일의 연속이었던 것이다. 그런 단기 투자는 그의 성에 차지 않았다.[35] 반면 그는 버크셔와 어소시에이티드 같은 피지배 기업들에 대한 장기 투자에서 그리고 허레이쇼 앨저를 닮은 벤저민 로스너 같은 경영자들과 함께 일하는 것에서 짜릿한 쾌감과 희열을 느꼈다. 물론 그런 회사들이 아메리칸 익스프레스 같은 황금알을 낳는 거위가 될 가능성은 없었다. 그럼에도 불구하고,

> 제 피를 끓게 만드는 기업들에서 (하긴 그렇지 않은 기업이 있을까마는) 제가 좋아하는 사람들과 협력하고 투입 자본에 비해 전반적으로 유의미한 수익률을 (가령 10 내지 12퍼센트) 달성하고 있는 지금, 수익률을 조금 올려보겠다는 욕심에 단기 투자에 뛰어드는 것은 어리석어 보입니다.[36]

버핏이 "수익률을 조금 올리기" 위해 노력하지 않는 마당에 조합원들이 계속 그의 손을 놓지 않았던 이유가 당연히 궁금할 것이다. 투자 수익률이라는 한 가지만 보면 프레드 카의 접근법이 훨씬 타당해 보였다. **"우리는 아무것과도 사랑에 빠지지 않는다."** 그러나 버핏은 자신이 투자한 몇 곳과 사랑에 빠진 것이 확실했다. 그런 사랑의 이면에

는 수학이 아닌 다른 무언가가 — 지속성에 대한 욕구 — 있는 것 같았다. 그는 자신의 고향 오마하에 대해, 영원한 스승 그레이엄에 대해, 친구들에 대해서도 깊은 애정을 느꼈다. 사실상 그는 생애를 통틀어 늘 지속성을 갈망했다. 반면에 죽음이라는 궁극의 단절성을 몹시 두려워했고, 주식이든 기업이든 파는 것은 일종의 단절이었다. 그가 제기했던 다른 철학적인 문제들과 마찬가지로, 그는 어디서 명확한 선을 긋고 한계를 두어야 하는지 정확히 몰랐다. 다른 말로, 좋아하는 기업을 얼마나 오랫동안 보유해야 하는지 언제 팔아 수익을 실현해야 하는지 결정하기 힘들었다. 월스트리트에는 그런 문제로 고민은커녕 그런 생각을 하는 사람도 없었다.

미국 전역이 정치적인 불안으로 몸살을 앓고 1년이 지난 1968년 주식 거래가 광란의 질주를 벌였다. 뉴욕 증권거래소에서 일일 평균 1,300만 주가 거래되었고, 이는 1967년 최고 거래량보다 30퍼센트가 증가한 수치였다. 마침내 1968년 6월 13일 총거래량이 **2,100만** 주로 급등했다. 반전 시위대와 무장한 진압 병력이 충돌할 때마다 주식 시세 표시기의 찰칵거리는 소리가 더욱 커지는 것 같았다. 마치 상승하는 정치 온도가 월스트리트에서 공감의 열병을 유발하는 것 같았다. 폭동과 연이은 암살 사건으로 요동치던 그해 여름, 증권거래소는 업무가 마비될 정도로 주문이 급증해 결국 거래를 중지시켰고 며칠간 이런 현상이 반복되었다. 주문 폭증으로 인한 거래 중지는 사상 처음이었다. 그래도 아직까지는 짧은 침묵이 찾아왔을 때 누군가는 SOS 신호를 듣고 망아지처럼 날뛰는 주식시장의 고삐를 죌 수도 있었다. 하지만 그런 일은 없었다. 증시의 광기는 이미 만취한 사람이 여명이 밝아오는지도 모르고 마지막 한 방울의 술까지 마시겠다고 작정한 것 같았다.

워런 버핏

주식 중개인 리처드 젠레트은 증시를 "거대한 쓰레기 시장"이라고 비꼬았다.[37] 양로원 프랜차이즈 포 시즌즈 너싱 센터 오브 아메리카 Four Seasons Nursing Center of America, 켄터키 프라이드치킨Kentucky Fried Chicken, KFC, 소프트웨어 개발업체 어플라이드 로직Applied Logic 같은 기업들이 신주를 발행하자마자 광풍이 휩쓸고 갔다. 버핏은 "행운의 편지처럼 주식투자를 부추기는 유행 속에서" 엄청난 자금이 증시로 몰려왔다고 주장했다. "그 게임을 주도하는 사람들은 세 부류로 나눌 수 있습니다. 잘 속는 사람, 자기최면에 걸린 사람, 냉소적인 성격에 자기 이익만 챙기는 사람입니다."[38] 그의 머릿속에 누가 있었는지 충분히 짐작이 된다. 자칭 로빈 후드였던 프레더릭 메이츠Frederick Mates였다.

메이츠는 자신이 "키부츠(kibbutz, 이스라엘의 집단 농장 - 옮긴이)"라고 부르던 사무실에서 자신이 "히피족"이라고 생각한 젊은 직원들과 메이츠 투자 펀드Mates Investment Fund를 운용했다. 메이츠 펀드는 오메가 에쿼티Omega Equities라고 알려진 소규모 비상장주에 많은 자금을 투자했다. 비상장주는 공신력 있는 거래 시장도 없었고 가치도 불확실했다. 그런데도 메이츠는 자신이 운용하는 펀드의 자산을 계산하면서, 오메가에 주당 16달러의 장부 가치를 부여했다. 이는 자신이 3.25달러로 매입한 주식에 밑도 끝이 없이 16달러라고 제멋대로 가격을 정한 셈이었다. 그 결과, 오메가의 동향이나 전망에 아무런 변화가 없는데도 메이츠 펀드는 장부상으로 400퍼센트가 넘는 수익을 기록했다.[39]

"거대한 쓰레기 시장"에서 비껴 있던 버핏은 겨우 30대 후반이면서도 자신이 마치 "노인 병동"에 사는 것 같다고 생각했다.[40] 한때 자신이 무기력하다고 경멸했던 경쟁자들이 이제는 "급성 고혈압" 증세를 보이고 있었다. 그는 조합원들에게 보내는 서한에서, 어떤 펀드매니저의 말을 옮겼다. 이제는 주가를 주 단위로 혹은 일별로 분석하는 것으로는 충분하지 않으며 "반드시 분 단위로 분석해야 한다"고 말했다는 것이다. 이에 버핏은 "주식시장의 이런 분위기 때문에 펩시콜라를 사러 잠시 사무실을 비우는 것조차 죄책감을 듭니다"라고 한탄했다.[41]

그의 서한들을 보면, 세상 물정을 모르는 순박한 촌뜨기가 쓴 것이라고 생각하기가 십상이었다. 난데없이 월스트리트에 던져진 시골내기가 고향에 있는 삼촌한테 월스트리트의 충격적인 근황을 전하는 편지를 쓰는 것처럼 말이다. 그러나 현실은 달랐다. 버핏은 월스트리트와 단절되어 있지 않았다. 그는 월스트리트의 주식 중개인과 채권 트레이더들과 매일 통화했고, 수차례 통화하는 날도 부지기수였다. 캔터 피츠제럴드Cantor Fitzgerald의 수석 중개인 아트 로셀은 지난 수년간 버핏에게 족히 '1억 개의 단어'를 말한 것 같다고 생각했다.

게다가 버핏은 그야말로 마당발이었고 오마하에 있다고 정보에 느리지도 않았다. 솔직히 그가 오마하에서 얻는 정보가 더 낫다고는 못해도 뉴욕 시민 대부분의 정보만큼 정확했을 것이다. 그렇다면 오마하의 무엇이 그를 붙들어두었을까? 오마하는 그가 분별력을 잃지 않도록 일종의 균형추 역할을 해주었다. 하루는 차를 타고 맥도날드를 지나가다가 그가 아들 하워드에게 말했다. "평판을 쌓는 데는 20년이 걸려도 평판을 무너뜨리는 데는 5분이면 충분하단다. 아빠 말을 찬찬히 생각해보면 너는 달라질 수 있을 거야."

사람들은 주식시장의 마법사가 그것도 증시가 숨 가쁘게 돌아가던 시기에 네브래스카에 있으면서 용케 성과를 올린다는 사실에 감탄했다. 버핏은 1968년 경영 전문 잡지 《던스 리뷰Dun's Review》와의 인터뷰에서 사람들의 이런 반응을 언급하면서 오마하 예찬론을 폈다. "오마하는 어느 곳보다 살기 좋습니다. 여기서는 숲을 볼 수 있죠. 그러나 뉴욕에서는 나무 너머를 보기가 힘듭니다."

그러나 뉴욕에서는 '내부 정보'에 접근하기 쉽다는 커다란 장점에 대해서는 어떨까?

버핏은 또 다른 언론과의 인터뷰에서 이것에 대해서도 일갈을 날렸다. "내부 정보가 많아도 그것만 믿고 투자했다간 1년 안에 100만 달러를 날리고 알거지가 될 수 있습니다."[42]

이것은 중서부 지역 사람다운 생각이요 혜안이 번득이는 발언이었다. 그 말에 숨은 의미는, 정도正道를 가더라도 위험한 지름길로 가는 것만큼 충분한 보상을 얻을 수 있다는 것이었다. 이는 월스트리트 사람들의 통념과 정반대였다.

이에 대한 좋은 예는 1968년 버핏이 홈 인슈어런스Home Insurance에 투자한 것이다. 그는 톰 냅이 맨해튼에서 운영하는 중개회사 트위디, 브라운 앤 냅Tweedy, Browne & Knapp을 통해 수 주에 걸쳐 그 주식을 꾸준히 매집했다. 하루는 공동 운영자였던 하워드 브라운Howard Browne이 버핏의 전화를 받았다. 이미 버핏은 트위디 브라운을 통해 홈 인슈어런스의 주식 5만 달러어치를 매입했다. 그는 전화기를 내려놓으면서 말했다. "거 참 이상하네, 버핏이 홈 인슈어런스 주식을 그만 사라는데 영문을 모르겠군."

브라운의 궁금증은 다음 날 풀렸다. 홈 인슈어런스는 시티 인베스팅City Investing이 주가보다 훨씬 높은 가격으로 자사를 인수할 계획이라고 발표했다. 보아하니 버핏이 그 정보를 미리 들은 모양이었다. 결국 버핏은 5만 달러어치의 홈 인슈어런스 주식에 대한 소유권을 행사하지 않았다. 이는 그가 상당한 수익을 포기했다는 뜻이다.[43] 물론 그 주식을 소유해도 법적으로는 아무 문제가 없었을 것이다. 그러나 지켜보던 사람이 있었더라면 내부 정보를 이용했다고 의심받기 딱 좋았다.

버핏은 홈 인슈어런스와 관련해 자신의 양심을 지켜온 고결성에 흠집이 생기거나 개인적인 이익이 위험하다고 생각했을까? 아마 둘 다가 약간씩 흔들렸을 것이다. 하지만 그것이 핵심은 아니다. 버핏의 남다른 투자관이 빛을 발했다. 그는 자신의 이익을 좇는 투자와 양심적인 투자가 동전의 양면처럼 구분하기 힘든 경우가 아주 많고, 그래서 안전한 길을 선택하는 것이 최선이라고 생각했다. 당연한 말이지만 월스트리트의 일부 중개인들은 더러 이런 통찰이 부족했다.

버핏은 뉴욕을 상당히 자주 방문했고 늘 플라자호텔에 투숙했다. 봄에는 부부동반이 하나의 의식으로 굳어졌고, 다른 때에도 종종 아내와 동행했다. 뉴욕에서는 업무와 관련된 사람들만이 아니라 친구들도 두루 만났다. 투자 자문가 샌디 고츠먼, 빌 루안, 《포춘》 기자 캐럴 루미스, 전도유망한 호텔 경영자 로렌스 티시 등등. 그들 모두 하나 같이 부유하고 연줄이 좋은 사람들이었다.

뉴욕에서 버핏을 보면, 어딘가 영화 〈천금을 마다한 사나이Mr. Deeds Goes To Town〉(시골에서 살던 한 남자가 어느 날 갑자기 막대한 유산을 상속받아 뉴욕으로 이사한 뒤에 벌어지는 해프닝을 그렸다. – 옮긴이)의 주인공 미스터 디드 같은 분위기를 풍겼다. 무엇보다도 그가 오지와 해리엇 부부(1952년부터 1966년까지 미국에서 방영된 코미디 드라마 〈오지와 해리엇의 모험The Adventures of Ozzie and Harriet〉의 주인공 부부를 말하며 모범적인 중산층 부부를 비유적으로 표현하기도 한다. – 옮긴이)처럼 비속어를 (마약dope, 얼간이jerk, 오키도키okey-dokey) 많이 사용했기 때문이었다.[44] 아내 수전은 고급 레스토랑 카페 데 자르티스트Cafe des Artistes를 좋아했지만, 버핏은 친구들과 스테이지 델리카트슨Stage Delicatessen 같이 저렴한 식당을 찾았다. 메뉴도 한결같았다. 여행지에서 늘 먹는 대로, 마요네즈를 바른 로스트비프 샌드위치였다. 한번은 모험심 강한 마셜 와인버그가 일본식 스테이크처럼 좀 더 자극적인 음식을 먹자고 제안했다.

"그냥 루벤스Reuben's에 가는 게 어때?"라고 버핏이 딴지를 걸었다.

와인버그는 전날 점심도 이스트사이드의 루벤스에서 샌드위치를 먹었다고 지적했다.

"그러니까 더 좋지. 무슨 음식을 파는지 다 아니까"라고 버핏도 지지 않고 말했다.

"그런 논리면 우리는 **매일** 그곳만 가야 하는걸"이라고 와인버그가 받아쳤다.

"말 잘했다. 그러면 왜 안 되는데?"

그렇다고 그가 무조건 저렴한 식당만 찾는 것은 아니었다. 브리지 대회 우승자이자 그의 투자자이기도 했던 새뮤얼 스테이먼과 그의 아내 조세핀을 만났을 때는 고급 레스토랑 하모니 클럽에서 점심을 먹었다. 조세핀은 버핏의 중서부 출신 특유의 소탈한 태도에 홀딱 반했다.

> 레스토랑을 나온 뒤 저는 우리 집이 있는 맨해튼 북쪽으로 가고 있었어요. 버핏도 그쪽에 일이 있다고 해서 같이 걸어갔죠. 약속이 있었나 봐요. 그는 뉴욕에 오면 아주 갑갑하다고 말했어요. 그러더니 괜찮다면 61번가부터 79번가까지 같이 뛰어가자고 하더군요. 당시는 뉴욕에서 아무도 조깅을 하지 않던 시절이었어요. 우리는 매디슨 애비뉴Madison Avenue를 따라서 북쪽으로 막 뛰었어요. 심지어 그는 양복 차림이었어요. 그토록 그는 자유로움을 원했어요.

20여 년 전 볼품없어도 정감 있는 테니스화를 고집했던 워싱턴의 한 남학생 모습이 떠오를지도 모르겠다. 오마하의 카우보이들이 맨해튼 매디슨 애비뉴를 달리는 것은 좀체 보기 힘든 광경이었다. 또한 수백만 달러의 부자가 비행기 일반석을 이용하고 양복을 입은 채 잠을 자다가 그대로 나온 것 같이 후줄근한 모습을 보는 것도 보통의 미국인들에게는 흔치 않은 경험이었다. 사람들이 월스트리트 종사자들에게 기대하는 전형적인 모습은 J. P. 모건이었다. 그런데 버핏은 오클라호마 출신의 유명 희극 배우이자 풍자가 윌 로저스의 분위기를 풍겼다.

버핏이 데이터 도규먼츠의 사외이사로 끌어들였던 로버트 말로트는 어느 저녁 뉴욕 5번가에서 버핏을 우연히 마주쳤다. 당시 버핏은 마치 길 잃은 강아지처럼 5번가를 왔다갔다 배회하고 있었다. 버핏은 백화점인 베스트 앤 코Best & Co.의 부지를 측정하는 중이라고 말했다. 캔자스에서 성장한 말로트는 버핏에 대해 이렇게 말했다. "만약 그가 부촌인 코네티컷 그리니치에서 자랐다면 그토록 가식 없고 소탈할 수 없었을 겁니다."

1968년이 저물어가자 기세등등했던 상승 장세도 이제 한풀 꺾인 낌새를 보였다. 먼저 복합기업conglomerate 거품이 꺼졌다. 제럴드 차이의 맨해튼 펀드 순위는 305개 펀드 중에서 299위로 추락했고, 퍼포먼스 펀드의 첫 번째 신동으로 불리던 차이는 자리를 내놓았다. 12월 증권거래위원회Securities and Exchange Commission, SEC는 오메가 에쿼티의 주식 거래를 정지시켰다. 히피로 알려진 프레더릭 메이츠에게 이것은 정말로 아닌 밤중에 홍두깨였다. 줄곧 미국 최상위 펀드로 선정되었던 메이츠 펀드는 오메가 주식을 30만 주 보유했는데 자산을 한 방에 날릴 위기에 처했다. 메이츠는 절박한 마음에 SEC에게 환매(redemption, 투자자가 펀드 등등 수탁기관에 맡긴 돈을 되찾아가는 것을 말한다. - 옮긴이)를 중지해달라고 설득했다(환매 중지는 은행이 출납 창구를 폐쇄하는 것과 같은 조치다). 운명의 장난인지 메이츠는 뉴욕 힐튼 호텔에서 큰손들을 대상으로 투자 설명회를 개최할 계획이었다. 자신의 펀드가 연기로 사라질 위기에 처했는데 전문가랍시고 투자 설명회를 한다는 역설적인 상황이 메이츠 자신은 아무렇지도 않았는지 설명회를 강행했다. "1969년의 증시를 1968년보다 더 비관적으로 전망하며 두려워할 이유가 없습니다"라고 메이츠가 힘줘 말했다. 나중에 "창구"를 다시 열었지만 메이츠 펀드는 자본금이 93퍼센트나 감소했다.[45]

솔직히 메이츠는 증상 하나에 불과했다. 그의 펀드가 무너졌을 때 아무도 그가 마지막일 거라고 생각하지 않았다. 버넘 앤 코Burnham & Co.의 월터 스턴Walter Stern은 일단 하락장이 형성되면 건슬링거들이 강세장에서 묻지마 식의 주식 사냥에 나섰을 때처럼 무차별적으로 주식을 매도할 걸로 예상하며 좌불안석이었다.[46] 그럼에도 베트남 전쟁 종결을 위한 파리 평화 회담에 따른 기대 심리로 증시는 여전히 훈풍이 불었다. 1968년 12월 다우지수는 990선을 회복했고 월스트리트는 쉽지 않은 커다란 목표 2개에 희망을 걸었다. 베트남 전쟁 종결과 다우지수 1,000 달성이었다.

버핏 파트너십은 1968년 자산이 4,000만 달러, 다른 말로 59퍼센트가 증가했고 총자산이 1억 400만 달러에 이르렀다. 투자 아이디어는 고갈되었지만 투자조합을 결성한 이래 최대 규모의 자금을 운용한 데다 주식시장이 고공 행진한 덕분에 버핏은 최고의 한 해를 보낼 수 있었다. 그는 다우지수를 자신이 세운 낮은 목표치인 5퍼센트 포인트가 아니라 50포인트를 앞섰다. 그는 그런 기록은 "한마디로 인생에 한 번 있을까 말까 하는 횡재라고 생각해야 합니다. 브리지 게임에서 스페이드 13장을 잡는 것처럼 말이죠"라고 말했다.[47] 그것이 그의 마지막 패였다.

　상승 장세는 숨이 끊어지기 전 마지막 발작을 일으켰다. 월스트리트는 **가격을 불문하고** 인기주들을 추천했다. 메릴린치는 항공우주 분야의 최강자 IBM을 주가수익비율의 39배에 거래했고, 배시 앤 코 Bache & Co.는 제록스의 가격을 주가수익비율의 50배까지 끌어올렸으며, 블레어 앤 코Blair & Co.는 화장품 회사 에이본 프로덕츠Avon Products를 무려 주가수익비율의 56배에 판매했다.[48] 특히 에이본의 경우 당시의 수익 수준이 지속된다고 가정할 때 에이본의 주식을 전량 매수하는 사람이 투자 원금을 회수하는 데만도 반세기가 걸린다는 이야기였다. 정말로 그럴 만한 "가치"가 있었을까? 어떤 펀드매니저는 만연한 투자 이론을 앵무새처럼 읊으면서, 주가란 **특정한 순간에 사람들이 그 주식의 가치라고 생각하는 것**이라고 단언했다. 아울러 그는 모든 대학의 발전 기금이 "IBM, 폴라로이드Polaroid, 제록스는 물론이고 그들 기업과 비슷한 주식은 무조건 사야 한다"고 생각한다면서 "그래서… 저도 그런 주식이 계속 오를 거라고 생각합니다"라고 주장했다.[49] 하지만 버핏은 달랐다. 오히려 조합원들에게 사람들이 잊고 있는 것 같은 가격과 가치의 차이를 상기시켰다. "가격은 여러분이 지불하는 돈을, 가치는 여러분이 그 돈으로 얻는 것을 말합니다."[50]

　하지만 어차피 그런 구분은 소용없게 되었다. 마침내 그가 유망한 투자 종목을 찾을 거라는 기대를 버린 것이다. 이미 돌이킬 수 없는 일이었다. 1969년 5월 경영 전문 주간지 《비즈니스 위크Business Week》는 프레드 카가 "미국에서 최고의 포트폴리오 운용자일 수도 있다"고 발표했다.[51] 바로 그달 오마하의 투자자는 마음을 정했다. 한탄하는 것도 넌덜머리가 났고 이제껏 쌓아 올린 수익을 날리는 것도 걱정하던 버핏이 조합원들을 경악하게 만든 폭탄을 터뜨렸다. 그는 버핏

파트너십을 청산하겠다고 선언했다. 상승장이 최고조일 때 그는 주식시장에서 발을 빼려 했다.

> 저는 요즘 주식시장의 환경과 맞지 않습니다. 또한 제가 영웅심리에 휘둘려 이해하지 못하는 게임을 해서 이제까지 쌓아온 좋은 기록을 무너뜨리고 싶지도 않습니다.[52]

그라고 어찌 이런 결정이 쉬웠을까. 엄청난 용기가 아니면 감히 할 수 없는 결정이었다. 그의 용기가 더욱 대단하게 보이는 것은 유일무이했기 때문일 수도 있었다. 월스트리트에서는 투자조합을 청산하지도 돈을 돌려주지도 않았다. 특히 최고의 자리에 있고 최고 수익률을 달성한 직후라면 더욱 그렇다. 아니, 시장이 좋건 나쁘건 그냥 아무도 그렇게 하지 않았다. 버핏은 선택할 수 있는 대안들이 아주 많았다. 가령 단순히 주식을 처분할 수도, 자산을 현금화할 수도, 기회를 기다릴 수도 있었다. 그러나 그는 자신들의 돈을 불려주기를 기대하는 조합원들을 외면할 수 없었다. 게다가 해마다 시장을 이기고 최고의 수익률을 달성해야 한다는 압박감도 떨쳐버릴 수가 없었다.[53] 1967년 조합원들에게 보낸 서한에서 했던 파격적인 선언을 분수령으로 그는 덜 강박적으로 일하려 나름 노력도 해보았다. 그러나 그가 "무대에 있는" 동안에는 그것이 불가능했다.

> 제가 주식시장에 발을 담그고 있는 한, 경쟁은 피할 수가 없습니다. 그런데 저는 투자라는 토끼를 이기는 일에 평생을 바치고 싶지 않습니다. 정말 확실합니다. 속도를 늦추는 방법은 하나뿐입니다. 바로 멈추는 것이지요.[54]

친구 리처드 홀랜드는 버핏이 자신의 "인생 전체"에 대해, 특히 2,500만 달러로 불어난 막대한 개인 재산으로 무엇을 할 수 있을지에 대해 고민이 깊다고 생각했다.[55] 버핏은 조합원들에게 삶의 경로가 변화할 가능성을 슬쩍 암시했다.

> 앞으로 제 계획이 무엇인지 궁금하신 분들도 계시겠지요. 아직은 딱히 정해진 계획은 없습니다. 다만 60세가 되었을 때, 제가 20살 때 매달렸던 것들과는 다른 개인적인 목표들을 향해 나아가고 있으리라는 것은 확실하게 말씀드릴 수 있습니다.[56]

투자조합을 해산하기 1년 전 버핏은 혼란에 혼란을 거듭한 민주당의 대통령 예비 경선에서 유진 매카시Eugene McCarthy의 선거자금 모금에 앞장섰다. 당시 그는 《오마하 월드-헤럴드》와의 인터뷰에서 인류 전체의 문제들을 해결하는 데에 "가능한 지능적이고 효과적"으로 많은 시간을 쓰고 싶다는 포부를 밝혔다.[57] 또 다른 인터뷰에서는 단순히 돈을 버는 것이 아닌 다른 일들을 시도하고 싶다는 바람도 드러냈다.[58]

버핏은 그런 노력 하나를 즉각 시작했다. 오마하는 WSAP 즉 백인 신교도들이 주류였고 사업가들의 '사랑방'이었던 시내의 오마하 클럽은 유대인들을 받아주지 않았다. 버핏은 유대인 친구들이 꽤 있었는데 체인 식료품점을 운영하던 닉 뉴먼Nick Newman도 그중 하나였다. 뉴먼은 유대인이라는 이유로 오마하 클럽에 가입할 수 없다는 사실에 분노했고, 버핏이 클럽 이사회에 그 문제를 제기했는데 "그들은 (유대인들은) 그들만의 클럽이 있습니다"는 궁색한 답변을 들었다. (오마하에는 몇몇 컨트리클럽이 있었고, 모든 클럽이 인종을 차별했다.) 버핏은 그런 행태는 분명 문제가 있다고 생각했다.

워런 버핏

유대인들은 100년 전에 여기 오마하에 정착하기 시작했습니다. 그때부터 그들은 언제나 지역 사회에 공헌했고 오마하를 발전시키기 위해 다른 사람들과 똑같이 힘을 합쳤습니다. 유니언 퍼시픽의 중간 관리자 존 존스John Jones는 이곳으로 발령받자마자 가입했던 클럽이 우리의 오랜 이웃인 유대인들은 거부합니다. **불공정**하기가 짝이 없습니다.[59]

당연히 버핏은 오마하 클럽 바깥에서 시위행진을 주도할 마음 같은 건 없었다. 대신에 타고난 성격대로 수동적이고 간접적이면서도 영리하게 공을 떠넘기는 우회 전술을 선택했다. 그는 유대인 전용의 하일랜드 컨트리클럽Highland Country Club에 가입 신청서를 냈다.

하일랜드 CC는 비회원제의 퍼블릭 골프장들에서 유대인을 업신여기는 각종 비하 발언에 시달렸던 유대인들이 1932년에 설립했다. 심지어 1960년대 오마하에서도 반유대인 사건들이 심심찮게 벌어졌다. 게다가 오마하의 유대인 사회와 비유대인의 주류 사회는 서로를 배척했다. 유대인들도 주류 사회에 동화할 준비가 되어 있지 않았고 주류 사회도 그들을 환영하지 않았다. 그런 상황에서 버핏이 가입 신청서를 내자 하일랜드의 순수주의자들은 극렬하게 반대했다. 그들 사이에는 "우리만의 클럽인 이곳마저 백인들에게 뺏길 순 없어"라는 공감대가 있었다.[60] 버핏의 유대인 친구들은 물론이고, 오마하의 랍비들을 포함해 클럽 내의 진보주의자들은 반목을 끝내고 통합하기를 희망했다. 양측의 치열한 찬반 논란 끝에 드디어 1969년 10월 1일 버핏의 가입이 수락되었다. 이제는 버핏이 중앙 무대로 나올 시간이었다. 그는 오마하 클럽을 찾아가 이제 '유대인 클럽'은 100퍼센트 유대인 전용이 아니라고 말했다. 이로써 오마하 클럽은 핑곗거리가 없어졌고 곧바로 일부 유대인들을 회원으로 받아들였다.

훗날 그는 하일랜드 CC에 가입한 동기가 음식 맛이 더 좋아서라고 농담으로 둘러댔다.[61] 사실 이런 농담이 오히려 그의 감정이 얼마나 격했는지를 반증했다. 한편 그는 논란 끝에 가입한 하일랜드 CC를 거의 찾지 않았다. 어쩌면 그에게는 민권 문제 말고 마음의 빚이랄까 어쨌든 유대인들에게 대한 다른 감정이 있었는지도 모르겠다. 자신의 우상 그레이엄에 대한 경의나 그저 사회적 약자들에 대한 공감을 보여주고 싶었을 수도 있었다. 평소 가족 전체가 버핏의 집에 자주 초대받아 방문했던 랍비 마이어 크립키Myer Kripke는 버핏이 '친유대주의자'라고 생각했다(버핏은 걸핏하면 크립키에게 사윗감으로 점찍은 "착한 유대인 청년"이 있다는 농담을 던졌다).

오마하 시민들에게는 하일랜드 소동이 중요한 분기점이 되었다. 그일을 계기로 사람들은 버핏이 극우 정치조직 존 버처 협회의 열성 회원이었던 선친 하워드와 다르다는 것을 확실히 깨달았다. 예전에 존버처 협회가 공립학교들에서 금지된 기도를 재개하는 것을 지지했을 때 하워드와 첨예하게 대립했던 랍비 크립키는 워런의 행동을 이렇게 분석했다. "그 일(그의 아버지)에 대한 아주 강한 반발심에서 나온행동이었습니다. 저는 그의 행동이 정치적 소신을 표현한 거라고 봅니다."[1962년 미국의 존 F. 케네디 대통령 시절 연방대법원이 종교의 자유를 이유로 공립학교에서 기도하는 것이 위헌이라고 판결한 이후 공립학교 내 기도가 전면 금지되었다가 2020년 도널드 트럼프(Donald Trump) 대통령이 이른바 '기도할 수 있는 권리'를 부활시켰다. ─옮긴이]

또한 버핏은 낙태 합법화를 둘러싼 기념비적인 소송에도 관여했다. 미국 가족계획연맹Planned Parenthood에서 적극적으로 활동하던 아내와 함께 버핏은 낙태 합법화를 강력하게 지지했다(당시는 대부분의 주에

워런 버핏

서 낙태가 불법이었다). 1967년 산부인과 의사 레온 벨루스Leon Belous는 한 임산부를 낙태 시술자에게 소개해 준 혐의로 유죄를 선고받았다. 2년 뒤 1969년 벨루스는 캘리포니아 대법원에 상고했고, 대법원이 상고를 심리하기로 합의했다. 신문에서 벨루스 기사를 읽은 찰리 멍거가 버핏에게 연락했고 둘은 곧바로 벨루스의 상고심의 법률 비용을 지원하기로 뜻을 모았다.

멍거는 벨루스를 '낙태 전쟁'의 십자군 전사로 만들었다. 그는 법정 조언자 의견서(friend-of-the-court brief, 사건 당사자가 아닌 제3자가 그 사건에 대해 법원에 제출하는 의견서 – 옮긴이) 2개를 준비했다. 하나는 의과대학원 학장과 교수 178명의 서명을 받았고, 다른 하나는 자신이 직접 작성해서 저명한 변호사 17명의 서명을 받았다. 1969년 9월 벨루스는 새로운 역사를 쓰는 획기적인 승소의 주인공이 되었다. 미국 역사상 최초로 낙태 금지법이 위헌이라는 평결이 내려졌다.[62]*

버핏의 도덕적 가치 측면에서 하일랜드 소동과 벨루스 사건은 맥을 같이했다. 근본적으로 볼 때 그는 특정 집단이 아니라 공동체 전체의 이익이라고 생각하는 것을 지지했다. 또한 그가 주식투자자라는 합리적인 관점에서 봐도 두 사건은 명백했다. 제도와 조직을 모두에게 개방하고 원치 않은 임신으로 태어나는 아이들의 숫자를 최소화할

---

* 2년 뒤, 로 대 웨이드(Roe vs Wade) 소송에서 상고인들이 제출한 의견서에 벨루스가 등장했다. 의견서에는 벨루스가 "여성이 엄마가 될지를 선택할 수 있는 기본 권리"를 확립했다고 나와 있었다.[로 대 웨이드 소송의 피고는 텍사스 댈러스 카운티(Dallas County) 지방 검사 헨리 웨이드(Henry Wade)였고 원고는 '제인 로(Jane Roe)' 즉 익명이었으며 종교와 의학 윤리 등등 낙태를 둘러싼 찬반 격론이 이어진 끝에 대법원은 7대2로 원고의 손을 들어줬다. 이 사건은 헌법에 기초한 사생활의 권리가 낙태의 권리를 포함하는지에 관한 미국 대법원의 가장 중요한 판례로 원치 않는 임신에 대한 여성의 권리를 확립시켰다. – 옮긴이]

때 사회 전체가 수확하는 이득이 분리주의자들과 낙태 반대론자들의 다소 편협한 주장보다 더 중요했다.

그런 정치적인 행보와는 별개로 버핏은 1969년 대부분 동안 포트폴리오를 청산하는 일에 매달렸다. 공교롭게도 그의 삼촌 프레드가 정확히 100년 전에 시작해 가족이 대대로 경영했던 버핏 앤 선 식료품점을 폐업한다고 선언했다. 버핏과 수전은 이런저런 사정을 고려해 그해 가을 19세기 말 염세적인 분위기를 풍기는 파티를 열었다. 그들은 버핏의 뉴욕 단골집 스테이지 델리에서 샌드위치와 소시지를 공수했고, 현관문을 반짝거리는 전구들로 장식했으며, 문 양옆에 3피트짜리(약 90센티미터) 펩시콜라 모형 2개를 세웠다. 정치인, 사업가, 백인, 흑인, "부자, 가난한 사람" 골고루 총 180명을 초대한 대규모 파티였다.[63] 여성들은 칵테일 드레스, 나팔바지, 치마바지, 미니스커트로 한껏 맵시를 뽐냈다. 손님들은 일광욕실에서 나체에 가까운 두 아가씨의 몸에 색칠했고, 라켓볼 코트에서는 W. C. 필즈와 메이 웨스트가 주연한 코미디영화 〈내 사랑 치카디My Little Chikadee〉가 상영되었으며, 팝콘 기계는 팝콘을 연신 토해냈다. 한 손님은 오마하에 "이런 모든 사람들"이 살고 있다는 것을 미처 몰랐다고 즐거워했다.

한편 투자조합을 청산하겠다는 버핏의 결정이 현명한 것처럼 보이기 시작했다. 다우지수가 5월까지 강세를 이어가며 1,000선을 위협했다. 그런데 6월 지수가 900 아래로 떨어졌고, 기세가 무서웠던 고공비행주(high-flier, 높은 주가수익비율에 입각해 고가에 대량으로 거래되는 주식으로 오름세가 평균보다 빠르고 위험도가 높은 주식을 말한다. – 옮긴이)들이 하나둘씩 추풍낙엽처럼 무너졌다. 복합기업 시대(1960년대 후반에서 1970년대 전반까지 기업 다각화를 위한 인수합병 붐이 불었던 시기 – 옮긴이)의 상징이던 리턴 인더스트리스의 주가는 최고점에서 70퍼센트가 추락했고, 또 다른 복합기업의 대명사 링-템코-보트는 169달러에서 25달러로 약 85퍼센트가 폭락했다. 월스트리트의 중개회사들도 줄도산을 했다. 또한 증권거래소의 슬로건 "주식회사 미국의 주주가 되자Own your share in American business"는 아무 설명도 없이 슬그머니 사라졌고[64] 퍼포먼스 펀드들은 궤멸되었다.

5월에 《비즈니스 위크》가 미국 최고의 포트폴리오 운용자라고 극찬했던 프레드 카가 12월에 물러났고, 엔터프라이즈 펀드의 금고에는 현금화하기 힘든 비상장주만 가득 쌓였다. 엔터프라이즈 펀드는 1969년에 26퍼센트가 하락했고 대학살이 끝나고 보니 자산이 반도 남지 않았다.[65] 코르테스 랜델의 내셔널 스튜던트 마케팅은 140달러에서 3.5달러로 거의 휴지 조각으로 전락했고, 그 과정에서 랜델의 주식에 투자했던 하버드 기금펀드는 초상집이 되었다.* 다우존스 산업평균지수는 정확히 800으로 1969년을 마감했다. 그러나 새해에도 망나니의 칼날은 멈추지 않았다. 1970년 5월 증권거래소의 시가총액은 1969년 증시 첫날의 절반으로 줄어들었다.[66] 1968년 '거대한 쓰레기 시장'의 총아였던 포시즌즈 너싱 센터의 주가는 91달러에서 32달러로 거의 세 동강났다. 일렉트릭 데이터 시스템스Electronic Data Systems는 어느 봄날 하루에만 50포인트가 하락했으며 그 결과 나폴레옹같이 공격적인 창업자 H. 로스 페로Henry Ross Perot의 재산은 자그마치 4억 4,500만 달러가 증발했다. 포드 재단의 포트폴리오도 휘청거려 맥조지 번디 이사장은 엄청난 굴욕에 만신창이가 되었다.**

---

* 나중에 랜델은 주식 사기 혐의에 대해 유죄를 인정했고 18개월 징역형을 선고 받았다.

** 1971년 맥조지 번디가 포드 재단 보고서에서 이렇게 말했다. "주식시장이 활황이었던 지난 6년을 통해 우리는 많은 교훈을 얻었습니다…. 1960년대 중반 우리는 스스로

버핏은 투자조합 BPL의 마지막 해였던 1969년 7퍼센트의 수익률을 달성했다. 다른 연도들과 단순 비교하면 수익률이 부진한 편이었어도, 다우지수를 18퍼센트 포인트 앞섰다. 결과적으로 그가 오래전부터 예언했던 마이너스 수익률은 한 번도 없었고, 그는 해마다 수익을 실현하면서 자신이 정한 벤치마크 다우지수를 이겼다.

버핏의 투자조합과 다우지수는 누적 수익률로 따져보면 더욱 확연한 차이가 있었다. 1957년 다우지수 주식에 1만 달러를 투자했다면 13년에 걸친 총 수익은 1만 5,260달러였던 반면, 버핏의 투자조합에 동기간 동일한 금액을 투자했다면 버핏의 수수료를 제하고도 15만 270달러의 수익을 거두었을 것이다.[67] 달리 말해 버핏의 포트폴리오는 연평균 복리 수익률이 29.5퍼센트이었던 반면 다우지수는 연평균 7.4퍼센트로 성장했다. 이는 '음악의 신동' 모차르트나 1927년 승률 7할1푼4리를 기록했던 뉴욕 양키스와 어깨를 나란히 할 만한 위업이었다. 하지만 투자 세상에서는 버핏과 버핏의 투자조합에 비견될 수 있는 대상을 절대 찾을 수 없었다.

많은 투자회사들이 그의 조합원들을 승계하려고 애를 썼지만 버핏이 전부 거절했다.[68] 그러나 예전 투자자들이 어디에 투자할지는 그가 마지막으로 해결해야 할 숙제였다. 버핏은 그들에게 단 한 사람의 이름을 댔다. 빌 루안이었다. 컬럼비아 경영대학원의 동창으로 고지식하고 대쪽 같은 성정의 루안은 1970년 새로운 뮤추얼펀드인 세쿼이아 펀드Sequoia Fund를 출범시켰다. 결과적으로 버핏의 많은 조합원이

에게 너무 관대했고 지금 와서 보니 터무니없는 커다란 사업들을 무모하게 벌였습니다. 1965년과 1966년의 상황에서는 주식투자의 장기적인 전체 수익률이 높고 채권의 전체 수익률이 낮으며 지난 15년간 그래왔듯 물가상승률이 안정적이리라는 걸 의심할 필요조차 없었습니다. 감히 외람되게 말하자면 지난 6년은 상황이 특이했습니다."

워런 버핏

루안의 펀드에 투자했다.

버핏은 개인 재산의 상당 부분을 지방채에 투자할 계획이라고 밝혔다. 아울러 조합원들도 자신처럼 지방채에 투자하는 것을 도와주러 그들에게 마지막으로 장문의 편지를 썼다(그러나 투자 자문을 계속해주지는 **않을 거라고** 분명히 못 박았다). 마지막 편지는 친근하면서도 아주 상세했으며 논증적이었다. 한번은 조합원들에게 주의를 환기시키려 잠깐 삼천포로 빠지기도 했다 — 당시는 뉴욕시의 재정적인 어려움에 대한 어떤 징조가 나타나기 5년 전이었다는 점을 명심하라.

> 저는 대도시들의 채권을 사지 않을 거라는 점을 알려드리고 싶습니다. 뉴욕, 시카고, 필라델피아 같은 대도시들을 어떻게 분석해야 할지 전혀 모르겠습니다(어떤 친구에게 듣자니, 일전에 뉴어크가 상당히 유리한 이율로 시채市債를 판매했을 때 마피아가 뉴어크 때문에 자신들이 평판만 나빠졌다며 크게 반발했다고 하더군요). 특히 뉴욕시에 대해서는 조합원 여러분이나 저나 분석 결과가 다르지 않을 것입니다. 다만 뉴욕시 당국이 장기간에 걸쳐 채권 디폴트default 즉 채무 불이행 상태에 빠질 거라고는 생각하지 않습니다. 근본적으로 볼 때 제가 채권에 투자하는 방식은 주식에 투자할 때와 상당히 비슷합니다. 제가 이해할 수 없다면 어떤 채권에도 투자하지 않을 거라는 말씀입니다.[69]

버핏의 투자조합은 단 2개의 종목을 제외하고 모두 현금화해서 조합원들에게 출자금을 돌려주었다. 버크셔 해서웨이과, 벤저민 로스너가 운영하던 의류 유통업체의 지주회사 다이버시파이드 리테일링 Diversified Retailing이었다. 버핏은 운 좋게도 볼티모어 기반의 백화점 호크실드를 북동부의 체인 유통업체 슈퍼마켓 제너럴에 매각한 덕분에 한 푼도 잃지 않고 무사히 탈출했다.

그리고 그 두 건에 대해서는 조합원 각자가 주식으로 지분을 소유할지 현금화할지를 선택할 수 있게 했고, 버핏은 주식을 갖기로 선택했다.

> 저는 두 회사의 주식은 장기 투자처로 매우 적합하다고 생각합니다. 솔직히 저는 제 개인 재산의 상당 부분을 그 두 회사에 투자한 제 스스로가 대견합니다.[70]

그는 조합원들에게 그중 덩치가 훨씬 컸던 버크셔를 자신처럼 '주식'이 아니라 하나의 사업으로 바라보라고 조언했다. 하지만 그의 계획은 다소 모호했다. 그는 섬유산업 자체에는 별로 기대가 없었지만 버크셔를 경영하는 사람을 좋아했다. 그는 버크셔의 연평균 성장률을 10퍼센트로 내다보면서도 명확한 예측은 피했다. 더욱이 버크셔의 정책 수립 과정에 버핏이 어떤 식으로든 관여할 것이 확실한데도, 조합원들은 그가 어디서든 자신들의 돈을 불려줄 의무가 없음을 받아들여야 했다.[71]

브리지 친구 새뮤얼 스테이먼은 버핏이 투자조합만이 아니라 투자자 경력을 완전히 청산했다는 생각에 자신의 버크셔 지분을 주당 43달러로 버핏에게 넘겼다. 그러나 많은 조합원들은 버크셔의 지분을 그대로 보유했다. 버크셔 해서웨이의 미래에 대한 확신이 있어서가 아니었다. 또한 버핏이 버크셔의 변신에 얼마나 깊이 관여하는지 알았기 때문도 아니었다. 그래도 그들에게는 믿는 구석이 있었다. 버핏은 **자신의** 버크셔 지분을 보유할 거라는 점을 명확히 밝혔다. 심장병 전문의로 버핏의 충직한 지지자였던 윌리엄 앵글의 말마따나 "생각이라는 걸 할 줄 아는 사람이면 그것만 알면 이야기는 끝난 겁니다."

7장   버크셔는 우연? 운명?

매사추세츠 뉴베드퍼드는 운명이 기구했다. 한 번도 아니고 두 번씩이나 잠시 반짝하다 사라지는 번영의 저주를 받았다. 청교도 순례자들이 세운 뉴베드퍼드는 18세기 독립 혁명 중에 영국군들에게 약탈당했고, 그런 다음 전 세계 고래산업의 중심지가 되었다. 축축하고 염분이 많은 뉴베드퍼드의 조약돌 해변은 부두로 변신했고, 뉴베드퍼드와 고래산업은 운명 공동체가 되었다. 그것은 양날의 칼이었다. 고래산업이 호황일 때는 뉴베드퍼드에 활기를 불어넣어 주었던 반면, 고래산업이 무너지면 도시 자체도 무너질 위험이 있었다. 『모비딕Moby Dick』의 작가로 젊은 시절 그곳에서 포경선을 탔던 허먼 멜빌Herman Melville은 "뉴베드퍼드는 아마 뉴잉글랜드 지역에서 가장 살기 좋은 곳"이라고 말했다. 그렇다면 그곳을 풍요롭게 만들어준 근원은 무엇이었을까? "저기 위풍당당하게 서 있는 대저택에 가보면 궁금증이 풀릴 것이다. 가문의 문장이 매달린 쇠 작살들이 저택을 둘러싸고 있다…. 하나에서 열까지 이곳의 모든 것은 작살로 찍어 바다 밑바닥에서 건져 올린 것들이다."[1]

고래산업은 남북전쟁으로 커다란 타격을 입었고, 펜실베이니아의 유정들에서 처음으로 원유가 시추되자 쇠퇴의 길을 걸었다. 하지만 뉴베드퍼드가 휘청거렸을지언정 붕괴하지는 않았다. 도시의 부를 다른 곳에 투자한 선견지명 덕분이었다. 1847년 뉴베드퍼드 포경업자들의 돈으로 면직공장이 세워졌다. 그 일을 추진했던 사람들은, 면직

공장이 뉴베드퍼드 경제의 바다 의존도를 줄여줄 거라고 홍보했다. 두 번째 지어진 공장은 포경선 어커시넷Acushnet의 이름을 따서 명명되었는데, 이는 그 공장의 자본이 어디서 나왔는지 즉 뿌리를 상징하는 것이었다. 궁극적으로 말해 약 1억 달러가 섬유산업에 투입되었다.[2] 그리하여 작살들은 제 역할을 잃었고 선박들이 남부에서 실어 나른 면화가 부두를 가득 채웠다. 20세기 초 70개의 면직공장이 가동 중이던 뉴베드퍼드는 미국에서 고급 면직물의 최대 생산지가 되었다.[3]

뉴베드퍼드의 굴곡 많은 운명은 중요한 교훈 하나를 남겼다. 바로 자본이 움직인다는 것이었다. 선박은 시간이 흐를수록 부식되어 폐기될지언정 돈은 바닷속에 가라앉지 않는다. 하지만 운명의 장난인지 자본 이동성이 뉴베드퍼드의 최대 면직공장을 거의 한 세기 동안 끊임없이 괴롭히게 된다.

1800년대 초반부터 중국과 교역하는 해운회사를 운영하던 집안에서 태어난 허레이쇼 해서웨이Horatio Hathaway가 1888년 자본금 40만 달러로 해서웨이 매뉴팩처링 컴퍼니Hathaway Manufacturing Company를 설립했다. 초기 자본 대부분을 포경업자들이 투자했는데 해서웨이 공장이 바다에 면한 코브 가街에 위치했다는 점이 그것을 상징적으로 보여주었다. 지역의 석간신문 《뉴베드퍼드 이브닝 스탠더드New Bedford Evening Standard》는 야심 찬 신생 기업이 "약 450개의 일자리를 창출하고 3만 개의 방추(紡錘, spindle, 스핀들, 실을 뽑는 도구인 방추의 수는 방적공장의 규모를 나타내는데 쓰인다. – 옮긴이)를 가동"할 거라고 추켜세웠다. 훗날 버핏의 소유가 되는 면직공장에 대한 최초 투자자는 "월스트리트의 마녀Witch of Wall Street"라는 별명으로 악명 높았던 수전노 헤티 그린Hetty Green이었다.[4]*

---

* 해운회사를 상속받은 헤티 그린은 겨울에 체온을 유지하기 위해 신문 종이로 몸을 칭

해서웨이를 비롯해 면직 산업 전체가 면직물 가격 상승에 편승해 부가 급격히 증가했다. 특히 1차 세계대전 중에 군복과 항공기용 면포에 대한 군대 수요가 급증하자 이익이 고공 행진했다. 뉴베드퍼드에서 3만 명이 — 이는 뉴베드퍼드 전체 노동 인구의 절반에 해당했다 — 면직 산업에 종사했다.[5]

그러다가 갑자기 면직 산업이 쇠퇴했다. 아니, 더 정확히 말하면 값싼 노동력을 찾아 공장들이 남쪽으로 이전했다. 1920년대 대부분이 이민자였던 뉴베드퍼드의 노동자들은 임금이 연이어 삭감되었다. 1928년 면직공장 소유주들이 10퍼센트 추가 임금 삭감을 요구했을 때, 노동자들이 파업을 벌였고 고통스러운 파업은 5달간 이어졌다. 그 일로 많은 공장이 문을 닫았을 뿐 아니라 그나마 조업을 재개한 공장들도 머잖아 대공황의 직격탄을 맞아 무너졌다. 섬유 산업의 노동 인구는 꾸준히 감소하다가 1940년이 되자 9,000명에 불과했다.[6]

여기서 주목할 점은 공장 소유주들이 쇠퇴하는 면직 산업을 냉철하게 평가한 방식이었다. 1920년대 후반 아직까지는 수익이 상당했음에도 공장 기계들은 구식을 넘어 골동품 수준이었다. 반면 소유주들은 해마다 많은 배당금을 챙겼고, 대략 수익의 10퍼센트 정도였다.[7] 그들은 남부의 공장들과 주식시장에 자본을 투자했고 요트를 사기도 했다. 자본을 어디에 투자하든 그들은 포경 산업에서 배운 교훈을 타산지석으로 삼았다. 다시 말해 수익성이 없다고 사망 선고가 내려지면 공장에는 재투자하지 않았다. 딱 하나의 예외가 있었는데, 그곳이 바로 해서웨이 매뉴팩처링이었다.

칭 감쌌다는 소문이 있을 정도로 대단한 구두쇠였다. 1916년 사망할 당시 재산은 1억 달러였고 세계 최대 여성 부호로 알려졌다.

워런 버핏

해서웨이의 사장은 시베리 스탠턴Seabury Stanton으로 자부심 강한 전형적인 뉴잉글랜드 사람이었다. 그의 조부는 포경선 선장이었고 선친은 해서웨이 사장을 지냈다. 뉴베드퍼드 토박이였던 시베리는 1915년 하버드 대학교를 졸업한 뒤 1차 세계대전에 참전해 프랑스 전선에서 싸웠으며 소위로 승진했다. 종전 후 고향으로 돌아온 시베리는 해서웨이의 합법적인 상속인으로서 후계자 수업을 시작해 워런 버핏을 만나기 전까지 반세기를 해서웨이와 동고동락했다.

188센티미터의 장신에 자세가 꼿꼿했던 시베리는 격식을 중시했고 냉정했으며 눈빛이 아주 날카로웠다. 1대 공황이 절정이었던 1934년 그의 성정을 보여주는 결정적인 계기가 찾아왔다. 면직공장들이 줄줄이 문을 닫거나 남부로 이전하는 와중에도 선조들에게 강인한 뱃사람 유전자를 물려받은 시베리는 깊은 자기 성찰 끝에 폭풍우에 정면으로 맞서 견디기로 결심했다. 공장 설비를 현대화하기 위해 그는 이후 15년간 1,000만 달러의 자본을 공장에 재투자했다. 뉴잉글랜드인 특유의 신조대로 시베리와 그의 남동생 오티스는 주주들의 돈과 자신들의 돈이 한배를 타야 한다는 고귀한 신념에 매달렸고 사방에서 돈을 융통해 해서웨이 주식을 사들였다.[8] 시베리라는 선장의 진두지휘하에 코브 가에 있는 빨간 벽돌의 면직공장은 경제의 부침을 의연하게 견뎌냈다.

이후 몇 년간 사업이 오르락내리락 반복했다. 해서웨이는 합성섬유 분야에 진출해 특히 레이온 제조 분야를 개척했다. 때마침 2차 세계대전이 발발해 낙하산용 섬유의 수요가 급증하자 해서웨이는 비상의 날개를 달았다. 종전 뒤 레이온에 집중한 해서웨이는 양복 안감 부문에서 미국 최대를 넘어 어쩌면 세계 최대의 제조업체가 되었다.[9]* 그런데 승승장구할 것 같던 해서웨이의 발목을 잡는 것이 있었다. 레이온 제조 기술은 모방하기가 아주 쉬웠던 것이다. 그러자 처음에는 남부 섬유업체들이 끈질기게 추적하더니 이후에는 값싼 노동력을 앞세운 극동아시아의 업체들마저 너도나도 경쟁에 뛰어들어 각축전이 벌어졌다. 설상가상 1954년 허리케인으로 공장이 침수되어 심각한 피해를 입었다. 그러자 공장을 남부로 이전하자는 솔깃한 제안이 들어왔다. 사실 경제적 수익성만 놓고 보면 합리적인 대안일 터였다. 그러나 이미 환갑을 넘겼지만 거친 파고를 이겨왔던 뱃사람 시베리는 이번에도 굴복하지 않았다. 뉴잉글랜드를 떠나고 싶지 않았던 그는 해서웨이의 합병을 결정했다. 상대는 해서웨이만큼이나 신망받던 북부 섬유업체 버크셔 파인 스피닝 어소시에이츠Berkshire Fine Spinning Associates, Inc.였다.

버크셔의 기원은 1790년 미국 최초의 면직공장을 세웠던 새뮤얼 슬레이터Samuel Slater로 거슬러 올라갈 수 있었다. 그 공장에서 목수로 일했던 올리버 체이스Oliver Chace가 1806년 독립해 로드아일랜드주Rhode Island에 공장을 세웠고, 체이스의 후손들이 경영권을 세습하는 동안 버크셔는 번영을 구가했다.[10] 150년이 지난 뒤에도 체이스 가문이 여남은 공장을 거느린 버크셔를 여전히 경영했고 침대보, 셔츠, 손수건, 여성용 속치마 등에 필요한 원단을 생산했다.

해서웨이와 마찬가지로 버크셔도 2차 세계대전과 종전 직후에는 많은 이익을 남겼고 이후에 닥친 힘든 고난을 꿋꿋이 견뎌왔다. 그러나 버크셔의 사장 맬컴 체이스Malcolm Chace는 스탠턴과는 전혀 다른 길을 걸어왔다. 해서웨이가 설비를 현대화하고 패션, 양복 안감 원단, 커

---

* 스탠턴의 회사는 해서웨이 셔츠(Hathaway Shirts)와 전혀 관계가 없었다.

튼 등의 분야로 진출한 것과는 달리 로드아일랜드의 주도 프로비던스Providence에 자리 잡은 버크셔는 면직물의 외길만 걸어왔고 구식 설비에서 벗어나지 못했다. 스탠턴과 마찬가지로 백발에 마른 체구의 뉴잉글랜드 토박이에 1931년부터 버크셔를 이끌어왔던 체이스는, 이제 뉴잉글랜드에서는 사업의 미래가 거의 없으며 남은 건 내리막뿐이라고 판단했다. 여담으로, 체이스의 조카로 훗날 미국 재무부 장관에 오르는 니콜라스 브래디Nicholas Frederick Brady는 1954년 하버드 경영대학원을 졸업하면서 버크셔에 관한 논문을 썼는데, 버크셔의 미래 전망이 너무나 참담했다. 그래서 브래디는 곧바로 자신의 지분을 매각했다.

해서웨이와 버크셔는 1955년 합병해 버크셔 해서웨이라는 새 간판을 달고 한집 살림을 시작했다. 새 회사는 한마디로 공룡이었다. 공장만 해도 14개였고 종업원은 1만 2,000명이었으며 연매출은 1억 1,200만 달러였다. 해서웨이의 좀 더 현대화된 경영과 버크셔의 풍부한 금고가 합쳐졌으니 더욱 강력한 기업이 될 거라고 기대한 것도 무리가 아니었다. 본사는 뉴베드퍼드로 이전되었고 시베리가 사장을 체이스가 회장을 맡았다.

시베리가 버크셔의 공장 설비를 살펴보니, 직기織機, loom 즉 베틀이 수천 개였고 모두가 지붕에 매달린 도르래로 연결되어 있었다. 그는 곧바로 공장 설비를 현대화하기로 결심했다. 그는 생산성을 높이기 위해 방추를 신설하고 직기들을 재정비했으며 버크셔 공장에서 가장 쓸 만한 설비들을 통합했다.

버크셔와 합병함으로써 시베리에게 어떤 고귀한 사명 같은 것이 생겼다. 그는 자신이 "미국인들에게 옷을 입히기 위해 흐르는 강물을 이용하는 물레로 원시적인 베틀을 돌려 실을 만드는 방법을 찾아낸 상상력과 창의력"의 화신 슬레이터의 정신을 계승한다고 생각했다.[11]

자신의 경험에 대한 흔들림 없는 믿음으로 혹독한 대공황을 헤쳐 나온 시베리는 역시나 대공황에 대한 생각도 그런 견지를 벗어나지 않았다. "사람들이 오직 자신의 자원과 용기에 의존해 홀로 견뎠던 시기"라고 말이다.[12] 그의 진두지휘하에 버크셔 해서웨이는 뉴잉글랜드 지역에서 살아남은 최대 규모의 섬유 제조업체가 되었고 훗날에는 유일한 섬유업체로 남게 된다.

하지만 경제적인 관점에서 보면 그는 차라리 작살로 고래를 잡는 편이 더 나았을 것이다. 그의 참모 한 사람은 "스탠턴은 투자 수익률에 대해서는 완전히 문외한이었습니다. 그의 관심은 딱 하나였어요. 공장을 계속 돌아가게 만드는 것이었죠"라고 말했다.[13] 그는 공장에 계속 투자했지만 섬유 가격이 바닥이라 투자금을 회수할 수 없었다. 그야말로 밑 빠진 독에 계속 물을 부었다.

설상가상 시베리는 시대착오적인 여러 행보로 경영진 내부에서 점차 고립되었다. 예컨대 관리자들에게는 다이아몬드 무늬 양말과 흰 셔츠를 강요했고 비서들은 장갑과 스타킹을 반드시 착용해야 한다고 고집했다. 그런 엄격한 복장 규정에 더해 그에게 경영자가 공공장소에서 스포츠 재킷을 입는다는 것은 하늘이 무너질 일이었다. 뿐만 아니라 버크셔 해서웨이라는 영지를 다스리는 영주로서 그는 사람들의 출입이 철저히 통제된 요새 같은 곳에서 일하며 거의 서면으로만 소통했다. 사람들은 그의 뒤에서 그의 집무실을 "상아탑"이라고 쑥덕거렸다. 체이스 회장의 말을 들어보자.

> 시베리는 본관 2층 펜트하우스를 사무실로 사용했는데 그의
> 전용 비서를 거치지 않고서는 아무도 그곳에 들어갈 수 없었
> 다오. 심지어 그의 비서도 자신의 비서를 따로 두었었죠. 만약

워런 버핏

그의 사무실에서 호출을 받으면, 사람들은 아주 기다란 계단을 올라가야 했습니다. 그리고 계단 끝에 있는 문을 열고 안으로 들어가면 커다란 회의실 탁자가 떡 버티고 있었고 그 끄트머리에 그의 책상이 있었죠.[14]

낮 12시 점심시간 그는 가죽 일색의 상아탑을 내려와 대기하던 검정색 캐딜락에 올랐다. 그를 태운 캐딜락은 노동자 계층의 목조 주택들이 즐비한 사우스 엔드South End에 지나 그의 자택으로 달려갔다. 자신의 사무실 앞 계단에서 보면 공장이 한눈에 들어왔는데도 시베리는 공장 노동자들과 거의 접촉하지 않았다. 1년에 딱 한 번 예외가 있었다. 그는 크리스마스에 퉁퉁 부은 표정으로 상아탑에서 내려와 야간작업을 하던 직원들과 악수를 했다. 그들은 사장이 행차한다는 것을 알고 짓궂게도 일부러 손에 기름을 발랐다.

시베리는 동생 오티스와도 사이가 좋지 않았다. 오티스는 시베리가 섬유공장에 재투자하는 것을 강력하게 문제 삼았을 뿐 아니라, 형이 종업원들의 파업을 감수하면서까지 저임금 정책을 고집하는 것에도 불만이 컸다.[15] 결국 형제간의 이런 극한 대립이 회사 전체에 퍼지기 시작했다.

외향적이고 정이 많았던 오티스는 뉴베드퍼드 본사와 뉴욕 맨해튼 의류산업 지구 가먼트 구역garment district에 있는 회사의 영업 사무소를 오갔다. 사실 오티스는 해서웨이의 획기적인 레이온 양복 안감이 성공하는 데 중추적인 역할을 했다. 양복 안감을 포함해 해서웨이의 합성 직물을 "컨버터(converter, 본래는 섬유 도매상이나 생지 도매상이라고 불리는 섬유 유통의 주요 기업군을 말하였으나 최근에는 상품 기획력을 지닌 원단 도매상까지 포함한다. – 옮긴이)"들에게 홍보하고 판매한 주인공이 바로 오티스였다. 그들 컨버터는 '생지' 원단을 가공하고 염색해 고부가 가치의 원단으로 만들어 의류 제조업자들에게 판매했다. 2차 세계대전 중에 직물 공급이 부족해지자 다른 섬유업체들은 뒷돈을 받았지만 오티스는 정직하게 거래했다. 그리고 전쟁이 끝나자 이제는 직물 공급이 풍부해졌고, 오티스라는 사람을 좋아했던 고객들이 이번에는 그를 배신하지 않고 신세를 톡톡히 갚았다.

하지만 시베리는 공장에서 잔뼈가 굵은 자신의 전문성을 살리는 결정을 내렸다. 해서웨이가 원단을 자체적으로 가공해서 의류 제조업체들에게 직접 납품하는 새로운 사업부를 신설한 것이다. 이는 오티스의 영역을 침범하는 동시에 컨버터들을 배제시키는 정책이었다. 물론 뉴베드퍼드 본사에서는 그것이 합리적인 선택처럼 보였다. 그러나 거기에는 커다란 허점이 있었다. 버크셔 해서웨이는 비유대인이 주류였던 반면 컨버터들은 물론이고 의류 제조업자들도 유대인이었다는 사실을 간과한 것이다. 뉴욕에서 버크셔의 영업 담당 부사장이었던 스탠리 루빈Stanley Rubin은 "그들과 거래하려면 그들과 한배를 타야 합니다"라고 주장했다. "그것은 시베리가 내린 최악의 결정이었고 결국 몰락의 시발점이 되고 말았지요."

버크셔의 내부 갈등이 점차 수면 위에 떠오르며 한 지붕 아래 두 가족으로 갈라졌다. 가령 시베리가 섬유산업의 미래를 장밋빛으로 전망했을 때 버크셔의 미가공 직물 즉 생지 원단을 판매하는 뉴욕 사무소 직원들은 코웃음을 날렸다. 그들은 자신들의 눈앞에서 버크셔가 침몰하는 게 보였다. 가령 버크셔의 한 영업직원이 손수건 원단을 판매하기 위해 5번가에서 고객과 상담 중이었을 때의 일이다. 고객이 창밖 너머로 미국 최초의 백화점 로드 앤 테일러Lord & Taylor에 들어가는 여성들을 가리키며 말했다. "저기 여성들이 핸드백을 들고 있

워런 버핏

는 게 보이시죠? 저 가방 안에는 전부 크리넥스 휴지가 한 팩씩 들어 있죠. 이제 손수건 사업은 끝났어요."[16]

1955년 합병 당시 14개였던 공장이 1961년 말 7곳으로 줄어들었다. 직전 3년 동안에만도 버크셔는 공장에 1,100만 달러의 자본을 투하했다.[17] 공장들은 현대화로 생산성이 향상되었지만 버크셔 자체는 그렇지가 못했다. 버크셔의 주력 제품이었던 '균형 평직물'은 이미 일반 상품화가 되었고, 이는 여타 제조업체들과 차별성이 없다는 뜻이다. 경쟁업체들이 평직물 시장으로 대거 유입되었을 때 버크셔는 속수무책이었다. 그러다가 현대화가 완료된 1년 뒤인 1962년 버크셔는 자그마치 220만 달러의 적자를 기록했다.

그럴 즈음 시베리와 오티스 간의 깊은 불화에 기름을 붓는 사건이 생겼다. 시베리가 경영권을 자신의 아들 잭 스탠턴Jack Stanton에게 물려주려 한 것이다. 이제 둘은 돌이킬 수 없는 강을 건넜다. 잭 스탠턴은 자신의 아버지를 빼다 닮아 장신에 마른 체구였으며 표정도 찬바람이 쌩하니 불었다. 그러나 날카로운 눈빛을 가진 아버지와는 달리 안개가 낀 것 같은 파란 눈은 어딘가 슬퍼 보였다. 잭은 아버지의 뒤를 이어 하버드에 진학했고 세계대전에도 참전했으며 해병대에 복무할 당시 투수로 무안타 기록을 두 번이나 세웠다. 필라델피아에 연고가 있는 프로야구팀 애슬레틱스(Philadelphia Athletics, 1955년부터 12년간 캔자스시티로 연고지를 바꾸었다가 1968년부터 지금까지 캘리포니아 오클랜드에 연고지를 두고 있다. – 옮긴이)가 그에게 입단을 제의했지만 시베리가 거부했다. 효자였던 잭은 아버지의 반대로 야구를 포기했고 "기름 범벅인" 공장 노동자들과 "직기" 앞에서 일을 배우기 시작했다. 1962년 이제 70세가 된 시베리는 몇 년 뒤쯤 자신의 사장 자리를 물려주려고 잭을 재무 담당자에 앉혔다. 그러나 오티스와 체이스 회장은 잭이 경영자로서 부적합하다고 생각했고 다른 전문 경영인을 은밀히 찾기 시작했다.

한편 월스트리트에서 버크셔의 주식은 찬밥 신세였다. 투자와 금융 전문 출판기업 밸류 라인Value Line의 증권분석가 리처드 N. 틸리슨 Richard N. Tillison은 1955년 초 주당 14.75달러였던 버크셔의 주식을 매수하라고 추천했다. 그때부터 몇 년간 공급 과잉으로 섬유산업 전반이 불황인 데다 섬유공장들까지 줄줄이 도산하는 바람에 틸리슨은 쓸개를 씹는 심정이었다. 1963년 초 버크셔의 주가는 8.125달러까지 떨어졌고, 이는 그의 추천 매수가보다 45퍼센트가 하락한 수준이었다.

하지만 섬유 산업 분석가의 가슴 속에서는 희망의 불꽃이 절대 꺼지지 않았다. 1963년 3월 틸리슨은 버크셔의 전망이 "지난 몇 년보다 훨씬 밝아 보인다"는 회심의 보고서를 냈다. 그리고 석 달 뒤인 6월 슬그머니 다시 등장해 버크셔가 얼마간의 분기 수익을 달성할 것으로 예상했다. 하지만 또 석 달 뒤인 9월에는 안타깝게도 자신의 희망을 또다시 보류할 수밖에 없었다.

> 버크셔에 대한 올 초 전망을 불가피하게 변경해야겠다. 현재로서는 버크셔가 흑자를 기록하지 못할 것으로 보인다. 많은 면직물 업체들이 혼방직물 시장에 급격하게 진출해 일시적으로 가격이 하락했기 때문이다….[18]

요컨대 "일시적"인 악재로 버크셔가 "당장"은 이익 실현이 불가능해졌다. 이는 새삼스러운 일이 아니었다. 무려 지난 8년간 그래왔다.

경제 이론에 따른 인수 시나리오 하나를 살펴보자. 어떤 기업의 경영상태가 매우 나빠 '두꺼비'가 되었을 때 조만간 어떤 투자자가 나

워런 버핏

타나 그 기업의 자산을 활용해 '왕자'로 변신시킬 수 있다는 자신으로 인수한다. 버핏도 우연찮게 틸리슨과 같은 시기에 버크셔라는 회사에 대해 알게 되었다. 당시는 1950년대로 그가 그레이엄-뉴먼에서 일할 때였다.[19] 하워드 뉴먼이 현장 조사차 버크셔를 직접 방문했고 하마터면 버크셔에 인수 제의를 넣을 뻔했다. 버핏은 이후 몇 년간 그저 방관자의 입장에서 버크셔의 어려움을 조용히 지켜보았다. 그러다가 1962년 말 버크셔의 주식이 주당 8달러 아래로 떨어졌는데, 당시 버크셔의 운전 자본이 주당 16.50달러였으니 버크셔의 주식이 저평가된 것처럼 보였다. 마침내 버핏이 투자조합을 통해 주식을 얼마간 매수했다. 하지만 당시에는 버크셔를 인수할 생각은 꿈에서도 없었고, 그저 자신이 투자한 다른 주식과 똑같이 길게 봐서 2년 정도 보유할 생각이었다.

그런데 상황은 뜻밖으로 전개되었다. 버핏이 버크셔에 관심을 보이자 뉴욕에서 주식 중개인으로 일하던 친구 대니얼 코윈Daniel Cowin이 버크셔 주식을 일괄 매수할 수 있는 블록 거래block trade를 몇 개 찾아냈다.[20] 그리하여 1963년 버핏 파트너십은 버크셔의 최대 주주가 되었다.[21] 그러나 버핏은 자신을 대신해 코윈을 버크셔의 사외이사로 등재시켰고 자신이 대주주라는 정체를 한동안 비밀에 부쳤다.[22]

그러나 비밀은 오래가지 못했다. 코윈의 뒤에 버핏이 있다는 소문이 암암리에 퍼졌다. 버크셔의 영업 부사장으로 버핏과도 안면이 있었던 스탠리가 버핏에게 주식을 더 매수할 계획인지 단도직입으로 물었다.

버핏은 즉답을 피하며 "그럴 수도 있고 아닐 수도 있습니다"라며 두루뭉술하게 대답했다. 그럼에도 아직은 누구도 버핏에게 뭔가 꿍꿍이가 있다는 것을 깨닫지 못했다.

얼마 후 버핏이 버크셔를 직접 방문했다. 그는 잭 스탠턴이 버크셔의 예전 재무제표들을 보관하고 있다는 사실을 알고는 몹시 흥분했다. 가장 오래된 것은 1920년대까지 거슬러 올라갔다. 그는 일단 재무제표들을 복사했고, 그런 다음 공장 몇 곳을 둘러볼 수 있는지 물었다. 잭은 "그때 제가 많이 바빠 짬을 낼 수 없이 켄 체이스Ken Chace에게 그 일을 부탁했죠"라고 회상했다.

이것이 잭에게는 일생일대의 실수였다. 오티스는 이미 시베리의 후계자로 켄 체이스를 (성은 같았지만 맬컴의 친척이 아니었다) 점찍은 상태였다. 당연한 말이지만 형 시베리도 아버지의 자리를 물려받고 싶었던 조카 잭도 오티스의 의중을 짐작도 못 했다. 체이스는 40대 후반 정도에 사각턱을 가졌으며 소탈한 성격에 쉐보레를 몰았다. 뉴베드퍼드에서 나고 자란 그는 정확하지는 않지만 뉴베드퍼드 섬유학교New Bedford Textile School인가를 졸업한 뒤 1947년 해서웨이에 입사해 합성섬유와 관련된 업무를 맡았다. 그리고 화학공학 기술자로 착실히 승진 사다리를 밟아 마침내 제조 부문 부사장 자리를 꿰찼다.

이틀 동안 체이스는 버핏과 함께 다니며 버크셔의 공장들을 안내했다. 버핏에게는 그 공장들이 새뮤얼 슬레이터의 스케치북에서 튀어나온 것처럼 보였음이 틀림없다. 솜사탕 같은 면화 더미가 거대한 깔때기처럼 생긴 호퍼hopper로 빨려 들어가 섬세한 빗질을 받아 반짝거리는 투명한 실로 변신했고, 밧줄처럼 생긴 굵은 실 가닥들이 사열한 병사들 같은 수백 개의 물레를 거치면서 꼬여 섬유사yarn로 다시 태어났다. 버핏이 이해했건 말건 또한 누가 알아주건 말건 그 유서 깊은 공장에는 매력적인 무언가가, 뉴잉글랜드의 영혼과 비슷한 무언가가 있었다. 체이스의 말을 들어보자.

워런 버핏

버핏은 미친 듯이 질문을 해댔습니다. 회사의 마케팅 전략은 무엇이고 기계 설비는 어떻게 구성되고 운영되는지, 제가 회사에 무슨 조치가 필요하다고 생각하고 회사의 전망을 어떻게 예상하는지, 회사가 추구하는 기술적인 목표는 무엇인지, 우리가 어떤 종류의 제품을 누구에게 판매하는지 등등 꼬치꼬치 묻더군요. 그는 정말로 모든 것을 알고 싶어 했습니다.

체이스는 회사가 직면한 문제들에 대해 솔직하게 말했고, 버핏은 적임자를 찾았다고 확신했다. 버핏이 자세하게는 말하지 않았지만 현장 시찰이 끝났을 때 알쏭달쏭한 단서를 던졌다.

"체이스 씨, 연락드리겠습니다."

시베리는 마침내 자신이 사면초가에 몰렸다는 사실을 깨달았다. 무엇보다 시베리가 경영권을 방어하려면 지분 확보가 시급했다. 1964년 버크셔는 버핏에게 자사 주식을 되사겠다고 반복해서 제안했다. 버핏은 시베리의 제안을 거의 받아들이기 직전이었지만 한 가지가 찜찜하게 마음에 걸렸다. 시베리가 가격을 장난친다는 생각이었다.

찰리 멍거는 "둘이 생각한 가격 차이가 겨우 12.5센트였습니다"라고 말하면서 그것만 아니었다면 버핏이 주식을 시베리에게 팔았을 거라고 했다. "버크셔가 버핏의 피투자 기업이 된 것은 순전히 우연이었습니다."

솔직히 버크셔는 아무리 좋게 봐도 매력적인 투자처는 아니었다. 사실 내세울 만한 것이 하나도 없었다. 그러나 버핏은 시베리가 그동안 자신에게 솔직하지 못했다는 생각에[23] 버크셔라는 배에서 내릴 마음이 싹 사라졌다. 버핏은 시베리가 구두 합의 사항을 어겼으므로 둘 사이의 매매 합의가 무효라고 생각했지만 시베리는 생각이 달랐다. 그래서 버핏과 시베리는 심각한 갈등에 휩싸였다. 버핏은 늘 그렇듯 이번에도 자신을 대신해서 싸워줄 사람을 내세웠다.

대니얼 코윈과 시베리는 시베리의 상아탑에서 그 문제로 날 선 언쟁을 벌였다. 급기야 시베리는 누구도 **자신에게** 이래라저래라 지시할 수 없다고 큰 소리로 선언했다. 코윈이 버핏의 대리자라는 사실을 알았던 부사장 에드먼드 리그비Edmund Rigby가 급하게 뛰어 들어가 시베리에게 경고했다. "대주주한테 그런 식으로 말씀하시면 안 됩니다."

이제 경영권 다툼이 절정으로 내달렸다. 버핏에게 공장을 견학시켜주며 회사의 문제들도 솔직하게 말해주었던 체이스는 버크셔의 미래가 몹시 걱정되고 불안했다. 그래서 이참에 회사를 옮겨볼 요량으로 사우스캐롤라이나의 한 경쟁업체와 이직 이야기가 오가는 중이었다. 영업 담당 부사장 스탠리가 1965년 초 체이스에게 전화해서 버크셔에 남아달라고 간청했다. 체이스가 이유를 묻자 루빈은 그냥 자신을 믿고 자신의 말대로 해달라고만 알쏭달쏭하게 말했다.

한 달쯤 지나 루빈에게서 다시 전화가 왔다. "워런 버핏이라고 기억하시죠? 그가 버크셔 해서웨이의 주인이 될 거 같아요. 중개회사의 이름으로 산 주식의 진짜 주인이 그 사람이거든요." 루빈은 버핏이 체이스를 만나 의논할 일이 있으니 뉴욕으로 와주길 바란다고 전했다.

화창한 이른 봄날이었다. 버핏은 체이스와 함께 자신이 묵고 있는 플라자호텔 앞의 작은 공원까지 걸어가 막대 아이스크림 2개를 샀다. 버핏은 말을 돌리지 않고 단도직입으로 말했다. "당신이 버크셔 해서웨이의 사장이 되어주셨으면 좋겠는데, 어떻게 생각하십니까?" 체이스는 48살이었다. 그리고 그의 경력에 비상의 날개를 달아주겠다고 제안하는 사람은 34살이었다.

체이스는 뭐가 뭔지 얼떨떨한 상태로 그의 제안을 덥석 받아들였다. 버핏은 다음번 이사회에서 새로운 사장 선임 문제를 밀어붙일 만큼 충분한 지분을 확보했으니 그때까지 비밀로 해달라고 당부했다. 한편 버핏은 버크셔의 미래와 관련해 체이스에게 숙제를 내주었다. "당신이 무엇을 해야 할지 생각해 보세요. 버크셔는 이제 당신의 책임입니다." 그로부터 10분 후 버핏은 여전히 충격에 빠져 있는 체이스와 헤어졌다.

체이스는 까마득히 몰랐지만, 버핏은 버크셔의 이사회 의장 맬컴 체이스를 찾아가 지분을 인수하겠다고 제안했었다. 체이스는 버크셔가 곧 자신의 인생이라며 거절했지만, 체이스의 가족 몇몇이 버핏에게 주식을 팔기로 합의했다.

이제 버핏은 버크셔를 차지하기까지 언덕 하나만 남았다. 오티스였다. 아무리 사이가 좋지 않아도 피를 나눈 형제인데 그가 버핏에게 주식을 팔아 형에게 비수를 꽂으려 할까? 스탠리가 버핏과 오티스의 점심 약속을 주선했다. 뉴베드퍼드에 있는 왐수타 클럽wamsutta Club에서 버핏이 먼저 자신의 패를 보이자 오티스는 조건 하나만 들어주면 주식을 넘기겠다고 합의했다. 버핏이 시베리에게 동일한 매수 제안을 해야 한다는 것이었다. 이제 운동장은 버핏에게로 완전히 기울었다. 비록 잭은 위임장 쟁탈전도 불사할 각오였지만 시베리는 그럴 생각이 조금도 없었다. 스탠턴 일가의 주식까지 더해 버핏 파트너십은 주당 평균 약 15달러로 버크셔 해서웨이 주식의 49퍼센트를 확보했다.[24]

너무 바빠 버핏에게 공장 견학을 시켜주지 못했던 잭은 이제 — 너무 늦었지만 — 버핏을 직접 만나 담판을 지어야 한다는 생각에 마음이 급해졌다. 잭은 당시 아내였던 키티Kitty와 뉴욕으로 곧장 달려가 플라자호텔에서 버핏 부부와 아침을 함께했다. 그러나 버핏은 잭이 감당할 수 있는 상대가 아니었고 잭은 압도당해 쩔쩔맸다. 뉴욕 매장의 판매원 랠프 리그비Ralph Rigby에 따르면 키티가 잭보다 더 적극적으로 매달렸다고 한다. 오죽했으면 훗날 버핏은 "둘 중 한 사람을 채용한다면 키티를 선택했을 겁니다"라고 농담했다.

버핏은 잭의 목적이야 빤했기에 껄끄러운 대화 주제를 바꾸고 싶었던 모양이었다. 그는 자신의 경력에 대해, 자신이 투자자로 어떻게 걸어왔는지에 대해 이야기보따리를 풀었다. 잭이 놀라워하며 "어떻게 그렇게 하셨어요?"라고 묻자 버핏이 해마다 "2,000개 기업"의 재무제표를 읽는다고 대답했다.

5월 이사회 직전 버핏이 비밀리에 이사로 선임되었다.[25] 드디어 섬유산업의 공룡 기업을 품에 안는 대망의 아침이 밝았다. 머리를 짧게 자른 버핏은 수행원 한 명과 아침 일찍 뉴베드퍼드로 날아갔다. 단추를 단단히 채운 양복은 비행기 여행으로 깊은 주름이 생겨 후줄근했고 커다란 가방도 눈에 띄었다. 마치 행색은 초라해도 열정 넘치는 외판원의 모습이었다.

버핏이 코브 가의 이사회 회의장에 도착하자 시베리가 상아탑에서 천천히 내려왔다. 상아탑도, 이사회를 주재하는 일도 오늘이 마지막이었다. 시베리는 이사회 개회를 선언한 뒤 무표정한 얼굴로 회의 의제를 읽었다. 그리고 시베리는 사임했다. 이제 남은 순서는 잭에게 독배를 전달하는 일이었다. 부자는 한마디도 없이 목제 패널로 꾸며진 고상한 회의실을 빠른 걸음으로 빠져나갔다. 투표를 통해 켄 체이스가 사장으로 버핏은 집행 위원회 회장으로 선출되었다. 오티스는 지배 주주에게 표를 던져 형에게 최후의 비수를 꽂았고 이사회에 잔류했다. 체이스는 이사회 의장의 직함을 유지했지만 이제 버크셔의 주인은 엄연히 버핏이었다. 그날 — 1965년 5월 10일 — 버크셔의 주가는 주당 18달러로 마감했다.

워런 버핏

그러나 버핏의 잘 짜인 대본은 하루도 못 가 거의 만신창이가 되었다. 누군가가 석간신문 《스탠더드─타임스Standard-Times》를 전해주었는데 1면에 따끈따끈한 기사가 실려 있었다. 버크셔의 경영진 교체에 관한 기사였다. 시베리가 그간의 일을 언론에 폭로했고 자신이 버크셔를 떠난 것이 "특정한 외부 이익집단"과의 불화 때문이라고 떠들어댄 모양이었다.[26] 청산인으로 ─ 뎀프스터 때문에 얻은 모욕적인 별명 ─ 보일 수도 있다는 생각에 버핏은 격분한 기색이 역력했다. 그러나 공개석상에서는 자신의 속내를 철저히 감춘 채 스탠턴 일가의 '명예로운 퇴진'에 찬사를 보낸 반면 자신의 계획에 대해서는 말을 극도로 아꼈다. 다음 날 신문 기사를 보면, 버핏은 "동일한 공장에서 만든 동일한 제품을 동일한 고객들에게 판매"하겠다고 즉 달라지는 것은 없다고 약속했다.

지난 10년에 걸쳐 버크셔는 공장을 연이어 폐쇄해 이제 달랑 2곳만 남아 예전 섬유 공룡의 위세는 찾아볼 수 없었고 누적된 순 손실액도 1,010만 달러에 이르렀다.[27] 뿐만 아니라 자산도 반 토막이 났고 잔류 종업원도 2,300명에 불과해 1955년 합병 당시의 종업원 5명 중에 1명꼴이었다. 하지만 버크셔의 운명이 회복의 기지개를 켜는 것처럼 보였다. 무엇보다 합성섬유에 대한 막대한 수요에 힘입어 버크셔는 ─ 마침내 ─ 흑자로 돌아섰다, 그렇다면 '버크셔 바라기'를 자처했던 분석가 틸리슨은 버핏이 버크셔를 인수한 것에 대해 뭐라고 했을까? 아무 말도 하지 못했다. 운명의 장난인지 틸리슨은 시베리와 같은 시기에 현역에서 물러났다. 밸류 라인의 5월호에 실린 버크셔 보고서는 낯선 분석가가 서명했는데, 그 분석가는 "새 지배 주주"의 계획은 알려지지 않았다고 썼다.

이사회 회의를 마친 뒤 버핏은 체이스와 함께 유서 깊은 공장을 지나 코브 가를 걷다가 자리에 앉아 대화를 나누었다. 체이스는 공장에 대한 새 소유주의 계획을 들으려고 귀를 쫑긋 세웠지만, 버핏은 공장과 관련된 모든 것은 체이스에게 달렸다고 말했다. 요컨대 버핏은 공장 운영에는 일체 관여하지 않고 돈만 관리할 계획이었다.

그런 다음 특유의 직설적인 화법으로 그는 서로에 대한 기대치를 간략히 설명했다. 먼저 체이스에 내한 처우를 설명했다. 버핏은 체이스는 물론이고 누구에게도 스톡옵션을 제공하지 않을 거라고 단단히 못을 박았다. 솔직히 체이스에게는 다소 실망스러운 소식이었다.

버핏이 스톡옵션을 반대하는 이유는 역설적이게도 대부분의 CEO들이 사랑해마지 않는 이유와 같았다. 스톱옵션은 수령인들에게 잠재적인 — 때로는 엄청난 — 보상을 안겨주면서도 그들에게 아무런 위험을 부담시키지 않았고, 따라서 경영자들이 주주들의 자본에 무임승차하는 결과를 낳는다는 것이었다.

좀 더 분명하게 말하면 버핏은 개인적인 이익이 주주들의 이익과 일치하는 관리자들을 원했다. 주식과는 별개인 스톱옵션을 보유한 관리자는 잃을 것이 없었고 그리하여 주주들의 자본으로 무모한 결정을 내릴 가능성이 더 높다는 이유에서였다.

하지만 버핏은 당근도 내밀었다. 체이스가 버크셔 주식 1,000주를 살 수 있게 1만 8,000달러를 대출받도록 보증을 서주겠다고 제안했다. 이제까지 1년 꼬박 일해 봐야 채 3만 달러도 벌지 못했고 평소 빚을 지는 것도 좋아하지 않던 체이스에게 1만 8,000달러는 아주 큰돈이었다. 하지만 버핏은 영업의 달인이었고 특히 자신의 주장을 설득시킬 때는 더욱 그랬다. 그의 투자조합에 투자한 일부 원년 조합원들이 그랬듯 체이스는 막연히 버핏이 하자는 대로 하면 좋은 일이 생길 거라는 기분이 들었다. 그래서 체이스는 이번에는 모험을 해보기로 결심했다.

워런 버핏

이제는 버핏이 자신의 요구사항을 밝힐 차례였다. 그러기에 앞서 버핏은 체이스에게 투자 수익률에 관한 기본적인 이론을 설명했다. 그는 공장의 생산량이나 판매량에는 특별히 신경을 쓰지 않겠으며 전체 수익도 숫자 자체에는 관심이 없다고 했다. 그가 중요하게 여기는 것은 **투하자본이익률**ROIC이었다. 그것이 바로 버핏이 체이스의 성과를 측정할 기준이었다.

대부분의 관리자들이 그렇듯, 성장이 절대적인 선善이라는 통념에 젖어 있던 체이스에게 이것은 듣도 보도 못한 아이디어였다. 하지만 체이스는 그것이 버핏의 자본주의적 신조에서 핵심이라는 것을 곧바로 이해했고, 버핏도 체이스가 쉽게 이해할 수 있는 예를 들어주었다.

"저는 수익률이 5퍼센트인 1억 달러짜리 회사보다는 수익률이 15퍼센트인 1천만 달러짜리 기업을 원합니다. **그런 돈을 불릴 수 있는 다른 투자처들이 있습니다.**" 버핏은 그날 밤 오마하로 돌아갔다.

버핏은 "다른 투자처"를 확보하는 것을 정말로 중요하게 생각했다. 그리고 자신이 수익을 다른 곳에 투자할 수 있으려면 체이스가 재고 수준과 간접비를 가능한 낮춰야 했다. 체이스가 버핏의 의중을 정확히 간파했다. "버핏이 제게 바란 것은 하루라도 빨리 현금을 만들어내라는 것이었습니다."

버핏은 체이스에게 공장에 대한 전권을 부여하겠다는 약속을 철저히 지켰다. 또 한편으로는 체이스에게 분기별 예상 전망치를 포함해 이런저런 보고서를 준비하지 않아도 되지만 딱 두 가지는 반드시 지켜달라고 요청했다. 월별 재무제표를 보내주고 예상치 못한 나쁜 일이 생기는 즉시 무조건 알려달라는 것이었다.

사실상 버핏은 체이스와의 관계를 직접적인 접촉은 최소화하되 최대한의 효과를 이끌어내도록 정립했다. 물론 체이스는 버핏에게 쉽게 연락할 수 있었다. 하지만 도리어 이것이 체이스가 정말로 필요하지 않으면 전화기를 선뜻 들지 못하게 만들었다. 게다가 체이스가 전화를 해도 버핏은 전화통을 오래 붙들고 있지 않았다.

"제가 실적 결과치와 그해의 실적 추정치를 알려주면 그는 그 수치들을 영원히 기억했죠"라고 체이스가 말했다. 하루는 체이스에게 수치를 보고받은 버핏이 먼젓번 통화에서 보고했던 수치와 다르다고 지적했다. 체이스는 그럴 리가 없다며 반박했다. 나중에 자료를 확인해 보니 버핏의 말이 맞았다. 그때부터 체이스는 새로운 버릇이 생겼다. 버핏에게 전화하기 **전에** 보고할 데이터를 확인하고 또 확인했다.

공장 운영에 관한 체이스의 전권에는 한 가지 제약이 있었다. 자본 배분은 버핏만이 할 수 있었다. 시베리가 섬유 부문에 투자했던 자본 대부분이 결국 밑 빠진 독에 물을 부은 결과로 끝난 터라 버핏은 자본을 추가로 투입하는 것을 극도로 꺼렸다.

그렇다고 체이스도 마냥 손 놓고 있을 수는 없어 시도를 해봤다. 철저한 조사 결과와 밝은 전망치를 근거로 투자를 제안하면 버핏은 번번이 "그래 봤자 이제까지의 평균을 넘기지 못해요"라고 퇴짜를 놓았다.

버핏 파트너십 시절 외부 회계 감사로 버핏과 처음 인연을 맺었던 버크셔의 재무 담당자 제이 베른 매켄지Jay Verne McKenzie가 조언했다. "체이스, 명심할 게 있어요. 버핏은 5천 달러를 투자할 때도 500만 달러를 투자할 때와 똑같은 규칙을 적용하죠."

버핏과 체이스가 손을 잡은 처음 2년간 섬유 시장의 호황에 힘입어 버크셔는 수익을 달성했지만 섬유 부문에 재투자하지 않았다. 또한 체이스는 버핏이 요구한 대로 재고와 고정 자산을 축소했다. 그런 모든 노력이 합쳐져 회사의 현금 유동성이 증가했다.[28] 케이스는 상징적인 조치로 상아탑도 사용하지 않았다. 버핏은 1967년 배당금으로 고작 주당 10센트를 지급했는데 이마저도 곧바로 마음을 바꾸었다.*
그때부터 버핏은 자신이 공언한 대로 손에 들어온 현금을 악착같이
내놓지 않았다.

대부분이 미국 동북부의 뉴잉글랜드 지역에서 거주하던 버크셔의
주주들은 회사의 중요한 결정이 중서부 오마하에서 이뤄진다는 사실
을 까마득히 몰랐다. 버크셔의 본사는 여전히 뉴베드퍼드에 있었고
연례 보고서에는 켄 체이스와 맬컴 체이스가 서명했다. 하지만 그런
보고서를 면밀히 읽어본 사람이라면 회사를 움직이는 막후 실력자가
있다고 의심했을지도 모르겠다.

> 버크셔는 섬유 산업 내부에서 적당한 인수 기업을 물색하고
> 있습니다만, 업계 외부의 기업도 일부러 배제하지는 않습니
> 다.[29]

그 연례 보고서가 발표된 직후 버핏은 행동에 돌입했다. 사실 얼마
전부터 눈여겨보며 조용히 조사하던 회사가 있었다. 오마하에 본사
가 있는 내셔널 인뎀니티National Indemnity Co라는 보험회사였는데, 창업
자이자 대주주는 버핏과 예전에 작은 악연이 있던 인물이었다. 버핏
이 자신의 투자조합에 참여하려면 최소 투자금이 5만 달러라는 조
건을 내자 콧방귀를 뀌었던 잭 링월트였다. 이후 링월트는 버핏의 투
자 성과에 대해 꾸준히 듣고 있었고 버핏도 링월트에 관해 많은 것을
알게 되었다.

---

* 훗날 버핏은 배당 공고가 났을 때 "저는 틀림없이 화장실에 처박혀 있었을 겁니다"라고
말했다. 이후로 그는 배당금을 한 번도 지급하지 않았다.

대학 중퇴자로 신랄한 재치를 지닌 링월트는 대공황 시절 택시 운전기사들에게 보험을 판매하는 사업을 시작했다. 이 경험을 통해 그는 돈을 버는 확실한 방법에 눈을 떴다. 다른 보험회사들이 꺼리는 위험을 보장해 주는 보험을 판매하는 것이었다.

> 맨주먹으로 시작한 내게는 이 방법이 딱 맞았다. 나는 경쟁자들에 비해 내세울 게 없었다. 그들보다 인맥도 없었고 가방끈도 짧았으며 투지도 약했다. 그렇다고 성격이 더 좋은 것도 아니었다.[30]*

링월트의 주력 제품은 특이한 위험unusual risk을 보장해 주는 자동차 보험이었다. 하지만 사실 그는 다른 보험사들이 기피했던 모든 위험을 — 주류 밀매업자, 사자 조련사 등등 — 기꺼이 보장해 주었다. 이유는 빤했다. 대체로 그런 위험에 대한 보험료가 더 비싸서였다. 특히 링월트의 보험사는 전국의 여러 도시에서 라디오 방송사가 주최한 보물찾기에 보험을 제공한 것으로 유명했다. 대개는 라디오 방송사가 10만 달러짜리 은행 환어음이 숨겨진 장소에 관한 일련의 단서를 방송으로 알려주었다. 그리고 그 환어음을 발견하는 사람에게 링월트가 보험금을 지급하기로 되어 있었다. 그런데 여기에 꼼수가 있었다. 링월트가 직접 환어음들을 숨긴 것이다. 따라서 '보물을 찾을' 가능성이 거의 없었다고 해도 과언이 아니었다. 가장 흔한 수법은 립스

---

* 링월트는 『내셔널 인뎀니티와 그 회사 창업자에 관한 이야기(Tales of National Indemnity Company and Its Founder)』라는 회고록에서 더러는 악취 나는 보험업계의 뒷골목 사람들과 그들의 주변에 관한 이야기를 유쾌하게 풀어낸다.

워런 버핏

틱 용기에 넣어 땅속에 묻는 방법이었다. 게다가 그가 제시하는 단서들은 모호하기 짝이 없었다. "민들레는 장미가 아닙니다. 조Joe의 집 앞을 지날 때 한 블록 안에 보물이 있습니다"라는 식이었다.[31] 실제로 그가 상금을 지불한 것은 샌프란시스코에서 한 번이 전부였다.

링월트는 자신의 영업 철학을 간단하게 설명했다. "보험에서 나쁜 위험이란 없습니다. 보험료가 사악할 뿐이죠."[32] 이것은 황금에 버금가는 아주 귀중한 통찰이었다. 이 진실을 경마에서 배웠던 버핏도 링월트가 자신과 같은 부류라고 생각했다. 둘은 위험을 감수하는 것을 좋아했다. 단, 이길 확률이 높을 때만 그랬다. 둘은 또 다른 공통점도 있었다. 링월트도 둘째가라면 서러울 구두쇠였다. 아마 버핏이 아는 사람 중에 가장 짠돌이였지 싶다. 일례로 시내 레스토랑에서 점심을 먹을 때면 코트 보관료가 아까워 코트를 사무실에 두고 갔을 정도였다.

1967년 버핏이 링월트에게 의논한 일이 있으니 자신의 사무실을 방문해달라고 요청하면서 15분 정도면 충분할 거라고 덧붙였다. 버핏은 이미 출격 준비를 끝낸 상태였다. 오마하에서 주식 중개를 하던 찰스 하이더Charles Heider를 통해 링월트를 설득하려면 얼마가 필요할지 이미 정보를 얻었다.

"어째서 이제까지 회사를 매각하지 않으셨습니까?"라고 버핏이 물었다.

"사기꾼이거나 파산한 사람들만이 내 회사를 원했기 때문일세."

"다른 이유는요?"

"내 주식보다 다른 주주들이 더 낮은 가격을 받는 걸 원하지 않네."

"또 다른 이유는요?"라고 버핏이 재촉했다.

"우리 직원들이 일자리를 잃을까 걱정하는 것도 싫다네."

"그것 말고 또 없습니까?" 버핏이 끈질기게 물었다.

"내 회사가 오마하에 계속 있기를 바라네."

"또 다른 건요?"

"그만하면 충분하지 않은가?"

"회장님이 생각하시는 주식 가치는 얼마입니까?"라고 버핏이 본론을 꺼냈다.

"시장 가격으로는 주당 33달러이지만 주당 50달러의 가치가 있지."

"그럼 제가 그 가격으로 사겠습니다"라고 버핏이 말했다.[33]

총 인수대금은 860만 달러였다. 여기서 짚고 넘어가야 하는 것이 있다. 뉴베드퍼드에 있는 섬유회사가 어째서 오마하에 있는 보험회사를 인수하고 싶어 했을까? 버핏은 버크셔가 반드시 섬유회사여야 하는 것은 아니라고 생각했다. 오히려 잠재적 수익성이 가장 높은 분야에 자본을 투입해야 하는 기업이라고 생각했다.

말하자면 공장과 설비에 대한 재투자가 필요한 섬유산업은 돈 먹는 하마인 데 반해 보험회사는 현금을 **낳는** 거위였다. 보험료는 선불이었고 보험금은 차후에 청구가 들어올 때만 지급하면 그만이었다. 그 사이에 보험회사는 자본을 다른 곳에 투자할 수 있었다. 그런 자본은 통상적으로 "플로트(float, 보험, 복권, 상품권 등등 권리를 팔아 생기는 현금 수입과 권리자의 권리 행사로 인한 현금 지출 사이의 시차로 인해 발생한 여유 자금을 말하며 부동浮動 자금이라도 한다. - 옮긴이)"라고 불린다.

전통적으로 볼 때 보험사들은 플로트를 보수적으로 운용했고, 필요보다 훨씬 많은 현금을 '금고에 쌓아뒀다'. 버핏의 보험사 사랑은 처음이 아니었다. 그의 첫사랑 보험사는 가이코였다. 그때부터 버핏은 보험에 대해 오랫동안 열심히 공부했고 보험료로 발생한 플로트는 로켓 연료만큼 강한 폭발력을 지닐 수도 있다고 여겼다. 플로트는 간단히 말해 현금이었고, 보험사는 사실상 투자 가능한 현금을 찍어

내는 기계와 다르지 않았다.

얼마 지나지 않아 버핏의 관점이 널리 알려지며 보험이 화려한 백조가 되지만, 당시에는 아직 미운 오리 새끼였다.* 많은 보험사들은 굳이 수익을 공표할 필요조차 없었고 사실 수익을 알고 싶어 하는 투자자도 거의 없었다. 내셔널 인뎀니티 인수를 중개했던 찰스 하이더는 "버핏은 미국에서 플로트 개념을 가장 먼저 이해한 사람"이었다고 소회를 밝혔다.

버핏이 내셔널 인뎀니티를 품에 안자 버크셔는 그가 마음껏 갖고 놀 수 있는 지속적인 현금원이 생겼다. 이후 몇 년간 버크셔는 오마하에서 일련의 주간지들을 발행하는 선 뉴스페이퍼 오브 오마하Sun Newspapers of Omaha Inc.와 일리노이 록퍼드Rockford의 일리노이 내셔널 은행 신탁회사Illinois National Bank & Trust를 낚아챘다. 둘 중 규모가 훨씬 더 컸던 록퍼드의 은행은 대공황이 한창이던 1931년부터 유진 아베그Eugene Abegg가 경영해 왔다. 그가 사령탑에 올랐을 당시 내셔널 은행은 간신히 숨만 붙어 있는 '식물 기업'이었고 도시의 다른 은행들도 파산의 내리막길을 가고 있었다. 아베그는 뼈를 깎는 노력으로 대공황을 온몸으로 견뎌낸 일 중독자였다. 한마디로 버핏의 할아버지 같은 인물이었다. 우연의 일치인지 몰라도 버핏은 기업을 인수할 때마다 그런 전형적인 '캐릭터'를 고르는 것 같았다. 아베그는 취임 초기부터 가열찬 추진력을 발휘해 결국 고객 예금 수신고 1억 달러의 은행으로 키웠고 자산 수익률은 (금융기관의 주요 평가 지표) 대형 상업은행 중

---

* 버핏이 내셔널 인뎀니티를 인수하고 2년이 지나기도 전에 솔 스타인버그(Saul Steinberg), 칼 린드너(Carl Lindner), 해럴드 그린(Harold Green), 모리스 그린버그(Maurice Greenberg), 로렌스 티시 같은 자금 운용자들이 버핏을 본보기 삼아 보험사 인수에 나섰다.

에서 최고 수준에 근접했다.[34]

아베그 같이 나이 지긋한 기업가 대부분은 회사를 매각하면 은퇴를 기정사실화하고 새로운 소유주들도 (입으로는 그들의 훌륭한 경력을 칭송하면서도) 대개는 그들을 내보내고 싶어 안달한다. 하지만 버핏은 달랐다. 은행, 보험회사, 소매 유통체인을 경영하는 것은 자신의 전문분야가 아니었고, 그러고 싶은 마음도 없었다. 솔직히 그는 기업의 기존 경영 방식이 마음에 안 들면 굳이 인수할 필요가 없다고 생각하는 편이었다.

그가 원하는 인수 기업의 경영자 조건은 딱 두 가지, 자발성과 검증된 실력을 갖춘 경영자였다. 흥미로운 점은 그들 경영자도 기꺼이 그의 곁에 머물렀다는 사실이다. 예컨대 아베그는 내셔널 은행을 매각했을 때 71살이었지만 버핏이 인수한 후에도 경영자 자리를 지켰다. 이는 내셔널 인뎀니티의 잭 링월트도 다이버시파이드의 벤저민 로스너도 마찬가지였다(아베그는 여든 살이 될 때까지 내셔널 은행을 경영했다).

그들은 이미 수백만 달러의 자산가로 일선에서 일할 필요가 없었다. 그러나 버핏은 대부분 사람들의 숨은 욕구를 귀신같이 꿰뚫어봤다. 입으로 무슨 말을 하든지 속으로는 돈만큼이나 능력을 인정받고 싶은 욕구가 강하다는 사실이었다. 따라서 그는 자신이 그들에게 의존한다는 사실을 명확히 표현했을 뿐 아니라, 그들의 일에 대한 존경심을 보여주고 그들이 자신의 방식대로 경영하도록 믿고 맡김으로써 자신의 말을 행동으로 뒷받침했다.

한번은 백화점 시어스Sears의 공동 창업자 앨버 C. 로벅의 두 아들 중 하나가 씩씩거리며 버핏에게 전화했다. 그는 시어스에서 원단 구매 담당자로 일했는데 켄 체이스를 거치지 않고 버핏과 담판을 지으려 했다. 로벅은 자신의 대학 동창 중에 버핏도 아는 친구가 있다는 사실을 들먹이며 은근한 압박을 가했고 시어스 담당자를 교체해 달라고 요구했다. 본래 (이성이 아니라 감성에 호소하는) 이런 구닥다리 방식을 경멸했던 버핏은 로벅에게 그런 문제는 체이스의 소관이라며 퉁명스럽게 대답했다.[35] 당연한 말이지만 그처럼 의리와 믿음을 보여주는 것은 체이스가 버핏에게 더욱 헌신하게 만들었다.

버핏은 버크셔의 자본을 보험, 은행, 신문 등에 투입하는 반면 섬유산업에서는 자본을 지속적으로 철수시켰다. 가령 1968년에는 버크셔 해서웨이의 두 공장 중에서 면직물을 생산하던 로드아일랜드의 작은 공장을 폐쇄했다. 속치마와 드레스 심지 같은 특수 안감의 수요가 갈수록 줄어들어 불가피한 조치였다고는 해도 동일한 공장에서 만든 동일한 제품을 공급하겠다는 3년 전의 약속을 어긴 셈이 되었다. 그리하여 한때 면직물의 제왕으로 군림했던 버크셔는 이제 뉴베드퍼드 코브 가의 공장만 덩그러니 남았다. 그 공장마저도 1년 후면직물 생산을 중단했고, 이제 레이온 안감과 커튼용 합성섬유 원단만 생산했다.

한편 버핏은 첫날 체이스에게 말한 대로, 사무실용 연필깎이까지 모든 지출 항목을 직접 챙겼다. 어느 여름 버핏은 캘리포니아 단골 휴양지에서 뉴베드퍼드 본사와 유선으로 '재무 위원회'를 소집했다. 아무리 사소한 지출이라도 버핏의 엄격한 렌즈를 빠져나갈 수 없었다.

> 안건: 중고 라이너Reiner 와퍼(warper, 날실 감는 기계 – 옮긴이)와 크릴(creel, 정경기 후미에 부착하는 구조물 – 옮긴이) 구입비 약 1만 1,110달러 승인 요함
> 안건: 중고 64인치 XD 직기 50개 설치비 포함 구입비 약 7만 1,160달러 승인 요함

안건: 사무실 건물 지붕 수리비 약 9,340달러, 제품 발송실 바닥 수리비 약 9,940달러 승인 요함[36]

특히 버핏은 체이스와 대금 미회수 위험에 대해 의논했을 때는 현금 말고는 아무것도 믿어서는 안 된다고 콕 집어 상기시켰다.

한 가지 더 당부하고 싶은 것은, 누구도 우리 돈을 떼먹지 못하게 모든 고객을 아주 엄중히 검토해 보자는 것입니다. 가령 대금을 연체하는 고객이 있다면 액수와는 상관없이 전액에 대한 수표를 추심해 현금으로 통장에 찍힐 때까지 제품을 추가로 보내지 말아야 합니다.[37]

버핏은 아주 '특별한' 고객일지라도 예외를 두지 않았다. 가령 1970년대 초반 수전이 커튼 원단을 구입하려 버크셔의 뉴욕 매장을 찾았다. 판매원이었던 랠프 리그비는 "우리는 우리가 할 수 있는 한도 내에서 사모님에게 가장 비싸게 팔았습니다. 그러길 정말 잘했어요. 하마터면 낭패를 볼 뻔했거든요. 버핏이 전화해서 얼마를 받았는지 묻지 뭡니까"라고 말했다.

1970년 버핏 파트너십이 완전히 청산되고 나자 버핏 자신이 버크셔의 지분 29퍼센트를 소유한 최대 주주가 되었다. 그는 스스로를 회장에 선임했고 버크셔의 연례 보고서에서 처음으로 주주들에게 서한을 썼다.

투자자들에게 보내는 서한에서 버핏은 체이스에게 적용하는 것과 동일한 잣대를 꺼내 들었다. 바로 자기자본이익률return on equity capital, ROE이었다. 이것은 말 그대로 당기순이익을 자기자본으로 나눈 비율을 말한다. 버핏은 그런 일에는 지독할 정도로 일관성이 있었다. 그는 키위트 플라자든 뉴베드퍼드든 다른 어떤 투자처든 적용하는 기준은 딱 하나였다.

게다가 버핏은 투자 대상을 평가할 때 자신의 기준을 완화할 생각은 추호도 없었다. 많은 포트폴리오 운용자들의 단골 레퍼토리가 있다. "이 회사는 확 구미가 당기지는 않아. 그러니 조금만 투자해 간을 보자고." 버핏은 그런 식의 타협을 단호히 거부했고, 전망에 관한 한 잔인할 정도로 솔직해질 수 있었다. 오마하에 있는 데이터 도큐먼츠의 부사장 스콧 호드는 버핏이 버크셔를 재창조하던 기간에 버핏의 그런 면모를 직접 목격했다. 호드는 뜻밖에 커다란 목돈이 생겼고 이참에 직접 기업체를 인수하고 싶었다. 버핏은 덜컥 일부터 저지르지 말고 사전에 모든 가능성을 면밀히 검토하라고 조언했다.

> 저는 네댓 개 회사를 고려했고 그럴 때마다 그의 의견을 듣고 싶어 직접 찾아갔습니다. 그중 한 회사가 병원, 식당 등지에서 사용하는 휴지 디스펜서 신제품을 개발했는데 6만 달러를 요구했어요. 버핏이 "이 사업이 성공할 가능성이 얼마라고 생각하십니까?"라고 묻더군요. "반반은 되지 싶으니 꽤 높은 편이라고 생각합니다." 버핏이 기가 차다는 듯 말했다. "50 대 50 확률이 좋은 사업이라고요? 차라리 두 번 중 한 번만 펼쳐지는 낙하산을 메고 비행기에서 뛰어내리지 그러십니까." 또 하루는 최신의 자동차 경적을 생산하는 주빌리 매뉴팩처링Jubilee Manufacturing Inc.이라는 회사를 들고 그를 찾아갔어요. "저와 함께 투자하실 생각이 있으십니까?"라고 제가 물었죠. 그가 "아뇨"라며 단칼에 거절했습니다. "그럼 저 혼자 투자하면 어떨까요? 괜찮을까

요?" 그는 이번에도 말이 떨어지기가 무섭게 "아뇨"라고 내뱉었어요. 구구절절 아무 설명 없이 그렇게 똑 부러진 말을 들으니 오히려 속이 뻥 뚫리는 기분이었습니다.

버핏이 생각하는 섬유산업의 운명도 그런 낙하산 점프와 다르지 않았다. 반반인 확률에 희망을 걸고 무작정 뛰어내리는 무모한 짓거리와 같다는 생각이 갈수록 굳어졌다. 자본을 아무리 투입해도 섬유 가격이 오를 기미가 보이지 않았다. 이미 섬유는 완성 제품이 아니라 원자재인 데다 대개는 공급마저 과잉 상태였기 때문이다. 그러니 투입한 자본을 회수할 도리가 없었다.

1970년 버크셔가 섬유사업으로 벌어들인 당기순이익은 4만 5,000달러로 한심할 노릇이었다. 이에 반해 보험회사의 당기순이익은 210만 달러, 내셔널 은행의 당기순이익은 260만 달러였다. 더욱이 그해 초 두 회사와 버크셔 각각의 자본 규모가 얼추 비슷했으니 자기자본이익률(이하 ROE)은 더욱 극명하게 대조되었다.

연례 보고서에서 버핏은 체이스의 태도와 노력을 추켜세웠지만 섬유산업은 "격류를 거슬러 헤엄치는" 형국이라고 한탄했다. 또한 버크셔의 ROE는 10퍼센트로 미국 전체 회사의 평균 정도에 불과하다면서 "그나마 다른 기업들에 집중적으로 투자했기에 망정이지 섬유산업에만 계속 투자했다면 ROE는 지금보다 훨씬 낮았을 것입니다"라고 역설했다.[38]

버크셔를 인수한 순간부터 버핏의 머리를 맴돌던 문제가 하나 있었다. 버크셔의 공장을 폐쇄하는 문제였다. 어차피 외부인이었으니 그 대안을 고려한다고 비난할 일은 아니었다. 그렇지만 맬컴 체이스는 버핏이 "섬유공장과 설비에 자본을 추가로 투입할 생각이 추호도 없다"는 사실을 처음부터 알았다고 주장했다. 또한 버크셔에서 밀려나 외부에서 비통한 심정으로 지켜보던 잭 스탠턴은 한술 더 떠서 버핏이 일개 청산인에 불과하다고 결론 내렸다.

그러나 속사정은 조금 달랐다. 사실 버핏은 많지는 않아도 이따금 섬유산업에 자본을 재투자했다. 그는 자신이 뉴베드퍼드의 마지막 공장을 폐쇄한 사람으로 역사에 기록되기를 원치 않았다. 그는 조합원들에게 보내는 마지막 편지에서 버크셔에 대한 애정과 미련을 드러냈다.

> 저는 버크셔의 경영진을 좋아합니다. 그들은 어려운 여건 속에서도 회사를 발전시키기 위해 정말 열심히 노력했습니다. 또한 ROE가 저조하지만 버크셔가 현재와 비슷한 수준만 유지해준다면 섬유산업을 계속 안고 가려 합니다.[39]

누구보다 그는 체이스에게 큰 신세를 진 기분이었다. 어쨌거나 체이스 덕분에 사업을 다각화할 수 있는 총알을 마련했으니 그럴 만도 했다. 게다가 체이스는 버핏이 가장 존경하는 자질들을 보여주었다. 솔직함과 자립심이었다. 하루는 체이스가 스스로를 비하하자 버핏이 동의할 수 없다는 눈빛으로 반박했다. "당신은 맨주먹으로 밑바닥에서 시작해 오직 노력으로 지금의 자리에 올랐습니다."

솔직히 버핏은 체이스의 월급봉투에 아주 야박했고, 심지어 업계 경쟁자들과 비교해도 그의 급여는 확실히 낮았다.[40] 체이스가 버크셔의 사령탑을 맡고 5년이 지난 1970년 그의 연봉은 4만 2,000달러였다. 또한 버핏은 퇴직연금에서는 더욱 자린고비의 면모를 드러냈다. 사실 섬유업계의 전반적인 분위기가 그랬다. 체이스는 "버핏은 주주들을 희생시키고 대신에 경영진의 배를 불려주는 것에 강한 거부감이 있었어요"라고 회상했다.

하지만 체이스는 버핏의 영향력 아래서 자신에게 주어진 자율권을 감사하게 생각했고 지극정성으로 그에게 헌신했다. 이런 체이스의 태도는 버핏이 사람들에게 미치는 효과에 대해 많은 것을 시사한다. 비록 돈 인심이 후하지는 않았지만 그는 사람들에게 동기를 부여하는 능력이 아주 탁월했다.

체이스 자신도 버핏이 공장 문을 닫을지 궁금했지만, 자신이 지켜본 버핏의 평소 성정으로 볼 때 그럴 가능성이 크지 않다고 생각했다. 그가 보기에, 버핏은 공장 폐쇄로 벌어질 엄청난 후폭풍을 원하지 않았고 변화도 좋아하지 않았다. "버핏은 진득한 성격이죠. 오랜 친구들이 많다는 것만 봐도 확실합니다."

자신의 자본주의적 신조에 의거하면, 즉 이성적으로만 따지면 선택은 명백했을 것이다. 버크셔의 공장을 폐쇄하는 것이 **옳았다**. 하지만 본능은 다르게 말했다. 그는 고색창연한 그 공장에 본능적으로 끌렸고 애정을 느꼈다. 심지어 유서 깊은 그 공장의 과거가 미래보다 더 현실적으로 보였으니 희한할 노릇이었다.⁴¹ 그는 그 공장이 돈 먹는 하마가 되지 않고 추가 자본을 투입해야 하는 극단적인 상황이 닥치지 않는다면, 보잘것없는 수익도 기꺼이 감내할 작정이었다. 뉴잉글랜드에는 지방 특유의 노동 윤리가 있었고, 버핏은 그 윤리를 존중했다. 경제적인 관점으로 보면 시대착오적인 발상이었지만, 정신적인 측면에서 볼 때 해서웨이 공장은 그런 노동 윤리의 화신이었다. 그래서 버핏은 자신의 양심과 마음의 위안 그리고 지갑 사이에 파우스트식 거래(괴테의 희곡 『파우스트Faust』에서 유래한 말로 악마에 영혼을 팔아먹었다는 뜻이며 출세와 명예를 위해 자신의 양심과 도덕을 파는 것을 비꼬는 표현이다. –

옮긴이)를 맺었다. 버크셔는 제 살을 깎아 먹으며 결국 앙상한 뼈를 드러내겠지만 코브 가의 방직기는 계속 돌아가리라.

8장   사람들이 두려워할 때 탐욕을 부려라

이제는 부자가 될 때입니다.

_ 워런 버핏, 1974년

1970년 여름 어느 날 버핏이 친구 로버트 빌리그와 골프를 막 마친 참이었다. 클럽하우스 테라스 옆에서 사람들이 모여 웅성거리는 것을 보고 무슨 일인지 물었다. "뭐긴 뭐야, 자네 마흔 번째 생일 축하 파티지. 잠자코 지켜보기나 하라고"라고 빌리그가 대수롭지 않게 말했다. 버핏이 어정쩡하게 서 있자 사람들이 다가와서 만인의 생일 축하 노래를 불렀다. 겉으로는 애써 침착함을 유지했지만 속으로는 크게 감동받았다. 이제 중년의 문턱에서 그는 많은 사람들로부터 따뜻하게 축하받았다. 오마하에서 그는 유명 인사였다. 그럴 것이 그는 주간지 《선》의 회장이요 오마하 내셔널 은행의 이사였다. 오마하를 찾은 낯선 방문자가 함께 시내를 산책하던 중에 알아보았듯, 버핏은 "지나치는 모든 건물과 사업체의 재무 상태를 줄줄 욀" 수 있었다.[1]

버핏은 투자조합을 청산한 이후 사실상 반 백수로 지냈다. 켄 체이스와 긴밀하게 연락하고 해서웨이 공장을 면밀히 감시했지만 그런 일에는 딱히 많은 시간이 필요하지 않았다. 이제는 아이들마저 10대로 훌쩍 커버려 손 갈 일이 거의 없었다. 일간지 《링컨 저널 스타Lincoln Journal Star》의 인물 소개란을 보면, 그가 투자자와 경영자 사이의 중간계에 산다고, 방 4개짜리 자택에 앉아 자신이 투자한 기업들을 감시하면서 "속 편히" 산다고 나와 있었다. 한번은 자신보다 젊은 자금 운용자가 투자 자문을 구하자 버핏이 무 자르듯 딱 잘랐다. "나는 더 이상 투자 운용 사업을 하지 않습니다. 따라서 당신을 포함해 모든 사람의 요청을 거절하고 있습니다." 얼핏 들으면 그가 월스트리트와 완전히 연을 끊은 사람 같았다.[2]

마흔 번째 생일이 지난 뒤 버핏이 그레이엄 사단을 다시 불러 모았다. 이번에는 그레이엄이 참석하지 못했고 장소는 버지니아 윌리엄스버그였다. 이상하게도 그들 중에 주식시장에서 현역으로 뛰고 있지 않은 사람은 버핏이 유일했다. 증시는 기괴할 정도로 강세를 이어가고 있었다. 본래 강세장에 거부감이 컸던 그는 친구들에게 이런 질문들이 자연스럽게 나왔다. 2,500만 달러가 있는데 돈을 더 벌어야 할 이유가 있을까 같은 질문이었다. 그의 친구 캐럴 루미스는 《포춘》에 기고한 글에서 버핏은 "단순히 돈을 더 많이 버는 것 말고 다른 목표들에 자신의 시간과 재산을 써야 한다는 생각이 아주 강하다"라고 말했다.[3] 한편 빌 루안은 그에게 대통령에 출마하라고 부추겼다.

실제로 버핏은 공공부문에 대해 진지하게 생각하고 있었다. 그렇다고 공직에 진출해서 전면에 나설 생각은 없었다. 그는 팀플레이보다는 개인플레이에 집착하고 사생활을 아주 중시하는 사람이라 그리고 자신도 인정하듯 아주 예민한 사람이라 이전투구가 난무하는 혼탁한 정치판이 맞지 않았다.[4] 대신에 막후에서 정치에 관여했다. 가령 해럴드 휴스, 앨러드 로웬스타인 등등 민주당의 유력한 대통령 후보들을 지원했고, 상원의원들인 프랭크 처치와 리처드 클라크, 훗날 웨스트버지니아 주지사가 되는 존 록펠러 같은 정치인들과도 친분이 있었다. 또한 미국 최초의 대안 신문 《빌리지 보이스Village Voice》의 기자 제프리 코완은 상원의원 후보자 존 컬버와 함께 버핏의 집에 초대받아 저녁 식사를 한 적도 있었다. 이상하게도 버핏과의 저녁 식사 중에 나누는 모든 대화는 진보주의적 정치에 관한 내용이었다.

하워드 버핏은 완제품으로서의 미국을 옹호했다. 다시 말해 그는 미국은 변화가 필요하지 않은 일종의 완벽하고 폐쇄된 사회라고 생각했다. 반면 어릴 적부터 사회적 약자들에 공감해 왔던 워런은 벤저민 로스너와 켄 체이스 같이 자립심과 성실함으로 성공한 자수성가형 인물들을 응원했다. 한편 하워드도 워런도 (그가 스톡옵션을 반대하는 것에서 알 수 있듯) 무임승차와 불로 소득을 혐오했다. 하지만 그는 바깥에서보다 컨트리클럽과 이사회 내부에서 그런 사람들을 더 많이 보아왔다. 어떤 만찬장에서 한 손님이 저소득층을 위한 복지 프로그램의 비용에 대해 불평을 털어놓자 버핏이 날카롭게 쏘아붙였다. "저는 부자들을 위한 복지가 훨씬 더 걱정입니다."[5]

이것은 버핏의 생활 방식에 고스란히 스며들었다. 그는 버크셔에서 받는 연봉 5만 달러로 생활했고 자식들을 전부 공립학교에 보냈다. 또한 워런은 자식들에게 돈을 좇지 말고 그냥 각자가 좋아하고 행복할 수 있는 일을 하라고 조언했다. 오죽하면 막내아들 피터는 신문 기사를 통해 아버지가 거부라는 사실을 알았을 정도였다. 딸 수지의 말을 들어보자.

> 우리 가족은 다른 사람들이랑 똑같이 정말 평범하게 살았어요. 다른 점이라면, 제가 옷을 외상으로 사고도 그게 문제가 된 적은 없었다는 정도에요. 저는 자동차도 없었고 16살 때는 캐리지 숍Carriage Shop에서 판매원으로 아르바이트해서 용돈을 벌어 쓴 적도 있었어요.

버핏은 대개의 경우 자신의 재산이 별것 아니라는 듯 행동하려고

했다. 그래서 자신의 돈을 가지고 우스갯소리도 곧잘 했다. 일례로 언론을 통해 자신의 재산이 공개되어 가족들이 놀라워하자 버핏은 "밤손님이 못 들어오게 오늘은 빌 스콧(그의 보조 중개인)이 돈을 지키는 당번이라는 팻말을 현관에 붙여야겠군"이라고 농담했다. 또 한 번은 막내아들 피터를 놀렸다. "아들아, 내 유언장에 이름을 올리고 싶다면 그래 주마. '안녕, 피터'라고 말이다." 이것은 단순한 농담만은 아니었다. 워런은 자신의 재산에 대한 확고한 신념이 있었고 자식들에게 땡전 한 푼도 기대 말라고 경고했다. 그는 아주 적은 돈이라도 아이들을 망칠까 걱정한 듯했다.

이런 태도가 오히려 너무 강박적이라고 생각할 수도 있다. 그러나 결과적으로 볼 때 버핏의 집에는 돈에 구애받지 않은 자유로운 정신과 평등한 분위기가 만들어졌다. 가령 핼러윈이면 버핏 가족은 물에 띄워놓은 사과를 입으로만 무는 파티를 열었고 사탕을 받으러 돌아다니는 모든 아이들을 파티에 초대했다. 이것은 월스트리트의 제왕들인 J. P. 모건이나 헨리 크래비스 일가에서는 꿈도 꿀 수 없는 모습이었다.[6] 사람들은 미리 연락도 없이 버핏의 라켓볼 코트를 이용하려 무작정 찾아왔고, 그런 사람들이 얼마나 많았는지 버핏은 자신의 라켓볼 코트를 "YMCA"라고 불렀다.

아내 수전은 최신 유행에도 밝아서 버핏의 집은 우드스톡(Woodstock, 1969년 8월 뉴욕 주 우드스톡에서 열린 록페스티벌 – 옮긴이) 시대의 세대 갈등을 피해 몰려온 아이들의 피난처가 되었다. 딸 수지의 친구 레인 얀키는 수지의 집이 "은신처"였다고 말했다. 아무나 집안에 들어가 냉장고를 열고 음식을 꺼내먹어도 상관없었다. "폭설로 도시가 마비되면 친구들이 모두 수지네 집에 모였어요"라고 얀키가 회상했다. "거실에 앉아만 있어도 정말 아늑했죠."

수전은 활달한 성격대로 집안을 온통 밝은 주황색과 노란색으로 꾸몄다. 벽에는 그녀가 후원하던 화가들의 그림들과 어느 가정에나 걸려 있던 '전쟁은 아이들은 물론이고 모든 생명체에 해롭다War Is Unhealthy for Children and Other Living Things'는 포스터를 포함해 물병자리 시대(Age of Aquarius, 점성술적인 한 시대를 말하며 1960년대에 시작해서 2,000년간 지속된다는 새로운 자유의 시대를 지칭한다. – 옮긴이)를 대표하는 포스터들이 걸려 있었다. 그 집의 가장은 팝콘을 만들려고 아래층으로 내려올지언정 — 자금 운용에서 '은퇴'했든 말든 — 대개는 2층에서 일하며 시간을 보냈다. 이번에도 레인의 말을 들어보자.

> 토요일 밤마다 수지네 거실은 아이들로 가득했어요. 아줌마도 우리랑 같이 계셨죠. 우리가 아줌마를 위해 당시 애들 사이에서 유행하는 노래를 불러주고 아줌마께서 답가를 불러주셨어요. 그렇게 놀다가 밤 12시 30분쯤 되면 2층에서 "여보, 이제 와서 잡시다"라는 소리가 들려요. 수지의 집에는 규칙 같은 건 없었어요. 그저 아저씨가 잠자리에 들면 우리는 음악 소리를 줄였을 뿐이에요.

1971년 수전이 로스앤젤레스 남쪽 라구나 비치에 있는 15만 달러짜리 별장을 사자고 말했다. 편안한 등나무 의자들로 꾸며진 그 별장은 바다에서 멀지 않았지만 해안가에 바로 붙은 집은 아니었다. 보통은 해안가 주택이 더 비쌌기 때문이다. 별장을 구입하고 첫해 여름 13명의 10대들이 그곳에서 여름방학을 즐겼다. 그는 퇴근하면서 읽을거리를 한 보따리 챙겨와 서재에서 꼼짝하지 않았고 아이들의 친구들을 아주 관대하게 대했다. 하루는 버핏이 꼬마 손님들을 전부 데

워런 버핏

리고 나가 저녁을 사주었다. 식사가 끝난 뒤 종업원이 그의 신용카드를 들고 돌아와서 "손님, 카드 한도가 꽉 찼는데요"라고 말했다. 버핏은 아내를 향해 눈썹을 한번 치켜올렸을 뿐, 돈이 어쩌고저쩌고 같은 말은 한마디도 하지 않고 종업원에게 조용히 다른 카드를 건넸다. 식사비 정도를 낼 돈은 있다는 식의 말은 입도 벙긋하지 않았다.[7]

워런이 자신의 정치적인 역할에 대해 고민하는 동안 수전은 오마하 북부 흑인 거주지에서 (그리고 흑인 민권 운동가였던 맬컴 엑스Malcolm X의 생가에서) 많은 시간을 보냈다. 지역의 자원봉사 단체에서 회장을 맡은 것 외에도 그녀는 학교들을 순차로 방문했으며 언제나 심부름이든 업무든 오마하 북부 지역에 용무가 있는 것 같았다(조카 톰 로저스는 그런 그녀가 못마땅한지 삐딱하게 말했다. "이모는 흑인이세요? 아님 가난하세요? 도대체 어디까지 하셔야 만족하시겠어요?").

부창부수라더니 워런도 아내에게 영향을 받아 흑인 문제에 관여했다. 버핏 부부의 개인 신탁 자금으로 운영되던 버핏 재단Buffett Foundation은 매년 50명 이상의 흑인 대학생들에게 장학금을 지급하기 시작했다.[8] 그리고 1970년대 초 수전의 친구로 흑인들의 경제적 자립을 위해 흑인 창업을 지원하던 로드니 위드Rodney Wead가 버핏에게 참여를 부탁했다. 특히 '흑인 자본주의'를 정착시키는 것이 궁극적인 목표였던 위드는 커뮤니티 뱅크 오브 네브래스카Community Bank of Nebraska를 출범시키는 것을 도와줄 적임자가 버핏이라고 확신했다.

버핏이 위드의 제안을 수락해 (그의 컨트리클럽 쿠데타 공모자였던) 닉 뉴먼과 함께 그 은행의 자문 위원회에 참여했고 그 일에 상당한 시간을 투자했다. 뿐만 아니라 버핏은 은행 지분 1.4퍼센트를 인수함으로써 금전적으로도 약간의 성의를 보여주었다.[9] 그러나 아내와는 달리 버핏은 순수한 자원봉사자와는 거리가 멀었다. 그는 은행 이사들에게 소수 인종이 소유한 은행들의 파산율이 비정상적으로 높은 까닭은 악성 부채 때문이라고 반복적으로 경고했다. 커뮤니티 뱅크가 출범하고 나서 버핏은 이사회에 걱정을 한가득 담은 편지를 보냈다. 그리고 덴버에 있던 비슷한 은행이 파산한 것에 관한 신문 기사를 오려서 동봉했다.

> 여러분도 그 은행의 행장이 했던 말을 주의해서 읽어보시길 바랍니다. "은행을 시작했을 때 우리 계획은 소수 인종의 투자자들과 이른바 힘도 '빽'도 없는 소시민들을 지원한다는 것이었습니다. 우리는 그 사명을 충실히 수행했는데 결국 일부가 대출금을 갚지 않아 뒤통수를 크게 맞았습니다. 그것이 우리 은행이 파산한 이유입니다." 그는 불량 채무자들을 비난하는데, 이는 엉뚱한 데로 책임을 전가하는 것입니다. 모든 은행은 부실 위험이 높은 대출 신청을 많이 받기 마련입니다. 따라서 그런 신청을 승인한다면 그건 순전히 은행 잘못입니다.[10]

커뮤니티 뱅크가 고전하기 시작하자 버핏은 거리를 두었다. 그런데도 위드가 분위기 파악을 못 한 채 버핏에게 일단의 흑인 학생들을 후원하고 그들에게 재무를 가르쳐달라고 제안하자 버핏은 아예 대답을 하지 않았다. 위드는 못내 섭섭함을 감추지 않았다. "버핏은 알다가도 모르겠어요. 수수께끼 같습니다. 그가 관대하고 정직하며 성실한 사람인 것은 잘 압니다. 하지만 부자인 그가 어려움에 처한 공동체를 나 몰라라 하면 안 되죠. 그는 부자로서 자신이 무슨 역할을 해야 하는지 조금도 모릅니다." 악성 채권이 누적되며 자금 압박이 심해지자 — 버핏이 두려워했던 상황이 현실이 되었다 — 버핏은 추가

로 자본을 투입해달라는 요청을 딱 잘라 거절했다.[11]

위드는 버핏이 "빈곤의 악순환을 이해하지 못했어요"라며 불만을 털어놓았다. 그러나 진실은 정반대였다. 버핏은 그 개념을 정확히 이해했기에 지갑을 닫았다. 비록 둘이 생각하는 악순환의 개념이 달랐지만 말이다. 버핏은 투자 수익률에 대한 희망이 없는 마당에 섬유산업에서 그랬듯 커뮤니티 뱅크에 투자할 마음이 전혀 없었다.

버핏은 진보주의 사상들을 지지하는 반면에 진보적 자유주의자들의 진심은 의심스러웠다. 단순히 돈을 쓰고 싶은 충동에 휘둘리는 것처럼 보인 까닭이다. 당시 민주당 대통령 후보 경선에 출마한 조지 맥거번이 버핏의 집을 방문했을 때 버핏의 마음을 얻은 것 같았다. 하지만 버핏의 호감은 오래가지 못했다. 얼마 뒤 맥거번은 대통령이 되면 미국 국민 1인당 매년 1,000달러를 기본 소득으로 지급하겠다고 발표했다. 버핏은 곧바로 맥거번에 대한 지지를 철회했고 리처드 닉슨에게 표를 주었다.[12]

버핏이 벽창호 같은 면도 물론 있었다. 하지만 그는 사람이든 조직이든 (그의 자식들도 마찬가지였다) 노력 없이 쉽게 얻은 불로 소득 즉 공짜 돈은 도움이 되지 않는다고 진심으로 생각했다. 그는 좋은 취지를 가진 사회적 프로젝트도, 이익 추구가 목적인 모험적인 사업체를 평가할 때와 같은 렌즈를 통해 평가했다. 요컨대 그는 투자를 하면 응당 성과가 있어야 한다고 생각했다. 사회에 유익한 일을 하는 사람은 시행착오를 겪으며 심지어 흔들림 없는 신념을 갖고 꾸준히 해나갈 수 있어야 했다. 버핏은 그렇게까지 할 만한 역량도 능력도 없었다. 엄밀히 말하면 그를 좋은 투자자로 만들어주었던 원칙이 사회적 변화에 헌신하는 데는 걸림돌이 되었다. 그 원칙이, 선행의 강력한 동인이 될 수도 있었던 무언가를 무너뜨렸던 것이다. 그 원칙은 바로 **기준**이었다. 그는 모든 일에서 척도가 필요했다. 그는 어떤 기자와의 인터뷰에서도 기준 예찬론을 폈다. "투자는 구체적인 결과를 측정할 수 있습니다. 그런 결과 말고 다른 것으로는 투자의 최종적인 성공 여부를 알지 못합니다."[13]

버핏은 그나마 언론 부문에서는 자신이 훌륭한 시민과 자본주의자라는 두 역할을 해낼 수 있다고 생각했다. 비단 버핏만이 아니라 많은 재계 거물들도 그렇게 생각했다. 웨스트버지니아 주무장관 존 록펠러가 1960년대 말 버핏을 찰스 피터스Charles Peters에 소개했다. 평화 봉사단의 고위 행정관을 지낸 피터스는 《워싱턴 먼슬리》라는 잡지사를 차렸는데, 《워싱턴 먼슬리》는 버핏이 신봉하던 극단적 자유주의를 지지했다. 버핏은 3만 2,000달러를 투자했을 뿐 아니라 아이오와 디모인의 친구로 자신과 정치 이념을 공유했던 조지프 로젠필드Joseph Frankel Rosenfield까지 그 일에 끌어들였다. 버핏이 자신보다 26살 많은 로젠필드에게 "이번 일은 재미있을 거예요. 간신히 본전치기만 해도 그럴 말한 가치가 있을 겁니다"라고 말했다는 데서 그가 숭고한 이상들로 얼마나 고무된 상태였는지 짐작이 된다.

결과는 어땠을까? 피터스가 거의 곧바로 버핏의 돈을 날려버렸다. 버핏과 록펠러는 자본을 추가로 투입하기 전에 그 잡지사를 구제할 가치가 있는지부터 따져봐야 했다. 그래서 둘은 직접 뉴욕으로 날아가 컨설턴트를 고용했다. 컨설턴트로부터 《워싱턴 먼슬리》를 존속시킬 가치가 있다는 결론을 듣자 일단 버핏은 5만 달러를 추가 투입하기로 합의했다. 그러나 얼마 지나지 않아 그의 마음속에서 피터스의 잡지사가 정말로 "5만 달러를 추가로 투입할 가치가 있을지" 의심이 싹텄다. 버핏은 고심 끝에 피터스에게 전화를 걸어 자신은 빠지고 싶다고 폭탄을 떨어뜨렸다. 이것은 《워싱턴 먼슬리》에게 치명타가 될 터였다. 피터스가 평소의 유창한 언변을 앞세워 《워싱턴 먼슬리》가 돈 버는 기계가 될 거라고 장담했다. 물론 둘 다 그것을 믿지 않았다. 둘은 전화로 한참을 옥신각신했다. 버핏은 자신의 피 같은 돈이 공중으로 사라졌다고 으르렁거렸고 피터스는 그의 마음을 돌리려 절박하게 매달렸다. 마침내 버핏이 철수하려던 마음을 바꿔 먹었다.

액수로만 보면 버핏에게 그 정도의 돈은 별거 아니었다. 하지만 켄 체이스도 경험했듯 버핏에게는 액수가 중요하지 않았다. "버핏은 연례 보고서를 달라고 하더군요. 눈꼴 시렸고 기가 찼죠"라고 피터스가 말했다. 《워싱턴 먼슬리》는 정확히 버핏이 희망했던 목소리를 내는 언론이었다. 사회에 영향을 미칠 뿐 아니라 가끔씩 획기적인 보도로 사회에 경종을 울리는 언론 말이다. 그러나 사업적인 측면에서 보면 《워싱턴 먼슬리》는 어린애들 장난 같았다. 버핏도 《워싱턴 먼슬리》가 인원과 자본이 부족했다는 사정은 잘 알았다(피터스의 연봉은 2만 4,000달러였다). 하지만 피터스가 **연례 보고서**를 작성하지 않는 것은 그로서는 절대 용납할 수 없는 일이었다. 수익성이 전혀 없는 것은 백번 양보해 봐줄 수도 있었다. 하지만 아무리 모험적인 사업이라도 그는 연례 보고서가 필요했다. 그것이 바로 그의 기준이었기 때문이다.

버핏은 로젠필드에게 "그들은 **입으로는** 투명한 열린 정부를 외치면서도 정작 자신들은 보고서 한 장 보내주지 않는군요"라고 불만을 토로했다. 피터스도 버핏이 불만이기는 매한가지였다. "그는 훌륭한 시민으로서의 공익적 도리와, 자신의 묘비에 《워싱턴 먼슬리》에 투자했다는 사실이 기재되기를 바라지 않는 마음 사이에서 오락가락했습니다." 피터스의 생각이 어떻든 언론과 언론의 역할에 대한 버핏의 관심은 진심이었다. 이에 대한 단적인 사례가 있다. 1971년 그는 《워싱턴 먼슬리》에 어떤 기사를 제보하며 신빙성을 보장한다고 말했다. 그런데 젊은 편집인 둘이 거부했다. 백만장자의 입에서 나온 정보니 순수한 의도라고 믿기 힘들다는 이유에서였다.[14]

그러자 버핏은 그 이야기를 《선》지에 넘겼다. 오마하 지역에서 다수의 주간지를 발행하던 언론사로 소유주는 버크셔였고, 《선》의 발행인 스탠퍼드 립시Stanford Lipsey는 버핏보다 3살이 많았지만 둘은 막역한 사이였다. 립시는 자주 버핏의 집을 들러 펩시콜라를 마시면서 《선》을 개선할 방안에 대해, 그리고 《선》을 오마하에서 사회적으로 영향을 미치는 언론으로 성장시킬 방법에 대해 몇 시간씩 이야기를 나누었다. 또한 둘은 '킹메이커' 역할에도 도전해 오마하 시장 선거에서 특정 후보를 적극적으로 밀었다(그는 선거에서 낙선했다). 한번은 《선》이 닉슨 대통령의 임금과 물가 통제wage-and-price control 정책에 관한 사설을 실었는데, 버핏이 립시에게 전화해서 정말 훌륭한 기사였다고 칭찬했다. 립시는 쑥스러운 듯 "자네가 알려줘 놓고선 왜 그래"라고 공을 돌렸다.

그렇다면 버핏이 입수했다는 정보는 무엇이었을까? 오마하에서 존경받던 소년 보호소 보이스 타운Boys Town의 비리에 관한 내용이었다. 1917년 아일랜드계 신부였던 에드워드 J. 플래니건이 불량 청소년들을 위해 설립한 보이스 타운은 1938년 스펜서 트레이시가 주연한 실화 영화로도 제작되었고 플래니건 신부를 연기한 트레이시는 아카데미 시상식에서 남우주연상을 받았다. 버핏은 한 정보원으로부터 이제 보이스 타운은 그야말로 돈방석에 올라앉았고 플래니건 신부의 설립 취지에서 크게 벗어나는 방식으로 운영된다는 말을 들었다.[15]

그 이야기는 비록 《오마하 월드-헤럴드》의 기세에 밀려 만년 2위 신문사였지만 거침없는 고발성 기사로 유명했던 《선》에게 안성맞춤이었다. 버핏은 립시에게 또 다른 알짜배기 정보도 제공했다. 보이스

타운이 설립 후 처음으로 독자적인 소득 신고서를 제출하게 되었다는 것이었다.[16] 소득 신고서를 보면, 보이스 타운은 무려 1억 6,200만 달러의 투자 포트폴리오를 운영했다. 이는 가톨릭계 명문 사립대학인 노터데임대학교University of Notre Dame가 소유한 대학 발전 기금의 2배였다. 반면 지원하는 청소년의 수는 줄어들었고 가난한 단체라는 미명하에 사람들의 감성에 호소하는 DM 모금운동을 전개했다.

이런 식의 이야기는 버핏의 도덕적 양심에 불을 댕겼다. 돈에 대한 그의 믿음은 종교에 비견될 정도인 데다 이사벨 여왕이 콜럼버스에게 후원한 푼돈처럼 액수와는 상관없이 돈은 미래에 수조 달러가 될 수 있는 씨앗을 품고 있었기 때문이었다. 따라서 그런 돈을 낭비하거나 그릇되게 사용하는 것은 죄악이었다.

보이스 타운 프로젝트는 철통 보안 속에 비밀리에 진행되었다. 버핏과 립시 그리고 편집장이 편집장의 거실에서 8페이지에 달하는 폭로 기사를 교정했다. 버핏은 성서(루가의 복음서 16장)에서 기사의 부제를 뽑았다. 그것은 공적인 삶에서 또는 영리 사업에서 자본을 그릇되게 사용하는 모든 사람에게 그가 꼭 하고 싶었던 말이었을 것이다. "네 보던 일을 셈하라Give an account of thy stewardship." 비리의 온상을 파헤친 그 기사는 1972년 3월에 보도되었고 퓰리처상을 수상했다.

버핏은 신문을 좋아했다. 어릴 적 《포스트》를 배달하던 시절에 대한 향수도 있었고, 신문의 잉크 냄새도 마냥 좋았다. 그러나 그는 《선》에 만족할 수 없었다. 솔직히 실망스러웠다. 커뮤니티 뱅크와 《워싱턴 먼슬리》 등등 그가 관여한 반♣사회적인 사업들과 마찬가지로 《선》은 그의 기대에 미치지 못했다. 퓰리처상을 자랑스럽게 생각했지만 그것만으로는 부족했다. 그는 수익을 원했다.

《선》의 실적은 부진했다. 신문 요금을 올리자 구독자수가 아주 큰

폭으로 감소했다. 립시는 "워런은 그 문제를 예상하지 못했어요"라고 회상했다. 충격적인 그 경험이 그에게는 자극제가 된 것 같았다. 버핏은 갑자기 신문에 대해 모든 것이 알고 싶어졌다. 신문은 물론이고 다른 언론 부문의 경제학을 아주 세세한 부분까지 공부하기 시작했다. 예전에 가이코를 알게 된 뒤 보험 산업을 집요하게 파고 들었던 기질이 다시 발동했다. 그는 신문 산업에 대해 처음부터 끝까지 모두 **이해할** 때까지 침대에 눕지 않겠다는 각오로 매달렸다. 그리고 신문 산업에 대해 알수록 2류 신문인 《선》은 가망이 없다는 확신이 더욱 강해졌다. 보이스 타운에 대한 탐사보도가 기사화되고 얼마 지나지 않아 버핏이 한 동료에게 편지를 보냈다.

> 일전에 말씀드렸듯, 1910년 미국에서는 지역 일간지가 있는 도시가 1,207곳이었고 그중 2개 이상의 신문사가 경쟁하던 도시는 689곳이었습니다. 그러니까 지역 신문을 발행하는 도시 거의 2곳 중 하나는 신문이 최소 2개였던 셈이었죠. 그러나 1971년인 오늘날에는 각각이 1,511곳, 37곳으로 결국 신문이 2개 이상인 도시 비율이 2.5퍼센트에 불과합니다. 제가 그 편지를 쓴 이후에도 막강한 자금력을 앞세운 신문 재벌 스크립스-하워드가 지원하던 워싱턴의 《데일리 뉴스Daily News》가 파산했고, 보스턴 지역의 《헤럴드 트래블러Herald-Traveler》와 뉴어크의 《이브닝 뉴스Evening News》도 역사의 뒤안길로 사라졌습니다…. 신문사 소유주들은 뼈아픈 경험을 통해 소비자 수용도와 공동체 영향력 면에서 2위인 신문사를 운영하는 것은 적자 행진으로 이어질 수밖에 없음을 깨달았습니다. 그런 적자의 파도에 휩쓸리면 경영진이 아무리 우수하고 자금력이

아무리 탄탄해도 속수무책입니다.

버핏은 오마하의 《선》을 언급하면서 사회 공익적인 기사도 절대 수익을 보장할 수 없을 거라고 방점을 찍었다.

> 《선》을 일간지로 전환한다면 멋진 미래가 우리를 기다리고 있다는 제안이 끊임없이 들어옵니다. 그들 중에는 현재 오마하를 독점하는 일간지의 기사와 편집 방향에 다소 불만을 품은 학자들도 상당수 포함되죠. 물론 진실하고 좋은 의도에서 그런 제안을 한다는 건 압니다. 그러나 그들 이론가들이 간과한 것이 있습니다. 이론과 현실은 다릅니다. 즉 그런 식으로 성공한 전례가 없다는 것이 피할 수 없는 엄연한 현실입니다….[17]

솔직히 버핏의 마음속에는 전혀 다른 생각이 들어 있었다. 그는 지역의 **지배적인** 신문사를 소유하면 "굉장할" 거라고 생각했다. 그는 훗날 친구들에게, 그런 신문사는 소도시에서 하나뿐인 유료 다리와 같을 거라고 말했다.[18] 그 다리를 지나야 하는 모든 사람이 통행료를 내야하듯, 신문사가 하나뿐인 도시에서 광고주는 '통행료'를 지불해야 한다는 의미였다. 가령 오마하의 백화점은 지역의 독점 일간지 《오마하 월드-헤럴드》에 광고를 **낼 수밖에** 없었다. 이는 《오마하 월드-헤럴드》가 신문 요금을 인상할 수 있는 칼자루를 쥐었다는 뜻이다. 요컨대 그 신문사는 독점적 사업권을 보호받았고 이는 해서웨이 공장같이 시장 점유율이 낮은 기업들에게 언감생심이었다.

아마 버핏은 가능하다면 《오마하 월드-헤럴드》를 사고 싶었을 것이다. 그러나 그 신문사는 매물로 나오지 않았다.[19] 그래서 그는 인수할 만한 신문사를 찾아서 신문 업계를 기웃거리기 시작했다. 그는 서부의 캘리포니아와 동부의 메릴랜드에서 가능성을 타진해 봤다. 그리고 마침내는 오하이오 신시내티의 지역 일간지 《신시내티 인콰이어러Cincinnati Enquirer》에 인수 제의를 넣었지만 거절당했다.

한편 그는 루안을 앞세워 그의 하버드 경영대학원 동기 토머스 S. 머피와의 저녁식사 약속을 잡았다. 머피는 미디어 그룹 캐피털 시티즈 커뮤니케이션즈Capital Cities Communications의 회장이었고 방송 업계에서 떠오르는 신예였다. 5살 터울의 둘은 곧바로 죽이 맞았다. 머피는 버핏을 플로리다 마이애미에서 열리던 공화당 전당대회Republican Convention에 데려갔고 그를 캐피털 시티즈의 이사회에 이름을 올리기로 마음을 정했다. 루안에게서 버핏이 언론 기업에 관심이 있다는 정보를 들은 머피는 오마하에 들렀다. 아무런 방해도 받지 않고 조용히 버핏을 만나고 싶어서였다. 둘은 "라켓볼로 혈투"를 벌였고, 그 뒤 버핏이 머피에게 스테이크를 대접했다. 머피의 목적을 눈치챈 버핏이 선수를 쳤다.

"머피, 아시겠지만 저는 상당한 지분을 확보하지 못한 상태에서는 당신 회사의 이사가 될 수 없습니다. 그런데 캐피털 시티즈의 주가가 너무 높습니다. 그래도 제가 도울 일이 있으면 아무 때고 전화하십시오."

어딜 가나 높은 주가는 버핏의 머리를 지끈거리게 만드는 골칫거리였다. 투자조합을 정리한 후 버핏은 저가주를 찾을 수 없었다. 1972년 초 버크셔의 보험회사는 1억 100만 달러의 가치가 있는 포트폴리오를 보유했고, 그중 주식에 투자한 금액은 1,700만 달러에 불과했다. 버핏은 나머지 돈을 전부 채권에 묻어두었다.

그러나 버핏은 서서히 복귀에 시동을 걸었다. 이번에도 그의 변신에 촉매제가 된 것은 월스트리트였다. 1960년대 활황기의 붕괴로 충격을 받았던 펀드매니저들이 껍질 속으로 후퇴했다. 그들의 펀드 자금은 제록스, 코닥, 폴라로이드, 에이본, 전자공업회사 텍사스 인스트루먼츠Texas Instruments 같은 유명한 대형 성장주들에 몰려 있었다. 그들 기업은 일명 니프티 50(nifty fifty, 인기 50종목이라는 뜻으로 1969년부터 1973년까지 미국 주식시장을 주도했던 최상위 50종목을 지칭하며 오늘날에는 S&P 500지수에 편입된 종목 가운데 상위 50개 종목군을 일컫는다. - 옮긴이)으로 불렸다. 당시 월스트리트에서는 활황기 시대를 주름잡았던 소규모 고공 비행주들과는 달리, 그들 기업이 영원히 성장할 거라는 전망이 지배적이었다. 즉 그들은 "안전"하다고, 사실상 **가격을 불문하고** 안전한 투자처라고 여겨졌다.

1972년 니프티 50 기업들은 무려 주가수익비율의 80배나 되는 가격으로 거래되었다. 월스트리트는 1960년대의 강세장에서 교훈을 하나 얻었으되 올바른 교훈이 아니었다. 펀드들이 "더 안전한" 주식들에 몰렸지만, 예나 지금이나 특정한 주식에만 위험이 존재하는 것은 아니다. 이는 투자자들이 '묻지 마' 식으로 아무 생각 없이 서로의 투자 방식을 막무가내로 베낄 때면 으레 나타나는 현상이다.

한편 버핏은 니프티 50에는 눈도 돌리지 않고 저가주들을 발굴해서 버크셔의 보험회사 명의로 매수하기 시작했다. 그런 저가주가 하루는 캘리포니아 워터 서비스였다가, 다음 날은 퍼스트 시티즌스 뱅크 앤 트러스트 오브 스미스필드였으며 그다음 날에는 제너럴 모터스로 바뀌었다. 그들 기업 외에도 스크립스-하워드 인베스트먼트, 클리블랜드 클리프스 아이언, 보르나도, 오마하 내셔널 등이 버핏의 레이더에 잡혔다.

1973년 견고해 보이던 니프티 50의 아성에 균열이 생기기 시작했다. 펀드매니저들은 공포심에 움츠러들었고, "안전한" 주식들의 하락세가 이어졌다. 이제 어디에 투자해야 할까? 한때 1,000선을 돌파했던 다우지수도 다시 950으로 주저앉았다. 주식시장이 전반적으로 하락했고, 이제 활황기의 광기를 완전히 치유한 월스트리트가 침체기에 들어섰다. 주식 중개회사들의 투자 분석 보고서는 씨가 말랐고 분석가들은 짐을 쌌으며 1969년에 주식을 상장한 기업들은 주가가 반 토막 났다.

버핏은 저가주 사냥꾼이라는 명성처럼 이런 정신적인 빈혈에 월스트리트와는 정반대로 대응했다. 청개구리 같은 그의 변신은 기괴할 리만치 친숙한 기시감을 불러일으켰다. 마치 지난 10년간 방영되던 드라마가 최근 방송분부터 역순으로 재방송하는 것 같았다. 너도나도 묻지 마 투자에 나섰던 활황기 시절에 그는 오히려 투자 아이디어와 욕구가 서서히 고갈되었지만, 이번에는 주식시장이 하락하자 그는 고삐 풀린 망아지처럼 날뛰었다.

1973년 버크셔의 주식 포트폴리오를 살펴보면 버핏이 거대한 상점을 통째로 싹쓸이한다는 인상을 받을 것이다. 여기 선반에서는 내셔널 프레스토 인더스트리스National Preston Industries를, 저기 선반에서는 디트로이트 인터내셔널 브리지Detroit International Bridge를 그리고 다른 복도에서는 스페리 앤 허친슨Sperry & Hutchinson을 장바구니에 담았다.[20] 그의 쇼핑은 여기서 끝나지 않았다. 유에스 트럭 라인스US Truck Lines, 먼싱웨어Munsingwear, 핸디 앤 하먼Handy & Harman을 연거푸 쇼핑했다. 그리고 주식시장이 하락할수록 버핏이 복도를 내달리는 속도는 더욱 빨라졌다. J. 월터 톰슨J. Walter Thompson, 콜드웰 뱅커Coldwell Banker, 딘 위터Dean Witter, 킹스 백화점King's Department Stores, 모스 슈Morse Shoe, 포드 자동차Ford Motor, 픽 앤 세이브Pic N Save, 미첨 존스 앤 템플턴Mitchum Jones & Templeton, 그랜드 유니언Grand Union, 스터드베이커-워싱턴Studebaker-

Worthington 등이 어느새 그의 장바구니에 들어 있었다.

버크셔의 원단 판매원 랠프 리그비가 오마하를 찾아갔을 때 버핏은 그야말로 무아지경 상태였다. 리그비는 "그는 야구 통계를 외우거나 《레이싱 폼》을 뒤지는 것이 취미인 사람들이 아주 많다고 말하더군요"라고 당시를 회상했다. "그의 취미는 돈을 버는 것이었죠. 그것 자체가 그에게는 오락인 셈이었습니다."

한번은 버핏의 브리지 모임 회원이었던 존 그랜트 판사가 자신은 흥미로운 소송을 심리하는 것이 재미있다고 말했다. 그러자 버핏이 눈을 반짝이며 "무슨 기분인지 압니다. 가끔 저도 아침에 일어나면 일할 생각에 **탭** 댄스를 추고 싶어집니다"라고 응수했다.

버핏은 매일 퇴근길에 사무실 인근의 50가에 있는 크리스 드러그스토어Cris Drugstore에 들러 당일 증시 종가가 실린 《월드-헤럴드》의 석간을 샀다. 그런 다음 집으로 가서 수북이 쌓인 연례 보고서를 읽었다. 다른 사람에게는 그것이 일이었겠지만 버핏에게는 재미있는 오락거리였다.

그에게는 여느 직장인처럼 정시 출근 정시 퇴근이라는 것이 없었다. 깨어 있는 매 순간이 그에게는 업무 시간이었다. 막내 피터의 숙제를 도와주겠다고 자청할 때도 피터는 아버지가 정말로 원하는 것이 아니라는 사실을 잘 알았다.[21] 피터가 10대였던 어느 날이었다. 버핏이 귀가했을 때 피터가 전구를 교체하다가 허리를 삐끗해 계단참에서 신음을 흘리고 있었다. 버핏은 집에 들어오면 곧장 서재로 가는 평소 습관대로 그날도 그만 아들을 휙 지나쳐 계단을 올라갔다. 나중에서야 자신이 너무 무심했다는 것을 깨닫고 아들에게 사과했다.

어찌 보면 버핏은 집안에서 여전히 손이 많이 가는 아이 같았다. 흔히 천재들이 그렇듯 그는 어린아이처럼 자신의 일에서 온전하고 충만한 기쁨을 얻었다. 유치하고 촌스러운 식습관, 변화에 대한 두려움, 아내에 대한 의존성, 심지어 끝없이 분출되는 그의 에너지와 탁월한 유머감각 같은 다른 모든 특성은, 자신의 일에 대한 집착에 비하면 어른스러워 보일 정도였다. 한 '여사친'은 그와 있으면 "구슬치기하며 노는 아이들" 같은 기분이었다고 술회했다.[22]

아내 수전은 주식에 빠져 사는 남편 때문에 몇 곱절 힘이 들었다. 친구들의 전언에 따르면, 수전은 보통 부부들 같은 평범한 일상을 남편과 좀 더 나누길 희망했다고 한다. 그녀는 장남 하워드가 말썽을 피울 때면 — 하워드가 거의 주기적으로 말썽을 피우는 통에 꽤나 속을 끓였다 — 심리학자였던 친정아버지에게 조언을 구할 수밖에 없었다. 주식에 홀린 남편은 마법의 성에서 꼼짝도 하지 않았다. 그렇다고 워런이 가족에게 신경을 쓰지 않는 무심한 가장이었던 것은 아니었다. 그는 절대 비열한 사람이 아니었다. 식구들은 그가 **일부러** 벼룩조차 죽이지 못한다는 것을 잘 알았다. 피터의 말마따나 그는 눈에 주식이라는 콩깍지가 씌었을 뿐이었다.

가족 모두가 그런 콩깍지에 대해 상당히 너그럽게 합리화해 주었다.[23] 그들 사이에는 그의 일이 혼신을 기울이는 일종의 위대한 작업이며 그래서 누구도 방해해서는 안 된다는 무언의 공감대가 있었다. 어떤 점에서는 그들의 생각이 옳았다. 실제로 그 마법의 성에서 무언가가 만들어지고 있었고, 특히 1970년대 초부터 중반까지는 유례없던 일이 벌어지고 있었다.

당시 버핏은 수화기 너머에서 들려오는 "안녕하세요?"라는 가장 평범한 인사에도 열렬히 대답하곤 했다. 마치 차오르는 기쁨을 억누를 수 없는 것 같았다. 버핏이 거래하던 여러 중개회사의 중 하나였던 칠레스, 하이더 앤 컴퍼니Chiles, Heider & Co.의 클리퍼드 헤이스Clifford Hayes는 하루에도 서너 번, 아니 네댓 번 버핏의 전화를 받았다고 했다.

워런 버핏

그는 정보만 원했지 제 의견은 묻지도 원하지도 않았습니다. 그는 관심 있는 회사에 대해 묻고 저는 "5천 주면 될까요? 아님 1만 주를 살까요?"라고 되묻는 식이었죠. 결정은 그의 몫이었습니다. "그 주식을 사세요!"

그는 주식 시세표에서 주가수익비율을 손가락으로 일일이 짚어가며 확인했다. 사실상 모든 주가수익비율이 한 자리 숫자였다. 월스트리트에서 이런 시기는 상당히 드물었다. 당시 미국 전체가 '할인' 중이었지만 사려는 사람은 없었다. 버핏은 직관적으로 반응했다. **다른 사람들이 두려움으로 몸을 사릴 때 욕심을 부려라.**

이제 그는 돈보다 투자 아이디어가 더 많았다. 돈은 넘쳐나는데 투자처를 찾지 못했던 1960년대와는 상황이 완전히 역전되었다. 1973년 종합제조회사 FMC의 CEO로 로버트 말로트가 버핏에게 FMC의 연기금 운용자를 선정하는 프레젠테이션을 참관해 달라고 부탁했다. 프레젠테이션은 하나 같이 다소 난해했고, 버핏도 별로 좋게 평가하지 않았다. "이틀 동안 우리는 발표를 들었습니다. 모든 발표가 끝났을 때 말로트가 제 생각을 물어보기에 저는 순전히 시간 낭비였다고 말했죠"라며 버핏이 당시를 술회했다.[24]

버핏보다 4살 위였던 말로트가 이번에는 버핏에게 FMC 연기금 일부를 직접 운용해 줄 의향이 있는지 물었다. "원하신다면 그렇게 하죠. 단, 조건이 있습니다. 투자 아이디어가 있어도 FMC는 제 우선순위에서 뒤로 밀립니다. 제게는 버크셔가 1순위고 저희 부부의 자산이 두 번째이며 FMC는 그다음이 될 겁니다."[25] 여기서 주목할 점은, 그럴 정도로 그는 투자 아이디어가 차고 넘쳤다는 사실이다.

말로트는 그야말로 '봉'을 잡았다. 버핏이 FMC의 연기금을 운용한다는 사실은 철저히 비밀에 부쳐졌다. FMC의 연금 수급자들도 주주들도 대중도 그 사실을 알지 못했다. 그것은 마치 뉴욕 양키스의 괴물 타자 조 디마지오가 여가 시간에 양키스 유니폼을 벗고 가명으로 미국 재향군인회의 야구 경기에 뛰는 것과 같았다(버핏이 FMC 연금을 운용하던 5년간 연기금의 포트폴리오가 51퍼센트나 증가했다. 동기간 다우지수의 상승률은 채 3퍼센트에도 미치지 못했다).[26]

본인 입으로도 말했듯 버핏에게 1순위는 버크셔였다. 1973년 초그는 버크셔의 자본을 조달하기 위해 채권의 명가 살로몬 브라더스 Salomon Brothers에게 2,000만 달러어치의 선순위 채권을 발행하는 일을 맡겼다. 하버드대학교를 갓 졸업한 애송이 투자 은행가 데니스 보빈이 라구나 비치에서 버핏을 만나 태평양을 앞에 두고 펩시콜라를 홀짝이며 채권 발행을 위한 로드맵을 수립했다. 월스트리트에서 버핏의 명성이 어느 정도인지 몰랐던 보빈이 버핏을 두 번째로 만난 곳은 살로몬의 뉴욕 본사에서였다. 버핏과 함께 탁 트인 커다란 트레이딩 룸을 지나갈 때였다. 버핏을 알아본 트레이더들이 술렁거렸고 일부는 환호성을 내질렀다. 훗날 그 회사가 절체절명의 위기에 처할 때 버핏이 구원 투수로 극적 등장하는 것에 대한 전조였다. 특히 수석 증권 트레이더 로버트 슈피겔Robert Spiegel이 달려와 밑도 끝도 없이 불쑥 "대형 블록딜 주식이 있습니다만"이라고 말하더니 그와 거래를 트려고 무진장 애를 썼다.

버핏이 버크셔의 선순위 채권을 발행하기로 결정한 것은 그간 자신의 경험에 입각해서 내린 용단이었다. 조달 비용이 쌀 때 자금을 마련하라(자금을 조달할 **필요**가 있을 때까지 기다린다면 다른 사람들도 돈을 빌릴 것이고, 그렇게 되면 수요공급 법칙에 따라 부득불 금리가 상승할 가능성이 크다).

하지만 채권 시장의 반응은 미지근했다. 이에 살로몬은 그 돈은 섬유업체인 버크셔가 아니라 버핏 자신에게 필요한 자금이라고 설득해야만 했다. 투자 제안서에도 버크셔가 섬유사업의 자본을 2,400만 달러에서 1,100만 달러로 대폭 삭감했다는 사실이 적시되어 그들의 주장을 뒷받침했다. 그럼에도 금융기관들은 만약 버핏이 주식을 매각한다면 언제든 상환을 요구할 수 있는 권리를 부여하는 조건을 강하게 요구했다. 우여곡절 끝에 버핏은 8퍼센트 금리로 자금을 융통했다. 몇 달 후 살로몬의 도널드 무철러Donald Mutschler가 버핏에게 축하 카드를 보냈다.

> 여담이지만 현재의 자금 시장 상황을 보면 당신의 탁월한 재무적 감각이 다시 한번 증명되었습니다. 오늘이라면 아무리 당신이라도 채권을 발행할 수 있을지조차 불투명합니다. 게다가 가능하더라도… 금리는 9퍼센트 이상이 될 것입니다…. 당신이 채권을 발행한 시기가 완벽했습니다.[27]

무철러는 진실의 절반밖에 몰랐다. 버핏은 얼마 전부터 워싱턴 포스트 컴퍼니(Washington Post Co., 이하 WPC로 통일. – 옮긴이) 주식을 조금씩 사들이기 시작했다. 2월 버크셔는 주당 27달러로 1만 8,600주를 매입했다.* 5월 주가는 23달러로 하락했다. 살로몬을 통해 조달한 저렴한 자금이 풍부했던 버크셔는 4만 주를 추가로 매입했다. 그리고 주가 하락이 이어지는 동안 버핏은 계속 주식을 쓸어 담았다. 9월이 되자 그는 20.75달러로 무려 8만 7,000주를 일괄 매입했다.

---

* 현재의 가격과 비교해 보면 1995년 WPC는 1 대 4로 주식을 분할했다.(이는 주주들이 WPC 1주당 3주를 더 받아 총 4주를 보유했다는 뜻이다. – 옮긴이)

1973년 비록 대중에는 알려지지 않았지만 버크셔는 《포스트》의 최대 외부 주주가 되었다. 이는 버핏 개인에게 커다란 의미가 있었다. 《포스트》는 버핏이 소년 시절 직접 배달했던 신문사요 그가 그토록 탐내던 지배적인 언론 기업이었다.

캐서린 그레이엄Katharine Graham이 운영하던 WPC는 방송사 4곳과 시사 주간지 《뉴스위크Newsweek》 그리고 신문 인쇄 공장도 자회사로 거느렸다. 그런 자산은 장외에서 수의 계약으로 거래되는 경우가 잦았고 그래서 정확히 평가하기가 힘들었다. 버핏은 WPC가 총 4억 달러의 가치가 있다고 생각했지만 당시 주식시장은 1억 달러로 평가했다.

버핏에게 주식을 팔았던 사람들도 ─ 전문적인 펀드매니저들 ─ WPC의 내재 가치에 대해 모르지 않았을 것이다. 그렇다면 내재가치의 25퍼센트 가격에 주식을 팔았던 이유는 무엇일까? 쉽게 말하면 그들은 주가가 더 떨어지는 것이 두려웠다. 다시 말해 그들은 **다른 사람들이** 매도해서 주가가 더 떨어지기 전에 손을 떼고 싶었다.

버핏은 투자처를 평가할 때 늘 그렇듯 달콤한 고독을 즐기며 WPC를 분석했다. 그는 그야말로 천재일우의 기회라고 생각했다. 미스터 마켓은 비관적이었다. 아니 정확히 말하면 몹시 우울한 상태였다. 그런 시기에는 주가와 내재 가치가 전혀 별개로 움직였다. 현실 세상에서는 그처럼 주가보다 내재 가치가 월등히 높은 좋은 기회를 찾는 것은 불가능했다. 버핏의 설명을 직접 들어보자.

오늘 다우지수가 20포인트 하락했다고 칩시다. 그러자 당신이 미시건주, 칼라마주의 한 방송사 소유주에게 주가가 떨어졌으니 훨씬 낮은 가격으로 인수하겠다고 제안합니다. 이런 거래는 성사되기 힘듭니다. 기업 세상은 현실이기 때문입니다.

워런 버핏

그런데 주식시장은 다릅니다. 모두가 **상대적인** 가격에 대해서만 생각합니다. 우리가 한 달 동안 WPC 주식을 8~9퍼센트를 매입하는 동안 우리에게 주식을 팔았던 사람들은 누구도 4억 달러의 가치가 있는 주식을 8,000만 달러에 판다고 생각하지 않았습니다. 그들은 통신 관련 종목이 하락세라거나 다른 사람들이 매도하기 때문에 또는 다른 어떤 이유에서 우리에게 주식을 팔았습니다. 하나 같이 말도 안 되는 이유였죠.[28]

그들이 WPC 주식을 매도한 이유는 뻔했다. 버핏이 WPC에 투자하자 경제 관련 전문지 《월스트리트 트랜스크립트Wall Street Transcript》가 일단의 언론 전문 분석가들에게 언론업계 전반에 관한 분석을 의뢰했다. 분석가들은 "펀더멘털(fundamental, 경제학 관점에서는 경제 상태를 나타내는 여러 형태의 지표를 의미하고 통상 주식시장에서는 특정 기업이나 산업군이 소유하는 경제적인 능력, 가치, 잠재적 성장 등을 의미한다. – 옮긴이)"의 관점에서 볼 때 신문사 주식들이 눈을 감고도 맞힐 수 있는 '사정거리point-blank'에서 매매된다고 동의했다. 한마디로 그들 주식이 싸다는 말이었다. 그러나 그들 모두는 방아쇠를 당기기가 두려웠다. 일례로 아우어바흐, 폴락 앤 리처드슨Auerbach, Pollak & Richardson의 켄드릭 노블Kendrick Noble "《포스트》가 성장 가능성이 높은 지배적인 신문사가 틀림없다"라고 인정했다. 하지만 노블도 월스트리트의 치명적인 습관인 방관자적인 태도를 벗어던지지는 못했다.

저는 주식시장이 경제 지표들인 펀더멘털을 무시한다고 생각합니다. 경제 시나리오의 관점에서 볼 때 현재의 냉랭한 증시 기조가 한동안 지속될 걸로 생각합니다…. 지금은 펀더멘털

분석가에게 매우 힘든 시기입니다.[29]

사실은 정반대였다. 당시는 펀더멘털 분석가에게 환상적인 기회였다. 언론 주식들은 헐값이었고, 그것은 단순한 계산으로도 충분히 입증할 수 있었다. 언론 주식 분석가들의 일은 복잡하지 않았다. 그들의 지상과제는 딱 하나였다. 당연히 언론 기업들의 주식을 분석하는 일이었다. 언론 계열 주식들의 가격이 바닥이었던 그때가 그들에게는 다 차려진 밥상에 숟가락만 얹으면 되는 절호의 기회였는데 그들 스스로가 밥상까지 엎어버린 형국이었다.

8월 보스턴 지역의 최대 신문사 《보스턴 글로브Boston Globe》를 소유한 어필리에이티드 퍼블리케이션즈Affiliated Publications가 상장했다. 월스트리트는 부정적인 집단 사고에 빠져들었고, 어필리에이티드의 자산이 그 신문사 하나뿐이기 때문에 위험하다고 결론 내렸다. 《보스턴 글로브》의 시장 점유율이 75퍼센트라는 사실에는 아랑곳하지 않았다. 보스턴 시민들이 지역 연고 프로야구팀 레스삭스Red Socks에 관한 기사를 더 이상 원하지 않는 것 같은 악재가 생기면, 주식이 휴지 조각이 되어 주주들은 뒤늦게 땅을 치며 후회할 거라는 두려움이 팽배했다.

《보스턴 글로브》의 상장을 주관했던 투자은행 퍼스트 보스턴First Boston은 시장의 그런 불안감 때문에 공모가를 낮게 책정할 수밖에 없었다. 그리고 버핏이 신문사들에 관심이 있다는 사실을 잘 알았던 퍼스트 보스턴은 버핏에게 투자 의사를 타진했다. 하지만 버핏은 즉답을 피하고 얼버무렸다.

그러나 버핏은 수면 아래의 백조 다리처럼 은밀하고 신속하게 움직였다. 보스턴의 유서 깊은 두 가문이 소유한 어필리에이티드는 1872년부터 《보스턴 글로브》를 발행했다. 발행 부수도 매출도 수익도 상승 중이

워런 버핏

었고, 더욱이 그런 상승세는 점점 가팔라지고 있었다. 버핏이 알기로는 경쟁지였던 《헤럴드 트래블러》가 작년에 문을 닫았다[《헤럴드 트래블러》는 미디어 재벌 허스트 코퍼레이션(Hearst Corporation)에 매각되었다. – 옮긴이] 이제 보스턴은 — 신의 가호로 — 지역 신문이 하나인 도시가 되어갔다. 또는 버핏의 표현을 빌리자면, 《보스턴 글로브》는 보스턴을 흐르는 찰스강에 놓인 독점적인 유료 도로가 되고 있었다. 버핏에게는 어필리에이티드의 자산이 하나뿐이라는 단순함이 약점이 아니라 장점이었다. 《보스턴 글로브》의 수익을 갉아먹을 '형제들'이 없어서였다

마침내 상장되었을 때 버크셔가 최대 매수자였다. 버핏은 어필리에이티드의 사장 윌리엄 테일러William Taylor에게 보내는 편지에서 자신이 주식을 매수한 이유를 설명했다.

> 저는 훌륭한 신문사에 관심이 아주 많습니다. 이것은 저의 친구인 해럴드 앤더슨Harold Andersen이 — 《오마하 월드-헤럴드》의 발행인입니다 — 보장해 줄 겁니다. 또한 저는 저가주도 못지않게 좋아합니다. 이 두 가지가 합쳐진 신문사를 보면 저는 피가 끓어오르죠. 주식시장이 《보스턴 글로브》의 가치를 3,000만 달러 이하로 평가하는 것을 보니 하도 어이가 없어서 실소가 절로 나옵니다.[30]

그런 시장을 발견한다고 누구나 승자가 될 수 있는 것은 아니었다. 그 순간을 붙잡으려면 총알 즉 자본이 필요했다. 버핏의 말마따나 "수표를 결제"할 수 있는 자본력을 갖춰야 했다.[31] 버핏이 완벽한 타이밍에 채권을 발행해 자금을 확보한 덕분에 버크셔는 금고가 두둑했다. 그리고 버크셔는 기회가 있을 때마다 주식을 특히 언론 관련 주식을 매집

했다. 부스 신문사Booth Newspapers, 멀티미디어Multimedia, 하트-행크스 신문사Harte-Hanks Newspapers 등등 버크셔의 미디어 사냥은 계속되었다.

이즈음 버핏은 친구이자 오마하에서 광고회사를 운영하던 리처드 홀랜드에게 별 뜻 없다는 듯 가벼운 말투로 광고회사를 소유하면 무엇이 좋은지 물었다. 홀랜드는 버핏의 뜬금없는 질문에도 아무 의심 없이 광고회사의 소유주가 되면 어떤 장점이 있는지 신나게 떠들었다. 얼마 지나지 않아 홀랜드는 버핏이 왜 그런 질문을 했는지 알게 되었다. 버크셔가 대형 광고회사 2곳의 주식을 대량으로 사들이고 있었다. 인터퍼블릭 그룹Interpublic Group과 오길비앤매더 인터내셔널Ogilvy & Mather International이었다.*

버핏은 광고회사가 미디어 산업에는 일종의 무료승차권이라고 생각했다. 왜 그럴까? 예를 들어 뉴베드퍼드에 있는 어떤 공장과는 달리 광고회사는 자본을 투입할 필요가 없었다. 책상 하나와 연필 두어 자루만 있으면 그만이었다. 버핏에게는 자산이 적을수록 더 좋았다. 수익이 소유주의 주머니로 직행했기 때문이다.

월스트리트의 투자자들은 정반대로 생각했다. 광고회사의 "자산들"이 밤만 되면 어디론가 사라지기 때문에 광고회사들이 신기루처럼 보였다. 요컨대 광고회사는 대문호 거트루드 스타인Gertrude Stein의 오클랜드Oakland 같았다. 그녀는 어릴 적 잠시 살았던 캘리포니아의 그 도시에 대해 '거기에는 거기가 없었다there was no there there'고 말했는데, 몇몇 영어 전공자들이 대문호의 그 말을 비틀어 광고에 써먹을 뿐이었다. 이론적으로 볼 때 누구도 그렇게 할 수 있었다. 한편 루안도 버핏

---

* 그럼에도 버핏은 가능할 때까지 외부에 알리지 않으려고 애썼다. 하지만 지분 5퍼센트 이상을 보유한 모든 투자자는 공개할 의무가 있다.

과 동일한 광고회사 주식들을 매집하고 있었다. 그는 《월스트리트 트랜스크립트》와의 인터뷰에서 광고회사에 대한 그런 통념에 발끈했다.

> 트랜스크립트: (광고는) 진입장벽이 없다는 점이 강점이죠. 누구라도 내일 당장 광고회사를 차릴 수 있죠.
> 루안: 우리는 그리니치빌리지(Greenwich Village, 뉴욕 맨해튼의 예술가 거주 지역 – 옮긴이)의 다락방에서 장발족 두엇이 운영하는 구멍가게를 말하는 것이 아닙니다. 코카콜라, GM, 엑슨 모빌Exxon Mobil 같은 거대 광고주들과 거래하고 총 매출이 약 1억 5,000만 달러에 달하는 세계적인 광고회사(인터퍼블릭)에 투자하는 겁니다.[32]

솔직히 공룡 광고회사들은 매우 안정적이었다. 게다가 증시가 크게 침체된 탓에 버핏과 루안은 광고회사들의 주식을 주가수익비율의 3~4배에 살 수 있었다. 거의 헐값이었다.

1974년 버크셔는 인터퍼블릭의 지분 17퍼센트를 보유했다. 그러자 인터퍼블릭의 칼 스필보겔Carl Spielvogel 부사장은 버핏의 의도가 의심스러웠다. 회사를 인수할지도 모른다는 생각에 버핏에게 직접 전화를 걸어 그의 계획이 무엇인지 단도직입으로 물었다. 버핏이 웃으며 "제 계획이요?"라고 반문했다.

이제 스필보겔은 정말로 걱정되었다. 버핏은 그에게 다음번에 서부로 갈 때 오마하에 들러달라고 초대했다. 그러자 스필보겔은 마침 다음 주에 캘리포니아에 갈 예정이라고 거짓말했다. "틀림없이 영하 십 몇 도가 되었지 싶습니다. 저는 미끄러지고 넘어지고 난리였습니다. 저는 덧신 장화를 신지 않았는데 캘리포니아로 가는 길에 잠시 들리는 걸로 되어 있었기 때문이죠."

버핏은 스필보겔에게 자신은 오직 투자 목적으로 인터퍼블릭 주식을 매수한 거라고 안심시켰다. 그러면서 자신의 투자 철학을 장황하게 늘어놓았다. 유료 다리며 벤저민 그레이엄이며… 사실상 '투자' 교리 문답서를 처음부터 끝까지 읊었다. 스필보겔에게는 모든 것이 너무 피상적으로만 들렸다. 뼛속까지 광고맨인 그는 대평원의 철학자를 상대할 준비가 되어 있지 않았다. 요컨대 그는 버핏을 믿지 못했다.[33]

스필보겔의 의심이 새삼스러운 일은 아니었다. 주식시장에서야 버핏이 날고 기는 투자자였지만 외부 세상에서는 여전히 거의 무명에 가까운 인물이었다. 버크셔의 연례 보고서에 포함된 그의 주주 서한들은 명백한 사실들을 간단명료하게 설명했다. 예전 투자조합의 조합원들에게 보낸 서한에서와 같은 미사여구나 화려한 입담은 하나도 찾아볼 수 없었다. 게다가 버크셔 해서웨이는 버핏보다도 더 알려지지 않은 회사였다.

버크셔의 정기 주주 총회는 뉴베드퍼드의 시베리 스탠턴의 상아탑에서 열렸다. 공식적인 일정이 끝난 뒤 버핏은 질의응답 시간을 가지곤 했다. 그 시간은 1년에 딱 한 번 버핏에게 투자에 관해 자유롭게 질문할 수 있는 기회였는데도 참석하는 사람이 거의 없었다. 버핏과 함께 벤저민 그레이엄의 수업을 들었던 콘래드 타프Conrad Taff와 증권분석가로 일하던 그의 동생 에드윈은 꼬박꼬박 참석했고, 덕분에 모범생 형제는 몇 시간 동안 버핏을 독점할 수 있었다.[34]

대중의 관심에서 보면 버크셔는 사실상 유령기업 같아서 신문들은 버크셔의 주가를 소개하지도 않았다. 일반인은 누구라도 버크셔의 주식을 사서 버핏이 운전하는 투자 '버스'에 무임승차할 수 있었다(투자조합의 최소 출자금같이 '차비'를 낼 필요도 없었다). 그러나 '버스' 승객은 하나도 없었다. 1973년 중반 87달러로 최고점을 찍은 뒤 버크셔는 전반적인 주식시장과 함께 폭락했다. 1974년 버크셔의 주가는 더욱 하락해 40달러까지 후퇴했다. 에드윈 타프의 말을 들어보자.

> 주식시장 전반이 버크셔에 관심이 없었어요. 심지어 버핏의 명성을 익히 아는 전문 투자자들도 그랬죠. 차라리 80달러면 그 주식을 사겠다는 사람이 있을 정도였죠. 그마저도 버크셔에 관심이 있어서가 아니었어요. 단지 버크셔 주식이 움직이는 것을 보고 싶은 거였죠. 워런이 투자조합을 청산하며 은퇴 선언을 하는 바람에 사람들의 마음이 완전히 떠났어요.

그러나 버핏의 머릿속에는 버크셔의 미래에 대한 어떤 그림이 있었던 것 같다. **그는** 버크셔 주식을 꾸준히 사 모았고 거래량이 전무하다시피 하는 버크셔의 주식이 얼마라도 시장에 나오면 자신이 싹쓸이할 수 있게 증권업에 종사하는 친구들에게 버크셔에 눈독을 들이지 말라고 '엄포'까지 놓았다.[35] 오마하에서 버핏의 중개인으로 일하던 찰스 하이더는 "그는 다른 사람이 버크셔 주식을 사는 것을 좋아하지 않았어요"라고 말했다. 버핏은 버크셔를 어떻게든 온전히 자기 손에 넣고 싶었고, 그래서 버크셔의 재무 담당자 베른 매켄지에게조차 버크셔 주식을 사지 말라고 '금지령'을 내렸다(버핏은 마침내 1978년이 되어서야 매켄지의 금지령을 풀어주었다. 매켄지가 버크셔에서 일을 시작하고 무려 12년 만이었다).

한편 버핏이 버크셔 명의로 매수했던 주식들이 하락했다. 1973년 말 버크셔가 보유한 포트폴리오는 총 매입가가 5,200만 달러였는데 시장 가치는 겨우 4,000만 달러에 불과했다. 버핏은 일리노이 록퍼드의 내셔널 은행 신탁회사의 CEO 유진 아베그에게 편지를 보냈다.

1973년 정부가 주도한 은행권 부양책이 별로 효과가 없었다고 생각하실 수도 있겠습니다. 은행들의 실적이 얼마나 형편 없었든 제 상황에 비하면 확실히 양반이었습니다. 저는 더 죽을 쑤었습니다. 그나마 제가 실적이 좋았을 때 투자조합을 정리해서 조합원들에게는 그나마 면이 섭니다.[36]

그의 장부상 손실은 1974년에 훨씬 더 악화되었다. 버크셔의 주가를 기준으로 평가할 때 그의 총자산 평가액은 반 토막이 났다. 하지만 최소한 겉으로 보기에 그가 낙담하는 기색은 조금도 없었다. 키위트 플라자에서 자금 운용 사무실을 운영하던 스탠 펄미터Stan Perlmeter는 "그와 이야기해 보면 너무 태평해서 과연 그가 상황을 알고나 있는지 의심스러울 정도였어요"라고 회상했다.

버핏에게는 아주 특이한 능력이 있었다. 자신의 감정과 다우존스 산업평균지수와 철저히 분리시키는 것이었다. 사실 이런 능력이 그의 성공에서 커다란 자산이었다. 1960년대에 돈을 갈고리로 쓸어 담았을 때는 온통 두려운 예측뿐이었던 것과는 반대로 자신의 포트폴리오가 끝 모를 침몰을 이어갈 때 그는 도리어 입맛을 다셨다. 버크셔의 주주들에게 보낸 연례 서한을 보면 그의 낙관적인 전망이 확연히 드러났다.

버크셔가 많은 지분을 소유하는 기업 가운데 일부는 몇 년 내에 주가가 급등할 가능성이 매우 높다고 예측합니다. 따라서 버크셔의 주식 포트폴리오에 대해서도 상당히 낙관합니다.[37]

버크셔가 상당한 지분을 보유한 기업 중 하나인 《보스턴 글로브》의 어필리에이티드는 1973년 당기순이익이 40퍼센트 증가했다고 보고했다. 그럼에도 불구하고 어필리에이티드의 주가는 요지부동이었고, 그해에 주당 10달러로 상장한 이후 몇 달 만에 주가는 9달러로 다시 8달러로 결국 7.50달러까지 떨어졌다. 이는 주가수익비율의 5배가 조금 못되고 공모가에서 25퍼센트가 하락한 액수였다. 이것은 투자자의 자질을 검증하는 엄격한 시험대였다. 주가가 25퍼센트 떨어질 때 실수를 저질렀다고 생각하는 것은 인지상정이다. 하지만 버핏은 주식에 대해서는 자신이 대중보다 더 고수라고 진심으로 믿었다. 1974년 1월 8일 그는 어필리에이티드 주식을 추가로 매수했고 사흘 뒤 11일과 그로부터 닷새 뒤 16일에도 또 샀다. 심지어 2월에는 13일, 14일, 15일, 19일, 20일, 21일, 22일 무려 7일에 걸쳐 어필리에이티드 주식을 장바구니에 담았다. 아니 1년 내내 마치 목마른 사람이 빗물을 받으러 양동이를 들고 있는 것 같았다. 결과적으로 그는 1974년 무려 107일에 걸쳐 어필리에이티드 주식을 매수했고 그 주식은 최저 5.5달러까지 떨어졌다.

1973년부터 74년에 걸친 주식시장의 붕괴는 이상하게도 투자 역사에서는 아무런 주목을 받지 못한다. 하지만 그때의 증시는 폭격을 맞은 듯 그야말로 초토화 상태였고 1930년대의 주식시장 폭락에 비견될 정도였다. 주식이 바닥이 뚫린 듯 추락해서 마치 지나치게 익은 과일처럼 바닥에 널브러졌다. 한때 니프티 50 종목의 주식을 주가수익비율의 80배 가격에도 사지 못해 안달했던 펀드매니저들이 어필리에이티드 주식은 주가수익비율의 5배에도 거들떠보지 않았다. 이는 그들이 두려워했던 것이 결국 자신의 투자 판단이 틀릴 가능성이 아니라 뒤처질 가능성이었음을 단적으로 보여준다. 그들은 장기간이 아니라 매 분기마다 투자 수익률로 실적 평가의 도마에 오르는 것을 걱정했다. 오펜하이머Oppenheimer의 펀드매니저 에릭 T. 밀러Eric T. Miller가 《월스트리트 트랜스크립트》와의 인터뷰에서 했던 발언이 그 시대를 대변한다고 할 수 있다. 그는 라켓(racket은 속어로 부정한 돈벌이라는 뜻이 있다. - 옮긴이)을 사용하는 스포츠는 좋아했지만 하락장은 좋아하지 않았다.

> 저도 펀드매니저들이 지금 현재 크게 선호하는 종목들이 있다고 말할 수 있으면 좋겠습니다. 하지만 우리 매니저들의 실상은 그렇지가 못합니다. 부분적으로는 지금이 영웅 행세를 할 때가… 지독한 객기를 부릴 때가 아니라고 생각하기 때문입니다…. 제가 무인도에 갇히고 3년을 내다보며 투자하지 않은 한은 그렇습니다.[38]

다시 한번 강조하지만 그때가 바로 영웅 놀이를 해야 하는 **이상적인** 시기였다. 그러나 한때는 가장 의심스러운 주식에도 묻지 마 도박을 일삼던 펀드매니저들이 이제는 '땅 짚고 헤엄치는' 투자마저 거부했다. 그때는 낙관주의가 제2의 천성이었는데 이제는 흔적조차 없고, 낙관주의가 사라진 곳에 오직 공포만 남았을 뿐이었다.

1974년 경영 경제 간행물을 장식한 헤드라인들은 월스트리트에 심화되는 두려움을 여실히 보여주었다. 몇 가지만 시간 순서로 알아보자. 《비즈니스 위크》의 "휘파람을 불며 묘지를 지나가다"(겁나면서도 두렵지 않은 것처럼 행동한다는 뜻 - 옮긴이), 《포브스Forbes》의 "주식을 왜 사?", 《비즈니스 위크》의 "끝이 보이지 않는 하락장", 《배런스Barron's》의 "필사의 도주", 《포브스》의 "하락세의 수렁이 깊어지다", 《포브스》의 "미지의 영역", 《포춘》의 "암울한 주식시장", 《포브스》의 "경제 상황이 통제 불능일까?" 등이다.

경제가 불황의 늪에 빠졌지만 일상적인 경기 부양책을 쓸 수 있는 상황도 아니었다. 인플레이션이 발목을 잡았기 때문이다. 1974년 물가상승률이 11퍼센트였다. 이는 1930년대에서도 겪어보지 못한 새로운 종류의 위기였다. 인플레이션과 경기 침체가 **동시에** 찾아왔다. 진퇴양난의 상황에 처한 것처럼 보였다. 경기를 부양하자니 인플레이션이 문제였고 물가를 잡자니 경기 침체가 문제였다. 경제학자들은 이런 이중고를 설명하고자 무시무시한 용어를 만들어냈다. 경기 침체를 뜻하는 스태그네이션stagnation과 인플레이션inflation을 합친 경기 불황 속 물가상승 '스태그플레이션stagflation'이었다. 금리는 20세기 들어 최고 수준으로 치솟았지만 미국 정부는 망연자실했고 속수무책이었다. 특히 워터게이트 사건(Watergate, 1972년 6월 리처드 닉슨 대통령의 재선을 위해 비밀 공작반이 워싱턴 워터게이트 빌딩에 입주한 민주당 전국 위원회 본부에 침입하여 도청 장치를 설치하려다 발각되어·체포된 정치적 사건을 말하며 결국 1974년 닉슨 대통령은 사임했다. - 옮긴이)에 관해 닉슨 대통령이 무엇을 얼마나 언제 알았고 어떤 역할을 했는지를 둘러싼 정치적 공방이 갈수록 거세지며 정부와 정치권은 아예 경제 문제에 손을 놓다시피 했다. 닉슨 대통령은 자신은 사기꾼이 아니라며 그 사건의 연루설을 강하게 부인했고 월스트리트는 숨을 죽였다. 정치권의 화두는 대통령 탄핵이었고, 금융권의 화두는 경기 침체였으니 완전히 동상이몽이요 총체적 난국이었다.

미국 안방만이 문제는 아니었다. 전 세계에서 미국의 자본주의가 후퇴했다. 특히 석유수출국기구Organization of Petroleum Exporting Countries, OPEC의 성공에 자극받은 제3세계가 너도나도 각종 연합을 결정했다. 경제학자들은 천 년간 이어져 오던 성장의 시대가 막을 내렸다고, 이제는 크기가 정해진 파이를 더 작은 조각으로 나누는 일만 남았다고 아우성이었다. 집주변 주유소에만 가 봐도 그 증거는 뚜렷이 보였다.(1973~74년에 걸쳐 1차 석유파동이 발생했다. - 옮긴이)

월스트리트도 전국을 휩쓰는 우울증 바이러스에 감염되었다. 니프티 50 종목들은 무려 80퍼센트가 폭락했다. 최고점과 최저점을 단순 비교하면, 폴라로이드는 149달러에서 14.125달러로, 제록스는 171달러에서 49달러로, 에이본은 140달러에서 18.625달러로 각각 내려앉았다. 월스트리트에서 최대 규모의 연기금을 운용하고 니프티 50 종목들의 큰손이었던 모건 개런티는 고객 자산의 3분의 2를 날린 것으로 추정되었다. 뱅커스 트러스트는 위탁자들의 돈으로 주식을 매입하는 것을 전면 중단했다. 역설적이게도 하락장인 이때가 눈에 보이는 족족 주식을 사들일 적기였다.

다우지수는 7월 31일 종가가 757이었고, 9월에는 더욱 하락해 607까지 떨어졌다. 다우지수를 기준으로 계산할 때 미국 산업의 전체 가치가 40퍼센트나 증발했건만 다우지수는 그 피해를 측정할 시도도 하지 않았다. 심지어 1968년과 비교할 때 평균 주가는 놀랍게도 70퍼센트가 떨어졌다.[39] 특히 어느 여름날 하루 동안 447개 주식이 저점 기록을 새로 썼다. 대공황 시절의 상황이 훨씬 나빴다던 구세대들의 레퍼토리는 이제 쏙 들어갔다. 1974년을 기준으로 하락장은 이미 6년째에 접어들었고, 1929년부터 1932년까지의 하락장보다 2배나 길었다.

버핏도 인플레이션이 두려운 것은 똑같았다. 그러나 반응은 달랐다. 그는 신문사처럼 물가 상승률에 발맞춰 요금을 인상할 수 있는 주식을 사냥하기 시작했다. 비슷한 맥락에서 그는 자본 비용이 높은 기업들은 피했다(물가가 상승하는 국면에서 자본 집약적인 기업들은 설비를 증강하고 재고를 보충할 때 돈이 더 많이 필요하다).

버핏은 거시 경제적 예측을 토대로 주식을 매매하지 **않았다.** 극단적인 예로 필라델피아의 비들 앤 코Biddle & Co.는 에너지 위기에 대비해 고객들에게 코카콜라, 펩시콜라, 닥터 페퍼, 세븐업 등의 청량음료 주식을 모두 처분하라고 권고했다.

> 슈퍼마켓 업계는 이미 고객들의 변화를 피부고 느끼고 있다. 방문 횟수는 줄어들었고 1회 방문 구매량이 증가했다. 따라서 상대적으로 부피가 큰 청량음료에 대한 고객들의 소비 심리가 갈수록 위축되고 있다.[40]

오래전 버핏을 불합격시켜 충격에 빠뜨렸던 하버드 경영대학원이 그에게 초청 강연을 제안했다. 버핏은 강연회에서 투자자들이 "조울증 환자처럼" 비이성적으로 행동한다고 강조했다. 아마 그것은 하워드 스타인Howard Stein을 염두에 둔 발언이었을 것이다. 사자 한 마리가 월스트리트 일대를 위풍당당하게 배회하는 오랜 TV 광고로 유명한 투자은행 드레이푸스Dreyfus의 회장인 스타인이 한 주 전에 뉴욕 증권분석가협회에서 연설했다. 하지만 이제 그 사자마저 겁쟁이 닭(Chicken Little, 영국의 한 전래동화에서, 닭이 길을 가다가 도토리에 머리를 맞았는데 "하늘이 무너진다"라고 난리 쳐 주변의 동물들을 두려움에 떨게 만들었다는 데서 유래하는 것으로 겁쟁이 닭은 침소봉대하는 비관론자나 걱정이 많은 사람들을 가리키는 말로 사용된다. - 옮긴이)이 되어버린 듯했다. 스타인은 주식이 헐값이라고 인정하면서도 "우리가 직면한 문제의 심각성"에 사로잡혀 있었다. 그는 무시무시한 새로운 결핍의 세상이 도래한다고 예상했고, 암울한 그 세상에서는 표준적인 가치 측정이 무의미하다고 주장했다.

주가수익비율, 역대 최고 수익률, EPS 전망치 등등 여러분과 제가 사용하는 많은 분석적 도구들이 요즘에는 거의 무의미한 것 같습니다⋯. 저는 주가에 영향을 미칠 아주 많은 요인이 특정한 산업 외부에서 비롯할 거라고 생각합니다. 따라서 유능한 분석가라면 눈을 크게 떠 자신의 **직접적인 전문 분야 너머**를 살피고 상상력을 최대한 발휘해야 합니다.[41]

정상 궤도를 이탈한 스타인의 종말론적인 세상에서는 주가수익비율이 더는 중요하지 않았다. 버핏은 그런 관점을 무시하고 대신에 "자신의 전문 분야"에 집중하기로 선택했다. 미국 전체의 문제가 WPC의 주가에 얼마나 많은 영향을 미칠지 그가 신도 아닌데 어떻게 측정할 수 있겠는가. 그의 남다른 특기는 닥치지 않은 미래를 예측하지 않는다는 점이었다. 일개 개인이 문명의 파고를 예측하기에 문명을 구성하는 요소들은 너무나 다양하고 문명은 너무나 역동적이다. 하물며 주가에 영향을 미칠 문명의 크고 작은 파고는 두말하면 잔소리다. 전쟁은 이길 수도 질 수도 있었다. 사람들은 번영이 영원할 거라고 낙관할 수도 번영이 영원히 끝났다고 한탄할 수도 있었다. 정치도 한철이 있고 유행도 돌고 돌며 날씨도 계절에 따라 변하듯이 말이다. 그런 것을 분석하는 것이 월스트리트의 중요한 게임이요 재미있는 오락이었다. 하지만 실물 경제가 아닌 공중에 붕 떠 있는 월스트리트에서는 모든 것이 흥미로운 반면 확실한 것은 하나도 없었다. 닉슨 대통령, 경제, 석유수출국기구(OPEC)가 펩시콜라 매출에 미치는 영향도 모든 것이 불확실했다.

이런 것 중 무엇도 각 주식을 철저하게 평가하는 것을 대체할 수 없을 터였다. 가령 WPC의 주식을 산다면, 그 투자에 대한 궁극적인 보상은 중동 지역에서 전쟁이 발발하는지 여부와는 관련이 없을 것이다. 더도 말고 덜도 말고 그저 그 회사의 주식을 샀을 뿐이었다. 이것은 WPC의 간행물 자산과 TV 자산의 미래 수익에 대한 권리를 갖는 행위였다. 거기에 더해 만약 WPC나 다른 특정 기업의 가치를 알고 주식을 산다면, 그것은 피아노 건반 하나를 두드리는 것과 같았다. 결과를 예측할 수 있다는 말이다. 버핏이 필사적으로 찾던 것이 바로 그런 소리였다. 그것 말고는 아무것도 중요하지 않았다. 특히 저마다의 목소리로 미래를 토론하는 불협화음은 더더욱 무의미한 소음일 뿐이었다. 스타인은 "더욱 안정적이고 예측 가능한 시기"를 포착하려 했지만 버핏은 기다릴 생각이 없었다. 예전에 투자조합의 조합원들에게 말했듯, 미래는 언제나 불확실한 법이었다. 버핏이 확신할 수 있는 것은, 내재가치보다 저렴하게 살 수 있는 주식들이 존재한다는 사실이었다. 그리고 당연히 쌀수록 좋았다. 다른 모든 것은 — 아들 피터의 삐끗한 허리도 겁쟁이 닭들의 울부짖음도 — 그의 안중에 없었다.

이제 남은 것은 예전의 가치 기준들이 무의미해졌다는 스타인의 억지 같은 주장의 진실 여부였다. 정말 그랬을까? 여기서 20년 전 풀브라이트 상원의원의 질의에 대한 그레이엄의 대답을 떠올리는 사람도 있을 것이다. 주가가 심지어 저가주도 필연적으로 상승할 수밖에 없는 이유는 무엇이었을까?

그것이 바로 우리 일의 미스터리 중 하나입니다.

9월 벤저민 그레이엄이 오랜 칩거를 털고 증권분석가들에게 강연하기 위해 월스트리트에 등장했다. 그는 자신이 "가치의 르네상스"라고 명명한 것에 눈을 뜨라고 촉구했고 천재여야 투자할 수 있는 것은 아니라고 다시 한번 일깨웠다.

투자자에게 필요한 것은, 첫째 머리가 어느 정도 좋아야 하고 둘째 건전하고 견고한 운용 원칙들이 있어야 하죠. 마지막 세 번째가 가장 중요한 자질인데 바로 결단성입니다.[42]

그레이엄만이 아니었다. 루안과 뮤추얼펀드매니저 존 네프John Neff처럼 당장 결단을 내리고 적극적인 주식 매수에 나서야 한다고 공개적으로 주장하는 사람들도 있었다. 하지만 월스트리트의 대부분은 햄릿Hamlet처럼 깊은 명상에 빠져 있었다. 월스트리트의 주식 중개인 헤이든 스톤Hayden Stone도 "주식을 살까 말까"를 심각하게 고민했다. 사실들은 명확했다. 주가수익비율은 2차 세계대전 이후 최저점이었고 주식은 헐값이었다. 그런데도 헤이든 스톤의 고민은 깊었다.

아주 많은 문제들은 그대로입니다. 이번에는 상황이 호전되지 않을 수도 있고… 우리의 사회 구조 전체가 아주 많이 달라져서… 누구도 예측할 수 없고… 과연 우리가 제대로 이해하고 잘 대처할 수 있을까요?[43]

다른 많은 사람들처럼 헤이든 스톤은 햄릿의 딜레마로 머리가 터질 지경이었다. 마침내 그는 "좀 더 명확해질 때까지" 주식을 대량으로 구매하는 것을 보류하라고 조언했다. 누군가가 주식시장이 상승장으로 돌아서기에 앞서 친절하게 종을 쳐서 헤이든 스톤에게 알려주기라도 한다는 것이었을까? 당시 주식시장에서 사라진 것은 지능이 아니었다. 그레이엄이 말했던 대로 도덕적 용기였다. 다시 말해, 자신의 믿음을 토대로 행동할 수 있는 "결단력"이었다. 그때가 1974년 10월 초였다. 버핏은 생애 처음으로 주식시장에 대해 공개적으로 예측했다.

워런 버핏

그것은 《포브스》와의 인터뷰 중에 있었던 일이었고 당시는 다우존스 산업평균지지수가 580이었다.

"요즘 어떠세요?"라고 《포브스》가 물었다. 버핏이 단호하게 대답했다. "성욕이 펄펄 뛰는 남자가 윤락가에 간 기분입니다. 지금은 투자를 시작할 적기입니다." 그는 미래에 대한 의심의 먹구름을 말끔히 걷어냈다. 그가 투자한 주식들은 저점이었지만 그는 어느 때보다 '성욕'이 흘러넘쳤다. 버크셔의 곳간은 주식이 가득했고 버핏은 매일 주식을 사들였다.

> 저는 투자가 세상에서 최고로 좋은 사업이라고 생각합니다. 쓸데없이 방망이를 휘두르며 힘을 뺄 필요가 없기 때문이죠. 그저 타석에 서 있으면 투수가 47달러짜리 제너럴 모터스를, 39달러짜리 US 스틸US Steel을 던집니다. 더욱이 스트라이크 판정을 내리는 사람도 없습니다. 기회를 잃는다는 것 말고는 점수를 잃는 일도 없지요. 그저 하루 종일 투수가 당신이 좋아하는 구질의 공을 던질 때까지 힘을 비축하며 기다리면 됩니다. 그러다가 수비수들이 모두 잠든 사이에 방망이를 들고 공을 때리면 그만입니다.[44]

그는 1969년에 주식 그라운드를 떠났다가 이제 시장이 저점일 때 운동화 끈을 다시 질끈 매고 방망이를 높이 치켜들었다. "주식을 살까 말까" 고민도 없었고 망설임도 없었다. 그가 《포브스》와의 인터뷰에서 말했듯 "이제는 주식에 투자해서 부자가 될 시간입니다." 그리하여 버핏이 다시 그라운드로 복귀했다.

9장 따로 또 같이

워런의 장남 하워드 버핏은 자신이 아는 사람 중에 아버지가 두 번째로 똑똑하다고 생각했다. 그러면서 아버지의 친구인 서부 해안에 사는 철학자 찰리 멍거를 가장 똑똑한 사람으로 꼽았다. 작가 모리 번스타인Morey Bernstein은 멍거를 "정말로 미스터리한 사람"이라고, 이웃에 사는 괴짜 사상가라고 말했다. 멍거는 버핏의 공명판sounding board 다른 말로 조언자로서 버핏은 그에게 자발적으로 조언을 구했다. 아니, 그의 조언가는 멍거가 유일했다. 독특한 공생 관계를 이어가는 둘은 금실 좋은 부부처럼 운명의 짝이었다. 둘의 '오작교' 역할을 했던 비뇨기과 전문의 에드윈 데이비스는 둘의 버릇과 재치가 너무 비슷해 깜짝 놀랐다. 딸 수지도 버핏과 멍거를 "복제인간들"이며 걸음걸이도 판박이였고 심지어 외모도 약간 닮은 데가 있다고 생각했다.

그러나 둘의 성격은 딴판이었다. 버핏은 유쾌한 에너지가 넘쳤지만 로스앤젤레스에 사는 철학자는 시무룩하고 뚱한 성격이었다. 또한 버핏은 너그러운 성품에서 나오는 고상함이 있었지만, 어리석은 짓도 어리석은 사람도 그냥 넘어가는 법이 없었던 멍거는 그런 고상함과는 거리가 멀었다. 심지어 자신의 용무가 끝나면 작별 인사도 없이 그냥 의자를 박차고 나가는 일도 비일비재했다.

멍거는 주변 사람들에 대한 의심이 아주 많아서 버핏은 그를 "못 말리는 벽창호"라고 놀렸다. 솔직히 이런 의심병은 멍거가 어째서 버핏에게 딱 맞는 훌륭한 조언자인지를 부분적으로 설명해준다. 멍거가 지향하는 삶의 방식은 — 투자자에게는 아주 유익한 자질이다 —
특히 무엇이 잘못될 수 있는지를 묻는 것이었다. 그는 19세기에 활약
한 독일 수학자 카를 야코비Carl Jacobi의 말을 즐겨 인용했다. "거꾸로
하라. 항상 거꾸로 하라." 심지어 한번은 고등학교 졸업식에서 축사
연사로 나섰을 때 행복한 삶이 아니라 비참한 삶으로 이어지는 자질
에 관해 설교를 늘어놓았다. **항상 거꾸로 하라.**

  버핏은 2건의 인수 계약에 멍거를 고문 변호사로 참여시켰고 멍거
는 버핏의 피지배 회사 다이버시파이드 리테일링의 지분을 약간 보
유했다. 그것을 제외하면 둘의 경력에서 접점은 없었다. 1960년대부
터 멍거는 투자조합인 휠러, 멍거 앤 코Wheeler, Munger & Co.를 직접 운영
했다. 그의 회사는 태평양 증권거래소(Pacific Stock Exchange, 1957년
샌프란시스코 증권 거래소와 채권 거래소가 로스앤젤레스 석유 거래소와 합병하여
태평양 증권 거래소가 탄생했다. – 옮긴이) 건물의 1층과 2층 사이 중간층에
사무실이 있었는데, 증권거래소와 같은 건물이라 편리했지만 배관이
여기저기 노출되었고 전체적으로 노후했다. 그러나 이런 환경은 평소
화려하게 치장한 회사 중역실을 경멸했던 멍거에게 딱 맞았다. 게다
가 그의 반골적 기질을 단적으로 보여주는 것도 있었다. 멍거는 일부
러 비서에게 문이 달린 안쪽 방을 내주었고 자신과 파트너는 개방된
대기실을 사용했다.

  거의 매시간 멍거는 비서에게 소리를 질렀다. "워런과 전화 연결해
줘요!" 그의 파트너 이라 마셜Ira Marshall은 멍거가 어미 새처럼 버핏을
돌봐주고 또한 멍거가 버핏의 사업 파트너가 되고 싶어 한다고 생각
했다. 하지만 이상하게도 그들의 직업적 연관성은 우발적이었다. 멍
거가 로스앤젤레스에 있는 블루칩 스탬프Blue Chip Stamps라는 회사의
주식을 사들이고 있었는데 때마침 버핏도 그 회사의 주식을 매집하

고 있었다.[1] 버핏은 자신의 명의와 버크셔의 이름으로 블루칩의 주식을 샀고, 1970년대 초 버핏은 블루칩의 최대 주주가 멍거는 2대 주주가 되었다.

유통 소매업체들에서 배포하는 사은품 쿠폰을 발행했던 블루칩은 미국 문화의 한 단면이되 사양 산업에 속했다. 슈퍼마켓들은 블루칩의 쿠폰을 배포하고 고객들이 그 쿠폰을 일정량 모아오면 토스터, 야외용 의자 등등을 '공짜'로 제공했다. 그리고 블루칩은 그들 슈퍼마켓에서 수수료를 받았다. 당연한 말이지만 버핏은 토스터가 아니라 돈에 관심이 있었다.

블루칩의 숨겨진 매력은 버핏이 좋아하는 보험 산업의 구조와 비슷했다. 쿠폰을 발행하는 시점에 선불로 현금을 받았지만 사람들이 쿠폰 개수를 채워 사은품을 받아 갈 때까지 상당한 시차가 발생했다. 이는, 그 기간 동안 블루칩은 지출이 발생하지 않는다는 뜻이었다. 게다가 사람들이 쿠폰을 서랍에 처박아둔 채 잊어버리는 경우도 허다했다. 그러는 사이에 블루칩은 플로트 즉 부동 자금을 마음대로 사용할 수 있었다. 버핏에게 블루칩은 법의 사각지대에 있는 또 다른 보험회사인 셈이었다.

블루칩의 '보험료'는 — 다른 말로 소매업체들에게 판매한 쿠폰 가격이 — 한 해에 1억 2,000만 달러에 달했다. 이것은 이미 버크셔가 품에 안은 보험회사에 이어 버핏의 중대한 돈줄이 되었다. 그와 멍거는 나란히 블루칩의 이사회에 진출했고 투자 위원회를 장악했으며 플로트 자금을 굴리기 시작했다.

자본 운용자로서 버핏에게 이것은 위험한 게임이었다. 엄연히 주주들이 다른 자본 2개를 한 사람이 동시에 운영한다면, 이해 충돌 가능성이 있는 두 분의 주인을 섬기는 것과 같았다. 평소 자신의 평판에 신경을 많이 쓰고 신중한 버핏이 이상하게도 이 문제는 간과한 것 같았다. 혹시 신선놀음에 도낏자루 썩는 줄 몰랐던 거 아니었을까? 그와 멍거는 짝꿍이 되어 값싼 주식을 사들인다는 사실이 마냥 행복할 따름이었다. 버핏은 캘리포니아를 자주 찾았고, 그럴 때마다 둘은 블루칩의 총알로 잡은 사냥감들 생각에 웃음이 끊이질 않았다. 마치 '우리는 사냥이 제일 쉬웠어요'라고 말하는 것 같았다.[2]

그들의 사냥감 중 하나는 소스 캐피털Source Capital이었다. 로스앤젤레스에 있던 폐쇄형mutual-end 뮤추얼펀드인 소스 캐피털은 1960년대 활황기 시절의 대표적인 펀드매니저 프레드 카가 1968년에 설립했다.(뮤추얼펀드는 가입 후 만기 전 인출이 가능한지 여부에 따라 돈을 찾을 수 없는 폐쇄형과 입출금이 자유로운 개방형으로 분류된다. - 옮긴이) 1970년대 초 카가 손을 뗀 이후 소스의 주가가 폭락했다. 솔직히 많은 주식이 그랬듯, 소스의 주식은 바닥이 뚫린 듯 **지나치게** 폭락했다. 소스는 자산 가치가 주당 18달러였지만 주가는 9달러로 내려앉았다. 블루칩은 소스의 주식을 20퍼센트나 퍼 담았다. 그리하여 버핏과 멍거는 돌고 돌아 마침내 활황기 시절로 되돌아왔지만 이미 다른 모든 사람이 빠져나가고 파티장이 텅 빈 뒤였다.

멍거가 블루칩의 대리자로 소스의 이사회에 합류했고 자신의 마음에 들지 않는 모든 것에 커다란 망치를 휘둘렀다. 하루는 멍거가 소스의 채권 포트폴리오를 조사하다가 다소 불안한 이름들을 발견하고는 포트폴리오 운용자에게 통명하게 말했다. "이것은 더도 말고 덜도 말고 딱 고만고만한 Baa 등급만 모아놓은 목록이군요. 그러나 나는 소스 캐피털의 포트폴리오로 A1 말고는 관심이 없습니다."[3](신용 평가업체 무디스는 신용등급을 총 21개로 분류하는데 Aaa, Aa, A, Baa 등은 투자 가능 등급이고 Ba, B, Caa, Ca, C 등은 투기 등급이며 동일 등급 내 상대적 위치에 따라 1, 2, 3의 숫자를 붙인다. – 옮긴이) 이러니 버핏에게는 멍거보다 더 나은 대리인을 찾는 것은 불가능했다. 특히 버핏 자신은 거친 경찰 역할이 어울리지 않는 데다 불쾌하고 불편한 상황을 가급적 피하고 싶었기 때문이다.

1971년 버핏과 멍거는 일생에 다시없을 법한 절호의 기회를 맞이했다. 멍거의 취향에 맞는 '좋은 사업'이되, 그레이엄이 좋아했던 저가주와는 다른 것이었다. 블루칩의 투자 자문 로버트 플래허티Robert Flaherty는 캘리포니아의 유명 초콜릿캔디 체인 씨즈캔디See's Candy Shops가 인수자를 찾는다는 사실을 알게 되었다. 블루칩의 임원이었던 윌리엄 램지William Ramsey는 어떻게든 씨즈캔디를 인수하고 싶었다. 그는 플래허티의 사무실을 찾아갔고 둘은 버핏에게 전화를 걸었다. 당시 버핏은 집에서 전화를 받았다. "저기, **초콜릿 사탕** 사업이라… 저는 사탕 사업을 하고 싶지는 않은데… 어떡하죠." 그렇게 통화는 싱겁게 끝났다.

램지는 스피커로 대화를 듣고 있었다. 이대로 포기할 수 없었던 둘은 버핏과 다시 전화를 시도했고 그사이에 초조한 램지는 미친 듯이 주변을 서성거렸다. 신호음만 계속 울렸다. 마치 영원 같은 시간이 흘렀다. 그런데 아무도 전화를 받지 않았다. 비서가 버핏의 집이 아니라 사무실로 전화를 잘못 걸었던 것이다. 3~4분이 흐른 뒤에야 그와 통화가 연결되었다. 그들이 입도 열기 전에 버핏이 선수를 쳤다. "전화를 끊고 수치들을 간략히 살펴봤습니다. 그렇게 하시죠. 가격만 맞으면 이참에 사탕 사업도 한번 해보죠."

버핏이 그토록 짧은 시간에 마음을 바꾸게 만든 것은 무엇이었을까? "수치"를 살펴보니 캘리포니아의 초콜릿 중독자들은 비싸더라도 씨즈의 고급 브랜드에 기꺼이 지갑을 열 것이 분명했다. 그런데 씨즈가 매각 대금으로 3,000만 달러를 요구해 양측의 신경전이 벌어졌다. 버핏과 멍거는 씨즈의 장부 가치가 아주 낮은 것에 실망해 최대 2,500만 달러 이상은 양보할 수 없다고 버텼다.[4] 그리하여 인수 협상은 결렬되었다. 이번 경우는 버핏이 투자자들의 보편적인 실수를 저질렀다.

투자자들은 종종 장부 가치가 그 기업의 진정한 '가치'에 가깝다고, 아니 최소한 가치를 대략적으로 보여주는 척도로 생각한다. 하지만 장부 가치와 기업 가치는 상당히 다른 개념이다. 장부 가치는 두 가지 항목으로 구성된다. 사업에 투입된 자본과 이익 잉여금이다. 반면 투자자의 최우선 순위는 미래에 얼마만큼의 수익을 **실현할** 수 있는가이다. 그것이 바로 기업의 가치를 (또는 버핏의 표현대로 "내재 가치"를) 결정한다.

쉬운 예를 들어보자. 어떤 회사가 캔디 생산설비, 매장, 재고 등에 씨즈캔디와 동일한 액수를 투자한다면, 그 기업과 씨즈캔디의 장부 가치는 동일하다. 그러나 브랜드 인지도는 하늘과 땅 차이다. 새 회사의 캔디 브랜드는 소비자들이 전혀 모르는 브랜드로서, 씨즈캔디에 비해 수익 창출력이 크게 떨어지고 당연히 가치도 크게 낮을 것이다. 요컨대 장부 가치는 브랜드 같은 무형 자산을 포함하지 않기에, 씨즈 같이 브랜드 인지도가 높은 기업에 장부 가치는 가치 지표로서 아무런 의미가 없다.

하지만 행운의 여신은 버핏과 멍거 편이었다. 씨즈캔디가 백기를 들었고 2,500만 달러에 합의했다. 그것은 당시까지 버핏에게는 최대 투자였다. 그의 제국은 이제 캔디회사, 섬유업체, 소매 유통업체, 보험사, 금융사, 출판사, 쿠폰 회사까지 거느리게 되었다. 바깥에서 보면 이 모든 일이 아주 급작스럽게 진행된 것처럼 보였다.

버핏의 비결은 자회사 각각을 독자적인 기업인 것처럼 철저히 분리시키는 것이었다. 이번에도 마찬가지였다. 그는 씨즈의 로고가 적힌 모자를 쓰고 비록 시간이 많지 않았지만 설탕 선물sugar futures에 대해 집중적으로 공부했다. 씨즈의 사장 척 히긴스Chuck Huggins에게 보낸 편지를 보면 버핏이 얼마나 세부적인 사항까지 파악했는지 놀라울 정도였다.

> 마음에 조금 걸리지만… 12월 29일 일요일에 가격을 인상했으면 좋겠습니다. 현재로서는 파운드당 20센트에서 30센트가 적당하지 싶습니다… 지난 며칠처럼 설탕 선물 가격이 계속 하락한다면 정제 설탕 시장에 하락된 선물 가격이 반영될 때까지 설탕 구매를 보류했으면 좋겠습니다.[5]

한편으로 버핏은 씨즈의 브랜드 이미지를 강화하라며 허긴스를 들볶았다. 역설적인 점은, 버핏의 유치한 입맛이 씨즈의 진정한 '제품'이 무엇인지 즉 씨즈는 사탕이 아니라 이미지를 판다는 것을 이해하는 데에 도움이 되었다는 사실이다.

> 3만 제곱미터(약 9,000평) 남짓한 프랑스의 작은 포도밭에서 생산한 포도가 품질 면에서는 세계 최고일 수 있습니다. 그런데 저는 포도의 가치는 99퍼센트가 이미지로 만들어지고 1퍼센트만이 맛으로 얻은 평가라고 항상 생각했습니다.[6]

그런 다음 버핏은 쿠폰 사업으로 관심을 돌렸다. 대형 할인매장들이 쿠폰을 지급하는 소형 매장들의 시장을 꾸준히 잠식했고, 소비자들은 그런 소형 매장보다 대형 할인매장들에서 구입하는 것이 더 유리하다는 인식이 확산되었다. 버핏은 그런 인식에 대응하기 위한 아이디어들을 마치 융단 폭격하듯 블루칩에 쏟아냈다. 하지만 그는 이내 자신을 냉정하게 분석하면서 마케팅이 자신의 전문 분야가 아니라는 사실을 시인했다.

> 제 문제는 제가 회계사나 통계 전문가처럼 생각한다는 점입니다. 저는 소비자들에게 모든 사실을 설명하고 수학적인 모든 계산치를 제시하면서 블루칩의 쿠폰이 그들에게 얼마나 이득인지 보여주고 싶습니다. 저는 수학자, 통계 전문가, 증권분석가, 회계사라면 한 트럭이 와도 납득시킬 자신이 있습니다… 하지만 가정주부들은 이해시킬 자신이 없습니다.[7]

또한 버핏은 버크셔에서의 자본 재분배 전략을 블루칩에도 그대로 적용해, 쿠폰으로 발생한 4,500만 달러의 플로트 자금을 은행 주식들에 투자했다.[8]

이제 그는 위험한 게임 속으로 점점 깊이 들어갔다. 그는 3개의 기업 즉 버크셔, 다이버시파이드, 블루칩의 이름으로 투자했고, 그들 기업 각각은 독자적인 주주들을 보유했다. 게다가 그는 3개의 기업 각각을 대신해 가장 유리하게 투자해줄 의무도 있었다. 이것은 중요한 결정을 요구했다. WPC는 어떤 기업에 안겨주고, 씨즈캔디는 어떤 기업의 포트폴리오에 포함시켜야 할까? 미리 말하지만 버핏은 그 점에서 있어서는 양심에 비춰 한 점 부끄러움 없이 공평했다. 그렇다고 해도 이해 충돌의 가능성은 내재되어 있었고, 사실상 그런 충돌은 불가피했다. 투자를 적절히 배분하는 것은 상상 이상으로 복잡했을 뿐더러 버핏의 타고난 성격과도 맞지 않았다. 설상가상, 문제들이 실타래처럼 얽히면 의혹의 눈길이 집중되는 법, 증권 관련 규제 당국인 SEC가 버핏에게 관심을 두기 시작했다.

버핏이 3개의 공으로 즐거운 저글링에 한창 빠져 있었을 때, 어떤 중개인이 솔깃한 블록딜 거래를 제안했다. 캘리포니아 패서디나 Pasadena에 소재한 웨스코 파이낸셜Wesco Financial이었다. 버핏은 한 저축 대부조합(savings and loan, S&L, 일반 대중으로부터 저축성 예금의 형태로 자금을 조달하여 주로 대출금 형태로 자금을 운용하는 저축 기관의 하나로 우리나라에서는 상호신용금고, 신용협동조합, 새마을금고 등이 있고 미국에서는 S&L 외에 상호저축은행과 신용조합이 있다. - 옮긴이)의 모기업인 웨스코라면 자면서도 줄줄 읊을 정도로 잘 알았다. 그는 60년대 중반부터 웨스코의 연례 보고서를 한 해도 빠뜨리지 않고 챙겨 읽었다. 물론 웨스코 말고도 수백 개의 저축대부조합이 발행한 연례 보고서도 분석했다.[9] 웨스코는 장부 가치의 절반에도 못 미치는 10달러 초반에서 거래되고 있었다.* 버핏은 웨스코 문제를 멍거와 의논했고, 멍거는 그 정도면 저렴하다고 동의했다. 그래서 블루칩이 1972년 여름 웨스코 파이낸셜 주식의 8퍼센트를 200만 달러로 취득했다.[10] 주식을 취득할 당시 블루칩에게 웨스코는 소액 투자처에 불과했지만, 반년 정도가 지난 1973년 1월 웨스코가 또 다른 캘리포니아의 저축대부조합 파이낸셜 코프 오브 샌타바버라Financial Corp. of Santa Barbara와의 합병 계획을 발표했다.

버핏과 멍거는 즉각 똑같은 결론에 도달했다. 웨스코는 합병에 대

---

* 장부 가치는 대다수 은행들을 평가하는 유익한 척도다. 은행의 자산은 대출과 여타의 금융자산으로 이뤄지는 반면 상표명 같은 무형 자산들은 별로 중요하지 않다.

한 대가를 혹독하게 치르게 될 터였다. 합병 조건에 따라서, 웨스코의 주주들은 웨스코의 주식 대신에 샌타바버라의 주식을 보유하게 될 터였다. 문제는 웨스코의 주식은 **저평가된** 반면 샌타바버라의 주식은 상당히 **고평가된** 것처럼 보였다는 점이었다. 한마디로 합병은 웨스코 주주들에게 불리했다. 버핏의 말을 들어보자.

> 저는 두 회사 간의 합병 조건을 확인하고는 눈을 의심했습니다. 제가 합병 조건을 발표된 대로 알려주자 멍거도 저와 반응이 똑같았습니다. 우리 둘 다 믿을 수 없었습니다. 그러나 다우존스의 주식 시세 표시기의 테이프를 보면 너무나 명백했습니다.[11]

멍거와 버핏은 이 문제에 대해 반응은 같았을지언정 대응 방법은 달랐다. 멍거는, 종국에는 주주들의 찬반 투표로 합병이 결정될 것이므로, 합병을 무산시키기 위해 웨스코의 주식을 추가로 매수하고자 했다. 반면 버핏은 피할 수 없는 일이라면 부차적 손실은 감내할 의지가 있었고, 그래서 멍거의 계획을 반대했다. 버핏은 "합병하든 말든 알아서 하게 내버려뒀으면 좋겠어요. 웨스코는 우리 실수였어요"라고 만류했다.[12] 하지만 멍거가 고집을 꺾지 않았고 이후 6주간 블루칩은 웨스코 주식을 보이는 족족 매입해 지분 20퍼센트를 확보했다.

하지만 그들은 결국 합병 기차를 멈춰 세우지 못했고 도리어 블루칩이 단단히 코를 꿰이고 말았다. 멍거는 자신들의 처지가 덫에 걸린 뒤에야 더는 치즈를 원하지 않는다고 마음을 바꾼 쥐와 같은 신세라고 후회했다.

2월 멍거는 웨스코의 사장 루이스 R. 빈센티Louis R. Vincenti를 찾아가 블루칩이 웨스코 주식들을 계속 매수하는 이유를 독특한 화법으로 설명했다. 그는 본심을 곧이곧대로 즉 합병 기차를 멈추라고 말할 수 없었다. 그래서 블루칩은 빈센티를 비롯해 웨스코의 임원들이 합병을 끝까지 추진해야 한다는 "도덕적 의무감"을 느끼지 않을 "환경을 조성하고 싶은 마음에서" 주식을 매입한다고 에둘러 말했다.

멍거의 은근한 회유에도 빈센티는 합병 계획을 물리지 않았다. 그는 블루칩이 반대할 자유가 있는 것은 물론이고 다른 주주들도 반대표를 던지도록 설득할 자유가 있다고 대답했다. 멍거는 그런 인기 투표식 접근법은 비열하다고 생각했다. 그는 명예를 아는 사람이었고, 명예를 아는 사람들 사이에는 해결하지 못할 문제가 없다고 믿었다. 그는 자신이 웨스코의 경영진을 좋아하고 특히 빈센티는 자신과 버핏과 비슷한 유형이라고 '고백'했다. 심지어 멍거는 만약 빈센티가 인간 대 인간으로 **직접** 요청한다면 블루칩은 웨스코 주식을 그만 사겠다고 선언했다. 그것도 여러 번 반복해서 말했다.[13]

빈센티는 뭐가 뭔지 어안이 벙벙했다. 멍거가 일상적인 사업상 거래의 한복판에서 뜬금없이 도덕성에 호소하는 것이 도무지 이해가 되지 않았다. 그러나 빈센티는 몰랐지만, 바로 그것이 가장 멍거다운 행동이었다. 멍거는 전통적인 윤리에 집착했고 특히 '미국 건국의 아버지'로 불리는 벤저민 프랭클린Benjamin Franklin의 말은 아무리 인용해도 질리지가 않았다. 멍거에게는 프랭클린의 명언이 경영대학원에서 가르치는 거의 모든 지식보다 더 유익했다.

멍거는 사생활에서도 사업에서도 용勇, 명名, 예禮 같은 신사紳士의 덕목을 중시했다. 그는 자신이 하고 싶은 대로 하는 황소고집이었지만, 그것의 결과에 대한 공과功過 즉 책임이나 공을 평가하는 일에는 무관심했다. 가령 의사의 잘못으로 백내장 수술이 실패하는 바람에 왼쪽

시력을 잃었을 때, 그는 불평 한마디 하지 않았다. 오히려 확률이 매우 낮은 불행이 자신에게 닥쳤을 뿐이라고 말했다. 그리고 그 일을 계기로 안과학을 공부했다.[14]

사생활에서 멍거는 몸이 열 개라도 모자랄 만큼 활동적이었다. 벨루스 낙태 사건 이후 그는 로스앤젤레스에 낙태 시술소를 건설하는 일에 앞장섰다.[15] 특히 굿사마리탄 종합병원Good Samaritan Hospital의 병원장으로 자원봉사하면서 병원의 사명은 물론이고 진료 과목을 전면적으로 개편했다. 그러나 한편으로는 의사들을 고압적으로 대하며 들들 볶았고, 자신이 신탁운용자로 봉사하던 지역의 가족계획연맹에서도 동료들을 윽박질렀다. 버핏이 서민적이었다면 공화당원이었던 멍거는 노블레스 오블리주를 실천했다. 그는 이사회 회의실로 성큼성큼 들어가 생각나는 대로 내뱉었고 자신이 재미있다고 생각하는 이야기를 거침없이 쏟아냈다. 한마디로 한쪽 눈이 보이지 않아 마치 돋보기 같이 두껍고 위압감을 주는 안경을 낀 철인왕哲人王이었다.[16]

"찰리는 정말 웃겼고 또 정말 거만했죠"라고 버핏의 사단 중 한 명이 말했다. "그는 귀족 같은 세계관을 신봉했어요. 그러니까 세상에는 재능 있고 성공적인 선택된 소수가 있다고 생각했습니다. 그리고 당연히 자신이 그 소수 집단에 포함되고요."

멍거는 입버릇처럼 멍거 "왕조"를 세울 거라고 농담하곤 했다. 아내와 다른 말로 "제1대 공작부인"과 이혼했을 때 그는 앞으로 태어날 자식들의 어머니에 어울리는 자질을 갖춘 미망인을 찾으려 신문 부고란을 뒤졌다. 그와 "제2대 공작부인"은 멍거 왕조를 이어갈 8명의 어린 '영식'과 '영애'를 키웠다.

오마하에 사는 파트너와는 달리 그는 삶에서 온갖 재미를 추구했다. 다양한 대륙의 강과 야생을 찾아가 송어, 여울멸, 대서양 연어를 낚시했고 회원제인 캘리포니아 클럽에서 대장 노릇을 했으며 파티를 주름잡았다. 특히 파티에서 술기운이 오르고 나면 완전히 그의 독무대였다. 멍거의 동업자 이라 마셜은 부촌인 벨에어Bel-Air에서 열렸던 어떤 파티의 일화를 들려주었다. 멍거가 장황하게 음담패설을 — 1,000년간 이어진 오르가슴에 관한 내용이있다 — 늘어놓으며 대화를 독식하자 집주인이 마셜에게 슬쩍 부탁했다. "저기, 찰리가 **입 좀 다물게 해줄래요**? 다른 사람들이 한마디도 못 하잖아요."

막역한 친구인 오티스 부스Otis Booth가 멍거의 또 다른 면을 증언했다. 멍거와 함께 낚시 여행을 가서 밤낚시를 하고 있으면 멍거는 옆에 앉아 아주 난해해 보이는 책에 빠졌다고 했다. 한번은 이라 마셜까지 셋이서 호주의 열대우림으로 여행을 갔을 때의 일이다. 정글을 지나는 내내 지프 자동차가 덜컹거리는데도 멍거는 고생물학에 관한 책에서 눈을 떼지 않았다. 마셜과 부스는 들어본 적도 없는 책이었다. 그날 밤 멍거는 둘을 앉혀놓고 자신이 읽은 내용에 대해 '강의'했다. "밑도 끝도 없이 갑자기 공룡들이 어떻게 조류로 진화했는지를 설명하지 뭡니까"라고 마셜이 말했다.

버핏의 많은 친구를 포함해 주변 사람들은, 블랙홀과 아인슈타인에 관한 멍거의 진지한 담론에 크게 위축되었다. 하물며 그의 거만한 태도는 사람들을 질리게 만들었다. 가령 언젠가 버핏의 친구 록산드 브란트가 로스앤젤레스에서 아는 병원은 시더 시나이 의료센터Cedar Sinai Medical Center뿐이라고 했다가 면박을 당했다. 멍거가 "그거야 당신이 유대인이기 때문이죠"라고 톡 쏘아붙였다.

한편 멍거는 흔히 말하는 아마추어 심리학자였지만 실력이 상당했고 특히 행동 심리학에 조예가 깊었다. 그는 사람들이 마음을 바꾸지 못하는 성향, 다른 말로 그가 "첫 번째 결론 편향(first-conclusion bias, 찰리 멍거는 우리 인간은 첫 번째 아이디어가 만들어지면 마음의 문을 닫아버린다는 점에서 인간의 마음이 정자와 난자와 비슷한 방식으로 작동한다고 주장했다. - 옮긴이)"이라고 부르는 심리에 숨은 악마를 포착했다.

"이것이 바로 조직들이 공개적인 약속을 요구하는 이유입니다. 염병할 결혼식을 올리는 이유이기도 하고요."[17]

버핏은 멍거의 여러 심리학 원칙들에 깊은 영향을 받았다. 하지만 그런 원칙을 실천하는 것에서는 멍거가 아니라 버핏이 본능적으로 훨씬 뛰어났다. 솔직히 버핏은 "첫 번째 결론 편향"을 극복하는 일에서는 전문가의 경지에 올랐다.

다시 웨스코 이야기를 해보자. 멍거는 끝내 빈센티의 마음을 돌리지 못했다. 그러자 버핏이 합병을 무산시킬 힘을 가진 있는 한 이사에게 접근하기 시작했다. 웨스코의 상속녀이자 최대 주주였던 엘리자베스 피터스Elizabeth Peters였다.[18] 피터스의 부모가 웨스코를 창업했고 1950년대 말에 주식을 상장했다. 그녀의 남자 형제들은 사업이 맞지 않아 영문학을 전공한 피터스가 저축대부 사업에 대해 공부하고 가족의 지분을 지키는 총대를 메게 되었다. 그녀는 저축대부 사업을 하면서 두 가지를 깨달았다. 첫째는 자신이 그 일에 소질이 있다는 사실이었다. 또한 웨스코는 본인이 좋아하는 다른 취미들과 정반대였는데 그 점이 더 매력적이라는 사실이었다. 가령 그녀는 고급 적포도주를 생산하는 나파 밸리Napa Valley의 포도밭을 가꾸고 영국 시인 제프리 초서Geoffrey Chaucer의 시를 읽는 것을 좋아했다.

1970년대 초 웨스코가 활력을 잃고 다소 정체되었다. 피터스는 웨스코의 재기를 돕고 싶었지만 다른 이사들은 재무적으로든 뭐든 관심이 도통 없었거니와 사실상 수수방관하다시피 했다. 샌타바버라가 합병 제안을 했을 때 피터스는 조건들이 웨스코에 불리하다는 사실을 알았지만, 어쩌면 합병이 웨스코에 자극제가 될 수도 있겠다고 생각했다.

버핏은 피터스의 마음을 돌려보려 블루칩 사장 도널드 쾨펠Donald Koeppel을 샌프란시스코로 보냈지만 피터스는 요지부동이었다. 쾨펠이 임무를 실패한 뒤 버핏이 피터스에게 직접 전화해서 상냥하게 자신을 소개한 다음 직접 만나자고 제의했다.

이틀 후 버핏과 피터스가 샌프란시스코 공항 라운지에 마주 앉았다. 버핏은 먼저. 자신은 웨스코의 주식이 조만간 샌타바버라가 제안하는 가격보다 훨씬 상승할 것으로 예상한다고 말했다. 피터스는 이미 쾨펠에게서 들었던 내용이었는데도 버핏의 입을 통해 들으니 훨씬 설득력 있게 들렸다. 무엇보다도 버핏이 피터스와 같은 웨스코 주주의 입장에서 말했기 때문이었다. 즉 그의 자본도 그녀의 자본과 똑같이 위험에 처해있었다.

피터스가 웨스코에 활기를 다시 불어넣으려면 **특단의** 무언가가 필요하다고 계속 주장하자, 버핏은 자신에게 그 일을 맡겨달라고 했다. 그러고는 피터스를 이해시키기 위해 그는 자신이 소유한 여러 기업과 자신의 관계에 대해 약간 설명했고 그것은 투자조합의 조합원이 되는 것과 비슷하다고 말했다. 또한 자신에 관한 이야기도 조금 털어놓았다. 요컨대 그는 침착하게 피터스의 가려운 부분을 정확히 긁어주면서 그녀의 벽을 허물고 있었다.

피터스는 회사만이 아니라 **자신도** 버핏의 조합원이 되어도 좋겠다는 기분이었다. 그녀는 버핏이 마음에 들었다. 아니 마음에 쏙 들었다.[19] 버핏은 하늘이 보내준 한 줄기 희망의 빛이었다.

피터스가 딱 하나만 물었다. "버핏 씨, 제가 당신의 부탁을 들어주었는데 당신이 불의의 사고를 당하면 어떻게 되죠?" 말인즉 그에게 변고가 생기면 웨스코는 누가 구해주느냐는 것이었다.

버핏은 자신에 못지않은 능력을 가진 유능한 파트너가 있다고 안심시켜주었다. 또한 자신이 "불의의 사고를 당하는" 경우 이미 그 사람이 버크셔는 물론이고 자신의 남겨진 가족들의 재산을 관리하도록 조치를 취해 놓았다고 덧붙였다. 그는 자신이든 멍거든 웨스코를 믿고 맡겨도 된다고 확신하는 게 분명했다.[20] 버핏이 말을 마쳤을 때 피터스는 결심을 굳혔다. 이제 합병 열차가 멈췄다.

버핏과 멍거는 피터스에게 인간적인 의무감을 느껴 웨스코에 더 투자하기로 결정했다. 그들은 마음만 먹으면 웨스코의 주식을 싸게 살 수도 있었을 것이다. 대체로 합병이 무산되면 주가가 폭락하기 때문이다. 하지만 그들은 합병이 무산된 데에 직접적인 책임이 있는 당사자들이었다. 고로 합병 무산에 따른 투자자들의 실망 매물을 싸게 매수하는 것은 다소 비양심적이라고 할 수도 있었다. 이에 버핏과 멍거는 중개인들에게 시장 가격보다 높게 매수하라고 일렀다.

결국 블루칩은 웨스코의 주식 매입가를 17달러로 제시했다. 합병 협상이 무산되기 전에 주로 거래되던 가격이었다. 물론 이런 경우는 아주 이례적이었다. 멍거는 "특수한 상황이니만큼 우리는 그것이 옳다고 생각했습니다"라고 말했다. 말인즉 주가 하락에 도의적 책임을 느꼈다는 것이었다.

블루칩의 웨스코 지분은 24.9퍼센트로 증가했다. 이후 전반적인 주식시장과 더불어 웨스코의 주가가 하락했고 블루칩은 몇 차례에 걸쳐 웨스코의 주식을 공개 매수했다. 1974년 중반 블루칩이 웨스코의 주식을 과반 이상 보유한 지배 주주가 되었다(피터스는 여전히 상당한 지분을 가진 소수 주주의 지위를 유지했다). 이제 문제들이 일단락된 것 같았다. 그러나 버핏과 멍거는 까마득히 몰랐지만, 증권거래위원회

SEC가 이미 그들의 움직임을 예의 주식하고 있었다.

1974년 가을, 문제를 예고하는 첫 번째 조짐이 나타났다. 버핏과 멍거 사이의 복잡하면서도 여전히 비공식적인 동업자 관계가 그 문제의 원인 중 하나였다. 버핏과 멍거는 개별적으로 블루칩과 다이버시파이드 리테일링의 주식을 부유했지만, 멍거는 버크셔와는 아무 관련이 없었다. 이는 버핏이 블루칩의 자금을 투자할 때는 둘의 팀플레이였고, 버핏이 자신의 앞주머니 같은 버크셔 돈으로 투자할 때는 단독 플레이였다는 뜻이다. 그런 식으로 물리고 물린 소유 관계가 혼란스럽고 복잡하며 상충적인 상태가 되었다.[21]

> 워런 E. 버핏과 수전 버핏: 블루칩 스탬프 지분 13%, 다이버시파이드 리테일링과 자회사들 지분 44%, 버크셔 해서웨이와 자회사들 지분: 36%
>
> 다이버시파이드 리테일링과 자회사들: 블루칩 스탬프 지분 16%, 버크셔 해서웨이와 자회사들 지분 13%
>
> 버크셔 해서웨이와 자회사들: 블루칩 스탬프 26%

복잡한 지배 관계의 실타래를 풀기 위한 첫 번째 실마리로 버핏과 멍거는 다이버시파이드를 버크셔에 합병시키는 계획을 발표했다. 그러나 SEC는 많은 점을 문제 삼았다. 아니, 아주 많은 문제를 들추었다.

멍거는 SEC가 제동을 걸자 처음에는 그들이 합병을 지연시키려 시간을 끄는 줄로만 여겼다. 버핏과 자신이 아주 "흥미로운" 사람들이라서 말이다. 그의 머릿속에서는 엽기적인 그림이 그려졌다. 블루칩이 현미경 아래에서 꼬물거리는 특이한 벌레이고 SEC가 현미경으로 그런 블루칩을 면밀히 조사하는 모습이었다. 하지만 이후에도 SEC

가 몇 달을 질질 끌자 멍거는 슬그머니 부아가 돋았다. 멍거는 자신의 예전 법률 회사의 동업자였고 지금은 자신과 버핏의 일을 봐주던 찰스 리커하우저Charles Rickerhauser에게 보낸 편지에서 차량 관리국에서 일 처리가 느린 공무원에게 하듯이 불쾌한 기색을 숨기지 않았다.

> 내 입장에서는 이제까지 상술한 해명들이 SEC의 관련자 모두를 만족시키는 것이 최선이지만, 그렇게 안 될 경우 답변이라도 가능한 한 신속하게 들을 수 있게 자네가 나서주게. 내게 직접 전화해 주는 것이 가장 좋네. 그래야 우리도 조속히 모든 문제를 해결하고 합병을 마무리 지을 수 있지 않겠나.[22]

안타깝게도 멍거는 부조리와 절망을 해부하는 프란츠 카프카Franz Kafka의 책들을 읽지 않았다. 리커하우저는 멍거의 편지를 한결 부드럽게 고쳐서 SEC에 보냈다. 12월 멍거는 자신이 원한 대로 신속하게 답변을 받았다. 하지만 기대했던 대답은 아니었다. SEC는 오마하의 왕자를 상대로 공개 조사를 개시했다. 블루칩 스탬프, 버크셔 해서웨이, 워런 버핏에 관한 조사, 파일 No.: HO-784였다. 요컨대 버핏은 전방위 조사를 받게 되었다.

> 블루칩, 버크셔, 버핏은 단독으로 또는 공모하여⋯ 음모든 속임수든 계략이든 사기 행위에 직, 간접적으로 가담했을 가능성이 있다. 혹은 결정적인 사실에 대해 허위로 진술했거나 중요한 사실을 누락했을 수도 있다.[23]

블루칩, 버크셔, 버핏은 단독으로 또는 타인과 공모하여. 사기를 치기 위해 직간접적으로 일체의 계략을 부리거나 사실을 왜곡 또는 누락시킨 행위에 가담했을 가능성이 있다.

블루칩 스탬프 인수부터 SEC 조사까지 블루칩 스탬프는 버핏이 말하는 가장 큰 투자 실수 중 하나다. 블루칩 스탬프는 1956년 슈퍼마켓 등 소매상인들이 소비자에게 인센티브를 제공하는 쿠폰 사업을 시작해 몇 년 후 캘리포니아에서 가장 큰 쿠폰 회사로 성장했다. 그러나 버크셔가 매입하기 시작한 1968년 블루칩의 매출은 1억 2,000만달러였으나 2003년에는 5만 달러까지 하락했다. 3년 후 매출은 그 절반 규모로 떨어졌다. 버핏은 이를 두고 '늙은 버핏이 간섭해서'라고 말하기도 했다. 매출 감소세는 1970년대 슈퍼마켓들이 할인점과 주유소로 업종을 바꾸면서 일어난 것이다.

블루칩이 버핏의 골칫거리로 등장한 이유는 이뿐만이 아니다. 버핏과 그의 투자 파트너 찰리 멍거는 블루칩을 통해 지분 8%를 갖고 있던 웨스코라는 기업이 1973년 다른 금융회사와 합병한다는 소식을 듣고 이를 저지시켰다. 투자 이익을 기대했던 웨스코가 지나치게 헐값에 팔린다고 생각했던 것이다. 이후 두 사람은 합병을 추진하려던 주주의 웨스코 주식을 사들이며 합병 무산으로 뚝 떨어진 당시 시장가격보다 높은 주당 17달러를 지불했다. 합병 저지에 따른 주가 하락에 도의적 책임을 느꼈기 때문이다. 그런데 이러한 사실을 포착한 미국 증권거래위원회SEC는 블루칩의 불법 주가조작 혐의를 조사하기 시작했다. 웨스코 주식을 싸게 살 수 있었음에도 의도적으로 비싼 가격에 매수했다는 것이다. 버핏과 멍거는 2년간 SEC의 변호사들 앞에서 증언을 해야 했고 필요한 자료를 제공해야 했다.

SEC 조사는 블루칩이 웨스코의 주가를 '조작'했는지 여부에 초점을 맞췄다. 주가 조작은 본래 위법성도 무고함도 입증하기가 매우 까다로울 수 있는 모호한 혐의다. SEC의 법 집행부 내부에서 그것은 큰 사건으로 여겨졌고, 이내 버핏이 관여했던 모든 것에 대한 전방위 조사로 확대되었다.

버핏은 소환장에 요구된 모든 증거 자료를 상자 3개에 담아 워싱턴으로 보냈다. 주식 양도 기록, 블루칩에 보낸 그의 편지 일체, 버크셔와 씨즈캔디 그리고 자신의 주식 중개인들에게 보낸 모든 서한과 메모가 포함되었다. SEC는 버핏이 제출한 자료들을 이 잡듯 샅샅이 뒤졌다. 버크셔의 재무 담당자 베른 매켄지는 당시에 대해 이렇게 술회했다. "그들은 투자로 막대한 재산을 축적한 부자를 발견하자 결론을 정해놓고 덤볐습니다. 그가 반드시 사기꾼이어야 한다는 결론이었어요."

버핏과 멍거 모두 SEC의 조사가 걱정되었지만, 각자의 성격대로 반응은 달랐다. 버핏은 자신의 평판이 무너질 위험에 처했는데도 자신을 투자자로 만들어주었던 불굴의 인내심을 발휘했고 침착함을 잃지 않았던 반면, 멍거는 분해서 뒤로 넘어가기 일보 직전이었다.

멍거의 예전 법률 회사 파트너였던 로더릭 힐스Roderick Hills가 당시 백악관 법률 고문으로 활동하고 있었다. SEC의 대대적인 조사에 속도가 붙을 즈음 힐스가 SEC 위원장 자리에 내정되었다는 소문이 돌았다. 버핏과 멍거의 변호인이었던 리커스하우저가 힐스에게 전화를 걸어 위원장 자리를 반려해달라고 간청했다. 그가 위원장이 된다면, SEC는 행여 '제 식구 감싸기'라는 비판을 들을까 더욱 철저히 파헤치고 그들을 필요 이상으로 엄격하게 대해야 한다는 압박감을 가질 수도 있다고 주장했다. "문제될 거라도 있을까요?"라고 힐스가 그 사건을 암시하며 물었다. 리커스하우저가 "그럴 리가요. 말도 안 되는 억측이고 누명입니다"라고 대답했다. 힐스는 리커스하우저의 부탁을 무시했다. 그런 다음 멍거가 힐스에게 두 번 전화를 해서는 곤경에 처한 버핏을 나 몰라라 하는 것 같다며 비난했다. 하지만 힐스는 위원장 자리를 수락했다.

멍거는 1975년 3월 SEC에 이틀간 불려 나가 증언했다. 그는 조사관들에게 당당한 태도로 장담했다. "하나라도 잘못된 일이 있으면 버핏과 제가 모든 책임을 지겠습니다." 그걸로 모든 사건이 종결된다고 생각한 듯 말이다. 또한 그는 증언이 인성 검사인 것처럼 다양한 관련자들의 명예로운 행동을 자주 들먹였다.

SEC 측의 젊은 변호인들은 멍거의 당당한 말투는 무시하고 그에게 예리한 칼끝을 겨누었다. 그들은 멍거가 합병을 저지시키기 위해 상대 기업의 주가를 공매할 계획을 세웠을 수도 있다는 뜻을 내비쳤다. 멍거는 발끈하며 "우리는 그런 식으로 일하지 않습니다"라고 항의했다. 하지만 그의 목소리에서 엄청난 충격이 느껴졌다. 실컷 고해를 하고 보니 상대방이 신부가 아니라 경찰이었다는 사실을 알게 된 사람처럼 말이다.

솔직히 SEC는 음모를 의심했다. 정확히 말하면, 블루칩은 웨스코를 직접 **차지하기 위해** 합병을 좌절시켰을까?

> SEC: 당신과 버핏 씨는 2월 26일 이전에 이 방법을 (웨스코를 지배할 수 있는 방법) 얼마나 오랫동안 고려했습니까?
> 멍거: 앞에서도 말했듯 우리는 당면한 일을 해결하는 데에 온 관심을 집중하느라 다른 데에 신경 쓸 여력이 없었습니다. 우리는 우리가 해야 하는 중대한 일은 멀리 있는 불확실한 일이 아니라 바로 눈앞에 있는 확실한 일이라는 토머스 칼라일 Thomas Carlyle의 가르침대로 일합니다.[24]

SEC 변호인들은 칼라일의 명언에는 눈도 끔쩍하지 않고 문제의 핵심으로 들어갔다. 그렇다면 블루칩은 왜 웨스코 주식을 필요 이상의 높은 가격으로 매수했을까?

SEC: 웨스코 주식을 더 싸게 살 수도 있었는데 일부러 비싸게 산 이유는 무엇입니까?

멍거: 그야 우리는 루이스 빈센티와 엘리자베스 피터스를 공정하고 공평하게 대우하고 싶었기 때문입니다.(fair and equitable treatment, FET, 투자 협정에서 투자자에게 공정하고 공평한 대우를 보장하는 규정이 있다. - 옮긴이)

SEC: 그렇다면 당신의 주주들은 어떻게 됩니까? 블루칩 주주들에게는 공정하고 싶지 않았던 겁니까?

멍거: 그것과는 다릅니다. 우리는 공정하기 위해 최선을 다하는 것이 주주들에 대한 의무와 상충한다고 생각하지 않습니다. 주주들에게 의무를 다하기 위해 공정하지 않은 짓을 해야 하는 것이 아니라는 말이죠. 아시겠지만 벤저민 프랭클린이 말했죠. 정직한 정책이 최선의 정책이라고요. 우리는 그의 가르침을 따를 뿐입니다… 동의를 못하는 것 같군요.

SEC: 솔직히 그렇습니다. 저는 기업가라면 언제나 자신이 섬기는 회사와 주주들의 이익을 극대화하기 위해 노력한다고 생각하는데, 그렇지 않습니까?

멍거: 그렇게 말씀하신다면 우리는 장기적인 이익을 극대화하기 위해 노력한다고 해두죠. 만약 당신이 루이스 빈센티와 오랫동안 우호적인 업무 관계를 유지하고 싶다면 어떻게 하겠습니까? 그가 신경 쓰는 거래에 최선을 다하는 것이 당신한테도

이것은 버핏이 샌프란시스코 공항에서 엘리자베스 피터스를 만나 설득했을 때 주장했던 이야기와 비슷했다. 장기적인 투자는 단순히 주식에 투자하는 것을 초월하는 일종의 조합원 관계였다. 그의 관점에서 대주주는 조합원으로서 취하기만 하는 것이 아니라 자신의 것을 내놓아야 했다. 버핏에게는 '조합원'이라는 단어가 강력한 의미를 가졌는데, 예전 자신의 투자조합 BPL의 투자자들에게 그랬듯 그것은 암묵적인 많은 책임과 신의를 의미했다.

현대의 포트폴리오 운용자들은 주식에는 2개의 얼굴이 있다고 생각했다. 하나는 주식 시세모니터에서 깜빡이는 숫자였고 다른 하나는 버튼을 누르는 순간 사라지는 숫자였다. 버핏과 멍거는 단순한 투자자보다 더 큰 역할을 하고 싶었다. 그들은 그저 돈을 운용하는 것만으로는 성에 차지 않는다고 자주 말했다. 멍거는 "제가 워런에게 '우리는 러셀 세이지(Russell Sage, 19세기 중반 미국의 악명 높은 고리대금업자였고 시장 조작자로 알려져 있다. - 옮긴이) 같은 사람이 되지 않았으면 하네. 재물이 많으면 뭐 하는가. 그래 봤자 교활하고 비열한 사기꾼인 걸'이라고 말했죠. 우리는 친구들과 가족이 오직 돈으로만 우리를 기억하는 것을 바라지 않았어요"라고 과거를 회상했다.*

SEC 변호인들은 그들에 대한 의심을 거두지 못했다. 그들은 블루칩이 웨스코의 주식을 높은 가격에 되팔기 위해 주가를 인위적으로 끌어올렸다고 의심했다. 쉽게 말해 주가를 '조작'했다는 말이었다. 하

---

* 멍거는 1976년 자신이 운영하던 투자조합을 해산했다. 1962년부터 1975년까지 그의 연 복리 평균 성장률은 20퍼센트였다.

워런 버핏

지만 블루칩은 웨스코의 주식을 팔지 않았고, SEC 변호인들도 그 부분이 몹시 의아했다. 이제 그들은 버핏을 불러 심문했다.

SEC: 사업의 관점에서 보면 주가가 떨어지는 것을 지켜보다가 싼값에 주식을 사는 것이 이득 아닙니까?

버핏: 거래 하나만 놓고 보면 그럴 수도 있습니다. 하지만 아시겠지만 블루칩의 전체적인 그림을 보면 이야기가 다릅니다. 웨스코의 임직원들은 우리가 그들의 주주들을 공정하게 대우했다고 생각합니다…. 그렇게 하지 않았다면 블루칩의 전반적인 기업 평판이 지금처럼 좋을 리가 없다고 생각합니다.

SEC: 그렇다면 블루칩 주주들에 대한 당신의 책임은 어떻게 됩니까?

버핏: 나 자신도 블루칩의 상당한 주식을 보유한 주주입니다. 따라서 블루칩의 결정은 우리와도 무관치 않습니다. 우리가 다른 주주들의 돈만 투자하는 것이 아니라는 말입니다.

SEC: 합병이 무산된 직후 가격이 하락했을 때 당신이 주식을 매수했으면 나쁘게 보였을 수도 있을 것 같은데, 어떻습니까?

버핏: 나쁘게 보는 사람도 있었을 수 있었겠죠.

SEC: 정말 이해하기 힘든 점은 어째서 웨스코 경영진이 당신 때문에 화가 났거나 불쾌했을 거라고 생각했냐는 것입니다…. 당신이 그런 것에 신경 쓸 이유가 있습니까? 그리고 블루칩은 왜 신경을 써야 하고 웨스코 경영진은 왜 또 그래야 하죠?

버핏: 웨스코 경영진이 우리를 어떻게 생각하는가는 **중요합니다**. 어찌 보면 우리가 지배 지분을 보유하고 있으니 그들의 생각 따위는 아무 상관없다고 생각할 수도 있습니다. 하지만 우

리에게는 그들의 생각이 정말로 중요합니다. 루이스 빈센티가 웨스코에 남아 있는 이유가 무엇인지 아십니까? 우리를 위해 일할 필요가 있어서가 아닙니다. 단지 우리와 함께 일하는 것을 좋아할 뿐이죠. 나도 그와 일하는 것이 즐겁습니다. 이는 아주 좋은 관계죠. 만약 그가 우리를 치졸하다고 생각한다면 관계는 그걸로 끝입니다. 그와 우리 사이의 관계에는 그가 매달 받는 월급을 초월하는 무언가가 있습니다.[26]

가령 J. P. 모건 시절에 정부 기관이 그에게 자신의 평판을 **지나치게** 신경 쓴다고 꼬치꼬치 따졌을까? 그랬을 것 같지 않다. 모건 시대의 사람들에게 "왜 평판에 신경 씁니까?"라는 질문은 생각조차 못 할 일이었을지 싶다. 하지만 그 시대의 많은 관습과 유물이 이미 사라졌다. 솔직히 버핏과 SEC 사이의 대화는 각기 다른 세기를 사는 사람들 간의 대화라고 봐도 틀리지 않다. 정부 기관과 그들을 대리하는 보수적인 변호인들은 기업의 활동들을 일련의 거래로 정의했다. 다시 말해 그런 활동 각각이 별개였고, 오늘의 동지가 내일에는 적이 될 수도 있었다. 반면 버핏은 기업의 활동을 관계의 측면에서 생각하는 편이었고 개중에는 영원한 관계도 있다고 믿었다. 뚜껑을 뒤로 밀어 여는 고풍스러운 골동품 책상을 이상할 리만치 좋아하듯, 그는 오래된 전통적인 원칙에 대한 집착이 강했다. 그것이 도리어 의심의 근거가 되니 그로서는 기가 찰 노릇이었다.

설상가상 버핏에게 도플갱어가 있다는 사실도 SEC의 의심을 더욱 부추겼다. 그들은 공모자는 이미 찾았으니 이제 범죄만 입증하면 된다고 생각했다. 당연한 말이지만 그들은 버핏과 멍거의 기이해 보이는 협력 관계에 그 증거가 있다고 의심했다.

워런 버핏

SEC: 블루칩에서 투자 결정은 누가 합니까?

멍거: 대개는 버핏이 결정했습니다. 보통은 최종 결정을 내리기 전에 나와 상의하고 내 동의를 구했습니다.

SEC: 그렇다면 버핏 씨가 처음으로 매수 주문을 넣은 뒤 웨스코 파이낸셜 주식을 계속 매수할 거라고 당신에게 알렸겠군요. 맞습니까?

멍거: 그것은 우리의 일상적인 투자 방식입니다. 그래서 앞으로 어떻게 할 것인지 서로에게 말하거나 의논하는 경우가 별로 없습니다.

SEC: 그에게 물어보셨습니까?

멍거: 그건 물어볼 필요도 없는 일입니다. 그가 어떻게 할지 빤히 다 아니까요.

SEC: 당신은 자신이 버핏 씨의, 그러니까 분신이라고 생각하십니까?[27]

가벼워 보이는 그 질문은 날카로운 칼을 숨기고 있었다. SEC는 그 단어를 엘리자베스 피터스에게서 들었다. 이제 그들은 버핏에게도 그런 논리를 씌우려 했다.

SEC: 혹시 멍거 씨를 당신의 분신 같은 존재라고 생각하셨습니까?

버핏: 당신이 말하는 분신이 어떤 의미냐에 달려 있습니다. 만약 투자 이야기라면, 우리는 의견이 일치하지 않는 경우도 더러 있습니다만 대부분은 의견이 일치하는 편입니다.

SEC: 두 분이 동일한 철학을 추구하는 일종의 **투자 철학자들**

이 된 이래로 대부분의 투자 사안에 대해 그와 의논했다는 취지의 말씀입니까?

버핏: 아니, 그런 뜻이 아닙니다…. 단지 대체로 우리의 의견이 일치하는 경향이 있었다는 뜻입니다.

SEC: 좋습니다. 그러니까 두 분은 많은 투자에 대해 그리고 철학과 투자 종목에 대해 의논을 하셨군요.

버핏: 맞습니다.

SEC: 그렇다면 당신은 사실상 그가 어떤 주식을 사고파는지 대부분 아시겠군요. 반대로 멍거 씨도 당신이 무슨 주식을 사고파는지 아실 테고요.

버핏: 그는 제가 관심을 가진 주식이 어떤 건지 압니다. 나도 그가 어디에 관심이 있는지 어느 정도 알고요. 하지만 그가 특정한 순간에 실제로 어떻게 결정하는지를 아는 것은 다른 이야기입니다. 그것에 대해서는 저는 전혀 모릅니다.[28]

버핏은 조급한 기색이 조금도 없이 느긋했다. 이후에도 몇 차례 비공식적으로 SEC에 불려 나갔는데 조사를 받는다기보다 SEC를 **도와주려** 최선을 다하는 것 같았다. 가령 SEC 측의 변호사로 조사에 참여했던 로렌스 사이드만Lawrence Seidman에게는 복잡하게 얽힌 블루칩 퍼즐을 참을성 있게 설명했다. 또한 점심 휴식 시간에는 워싱턴에서 보낸 중, 고등학교 시절 이야기도 들려주었다. 요컨대 그는 여기저기에 버핏 철학의 거미줄을 쳤다. 그리고 얼마 지나지 않아 사이드만도 엘리자베스 피터스처럼 버핏의 촘촘한 거미줄에 걸렸다. 사이드만의 말을 들어보자.

워런 버핏

저는 조사 과정에서 그와 수차례 마주 앉아 도표를 그려가며 사실 관계를 확인했습니다. 그는 "이 부분은 당신이 틀렸어요. 이 회사는 여기 이 회사의 소유가 아닙니다"라거나 "그 회사가 이 회사 지분을 보유합니다"는 식으로 설명해 주었죠. 정말로 그와 많은 시간을 마주앉았지만 우리가 적대적인 관계라고 생각한 적은 없었습니다. 저는 조사관이고 그는 피조사자인데도 너무나 협조적이었습니다.

현대의 최고 경영자가 변호사를 대동하지 않은 채 SEC에 나가서 낮은 직급의 조사관에게 심문 받는다는 것은, 더욱이 상대방에게 정보를 제공한다는 것은 일고의 가치도 없는 일이다. 심지어 본인은 그렇게 하고 싶더라도, 변호인들이 가만히 두고 볼 리가 없다. 반대할 뿐 아니라 어떻게든 말렸을 것이다. 현대의 시대정신은 우유부단함이다. 자발성은 신중한 법률 만능주의에 밀려났고 영웅들의 시대는 전문성에 대한 숭배로 대체되었다. 오늘날에는 더 이상 거인이 없고 순종적인 개미들뿐이다.

버핏은 최소한 순종적인 평범한 개미들과는 달랐다. 그는 사람들이 법률 조언가 없이 기꺼이 단독으로 행동했던 예전 시대의 인물이었다. 그는 오늘날의 조력자들이 — 변호사만이 아니라 대對정부 로비스트, 컨설턴트, 수많은 이런저런 조언자들까지 — 양날의 칼이라고, 유익한 지원군인 동시에 통제자라고 생각했다. 그런데 그는 누군가의 통제를 받는 것이 죽도록 싫었다. 잘되든 못되든 결과를 떠나, 버핏은 누군가가 감 놔라, 대추 놔라 하고 훈수 두는 것을 못 참는 성격이었다.

이제까지는 그가 의연하게 홀로 행동하는 것이 매우 효과적이었다. 사람들은 상당한 인간적인 매력이 더해진 그의 솔직함을 좋게 받아들였다. 게다가 호전성과는 거리가 먼 그의 온화함에 저절로 무장을 해제했다. 버핏은 로렌스 사이드만에게 적대적으로 맞서지 않았고 그를 새끼 호랑이로 만들었다.

마침내 버핏이 말했다. "로렌스, 당신의 관점에서 보면 당신 생각이 옳습니다. 우리의 행위는 명백히 법에 저촉되는 부분이 있습니다. 하지만 우리 관점에서 보면 절대 그렇지가 않습니다. 우리가 처음부터 나쁜 의도를 가지고 잘못을 저지른 것은 없었습니다. 자, 이제는 우리가 그런 차이를 어떻게 해결하면 좋겠습니까?" 블루칩 사건은 1975년까지 이어졌다. SEC는 새로운 영역에서 혐의를 찾느라 혈안이 되었다. 버핏과 멍거가 공동으로 지배하던 또 다른 돈줄 소스 캐피털이었다. 이쯤 되자 버핏도 자신의 문어발식 복잡한 지배 구조에 "죽을 맛이었다."[29] 오죽했으면 만약 영혼까지 털리는 악몽 같은 이번 조사가 끝난다면 지배 구조를 가능한 간소화하고 싶다고 SEC에 말했다.

> 솔직히 이번 조사가 끝나도 지금의 회사들을 그대로 소유하고 싶습니다. 하지만 복잡한 부분은 많이 정리할 생각입니다. 이제는 이런 복잡한 지배 관계가 지긋지긋합니다. 예전에 그런 회사들에 투자할 때는 아주 단순해 보였죠. 그러나 지금 보니 전혀 단순하지 않네요.[30]

12월 버핏의 법률 대리인 리커하우저가 버핏은 그런 고강도 조사를 받을 만큼 불법적인 일을 저지르지 않았다고 주장하면서 수사를 종결하자고 호소했다. 아울러 버핏이 지난 30년간 훌륭한 납세자였다는 사실을 부각시키며, 오늘날에는 그런 정직이 링컨의 오두막집 같은 일종의 실질적인 도덕적 교훈이라고 추켜세웠다.

워런 버핏

그는 14살 때 신문 배달 아르바이트로 소득이 생겼을 때부터 연방 소득세를 성실하게 납부했습니다. 지난 30년간 그가 납부한 소득세를 합치면 몇백만 달러나 됩니다. 반면에 그가 실수로 누락한 액수는 다 합쳐봐야 200달러도 되지 않죠.[31]

1976년 SEC가 마침내 최종 결정을 내렸다. 조사가 개시되고 2년 만이었다. 그토록 오랜 시간에 걸친 전방위 조사를 벌였는데도 처벌은 솜방망이 수준이었다. SEC는 블루칩이 웨스코 주식을 매입한 것은 그들의 주장대로 투자인 동시에 합병을 무산시킬 목적도 (이것은 명백한 진실이었다) 있었다고 공식적으로 결론 내렸다. 또한 블루칩이 3주에 걸쳐 웨스코의 주가를 인위적으로 부양했다고 주장했다. 한편 SEC와 블루칩의 합의문에는 유죄 인정이나 무죄 주장 같은 통상적인 문구는 기재되지 않았고, 다만 블루칩의 재발 방지 조항이 포함되었다. 아울러 SEC는 블루칩이 웨스코의 일부 주주들에게 피해를 입혔다고 판단해 블루칩은 그들에게 11만 5,000달러를 배상하기로 합의했다.

SEC는 버핏 개인에 대해서는 아무런 조치를 취하지 않았고, 오히려 몇 주 후 버핏을 기업공시 관행을 조사하는 특별 위원회 위원으로 위촉했다. 아마 이것은 일종의 사면 행위로 봐도 무방했다. 아니 최소한, SEC가 직전 2년간이나 조사했던 사람에 대한 이례적인 대우인 것만은 확실했다.

버핏은 교화된 죄인의 열정으로 자신의 "복잡성"을 제거했고 지배 관계를 단순화시켰다. 그는 블루칩이 보유한 소스 캐피털 지분을 매각했고(이미 주가는 애초 매수가에서 2배가 올랐다), 그간 부업으로 하던 FMC의 자금 운용자 직함도 내려놓았다. 또한 웨스코를 블루칩의 자회사로 만들었고(그는 웨스코 주식을 전량 매수할 수도 있었지만 엘리자베스 피터스의 요청으로 80퍼센트만 매수했다), 2년 뒤에는 다이버시파이드를 버크셔에 합병시켰다.

다이버시파이드와 버크셔가 합병하자 버핏과 멍거의 협력 관계도 공식화되었다. 이는 버핏 개인적으로도 만족스러운 일이었다. 멍거는 다이버시파이드 주식과 버크셔의 주식 2퍼센트를 맞교환했다. 또한 버핏은 멍거를 버크셔의 부회장에 임명했다. 그러나 멍거는 로스앤 젤레스에 계속 머물면서 서로 관련이 거의 없는 여러 일에 집중했고, 버크셔의 부회장 역할에서는 적정한 선을 유지했다. "거의 대부분은 워런이 아이디어를 냈습니다." 달콤한 고독 속에 홀로 결정하기를 좋아하는 버핏 같은 사람에게 먼발치서 전투를 지켜보는 영리한 멍거를 조언가로 두는 것은 필수적이었다.

또한 버크셔는 다이버시파이드와 합병함으로써 블루칩 스탬프의 지배 지분을 확보했다. 그리하여 이제 버핏은 버크셔 해서웨이라는 "주머니" 하나만 남게 되었다. 그는 버크셔 외에 별도의 포트폴리오를 운용하지 않았고 사실상 개인 투자에서 완전히 손을 뗐다.[32] 그러나 섬유산업의 막다른 골목에서 기사회생한 버크셔 자체가 그의 "개인" 투자였다.

처음 10년간 버핏은 버크셔의 주당순자산BPS을 1주당 약 20달러에서 95달러로 성장시키는 마법을 부렸다. 그는 보험사, 은행, 주식 포트폴리오, 블루칩과 씨즈캔디와 웨스코에 대한 지배 지분 등을 연이어 획득함으로써 버크셔를 화려한 백조로 변신시켰다. 이제는 예전의 미운 오리 새끼의 모습은 온데간데없이 사라졌다.

다른 최고 경영자라면 그런 변화를 상징적으로 보여주기 위해 회사명을 바꾸었을지도 모르겠다. "BH 코퍼레이션" 또는 "버크셔 엔터프라이즈" 식으로 말이다. 그러나 버핏은 변화를 좋아하는 사람이

워런 버핏

아니었다. 그는 버크셔 해서웨이라는 기업명이 좋았고, 그 이름은 회사의 뿌리를 상기시켜주었다. 감상적인 성격이 아니었음에도 그는 켄 체이스에게 뉴베드퍼드의 기록 보관소에서 예전 이사들에 관한 기록을 찾아 오마하로 보내달라고 부탁했다. 버핏이 SEC에 설명했듯 버크셔는 그가 절대로 팔고 싶지 않은 그 무엇이었다.

> 저는 버크셔가 그냥 좋습니다. 그리고 버크셔와 여생을 함께하고 싶습니다. 상장 기업이지만 이제는 거의 가족 회사 같습니다.[33]

장기간이 아니라 그의 **남은 생애**를 함께할 대상이었다. 그의 경력이 — 어떤 점에서는 그의 인생이 — 그 하나의 회사에 고스란히 녹아 있었다. 그의 지난 모든 행동이, 모든 투자가, 영원히 미완 상태인 그림에 붓질 한 획을 추가한 것이었다. 비록 버핏은 시베리 스탠턴에게서 붓을 빼앗았지만 누구도 그의 손에서 붓을 빼앗을 수 없었다. 1970년대 말이 되자 버핏의 버크셔 지분은 43퍼센트였고 아내 수전이 3퍼센트를 따로 보유했다. 버크셔와 자회사인 블루칩의 지배 지분을 획득하기 위해 버핏은 개인적으로 1,540만 달러를 투입했다. 그것은 버크셔의 주식으로 따지면 주당 32.45달러에 해당하는 액수였다.[34] 버핏은 버크셔에 더 이상의 개인 자본을 투자할 계획은 없었다. 이제부터 그 그림이 풍성해지는 것은 — 버크셔의 가치가 증거하고 버핏 개인의 재산이 증가하는 것 — 그가 버크셔에 투자한 주당 32.45달러의 자본과 자신과 버크셔가 함께할 모험에 달려 있었다.

10장 믿음은 배신하지 않는다

1979년대 초반《워싱턴 포스트》의 발행인 캐서린 그레이엄은 자신의
인생 방향을 급격히 선회하는 일에 한창 공을 들였다. 그런 와중에
워런 버핏이 하늘에서 뚝 떨어진 듯 그녀의 회사에 나타났다. 1930년
대 초반 워싱턴에는 지역 신문사가 5곳이었고《워싱턴 포스트》는 만
년 꼴찌를 기록하다가 파산의 위기에 처했다. 그때 등장한 구세주가
캐서린의 부친 유진 마이어Eugene Meyer였다. 마이어는 1933년 파산 경
매에서《워싱턴 포스트》를 매입한 다음, 1947년 사위 필립 그레이엄
Philip Graham에게 경영권을 넘겨주었다. 필립은 총명했지만 정신질환에
우울증까지 앓다가 권총으로 삶을 마감했고, 캐서린이 엉겁결에 경영
권을 승계했다. 세상에 누가 그런 비극을 준비하고 의연할 수 있겠냐
마는 평생 부잣집 딸로 귀하게 살아온 그레이엄은 특히나 일련의 사
건 앞에서 더욱 무기력한 것처럼 보였다. 금융가이자 정치인이며 연방
준비제도 이사회[Federal Reserve Board, FRB, 미국의 중앙은행은 연방준비
제도(Federal Reserve System, FRS, Fed, 연준)이고 FRB는 연준 산하의 최고 의사결정
기구로 7명의 이사로 구성되며 주요 임무는 미국 전역의 12개 연방준비은행(Federal
Reserve Bank)을 관리, 감독하는 역할이다 – 옮긴이] 의장이었던 아버지와 사
교계 명사였지만 딸에게는 무심했던 어머니 사이에서 그레이엄은 아
주 외로운 유년 시절을 보냈다. 그녀는 여자 가정교사와 사립학교에
서 교육받았고, 어머니에게 편지에 보내면 어머니의 개인 비서가 대신
답장해 주는 것에 익숙했다.[1] 대학을 졸업한 뒤 기자로 일한 그레이엄

은 집안의 신문사를 물려받을 거라는 생각은 꿈에서도 하지 않았다.[2] 그녀는 변호사였던 필립 그레이엄과 결혼해 기자 일을 그만두고 전업 주부가 되었다.

남편의 자살로 얼떨결에 경영권을 넘겨받았을 때 그녀는 수줍은 성격에 소심했으며 안쓰러워 보일 정도로 자신감이 없었다. 게다가 가뜩이나 자의식이 강한데 남성 동료들이 무시하는 통에 힘든 점이 아주 많았다.[3] 그레이엄 자신도 어떤 인터뷰에서 세상이 돌아가는 방식으로 보면 "신문사 일은 여성보다 남성에게 더 맞을 수도 있어요"라고 말했다.[4] 그녀는 적절한 후임자를 찾을 때까지 자신이 임시로 신문사를 이끌 거라고만 생각했다.[5] 그러나 결과적으로 볼 때 책임감이 그녀를 일으켜 세웠다. 당시 《워싱턴 포스트》는 예리하고 정확한 기사로 수준은 높았지만 편향적인 지역 신문에 불과했다. 그레이엄은 《뉴스위크》의 워싱턴 지국장 벤저민 브래들리Benjamin Bradlee를 신문 편집장으로 영입해 전폭적인 지지를 보냈고 마침내 브래들리가 《워싱턴 포스트》를 미국의 저널리즘을 이끄는 유력 일간지로 성장시켰다. 1971년 《워싱턴 포스트》가 일명 펜타곤 페이퍼Pentagon Papers를 보도했다. 당시는 워싱턴 포스트 컴퍼니가 기업 공개initial public offering, IPO를 앞두고 있던 터라 자칫하면 커다란 난관에 직면할 수도 있었다. 아니나 다를까 조언자들이 펜타곤 문서 보도를 극렬하게 반대했다. 하지만 그녀가 용단을 내렸다. 펜타곤 페이퍼는 베트남 전쟁에 관한 미국 정부의 기밀 문서였고, 닉슨 행정부는 적반하장으로 만약 그것을 보도한다면 기소하겠다고 협박했다.[6] (닉슨 행정부는 이미 법원으로부터 그 기밀을 최초로 폭로한 《뉴욕 타임즈》(New York Times, 이하 NYT)의 추가 보도를 금지하는 명령을 받아냈다.) 그런 뒤에도 그레이엄의 도발적인 행보가 이어졌다. 이번에는 플로리다에 있는 자회사 TV 방송국의 허가권 갱신이 취소될 위험에도 불구하고 워터게이트 사건에 대한 《포스트》의 심층 취재를 지지했다. 여담이지만 아마도 허가권 협박은 닉슨이 선동했을 것이다. 심지어 닉슨 행정부는 더 파렴치한 짓도 서슴지 않았다. 법무부 장관 존 N. 미첼John Newton Mitchell이 워터게이트 사건과 관련해 "그것을 끝내 보도한다면 캐서린 그레이엄의 가슴을 커다란 세탁기 넣어 돌려 버리겠다"[7]고 망발을 내뱉은 것이다. 오히려 그레이엄은 그 발언을 들었을 때 자신이 정곡을 찔렀다고 생각했다.

하지만 그레이엄 변신의 제2막은 겨우 첫발을 뗐을 뿐이었다. WPC가 정치권에서는 막강한 영향력을 발휘했지만 기업으로서의 존재감은 극히 미미했다. 회사의 얼굴인 《포스트》는 워싱턴 신문 시장을 장악했음에도 영업 이익률은 10퍼센트로 평범한 축이었다. 뿐만 아니라 자회사인 TV 방송국들도 사정은 별로 다르지 않았다.

1971년 WPC가 주식을 상장하는 것에 발맞춰 그레이엄은 회사의 손익으로 관심을 돌리기 시작했다. 하지만 그녀는 재무적인 문제들은 이사회 회장이자 고문이었던 변호사 프리츠 비브Fritz Beebe에게 일임했다. 그레이엄은 "숫자는 남자들의 일이라고 생각했던 것 같아요"라고 술회했다. 그런데 1973년 봄 비브가 세상을 떠났다. 이제 그레이엄은 유력 일간지 최초 여성 발행인을 넘어 《포춘》 선정 500대 기업의 최초 여성 회장이 되었다. 그녀는 증권분석가들에게 소위 경영의 퓰리처상을 받고 싶다고 호기롭게 선전 포고를 했다.[8] 하지만 월스트리트의 세상은 호락호락하지 않았고 그녀가 한껏 움츠려들게 만들었다. 우연찮게도 정확히 이때부터 버핏이 WPC 주식을 매입하기 시작했다.

이제까지 그레이엄은 《워싱턴 먼슬리》의 찰스 피터스를 통해 버핏을 딱 한 번 만났다. 그럼에도 그녀는 버핏이 어떤 인물인지 또는 무슨 일을 하는지 전혀 몰랐다. WPC 내부의 곳곳에서 경고음이 울렸

워런 버핏

다. 그레이엄의 장남 도널드Donald Edward Graham가 당시 가족 회사에 입사해 경영자 수업을 받고 있었는데, "네브래스카 출신의 극우주의자"가 회사를 노릴까 몹시 걱정했다.[9] 그레이엄도 공포에 휩싸였고 신문업계 친구들을 통해 버핏에 관한 정보를 수집했다. 브래들리는 그녀가 "뱀 주위를 맴도는 강아지처럼 그를 엄밀히 조사"했노라 말했다. 결과적으로 말해 이것은 에너지와 시간 낭비에 불과했다. WPC의 주식은 두 종류였기 때문이다. 투표 권한이 매우 제한적인 B 클래스 주식(Class B stock, 보통주는 A 클래스 주식과 B 클래스 주식으로 세분화되고 두 주식은 투표권과 배당권에서 차이가 있다. - 옮긴이)만이 공개적으로 매매되었다. 그러니까 WPC의 지배권은 A 클래스 주식에 달려 있었고, 그 주식 일체는 그레이엄 일가가 보유했다. 하지만 그레이엄은 요즘 말로 '주린이'였다. WPC의 《뉴스위크》 사업부 수석 부사장 피터 데로우Pater Derow가 그레이엄을 계속 안심시켰다. "버핏에 대해서는 걱정하지 마세요. 회장님이 A 클래스 주식을 갖고 계시니까요." 그럼에도 그레이엄은 몸을 옥죄는 두려움이 가시지 않았다. "그의 목적이 무엇일까요? 누군가가 우리를 향해 무섭게 달려오고 있다고요!"

그러는 사이 버핏은 WPC 주식을 꾸준히 사모아 마침내 지분의 10퍼센트까지 확보했다. 그러자 자신 때문에 신경이 곤두선 사람들도 있겠다는 생각이 들었다. 그는 그레이엄에게 편지를 썼다. "친애하는 그레이엄 회장님…." 버핏은 예전에 《워싱턴 포스트》를 배달하던 시절의 일화들을 들려주었고 주식을 매입한 데는 악의적인 의도가 전혀 없다고 강조했다.[10] 그녀는 버핏의 편지를 어떻게 해석해야 할지 혼란스러웠다. 그래서 세상 물정에 밝은 친구 둘에게 보여주며 의견을 구했다. 자신의 부친인 유진 마이어가 한때 몸담았던 유명 투자은행 라자드 프레레스Lazard Frères의 안드레 마이어André Meyer와 시카고의 은행가 로버트 아부드Robert Abboud였다. 둘 다 버핏의 달콤한 말은 사람들을 속이려는 계략일 수 있고 따라서 그와 가까워지지 않는 것이 상책이라고 조언했다.

그레이엄은 이제까지 조언자들에게 지나치게 의존하는 편이었다. 하지만 이번 경우는 자신의 직관을 믿어보기로 했다. 그녀는 버핏에게 만남을 제안하는 답장을 보냈다. 그레이엄이 《로스앤젤레스 타임스Los Angeles Times》를 방문했을 때 버핏이 라구나 비치에 있는 자신의 집에서 자동차를 몰고 그녀를 만나러 갔다. 그레이엄이 훗날 버핏과의 만남이 흠잡을 데 없이 유쾌한 시간이었다고 회상한 걸 보면 둘은 죽이 맞았던 것이 확실했다. 버핏은 그레이엄의 불안감을 감지했고 더는 WPC 주식을 사지 않겠다고 약속했다.[11] 좋은 첫 만남에도 그의 약속에도 그레이엄은 여전히 버핏에 대한 확신이 없었다. 하지만 그가 동부로 올 기회가 있으면 신문사를 방문해달라고 초대했다.

워런과 수전은 워싱턴 시내에 긴장감이 감돌던 시기에 《워싱턴 포스트》에서 한 블록 떨어진 곳에 있는 워싱턴 매디슨 호텔에 여장을 풀었다. 인쇄노조가 파업 중인 터라, 경찰과 노조원들이 거리를 메운 채 대치하고 있었다. 버핏은 가까스로 빌린 검은색 야회복을 입고 아내를 재촉해 그레이엄의 집으로 서둘러 갔다. 그곳에서 그는 훗날 영부인이 되는 바버라 부시와 민주당 상원의원 에드먼드 머스키의 부인 제인 머스키 사이에 앉았다. 그런 다음 그는 그레이엄이 어떤 식으로든 결단을 내려주길 기다렸다.

하지만 그레이엄에게서는 아무 말도 들을 수 없었다. 버핏의 친구이자 캐피털 시티즈의 회장 토머스 머피가 그레이엄과 점심식사를 하면서 버핏을 WPC 이사에 선임해야 한다고 조언했다. 이후 그레이엄이 라구나 비치의 버핏 집을 다시 방문했을 때 그는 여전히 그녀의 마음을 얻으려 애쓰는 기색이 역력했다. 천하의 짠돌이에 해변 근처에도 가지 않던 그가 그녀를 위해 파라솔과 해변 의자를 샀으니 말이다. 버핏의 가족은 그 일로 버핏을 많이 놀렸다. 버핏의 노력에 화답이라도 하듯 그레이엄의 태도가 한결 누그러졌다. "언젠가 당신을 우리 회사 이사로 선임하고 싶어요." 버핏은 "어차피 그러실 거라면 무엇을 기다리십니까?"라고 그녀의 결심을 종용했다. 버핏이 로스앤젤레스로 바래다주었을 때 그레이엄이 "하고 싶은 말씀이 있으면 지금 하세요. 하지만 살살 해주세요. 사람들이 세게 나오면 저는 움츠러드는 경향이 있거든요"라고 말했다. 하지만 버핏에 대해서는 그런 걱정을 할 필요가 없었다.

버핏은 1974년 가을에 이사로 선임되었다. 다른 이사들은 ― 그레이엄의 가족과 친척과 친구들 그리고 WPC 임원들로 마치 회원제 클럽의 회원들 같았다 ― 그를 경계했다. 《뉴스위크》 부사장 데로우의 말을 들어보자.

> 버핏은 오마하 출신으로 철저히 외부 사람이었습니다. 그가 회사의 지분 10퍼센트를 확보했는데, 우리는 "어떻게 그에 대해 한 번도 들어본 적이 없지?"라고 생각했습니다. 두렵지 않았다면 거짓말이겠죠. 돈으로 우리 회사 이사 자리를 꿰찬 사람은 그가 처음이었거든요.

당연히 이런 분위기를 잘 알던 버핏은 그들의 경계심을 누그러뜨리려 애썼다. 그는 회사 임원들에게 자신이 투자자로서 WPC를 좋아하는 이유를 솔직하게 밝혔고 《워싱턴 포스트》와 자신의 개인적인 인연도 들려주었다. 한마디로 《워싱턴 포스트》가 자신에게는 고향 같은 곳이라는 말이었다. 회원제 클럽의 신입 회원처럼 그의 입에서 나오는 모든 말이 그곳의 일원이 되어 매우 기쁘다는 내용 일색이었다.

그는 도널드 그레이엄에게 자신의 투표권을 위임했다(다시 말해 그레이엄의 아들이자 WPC의 상속자가 버크셔의 투표권을 행사할 터였다). 이는 경영진에 대한 신임을 보여주는 매우 이례적인 행위였다. 또한 그는 버크셔가 WPC 주식을 "영원히" 보유하기를 기대한다는 내용을 서면으로 작성했다. 이것 역시도 현대의 포트폴리오 운용자들을 어리둥절하게 만들었을 행동이었다.[12] 버핏은 예전에 엘리자베스 피터스에게 그랬듯, 자신은 일개 투자자가 아니라 조합원으로 WPC와 함께한다는 점을 모든 행동과 말로써 넌지시 표현했다.

이제 버핏은 걸핏하면 워싱턴을 들락거리기 시작했다. 특히 이사회 전날 밤이면 워싱턴 DC의 북서부 근교 조지타운Georgetown에 있는 그레이엄의 웅장한 저택에 어김없이 나타났다. 결코 세상 물정에 순진하지 않은 브래들리조차 "우리는 신선한 충격을 받았습니다. 모두가 그렇게 변죽 좋은 부자는 처음 봤습니다"라고 말했다.

> 그는 우리를 경외시하는 것 같았고 우리를 대단한 사람들로 추켜세웠습니다. 우리도 그를 존경하게 되었죠. 수년간 그는 단벌 신사였는데, 파란색 스웨이드 재킷만 입었죠. 모두가 그것에 대해 한마디씩 하며 놀릴 정도였습니다. 지금 생각하면 우리에게서 그런 반응을 이끌어내기 위해 일부러 그 옷만 고집한 것 같습니다. 이사회 회의가 열리면 편집자들이 잠깐 들러 이런저런 이야기로 수다를 떨곤 했는데 그도 정말 즐거워하며 끼어들었어요. 아니 그는 우리들과 어울리는 매 순간을 정말 좋아했죠. 특히 저와 캐서린의 허물없이 편안한 관계를

부러워했어요. 한번은 우리가 테니스를 치는데 제가 친 공이 멀리 날아가 캐서린이 펜스까지 쫓아갔죠. 그걸 보고 버핏은 "상사라고 봐주지 않고 펜스 쪽으로 공을 보내는 사람은 무조건 존경합니다"라고 말했어요. 그는 놀랍고도 전염성 강한 열정으로 똘똘 뭉쳤어요.

WPC 임원들은 자신들이 언론인이라고 생각했다. 하나님의 일을 대신한다고나 할까. 그런 그들에게 이제 버핏이 재무의 '성수'를 뿌리기 시작했다. 하루는 그가 데로우의 사무실을 잠깐 들러《뉴스위크》에 관해 물었다. 그런 다음 버핏이 슬슬 발동을 걸더니 **자신이**《뉴스위크》독점 사업권에서 포착한 내용을 설명하기 시작했다. 그리고 쉽게 설명하기 위해 햄버거 프랜차이즈를 예로 들었다.

데로우의 '재무 수업 후기'를 들어보자. "그의 이야기를 다 듣고 나자 저는 독점 사업권에 대한 반전문가가 된 기분이었어요. 그는 레이저 빔 같았죠. 사람들이 그의 이야기에 집중하게 유도하면서도 희한하게 멍청하다는 기분이 들게 하지 않았어요."

특히 그는 그레이엄의 개인 교사가 되었다. 워싱턴에 올 때면 연례 보고서를 한아름 챙겨와 그레이엄과 함께 한 줄씩 꼼꼼하게 분석했다. 언젠가는 버핏이 그레이엄에게 월트디즈니 보고서의 뒤표지를 보냈는데, 유모차에 탄 채 잠든 아이 사진이었다. 버핏은 그 사진에 메모를 첨부했다. "이것은 스무 번째 연례 보고서를 발행한 후 회장님 모습입니다." 그레이엄의 일부 동료들은 버핏이 그녀를 조종한다고 색안경을 쓰고 생각했지만 정작 그레이엄은 버핏의 말에 일리가 있다고 생각했다. 그는 그레이엄에게 무엇을 어떻게 하라고 일절 말하지 않았고, 단지 조언과 상담을 해줄 뿐이었다. 그의 매력의 중심에는 그의 끈기가 있었다. 마치 그것이 자석처럼 그녀를 끌어당기는 것 같았다. 그녀는 그를 알수록 그의 아이디어들이 더 좋아졌다.

얼마 지나지 않아 버핏이 중요한 제안을 했다. WPC가 대량으로 자사주를 매수하라는 것이었다. 그레이엄은 자사주 매수가 미친 짓이라고 생각했다. 투자자들에게 돈을 돌려준다면 회사는 무슨 돈으로 성장할 수 있단 말인가. 버핏의 논지는 명백했다. 전반적인 성장은 중요하지 않으며 중요한 것은 단지 주식 1주당 성장치일 뿐이었다. 쉽게 말하면 자사주 매수는 피자 한 판을 여러 조각으로 잘라 조각 수를 줄이는 것과 같았다. 따라서 자사주를 저렴하게 매수할 수 있다면 ─ 당시에도 WPC 주식은 비교적 싼 편이었다 ─ 남은 조각에는 치즈가 더 많이 올라갈 터였다. 다시 말해 각 조각의 가치가 올라갈 수 있었다. 버핏은 책이 즐비한 그녀의 조지타운 자택 서재에서 그녀와 마주 앉아 연필로 일일이 계산해가며 참을성 있게 설명했다.

마침내 그녀도 버핏의 아이디어에 동의했고, 스승한테 배운 대로 회사 임원들에게 차근히 설명했다. 그들은 그녀의 말 속에 점점 더 많은 금융 용어들이 포함된다는 것을 포착했다. 그리고 그녀가 버핏이라는 이름을 얼마나 입에 자주 올렸는지 지겨워하는 사람들이 있을 정도였다. 심지어 누군가가 제안을 하면 "흥미로운 제안이군요. 워런에게 물어보죠"라고 말해서 사람들을 짜증 나게 만들었다.

《포스트》의 만성적인 문제 하나는 기자실의 인원이 너무 많다는 것이었다. 버핏이 이사로 선임되고 1년이 지난 뒤 그레이엄은 그들 인원을 줄이고 호전적인 인쇄노조로부터 기자실의 지배권을 되찾아오고 싶었다. 이에 그녀는 특단의 조치를 결심했다. 인쇄노조가 사측과의 협상 결렬로 파업을 일으키자 강경 대처하기로 결심한 것이다.[13] 일부 노조원들이 윤전기와 인쇄 공장 기물을 파괴했고, 파업 사태는 갈수록 격해졌다(캐서린의 죽은 남편까지 들먹이는 악명 높은 현수막도 걸렸다. "필립은 자신뿐만 아니라 다른 그레이엄을 죽였어야 했다"). 《포스트》는 파업 불참자들의 도움으로 간신히 신문을 발행했지만, 만년 2위 신문사 《워싱턴 스타》에게 하나둘 광고주들을 빼앗기는 것은 어쩔 수가 없었다.

그레이엄은 《포스트》가 노조 파업이라는 전투에서 이겨도 더 큰 전쟁 즉 시장 경쟁에서 질까 봐 두려웠다. 그녀는 "내게 필요한 것은 내가 완전히 믿고 의지할 수 있는 사람"이라고 말했다. 그 사람이 결국 버핏이 되었다. 그는 자신이 WPC를 주의 깊게 감시하고 행여 파업이 《포스트》의 독점 사업권을 영구적으로 위험에 빠뜨릴 거라고 생각할 때는 그녀에게 알려주겠다고 약속했다. 그 독점권이야말로 그가 WPC에 투자한 근본적인 이유였다. 다행히도 그가 그레이엄에게 경고할 일은 벌어지지 않았다. 넉 달 후 파업이 끝났고 《포스트》는 선두로 복귀했다.

3년 뒤인 1978년 재정난에 허덕이던 《워싱턴 스타》를 인수한 잡지 재벌 타임이 《포스트》에게 공동 운영 협정joint operating agreement, JOA을 제안했다. 타임은 JOA를 체결하면 양사 모두 비용도 절감하고 워싱턴 시민들이 2개의 신문을 계속 볼 수 있어 공익성도 지닐 수 있으니 일석이조라고 주장했다.* 한편 타임은 수익 배분과 관련해, 두 신문사의 공동 수익에서 각 사의 몫을 미리 결정하자고 제안했다.

버핏은 타임의 제안을 강력하게 반대했다. 그는 워싱턴 신문 시장의

---

* 1970년 신문 보존법(Newspaper Preservation Act)에 따라서, 경쟁 신문사들이 경영 부문을 통합하되 독자적인 편집 권한을 유지하는 것이 허용되었다. 단, 법무부에 JOA를 맺지 않으면 하나의 신문사가 파산할 수 있다는 것을 증명해야 한다는 조건이 붙었다.

66퍼센트를 점유한 《포스트》가 독주 체제를 갖추기 직전이었고 2위 신문사에 호의를 베풀 필요가 없다고 생각했다. 그레이엄은 버핏이라는 든든한 지원군을 등에 업고[14] 《워싱턴 스타》에게 훨씬 까다로운 대안을 역으로 제안했지만 거부당했다. 얼마 지나지 않아 《워싱턴 스타》는 파산했고 《포스트》가 어부지리로 횡재를 얻었다.

그레이엄은 "아마도 하루걸러 한 번 정도, 일주일에 여러 번" 버핏과 연락했다고 말했다.[15] 특히 연설을 두려워했던 그레이엄은[16] 연설을 꼭 해야 할 때면 버핏에게 전화를 걸었고, 버핏은 즉석에서 자로 잰 듯 완벽한 연설문을 불러주었다. 그녀는 그의 말이 너무 빨라 받아 적을 수가 없어서 대화를 아예 녹음했다.

> 그는 문장이 아니라 문단 단위로 말을 해요. 제가 "뭐라고요? 다시 말해주세요"라고 하면 그는 좀 전에 자신이 했던 말을 다시 말하지 못하죠. 하도 속사포처럼 말을 쏟아내기에 본인도 자신이 말해놓고는 처음부터 다시 말할 수 없는 거예요. 그의 말을 따라가자면 숨도 못 쉴 정도예요.

고등학교 시절 핀볼 사업을 같이했던 도널드 댄리가 오마하에 있는 버핏을 방문했을 때 그레이엄에게서 전화가 왔다. 그녀는 전국구 신문으로 늘 1, 2위를 다투던 《USA 투데이》가 《포스트》에게 어떤 영향을 미칠지 걱정했고, 그가 그녀를 다독였다. 그녀가 그를 30분간이나 전화로 붙들고 있는 것이 댄리는 놀라울 따름이었다.

WPC의 이사회에 합류하고 얼마 되지 않았을 때부터 버핏은 그녀가 좀 더 독자적으로 경영할 수 있도록 밀어붙이기 시작했다. 일례로 WPC가 워싱턴에서 운영하던 TV 방송사를 디트로이트의 한 방송사와 약간의 현금을 얹어 교환하는 계약을 추진했다. 그녀가 버핏에게 워싱턴으로 와서 그 협상을 도와달라고 부탁했다.

"안 됩니다. 직접 하십시오."

"좋아요, 그럼 현금을 얼마 줘야 할지라도 말해줘요"라고 그레이엄이 한발 물러섰다.

"그것도 안 됩니다. 직접 계산해 보세요. 충분히 할 수 있으세요."

하지만 그레이엄의 중대한 거의 모든 결정에서 버핏의 영향력이 느껴졌다. 무엇보다 버핏은 그레이엄이 언론 자산들에 대한 치열한 (그리고 고액의) 입찰 경쟁에 무모하게 뛰어들지 못하도록 골키퍼 역할을 자청했다. 상대적인 후발자로서 그레이엄은 고속 성장하던 미디어 회사 캐피털 시티즈의 회장 토머스 머피 같은 언론계의 거물들은 물론이고 보이는 족족 모든 것을 사들이는 것 같았던 타임스 미러Times Mirror에 위압감을 느꼈다. 게다가 본인도 그들처럼 하고 싶은 마음이 굴뚝같았다.[17] 버핏은 그녀에게 돈을 쓸 때가 **아니라**고 계속 상기시켰다.

그러던 중 켄터키주에서 신문사를 운영하던 배리 빙엄 시니어Barry Bingham, Sr.가 그레이엄의 귀를 솔깃하게 만드는 제안을 해왔다. 만약 《USA 투데이》의 모회사 개닛Gannett이 제시한 금액을 맞춰준다면《루이빌 쿠리어-저널Louisville Courier-Journal》과 《루이빌 타임스Louisville Times》를 WPC에 매각하고 싶다고 제안했다. 당연히 그레이엄은 버핏의 전화번호를 돌렸다. 그는 빙엄이 제시한 가격이 터무니없이 높다고 생각했지만, 그레이엄에게 딱히 구체적인 조언을 하지 않으려 조심했다.[18] 미묘한 차이였지만 어쨌든 그런 식으로 자신의 의중을 전달할 때가 더 효과적이었다. 버핏은 스승으로서 자신의 학생을 믿은 것이다. 이제 학구열에 불타던 그 학생도 스승을 실망시키고 싶지 않았다. 도널드 그레이엄은 《루이빌 쿠리어-저널》에 대해 "어머니가 얼마나 **갖고 싶어** 했는지 모릅니다"라고 말했다. 그러나 캐서린은 눈물을 머금고 빙엄의 제안을 거절했다.

또 한 번은 데이비드 스트래슬러가 WPC에 한 케이블 방송사를 매각하려고 공을 들였다. 예전에 버핏에게서 뎀프스터 밀을 인수하려다 무산되었던 투자자였다. 그는 뉴욕에서 버핏과 그레이엄을 만나 저녁 식사를 했는데 둘이 함께 일하는 모습이 너무 편안해 보여 깊은 인상을 받았다. 그러나 스트래슬러는 바로 그 자리에서 자신의 계획이 실패했다는 것을 알아챘다.

"그레이엄은 케이블 방송사에 대한 욕심이 대단하더군요"라고 그가 술회했다. "그녀는 주도면밀했고 전략적으로 생각했어요. 하지만 감이 딱 오더군요. '버핏은 캐서린이 그렇게 큰돈을 쓰게 놔두지 않을 거야.'"

그레이엄이 단순한 사업 조언가 이상으로 버핏을 의존하기 시작한 것은 당연한 수순이었다. 부유한 미망인이었던 그녀는 남자들이 자신의 재산을 노리고 접근할까 봐 쉽게 곁을 내주지 않았고 자의반타의반 주변에 울타리를 치고 폐쇄적인 생활을 했다. 그녀는 쉽게 상처받는 소심한 성격 탓에 사람들과 늘 일정한 거리를 유지했다. 게다가 최상류층 특유의 딱딱하게 격식을 따지는 그녀의 말투와 태도도 사람들이 쉽게 접근하지 못하게 만들었다. 《워싱턴 먼슬리》의 찰스 피터스는 "저는 캐서린이 친구에 목말랐다고 봅니다"라고 말했다. 그런 그녀도 버핏에게서는 조금도 위협감을 느끼지 않았고, 둘은 아주 가까운 사이가 되었다. 그레이엄은 버핏을 버지니아에 있는 자신의 농장은 물론이고 매사추세츠 마서즈비니어드 섬에 있는 저택에도 초대했다. 버핏은 그에 대한 보답으로 그레이엄을 캘리포니아 라구나 비치로 초대했고 그레이엄은 언젠가부터 버핏의 벤저민 그레이엄 사단에도 참석하기 시작했다.

버핏과 그레이엄은 서로에게 짓궂게 장난을 잘 쳤다. 둘의 성장 배경이 확연히 다른 데다 한 사람은 세련과 고상의 화신이고 한 사람은 서민적이라는 극단적인 차이도 거기에 한몫했을 것이다. 일례로, 그레이엄에게 오마하를 방문하라고 설득하던 중에 그녀가 그곳에 대해 어린아이만큼도 모른다는 사실을 알게 되었다. 그래서 장난기가 발동한 그는 그녀를 약간 골려주기로 했다. 둘이 비행기에 탑승했을 때 그레이엄에게 미국 지도를 그려서 오마하의 위치를 표시해 보라고 말했다. 그녀가 지도를 엉망으로 그려서 그가 기념으로 간직하려는 심산으로 그것을 잡아챘다. 하지만 그레이엄이 재빨리 그림을 갈기갈기 찢어버렸다.

또 이런 일도 있었다. 뉴욕의 라 구아디아 공항에 내렸을 때 그레이엄이 급하게 전화할 데가 있어 버핏에게 10센트가 있는지 물었다. 버핏은 주머니를 뒤져 25센트짜리 동전을 꺼냈는데 순간적으로 15센트를 날리는 게 아까워 잔돈으로 바꾸러 건물 바깥으로 걸음을 옮겼다. 이는 네브래스카 출신의 백만장자라면 누구나 했을 법한 행동이었다. 그러자 그레이엄이 소리를 질렀다. **"워런**, 그냥 25센트 동전을 줘요!"

버핏이 워싱턴을 방문할 때는 대부분 아내 수전이 동행하지 않았고, 그럴 때면 그는 호위 무사처럼 그레이엄의 뒤를 졸졸 따라다녔다. "캐서린이 그의 인맥을 엄청나게 넓혀주었어요"라고 작가인 제프리 코완이 말했다. 또 다른 친구는 "《포스트》가 그의 인생을 몰라보게 바꿔놓았어요. 이제 그는 노는 물이 달라졌죠"라고 말했다. 오마하의 워런 버핏이 갑자기 국무부 장관을 역임하고 노벨 평화상까지 수상한 헨리 키신저Henry Kissinger 같은 대단한 인물들과 어울렸다. 가십 칼럼니스트 메리 엘리자베스 스미스Mary Elizabeth Smith는 버핏이 "유명 인사였던 그레이엄과 자주 만나고 그녀의 조언자"로 알려진 이후 소위 '핫-피플'이 되었다고 보도했다.[19] "버핏 씨가 장소나 모임을 불문하고 식사 중에 펩시콜라만 마시는 것 때문에 워싱턴 사교계의 호사가들은 벌집을 쑤신 듯 술렁거렸다"라고 덧붙였다. 버핏은 떠들썩한 행사들을 좋아하지 않았지만, 그레이엄의 집에서 남의 눈에 신경 쓸 필요 없이 내로라하는 거물들을 만나는 것은 좋아했다.[20]

하루는 그레이엄의 생일을 맞아 귀빈 만찬이 열렸다. 언론 거물이자 문화예술에 대한 조예가 깊었던 맬컴 포브스Malcolm Forbes가 그레이엄이 태어난 해에 만들어진 고급 포도주를 갖고 와서는 아주 고가라는 듯 자랑했다.[21] 웨이터가 다가와 잔에 포도주를 따라주려 하자 버핏은 잔 입구를 손으로 막으며 정중히 사양했다. "저는 포도주보다는 현금 선물이 더 좋습니다."

그레이엄은 버핏이 방문하면 집안 요리사에게 햄버거를 주문했고, 자신의 맨해튼 아파트에는 기름 범벅의 땅콩과자와 딸기 아이스크림 같이 그가 좋아하는 군것질거리를 가득 쟁여두었다. 그녀는 몸에 밴 고상한 티를 드러내며 말했다. "워런이 오면 언제나 치즈버거와 튀김 뭐였는데, 그걸 뭐라고 부르죠? 아 맞다, 감자튀김만 먹었어요. 그것도 소금을 잔뜩 뿌려서요." 그레이엄은 그의 촌스러운 입맛과 패션을 그냥 두고 볼 수가 없었다. 그래서 그에게 녹색 껍질 콩 하리코 베르haricots verts를 먹게 만들고 그의 옷장을 새 옷으로 채웠다.

반면 버핏은 그레이엄을 문화적 명소로 데리고 다니며 '문화 기행'을 선사했다. 뉴베드퍼드의 해서웨이 공장도 그중 하나였다. 그레이엄은 "내게 그 공장을 꼭 보여주고 싶어 했어요"라고 회상했다. 그녀는 그를 자신의 "가장 가까운" 친구로 생각했고 사업상의 조언만이 아니라 개인적인 일에서도 그에게 의존했다. 버핏도 그레이엄의 자식들에게 삼촌 같은 존재가 되었다. 그는 최소 한 달에 한 번은 워싱턴을 방문했고 그레이엄의 손님방에 아예 갈아입을 옷도 갖다 두었다. 버핏의 자식들조차 아버지의 그런 행동을 어떻게 받아들여야 할지 난감했다.

그러다 보니 둘이 불륜 관계라는 소문이 잦아들지 않았다. 언젠가 인터뷰 중에 기자가 굳이 묻지도 않았는데 그레이엄이 그 소문에 대해 먼저 언급했다. "제가 아직 여자로서 쓸 만한가 보네요. 사람들이 그렇게 생각했다니 말이에요." 버핏이 WPC의 이사로 선임되었을 때 그녀는 57살이었다. 둘 모두와 친했던 토머스 머피도 그녀에게 버핏과의 관계에 대해 물었다. 그러자 그녀는 "만약 내가 그에게 다른 감정을 품었다면 주책이지 않겠어요?"라고 방어적으로 대답했다.

버핏은 유부남치고 여자 친구들이 상당히 많았다. 《포춘》의 기자 캐럴 루미스, 루스 머치모어Ruth Muchemore, 바버라 모로Barbara Morrow 등이 대표적인 그의 '여사친'들이었다. 특히 모로는 그가 여자도 남자와 똑같은 인간으로 대우한다는 점에서 그가 "페미니스트"라고 생각했다. "그는 성인지 감수성이 높았어요." 버핏은 오늘날에는 찾아보기 힘든 일종의 기사도 정신도 있었고, 재치 있는 성적 농담은 곧잘 했지만 저속하고 무례한 음담패설은 혐오했다.*

수전은 남편에게 여자 친구들이 많아도 그다지 신경 쓰지 않았다. 그러나 남의 말 좋아하는 사람들이 있기 마련이다. 한번은 누군가가

---

* 캘리포니아에서 버핏 부부가 멍거의 예전 법률회사 파트너 로이 톨레스 부부와 관광기념품 가게 앞을 지나갔을 때의 일이다. 창문에 구인 광고가 붙어 있었는데, 그 옆에 노출이 심한 비키니 수영복들이 걸려 있었다. 버핏이 짐짓 근엄한 얼굴로 "이 가게는 피팅 모델을 구하는 거 같군"이라고 말했다.

수전에게 버핏이 워싱턴에서 보내는 시간이 많다며 신경을 좀 쓰라고 말했다. 이에 수전은 자신은 그런 일에 관심 없다고, 중요한 건 마음의 순수함이라고 받아쳤다. 수전은 그런 말을 들어도 안색 하나 변하지 않고 당당히 말할 수 있는 사람이었다(버핏 부부가 워싱턴에 있을 때도 둘은 그레이엄의 집에서 지냈다).

하지만 1970년대 중반 그들 부부 사이에 틈이 생기기 시작했다. 20년이 넘는 결혼 생활 대부분 동안 남편 내조에만 매달렸던 수전이 이제는 자신의 삶을 일구고 싶다고 친구에게 말했다.[22] 예컨대 그녀는 인종 문제로 학생 수가 지속적으로 감소하던 어떤 고등학교의 구명 운동에 적극적으로 참여했다. 또한 혼자 여행가는 횟수도 부쩍 늘어났다. 그녀가 남편의 일에 관심이 없는 것은 확실했다. 누나와 형은 대학생이라 집을 떠나고 홀로 부모님과 살고 있던 피터는 집안 분위기가 **심상치 않다는** 것을 눈치채고 있었다. 아버지는 걸핏하면 워싱턴에 갔고 어머니는 툭하면 집을 비우는 것 같았다. 그러자 피터 혼자서 저녁을 차려 먹는 일이 비일비재했다.

버핏은 아내의 **삶에도 《포스트》** 같은 존재가 필요하다는 것을 감지했다. 한번은 성인이 다 된 아이들을 언급하면서 "여보, 요즘 당신을 보면 23년을 다니던 직장을 그만둔 사람 같은데, 지금이라도 해보고 싶은 일이 있소?"라고 물었다.[23]

수전은 해보고 싶은 일이 있었다. 가수가 되고 싶었다. 솔직히 가족에게는 새삼스러운 일이 아니었다. 남편이 서재에서 일하는 동안 그녀가 노래를 흥얼거리며 집안을 돌아다니는 것을 늘 봐왔던 터였다. 이제 다소 자유시간이 생기자 그녀는 지역에서 활동하던 밥 에드슨 트리오라는 밴드에서 노래 연습을 했고 가끔 사적인 파티에서 노래도 불렀다. 그러나 본격적인 가수가 되는 것은 달랐다. 수전은 대중 앞에

선다는 생각만 해도 오금이 저렸다. 그러자 워런이 만약 지금 겁난다고 포기하면 나중에 후회할 거라고 그녀를 응원했다.[24] 1975년 수전은 친구 데넨버그의 도움으로 무대 공포증을 이겨냈고 오마하 외곽의 나이트클럽 스팀 셰드의 무대에 올랐다.

이후 수전은 시내의 프렌치 카페에서 마이크를 잡았다. 자갈길이 깔린 오마하 시장 구역의 예술가 거리에 위치한 그 카페는 여행 경험이 풍부한 오마하의 두 토박이가 공동으로 운영했다. 무용수였던 마이클 해리슨Michael Harrison과 앤서니 애보트Anthony Abbott였다. 석조 건물인 그 카페는 말하자면 오마하의 문화적인 전초 기지 같은 곳이었다. 예전에 수전이 그 카페에서 가족계획연맹을 위한 자선행사를 개최한 적도 있었다(유명 영화배우 찰턴 헤스턴Charlton Heston이 그 행사를 찾아 파운드당 175달러 하는 캐비어만 먹었다). 또한 아프리카 구호를 위한 자선행사도 열었는데, 다른 손님들과 마찬가지로 그녀도 맨발에 목에는 작은 스카프를 맸고 풍성한 체크무늬 드레스를 입었다.[25] 보수적인 오마하에서는 40대 가정주부가 무대에 올라 노래를 부르는 것이 아무리 좋게 말해도 평범하지 않았다. 하지만 수전의 자유로운 사고방식이야 오마하에 익히 널려 알려졌던 터라 그녀의 가수 활동이 별다른 구설에 오르지는 않았다.

수전은 조명이 어둡게 깔린 프렌치 카페에서 반짝이는 의상을 입고 노래를 부르며 나른하고 뇌쇄적인 눈빛으로 관객들을 지긋이 쳐다보았다. 그녀는 결혼식을 할 때보다 좀 야위었지만 높이 솟은 광대뼈, 아름다운 갈색 단발머리, 호기심 가득한 커다란 두 눈은 그대로였다. 그리고 그녀의 평소 목소리는 얇고 가는 편이었는데 노래를 부를 때는 허스키했고 정통 재즈는 물론이고 스티븐 손드하임Stephen Sondheim의 발라드 "어릿광대를 보내주오Send in the Clowns" 같은 유명 대중가요도 잘 소화했다. 그녀의 초연은 6주간 이어졌는데 관객도 꽤 들었고 반응도 좋았다. 오마하에서 활동하던 예술가 켄트 벨로스Kent Bellows의 말을 들어보자. "수전은 카바레(식당이나 클럽에서 저녁에 공연하는 쇼 – 옮긴이) 가수였어요. 열정으로 보나 음색으로 보나 딱 어울렸죠. 언젠가 그녀의 남편이 그곳에 온 걸 봤는데, 그의 표정을 보니 수전의 공연에 흠딱 빠졌던걸요."

수전이 무대에서 노래를 부를 때 버핏은 완전히 넋이 나간 행복한 표정으로 바라보았다. 한 친구에게는 "무대에서 노래 부르는 아내 모습은 숨이 멎을 만큼 아름다워"라고 말했다.[26]

버핏은 무대 밖의 결혼 생활에 관해서도 눈에 콩깍지가 씐 비슷한 발언을 했다. 그는 종종 수전을 만나기 전까지 불행했다거나 그녀를 만나지 못했다면 부자가 되지 못했을 거라는 말을 자주 했다.[27] 부부로서 둘은 일상적인 삶의 방식이 맞지 않았다. 그들의 관심사는 물론이고 일정까지 갈수록 멀어졌지만, 아내에 대한 버핏의 지극한 애정은 그대로였다. 아직도 수전은 연애하는 십 대들처럼 공공장소에서도 그에게 바짝 붙어 앉고 그의 손을 잡았다. 남편이 그려가는 투자라는 예술 작품에서 자신이 뮤즈라는 걸 알았던 그녀는 차마 그를 거부할 수 없었던 것 같았다.[28]

버핏과 캐서린 그레이엄과의 관계는 수전과의 관계와 뚜렷하게 대조되었다. 버핏이 수전에게 의지했던 것과는 반대로, 그레이엄이 **그에게** 의지했다. 이는 재무적인 경험이 부족한 까닭도 있었지만 그녀의 불안감 때문이기도 했다. 게다가 비록 정도는 달랐지만 버핏도 다른 동료들에게 그랬듯 그레이엄에게 많은 도움을 주었다. 당연히 그는 투자자로서 WPC가 잘돼 수익을 내기 위해 최선을 다했다. 하지만 그것만으로 그가 그레이엄과 있으면 유독 생기가 돌고 그녀에게 개인적으로 매우 관대했다는 사실이 희석되거나 설명되는 것은 아니었다.

《오마하 선》의 발행인 스탠퍼드 립시는 버핏, 그레이엄과 함께 나이아가라 폭포로 여행 간 적이 있었다. "둘이 정확히 어떤 관계인지 제가 알겠습니까마는, 이것 하나는 확실합니다. 보통 잠자리를 하는 남녀한테는 독특한 분위기가 느껴지죠. 그런데 둘에게서는 그런 분위기를 느낄 수 없었습니다. 캐서린은 막대한 영향력을 가진 유명 인사이면서도 낯가림이 아주 심하죠. 1,000명 중에 999명은 그녀에게 말하기 전에 두 번 생각할 겁니다. 하지만 버핏은 아니었어요. 그래서 둘이 속을 털어놓는 친한 친구가 되었지 싶습니다."

연인이든 친한 친구든 버핏이 그레이엄과의 관계에 열정을 쏟은 이유를 속 시원히 설명해 주지 못한다. 그것보다는 그가 그녀에게 안겨 준 연례 보고서들이 그 이유와 더 깊은 관련이 있을 것이다. 버핏은 예전에 조합원들에게 보내는 서한에서처럼 선생님 역할을 좋아했고, 그레이엄은 호기심도 많고 하나를 가르치면 열을 알아듣는 영민한 학생이었다. WPC의 어떤 이사가 했던 말을 새겨 들음직하다. "그들의 관계를 색안경 쓰고 보는 것 자체가 얼토당토않습니다. 그녀는 회의 전에 자신의 집에서 식사 대접을 자주 했어요. 다만 다른 사람들은 돌아갔지만 버핏만 남았죠. 그렇다고 둘에게서 성적인 어떤 것도 저는 못 봤습니다."

WPC 임원들이 본 것은, 버핏과 그레이엄 동맹 관계가 회사에 그리고 궁극적으로는 버핏의 WPC 투자금에 광범위한 영향을 미쳤다는 사실이었다. 그레이엄이 수표책을 열도록 만드는 것은 불가능했다. 그들은 그것이 버핏 때문이라고 책망했다. 아마도 필시 그랬을 것이다. 방송국 부문의 총 책임자 조엘 체이스만Joel Chaseman은 플로리다

올랜도의 한 방송사를 1억 2,000만 달러에 인수할 기회가 있었다. 당시는 올랜도가 관광의 메카로 급부상하기 전이었다. "인수하기만 하면 호박이 넝쿨째 굴러오는 좋은 기회였어요. 올랜도가 대단한 시장이 될 거라는 사실은 삼척동자도 알 정도였습니다. 그런데 회사 고위층을 감싼 투명 유리막에 맞아 그 제안이 튕겨 나갔어요."

투명 유리막이라고? 그레이엄은 버핏에게 전화를 걸었고 버핏은 너무 비싸다고 말했다.[29]

WPC 임원들은 위의 경우처럼 절호의 기회가 찾아왔지만 두 눈 멀쩡히 뜨고 놓치는 일이 반복되자 절망했다. 실제로 버핏은 무선 통신 사업과 케이블 방송 사업에 대해서는 비관적이었다. 자본을 많이 투입해야 한다는 이유에서였다.[30] [그가 WPC에 투자한 까닭은 WPC의 신문과 방송 자산들이 — 가령 항공사와는 달리 — **잉여** 현금 흐름(free cash flow, FCF, 영업활동 현금흐름에서 설비나 공장 등에 대한 투자 금액을 차감한 금액을 말한다. – 옮긴이)을 생성시킨다는 점이었다. 다시 말해 WPC는 수익을 사업에 재투자하지 않았다.] 그는 신기술에도 스타트업들에도 회의적이었다. 이런 첨단기술 기피증은 그것들이 말하자면 새로운 시도라는 이유에서였다. 그의 눈에는 그들 기업이 주구장창 햄버거만 먹다가 갑자기 낯선 외국 음식으로 식습관이 바뀌는 것과 비슷했다.

요컨대 버핏은 자신이 **이해할** 수 없는 기업은 불편했다. 보통의 임원들은 자신이 잘 모르는 분야면 전문가의 의견에 의존하지만 버핏은 신제품에 대한 전문가의 의견을 듣는 것만으로는 충분하지 않았다. 가령 자신이 어떤 벤처 사업을 이해하지 못하면 그는 그것이 투기처럼 생각되었다. 그리고 그는 투자를 하는 사람이지 투기는 그의 방식이 아니었다.

결과적으로 말해, 그레이엄이 버핏에 의존하는 바람에 WPC는 몇

몇 좋은 기회를 날려버리는 대가를 치렀다. 캐피털 시티즈의 CEO 토머스 머피도 버핏과 의논하고 의견을 구했지만, 자신의 판단에 확신이 있었던 그는 버핏의 의견을 선택적으로 취했다. 그러나 임원실의 회전문을 지키던 수문장 그레이엄은 심지어 버핏의 전문 분야가 아닌 문제에 대해서도 버핏에게 쪼르르 달려갔다. 이사회 회장이 그런 상황이니 버핏의 보수주의적 성향이 이사회 전체로 더욱 깊이 스며들었다.

체이스만은 WPC에 합류하기 전에 뉴욕의 WINS를 뉴스 전용 라디오 방송국으로 탈바꿈시킨 일등공신이었다. 체이스만은 그 경험을 살려 1970년대 후반 WPC가 뉴스 전용 케이블 프로그램을 출범시키자고 제안했다. 테드 터너Ted Turner도 똑같은 아이디어를 추진 중이었다.(테드 터너는 1980년 6월 24시간 뉴스 전문 유선 TV 방송 CNN을 출범시켰다. – 옮긴이) WPC에서는 그 아이디어가 첫 번째 이사회 관문도 통과하지 못했다. 체이스만은 그런 분위기를 혹평했다. "저는 그들이 **뭐라도** 살 준비가 되었다고 생각하지 않습니다. 도전과 혁신의 기업가 정신을 지향하는 회사와는 정반대였습니다." 그는 이사회의 행태에 깊이 실망했고, 이참에 WPC의 방송 사업부를 독립 회사로 분사시키고자 노력했다. WPC의 사장 마크 마르Mark Meagher가 **사임**하면서 WPC가 차라리 자사주를 전량 매수해 상장을 폐지go private하고 개인 소유 기업으로 돌아가는 편이 낫다고 촉구하는 장문의 편지를 썼다. 그는 그토록 고루하고 꽉 막힌 회사가 공공 자본을 보유할 자격이 없다고 생각했다. 마르의 후임자 리처드 시몬스Richard Simmons도 또다시 제안이 거부된 후에 무미건조하게 내뱉었다. "오마하의 현인이 또 한 건 했군요."[31]

재미있는 사실은, WPC 임원들이 사실상 버핏의 논리에 아무도 반박하지 않았다는 점이다. 마르는 "저는 딱히 반대하지 않았습니다. 가격이 **비싼** 건 사실이었으니까요"라고 말했다. 이는 대세를 따르는 사람의 전형적인 변명이었다. 또한 임원들은 버핏을 개인적으로 미워하지 않았다. 심지어 시몬스는 다른 일부 임원들과 마찬가지로 오마하로 순례 여행도 갔다. 오마하 순례에는 스테이크 저녁 식사, 버핏의 어린 시절 추억이 깃든 장소들을 느긋하게 둘러보는 일정, 그에게서 유익한 조언을 듣는 시간 등이 필수였다.

버핏은 WPC 이사회 회의에서 말을 별로 하지 않았다. 그러나 가끔은 누군가의 어떤 발언에 자극받을 때가 있었다. 한번은 새로운 투자 분야를 조사하던 MBA 출신 제프리 엡스타인Jeffrey Epstein이 미디어와 오락 산업의 각 부문에서 소비자들이 얼마를 지출하는지에 관한 개요를 발표했다. 젊고 혈기왕성한 엡스타인은 특히 가정용 오락 부문에 대한 지출액이 50억 달러라고 주장했다.

버핏은 숯 검댕이 눈썹을 한껏 추켜세우며 말했다. "50억 달러는 참으로 흥미로운 수치입니다. 미국의 10대 인구가 2,000만 명이라면 각자가 매달 비디오 게임에 250달러씩 쓴다는 말이군요." 이것은 그의 사고가 어떻게 돌아가는지를 단적으로 보여주었다. 오직 숫자, 숫자가 중요했다. 그러자 엡스타인의 추정치가 옳다고 해도 지속 가능성이 없다는 사실이 분명해졌다. 그리고 당연한 말이지만 WPC는 비디오 산업에 진출하지 않았다.*

버핏이 이사회에서 활동하던 11년 동안 WPC가 얼마나 몸을 사

---

* 50억 달러는 매장 출하량을 기준으로 산출한 것으로, 당연히 실제 구매량보다 훨씬 큰 액수였다. 채 1년도 지나지 않아 비디오 게임계의 대부 아타리(Atari)가 막대한 손실로 휘청거렸고 비디오 게임 산업 전체가 불황을 맞았다.

렸는지 놀라울 정도다. 예컨대 스포츠 잡지를 출범시켰다가 폐간했고, 워싱턴주에서 신문사를 인수한 반면 뉴저지 트렌턴Trenton에 있던 신문사를 매각했다. 또한 이동 통신 산업과 다른 분야들에서 약간의 지분을 획득했지만, 나중에 그중 일부를 처분했다. 한편 WPC의 11년간 수익 중 98퍼센트는 예전과 마찬가지로 《포스트》와 《뉴스위크》 그리고 방송사 4곳에서 나왔다.

그동안 WPC 매출은 경이로운 수준은 아니어도 연평균 12퍼센트로 꾸준히 성장했다. 극적인 변화는 딱 하나였는데, 수익성이었다. 1974년 WPC는 매출 1달러당 10센트의 영업 이익을 달성했고, 1985년에는 그 수치가 19센트로 2배 가까이 증가했다. 그리고 ROE도 2배로 성장했다.

당연한 말이지만 이미 워싱턴 신문 시장의 66퍼센트를 지배하던 《포스트》는 버핏이 없었더라도 워싱턴의 신문 전쟁에서 승리했을 것이다. 게다가 버핏은 WPC가 거느린 방송사들의 영업 이익이 2배로 증가한 것과는 거의 관련이 없었다.

그의 가장 큰 역할은 그런 이익을 달성한 이후에 나왔다. 버핏은 그레이엄 일가가 WPC를 주주 친화적인 기업으로 생각하도록 만들었다. 더군다나 당시는 미디어 기업들이 너도나도 몸집을 불려 미디어 제국이 되는 데에 혈안이 되었던 시기였다. 아주 오래전 해서웨이의 방직공장 바깥에서 켄 체이스에게 그랬듯 그는 그레이엄 일가에게 목표는 규모가 아니라 주주 이익이라는 사실을 끈질기게 상기시켰다. 상술했듯 WPC가 좋은 사업 기회들을 놓친 것은 변명의 여지가 없었다. 하지만 버핏이라는 든든한 골키퍼를 둔 덕분에 WPC는 정말이지 참담한 결과를 가져왔을 사업상의 실수를 피할 수 있었다. 잘나가는 회사에서 거둔 수익을 돈 먹는 하마의 입에 틀어넣는 것, 즉 고전하는 회사에 투자하는 실수 말이다.

버핏의 강력한 권유를 받아들여 WPC는 잉여현금 흐름으로 자사주 750만 주를 매수했다. 이는 전체 주식에서 약 40퍼센트에 해당했다. 순이익이 7배 이상으로 증가한 것도 인상적이었지만 EPS는 다른 말로 피자 한 조각 당 치즈는 무려 10배나 증가했다.

물론 동기간에 미디어 산업 전반이 성장했다. 그러나 버핏이 중요하게 생각했던 유일한 기준에서 — 회사의 수익을 투자자들의 이익으로 전환하는 것 — 보면 WPC는 경쟁자들을 압도하며 미디어 업계를 평정했다.

1974년부터 1985년까지 11년간 버핏이 이사로 활동하던 기간에 WPC는 주주 자본 1달러당 연평균 23퍼센트라는 막대한 수익률을 달성했다. 한편 캐피털 시티즈와 타임스 미러 각각도 주주 자본 1달러에 대해 19센트의 수익을 기록했는데, 비록 형편없는 수준은 아니었어도 WPC에 비하면 확실히 부진했다.

WPC의 주가는 그야말로 날개를 달았다. 연복리 35퍼센트 상승했고, 배당을 포함하면 총투자수익은 연 37퍼센트에 달했다. 캐피털 시티즈는 32퍼센트로 건재함을 과시했고 타임스 미러는 24퍼센트로 선방했다. 그러나 WPC가 그들 모두를 저만치 따돌렸다. 1985년 말 버핏이 WPC의 이사직을 내려놓았을 때 버크셔가 WPC에 투자한 1,000만 달러는 2억 500만 달러로 자가 증식되어 있었다.

WPC의 이사에 선임된 직후 버핏은 젊은 시절부터 깊은 애착을 가졌던 유서 깊은 또 다른 회사에 대한 지분을 재정비하기 시작했다. 우연찮게 그 회사도 워싱턴에 위치했는데 바로 가이코였다. 버핏이 컬럼비아 경영대학원생이었을 때 열차를 타고 뉴욕에서 워싱턴으로 내려와 무작정 문을 두드렸을 때 그 회사는 영세한 보험회사였다.

그러나 이후 몇 년간 가이코는 무서운 속도로 성장했다. 아주 오래전 어느 토요일, 대학원생 버핏이 끊임없이 쏟아낸 질문들을 끈기 있게 받아주었던 로리머 데이비슨은 최고 경영자가 되었고 가이코는 미국 최대 자동차보험회사 중 하나로 우뚝 섰다.

1970년대 초반 데이비슨이 은퇴했다. 가이코는 신임 최고 경영자 랠프 C. 펙Ralph C. Peck을 중심으로 경영진이 대대적으로 개편되었다. 게다가 조직 외부의 환경도 변했다. 보험사들은 새로운 무과실 보험 제도(no-fault, 자동차 사고에서 사고 당사자 간의 과실을 따지지 않고 각자가 가입한 보험회사를 통해 손해를 보상받는 보험 – 옮긴이)와 치솟는 인플레이션의 이중고를 겪었다. 펙은 그런 문제를 슬기롭게 해결하기 위한 노력의 일환으로, 위험도가 가장 낮은 운전자들에게만 보험을 판매하던 회사의 전통적인 정책을 완화했다. 그러면서도 대체로 낮은 보험료 기조는 유지했다.[32] 그 결과 보험료 수입이 급증했고 현금이 쏟아져 들어온 것은 당연지사였다.

한동안은 모든 것이 장밋빛으로 보였지만 가이코는 구조적인 시한 폭탄을 안고 있었다. 결국 폭탄이 터지고 말았다. 위험도가 높은 운전자들의 보험금 청구 건수가 증가했다. 더욱이 인플레이션으로 말미암아 가이코가 지급하는 대인과 대물 배상금 규모도 커졌다.

설상가상 가이코의 경영진은 적정한 수준의 지급 준비금도 확보하지 않았다. 1974년부터 1975년까지 15개월간 가이코는 월스트리트만이 아니라 내부적으로도 그 문제를 부인하거나 과소평가하고 또는 그 문제에 대해 거짓말까지 했다.[33] 되돌아보면 그 시기는 가이코에게 중대한 고비였다. 최고 경영자에서는 물러났어도 여전히 이사회에 몸담았던 로리머 데이비슨은 회사가 난파선 꼴이라며 개탄했다. 그러나 데이비슨조차도 회사 상태가 얼마나 엉망인지 정확히 몰랐다.

이사회가 독자적으로 외부의 보험계리회사에 조사를 의뢰했습니다. 우리는 1975년 크리스마스이브에 보고서를 받았습니다. 정말이지 크리스마스의 악몽이었습니다. 우리가 지급해야 하는 보험금이 5,000만 달러였죠. 이것만도 오싹한데, 더 끔찍한 것은 우리는 그 돈이 없었다는 것입니다.

1976년 초 가이코는 전년도 손실이 자그마치 1억 2,600만 달러라고 발표했다. 불과 1년 몇 개월 전 가이코의 주가는 42달러로 고점을 갱신했는데 이제는 4.875달러로 폭락했다. 시가 총액이 80퍼센트 이상 증발한 것이다.

버핏은 소량 보유하던 가이코 주식을 아주 오래전에 처분했다. 그러나 마음속에는 언젠가 가이코 주식을 대량으로 매수하겠다는 비밀스러운 욕구가 있었다. 지난날 《포스트》에 대해 가졌던 열망처럼 말이다.[34] 그토록 이성적인 사람인데도 버핏은 자신의 과거에 대해서만은 유독 감상적이고 향수가 컸다(그렇다고 가이코의 주식이 비쌀 때 투자할 정도로 감상적이지는 않았다). 그러나 이제는 상황이 달라졌다. 가이코 주식이 그야말로 헐값이 되었다. 더욱이 가이코는 깊은 수렁에 빠져 있었다. 버핏의 대학원 시절 가이코의 회장이었던 벤저민 그레이엄은 여전히 가이코의 주식을 보유하고 있었다. 버핏은 가이코가 회생하도록 도와주는 것은 일거양득일 수 있다고 생각했다. 저가주를 공략하라는 그레이엄의 발자취를 따르는 것인 동시에 그의 회사를 구원하는 것일 테니 말이다.

당시 그레이엄은 애인인 말루와 함께 캘리포니아 라호야La Jolla와 프랑스의 엑상프로방스Aix-en-Provence를 오가며 소박하고 조용한 여생을 보내고 있었다. 자신의 여든 살 생일을 맞아 온 가족이 라호야에 모였을 때 그는 감정에 겨워 지난 삶을 회고했지만 월스트리트에서의 경력에 대해서는 일언반구도 하지 않았다. 그는 미(美)와 문학과 예술을 통해 경험했던 기쁨에 대해 말했고, 다양한 애인들과의 즐거웠던 한때를 회상했다. 특히 어릴 적 말년의 마크 트웨인을 보았을 때를 상기하며 "흰색 정장과 곱슬머리 백발이 눈이 부시게 멋졌다"라고 향수에 젖었다.[35] 그러나 증권분석의 창시자요 가치 투자의 선구자였던 그레이엄은 주식에 대한 흥미를 완전히 잃은 것은 아니었다. 그는 라호야의 한 중개회사에 계좌를 보유했지만 실제로 주식을 매매하는 경우는 거의 없었다. 그저 자신의 중개인 사무실에 가서 구석에 놓인 책상에 기척도 내지 않고 앉아 자신의 '애장 도서' S&P 가이드북을 읽을 뿐이었다. 그레이엄의 집을 방문했던 한 중개인에 따르면, 그의 책상에는 그리스어 책 한 권이 놓여있었고 거실에는 로댕의 작품 하나가 있었다고 한다.[36]

가이코가 어려움에 처했을 무렵 버핏은 그레이엄에게서 『현명한 투자자』의 개정판에 공동 저자로 참여해달라는 요청을 받아 서로 긴밀하게 연락을 주고받으며 작업을 해나갔다. 그런데 언젠가부터 버핏은 자신과 스승이 몇 가지 기본적인 사항에서 의견이 다르다는 것을 깨달았다. 버핏은 (씨즈캔디 같은) "숨은 보석"들을 발굴하는 방법에 관한 내용을 추가하고 싶었지만, 그레이엄은 일반 독자가 그런 회사를 발굴할 수 있다고 생각하지 않았다. 게다가 그레이엄은 개인의 주식투자 한도액은 자산의 75퍼센트를 넘지 말아야 한다고 생각했지만, 승부사 버핏은 가격만 적당하다면 전 재산을 기꺼이 투자하려 했다.[37] 버핏은 그런 간극이 못내 마음에 걸려 그레이엄의 공동 저자가 되는 것을 포기하고 대신에 '감사의 말' 부분에서 언급되는 "조력자" 역할로 참여했다.

역설적이게도 둘의 투자 철학이 가장 극명한 차이를 드러낸 주식이 바로 가이코였다. 그레이엄은 가이코가 안전 마진이 부족하다는 취지로 말했다. 이는 가이코가 파산 직전으로 몰렸다는 점에서 보면 정확한 진단이었다. 하지만 버핏은 경영진만 제대로 세운다면 아직 늦지 않았고 회생의 기회가 충분하다고 생각했다. 그리고 자신이 곁에서 가이코가 극적인 드라마를 쓸 수 있도록 도와주기로 마음먹었다.

1976년 4월 가이코가 워싱턴 스태틀러 힐턴 호텔에서 정기 주주 총회를 개최했다. 회의장을 가득 메운 400명의 주주들이 가이코 임원들에게 야유를 보냈고 그들을 호텔에서 쫓아내다시피 했다.[38] 주총이 끝나고 한 달도 지나지 않아 펙이 해임되었고 당시 43살로 버핏보다 2살 어렸던 존 J. 번 주니어John Joseph Byrne, Jr.가 가이코의 구원 투수로 등판했다. 트래벌러스 보험회사Travelers Corporation에서 생명보험 담당 부사장을 역임한 번은 황소처럼 아주 저돌적으로 움직였다. 그는 뉴저지주 보험 감독관state insurance commissioner 제임스 J. 시런James J. Sheeran을 찾아가 보험료 인상을 요구했다. 자신의 뜻이 관철되지 못할 것이 확실해지자 번은 주머니에서 종이 한 장을 꺼내 시런의 책상에 탁하고 내려놓으며 말했다. "당신네들이 환장하는 면허장을 반납하겠소. 우리는 더 이상 뉴저지 시민이 아니오." 그런 다음 그는 곧바로 700명의 종업원들을 해고했고 30만 명의 뉴저지주 보험 가입자들에게 계약 해지를 알리며 다른 보험사를 찾아보라고 통보했다.

번은 미국 전역에서 100곳의 사무실을 폐쇄했고 종업원 수를 거의 절반으로 줄였다.[39] 하지만 그런 자구 노력도 관료들의 눈에는 부족하게 보였다. 워싱턴 DC의 보험 감독관은 번에게 최후통첩을 날렸다. 만약 다른 보험사들이 가이코가 발행한 보험증권의 일부를 인수하지 않는다면 (이것은 재보험再保險, reinsurance이라고 불린다) 회사의 문을 닫게 만들겠다고 협박했다. 번이 열심히 뛰어다닌 결과 다른 보험사들과 재보험 합의를 이끌어낸 듯 보였다. 그러나 7월 초 1위 보험사 스테이트팜State Farm이 약속을 철회했고 그의 친정 트래벌러스도 등을 돌렸다.[40]

이제 가이코의 운이 저물고 있었다. 버핏은 하루라도 빨리 관여하고 싶어 **몸이 달았다.** 하지만 이번에도 언제나처럼 다른 누군가를 내세워 먼저 물꼬를 트게 만들었다. 이번에는 캐서린 그레이엄이 총대를 멨다. 그레이엄이 번에게 전화해서 "저희 집에 손님이 있는데 당신에게 소개해 주고 싶어요"라고 말했다. 번은 다음번에 만나겠다고 정중히 거절했다. 그런 다음 가이코 제국의 원로 로리머 데이비슨이 번에게 전화를 걸어 버핏을 퇴짜 놓은 것이 정말이냐고 따지듯 물었다. 번이 인정하자 데이비슨이 험한 말을 쏟아냈다. "머리가 그렇게 안 돌아가나? 멍청해도 유분수지. 당장 찾아가라고"

마침내 번은 7월 WPC 이사회가 열리기 전날 밤 그레이엄의 저택을 방문했다. 그달 가이코의 주가는 2달러였다.* 한때 난공불락처럼 보였던 회사가 이제는 보험업계 사상 최대의 파산회사 멍에를 뒤집어쓸 운명에 처했다. 버핏의 말마따나 "보험 산업의 타이타닉호"가 침몰 중이었다.[41]

버핏은 천정이 높고 우아한 그레이엄의 서재로 번을 안내하면서 25년 전 일이 떠올라 마음이 착잡했다. 대학원생이 겁도 없이 무작정 가이코를 찾아가 잠긴 문을 쾅쾅 두드렸고 관리인의 뒤를 따라 로리머 데이비슨을 만나러 갔던 때가 주마등처럼 스쳐 갔다. 비록 그때와 비교하면 그의 상황은 몰라보게 변했지만 그의 접근법은 그대로였다. 이번에

---

* 현재 가격과 비교하자면 가이코는 1994년 1주를 5주로 나누는 액면 분할을 단행했다.

도 그는 가이코에 대해 가능한 모든 것을 알고 싶었다. 혈색 좋은 번은 버핏의 질문에 몇 시간 동안 대답했노라고 술회했다.

> 아마 새벽 2~3시까지 얘기했을 겁니다. 그는 회사를 살리기 위한 제 계획이 무엇인지 알고자 했어요. 특히 회사가 이번 위기에서 살아남을 자생력이 있다고 생각하는지 묻더군요. 밤이 깊어지자 우리는 가족을 포함해 이런저런 이야기를 나누었던 걸로 기억합니다. 하지만 대부분은 가이코에 대한 이야기였습니다. 대화의 8할은 제가 떠들었던 게 확실합니다.

번이 최선을 다해 대답했지만 버핏에게 새로운 내용은 거의 없었다. 이미 그는 가이코에 대한 숙제를 끝낸 상태였다. 가이코는 예전의 저비용 영업 기법을 (보험 판매원을 없애 비용을 절감하는 기법이었다) 고수하고 있었다. 물론 그 기법은 항상 가이코의 탁월한 경쟁력이었다. 대략적으로 말해 가이코는 보험료 1달러당 15센트를 비용으로 지출했던 반면 업계 평균은 24센트였다.[42] 이런 비용 절감 효과 덕분에 가이코는 보험료를 낮출 수 있었고, 결과적으로 가입자들을 좀 더 까다롭게 선택할 수 있었다. 당연한 말이지만 최근 몇 년간 가이코는 효과 만점인 이 공식을 스스로 포기했다. 그나마 다행인 점은 근본적인 비용 우위가 손상되지 않았다는 사실이었다. 버핏은 만약 이번 위기에서만 살아남는다면 수익성이 회복될 거라고 판단했다.

바로 여기서 버핏의 천재다운 진면목이 빛을 발했다. 가이코가 완전한 혼돈 상태이고 심지어 파산의 위기에 내몰렸을 때도 이런 가능성을 포착해내는 것이 버핏의 최대 장점이었다. 1960년대의 아메리칸 익스프레스처럼 가이코는 "폭풍우를 만나 휘청거리는 위대한 기

워런 버핏

업"이었다.[43] 그리고 버핏은 그런 폭풍우 속에서조차 풍랑이 지나가고 맑은 하늘이 다시 나타나는 것을 상상할 수 있었다.

한편으로는 번에게 그날 밤은 일종의 면접이었다. 버핏은 번이 어떤 인물인지 직접 확인해 보고 싶었다. 그리고 번은 버핏에게 강한 인상을 남기며 면접을 거뜬히 통과했다. 무엇보다도 그는 관리자나 관료가 아니라 회사의 주인처럼 말했다. 또한 결단력이 있었고 의욕도 남달랐다. 이번 위기를 돌파하려면 필요한 자질이었다. 어쩌면 그는 성정이 격해서 평화 시기에 군대를 이끄는 장군으로는 맞지 않았을 것이다. 그러나 당시는 전쟁 중이었고, 버핏은 전시의 장군으로는 번 만한 인물을 찾기 힘들다고 생각했다.

> 저는 "번, 위기가 얼마나 오래갈까요?"라고 묻지 않았어요.
> 누구도 그런 걸 예측할 수 없습니다. (하지만) 번은 문제의 중대
> 성을 정확히 이해했어요.[44]

어떻게든 번은 구원 투수의 소임을 성공적으로 해낼 각오였다. 그렇게만 되면 가이코의 주식은 엄청난 효자로 돌아올 가능성이 컸다. 어쩌면 집안 전체를 다시 일으킬지도 몰랐다.

버핏은 번이 돌아간 뒤 몇 시간 눈을 붙인 다음 세계적인 투자회사 골드만삭스Goldman Sachs에서 일하는 자신의 전담 중개인 로널드 거트먼Ronald Gutman에게 연락했다. 그는 일단 주당 2.125달러로 가이코 주식 50만 주를 매수했고, 거트먼에게 "수백만 주"를 추가 매수하도록 주문을 넣었다.[45] WPC 이사회에서 버핏은 뒤숭숭한 마음을 털어놓았다. "제가 방금 파산할 수도 있는 회사에 투자했습니다. 다음 주면 투자금을 전부 날릴지도 모르겠습니다." 그러나 이미 엎질러진 물이

었고, 일단 시작하면 중도 포기란 단어는 그의 사전에 없었다. 버크셔는 곧바로 400만 달러 이상을 추가로 투자해 가이코 주식을 매수했다.

훗날 번은 그레이엄 집에서의 그날 밤이 전환점이었다고 회상했다. 하지만 그것은 결과론적인 소회일 뿐, 당시 가이코의 상황은 첩첩산중이었다. 제일 시급한 일은 규제자들을 어떻게든 설득해 시간을 버는 것이었다. 그런 다음 경쟁 보험사들이 재보험을 제공하도록 만들어 가이코의 보험금 부담 비중을 줄여야 했다.

버핏은 우선 버크셔 자회사 보험사를 통해 가이코의 재보험을 인수했다. 그런 다음 워싱턴 DC의 보험 감독관 막시밀리안 월락Maximilian Wallach을 직접 찾아갔다.[46] 그의 주장을 간단히 요약하면 이랬다. 만약 버크셔가 수백만 달러를 투자할 만큼 가이코의 미래에 확신이 있다면 월락이 성급하게 가이코를 폐업시키면 안 된다는 것이었다.

그 사이 번도 발 빠르게 움직였고, 마침내 다른 보험사들로부터 재보험을 인수하겠다는 동의를 얻어냈다. 하지만 아주 커다란 "조건"이 붙었다. 거래의 일부로 가이코가 신규 자본을 조달해야 한다고 요구했다. 번은 월스트리트에서 투자은행 8곳의 문을 두드렸지만 전부 거절당했다. 절망감에 지푸라기 잡는 심정으로 그는 살로몬 브라더스를 찾아갔다. 당시 살로몬은 업계에서 영세한 투자회사 축에 들었다.

번은 이미 살로몬에게 제안했다가, 직설 화법으로 유명한 살로몬의 2인자 존 굿프렌드John Gutfreund로부터 매몰차게 거절당했었다. 그런데 하급 투자 분석가였던 마이클 프린쿠엘리Michael Frinquelli가 번에게 마지막 동아줄을 던져주었다. 점심시간 회사에 들어와 투자 설명회를 해보라고 초대한 것이다. 그리고 굿프렌드도 한발 물러섰다. 어차피 번이 설명회를 하러 올 참이니 발표를 끝내고 자신의 사무실에서 만나기로 동의했다.

번이 자리에 앉자 굿프렌드가 담배를 끄더니 못마땅해 죽겠다는 듯 히죽거리며 독설을 뿜었다. "당신이 제시하는 거지 같은 재보험 합의에 설득당해 돈을 내줄 얼간이가 과연 있을까 싶군요."

성깔이라면 누구 못지않았던 번은 그대로 받아쳤다. "거지같은 재보험에 대해 개뿔도 모르시면 그냥 잠자코 계시죠."[47]

번의 기개에 깊은 인상을 받은 굿프렌드는 번을 보낸 다음 분석가 프린쿠엘리에게 가이코를 조사해서 투자 제안서를 작성하라고 지시했다. 프린쿠엘리는 가이코가 충분히 회생할 수 있고 **마땅히** 회생되어야 한다는 보고서를 올렸다. 그러면서 가이코가 정상화된다면 누이 좋고 매부 좋다고, 싸게 보험에 들 수 있으니 가입자들에게도 좋고 투자자들에게도 이익이 될 거라고 말했다. 게다가 버핏이 투자했다는 소식도 굿프렌드에게는 고무적이었고 마음을 정하는 데에 도움이 되었다.[48]

8월 굿프렌드는 7,600만 달러어치 가이코 우선주를 인수하기로 합의했다. 이것은 어지간한 배짱으로는 힘든 일이었다. 대체로 이런 경우는 신디케이트(syndicate, 통상적으로는 기업 연합을 말하는 것이지만 증권 용어로는 주식, 공채, 사채 등의 유가증권을 발행할 때 그것을 인수하기 위해 결성되는 인수단을 말한다. -옮긴이) 형식으로 이뤄지지만, 가이코는 위험성이 아주 높아 보여 어떤 금융기관도 신디케이트에 참여하지 않을 것이기 때문이었다. 이는 신규 발행이 잘못된다면 살로몬이 꼼짝없이 7,600만 달러를 단독으로 인수해야 한다는 뜻이었다.

그 계약을 담당하던 변호사가 일부 세부사항에 대해 살로몬 측에 자꾸 제동을 걸자 굿프렌드가 퉁명스럽게 내질렀다. "**당신**은 뭘 걱정하시오? 당신은 당신 일이나 하시오. 날리든 말든 그건 **우리 돈**이니까 신경

끄시오."⁴⁹ 11월 신주 발행을 앞둔 며칠 동안 살로몬 주변에 먹구름이 잔뜩 드리웠다. 막대한 돈을 날리는 것이 기정사실처럼 보였다.⁵⁰

신주 발행 직전에 버핏이 굿프렌드에게 여차하면 자신이 전량을 매수하겠다고 말했다. 아울러 원하는 매수 가격도 제시했다.⁵¹ 번은 주당 10.50달러를 원했지만, 버핏의 상한을 알았던 굿프렌드는 9.20달러를 고집했다. 그는 단 1센트도 양보하지 않을 작정이었다. 그에게는 버핏이라는 믿는 구석이 있었다.

결과적으로 말해 신규 발행은 대박을 쳤다. 버핏이 신규 주식의 25퍼센트 즉 1,900만 달러어치를 인수했고, 이미 보유한 주식 약 400만 달러를 포함해 가이코에 대한 버크셔의 총 투자액은 2,300만 달러가 되었다. 참으로 모순적인 것은 일단 가이코에 투자하고 나면 투자금은 더 이상 위험하지 않았다. 추가로 확보한 자금으로 가이코가 곤경에서 벗어났기 때문이다. 번의 생각에 이번 '가이코 구출 작전'의 영웅은 굿프렌드였다. 그는 아무도 관심을 보이지 않았을 때 위험을 무릅쓰고 가이코에 투자했다.⁵² 버핏도 이번 일로 그에게 좋은 인상을 받았고 굿프렌드가 자신과 같은 부류의 투자 은행가라는 믿음이 생겼다.

반년도 지나지 않아 가이코의 주가가 8.125달러로 4배나 상승했다. 그것은 가이코의 폭발적인 잠재력에 비하면 새발의 피였다. 이후 몇 년간 버크셔는 지분을 2배로 끌어올렸고 버핏은 지배 주주가 되었다. 이제 남은 것은 가이코가 버핏이라는 거푸집으로 들어가 성형될 차례 같았다. 버핏은 자신이 투자한 기업들에게 그런 영향을 미쳤다. WPC처럼 가이코는 자사주를 매수했고, 가이코의 CEO도 그레이엄처럼 버핏에게 의지하는 습관이 생겼다. 요컨대 가이코는 버핏화되었다. 번은 경험 많은 전문 경영인이었지만, 그와 버핏과의 사업적 관계는 캐서린 그레이엄과 버핏과의 관계와 크게 다르지 않았다. 번의 말을 들어보자.

> 저는 사실상 하나부터 열까지 버핏과 상의했습니다. 그는 회
> 사 재정을 합리적으로 관리할 수 있는 비법들을 알려주었을
> 뿐 아니라 제가 원할 때마다 시간을 아낌없이 내주었죠. 하지
> 만 자신이 먼저 의견을 제시한 적은 **단 한 번도** 없었습니다. 버
> 핏은 아주 오래전에 '키다리 아저씨' 같은 착한 주주가 됨으
> 로써 버크셔의 곳간을 더욱 풍성하게 채울 수 있음을 깨달았
> 죠. 그는 앞에 나서 끄는 것이 아니라 뒤에서 묵묵히 밀어주
> 는 역할로 커다란 수익을 창출했어요.

버핏은 1년에 한 번 가이코 임원들과 질의응답 시간을 마련했다.
그는 무대 체질이었다. 또한 뉴욕 양키스에 월드시리즈 5연패라는 대
기록을 안겨준 케이시 스텐젤Casey Stengel 전 감독의 화법을 구사했다.
다시 말해 그에게는 사람들의 질문이 대사를 상기시켜주는 프롬프터
에 지나지 않았다. 덕분에 그는 지나치게 딱딱하고 곧이곧대로 대답
하는 법이 없었다. (스텐젤의 화법은 초점을 흐리는 기법으로, 특히 책임지고 싶
지 않은 질문에는 즉답을 피해 아무 뜻 없는 대답으로 얼버무리는 것으로 유명했다.
– 옮긴이). 그는 질문을 받으면 어느샌가 능구렁이처럼 짧은 이야기로
자연스럽게 넘어가고 대개는 투자에 관한 유익한 교훈이 포함되었다.
하지만 그의 화법은 지극히 간단명료했다. 그는 형식에 구애받지 않
으면서도 아주 정확한 단어를 선택했다. 그러니 사람들은 그의 이야
기에 절로 빠져들었다.

번은 가이코 임원들이 버핏의 원맨쇼를 놓치지 않으려 휴가도 반
납했다고 강조한다. 일례로 언젠가 버핏이 통찰 깊은 주식투자 접근

법을 소개했다. 평생 딱 20번만 사용할 수 있는 펀치카드가 있는 것처럼 투자하라. 주식을 살 때마다 카드에 구멍을 내고 구멍 20개가 다 차면 주식시장에서 영원히 발을 빼야 한다. 이처럼 기회가 한정되어 있으니 투자자는 섣부른 투자를 자제하고 최상의 아이디어를 찾을 때까지 모든 아이디어를 선별하게 될 것이 확실했다. 가이코의 포트폴리오를 운용하던 루이스 심슨Louis A. Simpson은 버핏의 펀치카드 이야기가 자신에게 심대한 영향을 미쳤다고 고백했다.

버핏은 가이코가 자신의 평생 투자처라는 확신이 있었고, 그래서 번에게 그 사실을 이해시키기 위해 최선을 다했다. 그에게 직접 말한 것은 물론이고 공개된 버크셔의 보고서에도 그 내용을 포함시켰다. 당시는 관리자들이 주가를 부양시키지 못하면 적대적 인수의 제물이 될 거라는 압박이 점점 거세지던 때라 버핏은 번에게 더욱 공을 들였다. 버핏은 번이 그런 시류에 휘둘리지 않고 장기적인 안목으로 가이코를 경영하기를 바랐다. 그래서 자신은 **그를 배신하지 않을 거**라고 강조했다.

한번은 버핏의 신의를 시험하는 일이 생겼다. 《포춘》 500대 기업 중 한 곳이 가이코에 인수 제안을 해왔고, 상대방은 매우 적극적이었다. 으레 그렇듯 번은 버핏에게 전화를 걸어 그의 의견을 물었다. 버핏은 "당신이 결정할 일이죠"라고 대답했다. "그러지 말고 몇 마디라도 해줘요." 버핏은 번의 애원에도 요지부동이었지만, 뉴욕 월도프-애스토리아Waldorf-Astoria 호텔에서 열리는 심야 협상 회의에는 동행해주기로 약속했다.

인수 희망자와 그의 은행가들은 당연히 지배 주주인 버핏에게 집중했다. 그러자 버핏은 "번지수를 잘못 찾으셨습니다. 당신들이 설득시켜야 하는 사람은 제가 아니라 저 사람(번)입니다"라고 그들의 주의를 돌렸다. 번은 버핏을 한쪽으로 데려가 매달렸다. "제발 적당한 **가격**만이라도 귀띔해 주세요." 버핏은 여전히 입에 자물쇠를 채웠다. 번은 "놀랄 노자였죠"라고 회상했다. "눈앞에서 10억 달러가 왔다 갔다 하는데도 그는 모든 것을 제게 맡겼어요."

마침내 번이 원하는 가격을 말했는데 상대방이 생각한 가격보다 높았고, 그렇게 협상은 결렬되었다. 그것이 버핏이 원하던 결과였음은 두말하면 잔소리다. 버핏은 가이코의 앞날이 '화창하고 맑음'이라고 생각했다. 그렇다면 그는 어쩜 그렇게 태평할 수가 있었을까? 번은 "그는 무슨 생각을 하는지 종잡기 힘든 사람입니다"라고 말했다.

버핏이 무엇을 원했는지는 명약관화했다. 자신이 그를 신뢰한다는 사실을 번이 알기를 원했다. 또한 자신이 그에 대한 신뢰를 보여주면, 번의 성격상 어떻게 할지도 충분히 짐작되었다. 자신을 실망시키지 않으려 노력할 터였다. 혹자는 버핏이 억세게 운이 좋았다고 말할 수도 있다. 하지만 이는 한 가지를 간과한 것이다. 그는 너무 자주 운이 좋았다. 한번은 운일 수도 있지만 그것이 자주 반복되면 다른 무언가가 있는 게 분명했다.

그레이엄-뉴먼 시절부터 버핏과 친분을 이어왔던 월터 슐로스는 한편의 대하소설 같았던 가이코의 고난과 회생의 굴곡 많은 역사를 되돌아보면서 "어찌 보면 인생무상이라는 생각도 듭니다. 어떤 이들은 백만장자가 되었지만 누구는 이득을 만져보지도 못했고 또 누구는 파산했으니까요"라고 말했다.[53] 가이코의 창업자 아들 레오 굿윈 주니어Leo Goodwin, Jr.는 주가가 저점일 때 주식을 처분해서 파산했다. 한편 벤저민 그레이엄은 가이코 주식을 말 그대로 무덤까지 갖고 갔다. 그는 가이코 긴급 구출 작전이 마무리되기 직전인 1979년 9월 프랑스의 자택에서 숨을 거두었다. 향년 82세였다.

가치 투자의 아버지 그레이엄이 사망하자 월스트리트 평론가들은 종종 버핏이 그레이엄의 투자 이론과 결별했다고 떠들었다. 버핏이 진화한 것은 틀림없는 사실이었다. 무엇보다 버핏은 찰리 멍거와 투자가이자 작가인 필립 피셔Philip Fisher에게서 영향을 받았다. 멍거와 피셔는 통계 수치상으로 저렴한 회사와 경영이 우수한 좋은 회사를 명확히 구분해야 한다고 강조했다.[54] 또한 그는 자신의 경험을 통해서도 진화했다.

버핏은 그레이엄보다 좀 더 주관적으로 분석했고, 그는 씨즈캔디처럼 그레이엄은 거들떠도 보지 않았을 기업들의 "내재 가치"를 발굴했다. 하지만 버핏의 이런 차별화된 행보에만 초점을 맞추는 것은, 나무만 보고 숲을 보지 못하는 것과 같다. 거시적으로 볼 때 버핏이 그레이엄의 투자 이론에 충실했다는 말이다. 가령 버핏은 주가와는 상관없이 주식에는 "내재"된 가치가 있다고 믿었다. 이런 믿음 자체가 버핏이 벤저민 그레이엄에게서 배운 가르침이었다. 그레이엄의 계몽적인 미스터 마켓 우화는 또 어떤가. 솔직히 버핏이 그 우화를 읽지 않았다면, 1960년대 강세장의 한복판에서 투자조합을 청산하는 것도 1974년 하락장의 한복판에서 귀환하는 것도 거의 불가능했을 것이다. 버핏은 그레이엄을 기억하며 《파이낸셜 애널리스트 저널Financial Analysts Journal》에 기고한 추도사에서 그레이엄의 투자 접근법이 **시대를 초월하는 가치**가 있다고 강조했다.

> 많은 이론이 세상에 알려지고 짧으면 몇 주 길어도 몇 달만 지나면 어리석은 헛소리처럼 보이는 분야에서 벤저민의 원칙들은 지금까지도 유효합니다. 오히려 금융의 허리케인이 불어닥쳐 조잡하고 얄팍한 투자 이론들을 싹 쓸어버린 다음에는

워런 버핏

종종 그의 원칙들은 가치가 더욱 빛을 발하고 더욱 뚜렷하게 보입니다.[55]

몇 년 후 버핏은 자신이 투자한 주식들이 그레이엄이 살았다면 매수했을 주식과는 전혀 다르다고 인정했다. 그레이엄이 그에게 남겨준 영원한 유산은 "투자자의 적절한 기질적 성향"이었다. 다시 말해 가치 투자 원칙, 안전 마진 이론에 깃든 보수성, 시시각각 달라지는 시장의 변동에 초연할 수 있는 마음가짐 등이었다.[56]

버핏은 자신이 그레이엄의 추종자라는 사실을 한시도 잊은 적이 없었다. 또한 자신에게 "무조건적인 무한한 관대함"을 베풀어준 스승에 대한 애정과 감사함을 잊은 적도 없었다.[57] 아주 많은 시간이 흐른 뒤 버핏이 필자와 마주 앉아 자신의 경력에 관한 이야기를 들려주는 그의 목소리에는 스승에 대한 숨길 수 없는 애정이 묻어났다. "내가 살면서 가장 잘한 일은 적절한 영웅들만 잘 골랐다는 것이오. 모두가 그레이엄 덕분이었지요." 필자가 그레이엄의 일부 자녀들을 인터뷰했다고 언급했을 때 그는 갑자기 감정이 북받쳐 목소리가 잠겼다. "당신도 그레이엄을 만나봤으면 좋았을 텐데요."

11장 신문왕으로 등극하다

1976년 12월 크리스마스 며칠 전 《뉴스위크》의 뉴욕 본사 사무실
에서 파티가 열렸다. 버핏은 그곳에서 캐서린 그레이엄과 그녀의 아
들 도널드 그리고 WPC의 신문 사업부 사장 마크 마르와 '접선'했다.
파티 분위기가 무르익자 WPC 이사들이 파티장을 슬쩍 빠져나와 밀
실로 물러났고 이내 손님이 들어왔다. 신문사 인수합병 중개인 빈센
트 만노였다.[1] 만노는 WPC가 석간신문인 《버펄로 이브닝 뉴스Buffalo
Evening News》(이하 《이브닝 뉴스》)의 공개 입찰에 참여하기를 바랐다. 석간
은 사양 산업이었지만 《이브닝 뉴스》는 건재함을 과시했다. 좋은 평
판과 버펄로의 독특한 인구 구성 덕분이었다. 현장 노동자 계층이 많
은 버펄로에서 주민들은 아침 일찍 일어났고 퇴근 후에야 신문을 읽
을 짬이 생겼다.

하지만 《이브닝 뉴스》에는 몇 가지 약점이 있었다. 첫째, 일요판을
발행하지 않는 것이 문제였다. 일요일에는 사람들이 신문을 보는 시
간이 많고 그래서 광고주들도 일요판을 선호하는 추세가 뚜렷했다.
또한 쇠락하는 철강업 도시인 버펄로는 도시 자체가 악재로 여겨졌
다. 고령 인구 비중이 지나치게 높았고 날씨도 너무 추웠다. 하지만
뭐니 해도 가장 치명적인 약점은 무려 13개에 달하는 노동조합이었
다. 게다가 노조들은 해마다 노사 협상에서 유리한 조건들을 쟁취했
다. 신문 조합에 가입한 131개 신문사 중에서 《이브닝 뉴스》 종업원
들의 임금 수준은 7위였다.[2]

그런 모든 불리함에도 불구하고 《이브닝 뉴스》는 버핏이 신문사에 바라던 두 가지 조건을 완벽히 갖추었다. 대도시 신문사인 데다 시장 점유율이 압도적이었다. 정확히 말하면, 미국의 대도시 일간지 중에서 《이브닝 뉴스》의 가구 구독률은 최상위였다.[3] 게다가 버펄로는 이른바 '세 살 버릇이 여든까지 가는 도시'였다. 주민 대부분은 버펄로 **토박이**였고 그들은 어릴 적부터 《이브닝 뉴스》를 읽으며 성장했다. 쇠락하는 도시라는 평판에도 불구하고 버핏은 버펄로가 인구 유동성이 적고 안정적이라는 것이 장점이라는 사실을 잘 알았다. 게다가 버핏은 갈증을 느꼈다. 신문사 소유주에게 조언하는 것이 아니라 자신이 신문사 사주가 되고 싶었다. 그는 캐서린 그레이엄이 자신의 마음을 읽어주기를, WPC가 인수하지 않는다면 버핏 자신이 그 신문사를 낚아채고 싶다는 것을 알아서 눈치채주기를 바랐다.[4]

《이브닝 뉴스》는 에드워드 휴버트 버틀러 시니어Edward Hubert Butler, Sr.가 1880년에 창간한 이래로 견고한 입지를 유지했고 공화당을 지지했다. 또한 대대로 창업자 가문인 버틀러가 운영해 온 그 신문사는 지역의 TV 방송국을 소유했고 아메리칸 항공American Airlines, AA 주식도 다량 보유했다. 최근 수십 년간 케이트 로빈슨 버틀러가 신문사를 운영했는데, 그녀는 롤스로이스에 애완견 푸들을 태우고 다니던 전형적인 귀부인이었다. 버틀러는 호화로운 신문 인쇄 공장을 세운 것도 모자라 한눈에도 외래종이 분명한 열대 식물들로 공장 울타리를 만들었다. 또한 노조와의 갈등을 피하기 위해 종업원들에게도 돈을 아끼지 않았다.[5] 일례로 한때 신문을 일일이 손으로 묶던 종업원들은 인쇄 설비가 자동화된 후에도 일자리를 유지했다. 신문이 인쇄되어 나오면 그들은 마치 성체 성사를 하듯 컨베이어를 손으로 훑었고 그 때문에 일명 "축복을 주는 자들"로 알려졌다.[6] 하지만 버틀러 가문의 경영권은 1974년 케이트 버틀러가 사망함으로써 막을 내렸다. 이제 《이브닝 뉴스》는 버틀러의 유산과 함께 매물로 나와 새 주인을 기다렸다.

《뉴스위크》에서 인수 논의가 있은 뒤 그레이엄은 노조 파업을 강경하게 진압한 직후라 노조의 힘이 강한 도시에서 환영받지 못할 거라고 결론 내렸다. 시카고에 본사가 있는 미디어 그룹 트리뷴 컴퍼니도 비슷한 이유로 입찰에 불참하기로 결정했다.[7] 그러자 신문사 인수합병 중개인 만노는 인수 금액을 4,000만 달러에서 3,500만 달러로 낮춰 제안했다. 호가를 내린 직후 만노는 버핏에게서 연락을 받았다.

"토요일에도 일하십니까?"라고 버핏이 물었다.

만노는 중요한 일인지 되물었다.

"당신은 중요하다고 생각하실 것 같습니다."[8]

버핏과 멍거가 1977년 새해 첫 토요일에 옛 정취가 물씬 풍기는 코네티컷 웨스턴에 있는 만노의 자택을 찾았고 셋은 만노가 회원인 클럽으로 자리를 옮겼다. 벽난로 덕분에 훈훈한 실내에서 점심을 마치고 만노의 집으로 돌아온 뒤, 버핏이 본론으로 들어갔다. 그는 3,000만 달러면 블루칩 스탬프가 《이브닝 뉴스》를 인수하겠다고 제안했다.* 만노가 거부해 버핏이 3,200만 달러로 가격을 높였지만 만노는 단호하게 잘랐다.

버핏과 멍거가 방을 나갔다. 사실 그들의 제안은 《이브닝 뉴스》의 보잘것없는 수익에 비하면 상당히 높은 가격이었다. 《이브닝 뉴스》의 1976년 영업 이익은 세전으로 170만 달러에 불과했다. 하지만 버

---

* 당시 블루칩은 버크셔보다 잉여 현금이 더 많았다. 그리고 블루칩은 이미 버크셔가 지배 주주였고 얼마 지나지 않아 버크셔가 과반 주식을 소유하는 버크셔의 자회사가 된다.

핏은 그 신문사의 수익 성장 잠재력에 주목했고 지배적인 신문사인 점도 높이 샀다. 솔직히 신문 업계 전반에서 '강익강 약익약' 현상이 뚜렷했다. 강력한 신문은 더욱 강해진 반면 약한 신문은 더욱 약해지거나 결국 파산한 도시가 그가 알기에도 한둘이 아니었다. 하지만 《이브닝 뉴스》는 사실상 버펄로를 완벽히 접수했다고 봐도 무방했다. 일일 발행 부수는 조간신문 경쟁사 《버펄로 쿠리어-익스프레스Buffalo Courier-Express》(이하 《쿠리어-익스프레스》)의 2배였고 광고 수익은 75퍼센트 더 많았다.[9]

  얼마 뒤 버핏과 함께 돌아온 멍거가 노란색 노트에 3,250만 달러라고 적어 공식적으로 제안했다. 만노는 이미 한결 누그러져 있었다. "그 정도면 해볼 만하겠습니다."[10] 만노를 만난 직후 버펄로 역사상 최악의 눈 폭풍이 불어 닥쳤다. 마치 버펄로에서 펼쳐질 앞날에 대한 불길한 징조 같았다. 버핏과 멍거가 계약을 마무리하기 위해 도착했을 때 버펄로는 여전히 눈을 치우느라 여념이 없었다. 멍거는 이래래 마음이 편치 않았다. 어쨌거나 《이브닝 뉴스》는 이제까지 그들의 투자 중에서 규모가 가장 컸다. 호화로운 인쇄 공장을 둘러보면서 멍거가 빈정거렸다. "신문을 찍는 데 왜 **아방궁**이 필요한지 모르겠군."[11] 버핏은 그것이 미국 동부의 타지마할이라고 농담했다. 그러나 《이브닝 뉴스》는 버핏 개인적으로 커다란 도약이었다. 그것은 주식투자로 단순히 지분을 확보하는 것이 아니라 사업체를 통째로 소유하는 것이었다. 버핏은 캐서린 그레이엄이 자신을 위해 《이브닝 뉴스》를 인수하도록 부담을 지울 생각이 전혀 없었다. 크건 작건 모든 위험을 자신이 전부 안을 생각이었다.

  계약서에 날인하기 전에도 이미 버핏의 마음속에는 《이브닝 뉴스》의 미래에 관한 청사진이 세워진 것 같았다. 버핏은 줄담배를 피우는 뉴욕 브루클린 출신의 편집 주간 머리 라이트에게 자신을 소개한 뒤 다짜고짜 물었다. "일요판을 발행하는 거 어떻게 생각하십니까?" 라이트는 자신이 수년 전부터 발행인에게 일요 신문을 시작하자며 졸랐다고 말했다. 버핏이 자신의 패를 완전히 내보이지 않았지만 라이트는 그가 일요판 발행에 동의할 거라는 걸 직감했다.

계약이 체결된 뒤 라이트는 자택에서 버핏을 위한 조촐한 환영 파티를 열었다. 봄날의 따뜻한 햇볕을 받으며 뒷마당에 서 있는 새로운 소유주 주위로 종업원들이 몰려들어 와자지껄하게 떠들었다. 버핏이 의미심장하게 말했다. "뉴스는 하루 24시간 일주일 내내 쉼 없이 생산되죠." 그가 일요 신문 발행을 염두에 두고 있다는 명백한 신호였다.

들리는 소문에 따르면, 《이브닝 뉴스》가 일요판을 발행하지 않은 데는 숨은 내막이 있었다. 버틀러 가문과 경쟁사인 《쿠리어-익스프레스》를 소유한 코너Conner 가문 사이에 암묵적인 약속이 있었다고 했다. 《쿠리어-익스프레스》는 《이브닝 뉴스》보다 역사가 약 50년 정도 앞섰고 (예전에 마크 트웨인이 소유한 적도 있었다)[12] 더 진보적이었다. 하지만 수익성은 극히 미미해 사실상 제로에 가까웠다. 그런 《쿠리어-익스프레스》에게는 일요판이 생명줄이었다. 이는 두 신문사의 발행 부수를 비교해 봐도 명백했다.[13]

> 《이브닝 뉴스》 26만 8000부
> 《쿠리어-익스프레스》 평일판(월요일부터 토요일) 12만 3,000부
> 《쿠리어-익스프레스》 일요판 27만 부

광고 수익도 비슷한 상황이었다. 평일판 대결에서 《이브닝 뉴스》가 4대 1로 《쿠리어-익스프레스》에게 완승이었다.[14] 《쿠리어-익스프레

스》가 그나마 파산하지 않고 명맥을 이어온 것은 오직 일요판 덕분이었다. 버핏과 멍거는 이런 균형이 불안정하다고, 영원히 지속될 수 없다고 생각했다. 아울러 그들은 《이브닝 뉴스》가 일요판을 발행하지 않을 때의 결과도 잘 알았다. 결국에는 지배적인 독점권을 잃는 것은 물론이고, 심하면 오래지 않아 파산할 가능성도 배제할 수 없었다. 솔직히 그들의 두려움이 전혀 근거가 없는 것도 아니었다. 그해 여름에만도 인근의 《토론토 데일리 스타》마저 일요 신문을 시작할 거라고 발표했다. 이제 《이브닝 뉴스》를 제외하면 대도시 일간지 중에서 일요판을 발행하지 않는 신문사는 《신시내티 포스트》,《클리블랜드 프레스》,《뉴욕 포스트》가 전부였다. 게다가 그들 모두는 지역의 맹주들이었다.[15] 버핏이 이것을 모를 리 없었다. 그는 멍거에게 보낸 편지에서 《이브닝 뉴스》가 일요판 행렬에서 마지막 주자여서는 안 된다고 힘줘 말했다.

> 아내가 제 짧은 머리에 대해 늘 하던 말이 있어요. 제가 미국에서 스포츠형 머리를 하는 끝에서 두 번째 남자가 되는 것은 괜찮다고 말이죠. 하지만 제가 마지막이 되는 것은 결사반대라고 노래를 불렀어요. 저는 우리가 버펄로에서 어떻게 해야 하는지 명백하다고 봅니다.[16]

버핏은 《이브닝 뉴스》의 회장에 오르자마자 편집 주간 머리 라이트에게 일요판 발행 계획을 당장 수립하라고 지시했다. 라이트는 특별 전담반을 꾸렸고, 그때부터 버핏은 거의 매달 그들을 방문했다. 라이트의 말을 들어보자.

버핏이 제 동료들이 제출한 보고서와 관련해 사실관계나 수치에 대해 질문하면 그들은 그가 말한 부분을 찾아 서류를 뒤졌어요. 행여 그들이 즉답을 못 하고 우물쭈물거리면 버핏이 냅다 말을 가로채 자신이 대신 말했어요. 그는 보고서를 작성한 직원들보다 그 내용에 대해 더 많이 알았어요.

버핏은 신문 디자인을 짜는 데에 도움을 주고 광고료, 판촉 계획, 가격 책정 등에 관여하느라 바빴지만 인생 최고의 나날 중 한때를 보내고 있었다. 그는 이제 동종 업계의 발행인 동료가 된 친구에게 보낸 편지에서 그런 마음을 솔직하게 드러냈다. "캐서린, 저는 이 일이 얼마나 재미있는지 이래도 되나 죄책감이 들 정돕니다."[17]

버핏이 구름 위를 걷는 사이 버펄로 시민들은 불똥이 튈까 걱정이었다. 가뜩이나 지역 경제가 침체되어 있는데 두 신문사가 일요판으로 한판 붙어 하나가 망할까 심란했다. 11월 대망의 일요판 발행일이 다가오자 일부 광고주들은 일요판 2개 모두에 광고를 낼 계획이었다. 여기에는 시민으로서의 책임감도 한몫했다. 버펄로에서 백화점을 운영하던 키스 알퍼드가 그런 심리를 잘 대변했다. "둘 중 하나라도 망하는 걸 아무도 원치 않았어요. 광고주 입장에서도 그렇고 신문 독자 입장에서도 그랬죠." 신문 조합의 대표이자 《이브닝 뉴스》 칼럼니스트였던 레이 힐은 비장하게 말했다. "우리는 드디어 올 것이 왔다고 생각했습니다. 둘 중 하나는 파산할 수밖에 없었어요."

《쿠리어-익스프레스》도 그것을 잘 알았다. 운명의 일요판이 발간되기 2주 전 《쿠리어-익스프레스》는 일격을 날렸다. 셔먼 반독점법 Sherman Anti-Trust Act을 위반했다는 혐의로 《이브닝 뉴스》를 고소한 것이다. 또한 11월 13일 예정된 발간일 전에 새로운 일요판을 저지하기 위한 금지명령(injunction, 특정 행위로 인해 피해자가 처한 위협이 즉각적이고 매우 심각한 경우에만 인용된다. - 옮긴이)도 요구하는 강수를 뒀다.

고소 혐의는 《이브닝 뉴스》가 전형적인 독과점 행태를 저질렀다는 것이었다. 아울러 《쿠리어-익스프레스》는 버핏이 돈만 까먹는 일요판에 자금을 지원하기 위해 평일판에서 자신의 힘을 사용할 계획이라고 주장했다. 이는 대형 유통업체가 길 건너 골목의 동네 구멍가게가 영업하는 주위 상권에서 가격을 인하하는 행태에 비유할 수 있다.

> 버핏 씨의 《이브닝 뉴스》는… 독점력을 앞세워 버펄로에서 경쟁 신문사인 《쿠리어-익스프레스》를 몰아내기 위해 모든 수단을 동원하고 있습니다.[18]

《쿠리어-익스프레스》가 제출한 증거에 따르면, 《이브닝 뉴스》는 5주의 홍보 기간 동안 6부의 가격으로 7부의 신문 즉 평일판에 일요판을 끼워 판매할 뿐 아니라 홍보 기간이 끝난 후 일요판을 겨우 30센트에 판매할 계획이라고 했다. 《쿠리어-익스프레스》는 뉴욕 주의 시러큐스, 로체스터, 올버니, 빙엄턴 등지의 신문사들과 마찬가지도 1부당 가격이 50센트였다.

버핏은 그 혐의를 강경하게 반박했다. 그는 《이브닝 뉴스》가 당연히 일요판으로 수익을 창출할 계획이라고 주장했다. 또한 새로운 일요판은 경쟁을 방해하는 것이 아니라 오히려 경쟁을 촉진할 거라 역설했고, 《이브닝 뉴스》도 부수적인 결과와는 상관없이 다른 모든 신문사처럼 일요판을 발간할 권리가 있다는 점을 분명하게 지적했다.[19] 달리 말해 경쟁사가 사업을 계속할 수 있게 하는 것이 버핏의 역할이 아니라는 주장이었다. 그럼에도 그가 허를 찌르는 불시의 공격에 몹시 당황한 것은 분명했다.

《쿠리어-익스프레스》는 소송 서류에 기재된 내용을 글자 그대로 보도했고, 그 소송을 20세기 최고의 사건처럼 다루었다. 게다가 《쿠리어-익스프레스》는 소송 대리인으로 샌프란시스코에서 화려한 이력을 자랑하는 프레더릭 퍼스Frederick Furth를 선임했는데, 그는 외지인인 버핏에 대한 버펄로 시민들의 여론을 선동했고 그를 토종 사업체를 파괴하려는 악의적인 투기꾼으로 묘사했다.

반독점법에 따라 《쿠리어-익스프레스》는 경쟁사가 자사를 무너뜨릴 의도가 있음을 증명해야 했다. 생산 원가 이하로 가격을 책정하는 것처럼 특정한 사업 관행들은 불공정하다고 여겨졌고, 그것이 《쿠리어-익스프레스》에게 유리할 수도 있었다. 하지만 단순한 경쟁 전술과 불법적인 전술 사이의 경계가 모호했다. 핵심적인 문제는 《이브닝뉴스》가 독점하려는 **의도**가 있는지 여부였다.

《쿠리어-익스프레스》는 경쟁사의 불공정한 독점 의도를 구체적으로 보여줄 수 있는 악당이 필요했다. 이를 잘 알았던 퍼스에게는 버핏이 — 퍼스는 법정에서 버핏을 "오마하의 빅브라더(Big Brother, 조지 오웰의 소설 『1984』에서 처음 소개된 것으로 정보를 독점해 사회를 통제하는 거대 권력자나 사회 체제를 일컫는다. - 옮긴이)"라고 불렀다[20] — 비장의 무기였다. 그의 전략은 버핏이 버펄로에는 아무 관심이 없고 오직 돈에 혈안이 된 백만장자이며 자신이 소유한 신문사의 가치를 증대시키기 위해 경쟁사를 파산시키려는 의도를 가졌다는 것을 부각시키는 데에 방점을 찍었다.

버핏은 법정에 출석하기에 앞서 서면 진술서를 제출했고, 질문들에는 사적인 이야기로 답변했다. 가령 자신의 조부와 부친에게 신문이 어떤 의미였는지는 물론이고 소년 시절 신문을 배달한 경험이며 《선》이 퓰리처상을 수상한 내용까지 깨알같이 포함시켰다.

워런 버핏

제게 신문은 단순한 사업 이상의 의미가 있습니다. 물론 저는 신문업계에서 사업적으로 성공하고 싶습니다. 그러나 저널리즘적인 성공이 수반되지 않는다면 행복하지 못할 것입니다.[21]

1977년 11월 4일 서쪽의 이리 호Lake Erie에서 몰려온 폭우가 버펄로를 강타한 날 버핏은 연방법원의 증인석에 섰다. 방청석을 가득 메운 《쿠리어-익스프레스》 직원들과 그들의 가족들은 이번 심리가 자신들의 생계를 유지하기 위한 마지막 기회이며 버핏이 그들의 삶을 파괴하려는 독사라고 생각했다. 퍼스가 버핏에게 강도 높은 질문을 퍼부었다. 버핏은 침착함을 유지하면서 자신을 낚아채려는 바늘을 요리조리 피했고 오직 사실로만 대답했다. 감정의 동요 없이 대응하는 그는 마치 모든 공격을 받아치는 인간 백보드 같았다. 어떤 공격도 그에게는 먹히지 않았다.

> 퍼스: 자, 말씀해 보세요. 블루칩 컴퍼니가 《이브닝 뉴스》를 인수하기로 결정했을 당시 당신은 《이브닝 뉴스》의 이익과 손실에 대해 분석했습니까, 안 했습니까?
> 버핏: 저는 《이브닝 뉴스》의 현재 위치, 신문사로서의 강점과 약점, 과거 수익 기록, 미래 잠재력, 구독료, 다른 도시들의 신문 시장 등을 머리로 분석했습니다. 계산에 포함시켜야 하는 변수들이 정말 많았죠.
> 퍼스: 그러니까 문서상으로는 분석하지 않았고, 요즘 유행하는 금융 용어로 '숫자 마사지'를 했다는 말씀입니까?
> 버핏: 그건 당신 생각입니다. 저는 숫자를 마사지했다고 절대 생각하지 않습니다. 오히려 저는 《이브닝 뉴스》의 미래 잠재력

을 분석하려고 노력했을 따름입니다.

퍼스: 《이브닝 뉴스》의 작년 매출은 조사하셨겠지요?

버핏: 작년만이 아니라 지난 5년간 매출과 더불어 과거의 발행 부수와 광고 등등 여러 요소들을 조사했습니다.[22]

　정말 이상한 재판이었다. 범인은 이미 밝혀졌고, 문제는 범죄 동기였다. 퍼스의 전략은 버핏이 주장하는 이론적 근거를 무너뜨리고 자신이 생각하는 범죄 동기를 연역법으로 부각시키는 것이었다. 첫째 버핏은 경제적인 이유로 《이브닝 뉴스》를 인수한 것이 아니었고, 둘째 그 신문사에 대해 배우려는 노력을 별로 하지 않았다. 이는 그가 오직 신문사를 차지하는 것에만 관심이 있다는 것을 반증하고, 따라서 그는 경쟁사를 죽일 수도 있었다.

　버핏은 퍼스의 수에 말리지 않았다. 자신은 사실과 숫자들을 머리로 분석한 결과를 토대로 《이브닝 뉴스》를 인수했다고 참을성 있게 반박했다. 말인즉 이론적 근거는 그의 **머리** 안에 있었다. 퍼스는 자신의 강점을 살려 이것을 물고 늘어졌다.

퍼스: 그러니까 당신들은 누군가가 (만노) 제공한 정보만을 토대로 《이브닝 뉴스》를 인수했다고 이해해도 되겠습니까?

버핏: 아닙니다. 우리는 그가 제공한 정보와 우리가 직접 조사한 정보 그리고 신문 산업에 관해 알려진 일반적인 지식을 종합적으로 분석한 결과에 근거해 인수했습니다.

퍼스: 그러면 당신들은 버펄로로 직접 와서 인쇄 공장과 설비와 인쇄기를 조사하고 종업원들과 이야기하는 등등의 일은 하지 않았군요?

워런 버핏

버핏: 네, 우리는 그런 일은 하지 않았습니다.

퍼스: 그럼 한 가지 묻겠습니다. 심지어 인수하기 전에 당신은 일요판을 발간하는 문제를 고려했습니까, 안 했습니까?

버핏: 저는 대도시의 신문사가 일요판을 발간하지 않는 것은 매우 드문 경우라고 생각했습니다. 저는 당연히 그 가능성에 대해 알아볼 생각이었습니다.

퍼스: 누군가에게 조사를 의뢰했습니까?

버핏: 본래 저는 그렇게 하지 않습니다. 저는 직접 조사하는 편입니다.

퍼스: 그 모든 걸 혼자서 직접 하셨다고요?

버핏: 맞습니다. 판매 부수와 매출은 신문 업계 간행물들에 전부 나와 있습니다.[23]

여기서 공정을 기하기 위해 한 가지 짚어보자. 전형적인 기업가가 3,250만 달러를 지출한다면 어떻게 할까? 십중팔구는 전문가들에게 조사를 의뢰할 것이다. 더러는 여러 차례 조사하는 기업가들도 있다. 전문가들의 조사는 그릇된 위안일지라도 기업가에게 안도감을 준다. 소위 전문가라는 사람들의 허락인 셈이다. 하지만 전문가들의 조사가 있든 없든 궁극적으로 볼 때 **누군가**는 사실들을 평가해야만 한다. 그리고 그 누군가는 CEO여야 한다. 물론 확실한 물증 하나 없이 오직 심증만으로 이사들을 설득하는 것은 웬만한 자신감으로는 힘들다. 사실 그런 자신감은 아무나 가질 수 있는 것이 아니다. 하지만 버핏은 그런 자신감이 있었다. 버핏은 본인이 최종 결정을 하는 데에 방해가 되는 중간 결제 라인을 제거하라는 자신의 직관에 귀를 기울였다. 결과적으로 그는 평범한 기업가들이 당연히 따르는 일상적인 절차를 생략했고, 이것은 의심을 살 여지가 충분했다.

> 퍼스: 버핏 씨, 당신은 여기 버펄로에 며칠 머물렀습니까?
> 버핏: 평균 한 달에 하루 꼴입니다.
> 퍼스: 전부 합치면 대여섯 번이겠군요, 그렇죠?
> 버핏: 대충 그 정도일 겁니다.
> 퍼스: 그렇다면 당신은 《이브닝 뉴스》를 인수한 이후 이곳에서 머문 고작 5일간에 기초해서 비용을 산출했다는 말인데, 그렇습니까?
> 버핏: 5일간에 기초했다니 가당치 않습니다. 저는 정기 재무제표들을 모조리 조사했고, 전화 통화도 수없이 했습니다. 그렇게 얻은 정보들과 신문 산업 전반에 관한 지식 그리고 《이브닝 뉴스》의 일부 운영적인 측면들에 대한 지식을 종합적으로 고려해 비용을 결정했습니다.
> 퍼스: 거기에다가 당신이 투자한 《워싱턴 포스트》 그리고 WPC 자회사 《트렌턴 타임스Trenton Times》에서 얻은 전반적인 지식도 더해졌겠죠? 또한 당신과 당신의 부친 그리고 조부가 운영했던 모든 사업체에서 배운 지식도 합쳐졌을 거고요?
> 버핏: 제 조부님의 식료품점은 딱히 사업체라고 할 수 없습니다.[24]

퍼스의 동료 대니얼 메이슨은 버핏을 보고 내심 놀랐다. 자신이 예상했던 것과 전혀 달랐다. 겸손한 태도나 주름진 양복만 보고는 그의 정체를 짐작하기 힘들었다. 미리 몰랐더라면 메이슨은 증인이 부자라는 사실을 백만 년이 지나도 몰랐을 것이다.[25]

버핏은 법정이라는 사실에 구애받지 않고 편안하고 설득력 있게 말했다. 그는 일요판이 하나 더 생기면 버펄로 시민들에게 유익하다고 주장했다. 그 소송을 심리하던 찰스 L. 브리안트 주니어 판사가 버핏에게 《이브닝 뉴스》가 《쿠리어–익스프레스》를 따라서 일요판을 발간하기로 결정한 이유가 무엇인지 물었다. 버핏은 마치 준비해서 기다린 사람처럼 아주 현실적인 두 가지 은유를 들어 설명했다.

> 버핏: 《쿠리어–익스프레스》가 아주, 아주, 오랫동안 도시의 유일한 신문사고 사람들의 습관 양식들이 아주 강력하다고 가정해 보죠. 저는 아침에 면도할 때 항상 똑같은 부위부터 시작하고 신발을 신을 때도 똑같은 쪽부터 신습니다. 습관이라는 것이 이토록 무섭습니다. 이렇듯 우리 인간은 습관의 동물입니다. 따라서 우리가 아주 오랫동안 매일 똑같은 신문을 받아본다면 그 신문은 엄청난 경쟁적 우위를 갖게 됩니다.[26]

요컨대 그는 법정에서도 가령 캐서린 그레이엄 같은 사람과 사적으로 대화하듯 진술했다. 그는 증인석에서도 전혀 주눅 들지 않았고, 화가가 크고 넓게 붓질하듯 사업에 대해 개략적으로 설명했다. 그러나 마침내 퍼스가 마지막 일격을 가했을 때 상황은 뜻밖으로 전개되었다. 이번 경우는 지나치게 영리해 보이는 것이 버핏에게 이로울 것이 없었다. 그런데 이제 법정의 모든 사람은 《이브닝 뉴스》의 재무 상황에 대해 버핏이 세상에서 가장 정확히 파악하고 있음을 확실히 알게 되었다.

> 퍼스: 증인, 당신은 《이브닝 뉴스》가 일요판을 발간하면 《쿠리어–익스프레스》가 파산할 가능성을 생각해 보셨습니까?

버핏: 아닙니다.

퍼스: 한 번도 그 생각을 해본 적 없다는 말씀입니까?

버핏: 저는 버펄로 시민들이 앞으로 오랫동안 《쿠리어-익스프레스》의 신문을 볼 수 있을 거라고 생각합니다.

퍼스: 증인은 경쟁사의 파산에 대해 전혀 논의한 적이 없다는 말씀이죠?

버핏: 결단코 없습니다.[27]

버핏은 자신도 모르는 새에 미끼를 물고 말았다. 이제 퍼스는 낚싯대를 홱 잡아챘다. 그는 배심원석으로 다가가면서 어떤 신문 기사의 사본을 흔들었다. 버핏에 관한 《월스트리트 저널》의 최근 기사였다. 퍼스는 큰소리로 읽어 내렸다. 누가 들어도 버핏이 독점 신문사에 대해 많이 생각했었다는 것을 알 수 있는 내용이었다.

> 버핏은 시장을 독점하거나 최소한 지배하는 신문사를 소유하는 것이 법의 규제를 받지 않는 유료 다리를 소유하는 것과 같다고 생각합니다. 당신이 원할 때 그리고 당신이 원하는 만큼 통행료를 인상할 상대적 자유를 누릴 수 있다는 것이죠.[28]

위 인터뷰의 주인공은 버핏의 친구로 퍼스트 맨해튼을 운영하던 샌디 고츠먼이었다. 버핏은 해명하려고 노력했지만, 유료 다리를 비유한 것은 어떤 말로도 반박이 불가한 증거였다. 이제 모두는 그 발언의 주인공이 누구인지 어떤 의미로 그렇게 말했는지 알게 되었다.

> 퍼스: 증인, 당신은 그 사람에게 독점 신문사를 소유하는 것

이 법의 통제를 받지 않는 유료 다리를 소유하는 것과 같다고 말한 적이 있죠?

버핏: 아마 저는 독점적인, 그러니까 가령 TV 방송국조차 없는 네브래스카의 프리몬트에서 유일한 작은 신문사를 소유하는 것이 아주 좋은 사업이라고 말했을 겁니다. 제가 유료 다리 같다고 꼭 집어 말했는지는 기억이 나지 않습니다. 하지만 그것이 좋은 사업인 것은 맞습니다. 특히 프리몬트에서는 유로 다리보다 더 좋은 사업일 수도 있습니다.

판사 브리안트: 네브래스카 프리몬트가 어떠하기에 그렇다는 것입니까?

버핏: 존경하는 재판장님, 네브래스카 프리몬트에서 신문사는 광고의 진공청소기입니다. TV 방송사가 없는 프리몬트에서는 TV 광고를 낼 수 없으니까요.

브리안트 판사: 당신은 프리몬트의 신문사를 소유하고….

버핏: 유감스럽게도 그렇지 못합니다.

퍼스: 당신의 말을 요약하면, 작은 지역 사회에서 독점적이거나 최소한 시장 지배적인 신문사를 소유하는 것이 법의 규제를 받지 않는 유료 다리를 소유하는 것과 같다. 맞습니까?

버핏: 법의 규제를 받지 않는 유료 다리라는 표현에 대해서는 언쟁하고 싶지 않습니다. 다만 정말로 좋은 사업인 것은 분명합니다.

퍼스: 당신이 원하는 만큼 통행료를 인상할 수 있기 때문에 그렇다는 것이지요?

버핏: 제가 그렇게 극단적으로 말하지는 않았지만, 어쨌건 통행료를 인상할 수 있는 힘이 있겠지요.

퍼스: 그것이 바로 당신이 갖고 싶은 종류의 사업이지 않습니까? 그렇죠?

버핏: 현재 저는 그런 사업이 없지만, 기회가 된다면 마다할 이유는 없겠지요.

퍼스: 그러니까 증인이 사람들에게 법의 규제를 받지 않는 유료 다리라는 말을 한 것은 맞지요? **당신의 입으로** 그렇게 말한 것이죠?

버핏: 제가 그 말을 했을 때는 인플레이션 시절이었습니다. 만약 법의 규제를 받지 않는다면 그런 시절에 유료 다리를 소유하면 아주 유익할 거라고 말한 것입니다.

퍼스: 왜 그렇죠?

버핏: 초기 자본 때문입니다. 다리를 건설하는 데에 많은 자본이 들어갑니다. 그러나 화폐가치가 떨어지기 전에 다리를 건설하고 나면 계속 자본을 투자할 필요가 없으니 화폐가치가 떨어져도 걱정할 필요가 없습니다.

퍼스: 당신이 원하는 대로 가격을 인상할 수 있도록 '법의 규제를 받지 않는'이라는 말을 한 것도 맞습니까?

버핏: 그건 맞습니다.

퍼스: 당신은 그 유료 다리가 그 강에 대한 독점권을 갖는다고 가정했습니다. 당신이 그렇게 말한 게 맞습니까?[29]

당연한 말이지만 퍼스는 버핏이 통행료 아이디어를 언제 처음 생각해냈는지 몰랐다. 버핏은 어릴 적 친구 러셀의 집 앞으로 지나가던 자동차 행렬을 보다가 그 아이디어를 떠올린 뒤로 한시도 잊은 적이 없었다. 게다가 버핏은 이미 그 아이디어를 실현했다. 블루칩이 디트로이트 인터내셔널 브리지 컴퍼니의 지분 24퍼센트를 보유했는데, 그 회사가 이리 호 서안西岸의 디트로이트와 캐나다 윈저를 잇는 앰배서더 브리지를 소유한 것이다.[30] 이리 호를 사이에 두고 버펄로 반대편에 위치한 그 다리는 **진짜** 유료 다리였고 — 미국에서 주주들이 소유한 유일한 다리였다 — 그 다리의 4분의 1이 버핏 소유였다. 퍼스가 그 사실을 놓쳤다. 그럼에도 그는 버핏에게 치명상을 입혔다.

블루칩 변호인들은 버핏이 신뢰성 있게 증언을 잘했다고 평가했다. 하지만 걱정이 없는 것은 아니었다. 혹시 그가 신뢰성을 너무 많이 보여줬을까? 그가 시장을 지배하는 사업들에 대한 열망을 너무 노골적으로 드러냈을까? 생생한 유료 다리 은유가 법정을 잠식했다.

버핏이 증인으로 출석하고 5일이 지난 11월 9일, 브리안트 판사는 일단 정식 재판이 열릴 때까지 《쿠리어-익스프레스》가 《이브닝 뉴스》를 상대로 제기한 금지명령 신청을 인용한다고 판결했다. 일요판 발간을 나흘 앞둔 시점이었다. 엄밀하게 따지면 브리안트 판사는 《쿠리어-익스프레스》가 요구한 것을 전부 들어준 것은 아니었다. 그러나 그의 장황한 결정문은 — 아주 놀라운 속도로 읽어 내려갔다 — 버핏과 《이브닝 뉴스》에게 엄청난 타격이었다.

브리안트 판사는 세 가지 이유로 《쿠리어-익스프레스》가 제기한 금지명령을 인용했다. 일단 정식 재판이 시작되면, 《쿠리어-익스프레스》는 첫째 《이브닝 뉴스》가 불공정한 전술들을 채택했고, 둘째 그런 행태에는 독점하려는 의도가 깔려 있었으며, 셋째 《이브닝 뉴스》가 그런 행태를 중단하지 않으면 《쿠리어-익스프레스》가 파산할 거라는 점을 입증할 수도 있을 거라는 판단이었다.

현재 버펄로에는 신문사가 단 두 곳이다. 본 재판관이 판단한

대로 상황이 전개된다면 결국에는 신문사가 하나만 남게 될 것이다.[31]

브리안트 판사의 다소 충격적인 판결문에서 버핏은 인상적이되 전형적인 자본가로 묘사되었다. 매우 영리하되 음흉한 속내를 가진 금융업자 말이다. 판결문 전체에서 버핏은 숨을 쉴 때마다 강렬한 의도의 악취를 풍기는 사람으로 둔갑했다. 브리안트 판사는 버핏이 《이브닝 뉴스》의 인쇄 공장을 방문한 적도, 직원들과 이야기를 나눈 적도 없다는 사실이 "독점하려는 구체적인 의도가 있었음을 보여주는 증거"라고 단정했다. 이는 그가 버핏의 투자 방식을 모르는 데서 빚어진 오해였다. 버핏은 본래 수치들을 근거로 기업들을 인수하는 습관이 있었다. 설상가상 판결문에 등장한 '버핏 씨가 버펄로에 상륙하다'라는 소제목조차 묵직한 반향을 일으켰다. 판사는 "의도는 가늠할 수 없는 인간의 깊은 마음에만 존재한다"고 고상하게 인정했으면서도 버핏의 일련의 행위에서 그의 의도를 미루어 유추하는 데는 주저하지 않았다.

버핏 씨는 자신의 경제적 동기는 물론이고 《이브닝 뉴스》가 시장을 독점할 때 발생할 가치를 정확하게 인지하고 있음을 조금도 숨기지 않았다. 그러나 이런 가능성을 인지했다고 해도, 《이브닝 뉴스》를 그 가격에, 그것도 전액 현금으로, 그리고 그런 방식으로 인수한 것은 경제적으로 타당해 보이지 않는다.[32]

금지명령으로 《이브닝 뉴스》가 일요판을 발간하는 데는 문제가 없었다. 하지만 독자와 광고주들에게 일요판을 홍보하고 마케팅하며 배포하는 능력은 크게 제한되었다. 이런 어중간한 조치들도 타격이었지만, 브리안트 판사가 매우 강경한 언사로 작성한 판결문은 실질적인 피해를 가져왔다. 《이브닝 뉴스》가 그토록 중대한 시점에서 시민들의 지지를 크게 잃은 것이다. 누구라도 그랬겠지만, 《쿠리어-익스프레스》는 판결문을 읽는 판사의 사진과 함께 판결문을 도배하다시피 했다. 뿐만 아니라 자신들에게 우호적인 이야기와 증언들도 봇물처럼 보도했다. 예컨대 《쿠리어-익스프레스》는 12만 2,000명의 버펄로 시민들을 대표하던 미국 노동총연맹 산업별 조합 회의American Federation of Labor and Congress of Industrial Organization, AFL-CIO 버펄로 지부 위원장의 발언을 1면에 실었다. "그 일요판을 사지 마시오." 심지어는 자신들의 적이 누구인지 아무도 잊지 못하게 각인시키려 1면에 새로운 명판도 소개했다. "버펄로 토박이 가족이 소유하고 운영하는 신문사."

일요판을 발간하기 전날 《이브닝 뉴스》의 기자실에서 축하 파티가 열렸다. 청바지 차림의 수전과 함께 참석한 버핏이 버튼을 누르자 윤전기가 작동을 시작했다. 하지만 나쁜 여론 때문에 매출은 좀체 부진을 벗어나지 못했다. 《쿠리어-익스프레스》가 시장에서 퇴출되면 일자리를 잃을까 걱정하던 독자들과 광고주들은 상대적으로 약한 신문사를 응원하기 위해 힘을 모았다. 《이브닝 뉴스》 직원들이 가장 힘들었던 점은 악의적인 기사에 대응할 수 없다는 사실이었다. 그들이 《쿠리어-익스프레스》를 비방하는 발언이 법적으로 금지되었기 때문이다. 12월 18일 다섯 번째 일요판 《이브닝 뉴스》에서 광고는 고작 147인치(약 373센티미터)에 불과했던 반면 《쿠리어-익스프레스》의 광고 지면은 579인치(약 1,470센티미터)였다. 《이브닝 뉴스》의 뉴스 지면이 경쟁지에 비해 40퍼센트나 더 많았는데도 그랬다.[33] 한마디로 버펫의 신문사는 깊은 수렁에 빠져 있었다. 좀 더 구체적으로 설명해 보자. 버크셔 해서웨이의 주식이 1977년에 반등해 주당 132달러 수준에서 거래되었고, 따라서 버핏의 순 자산은 7,000만 달러 언저리에 달했다. 결국 1970년대 말 그의 버크셔 지분이 43퍼센트였고 《이브닝 뉴스》를 3,250만 달러에 인수했으니 그의 개인 자산의 20퍼센트가 《이브닝 뉴스》에 잠겨 있는 셈이었다.

《이브닝 뉴스》와 《쿠리어-익스프레스》는 구시대적이고 전면적인 신문 전쟁에 돌입했고, 버핏은 이번 전쟁은 둘 중 하나가 죽어야 끝난다고 생각했다.[34] 한편 법원의 금지명령으로 시간을 벌었다고 생각한 《쿠리어-익스프레스》는 식자 설비를 자동화했고 장비를 업그레이드하는 등 현대화에 박차를 가했다. 편집 주간 더글러스 터너는 이렇게 회고했다. "제가 횡재를 얻었습니다. 제가 지난 수년간 요구했던 것들을 전부 갖게 되었거든요. 분할 지면, 전망outlook 섹션, 만화란 확대, 일요판 증면 등이었죠. 게다가 직원도 25퍼센트가 보충되었습니다."

양 신문사의 기자들은 정보 경쟁을 벌이는 스파이 요원들처럼 뉴스거리를 찾아 온 도시를 휘젓고 다녔다. 《이브닝 뉴스》 기자였던 로버트 매카시는 "《쿠리어-익스프레스》가 어떤 기사를 먼저 보도하는 날에는 다들 면목이 서지 않았어요. 그러니 그들보다 한발 앞서 기사를 찾으려 밤샘을 밥 먹듯 했습니다"라고 말했다. 버핏이 통제할 수 있었던 몇 가지 중 하나는 뉴스 기사 지면의 크기였고, 그는 그 지면을 최대한 키웠다. "우리는 무슨 일이 있어도 경쟁사보다 뉴스 기사를 더 많이 보도해야 했습니다"라고 버핏이 술회했다. "가령 그들이 스포츠 기사를 총 8면에 배치하면 우리가 스포츠 지면을 더 늘리는 식이었죠. 저는 우리 직원들에게 전통적인 항목별 지면 구성 비율은 신경 쓰지 말라 단단히 일렀습니다."[35]

워런 버핏

기자들은 새로운 사주가 다를 거라는 사실을 감지했다. 노련한 어떤 기자의 말마따나 "버핏은 신문에 진짜로 관심이 있는 것 같았어요." 그는 종종 기사에 대한 아이디어를 제공했고 직원 야유회에 역시나 티셔츠 차림으로 참석했다. 본래가 냉소적인 집단인 기자들은 그의 회의론적인 견해를 사랑했다. 특히 그는 신문이 자본주의의 가치를 알리는 나팔수가 되어야 한다고 요구하지 않았다. 오히려 자신이 많은 관심을 가지고 있던 주제, 다시 말해 자신과 같은 거물 자본가들의 어두운 민낯에 관한 기삿거리를 자발적으로 제보했다. 그는 그들이 지독히 탐욕적이고 어쩌면 비윤리적인 짓도 마다하지 않는다고 생각했다.

그 기사는 보헤미안 그로브라고 알려진 곳에서 열린 비밀 회합에 관한 내용이었다(보헤미안 클럽은 미국의 정계와 재계 최고위층과 언론과 예술계 유력 인사들의 사교 모임으로 미국에서 가장 배타적이고 폐쇄적인 남성 전용 클럽이며 특히 1923년 이후 공화당 출신 미국 대통령들은 모두 이 클럽의 회원이었다. - 옮긴이). 매년 여름 연예계 대부 머브 그리핀, 38대 대통령 제럴드 포드, 맥도날드 창업자 레이먼드 크로크 같은 정, 재계 보수 인사들이 각자 회사 전용기를 타고 캘리포니아 산타로사의 삼나무 숲에 모여 서구 문명의 운명에 대해 한탄했다. 《이브닝 뉴스》의 탐사 보도 기자로 그 기사를 취재했던 리 코폴라Lee Coppola의 말을 들어보자. "버핏은 그들이 전용기로 세금 공제를 받았는지 여부에 초점을 맞추고 싶어 했습니다. 당시는 2차 석유파동으로 모두가 힘들 때였거든요. 그는 그런 행태가 올바르지 않다고 생각했죠." 코폴라는 1면에 전용기를 사적으로 이용하면서 회사 비용으로 처리하는 사례에 관한 특종 기사를 보도했다. 이후 그는 다른 신문사에서 이직 제안을 받았지만 거절했다. 부분적으로는 《이브닝 뉴스》가 버핏의 친정 체제하에 어떻게 운영될지 기대가 컸기 때문이다.

한편 《이브닝 뉴스》는 사실상 일요판에서 회사의 재정적 운명이 달려 있었다. 그런데 일요판 패권을 차지하기 위한 중대한 전쟁에서 계속 고전했다. 1978년 《쿠리어-익스프레스》는 일요판 대전에서 《이브닝 뉴스》를 10만 부 차이로 압승했다. 버펄로 경제가 침체 국면으로 빠져들자, 버펄로 시민들은 해고된 공장 노동자들의 모습을 보면서 《쿠리어-익스프레스》가 파산하는 것에 대한 두려움이 더욱 커졌다. 《이브닝 뉴스》의 편집장 머리 라이트는 "지역 사회 전체가 사실상 《쿠리어-익스프레스》에 광고를 실었어요"라고 회상했다. "저는 매주 수요일이나 목요일에 버핏에게 우리 일요 신문의 광고 수가 몇 개인지 전화로 보고했어요. 간신히 손에 꼽을 정도였죠."

라이트는 버펄로에서 버핏의 눈과 귀를 대신해 주는 존재였다. 버핏은 그가 퇴근한 뒤 그의 집으로 자주 전화를 걸었는데 통화가 한 시간 안에 끝나면 짧은 편이었다. 대부분은 일요판을 활성화시킬 방법에 대해 의논하고 그의 의견을 구했다. "그는 일요판의 모든 측면에 대해 관심이 어마어마했어요"라고 라이트가 말했다. 버핏은 직접 버펄로로 와서 주요 광고주와 소매 유통업체들을 만났고, 판촉 시리즈와 일련의 공모전을 승인했다. 버핏의 한 문장에 《이브닝 뉴스》가 얼마나 절박했는지 담겨 있었다. "우리는 할 수 있는 건 다했어요."

> 《이브닝 뉴스》는 구독자를 모집하는 전담팀들을 운영했어요. 매주 그들은 제게 이번 주는 신청을 828개 받았다느니, 이번 주는 750개가 될 것 같다느니 보고했죠. 하지만 금요일 밤 일요판 신규 구독 신청 집계를 받아보면 412개 정도로 줄어 있었어요.[36]

워런 버핏

그런 궁지에 처하면 버핏의 본능은 한 군데를 가리켰다. 기업 회생 전문가로 뎀프스터를 살린 해리 보틀이나 버크셔 해서웨이의 파수꾼 켄 체이스 같이 믿을 수 있는 대리인이었다. 이번에는 자신이 찾던 인물이 오마하에 있었다. 3살 터울의 친구이자 《오마하 선》의 발행인 스탠퍼드 립시였다. 하지만 립시는 버펄로에 가고 싶은 생각이 없었다.

"그냥 한 달에 한 번 버펄로로 가서 당신이 필요하다고 싶은 일을 하면 되는데, 생각 있으세요?"라고 버핏이 물었다. 립시는 속으로 생각했다. '그곳에 가서 도대체 무슨 일을 하라는 거지?' 버핏이 립시의 속마음을 읽고는 덧붙였다. "당신이 가주는 것만으로도 《이브닝 뉴스》는 더 잘 **굴러갈** 겁니다." 립시는 버핏의 부탁을 들어주었고, 매달 일주일을 버펄로에서 머물렀다. 공식적인 역할은 예전 사주 시절부터 일해오던 발행인을 보조하는 것이었다.

그런데도 백약이 무효했다. 《이브닝 뉴스》는 금지명령이 부과한 심각한 제약에서 여전히 벗어나지 못했다. 브리안트 판사의 요구에 따라 《이브닝 뉴스》는 고객이 서명한 주문서를 제출해 승인을 받아야 신문을 공급할 수 있었다. 단 한 부라도 예외가 없었다. 게다가 《쿠리어-익스프레스》 변호인들은 법원 명령을 위반한 사례를 적발하고자 혈안이 되었고 《이브닝 뉴스》의 영업직원이나 임원은 물론이고 심지어 일반 직원들의 발언까지 매의 눈으로 감시했다. 그러던 중 《쿠리어-익스프레스》의 레이더에 한 건이 걸렸고 결국 《이브닝 뉴스》는 법원 명령을 어긴 법정 모독죄로 기소되었다. 이는 매우 심각한 문제였다. 《쿠리어-익스프레스》의 변호인 메이슨의 말을 들어보자. "모든 상황이 《이브닝 뉴스》에 불리했죠. 우리는 법률적으로 그들의 활동을 감시할 능력이 있었어요. 우리는 증거 개시(discovery, 정식 공판 전 소송 당사자가 상대의 요청에 따라 관련 정보나 서류를 공개하는 절차 – 옮긴이)를 요구할 권리가 있었고 그들의 기록도 전부 살펴볼 수 있었어요"라고 당시 상황에 대해 말했다. 사실상《이브닝 뉴스》는 연방 판사의 손아귀에 완전히 들어간 셈이었다.

1978년《이브닝 뉴스》는 세전으로 290만 달러의 손실을 기록했다. 아마 버핏 인생을 통틀어 최대의 손실이었지 싶다. 립시는 버펄로에 머물 때면 버핏에게 자주 전화했는데, 그런 사면초가에서도 버핏이 실망한 기색 하나 없이 변함없이 낙천적이어서 깜짝 놀랐다. "그는《이브닝 뉴스》에 돈을 몽땅 꼬라박았어요. 그런데 일요판은 폐간될 위기로 치닫고 있었죠. 게다가 반독점법을 위반했다는 혐의로 기소까지 되었고요. 그런데도 그는 도리어 저를 격려하더군요. 심지어 전화해줘서 고맙다고 인사까지 했다니까요."

멍거는 사정이 딴판이었다. 법정 모독죄로 소환장을 받은 뒤 멍거가 크게 동요해 머리 라이트에게 전화를 걸어 버핏이 어딘가에서 연설할 계획이라는 중대한 소식을 전했다. 멍거가 흥분해서 말했다. "버핏과 이야기 좀 해보시게. 나보다는 자네가 말하면 그가 좀 더 귀를 기울일 걸세. 연설할 때 제발 발언에 좀 더 신중하라고 말려주시게." 멍거는 버핏이 유료 다리 같은 발언을 할까 극심한 두려움에 사로잡혔다. 버핏은 립시에게서 멍거의 걱정을 전해 듣고도 어깨를 으쓱했을 뿐 신경 쓰지 않았다.

그러나 멍거는《이브닝 뉴스》가 스스로의 운명을 통제할 힘을 잃었다고 판단했다. 블루칩의 주주들에게 보내는 연례 서한에서는 재판 결과에 따라서는 신문사가 파산할 수도 있다고까지 인정했다.

소송은 시간과 비용이 엄청나게 소요되고 비효율적인 데다 결과를 예측할 수 없다는 것은 삼척동자도 압니다.《이브닝 뉴스》가 최종적으로 살아남을지 누구도 장담할 수 없습니다. 오랫동안 신문을 계속 발간할 수 있을지도 불투명합니다.[37]

1979년 4월 블루칩이 《이브닝 뉴스》를 인수하고 2년이 지난 뒤였다. 드디어 어두운 터널의 끝이 보였다. 미국 뉴욕 항소법원은 금지명령과 법정 모독죄 판결을 뒤집었고 브라이언트 판사를 신랄하게 질책했다.

> 먼저 독점 의도와 관련해 판결한다. 우리는 버핏 씨가 《쿠리어-익스프레스》를 파산시키려는 의도로 《이브닝 뉴스》를 인수했다는 증거가 없다고 생각한다. 이는 《쿠리어-익스프레스》가 독점하던 일요판 시장을 침범하는 것을 포함해 치열한 경쟁을 야기했다는 것과는 별개의 문제다…. 모든 증거로 보건대 버핏 씨는 《이브닝 뉴스》를 최선을 다해 운영하려는 의도가 있었음이 명백하다. 반대로 일요판의 경쟁이 《쿠리어-익스프레스》에 미칠 영향에 대해서는 깊이 생각하지 않은 것도 확실하다. 이런 상황은 반독점법이 제한하는 것이 아니라 촉진하려는 것이다.[38]

법률적으로 버핏은 정당성을 입증해 혐의를 완전히 벗었다. 그러나 실질적으로 보면 《쿠리어-익스프레스》는 그 소송으로 소기의 목적을 훌륭히 달성했다. 《이브닝 뉴스》가 평일판에서는 단연코 지배적인 지위를 이어갔지만, 일요판 시장에서는 《쿠리어-익스프레스》에 완패했다. 양 신문사의 일요판 격차는 10만 부에서 좁혀지지 않았다. 게다가 항소법원이 원심 판결을 파기하고 2달이 지난 뒤 《쿠리어-익스프레스》는 미네소타주 미니애폴리스의 콜스Cowles 가문이 소유한 미니애폴리스 스타 앤 트리뷴 컴퍼니_{Minneapolis Star & Tribune Co.}의 품에 안겼다. 이리하여 전쟁의 제2막이 올랐고, 《이브닝 뉴스》는 버핏 못지않게 자금력이 막강한 외부 출신 사주와 장기전에 돌입했다. 1979년 《이브닝 뉴스》의 손실은 무려 460만 달러에 달했다. 버핏이나 멍거나 이토록 크게 투자 손실을 본 것은 처음이었다. 멍거는 충격이 상당했던 것 같았다. "제가 직접 계산해 봤어요. 《이브닝 뉴스》로 제 손해와 우리 가족이 감당할 수 있는 손실이 어느 정도일지 정확히 계산했습니다."

1980년 립시가 버펄로로 아예 자리를 옮겼다.* 버핏이 **대놓고 요청하지는** 않았지만 립시는 척하면 삼천리 버핏이 절실히 원한다는 사실을 잘 알았다. 더욱이 립시 본인도 이제는 《쿠리어-익스프레스》와의 전쟁에 승부욕과 오기가 발동했다.

립시가 《이브닝 뉴스》의 발행인이 되고 나서 신문사는 새로운 위기를 맞았다. 이번에는 노동조합이 문제였다. 그 신문사의 13개 노동조합은 버핏이 인수하기 전부터 사내에서 자중지란을 유발해 이득을 챙겼고, 결과적으로 멍거가 "교대로 혜택 나눠 먹기"라고 부르는 지경에 이르렀다.[39] 버핏과 멍거는 노동조합의 전횡을 더 이상 참을 수 없었다. 이참에 그런 관행의 뿌리를 뽑아야 했다. 그들은 1980년 초 블루칩의 연례 보고서에서 그런 결심을 담아 노동조합을 겨냥했을 것으로 짐작되는 메시지를 보냈다.

어떤 이유로든 장기간 파업으로 《이브닝 뉴스》가 신문을 발행

---

* 버핏은 오마하에서 일련의 주간지를 발행하고 립시가 발행인으로 일하던 《오마하 선》을 매각했다. 이후 버핏은 자신의 고향 일간지 《오마하 월드-헤럴드》의 사외이사가 되었다.

워런 버핏

하지 못한다면 결과는 심대합니다. 아마 조업 중단 사태가 벌어지고 결국 회사가 청산되는 결과를 낳을 것입니다.[40]

전미 트럭운전자 노동조합 조합원들은 그것이 단순한 엄포인지 아닌지 경영진의 의지를 시험하기로 결정했다. 1980년 말 운송 트럭운전자들이 인력 충원 같은 새로운 운전자 안전 규칙과 유휴 수당을 요구했다.[41] 사실상 주도권과 직결된 아주 민감한 사안들이었다. 버핏은 그들의 요구를 거부했다. 12월 어느 월요일 저녁 노사협상은 합의점을 찾지 못한 채 막바지에 이르렀다. 사내 최대 노조였던 신문 조합의 지부장 레이 힐은 급히 회사로 나와 파업 사태를 저지하도록 도와달라는 다급한 전갈을 받았다. 힐은 버핏을 잘 알았고 그가 괜히 허튼소리를 하는 사람이 아니라는 것을 직감했다. 그는 운전자 노조원들에게 그를 상대로 도박을 하지 말라며 조언했다. 이제까지 《이브닝 뉴스》 역사상 파업은 단 한 차례뿐이었는데, 술집 경비원 출신으로 그 파업을 주동했던 사람이 지금의 트럭운전자 노동조합 지부장 마틴 브로건이었다. 브로건은 《쿠리어-익스프레스》와의 전쟁이 한창인 마당에 버핏은 파업만큼은 모면하려 할 거라고 판단했다. 누군가가 조정관에게 연락했고 그는 술에 취한 상태로 나타났다. 노사는 철야 협상을 벌였다. 마침내 조정관이 힐을 쳐다보면서 말했다. "저기요, 힐, 양측 모두 파업을 원하네요." 화요일 새벽 6시 노조원들이 협상 장을 빠져나갔다.

브로건의 노조원들이 피켓 라인(picket line, 파업 대열을 유지하고 확대하려는 노동자들의 집단적 대열을 일컫는 것으로 사용자 측의 대체 인력 투입을 저지하고 노동자들에게 파업 동참을 호소하며 파업 참가자의 대오 이탈을 막는 것이 목적이다. - 옮긴이)을 만들어 출근 저지 투쟁을 벌였다. 《이브닝 뉴스》

는 피켓 라인을 뚫고 출근한 다른 노조들 소속 직원들의 도움으로 간신히 신문을 발행하기 시작했다. 그러자 피켓 라인의 노조원들이 운송 트럭 한 대를 빼앗았고, 인쇄공들은 조업을 중단했으며 심지어 판형들을 빼냈다.[42] 결국 《이브닝 뉴스》는 직장 폐쇄라는 초강수를 두었고 그 바람에 《쿠리어-익스프레스》는 밀려 드는 구독 신청 전화로 즐거운 비명을 질렀다. 이제 버펄로에서의 악몽이 최악으로 치달았다.

가까운 어떤 지인에 따르면 버핏이 노조 파업 때문에 진땀 꽤나 흘렸다고 한다. 무엇보다도 신문사 폐쇄가 장기간 지속되면 시장 점유율이 회복 불가능할 정도로 추락할 거라며 걱정이 컸다.[43] 그는 진퇴양난에 처했다. 가능한 한 빨리 회사를 정상 가동시키든가 아니면 영원히 문을 닫아야 했다. 그렇다고 이번에 노조에 백기를 든다면, 다른 12개의 노조들도 동일한 조건을 요구할 것이 자명했다.

화요일 오전 그는 최후통첩을 날렸다. 신문을 계속 발간하지 못한다면 급여를 지급할 수 없다고 선언한 다음 당장 사무실을 비우고 모두 집으로 돌아가라고 지시했다. 그는 한술 더 떠서 만약 트럭 운전기사들이 가장 중요한 일요판 배송에 맞춰 업무에 복귀하지 않는다면 신문사를 청산하겠다고 말했다. 《이브닝 뉴스》의 협상단 대표 리처드 페더는 버핏과의 전화를 끊으면서 그가 진심이라고 확신했다.

다른 노조들로부터 파업을 철회하라는 압박을 받던 브로건도 진땀을 흘리기는 매한가지였다. 힐이 브로건에게 말했다. "당신이 무엇을 위해 투쟁하건 모두를 실업자로 만들고 있습니다." 마침내 브로건이 파업을 철회했다. 노조원들은 겨우 체면치레할 만한 타협안을 받아들였고, 《이브닝 뉴스》는 화요일 오후에 독자들을 만나게 되었다.

힐은 버핏에게 "이번 일이 마무리되면 우리 노조원들이 회사에 협조했다는 걸 알아주길 바랍니다"라고 말했다. 이에 버핏은 속담으로 대답을 대신했다. "텅 빈 자루는 똑바로 서지 못합니다(배가 고프면 아무것도 못한다는 뜻의 서양 속담이다. ‒옮긴이)."

힐은 버핏의 이 말을 만약 신문사가 《쿠리어-익스프레스》와의 전쟁에서 회복한다면 자신의 노조원들이 보상을 받을 거라는 뜻으로 받아들였다. 하지만 힘의 균형은 이미 버핏에게로 기울었다. 힐의 말이 정확했다. "파업 이후에는 모든 것이 절대 예전 같지 않습니다."

버펄로는 미국의 다른 어떤 도시보다 경제가 더욱 침체되었고, 당연히 두 신문사 모두 경기 불황의 영향을 크게 받았다. 게다가 일요판 전쟁은 좀체 끝날 기미가 보이지 않았다. 《이브닝 뉴스》가 다소 약진했지만 격차를 크게 좁힐 정도는 아니었다. 5년 후 두 신문사의 일요판 판매 부수는 19만 5,000 대 26만 5,000으로 격차는 7만이었다.[44] 비록 적자 폭은 줄어드는 추세였지만 《이브닝 뉴스》는 적자 행진을 이어갔다. 버핏이 인수한 이후 세전 누적 적자가 1,200만 달러에 달했다.[45] 1982년 초 멍거는 버핏과 자신이 《이브닝 뉴스》를 인수하는 바람에 만회할 수 없는 커다란 손실을 입었다고 결론 내렸다.

현재도 《이브닝 뉴스》는 적자입니다. 만약 그 신문사를 인수하지 않았더라면 우리가 소유한 다른 자산들의 가치는 약 7,000만 달러에 이르고 연 수익은 1,000만 달러가 넘을 것입니다. 앞으로 버펄로의 상황이 어떻게 전개될지는 모르겠습니다만, 지금 한 가지는 100퍼센트 확실합니다. 《이브닝 뉴스》를 인수하지 않았을 경우보다 지금 우리의 경제적 상황이 더 나쁘다는 사실입니다.[46]

이후 몇 달간 일요판 판매 부수가 야금야금 올라가더니 마침내 20만 부 고지를 넘었다. 그러나 여전히 《쿠리어-익스프레스》보다 한참 뒤처졌다. 그러는 동안 버펄로에서는 둘 중 한 곳이 파산할 거라는 소문이 파다했다. 버핏은 그런 가능성을 생각해 본 적도 없다며 강하게 부인했다.[47] 하지만 버펄로의 경제 상황으로는 어차피 두 신문사가 공생하는 것은 불가능했다. 노조 파업에서처럼 이제는 먼저 눈을 깜박이는 쪽이 지게 되어 있었다. 마침내 9월 《쿠리어-익스프레스》가 눈을 깜박였고 시장에서 철수했다.

조간신문을 발행하던 《쿠리어-익스프레스》는 매년 300만 달러의 적자를 기록했고, 석간인 《이브닝 뉴스》의 적자 규모보다 2배가 많았다. 모회사 미니애폴리스 스타 앤 트리뷴 컴퍼니의 오토 실하Otto Silha 회장은 《쿠리어-익스프레스》를 포기한 결정적인 요인은 주력 신문인 미니애폴리스 신문사의 사정이 악화일로였기 때문이라고 말했다. 반면 블루칩은 갈수록 더 많은 돈을 벌어다 주는 효자 씨즈캔디 덕분에 못난 자식 《이브닝 뉴스》가 아무리 적자를 내도 끝까지 버텨 낼 수 있다고 예상했다.

《쿠리어-익스프레스》가 사망 신고한 바로 그날 《이브닝 뉴스》는 사명을 《버펄로 뉴스》로 변경했고 조간신문까지 발행하기 시작했다. 그로부터 채 반년도 지나지 않아 일요판의 판매가 36만 부로 수직 상승했다. 이는 《쿠리어-익스프레스》의 최고 기록을 뛰어넘는 수치였다. 당연한 말이지만 버펄로의 유일한 신문사가 되자 독자층이 두터워졌고 이런 독점적 지위가 반영되어 광고료도 치솟았다. 이제 《버펄로 뉴스》는 노다지가 되었다. 아니, 어쩌면 유료 다리일지도 모르겠다. 얼마 지나지 않아 멍거가 틀렸음이 분명해졌다. 《버펄로 뉴스》는 단순한 흑자 기업이 아니라 막대한 돈줄이 되었다.

워런 버핏

《버펄로 뉴스》는 경쟁사가 사라진 첫해에 세전으로 1,900만 달러를 벌었다(그 수익은 합병을 통해 블루칩 스탬프를 100퍼센트 흡수한 버크셔 해서웨이의 금고로 고스란히 들어갔다). 1980년대 말부터 《버펄로 뉴스》는 매년 4,000만 달러 이상의 수익을 달성했다. 이는 버크셔 해서웨이와 블루칩에 대한 버핏의 투자금을 합친 것보다 더 많았다. 이처럼 버핏이 거침없는 기세로 투자 먹이사슬의 꼭대기로 올라갈 수 있었던 것은 강력한 어떤 추진력이 뒷받침해 준 덕분이었다. 블루칩 스탬프가 씨즈캔드를 인수할 자금을 제공했고, 씨즈캔디의 수익이 《이브닝 뉴스》를 인수하는 원동력이 되었으며, 《버펄로 뉴스》는 황금알을 낳는 더 큰 거위를 구입할 자금원이 될 수 있었다.

《버펄로 뉴스》 직원들은 그 거위에서 자신의 몫도 있을 거라고 기대했다. 버핏은 그들의 착각을 산산이 부숴버렸다. 《쿠리어-익스프레스》가 파산한 직후 버핏은 버펄로의 스태틀러 호텔에서 열린 중간 관리자들과의 회의에 참석했다. 누군가가 버핏에게 물었다. "뉴스룸 직원들에게 수익 분배를 어떻게 하실 생각입니까?" 겉으로 보면 합리적인 요구처럼 보였다. 뉴스룸이 맡은 본분과 책임을 다한 것은 누구도 부인할 수 없는 사실이었다.

버핏의 대답에서는 한기가 느껴질 정도였다. "3층 (뉴스룸) 근무자 누구도 회사의 수익에 손을 댈 수 없었습니다." 참석자들은 망연자실했다. 하지만 버핏 입장에서는 잔인하되 원칙에 입각한 자본주의자적 신조를 따를 뿐이었다. 《이브닝 뉴스》의 사주들은 막대한 위험을 감수했다. 그러나 직원들은 누구도 회사가 어두운 터널을 지날 때 회사의 손실을 분담하려는 자발적인 노력을 보여주지 않았다. 그러니 회사의 이익에서도 그들에게 분배할 몫은 없었다.

그날 회의에 참석했던 조간신문 편집자 앨빈 그린은 "저는 솔직히

기절할 만큼 충격을 받았어요. 그것은 뉴스룸 전체에 대한 일종의 사전 메시지 같았어요"라고 당시를 회상했다.

직원들의 임금은 지난 몇 년간 물가 상승률에 맞춰 인상되었지만, 그들이 기대했던 대박은 없었다. 또다시 그린의 말을 들어보자. "우리가 신문 전쟁의 승자였기에 실망감은 이루 말할 수 없었습니다. 급여가 상당히 인상되었지만 (깜짝쇼는 없었고) 딱 거기까지였습니다."

《쿠리어-익스프레스》가 시장에서 퇴출된 이후 몇 년간 《버펄로 뉴스》의 임금 수준은 신문 조합에 가입한 미국 신문사 중에서 30위로 주저앉았다. 버핏이 인수하기 전 그들의 임금은 위에서 일곱 번째였으니 23계단이 하락했다.[48] 그럼에도 신문 조합의 지부장 레이 힐은 버핏이 자신의 약속을 지켰다고 판단했다. 힐은 둘의 역할이 바뀌었더라도 자신의 행동이 버핏과 크게 다르지 않았을 거라고 말했다.

버펄로 신문 대첩의 유일한 승자였던 《버펄로 뉴스》는 《쿠리어-익스프레스》와의 전쟁 중에는 생각지도 못했던 문제에 직면했다. 버핏이 버크셔 주주들에게 보낸 연례 서한에서 한탄했듯, 독점 신문사는 기사 품질을 높게 유지해야 하는 **경제적** 동인이 전혀 없다.

> 당연히 기업 소유주들은 자사가 뛰어난 제품을 계속 생산하기 때문에 수익성이 높다고 믿고 싶어 합니다. 그것은 참으로 편리한 논리지만 불편한 진실 앞에서는 빛을 잃습니다…. 제품이 좋건 나쁘건 (지배 신문이) 번성할 것입니다.[49]

버핏은 독점적인 지위에도 불구하고 질 높은 신문을 유지하겠다고 약속했고, 통계 수치로 보면 그는 자신의 약속을 지켰다. 《버펄로 뉴스》는 뉴스 기사와 광고 개수를 동일하게 유지했고, 덕분에 전국에

서 엇비슷한 모든 일간지 중에서 뉴스 기사 비중이 가장 높았다.[50]

또한 버핏은 스탠퍼드 립시와 친밀한 관계를 이어갔다. 하지만 그가 《버펄로 뉴스》를 찾는 발길이 점차 뜸해졌고, 기자들은 그가 자신들의 기사를 읽는다는 말을 더 이상 들을 수 없었다. 기대가 컸던 만큼 직원들은 시간이 흐를수록 실망감에 빠져들었다. 물론 버핏은 사주치고 괜찮은 편이었고, 다른 어떤 신문사 사주보다 딱히 더 엄격하다고 할 수도 없었다. 하지만 기자들은 버핏이 그 이상의 사주가 되어주길, 금전적으로는 짠돌이일망정 회사에 자주 얼굴을 비추고 훨씬 더 깊이 관여해 주기를 희망했다. 버핏이 그런 희망을 저버리자 《버펄로 뉴스》에서는 전시의 투지가 사라졌다.

탐사 보도 기자 코폴라는 예전에 버핏에게 깊은 영감을 받았지만 이제는 회사를 떠났고 방송 분야로 진출했으며 결국 버펄로에서 검사보가 되었다. 《버펄로 뉴스》를 떠난 뒤에도 그는 버핏과 간간이 소식을 주고받았다. 버핏에게 기대를 품었다가 실망했던 다른 사람들처럼, 그의 감정도 복잡 미묘했다. "제가 가졌던 꿈은 이뤄지지 않았어요"라고 코폴라가 말했다. 그러나 "지금까지도 저는 그를 존경합니다"라고 덧붙였다.

《쿠리어-익스프레스》와의 전쟁이 끝나고 10년이 지난 뒤 버펄로의 전체 가구 중 4분의 3이 《버펄로 뉴스》를 구독했고, 미국의 모든 대도시 신문사 중에서 가구 구독률이 가장 높았다.[51] 그러나 버펄로 내부를 들여다보면 사정이 달랐다. 신문사 하나가 사라짐으로써 버펄로는 더욱 가난해졌고, 도시의 전체 신문 구독자수는 《쿠리어-익스프레스》가 있었을 때보다 훨씬 줄어들었다.[52]

버핏이 일요판을 발간할 정당한 모든 권리와 합당한 모든 이유가 있었다는 것은 누구도 반박할 수 없다. 다른 도시들에서 벌어진 상황으로 보면, 행여 버핏이 버펄로에 '상륙'하지 않았더라도 신문사 2개가 공존했을 가능성은 희박했다. 공정하게 말하면, 버핏은 그저 보이지 않는 손(Invisible Hand, 영국의 정치 경제학자 애덤 스미스가 국부론에서 주장한 이론으로 자유주의 경제 체제에서 국가가 시장의 흐름에 개입하지 않는다면 시장은 보이지 않는 손, 즉 가격에 의해 자동으로 효율성을 유지하게 되는데, 여기서의 가격이 바로 보이지 않는 손이다. – 옮긴이)을 슬쩍 밀어 넣었을 뿐이었다. 그렇다고 해도 결과는 변하지 않는다. 신문사 하나가 시장에서 퇴출되었고 많은 일자리가 증발했다. "가늠할 수 없는 인간의 마음"보다 좀 더 이성적이었던 버핏은 심지어 법정에서도 그런 결과를 예상했을 것이 틀림없다. 이는 2등 신문사들의 생존 가능성에 대해 그가 어떤 동료에게 했던 말을 들어보면 확실하다.

> 지난 몇 년간 수백 명의 신문사 사주들이 대도시 정도면 견실한 신문사 두 개 이상을 거뜬히 먹여 살릴 수 있다는 생각에 자본을 투자했습니다. 아니, 대부분의 '전문가'들도 그렇게 생각했을 거라고 확신합니다. 하지만 현실은 그들의 생각대로 되지 않았습니다.[53]

버핏이 저런 내용의 편지를 보낸 것은 1972년이었다. 그때는 《이브닝 뉴스》가 그의 시야에 어렴풋하게나마 들어오기도 5년 전이었다. 요컨대 그는 2등 신문들의 불운한 운명이 어떤지 언제나 알았다. 버펄로에서 그는 그저 그것을 증명해 보였을 따름이었다.

이리 호반에 자리 잡은 버펄로에서는 신문 대첩의 망령이 쉽게 사라지지 않았다. 총성 없는 신문 전쟁이 벌어지고 오랜 세월이 흐른 뒤에도 《쿠리어-익스프레스》의 예전 직원들은 자신들이 몸담았던 신문사의 몰락을 애통하게 여겼다. 심지어 그들의 후손들도 버핏의 신문에 반감이 컸다. 하지만 그들에게는 다른 선택지가 없었고, 승리자들의 후손들과 마찬가지로 버핏의 신문 평일판과 일요판 모두를 구독했다. 퍼스의 동료 변호인이자 훗날 그의 파트너가 되는 대니얼 메이슨의 말이 버펄로 신문 전쟁의 결말을 말해준다. "결국 버핏이 신문 시장을 독점했어요."

12장 무소의 뿔처럼

버핏이 뉴욕, 워싱턴, 버펄로 등지로 날아다니는 동안 당연히 버핏 부부는 따로 지내는 시간이 늘어났다. 수전은 노래에 대한 열망이 갈수록 커졌고, 가수 겸 작사가 닐 세다카가 오마하에서 그녀의 노래를 들은 뒤 가수로 정식 데뷔하라는 조언까지 받았다. 이쯤 되니 수전도 기회가 닿는다면 기꺼이 도전해 볼 생각이었다.[1] 버핏의 친구이자 투자 관리자 빌 루안이 다리 역할을 해준 덕분에 그녀는 트램스와 볼룸을 포함해 맨해튼의 여러 나이트클럽에서 오디션을 봤다. 버핏 부부의 뉴욕 친구들은 그녀의 노래 실력을 인정했다. 가수였던 록산느 브란트는 "우연히 찾은 클럽에서 그녀의 노래를 들으면 그녀가 갑부의 아내라는 사실을 꿈에서도 상상할 수 없었어요"라고 말했다. 재계약 요청을 받고 뉴욕으로 돌아온 수전은 세련된 무대 매너와 장기 콘서트 투어에도 욕심을 내기 시작했고, 심지어 대형 연예 기획사 윌리엄 모리스와 계약을 체결했다.[2]

1977년 봄 버핏이 《이브닝 뉴스》를 인수할 즈음 수전은 또다시 오마하의 프렌치 카페에서 노래를 불렀다. 쇼가 끝난 뒤 가끔은 일행들을 집으로 데려가 간단히 뒤풀이를 하곤 했다. 버핏이 잠깐 그들과 어울리다가 슬그머니 자신의 서재로 사라졌고 그때부터 수전 홀로 손님들을 접대했다.[3] 막내아들 피터는 "어머니가 프렌치 카페 직원들을 집에 데리고 왔던 기억이 납니다. 아버지야 뭐 늘 한결같았죠. 2층에서 뭔가를 읽고 계셨고 어머니와 친구분들은 아이들처럼 즐겁게 노셨죠"라고 회상했다.

버핏 부부는 각자의 일로 일정이 하도 어긋나서 서로 얼굴 볼 시간도 많지 않았다. 오죽하면 1977년 4월 부부의 결혼 25주년에 스탠퍼드 립시가 그들의 관계를 풍자한 선물을 했다. 립시가 어떤 만화가에게 직접 의뢰해 그린 축하 카드였는데, 웨딩 케이크 위에 두 사람이 빙그르르 돌며 서로를 스쳐 지나가는 그림이었다.

수전은 처음부터 버핏과 관심사가 달랐다. 그런 데다 아이들이 성장해 제 인생을 찾아 모두 떠나고 집이 텅 비자 그녀의 마음에 커다란 구멍이 생겼다. 무언가를 놓친 것 같은 기분이 자꾸 강해졌다. 수전에게 재정적인 후원을 받다가 평생 친구로 발전한 화가 켄트 벨로스는 버핏 집을 제집처럼 들락거렸는데 그의 눈에는 버핏과 수전이 성향이 극과 극이라 "서로에게 딱 맞는 배필"이라고 생각했다. 그들은 반대끼리 서로 끌린다는 속담이 딱 들어맞는 한 쌍이었다는 말이다. 그렇다고 해도 버핏이 자신의 껍질 속에 들어가 있는 것 같은 시간이 많아도 너무 많았다. 물리적인 거리보다 정신적인 거리가 더 심각했다. 버핏은 S&P 가이드북의 세상에서 살거나 자신의 생각에 사로잡혀 있었다.[4] 정서적인 측면에서 보면 버핏과 수전은 정반대의 행성에 살았다. 화성 남자와 금성 여자라고나 할까. 하루는 수전이 벨로스에게 "버핏은 책 한 권과 60와트짜리 전구 하나만 있으면 행복한 사람이에요"라고 말했을 정도였다.

당연히 수전은 남편에게서 갈증을 느꼈다. 그녀는 평범한 부부 같은 일상을 더 많이, 훨씬 더 많이 원했다. 그녀는 누구에게든 베푸는 것을 좋아했고 정서적인 연결이 매우 중요한 사람이었다. 타고난 천성이 이타적인 터라 특히 버핏에게 많이 베풀고 그의 뒷바라지에 최선을 다했다. 딸 수지의 말을 들어보자. "어머니는 아버지께 헌신했어요. 아버지가 자신이 좋아하고 잘하는 일을 할 수 있었던 것은 전부 어머니의 희생 덕분이었어요. 아버지는 자신의 일에 정말 열심이셨고 깊이 **집중**하셨죠. 늘 자신의 일만 하셨어요." 피터는 누나보다 좀 더 구체적으로 말했다. "어머니는 다른 사람들을 보살피느라 정작 자신을 돌보지 못하셨고 고생이 많으셨습니다." 밤이 깊어 가족이 모두 잠들고 나서야 수전은 홀로 음악을 들으며 온전히 자신만의 시간을 가질 수 있었다.[5]

수전이 언론과 인터뷰하는 경우는 매우 드물었다. 한번은《오마하 월드-헤럴드》가 그녀의 가수 경력을 상세히 보도했는데, 수전은 인터뷰에서 버핏이 자신의 가수 생활을 응원해 준다며 고마운 마음을 표현했다. 그러나 그들의 결혼 25주년을 불과 이틀 앞두고 보도된 그 기사에서 그녀는 버핏에 관한 언급을 가급적 자제했다. 그리고 연애시절을 회상하면서 그녀는 "다른 사람을 미친 듯이 사랑"했었지만 아버지의 조언으로 버핏과 사귀었고, 사귀고 보니 버핏이 "범상치 않은 사람"이라는 것을 알게 되었다고 말했다.[6] 그것 외에는, 버핏과 열렬한 사랑에 빠졌었다는 말도, 이루지 못한 첫사랑에 대해 여전히 아릿한 미련이 남았다는 말도 하지 않았다. 또한 반세기가 흐른 지금 가끔씩 첫사랑 밀턴 브라운과 결혼했더라면 자신의 인생이 어떻게 달라졌을지 생각하고 그런 말을 입 밖에 내본 적이 있다는 언급도 없었다[브라운은 디모인에서 식품 중개인(food broker, 식품 생산자 또는 제조업체가 제품을 판매하고 판매할 수 있게 도와주는 역할을 한다. – 옮긴이)으로 성공했다.]

당시에는 수전과 버핏, 부부 둘만 살았다. 딸은 가정을 이루었고 자신의 대학 모교에서 가까운 캘리포니아 어바인에 정착해 부동산 프랜차이즈 회사 센추리 21에서 근무했다. 장남 하워드는 사우스다코타주 수폴스Sioux Falls에 위치한 아우구스타나대학교를 중퇴한 뒤 오마하 인근에 버핏 엑스커베이팅Buffett Excavating이라는 토목회사를 차렸으며 자기 소유의 버크셔 해서웨이 주식을 팔아 토공 기계를 장만했다. 그리고 막내 피터는 스탠퍼드대학교에 재학 중이었다.

1977년 9월 어느 밤 수전은 한때 화려한 극장이던 오마하의 오르페움에서 공연했다. 1930년대에 알 졸슨과 바버라 스탠윅이 공연한 적도 있는 역사적인 공간이었다. 그날 밤 수전은 관객들 앞에서 섹시하고 관능적인 토치송(torch song, 실연이나 짝사랑을 주제로 하는 감상적이고 슬픈 노래 – 옮긴이) 가수로 최고의 무대를 선보였다. 그녀는 관객들에게 달콤하게 속삭였다. "우리 모두 사랑에 빠졌다고 생각해 봐요, 좋죠?"[7]

그 공연 직후 45살의 수전은 남편을 떠났다. 정확히 말하면, 파넘가의 집에서 나왔을 뿐 아니라 아예 오마하를 떠났고 샌프란시스코에서 아파트를 빌렸다. 그녀는 아이들에게 법적으로든 다른 어떤 의미로든 버핏과 '헤어지는' 것은 아니라고 안심시켰다(장남 하워드는 크게 놀랐지만 막내 피터는 거의 예상했던 일이라 담담했다). 하지만 시간이 흐를수록 수전은 혼자만의 삶을 살고 싶은 열망이 강해졌다.

버핏에게 아내의 '가출'은 마른하늘에 날벼락이었다. 그것은 헤아릴 수 없을 정도로 충격적이고 파괴적이었으며 회복할 수 없는 상처를 주었다. 그동안 아내가 촘촘하게 짠 고치 속에서, 불쾌하거나 정신을 어지럽히는 모든 일로부터 완벽히 보호받으며 오로지 자신의 일에 마음 편히 집중해왔는데, 그 고치가 하루아침에 없어지고 말았다. 아내가 없는 집은 즐거움도 온기도 연기처럼 증발했고 사람의 영혼까지 보듬는 수전의 친밀감도 봄눈 녹듯 사라졌다. 그의 세상에는 손톱만큼이라도 수전을 대신해 줄 수 있는 사람이 없었다. 버핏은 누나에게 수전이 지난 25년간 자신의 정원을 비옥하게 만들어준 태양이고 비였다고 털어놓았다.

혼자 남겨진 버핏은 그녀가 왜 떠났는지 그저 혼란스럽고 얼떨떨했으며 사무치게 외로웠다. 급기야 그는 아내와 통화하다가 눈물까지 흘렸다. 수전은 자신이 집을 나왔다고 완전한 결별은 아니며 그저 인생의 진화에서 잠시 조정하는 과정이라고 부드럽게 달랬다. 통화도 할 수 있고 함께 여행도 다니며 뉴욕과 라구나 비치에서 자주 휴가를 같이 보낼 수 있다는 둥, 수전은 버핏을 진정시키기 위해 계속 말을 이어갔다. 또한 여전히 남편과 아내라고 안심시켜주었다. 하지만 진실은 변하지 않았고 결론은 똑같았다. "우리 둘 다 각자의 욕구가 있어요."[8]

수전이 떠나자 딸 수지가 와서 버핏과 2주를 같이 지냈다. 딸은 버핏의 밝고 실용적인 기질을 꼭 빼닮았고 그를 숭배했다. 우연히도 그녀 역시 자신의 짧은 결혼 생활을 정리하던 참이었다. 아빠의 자랑 "꼬마 수지"는 갑자기 텅 빈 집안을 가득 채워주었을 뿐 아니라 버핏이 팝콘이 아닌 제대로 된 요리와 세탁 같은 집안일을 할 수 있게 도와주었다. 영락없는 딸 바보 버핏은 특히 수지가 오후 한나절에 세탁해서 건조해 정리까지 다할 수 있다는 사실에 감탄했다. 버핏은 딸한테 아내 이야기를 별로 하지 않았다. 딸 수지는 당시 그의 상태에 대해 이렇게 술회했다.

> 아버지는 감정을 말로 표현하는 것이 아주 서툴러요. 아버지가 의자에 앉아 무언가를 읽으시고 빨래에 대해 말씀하시던 모습만 기억나요. 하루는 "아빠, 정말 변한 건 하나도 없어요. 현관문이 여닫히는 소리와 엄마가 '나 돌아왔어요'라고 크게 인사하는 녹음테이프만 있으면 아빠는 엄마가 집에 계신다고 생각할걸요"라고 말했죠.

워런 버핏

한편 양가 가족과 친구들은 버핏의 가정을 이상적인 가족이라고 생각하는 경향이 있었다. 그랬기에 수전의 갑작스러운 가출로 그들은 커다란 충격을 받았고 마음 아파했다. 그러나 버핏과 수전은 일반적인 의미로 보면 헤어진 것은 아니었다. 비록 수전의 몸은 캘리포니아에 있었지만 둘은 거의 매일 전화로 일상을 나눴다.[9] 또한 크리스마스에는 라구나 비치 별장에 가족이 전부 모였고, 봄이면 매년 그래왔듯 둘은 뉴욕으로 2주간 나들이 갔다.

딸 수지에 따르면, 버핏은 자신의 삶이 예전과 **크게** 달라지지 않았다는 사실을 차츰 깨달아가면서 상황이 점점 좋아졌다. 버핏이 은연중에 두려워했던 것은 자신의 익숙한 생활이 변하는 것이었다. 사실 그는 캘리포니아 남부로 이사하는 것도 잠깐 고려했었다. 그러면 아내는 물론이고 큰딸과 막내아들과 좀 더 가까이에서 살 수 있어서였다. 하지만 그는 결국 실행에 옮기지 못했다. 오랫동안 자신의 비서로 일했던 상냥하고 헌신적인 글래디스 카이저Gladys Kaiser 없이 일해야 한다는 것도 이유 중 하나였다.[10] 그러나 더 큰 이유가 있었다. 버핏은 본래 자신의 일상이 변하는 것도 익숙한 환경을 떠나는 것도 사실상 어떤 식으로든 자신을 재창조하는 모든 것이 못 견디게 싫었다.

그렇다면 아내 수전의 삶은 어떻게 변했을까? 그녀는 대학생 기숙사같이 검소한 아파트에 살면서 미키 마우스 전화기 등등 소녀 취향의 물건들로 집안을 꾸몄다. 그녀는 독신 생활이 주는 자유로 하루하루가 구름 위를 걷는 듯했고, 특히 중년이 되도록 어쩔 수 없이 미뤄왔던 터라 자유가 더욱 소중했다. 수전에게는 그녀 자신이 버핏과 나누지도 않았거니와 그의 입장에서도 모르는 편이 더 나은 사생활도 있었다. 버핏만 빼고 다른 식구들은 수지에게도 욕구가 있음을 잘 알았고 또한 충분히 이해했다. 하지만 그들은 언제나 그래왔듯 순전히 그를 보호하려고 일종의 작당 모의를 했다. 그로서는 자신이 잘하는 일에 집중하는 게 더 나았다. 그의 여동생 로버타의 말에도 그들의 진심이 잘 드러났다. "우리 가족은 늘 오빠를 어미 닭처럼 보호해요. 그런 보호 본능이 언제 어떻게 시작되었는지는 몰라도 우리가 어릴 적부터 그랬어요."

하지만 가족 누구보다도 수전이 버핏에 대한 보호 본능이 더 강했고, 집을 나온 뒤에도 여전히 남편을 살뜰히 챙겼다. 또한 남편에게 그랬듯, 다른 사람들의 주변에도 나름의 방식대로 능숙하게 거미줄을 쳤다. 오지랖은 또 얼마나 넓은지 오마하의 몇몇 여성들에게 버핏을 데리고 영화를 보러 가거나 식사를 좀 챙겨주라고 먼저 말할 정도였다.[11] 그런 여성 중에 프렌치 카페의 종업원이었던 31살의 아스트리드 멘크스Astrid Menks도 포함되었다. 아스트리드는 버핏에게 두어 번 집에서 만든 수프를 대접했고 이후부터 그의 집을 들락거리기 시작했다. 수전은 그것에 마음이 상하기는커녕 그들을 부추겼다.[12]

오마하에서 버핏과 삶의 환경이 극과 극인 사람을 꼽으라면 아스트리드가 일등이었다. 사근사근하고 금발인 그녀는 오마하 도심 시장 구역의 다락방에서 살았다. 그곳은 예술가들의 거주지로 예전에는 마약 관련 상점들이 수두룩했지만 점차 커피숍들이 늘어나고 있었다. 발트 해 연안의 라트비아에서 태어난 아스트리드는 5살 때 가족을 따라 미국으로 이민 와서 6살 때 오마하에 정착했다. 그녀가 13살 때 어머니가 돌아가시자 식당 종업원이던 아버지는 그녀를 포함해 6남매를 고아원에 맡겼다.[13] 아스트리드를 가장 적절하게 표현하는 단어 하나는 '생존자'였다. 기지가 풍부하고 세상 물정에 밝았던 그녀는 골동품 가게와 중고품 가게의 단골이었다. 미녀가 많기로 유명한 라트비아 출신답게 이목구비가 뚜렷하고 아담한 그녀는 중고 옷을 입어도 매력적인 용모는 숨길 수 없었다. 겨울이면 털 코트와 숄로 완전 무장한 채 붉은색 개 한마리를 데리고 수북이 쌓인 눈밭과 오마하 특유의 소용돌이 바람을 뚫고 돌아다녔다. 그 모습이 마치 영화 〈닥터 지바고〉에서 튀어나온 것 같았다.[14]

아스트리드의 동네는 오마하의 보헤미아 사회로 여겨졌고, 그녀는 동네사람 전부를 아는 것 같았다. 프렌치 카페 위층에 살던 수전의 조카 톰 로저스가 아스트리드를 이렇게 기억했다. "폭설이 내려 사람들이 집안에 꼼짝없이 갇혀 있을 때면 아스트리드가 브이 머츠의 요리사와 의기투합해 말 그대로 동네잔치를 벌이곤 했습니다. 오마하 사람들은 눈을 약간 숭배하는 경향이 있죠." 그녀는 사람들을 도와주는 것을 좋아했지만 앞에 나서지 않고 뒤에서 조용히 도왔다. 예컨대 수전이 프렌치 카페에서 노래를 부르다가 잠시 쉬는 시간이면 아스트리드가 말없이 차를 갖다 주었다. 한마디로 그녀는 차분하고 배려심이 깊었으며 겸손함은 제2의 천성이었다.

수전이 집을 떠나고 1년도 지나지 않아 아스트리드가 버핏의 집으로 들어가 동거를 시작했다. 장남 하워드는 아버지의 새로운 생활에 몹시 당황했다. 아니 하워드만이 아니라 모두가 기절초풍했다. 특히 켄트 벨로스는 중고가게 중독자쯤으로 여기던 아스트리드가 오마하 최고의 대어를 낚았다는 사실에 경악했다. 화가로 수전과도 인연이 각별했던 벨로스는 불쾌함을 숨기지 않고 따지듯 물었다. "당신과 버핏이 **이래도** 됩니까? **당신이** 이럴 수 있습니까?"

버핏이 아스트리드를 '요리사'로 고용했다는 소문도 있었지만, 솔직히 말하면 둘은 첫날부터 한 이불을 덮었다.[15] 금성 여자 같았던 수전과는 달리, 아스트리드와 버핏은 기질적으로 같은 화성 사람이었다. 한마디로 찰떡궁합이었다. 둘은 농담을 잘하는 데다 말도 잘 통했다.

버핏이 저가주를 발굴하는 동안 아스트리드는 싸구려 가게를 기웃
거리거나 백만장자 애인의 펩시콜라를 싸게 사려고 슈퍼마켓을 순례
했고, 버핏이 서재에 처박힐 때면 아스트리드는 정원에 나가 시간을
보냈다. 그녀는 집에 있는 것을 좋아했고, 삶의 자질구레한 일상에서
버핏을 해방시켜 주었다. 가령 피터가 심야 열차로 도착하면 아스트
리드가 마중 나갔다.

어쩌면 아스트리드는 오랫동안 홀로 살았던 경험 덕분에 비굴해 보
이거나 품위를 잃지 않고 버핏에 맞춰 살아가는 요령을 터득했을 것
이다. 가령 그에게 맞설 때도 그녀는 감정을 절제했고 가벼운 투로 말
했다. 당연히 둘의 관계는 약간 미묘했다. 서로의 가려운 부분을 긁
어주고 부족한 것을 채워주는 관계라고나 할까. 아스트리드는 정신
의 안정감과 삶의 동반자를 얻었고, 버핏은 매일 밤 돌아갈 둥지와
스테이크를 함께 먹을 '밥 동무'를 얻었다. 하지만 아스트리드는 동거
첫날부터 버핏은 재혼 계획이 없을뿐더러 아내에 대한 애정이 변함
없다는 사실을 잘 알았다. 그녀는 그에게 안락한 가정을 제공했지만,
자신이 깔끔하게 세탁한 셔츠를 입고 아내를 만나러 집을 나서는 그
를 배웅해야 했다.[16]

처음에는 버핏이 수전을 만나러 가면 아스트리드는 텅 빈 집을 우
두커니 지키기보다 자신도 오마하를 떠나 어딘가를 다녀오곤 했다.[17]
하지만 시간이 약이라고 어느 정도 익숙해지자 그녀는 그가 아내를
만나러 가는 것에도 다시 자신에게로 돌아오는 것에도 편안해졌고
버핏의 가족들과도 친하게 지냈다. 놀라운 사실은 버핏의 아내와도
친구가 되었다는 점이다. 수전은 오마하에 와도 파넘 가의 집에 머물
지 않고 대신에 아스트리드와 바깥에서 만나 점심을 함께 먹었다.
또한 버크셔 해서웨이의 정기 주주 총회에서 두 여인은 나란히 앉아

한 여인의 남편이자 한 여인의 동거남이 무대에서 회의를 주재하는 동안 잡담을 나누었다.

세상에서 가장 부자연스러운 삼각관계일 수도 있는 셋 사이에 어느덧 리듬이 생겼다. 아스트리드는 파넘 집의 안주인으로 버핏을 보살폈고, 오마하 외부에서는 버핏의 옆자리는 수전의 차지였다. 가령 뉴욕과 캘리포니아에서 버핏과 수전은 예전부터 알던 친구들을 함께 만났다. 또한 버핏은 격년으로 열리는 벤저민 그레이엄 투자자 모임 같이 공식적인 모든 행사에는 수전과 동행했다.

겉으로 보면 버핏과 수전의 부부 금실은 변함이 없었다. 아이오와에서 가족이 소매 유통업체를 소유한 조지프 로젠필드는 가끔 캘리포니아에서 둘을 만났는데, 버핏과 수전이 "평범한 여느 부부처럼 행동"했다고 회상했다. 그들의 장녀도 부모님의 '기본적인 관계'는 예전과 똑같았다고 말했다. 피터는 서로 1,500마일(약 4,400킬로미터)이나 떨어져 살면서 부모님의 관계가 변한 것이 전혀 없어 보인다는 사실이 '비현실적'이라고 생각했다.

심지어 버핏은 하워드 뉴먼(벤저민 그레이엄의 파트너였던 제롬 뉴먼의 아들)으로부터 처첩을 두었다고 농담 섞인 찬사도 받았다. 뉴먼은 "벤저민은 그렇게 하고 싶어도 하지 못했는데 당신이 해냈어요"라고 짓궂게 놀렸다. 그러나 버핏은 그런 발언이 암시하는 낭만적인 호색한이나 바람둥이하고는 거리가 아주 멀었다. 그의 인생에서 두 여주인공은 서로의 대역이 아니라 각자 맡은 역할이 달랐고, 그는 확연히 다른 두 세계를 체계적인 방식으로 오갔을 뿐이었다. 마치 대본이라도 짜여 있는 듯 말이다. 실제로 버핏에게 수전과 아스트리드는 상호 대체가 불가능한 삶의 두 기둥이었다. 시간이 흐르면서 점차 익숙해졌지만 버핏의 친구들은 그런 삼각관계가 너무나 비상식적으로 보였고 이해하지 못했다. 익숙해지는 것과 이해하는 것은 전혀 다른 이야기였다.

그렇다면 버핏은 수전과의 결혼에 대해 진지하게 재고할 의지가 있었을까? 있었다면 그런 마음이 얼마나 컸을까? (한번은 막내아들이 어머니가 강요에 의해 마지못해 결혼한 것이냐고 묻자 버핏은 절대 그렇지 않다고 대답했다.) 혹은 그가 자기 인생에서 최고의 공연을 계속하기 위해 단순히 조연을 교체한 것이었을까? 정확한 대답일지는 모르겠지만 그리고 그의 친구들을 당혹스럽게 만들었지만, 진실은 아주 단순했다. 버핏이 **자신에게** 딱 맞는 해결책을 찾았거나 생각해낸 것이다. 몸은 이역만리 떨어졌어도 수전과 부부의 연을 유지하는 것은 그에게 많은 의미가 있었다. 무엇보다 어릴 적 워싱턴에서 오마하로 탈출했던 그때처럼 그가 늘 갈망해 온 삶의 연속성을 가져다주었다. 또한 이혼에 따른 정신적 후유증을 겪을 필요도, 자신이 그토록 싫어하는 일 즉 새로운 삶의 영역들을 개척할 필요도 없었다.

신중함과 계획성은 그가 지닌 성격의 일부였다. 언젠가 기자에게 "저는 제 삶이 정말 좋습니다. 제가 원하는 일을 할 수 있도록 스스로 삶의 계획을 세웠거든요"라고 고백했다. 본래 그는 사람들에게 자신이 어떻게 보일지 별로 상관하지 않았다. 심지어 가장 기본적인 사회적 관습을 어기는 이런 일에서조차 세상의 평가에는 무관심했다. 그는 자신의 3인조 발레를 이해시키려는 노력조차 하지 않았다. 가령 어떤 경영지와의 인터뷰에서 직접적인 당사자인 세 사람 모두에게 그런 관계가 잘 맞았다고만 간단히 말했다. "만일 당신이 우리 셋 모두를 잘 안다면 우리 관계를 이해하기가 훨씬 쉬울 겁니다."[18]

버핏은 친구들에게 수전이 아스트리드와의 관계를 적극적으로 지지한다는 말을 자주 했다. 버핏의 예전 핀볼 임대사업의 파트너 도널드 댄리가 버핏이 아스트리드와 동거를 시작한 후에 그를 방문한 적이 있었다. 당연히 그도 아스트리드가 어떤 사람인지 몹시 궁금했다. 댄리는 밤이 깊어 그녀와 버핏이 같은 방으로 사라지는 모습에서 눈을 뗄 수가 없었다. 버핏은 댄리에게 수전과 아스트리드가 친구라고 강조했다. 댄리는 "그에게는 그것이 중요하다는 인상을 받았습니다. 절대 불륜이 아니라고 항변하는 셈이었죠"라고 말했다.

피터의 눈에는 수전이 집을 나가고 몇 년간 버핏의 삶이 온통 잿빛으로 보였다. "아버지는 한동안 공허감과 슬픔에 젖어 있었어요." 친한 어떤 여자 친구가 보기에도 버핏은 가슴이 저릴 정도로 외로워 보였다. 하지만 그녀가 정말 놀랐던 것은 그가 그런 외로움을 나름의 방식으로 묵묵히 버텨냈다는 점이다. 가족과 가까운 몇몇 지인 말고는 그가 얼마나 우울한지 조금도 눈치채지 못할 정도였다. 그의 아들에 따르면, 버핏 자신도 자신이 처한 상황을 잊을 때가 있었다. 그는 일에 온 정신을 집중했고 "눈가리개를 한 듯" 주변의 시선에 아랑곳하지 않고 신중하게 계획된 새로운 삶을 "탭댄스 추며" 헤쳐 나갔다.

버핏의 삶에서 이런 종류의 위기는 처음이 아니었다. 어릴 적 고향 오마하를 억지로 떠나 워싱턴에 고립되어 외로움을 느꼈을 때도 그랬다. 당시는 신문 배달에 자신을 던졌다. 지금은 신문사 몇 개를 소유한다는 것 외에 그의 일은 별로 달라진 게 없었다. 배달해야 하는 신문이 산처럼 쌓여있는 사람처럼 그는 꼭두새벽이면 어김없이 눈이 뜨였다. 지금은 유능한 여성 비서 두 명의 보좌를 받으며 그는 변함없이 기운찬 목소리로 모든 전화를 응대했다. 그런 모습만 보면 그의 사전에는 불행한 순간이라는 말이 없는 것 같았다. 오랜 친구인 조지프 로젠필드는 버핏이 낙담해서 넋 놓고 있는 모습은 한 번도 본 적이 없었다. "당시 그는 버크셔에 푹 빠져 있었다오."

개인적인 어려움 속에서 나태해지기는커녕 그는 창의성이 부활했다. 1970년대 말 늘 그렇듯 예상하지 못한 시기에 그는 (버크셔를 대신해서) 급속하게 투자의 봇물을 터뜨렸다. 또한 언제나처럼 침체된 주식시장에 도취되어 버크셔가 소유한 보험회사의 플로트 자금으로 주식을 쓸어 담았다. 석유와 천연가스 회사 아메라다 헤스와 방송사 ABC로 물꼬를 튼 다음 가이코, 그런 다음 제너럴 푸즈, 나이트-리더 신문사, 미디어 제너럴, 보험회사 세이프코, 대형 유통체인업체 F. W. 울워스 등을 차례로 사들였고 이후에도 주식 사냥은 계속되었다.

오죽했으면 버핏이 매수한다는 소문이 해당 주가를 족히 10퍼센트 끌어올렸다는 말이 있었다. 주식 중개인 아트 로셀은 제너럴 푸즈의 주가가 "날아올랐다"라고 말했다. "버핏은 자신이 어떤 주식을 사는지 말하지 않았어요. 모든 사람의 관심이 시들해지기를 기다렸다가 조용히 돌아와 주식을 다시 사들이는 방식을 썼죠. 찰리(멍거)는 '찰거머리들이 또 우리를 쫓고 있어'라고 투덜거렸어요."*

버핏은 투자 행진을 이어가는 가운데 글도 쓰기 시작했다. 경영 전문지들에 기고할 때도 더러 있었지만 대부분은 버크셔 해서웨이의 연례 보고서에 실을 내용이었다. 그는 언제나 자신의 투자자 경력을 연대기처럼 순서대로 기록하려는 욕구가 있었는데, 버핏 파트너십을 청산한 뒤로는 이상하게 그의 펜이 잠잠했다. 이제 그가 버크셔 주주들에게 보내는 서한들은 예전 BPL 때에서 진일보했다. 투자, 관리, 금융 등을 아우르는 명쾌한 경영 입문서의 역할을 톡톡히 해냈다.

언제부터 시작되었다고 딱 꼬집어 말할 수는 없었다. 훗날 버핏이 자신의 주주 서한들을 출간했을 때 1978년 초에 작성된 1977년 서

---

* 버크셔는 연말에 가서야 대규모로 투자했다는 사실을 공개했다.

한이 스타트를 끊었다. 우연찮게도 그 시기는 아내 수전이 떠났을 때와 일치했다. 1977년 서한은 가장 기본적인 경영 입문서였는데 읽은 사람이 아주 많았을 것 같지는 않다. 그 서한의 핵심은 버핏이 기업체를 평가할 때와 똑같은 방법으로 주식을 평가한다고 설명한 부분이었다. 그가 투자할 기업을 발굴하는 기본 규칙은 네 가지였다. 첫째 자신이 이해하는 기업이어야 했다. 둘째 경영진이 정직하고 유능해야 했다. 그리고 장기적인 전망이 밝은 성장주가 세 번째 조건이었고, 마지막 조건은 저렴한 가격에 살 수 있어야 했다. 요컨대 그는 단기적인 가격 동향을 예측하는 것은 시도조차 하지 않았다.

버핏이 이런 서한을 쓰도록 — 그가 싹쓸이 주식 쇼핑에 나서도록 — 영감을 주었던 것은 1970년대 말 월스트리트의 이상한 세상이었다. 버핏의 네 가지 조건을 충족시키는 주식들은 주인이 나타나기를 마냥 기다리는데도 이번 역시 그런 주식에 주목하는 사람이 하나도 없었다. 1979년 여름 다우지수가 800대 중반으로 크게 내려앉았다. 놀랍게도 1969년 저점 기록보다 더 낮았다. 1970년대 중반 미국 전체가 경제 문제들로 겁먹어 한껏 위축되었고 언론 머리기사는 온통 절망적인 기사들만 쏟아냈다. 달러 가치가 독일 마르크와 일본 엔에 참패했다, 이란에 이슬람 원리주의 정부가 수립되었다(1979년 이란에서 이슬람 혁명이 발생해 입헌 군주제 팔라비 왕조가 무너지고 이슬람 종교 지도자 아야톨라 호메이니가 최고 권력을 가지는 정치 체제로 변화했다. - 옮긴이), 중앙아메리카 니카라과에서는 사회주의 혁명이 발생했다, OPEC이 부활했다, 미국 국내는 석유가 부족하다, 미국이 몰락한다는 인식이 팽배하다 등등. 미국의 재계도 혼란의 소용돌이였다. 불성실하고 이중적인 닉슨이 사임하고 도덕적이되 지독히 무능한 지미 카터가 백악관의 새 주인이 되었다. 또한 조지 부시는 차기 대통령을 노리면서 연방

정부의 막대한 부채에 대해 충격적이라고 맹비난했으며 자신이 선출되다면 첫 임기 중에 예산의 균형을 맞추겠다고 공약했다.[19]

월스트리트가 불과 5년 전 이른바 베어마겟돈(Bearmageddon, 성서에서 종말을 뜻하는 아마겟돈과 약세장을 상징하는 곰을 결합한 합성어로 통화와 재정 관련 정책을 사용해도 시장이 폭락하는 최악의 상황을 말한다. – 옮긴이)에서 살아남았다는 사실은 누구에게도 위안이 되지 못했다. 또한 증시가 침체 이후에 급등했다는 사실도 마찬가지였다. 게다가 단순한 급등이 아니라 급등 폭이 역대 최대 규모 중 하나였다. 금융의 주기들은 나중에 되돌아볼 때에만 명확하게 드러난다. 주식시장의 모든 움직임은, 그것이 한창 진행 중일 때는 외부 상황들에 매몰되어 전혀 관련 없는 개별적인 것처럼 보인다. 1970년대 말의 독특한 악재는 인플레이션이었다. 물가 상승률이 13퍼센트로 사상 최고치를 경신했고, 월스트리트에서 우대 금리는 두 자릿수였다. 그리고 새로운 부류의 가짜 만병통치약 장사치가 사람들의 불안한 마음을 파고들었다. 종말을 예언해서 이득을 갈취하는 사기꾼 말이다. 그는 금, 다이아몬드, 그림, 부동산, 희소 금속rare metal, 냉동 건조 식품, 호호바 열매 등등 닥치는 대로 팔았고 심지어 다음번 침체에서 살아남는 법까지 조언했다. 그의 메시지는 단순했다. "지폐든 주식이든 종이 쪼가리는 가치가 없다."

더러는 주식이 국가의 수익력을 반영한다고 용감하게 반박하는 사람들이 있었지만, 돌아온 것은 조롱과 손가락질이었다. 버핏은 1979년에 작성된 1978년 서한에서, "논리적으로 볼 때 가장 장기적인 전망에 따라 투자해야 하는 집단"인 연기금 관리자들이 그해에 가용 자금의 9퍼센트만 주식에 투자했다고 지적하며 비겁한 투자의 금자탑을 세웠다고 놀라움을 금치 못했다.[20] 그들 기금과 극적인 대조를 이루는 버크셔의 포트폴리오와 관련해 그는 자랑하고 싶은 충동을 억누르지 못했다. "우리는 상당히 낙관적으로 생각합니다."[21]

싼 주식이 널렸다는 것은 거의 모두가 알았다. 하지만 과거 약세장의 행태가 그대로 재연되었다. 말인즉 펀드매니저들은 전망이 "명확"해질 때까지 기다렸다. 투자 금융 그룹 매뉴팩처러스 하노버는 자금의 60퍼센트를 주식이 아닌 다른 부문들에 투자했고, 수석 투자 책임자 빅터 멜론은 주식투자를 늘리지 않는 이유가 증시에는 아직 명확하지 않은 점들이 있어서라고 설명했다.[22] 투자 자문업체 제니 몽고메리 스콧의 부사장 하인즈 H. 비엘Heinz H. Biel도 그런 주장에 힘을 보탰다.

> 주식이 싸다고 반드시 마구잡이로 매수하는 것은 아닙니다. 의문스러운 점들이 산적해서 주식시장의 미래가 매우 불투명합니다.[23]

주식시장의 미래에 대해 지나치게 비관적인 전망의 최고봉은 《비즈니스 위크》가 내놓았다. 1979년 8월 《비즈니스 위크》는 두고두고 회자되는 표지를 실었다. '주식의 죽음Death of Equities'이었다. 그것은 심대한 선언이었고, 주식시장에 대해 아주 신중하게 작성된 부고 기사였다. 《비즈니스 위크》는 이제 사람들이 단기 금융시장(money market, 양도성 예금 증서CD, 기업 어음CP 같은 단기 자금을 취급한다. - 옮긴이), 패스트푸드 프랜차이즈, 희귀 우표 등에 투자할 거라고 예상했다. 주식은 확실히 한물갔다. 주식들이 싸다는 사실 자체가 주식 매수를 가로막는 '악재'였다. 다시 말해 싼 주식은 증시가 단순히 침체한 것이 아니라 죽었다는 확실한 증거라는 이야기였다.

좋든 싫든 미국 경제는 주식의 죽음을 반영구적인 현상으로 받아들일 필요가 있을 것이다. 언젠가는 회복되겠지만 빠른 시일 안에는 불가능하다.[24]

버핏은 《비즈니스 위크》의 주장과 정반대로 생각했다. 《비즈니스 위크》가 주식의 사망 선고를 내린 그 주에, 그는 《포브스》에 기고할 기사를 작성했다. 연기금 관리자들의 군중심리와 그들의 구태의연한 핑계를 싸잡아 공격했다.

> 미래는 **절대** 명확하지 않습니다. 낙관적인 컨센서스(consensus, 합의나 의견 일치를 뜻하며 주식에서는 시장 전문가들이 분석한 보고서를 기준으로 기업의 평균 실적 예상치 또는 매매에 대한 의견을 종합적으로 분석한 투자 정보로 시장에서 기대하는 주식의 평균값에 해당한다. - 옮긴이)를 쫓다가는 주식시장에서 커다란 대가를 치릅니다. 불확실성은 장기적인 가치투자자에게는 오히려 친구 같은 존재입니다.[25]

《포브스》의 기사는 사업의 비밀을 글로써 해독하고 싶은 버핏의 다시 깨어난 욕구를 반영했고, 이번 욕구는 1960년대의 욕구보다 한층 강렬했다. 그는 연기금 관리자들이 9.5퍼센트의 이자를 지급하는 회사채 시장으로 한꺼번에 몰렸다고 지적했다. 그들의 논리는 단순했다. 주식에는 채권과 달리 더 이상 쿠폰 즉 이자가 없었고, 특히 주식시장의 최근 수익률로 보건대 주식이 더욱 위험하다는 논리였다.

버핏은 그들의 논리에 동조할 수 없었다. 아니, 그가 보기에는 주식이 더 위험한 것이 아니라 덜 위험했다. 군중심리를 거스르는 이런

워런 버핏

독특한 통찰이 어디서 나왔을까? 버핏은 주식이라는 **종이 쪼가리**에 내재된 경제적 본질에 초점을 맞추기 때문이었다. 채권과 마찬가지로 주식에도 기업 자산에 대한 권리가 있었다. 따라서 주식에도 최소한 암묵적으로라도 "쿠폰"이 즉 기업의 내재된 수익이 포함되어 있었다.

예컨대 다우존스 산업평균지수에 편입된 기업들은 자기자본이익률은(ROE, Return On Equity는 기업의 수익성을 나타내는 지표로, 주당순자산BPS에 대한 주당순이익EPS의 이익률을 말한다) 13퍼센트였고, 그들 기업만 놓고 보면 그 수치는 상당이 일관적이었다. 그리고 그런 주식들은 장부 가치보다 낮은 가격에 거래되고 있었다. 따라서 버핏에게는 다우 지수의 주식들이 13퍼센트 '쿠폰'이 딸린 '다우 채권'인 셈이었다. 채권 수익률보다 상당히 높은 이자율임이 틀림없었다. 게다가 장기 투자의 화신이었던 버핏은 결국에는 주가가 매몰된 13퍼센트를 반영할 거라고 확신했다.

버핏이 소유한 주식은 주식시장 전반이 약세임에도 불구하고 상승했다. 이제 버크셔의 주가는 200달러 고지를 넘었고, 버핏의 재산은 장부 가치로 1억 4,000만 달러에 이르렀다. 하지만 그 돈은 그림의 떡이었다. 버크셔에서 받는 연봉은 달랑 5만 달러였지만 그가 버크셔의 주식을 팔아 부족한 **생활비**로 사용하는 것은 언감생심이었다. 그는 자신의 귀중한 '그림'에서 한 귀퉁이도, 단 한 주도 팔지 않았다. 또한 버크셔가 주주들에게 배당금을 지급하는 것도 허용하지 않을 생각이었다. 버크셔의 곳간에 손을 대는 것은 신성모독에 준하는 행위였고, 화가가 월세를 내려 미완성 작품에서 한 귀퉁이를 떼서 파는 것과 다르지 않았다.

두 집의 생활비를 감당하느라 심적 부담이 컸던 버핏은 오마하의 주식 중개인으로 4살 터울의 찰스 하이더에게 투덜거렸다. "제 재산

전부가 버크셔에 묶여 있어요. 유동 자산이 조금이라도 있으면 좋겠는데. 몇 푼도 아쉽습니다."

1970년대 말 버핏은 자신의 계좌로 얼마간의 주식을 매수했고, 자신의 개인 재산으로는 약간의 모험도 감수했다. 가령 버크셔를 위해서는 기술주를 기피하면서도 자신의 돈으로는 전자기술 회사 텔레다인Teledyne의 옵션에 투자했다. 이는 쪽박을 차거나 대박을 치거나, 도아니면 모 식의 전략이었다.[26] 어떤 지인에 따르면 버핏은 구리 선물에도 투자했다고 한다. 이는 명백히 투기였다.

"그가 돈을 얼마나 쉽게 버는지 옆에서 지켜보면 무서울 정도였어요"라고 버크셔의 한 직원이 말했다. "자신이 원하는 것을 분석하는가 싶으면 갑자기 큰돈이 되더라고요." 한 친구가 버핏에게 부동산에 투자해 보라고 제안했을 때 그는 빙그레 웃었다. "주식으로 돈 벌기가 이리 **쉬운데** 뭣 하러 부동산에 애먼 돈을 박아?"[27] 주식 중개인 아트 로셀은 버핏이 300만 달러 정도는 빙고 게임하듯 쉽게 벌었다고 부러워했다.

막대한 재산을 쌓아두고도 버핏은 여전히 검소하게 살았다. 최소한 오마하에서는 그랬다. 그는 링컨을 직접 운전해 키위트 플라자의 소박한 사무실로 출근했고, 그와 직원 5명이 버크셔의 업무 일체를 처리했다. 여가 활동이래야 브리지 게임을 하거나 경영서적을 읽었고 기껏해야 스포츠 경기와 토크쇼를 시청하는 것이 다였다. 아스트리드와 외식해도 거의 언제나 초등학교 반 동창이 운영하던 평범한 스테이크 레스토랑 고라츠로 갔다.

하지만 버핏의 세상은 — 친구들, 회사들, 집필활동 — 점차 오마하 외부로 확대되었다. 마흔 번째 생일 파티는 오마하의 골프장에서 열렸었지만, 1980년 여름 쉰 번째 생일 때는 스케일이 커졌다. 아내가 뉴욕 메트로폴리탄 클럽을 빌려 참석자들이 정장을 입어야 하는 축하 파티를 열었다. 버핏은 스탠퍼드 립시에게서 팝콘 한 포대를 선물받았고 짓궂은 농담이 한참 이어졌다. 와튼 스쿨 동창 제리 오런스도, 고등학교 친구 도널드 댄리도 얼굴을 비췄다. 이들 외에도 그레이엄 뉴먼 시절의 동료 월터 슐로스, 악명 높은 유료 다리 발언으로 그를 곤경에 빠뜨렸던 샌디 고츠먼, 캐서린 그레이엄, 캐럴 루미스, 마셜 와인버그 등도 참석했다. 버핏은 생애 첫 사업이었던 윌슨 핀볼 게임기 임대회사의 재무제표 한 부를 가져와서 보여주었고, 토치송 가수인 수전은 남편에게 노래를 선물했다. 그리고 친구들의 선물 증정이 있었고 멍거의 감동적인 건배사로 파티가 끝났다.

모두가 목제 패널로 꾸며진 거대한 파티장에서 즐겁고 들뜬 한때를 보냈다. 그리고 누구도 버핏이 어떤 식으로든 투자 역사에 한 획을 그을 거라는 사실을 의심하지 않았을 것이다. 뒤축이 닳은 구두와 예전보다 길어졌지만 벗겨진 머리하며 오똑한 콧날까지 그날따라 버핏은 유독 교수처럼 보였다. 게다가 마른 몸매는 여전했지만 제멋대로 뻗친 눈썹은 영락없는 사상가의 모습이었다. 사실 파티 주인공에 대한 손님들의 애정은 흥분과 약간의 우상 숭배가 뒤섞여 있었다. 그도 그럴 것이 버크셔의 주식을 소유한 모든 사람 즉 버크셔의 모든 주주가 — 이제 주당 375달러에 이르렀다 — 자고 일어날 때마다 더 **부자**가 되고 있었기 때문이다.

이듬해 버핏은 구사일생의 경험을 했다. 버핏과 찰리 멍거 모두의 친구이자 로스앤젤레스에서 자산 운용자로 일하던 릭 게린의 아내가 갑자기 비극적으로 생을 마감했다. 당시 오마하에 있던 버핏이 게린에게 전화로 위로의 마음을 전했다.

"마음이 너무 아프네"라고 버핏보다 한 살 많은 게린이 말했다.

"어떤 기분인지 잘 압니다"라고 버핏이 위로했다. "예전에 아버지가 돌아가셨을 때 나도 그런 기분이었죠. 누군가에게 세게 쥐어 터지는 것 같더군요."

잠시 말을 멈추었다가 버핏이 덧붙였다. "저기, 아들과 함께 비행기를 타세요. 멍거의 섬에서 뭉쳐 사나흘 그냥 빈둥거려보죠."[28]

그들은 미네소타에 있는 멍거의 호숫가 오두막에서 만났다. 한번은 호수 낚시를 하던 중에 모터보트의 운전대를 잡은 멍거가 후진하는데 뱃전 너머로 물이 들어왔다. 게린이 속도를 늦추라고 말했지만 한쪽 눈이 실명한 멍거는 오히려 고집을 부리며 보트 출력을 높였다. 순식간에 보트가 물속으로 가라앉으면서 버핏이 보트에 갇혔고, 운동신경이 뛰어난 게린이 가까스로 그를 끌어올려 불상사는 없었다. 버핏을 포함해 모두가 멍거에게 '제독'이라는 새 별명을 안겨준 그 전복사고를 대수롭지 않게 여겼다. 그렇더라도 하마터면 익사할 뻔했던 당사자인 버핏은 눈에 띄게 동요했다.

한편 게린은 자신을 위로해 주러 열 일 제쳐놓고 기꺼이 달려와 준 버핏의 깊은 속내에 커다란 감동을 받았다. "그는 속정이 아주 깊었어요"라고 게린이 말했다. "그렇지만 사람들은 그걸 보지 못하죠. 제게는 그 여행이 굉장한 선물이었습니다. 그렇게 바쁜 그가 귀중한 시간을 선물해준 거니까요."

월스트리트에서는 버핏의 주주 서한들이 게릭 같은 그의 숭배자 무리 너머로 퍼져나가기 시작했다. 특히 은행가들은 그의 서한들을 복사해 행운의 편지처럼 돌려보았다. 이제 생전 처음으로 버핏에게 많지는 않아도 주주가 아닌 **대중적인** 팬이 생긴 것이다. 반면에 그를 씁쓸하게 만든 어떤 현상도 나타났다. 버크셔에 관심이 있어서가 아니라 오직 그의 서한을 받아보려고 버크셔 주식을 딱 한 주 보유하는

'1주 구독자들'이 생긴 것이다.

　멍거는 버핏이 상장 회사를 운영하게 된 것은 우연이었다고 말했다. 다른 말로 오마하에서 조용히 비공개 포트폴리오를 행복하게 운영할 수 있었는데 운명의 장난으로 공개 기업의 소유주가 되었다는 말이다. 그러나 멍거가 이렇게 말한 것을 보면 친구의 숨은 재능 하나를 몰라본 게 분명하다. 버핏한테는 연예인 같은 '끼'가 있었다. 주주 서한들이 그에게는 자신의 끼를 발산하는 무대였다. 그는 버크셔의 한 측면을 — 회계 상의 어려움이나 보험업계의 문제 — 주제로 갑자기 엉뚱한 에세이를 써 내려갔다. 그런 점에서 보면 그의 서한들은 기업 세상의 변칙적인 야사野史였다. 사람들이 GM의 연례 보고서를 읽는 까닭은 GM의 경영자이자 작가인 내부자의 사견이 아니라 GM에 관한 공적인 정보를 얻기 위해서다. 그렇기 때문에 그런 보고서의 문체는 대부분 원리원칙에 입각했고 딱딱했으며 근엄했다. 쉽게 말해 시베리 스탠턴이 작성할 법한 글이라고 보면 된다. 그러나 버핏의 서한들은 달랐다. 섹스, 탐욕, 인간의 오류와 불완전성 등과 그 자신에 관한 냉소적인 관찰 결과들로 가득했다. 서한의 얼개는 하버드 경영대학원의 강의 계획서와 같았지만 그 속에 담긴 정신은 『가난한 리처드의 달력Poor Richard's Almanac』(미국의 정치가이자 작가인 벤저민 프랭클린이 펜실베이니아 필라델피아에서 직접 창간한 《펜실베이니아 가제트Pennsylvania Gazette》에 26살 때 리처드 손더스Richard Saunders라는 필명으로 기고한 글로 도덕적 교훈과 삶에 대한 지혜가 담겨 있다. - 옮긴이)이었다. 또한 그에게는 캐서린 그레이엄 같은 기업인만이 아니라, 월스트리트 종사자를 넘어 모든 미국인에게 경영이 무엇인가를 가르칠 수 있는 능력이 있었다.

　버핏과 친분이 두터웠던 가이코의 구원 투수 잭 번은 그의 서한들을 읽으면서 자신의 눈에서 백내장이 벗겨지는 듯한 기분이 들었다.

버핏과 친분이 없었던 트리니다드토바고 출신의 젊은 기업가 리처드 아자르도 19살 때 그의 서한에서 커다란 깨달음을 얻었고 필자에게 보낸 편지에서 이렇게 말했다. "신이 버크셔 해서웨이 연례 보고서라는 형태로 제게 축복 어린 선물을 보내 주셨습니다."[29]

이런 현상을 어떻게 설명해야 할까? 여러 이유가 있겠지만 그중 하나는, 미국 자본주의와 버크셔의 성공적인 투자 모험을 샅샅이 해부하는 버핏의 관찰 보고서에 견줄 만한 것이 없었기 때문이다. 당연히 역사에는 재계 거물들도 뛰어난 문필가들로 많았다. 하지만 그의 서한들을 하나로 묶어 생각하면, J. P. 모건 같은 인물이 코미디언 윌 로저스의 탈권위적이고 소박한 감성으로 써내려간 것이었다. 버핏은 그런 서한에 수학자이자 철학가 파스칼, 경제학자 케인스, 노골적인 성적 표현을 서슴지 않았던 배우 메이 웨스트, 전설적인 포수이자 지도자였던 요기 베라(Yogi Berra, 본명은 로렌스 피터 베라Lawrence Peter Berra) 같은 문화적 우상들이 남긴 촌철살인 인용구들과 소탈한 재담으로 양념을 쳤다(이는 그가 대평원의 시골뜨기라는 인식을 정면으로 뒤엎었다). 다시 말하지만 그런 것들은 풍미를 높여주는 송로버섯 같은 역할일 뿐이었다. 사람들이 그의 서한들에 열광하게 만든 것은 그는 복잡한 주제를 끄집어내어 명쾌하게 설명하는 탁월한 재주가 있어서였다.

1980년대 초반 그의 서한들에는 반복되는 주제가 3개 있었다. 그중 하나가 인플레이션에 대한 본인의 지독한 공포였는데, 이는 그의 아버지에게서 물려받은 것이었다. 자본주의를 파괴하는 가장 좋은 방법이 돈을 타락시키는 것이라던 러시아 사회주의 혁명가 레닌의 말을 가슴 깊이 새긴 것 같았다. 또한 버핏은 정치인들이 통화량을 감축할 의지가 있는지도 의심스러웠다. 그리하여 버핏은 모든 것을 종합해볼 때 인플레이션이 증시의 영구적인 불안 요소라고 판단했다

— 결과적으로는 그의 걱정이 기우였음이 드러났다. "안정적인 가격 수준은 순결과 같습니다. 유지하는 것은 가능하지만 원상 복구는 불가능해 보이기 때문입니다."[30] 솔직히 그가 두려워한 것은 인플레이션이 장기 채권의 몰락을 불러올 가능성이었다.[31] 이것 역시도 결국 완전히 틀린 것으로 판명되었다.

그러나 버핏의 통찰은 그가 (그리고 그의 말에 더욱 세심한 주의를 기울인 독자들은) 인플레이션의 파괴적인 결과들을 최소화하는 데 기여했다. 인플레이션이 보험 산업에 미칠 영향에 대한 그의 통찰은 특히 역동적이었다. 인플레이션으로 채권 가치가 **지속적으로 하락**했는데, 문제는 보험 산업의 자본 대부분이 채권에 묶여 있었다는 점이었다. 인플레이션 전에는 당연히 채권 투자가 현명한 방법이었다. 그러나 인플레이션에서는 채권에 투자한 것이 파괴적인 부메랑이 되어 보험사들의 주력 사업에 심각한 대가를 안겨주었다. 버핏은 이것을 정확히 이해했다. 대개의 경우 보험사들은 보험금을 지불하기 위해 자산을 처분했다. 버핏은 채권 투자로 인한 손실이 축적되면, 보험사들이 채권 자산을 처분하고 싶지 않을 거라고 예상했다. 채권을 매각하면 상당한 자본 손실이 불가피했기 때문이다. 한편, 그는 보험사들이 채권에 투자한 돈은 그들의 돈이 아니라고 꼬집었다.

> 채권을 매입하고 보유하는 자금의 원천은 보험 계약자들과 (보험 계약자와 다를 경우) 보험 수익자들의 주머니에서 나온 돈입니다. 사실상 그들은 보험사에 돈을 일시적으로 맡겨놓았을 뿐이죠.[32]

보험사들이 자금을 조달하는 대안적인 방법은 보험 판매를 늘리는 것이었다. 버핏은 이 방법이 악순환을 유발한다고 생각했다. 보험사들은 보험 판매를 최대한 늘리려 출혈 경쟁에 나서고, 이는 다시 수익을 낼 수 없을 만큼 보험료를 끌어내리며, 결국 보험 산업 전체가 엄청난 손실을 안게 될 거라는 말이었다. 실제로 보험 산업에서는 그의 예언이 정확히 맞아떨어졌다. 하지만 버크셔는 장기 채권에 대한 투자를 최소화한 덕분에 악순환의 고리에 빠지지 않았다. 버핏은 장기 채권을 매수하는 것은 30년간 고정된 가격으로 '돈을 파는' 것과 같다고 말했다. 인플레이션 시대에서 이것은 해서웨이가 2010년에 생산할 섬유 가격을 지금 결정하는 것과 똑같은 자살 행위였다.

안타깝지만 인플레이션을 이해한다고 인플레이션에 면역이 생기는 것은 아니었다. 버핏도 이 부분에 대해서는 비통한 심정을 드러냈다. 자신이 버크셔를 인수했을 때 1주당 장부 가치로 0.5온스(약 14.17그램, 3.78돈)의 금을 살 수 있었는데, 15년 후 버크셔의 주당 장부 가치가 19.46달러에서 333.85달러가 되었음에도 버크셔 한 주로 살 수 있는 금은 여전히 0.5온스라고 지적했다.[33]

따라서 그가 선택한 차선책은 인플레이션의 위험을 회피하는 전략이었다. 즉 식품회사 제너럴 푸즈와 담배회사 R. J. 레이놀즈 인터스트리스 같이 인플레이션에 대한 방어력이 강한 기업들에 투자하는 것이었다. 포스트 시리얼과 윈스턴 담배같이 소비자 인지도가 높은 브랜드들은 인플레이션에 보조를 맞춰 가격을 인상할 수 있을 거라는 판단에서였다. 아울러 그는 알루미늄 컴퍼니 오브 아메리카, 클리블랜드-클리프 아이언, 핸디 앤 하먼, 카이저 알루미늄 앤 케미컬 같은 경성 원자재(hard commodity, 니켈, 철광석 등등의 금속 원자재를 포함하는 개념이고 이에 반해 옥수수, 소맥, 대두 같은 곡물과 커피, 면화 등을 포함하는 것은 연성 원자재라고 부른다. – 옮긴이) 주식들에도 투자했다. 하지만 버핏이 서한에서 명시했듯, 버크셔는 물론이고 세상 어떤 기업도 인플레이션이 야기하는 문제를 '해결할 방법'이 없었다. 인플레이션은 "기업들에 기생하는 거대한 촌충"으로 "숙주의 건강 상태와는 무관하게 일일 필수 섭취량이 있었고 투자금을 우선적으로 갉아먹는다."[34]

인플레이션은 월스트리트에서 기업 자산들에 대한 광적인 사냥을 촉발시켰다. 대중과 마찬가지로 기업들도 자본을 여러 비현금 자산으로 전환하기 위해 필사적이었고, 그리하여 1980년대 초반 기업 인수 광풍이 강타했다. 기업 사냥꾼들은 델몬트, 내셔널 항공, 세븐업, 스터드베이커, 트로피카나 등등 내로라하는 유명 브랜드들을 막대한 웃돈까지 얹어 사들였다. 이런 현상 때문에 버핏은 본인도 막대한 자산가이면서 월스트리트에 대한 가장 신랄한 비판가 대열에 합류하게 되었다.

버핏은 CEO들이 허영심 때문에 비이성적인 기업 인수에 우르르 뛰어든다고 생각했다. 다윈의 자연 선택설의 관점에서 보면 승자인 그들 CEO는 의욕과 열정이 지나쳤고 "야성적 충동(animal spirit, 케인스가 주창한 것으로, 인간의 합리적이고 이성적인 판단만이 아니라 인간의 비경제적인 본성도 경제를 움직이는 강력한 요소가 될 수 있다는 개념이다. - 옮긴이)이 부족"한 사람은 거의 없었다. 수익성이 자기 평가 기준인 버핏과는 달리 (버핏에게는 수익성이 이성적인 **유일한** 목표였다) 그들은 자신이 다스리는 제국의 **크기**를 토대로 스스로를 평가했다. 버핏처럼 기업의 일부 지분을 저렴하게 매수하는 대신에, 그들 CEO는 적정가 이상으로 한입에 통째 삼키는 것을 더 좋아했다. 하지만 그들은 '배탈' 같은 것은 조금도 걱정하지 않았고 자신의 '소화력'을 믿었다. 즉 다윈의 자연 선택설처럼, 자기중심적인 그들 CEO는 적정가 이상의 높은 가격으로 기업들을 인수해도 자신들의 재능으로 충분히 감당할 수 있다고 믿었다.

> 마법에 걸려 두꺼비로 변한 왕자가 아름다운 공주의 입맞춤
> 으로 마법이 풀려 잘생긴 왕자로 돌아온다는 동화가 있습니
> 다. 많은 경영자들이 감수성이 예민한 어린 시절 그 동화에
> 지나치게 심취한 것이 확실합니다. 그리고 경영자로서 자신의
> 능력이 공주의 입맞춤이라고 생각하는 것도 틀림없습니다. 그
> 렇지 않고서야 자신의 입맞춤 한 방으로 두꺼비 같은 인수 기
> 업의 수익성을 마법처럼 끌어올릴 수 있다고 생각할 수 있겠
> 습니까? … 우리는 많은 입맞춤을 봐왔지만 기적이 일어난 적
> 은 거의 없었습니다.[35]

버핏은 인수 열풍이 시작 단계였던 1981년 연례 보고서에서 위의
이야기를 들려주었고, 이듬해에 그 이야기를 또 할 수밖에 없었다.
많은 CEO가 인수 총알을 마련하기 위해 너도나도 신주를 발행했다.
버핏은 순진해 보이는 이 방법이 다소 야만적인 기업 해체 행위라고
규정했다. 왜 그럴까? 버핏은 기업 사냥꾼 CEO들이 타기업을 매수
하는 동시에 자기 기업의 일부 **매각**했다는 점을 가장 큰 이유로 꼽았
다. 이는 또 무슨 뜻일까? 신주를 발행하면 기존 주주들은 해당 기업
에 대한 지분 비율이 감소했기 때문이다. 그런데 CEO들은 인수자 측
면에서 설명함으로써 이런 불편한 진실을 숨겼다. "A 기업이 B 기업
을 인수합니다." 그러나 "그 문제는 좀 명확하게 생각해 볼 필요가 있
습니다. 결국에는 다소 찜찜하지만 더욱 확실한 실체가 드러나게 됩
니다. 'A 기업의 일부를 팔아 B 기업을 인수합니다.'"[36]

무엇 때문에 이런 눈 가리고 아웅 전략을 사용했던 걸까? 인수 기

업 대부분을 포함해 거의 모든 주식이 저렴했기 때문이다. 쉽게 설명해 보자. 달러 환율이 낮을 때 미국인 관광객이 파리에서 쇼핑하면 더 많은 달러를 지불해야 하는 것과 다르지 않았다. 인수 기업의 CEO도 약한 통화로 쇼핑하는 셈이었다. 한마디로 불리한 거래를 했다는 이야기다. 그 CEO가 저렴한 기업 장신구들을 수집하는 동시에 그는 자신의 기업을 헐값에 팔고 있었다.

버핏은 그런 경영자와 이사들에게 '명쾌하게 사고할 수 있는' 처방도 제시했다. 기업의 일부를 파는 것과 동일한 조건으로 회사 **전체**를 기꺼이 팔 수 있을지 스스로에게 물어보면 답은 명확했다. 전체는 팔 수 없으면서도 어째서 회사의 일부를 팔았던 것일까?

> 경영상의 작은 어리석은 선택이 누적되면 큰 승리가 아니라 커다란 어리석은 선택으로 이어질 것입니다(라스베이거스를 떠받치는 부의 이전wealth transfer 개념이 좋은 예입니다. 사람들이 사소해 보이는 불리한 자본 거래에 관여할 때 부가 이동하게 됩니다).[37]

요컨대 기업 사냥꾼 CEO들은 주주 이익을 극대화시키겠다고 약속했으면서, 주주들을 희생한 대가로 자신이 다스리는 제국의 덩치를 키웠고, 버핏은 이 점이 가장 못마땅했다. 그런 경영자들은 "정부 분야로 이직을 고려하는 편이 나을 것입니다."[38]

버핏은 기업 경영자들을 관료에 비유했는데, 이유는 딱 하나였다. 그들이 그런 표현을 질색한다는 것을 잘 알았기 때문이다. 그는 많은 CEO와 사적으로 친분이 있었고 그들의 이사회에 사외이사로도 활동했다. 그는 주주 서한들에서 그들의 정체를 밝히지 않으려 각별히 조심했다. 당연한 말이지만 CEO들은 그에게 기업 생태계의 동지들이었다. 하지만 그는 그들과 철저히 거리를 두었다(그는 화이트칼라 범죄에 대해 이렇게 말했다. "총을 든 좀도둑보다 펜으로 많이 훔치는 것이 훨씬 안전합니다").[39] 그에게는 더스트 볼(Dust Bowl, 황진 또는 황진지대라고도 하며 1930년대 미국과 캐나다의 평원에서 발생한 극심한 모래폭풍 또는 그 폭풍이 영향을 미쳤던 지역을 가리키며 네브래스카, 뉴멕시코, 오클라호마, 텍사스 등이 포함되었다. - 옮긴이) 지역 출신들의 독특한 진보주의적 성향이 감지되었다. 하지만 버핏은 절대 대평원 사회주의자가 아니었다. 사회주의는 기업가들을 자본가라며 혐오했던 반면, CEO들에 대한 버핏의 비판에는 정반대의 사상이 깔려 있었다. 그는 CEO들이 기업 국가(corporate state, 국가가 하나의 매우 거대한 기업처럼 운영되거나 기업들이 국가를 운영하는 것으로 정부가 기업의 눈치를 보고 기업이 정부의 정책 결정에 과도한 영향력을 행사하는 체제 - 옮긴이)의 보호 뒤에 숨어 있다고 공격했다. 즉 그들이 자본주의 정신과 자립심이 **부족하다**고 비난했다.

여기에서 버핏에게 가장 중요하면서도 가장 포괄적인 주제를 엿볼수 있다. 그것은 기업 경영자와 주주 사이의 적절한 관계, 다른 말로 자본 운용자와 자본 소유주와의 적절한 관계였다. 버핏은 타인의 돈을 운용하는 사람은 무거운 책임을 떠안는다고 생각했다. 이는 본인에게도 해당되었다. 개정된 연방법에 따라 1980년 버크셔가 록퍼드은행을 독립 회사로 분사했을 때 그는 그 책임을 몸소 실천했다. 버핏은 록퍼드 은행의 가치가 버크셔의 4퍼센트에 이른다고 계산했고, 그런 계산을 토대로 각 주주에게 양자택일의 선택권을 주었다. 첫째 주주들은 버크셔와 록퍼드 은행에 대한 비례적 지분을 유지할 수 있었다. 또는 (버크셔와 록퍼드 은행 중에서) 선호하는 주식의 지분을 늘리는 대신에 비선호 주식의 지분을 줄일 수 있었다. 그런 선택권을 **갖지못한** 딱 한 사람이 있었는데 바로 버핏 자신이었다. 그는 모든 주주가 선택한 뒤 어느 쪽이든 남는 지분을 취할 생각이었다. 그 원칙은 자신이 케이크를 자른 장본인이니 마지막 조각에 만족해야 한다는 것이었다.

1981년 멍거가 새로운 기업자선 계획을 제안했을 때도 그는 경영자–주주 관계에 입각해 결정했다. 버크셔는 당시 주당 470달러에 거래되던 주식 100만 주에 대해 **각 주주가 선택하는 자선활동에** 주당 2달러를 기부할 계획이었다. 가령 100주를 소유한 주주는 200달러를 후원하고 싶은 대상자를 직접 지정할 수 있었다. 여타의 상장 기업들에서는 CEO와 이사들이 수혜 단체나 활동을 선택했다(정작 모든 돈은 주주들의 주머니에서 나왔는데도 말이다). 버핏은 이것이 완전한 위선이라고 재주는 곰이 부리고 여우가 칭찬받는 형국이라고 여겼다. CEO는 생색내듯 모교 등등에 주주들의 돈을 나눠줄 뿐 아니라 주주들의 돈으로 자신이 거액 기부자인 양 행세했다. "정부가 국민들의 혈세를 제멋대로 지출한다고 개탄하면서도 주주들의 돈을 눈먼 돈처럼 나눠주는 것을 열렬히 환영하는 경영자들이 아주 많습니다."[40]

그런 말과 행동을 통해 버핏은 버크셔를 매우 사적인 조직으로 자리매김시켰다. 구체적으로 말하면 버크셔를 버핏 파트너십의 상장회사형태로 재창조하고 있었다고 봐도 무방했다. 더욱이 비록 소수여도 2천 명 남짓한 버크셔의 주주 일부는 그의 예전 조합원들이었다. 또한 그가 보내는 주주 서한들의 목적 하나는, 예전 조합원들처럼 행동할 주주들을 끌어들이고 하나로 결속시키는 것이었다. 쉽게 말해 그는 자신과 재정적 운명을 함께 할 사업의 동반자들을 원했다.

이것이 얼마나 독특한지는 말하는 것조차 불필요한 사족이다. 솔직히 미국의 모든 상장 기업에서 높은 주식 회전률stock turnover은 일상적인 데다 경영자들이 열심히 독려하는 일이기도 하다. 전형적인

CEO는 주주들을 변덕스러운 익명의 군중으로, 투자자이자 작가인 필립 피셔의 표현처럼 고속도로 휴게소의 손님들같이 생각한다. 반면에 버크셔는 주식 회전율이 극도로 낮았다. 버핏이 주주 서한들에서 명백히 밝힌 대로, 그는 회전율이 낮은 '카페'를 운영하고 싶었다. "우리가 제공하는 서비스와 메뉴를 좋아하고 해마다 다시 방문하는 소유주들을 훨씬 선호합니다."[41]

그는 라구나 비치의 가족 별장에 칩거한 채 주주 서한을 작성했다. 또한 여동생 로버타가 지난 1년간 외국에 나가 있었고 그래서 버크셔의 최신 정보를 알려주기 위해 편지를 쓴다고 상상하는 것을 좋아했다.[42] 그가 7,500자 남짓한 초안을 작성하면 《포춘》의 기자 친구 캐럴 루미스가 편집했다. 하지만 주주 서한들은 엄연히 버핏 자신의 창작물이었고, 마치 그가 누군가와 사적인 대화를 나누는 것처럼 들렸으며, 소탈한 표현과 교훈적 이야기가 가득했다.

연례 보고서는 무광의 갱지에 인쇄되었고 검은색 세로줄 하나가 그어진 표지에는 덩그러니 회사 이름뿐이었다. 본문도 그냥 온통 철자뿐이었다. 씨즈캔디의 초콜릿 사진도, 보통의 연례 보고서에 단골로 등장하는 수심 어린 눈빛의 최고 경영자들의 — 버핏과 멍거의 — 사진도, 화려한 도표도 없었다.

버핏이 연례 보고서를 잘 쓰는 데는 그가 연례 보고서의 '애독자'인 것도 한몫했다. 대체로 그런 보고서는 경영진의 성과를 부각시키고 새로운 투자자들을 끌어모으기 위한 목적으로 깔끔하게 정리된 대중 홍보 문서다. 그리고 대부분의 연례 보고서에서 CEO는 형식적인 메시지를 남기고 그마저도 대개는 누군가가 대신 작성한다. 버핏은 해마다 수백의 연례 보고서를 읽었는데, 최고 경영자가 그에게 직접 이야기한다는 기분을 느낄 수 없었다. 심지어 온통 전문 작가의 향기로 가득했다.

> 저는 기업의 소유주인 주주들이 회사에 관한 최신 정보는 물
> 론 CEO가 회사의 현재와 미래를 어떻게 평가하는지도 CEO
> 에게서 직접 들을 권리가 있다고 믿습니다. 여러분이 투자한
> 기업의 회장으로서 저는 여러분의 그런 권리를 지켜드릴 것입
> 니다. 비상장 회사라면 모두가 그것을 요구할 것입니다. 상장
> 회사에도 그런 것을 기대해야 합니다.[43]

버핏이 CEO들에게 가장 불만스러운 점은, 그들이 버핏 자신이 예
전부터 두려워하던 무언가에 의지한다는 사실이었다. 바로 기준을
바꾸는 것이었다. 실적 결과가 마음에 들지 않으면 그들은 "더욱 유
연한 측정 시스템"을 채택했다. 다시 말해 "사업 실적이라는 화살을
하얀 백지에 쏘아놓고 박힌 화살 주변에 신중하게 과녁 동그라미를
그리는 것입니다."[44]

특히 회계와 관련된 부분에서 그의 도덕군자 같은 면모가 두드러
졌다. 월스트리트는, 말하자면 내면이 아니라 외모만 보고 사랑에 빠
지는 사람이다. 따라서 조건반사적인 충동이 조금이라도 있는 CEO
라면 회사를 외부에 공개하기 전에 '외모'를 보기 좋게 꾸미고 싶은
충동을 느낄 것이다. 여기서의 위험은 대중을 속이는 CEO는 스스로
도 속일 가능성이 크다는 점이다.[45] 회사의 경제적 현실이 아니라 외
부에 공개하는 보고서의 결과를 극대화하는 것에 경영 목표를 두는
경영자들이 많다. 버핏은 "경제적 실체보다 회계 수치를 우선하는 경
영진은 장기적으로 보면 대개 두 마리 토끼 모두를 놓치게 됩니다"라
고 경고했다.[46]

그렇다면 CEO는 대중에게 무슨 말을 **해야** 할까? 이론적으로 볼 때 CEO는 내부 관리자들이 회사를 평가할 때와 동일한 관점에서 회사를 설명해야 한다. 예컨대 켄 체이스가 섬유공장에 대해 있는 그대로 가감 없이 설명해주기를 기대했던 것처럼, 버핏은 자신의 일반 투자자들에게 (비록 체이스의 보고만큼 세세하지는 않더라도) 그것과 비슷한 수준으로 솔직하게 설명할 의무가 있었다.

실제로 버크셔의 연례 보고서들은 주주들이 회사를 가장 비판적으로 평가할 수 있을 정도로 충분한 정보를 공개했다. 투자조합의 조합원들에게 그랬듯 버핏은 과거의 성공률이 이어질 가능성이 없다는 점을 투자자들에게 반복해서 환기시켰다. 그는 여전히 독실한 신앙인이었다. 즉 고해를 하면 마음이 한결 가벼워졌다. 굳이 그의 보고서들에서 결함을 꼽으라면, 버핏이 가끔 지나치게 감상적이고 또한 참조사항이 달린 문장이 많았다는 점이다. 그의 일부 농담들은 마치 그가 어깨너머로 돌아보며 눈을 찡긋하는 것같이 생생하게 느껴졌다. 게다가 자신의 실수담과 농담조로 은근히 자신을 '까는' 발언은 도리어 겸손하게 들렸다. 그가 누군가를 속이려고 일부러 겸손한 체하는 것이 아니었다. 또한 최고가를 달리는 주가를 은근히 부각시키려 겸손을 가장하는 것도 아니었다.

1982년 버크셔 주가는 750달러를 기록했는데 버크셔가 보유한 주식 포트폴리오의 수익이 반영된 결과였다. 그리고 포트폴리오가 높은 수익을 달성할 수 있었던 일등공신은 워싱턴에서 전개된 일련의 상황이었다. FRB 의장 폴 볼커의 주도로 긴축 통화 정책이 시행되고 있었다. 그런 조치로 경기는 침체되었지만 인플레이션에 제동이 걸렸다. 1982년이 되자 볼커 의장은 금리에 대한 족쇄를 풀어도 되겠다는 확신에 차 있었고, 백악관은 낙관주의가 팽배했다. 로널드 레이건 대통령은 또다시 암살 시도가 있을 거라는 예상을 일축했고 감세 정책을 밀어붙였다(1981년 3월 30일 레이건 대통령은 워싱턴 힐튼 호텔에서 노동계 지도자들과 오찬을 마치고 떠나던 도중 존 힝클리에게 저격당했으나 총알이 심장을 피해 암살 시도는 미수에 그쳤다. – 옮긴이).

아주 오랫동안 월스트리트는 두려움의 수렁에 갇혀 있었다. 그런데 석조 요새의 지하에서 고양이처럼 살금살금 돌아다니던 집사가 일괄 전원 스위치를 딸깍 올린 것처럼, 이제는 중개인과 은행가들이 머리부터 발끝까지 자신감으로 무장했다. 1982년 여름 금리가 인하되었고… 재차 인하되었고… 또다시 인하되었다. 미국 국채 금리는 6월 13.32퍼센트였다가 8월에 8.66퍼센트로 하락했다. 처음에는 증시가 금리 인하에 저항했지만 8월이 되자 주가가 8일 연속 하락했다. 다우지수는 777로 폭삭 주저앉았고 이는 **15년** 전 최저점보다 훨씬 낮은 수준이었다. 마침내 8월 둘째 금요일 13일에 다우지수는 하락세를 멈추었고 11포인트가 반등했다. 그러나 아직 낙관적인 목소리는 들리지 않았다. 다음 주 월요일 15일에 다우지수가 몇 포인트 회복했다. 그리고 화요일 정확히 오전 10시 41분 살로몬 브라더스의 경제학자로 수정구슬의 마녀처럼 언제나 비관적인 전망을 쏟아내던 헨리 코프먼 Henry Kaufman이 태도를 180도 전환했다. 비관론적 경제학자를 뜻하는 닥터 둠Dr. Doom으로 불리던 코프먼이 자신의 과거 예언을 뒤집어 이제 금리가 지속적으로 인하될 걸로 기대한다고 선언했다. 그 소식은 주식시장의 사재기 광풍을 촉발시켰다. 다우지수는 무려 38.81포인트가 급등했는데 역사상 일일 최대 상승 폭이었다. 이튿날 《월스트리트 저널》이 미래를 예단하는 보도를 내놨다. "일각에서는 이제 1980년대 주식 활황기가 시작되었다고 말한다."[47] 이제 주식시장의 판이 완전히 뒤집어졌다.

9월 첫째 주까지 주식시장은 100포인트가 더 상승했고, 10월이 되기까지 또다시 100포인트가 올랐다. 1983년 경제의 성장 엔진이 재가동했고 인플레이션은 그리운 숫자 3퍼센트로 하락했다. 세상에는 석유 매장량이 지나치게 적은 것이 아니라 지나치게 많다는 사실이 드러났다. 채권 발행은 계속 증가했고 2년 전 15퍼센트였던 장기 채권 금리가 11퍼센트로 하락했다. 한편 증시는 1960년대 이후 완전히 종적을 감췄던 어떤 현상을 경험했다. 지속 가능한 상승세였다. 주식시장 활황기 이후 찬밥신세였던 신주 발행이 급증했고 월스트리트 옷장에서 튀어나온 또 다른 유령 뮤추얼펀드 판매도 부활했다. 5월이 되자 다우지수는, 3년 9개월 전 《비즈니스 위크》가 성급하게 '주식의 죽음'을 선고했던 때보다 366포인트가 높은 1,232까지 올랐다. 《비즈니스 위크》는 이제 주식의 **재탄생**을 선언했다. 버핏이 익히 막대한 대가를 치를 거라고 예상했듯, 침체기에 "낙관적인 컨센서스"를 목 빠지게 기다렸던 사람들은 실제로 주식을 비싸게 매수했다. 구체적으로 말해 42퍼센트나 높은 가격에 주식을 샀다. 경제 정보 주간지 《배런즈》의 앨런 아벨슨은 《비즈니스 뉴스》가 주식시장을 재발견했다는 소식은 월스트리트가 공포로 전율하게 만들었다"라고 고소하다는 듯 말했다. "공황 상태가 벌어졌고 미망인들이 안도의 눈물을 짓고 고아들이 기쁨에 환호했으며 매도 주문이 봇물처럼 쏟아져 나와 시장을 잠식했다"[48](미국의 전설적인 펀드매니저 피터 린치Peter Lynch 는 배당 성향이 높은 주식을 '미망인과 고아 주식Widow and Orphan Stock' 이라고 불렀는데, 전기나 가스처럼 경기 변동에 따른 영향을 적게 받고 수익이 일정한 공공분야 기업의 주식이 대표적이다. - 옮긴이)

버크셔의 포트폴리오에서도 급등한 주식들이 속출했다. WPC는 액면 분할로 조정된 가격을 적용할 때 평균 5.6875달러에 매수했는데 무려 73달러로 급등했다. 또한 주당 5달러로 인수한 시장의 찬밥 떼기 어필리에이티드는 1983년을 38달러로 마감했고, 광고회사 인터퍼블릭은 6.375달러에서 52달러로 상승했다. 뿐만 아니라 회사 역사상 가장 암울했던 시기에 매입했던 가이코는 가격이 9배가 되었고, 지난 2년에 걸쳐 매수했던 타임은 2배가 되었으며, R. J. 레이놀즈는 17퍼센트, 제너럴 푸즈는 40퍼센트가 각각 올랐다. 당연히 애초 매수 이하로 떨어진 종목도 있었다. 버크셔는 뉴저지의 할인 유통업체 보르나도에 투자한 총 600만 달러 중에서 절반인 300만 달러를 잃었고 소비자 쿠폰의 하나인 그린 스탬프 발행업체 스페리 앤 허친슨에서도 손해를 입었다. 둘 다 버핏이 1970년대에 구입한 주식이었다. 뿐만 아니라 버핏은 인플레이션 헤지(inflation hedge, 인플레이션으로 화폐가치가 하락할 경우의 손실에 대비해 부동산, 귀금속, 주식 등을 사는 것을 말한다. - 옮긴이)로 매수했던 일부 금속 관련 주식들에서도 좋은 성과를 내지 못했다. 하지만 종합적으로 보면, 한때 버크셔가 **전혀** 투자하지 않았던 영역에서 1983년 말이 되자 시장성 주식(marketable stock, 시장성은 시장에서 언제든 적정한 가격으로 매매가 가능한 것으로 유통성 또는 환금성을 뜻하며 시장성 주식이란 시장성 있는 일시 소유의 주식을 말한다. - 옮긴이)으로 13억 달러어치를 보유했다. 그리고 그 모든 것은 버핏이 섬유산업으로부터 방향을 전환시켰던 작은 현금 흐름을 통해 시작되었다.

한편 버크셔의 주가는 1983년을 매우 성공적으로 보냈다. 그해를 775달러로 시작했다가 봄이 되자 1,000에서 15가 모자란 985달러가 되었고 9월 30일에는 1,245달러를 기록했다. 이는 다우지수보다 12포인트가 높은 가격이었다. 정말이지 격세지감이었다. 버핏이 1965년 인수했을 때 버크셔의 주가는 18달러였는데, 당시 다우지수는 931로 버크셔 주식의 50배가 더 넘었다. 하지만 18년 만에 버크셔는 다우지수와 어깨를 나란히 하게 되었다. 그러나 둘의 균형은 이내 깨졌다. 다우지수는 1983년을 1,259로 마감하며 나름 선방했지만, 버크셔의 주식이 주당 1,310달러로 상승함으로써 다우지수를 확실히 제쳤다. 덕분에 버크셔 주식 47만 4,998주를 보유한 버핏은 6억 2,000만 달러의 자산가가 되었고, 《포브스》는 그를 미국 최고 부자 명단에 포함시켰다.

주주들은 버핏에게 주식 분할을 강력하게 요구했다. 사실상 모든 상장 기업의 통과 의례인 주식 분할은 타당한 이론적 근거도 있다. 주가가 낮으면 진입장벽이 낮아져 많은 사람이 매수할 수 있게 되어, 주가를 부양시키는 경향이 있기 때문이다. 하지만 1983년 주주 서한에서 버핏은 주식 분할을 단호히 거부했다. 파이를 더 많은 조각으로 쪼갠다고 가치가 올라가는 경우는 거의 없다는 이유에서였다(피자 한 판으로 직접 실험해 보라).

주식을 액면분할하면 문턱이 낮아져 새로운 투자자들을 끌어들이고 거래를 촉진하는 효과가 있는 것은 틀림없었다. 게다가 최소한 얼마 동안만이라도 버크셔의 주가를 부양시키는 효과가 나타날 수도 있었다. 하지만 주식 분할은 특정 투자자가 기업의 부에서 차지하는 지분을 다른 사람에게 **재분배**하는 것에 지나지 않을 터였다. 주가 상승에 희희낙락하는 트레이더들이 있는 이면에는 울며 겨자 먹기로 더 높은 가격에 주식을 사는 트레이더들이 있을 수밖에 없었다. 하지만 버크셔의 **전체 투자자를 놓고** 보면 부가 조금도 증가하지 않을 터였다. 그들이 소유한 모든 것은 다시 말해 씨즈캔디와 《버펄로 뉴스》 등등 버크셔의 투자 포트폴리오는 주식 분할로 영향을 받지 않을 것이기 때문이었다. "이런 값비싼 행동으로 파이를 먹는 사람은 늘어날

지언정 파이 자체를 키우지는 못합니다."[49] 사실상 버크셔의 주주들을 하나로 묶어 생각할 때, 증가한 중개 수수료를 합치면 이전보다 더 가난해질 터였다. 중개인들은 '유동성'이라는 가면을 쓴 높은 주식 회전률을 칭송했다. 하지만 버핏이 비아냥거린 것처럼, 그런 거래는 월스트리트라는 거대한 도박장에서 그저 "카지노 진행자들"의 배만 불려주고 개인 투자자는 '거래 비용'이라는 명목으로 '개평'을 뜯겼다.

그의 관점이 극단적으로 보일 수도 있다. 하지만 버핏은 자신의 '소유 철학'과 상충할 가능성이 있는 '보여주기 쇼'는 하고 싶지 않았다. 대부분의 CEO는 그런 '철학'조차 없거나, 그런 철학에 대해 많이 고민하고 생각하지도 않는다. 그들과는 달리 버핏은 소유 철학에 대해 아주 깊이 고민했다. 그런 노력의 일환으로, 그는 자신과 투자 철학이 비슷한, 즉 장기적인 가치에 초점을 맞추는 사람들을 버크셔 주주라는 큰 우산 아래 규합하려 의식적으로 노력했다. 가령 주식 분할처럼 가치와 무관한 이유에서 주식을 사는 사람은 언젠가 비슷한 이유로 주식을 팔 것이다. 버핏은 그런 철새 투자자들이 자신의 사업 동반자가 되는 것을 가능한 한 차단하고 싶었다. 이것은 버크셔에 대한 버핏의 헌신이 얼마나 깊은지를 보여준다. 영국이 윈스턴 처칠에게 과업이었던 것과 같은 의미에서 버크셔는 버핏에게 '과업'이었다.

소유 철학을 설파했던 1983년의 주주 서한에서 버핏은 '원칙' 목록을 공개했다. 여기에는 자신이 원하는 투자자들을 모으고 유지하기 위한 목적도 있었다. 이런 규칙들이 표면적으로는 특이한 점이 하나도 없었지만, 그런 원칙을 압축시키면 단 한 개의 약속으로 귀결되었다. 버핏과 멍거가 투자자들에게 언제나 솔직할 뿐 아니라 그들의 자본을 신중하게 운용하겠다는 약속이었다. 그런 원칙의 기저에 있는 정신은, 19세기에 버크셔를 창업한 올리버 체이스라면 고개를 끄덕였겠지만 역동적인 20세기 후반의 시대정신과는 결이 달랐다. 버핏의 목표는 신중하게 잘 고른 (부디 그럴 수 있기를 바랐다) 기업들이 장기적으로 성장하는 데서 이득을 실현하는 것이었다. 뒤집어 말하면, 민첩하게 '치고 빠지는' 단기 투자, 불온한 금융 기법과 속임수, 파이를 분할하고 (터무니없는 가격으로) 파이를 획득하는 다양한 방식 등으로는 수익을 실현하지 않겠다는 것이었다. 변화 자체를 혐오한다는 점에서 그의 투자 철학은 지극히 보수적이었다. 심지어 자신의 장기 투자 철학으로 말미암아 버크셔가 수익 면에서 불이익을 당할 것이 **확실**할 때조차도 투자의 의자 뺏기 놀이를 하거나 소위 '빚투'를 하고 싶지 않다고 고백했다.

> 버크셔가 소유한 좋은 사업체는 얼마를 주더라도 절대 팔고 싶지 않습니다. 또한 기준에 못 미치는 사업체라도 최소한 얼마간의 수익을 창출할 걸로 기대되고 또한 그들의 경영자나 노사 관계에 대해 만족하는 동안에는 별로 팔고 싶지 않습니다. 저희는 자본을 배분하려다 그런 '못난' 사업체를 갖게 되었습니다. 따라서 이제는 그런 자본 배분 실수를 되풀이하고 싶지 않습니다…. 그렇지만 카드 게임처럼 경영하는 것은 (매번 차례가 돌아올 때마다 가장 불리한 패를 버리는 것은) 저희와 맞지 않습니다.[50]

미국의 금융시장이 좀 더 안정적인 시기라면 이것은 특별하지 않았을 것이다. 하지만 1980년대의 금융 세상은 절대 안정적이지도 정상적이지도 않았다. 미국은 적대적 인수, 정크본드, 레버리지 매수 (Leveraged Buyout, LBO, 지렛대 효과를 이용해 소액 자본으로 큰 자본 이득을 취하는 기업 인수 방법의 하나이며, 자금이 부족한 매수 기업이 피인수 기업의 자산과 미래 수익을 담보로 자금을 차입하여 인수하고 이후 피인수 회사 자산을 매각하여 차입금을 상환하는 방식으로 차입 매수라고도 한다. – 옮긴이) 등의 각축장이었다. 1980년대의 전형적인 기업가는 세련되지 못해도 묵직하게 뚝심을 가진 올리버 체이스 같은 유형이 아니었다. 월스트리트라는 도박장에서 자르고 쪼개는 칼잡이와 투기꾼이 대세였다. 또한 1980년대의 시대 화두는 "유동성"이었다. 주식만이 아니라 기업 전체도 카드를 수집하고 교환하는 것처럼 순식간에 내던졌다(아니 정확히 말하면 내던졌다가 나누었고 그런 다음 다시 모아서 재분배했다). 당시의 시대정신은 한마디로 초단기 거래transience였다. 신용은 초단기 거래를 부추기는 환각제였고 그 결과 시장은 불안정해졌다. 체이스가 1980년대에 환생했다고 상상해 보자. 예전의 신중함이 흔적도 없이 사라진 세상에서 그가 얼마나 경악할지 눈에 선하다. 그럼에도 불구하고 자신이 창업했던 회사의 주주 서한 일부를 읽을 기회가 있다면, 신선한 놀라움을 느끼며 그래도 모든 것이 사라지지는 않았다고 자그마한 위안을 얻을 수 있지 않을까?

13장 카펫 왕국의 작은 거인

버핏이 기업을 평가할 때마다 반드시 스스로에게 묻는 질문이 있었다. 자신이 동일한 업종에 종사하고 또한 자본, 인력, 경험 등등이 풍부하다는 가정하에, 그 회사와 경쟁한다면 밤에 다리를 뻗고 잘 수 있을까?[1]

오마하의 로스 스테이크 하우스 맞은편에는 네브래스카 퍼니처 마트라는 가구점이 넓게 펼쳐져 있었다. 1983년 여름 그는 그 가구점에 대해 위의 질문을 하고 또 했고, 마침내 답을 얻었다. 그는 퍼니처 마트로 가서 몇 에이커는 됨직한 컨버터블 소파와 부엌 가구 전시장을 지나 곧장 카펫 구역으로 갔다. 담청색과 차분한 베이지색 물감을 뿌려놓은 것 같은 거대한 카펫 바다의 한 중앙에서 가구점 주인을 발견했다. 오마하에서 B 여사로 불리는 로즈 블럼킨Rose Blumkin이 150센티미터도 안 되는 작은 체구를 약간 구부려 카펫을 열심히 살펴보고 있었다. 하지만 버핏의 독특한 척도에서 보면 그녀는 10척 장신이었을지도 모르겠다.

여든아홉 살의 B 여사는 골프카트에 올라 매장을 둘러보는 중이었는데, 복도를 천천히 달리다가 한 종업원에게 양팔을 휘저으며 장광설을 늘어놓았다. 그 모습은 구순을 앞둔 나이가 무색했다. 오히려 40대 중년 여성 같은 힘과 활기가 뿜어져 나왔다. 그녀의 혈색 좋은 두 뺨은 발그레했고 앞머리를 크게 부풀린 적갈색 머리칼은 관자놀이 부분만 희끗했다. 버핏은 B 여사와 경쟁하느니 차라리 "회색곰과 싸우는 편"이 나을 거라고 생각했다. 그리고 그것이 그가 그곳에 발걸음 한 이유였다.

그는 버크셔 해서웨이에게 가구점을 매각할 생각이 있는지 아주 조심스럽게 물었다.

의외로 B 여사가 순순히 대답했다. "못 팔 것도 없수."

"얼마를 생각하십니까?"

B 여사가 툭 하고 내뱉었다. "6,000만 달러만 주소."

둘은 바로 악수했고, 버핏 개인적으로 역대 최대 규모의 인수 계약이 이렇게 마무리되었다. 버핏이 즉석으로 한 장짜리 합의서를 작성했고 영어 실력이라곤 겨우 읽을 정도였던 B 여사가 합의서 맨 아래에 서명 대신 표시를 했다. 불과 며칠 후 버핏은 B 여사에게 매각 대금의 90퍼센트에 해당하는 수표를 건넸다(블럼킨 가족이 소수 주주 지위를 유지했다). 그녀는 수표 액수를 확인하지도 않고 반으로 접은 다음, 이제 한배를 탔다는 선언으로 이렇게 말했다. "버핏 씨, 이제 우리 둘이 경쟁자들을 **믹서**로 갈아버립시다."[2]

B 여사는 버핏이 숭배하는 이상적인 사업가의 살아 있는 화신이었고, 그의 주주 서한들에서 갓 튀어나온 것 같았다. 마치 그가 자신이 가장 중요시하는 완벽한 덕목들을 설명하기 위해 그녀를 창조한 것처럼 말이다. B 여사는 강인함과 결단력과 상식으로 똘똘 뭉쳤다. 이런 자질은 식료품점을 운영했던 자신의 할아버지와 볼티모어에서 소매 유통업체를 경영했던 벤저민 로스너는 물론이고 버핏의 다른 모든 영웅들의 공통점이었다. 그녀의 인생은 맨주먹으로 성공 신화를 쓴 아메리칸 드림의 표본이었고, 버핏은 그런 이야기에 열광했다. 소재는 허레이쇼 앨저의 뮤지컬 영화 〈지붕 위의 바이올린Fiddler on the Roof〉에서 한 장애 소년이 완성한 성공담과 같은 종류였지만, 믿을 수

없을 만큼 방대한 대하소설에 가까웠다.

로즈 고어리크Rose Gorelick는 제정 러시아 시절인 1893년 하누카 (Hanukkah, 대략 12월 초에 해당하며, 유대력의 9월 25일에 시작해서 8일 동안 진행되는 유대인의 연례 축제로 봉헌절이라고도 한다. – 옮긴이) 전날 밤 오늘날 벨라루스의 수도 민스크Minsk 인근 마을에서 태어났다.[3] 그녀의 아버지는 랍비였지만 그녀를 포함해 8남매 모두가 단칸방에서 짚을 깔고 잤을 만큼 지독히도 가난했다. 그녀는 아버지의 깊은 신앙심에 감흥을 받기는커녕 아버지가 그토록 간절히 기도하는데 그녀 가족에게 매트리스 하나도 허락하지 않는다고 신을 원망했다.[4] 식료품점을 운영하던 어머니가 어린 마음에도 늘 안쓰러웠던 로즈는 빵을 굽느라 오븐 곁을 떠나지 못하는 어머니의 일손을 도우려 한밤중까지 깨어 있곤 했다. 심지어 어머니의 고생을 차마 보고 있을 수가 없어 6살 어린 나이 때부터 아예 가게에 나가 일을 거들었다. 그녀의 또 다른 형성 경험(formative experience, 일상에서 벌어진 사건이 평생토록 영향을 미치게 되는 경험 – 옮긴이)은 카자크 부대(Cossacks, 15세기부터 20세기 초까지 우크라이나와 러시아 남부에서 활동한 군사 집단 – 옮긴이)와 관련이 있었는데, 그들이 가끔 유대인들에게 잔인한 집단 학살 만행을 저질렀다.

고어리크 가족은 가난 때문에 8남매 모두 정규 교육을 받지 못했고 (로즈는 교실 문턱도 밟아본 적이 없었다) 로즈는 어느 부잣집에서 읽고 셈하는 법만 겨우 깨쳤다. 그리고 로즈는 어머니를 통해 구걸은 비열한 짓이라는 확고한 신념을 갖게 되었다. 당차고 말주변이 남달랐던 그녀는 13살 때 민스크의 한 포목점에 일자리를 얻었으며 16살 때는 5명의 건장한 남성 직원들을 관리하는 등 가게를 실질적으로 운영했다. 1914년 21살이던 해에 이자도어 블럼킨과 결혼한 그녀는 징집을 피해 남편을 먼저 미국으로 도피시켰다. 그리고 자신도 곧 뒤따라갈 계획이었는데 1차 세계대전이 발발해 발이 묶이고 말았다. 온 유럽이 불타고 러시아가 차츰 붕괴하던 1917년 혹독했던 겨울, 그녀는 시베리아 횡단열차에 몸을 실었다. 중국 국경에서 러시아의 국경 수비대원에게 검문을 받았을 때 여권이 없던 그녀는 군대에 납품할 가죽을 사러 가는 길이라고 둘러댔고 돌아오는 길에 보드카 한 병을 사다 주겠다고 약속했다. 그런 다음 만주를 거쳐 일본에 도착한 뒤 코딱지만 한 배에 간신히 자리 하나를 얻어 밀항 길에 올랐다. 6주 후 드디어 미국 북서부 해안에 위치한 시애틀에 무사히 발을 디뎠다.

1919년 오마하에 정착한 로즈 부부는 찢어지게 가난한 속에서도 러시아에 남겨진 로즈의 가족들을 데려와 한집에서 살았다. 이자도어가 운영하던 전당포와 중고의류 가게의 수입으로는 많은 식솔의 입에 풀칠하기도 빠듯해 참다못한 B 여사가 생활비를 보태려 지하실에서 가구를 팔았다. 한편 그녀는 영어를 한마디도 못 해 아이들이 학교에서 배워 그녀에게 알음알음 가르쳤다.

1937년 44살의 로즈는 가까스로 500달러를 긁어모아 파넘 가의 한 가게를 빌렸다. 원조 버핏 식료품점에서 동쪽으로 한 블록 떨어진 곳이었다. 그녀는 마음속의 커다란 꿈을 담아 네브래스카 퍼니처 마트라는 거창한 상호를 붙였다. 당시 사진을 보면, 그녀는 검은 머리칼을 깔끔하게 말아 올린 채 입술을 굳게 다물고 표정에는 단호한 결의가 어려 있었다. 그녀의 장사 기법이 그녀의 신조였다. "싸게 팔고 진실만 말하라."

브랜드 인지도가 높은 유명 가구업체들은 그녀의 초저가 전략이 자신들의 사업에 악영향을 미친다며 그녀와의 거래를 거절했다. 하지만 B 여사는 이가 없으면 잇몸으로 사는 영리한 장사꾼이었다. 시카고나 캔자스시티에서 마셜 필드 같은 소매업체들부터 원가보다 약간의 웃돈을 주고 재고로 쌓인 제품을 공급받을 수 있었다.[5] 심지어 그녀는 물건이 떨어지면 집안의 가구까지 가져와 팔았다. 한번은 B 여사가 딸 하나에게 전화해 다짜고짜 말했다. "아기 서랍장을 당장 비워라. 사겠다는 **손님**이 있다."[6]

B 여사가 신용 대출을 신청했을 때 은행들은 어이없다는 듯 실실거리며 퇴짜 놓았다. 그녀는 그런 불쾌한 경험 때문에 소위 '있는 자들'에 대해 영원한 증오심을 품게 되었다. 그녀가 주저앉지 않도록 잡아준 것은 그녀 자신의 의지였으며 일주일 7일 1년 52주 단 하루도 쉬지 않고 가게 문을 열었다. 또한 자신은 노동자층과 중산층 고객들과 궁합이 잘 맞는다는 사실을 깨달았다. 그녀가 "멋진 미국인들"이라고 불렀던 단골들은 언제나 현금으로 계산했다.

1949년 세계적인 카펫 제조업체 모호크 카펫 밀스Mohawk Carpet Mills가 그녀를 공정거래법 위반으로 고소하는 바람에 법정에 섰다.[7] 모호크는 소매가 기준으로 자사 카펫 1야드당(약 91센티미터) 7.25달러라는 최저가 정책을 운영했는데, B 여사가 4.95달러에 팔았던 것이다. "**싸게 파는 게 왜 문제가 되는지 모르겠군요.**" 그 사건은 기각되었다. 다음 날 사건을 담당했던 판사가 B 여사의 가게를 찾아와 카펫을 1,400달러어치나 팔아주었다.

이듬해 1950년 그녀는 공급업체들에게 대금을 지급 못 해 파산 위기에 몰렸다가 친절한 한 은행가가 90일짜리 5만 달러 어음을 발행해준 덕분에 급한 불을 껐다. 그는 가게를 살리려는 절박한 마음에 강당을 빌려 단 사흘 만에 25만 달러어치의 가구를 '떨이'했다. 그러고는 다시는 빚을 지지 않겠다고 다짐했다. 57살이었던 그때부터 그것은 그녀의 사업 철칙이 되었다.

그녀는 직원들에게 얄짤없었다. 가족들도 매장에서 일했지만 그들이라고 예외는 아니었다. 여차하면 "아무짝에도 쓸모없는 **허수아비!**", "돌대가리! 게을러터졌어!"라는 폭언이 날아오기 일쑤였다. 그녀가 제 발등을 찍지 않도록 용케 균형을 잡아준 사람은 아들 루이였다. 루이는 어머니 못지않게 뼛속까지 장사꾼이었지만 태도는 한결 온순했다. 한마디로 신사였다. B 여사가 매장 직원을 달달 볶으면 루이가 달래주고 B 여사가 누군가를 해고하면 루이가 다시 고용하는 식으로 조용히 수습했다. "어머니는 성정이 불같았죠"라고 루이가 말했다. "저는 좋은 게 좋다는 주의였고요." 아버지 이자도어가 세상을 떠난 뒤에도 가게 일을 계속 도왔던 루이는 B 여사가 무슨 말을 하건 유들유들하게 대답했다. "어머니가 제일 잘 아시잖아요."

B 여사의 전략은 허무할 정도로 단순했다. 대량으로 구매하고 비용을 최소화해서 그 혜택을 고객들에게 돌려주자. 한마디로 저렴하게 팔았다. 대개는 원가에 10퍼센트를 붙였지만, 사실은 예외가 아주 많았다. 하루는 젊은 부부가 컨버터블 소파를 보더니 마음에 들었는지 눈을 떼지 못하자 B 여사가 즉석에서 가격을 깎아주었다. 그녀의 머릿속에 모든 상품의 도매가가 입력되어 있었기에 가능한 일이었다. 그리고 그 부부는 단골이 되었다.

네브래스카 퍼니처 마트는 신혼부부, 예비 부모, 승진자들의 '성지'가 되었다. 또한 B 여사의 가게는 안 산 사람은 있어도 한 번만 산 사람은 없었다는 말이 딱 맞았다. B 여사에게서 가구를 구입한 사람들은 본인이 이사할 때는 물론이고 자녀들이 이사할 때도 어김없이 찾아왔다. 세월 앞에 장사 없다지만 그녀에게는 해당되지 않는 말이었다. 심지어 토네이도 때문에 가게 지붕이 날아갔을 때도 가게 문을 열었고, 가게에 화재가 났을 때는 소방관들에게 TV를 공짜로 나눠주었다.[8] 그리고 그녀의 사전에는 휴가라는 단어도 없었다. "난 거짓말한 적도 고객을 속인 적도 없었다오. 그리고 헛된 약속도 하지 않았지. 그래서 내가 복을 받은 거 같구려."

버핏은 블럼킨 가족과 친했던 아내 수전을 통해 오마하 시민의 절반을 단골로 거느리는 대단한 그 가게에 대해 알게 되었다.[9] 사실 버핏은 아주 오래전에 인수 제안을 했었는데 B 여사가 가격이 '너무 싸다'며 거절했다.[10]

B 여사의 거절은 도리어 그의 청개구리 성향을 자극해 더 간절히 갖고 싶도록 만들었다. 그는 퍼니처 마트를 예의주시하면서 B 여사가 경쟁자들을 하나씩 시장에서 몰아내는 것을 지켜보았다. 1970년대 초 어느 날 작가 애덤 스미스를 차에 태우고 B 여사의 가게 앞을 지나갈 때 버핏이 그 가게를 가리키며 매출 규모, 매장 면적, 재고 회전율 등등 온갖 수치를 줄줄 읊었다.

스미스가 이상하다는 듯 물었다. "그 정도면 인수해야 하지 않나요?"

"개인 업체라서요."

"그러면 어쩔 수 없군요."

버핏은 "어쨌거나 인수할 겁니다"라고 속내를 드러냈다. "언젠가는 반드시."[11]

마침내 디데이가 되었다. 이제 회장이 된 B 여사는 루이와 손자 셋이 네브래스카 퍼니처 마트를 운영하고 자신은 카펫 사업부만 관리하는데도 매일 노구를 이끌고 출근했다. 버핏은 B 여사가 사업체를 매각할 준비되었다는 소식을 들었을 때 짬을 봐서 루이를 먼저 찾아갔다. 가격에 대한 생각도 슬쩍 떠보고 내친김에 B 여사의 투박한 영어를 자신이 제대로 알아들은 것인지 확인해 볼 참이었다.[12]

거래를 마무리하기 전 버핏은 딱 한 가지만 요청했다. 퍼니처 마트의 세금 신고서 기록이었다. 연수익이 세전으로 1,500만 달러였다.

워런 버핏

그게 다였다. 버핏은 감사를 요청하거나 재고, 미수금, 부동산 명의자를 확인하는 것 같은 일상적인 심사 과정을 일체 생략했다. 보통은 집을 살 때도 아마 버핏이 6,000만 달러를 지출할 때보다 더 많은 서류를 확인할 것이다. 그의 접근법은 현대의 잣대로 보면 이상하게 보인다. 그러나 사업상의 주요한 판단은 상대방이 어떤 사람인가를 판단하는 것이라던 J. P. 모건 시니어의 철학과는 완벽히 일치했다. 그것을 버핏의 기준으로 표현하면, 블럼킨 가족을 신뢰할 수 없다면 그들의 동업자가 될 까닭이 없었다.

보기에 따라서는 그 모든 과정이 아주 수월하고 일사천리였다. 실제로 버핏은 인수 결정이 그토록 **쉬운** 일이냐는 질문을 한두 번 받은 게 아니었다. 간단히 대답하면, 그런 결정이 쉬운 게 아니라 그는 그런 일을 단순하게 만드는 재능을 타고났다. 그는 B 부인의 가구점을 인수하기 직전에 작성한 1982년 주주 서한에서 자신의 인수 기준을 설명하는 "인수 기업을 구합니다" 광고를 포함시켰다. 그는 제안에 대해 신속하게 반응하겠다고 약속했다. "대개는 5분을 넘기지 않습니다." 버핏의 요지는 조금이라도 꺼림칙하면 다른 말로 100퍼센트 확신이 없으면 인수하지 않는다는 것이다. 좀 과격하게 말하면 그의 목덜미를 단단히 붙잡는 기업이라야 했다. 그리고 블럼킨의 가구점이 그의 목덜미를 제대로 휘어잡은 것은 확실했다.

네브래스카 퍼니처 마트는 연 매출이 1억 달러에 이르는 미국 최대 가구업체였다. 오마하의 가구 시장 전체 매출에서 B 여사의 가게가 무려 3분의 2를 차지했다. 시장 점유율 66.6퍼센트는 다른 어떤 시장의 어떤 선두 업체도 감히 흉내조차 낼 수 없는 대단한 성과였다.[13] 오죽하면 딜라즈Dillard's — 연 매출이 40억 달러였다 — 같은 체인 백화점들도 오마하 매장에서는 가구를 취급하지 않았다. 이유는 단 하나, B 여사라는 너무 강력한 경쟁자 때문이었다.[14] 버핏의 말을 빌리자면 그녀는 오마하의 거실로 들어가는 유료 다리를 운영했다.

퍼니처 마트는 좋은 제품을 싸게 판다는 입소문이 나서 인근 주들에서도 고객들이 찾아왔다. 타 주로 배달할 때면 그 지역의 가구점들과 마찰을 피하기 위해 상호가 적히지 않은 트럭을 이용했다. "누군가가 메이텍Maytag 세탁기를 광고하면 그녀가 그 광고지를 떼와 **자기 매장**의 세탁기에 붙였어요"라고 버핏이 감탄을 금치 못했다. "그녀와 경쟁하는 것은 **지옥문**을 여는 것이죠."[15]

버핏이 B 여사의 가구점을 인수하던 날, 예전 핀볼 임대사업 동업자 도널드 댄리가 때마침 오마하에 있었다. 언제나처럼 이번에도 스테이크로 저녁을 먹은 뒤 버핏은 댄리에게 퍼니처 마트를 구경시켜주었고 "경이로운 블럼킨 가족"의 성공담을 깨알같이 들려주었다. 유명 TV제작자 노먼 리어Norman Lear도 오마하를 찾았을 때 B 여사 이야기를 얼마나 들었으면 "버핏은 어린아이마냥 B 여사를 숭배해요. 그녀 이야기를 할 때 보면 어린 손주가 자기 할머니를 자랑하는 것 같죠"라고 말했다.

버핏은 퍼니처 마트를 직접 운영할 마음이 심지어 엄격히 감독할 생각조차 없었기에 "자기 회사처럼 생각"하고 매일 탭댄스를 추며 출근할 관리자들이 필요했다.[16] B 여사는 자기 주도적인 자수성가의 전형적인 인물이었다. 아니 전형이라는 말도 부족하고, 만화 캐리커처처럼 상징적인 존재였다. 이를 반영하듯 버핏은 자신이 버크셔에서 받는 연봉은 인상되어 10만 달러였는데, B 여사에게 연봉 30만 달러를 지급했다.[17] 또한 그는 그녀가 자신의 "영웅들" 중 하나라고 기회만 생기면 말했다.

그가 그녀에게서 세련되지 못해도 본질적으로는 매우 충직한 자신의 모습을 보았음에 틀림없다. 단순히 그녀의 강박적인 습관이나 (구순이 넘어서도 변함없이 1년 365일 하루 열두어 시간씩 일했다) 빚에 대한 선천적인 거부감 [43에이커(약 17만 4천 제곱미터, 약 5만 2,600평)에 달하는 매장 부지에 저당은 1달러도 잡혀 있지 않았다] 또는 버핏의 말대로 그녀가 "500달러로 시작해 모든 경쟁자를 시장에서 몰아낸"[18] 것 때문이 아니었다. 혀를 내두르게 만드는 그녀의 투철한 목적의식이 그와 똑 닮았다. 언젠가 《오마하 월드−헤럴드》와 인터뷰하던 중에 일이다. 어떤 영화를 좋아하냐는 질문에 B 여사는 "바빠 죽겠는데 한가하게 영화 볼 시간이 있겠수?"라고 대답했다. 좋아하는 칵테일은? "술은 입에도 대지 않거니와 내 평생 술 좋아하는 사람치고 잘되는 사람 못 봤소." 그렇다면 취미는? 차를 타고 돌아다니며 경쟁자들을 염탐하는 것이었다.[19]

B 여사를 자택에서 만난 어떤 기자의 눈에는 집 거실이 매장의 확장판 같았다. 2인용 쌍둥이 안락의자며 반사 유리로 만든 커피 탁자 그리고 크리스털과 청동으로 만든 작은 조각상들, 모든 것이 퍼니처 마트에서처럼 '진열되어' 있었다. 심지어 전등갓들에는 가격표가 대롱대롱 매달려 있었다.[20] B 여사는 집에 있는 시간도 많지 않았거니와 집안을 꾸미는 일에도 전혀 취미가 없었다. "난 부자들이 싫다오"라고 그녀가 말했다. "부자들은 돈 없는 사람들을 하찮게 대하지. 이 나이를 먹고도 그들에게 당한 건 잊을 수가 없구려."

글도 깨치지 못한 이민자였던 그녀는 버핏이 (불필요한 복잡성의 어리석음에 대해) 썼던 모든 글의 살아 있는 화신이었다. 가령 버핏이 감탄하며 말했듯, 그녀는 "가격 탄력성elasticity"처럼 경영대학원에서 가르치는 소매 개념에 대해서는 하나도 몰랐지만 자신의 현금 잔고는 1센트까지 정확히 말할 수 있었다.[21] 한번은 버핏이 컬럼비아 경영대학원에서 강연하던 중에 B 여사가 감가상각과 발생주의(accrual, 회계에서 현금을 수수한 시점과는 관계없이 재무 상태를 변동시킨 거래나 사건이 발생한 시점에서 인식하는 방식으로 현금의 유입과 유출 여부에 따라 수익과 비용을 인식하는 현금주의와 대비되는 개념이다. - 옮긴이)라는 회계 용어는 이해하지 못해도 그런 개념을 "이 강의실 누구보다도 잘 안다"고 강조했다. 버핏은 B 여사에게서 어떤 천재성을 보았다. 자신의 전문 분야 하나에만 고도의 집중력을 유지하는 능력이었다.[22] 이것은 버핏이 생각하는 자신의 모습과 매우 흡사했다(경영학으로 유명한 뉴욕대학교는 1984년 버핏의 추천으로 B 여사에게 상학商學 명예 박사학위를 수여했다. 역대 수여자에는 폴 볼커 FRB 의장과 씨티 그룹의 CEO 월터 리스턴Walter Wriston이 있었다).

일요일 오후에 매장을 방문해도 스웨터와 파란 줄무늬 정장 차림으로 카펫 샘플이 담긴 바구니를 들고 있는 그녀를 볼 수 있었다. 고령임에도 그녀의 유머감각은 전혀 녹슬지 않았고 기억력도 대단해서 어릴 적 민스크에서 러시아의 두 황녀가 총살되기 직전에 보았던 날을 생생하게 설명했다.

하루는 젊은 여성이 러그를 만지작거리는 모습을 보고 B 여사가 발에 모터가 달린 것처럼 순식간에 달려갔다. 손님의 얼굴에 바짝 긴장하는 기색이 역력했다. 거의 의심에 가까운 표정이었다.

"39달러라우. 어디 가서 이 가격에 이만한 러그는 찾기 힘들다오."

"집에 파란색과 분홍색 러그가 있어서요"라며 그녀가 확신 없는 목소리로 말했다.

"**어떤 색과**도 잘 어울릴 거니 안심해요."

또 하루는 여자 직원이 카펫 외상값을 갚지 않는 고객에게 독촉 전화를 하고 있었다. 이번에는 B 여사가 계산대로 돌진했다.

"그냥 전화 끊어"라고 B 여사가 말했다. "외상값 떼먹고 지옥에나 가게 내버려둬. 사람이 염치가 있어야지."

워런 버핏

직원은 어떻게든 문제를 잘 해결해 보려 애썼다.

"전화 끊으라는 내 말 안 들려? 그 사람한테는 백날 말해 봐야 소용없어."

그래도 직원은 상대방의 이야기를 들어주려 최선을 다했다. 색상에 문제가 있는 듯했다.

"내 평생 정직하게 살아왔어. '안녕히 계세요'하고 **전화 끊으라니까!** 그렇게 못된 심보를 가졌으니 암에 걸려도 싸지."

혈관이 불룩하게 튀어나온 것을 빼면 그녀는 구순이 넘은 제 나이보다 훨씬 젊어 보였고 여전히 과일과 채소 위주로 식사했으며 새벽 5시면 어김없이 일어났다. 그리고 딱히 운동하지 않는데도 무릎 인공관절 수술을 받은 것만 빼면 완벽히 건강했다. 아마 버핏은 그녀의 건강이 가장 부러웠는지도 모른다.

그는 건강이 나빠져 (혹은 죽어) 손에서 일을 놓는 것은 생각하기조차 싫었다. 심지어 죽으면 교령회를 통해 경영에 참여할 거라는 으스스한 농담도 자주 했다(예전부터 버핏은 가장 불안한 감정을 말할 때면 농담을 섞는 버릇이 있었다). 자신의 죽음에 노심초사하는 그에게 B 여사의 건강한 모습은 틀림없이 일종의 귀감이 되었을 것이다. 실제로 언젠가 주주 서한에서 B 여사가 나이를 먹어가는 것과 자신의 나이가 많아지는 것을 공개적으로 연결시켰다.

> 저는 시간이 흐를수록 B 여사가 더욱 속도를 내고 5년, 늦어도 10년 안에 그녀의 잠재력이 만개할 거라고 확신합니다. 따라서 저는 이사회가 100살로 규정한 의무 정년 정책을 폐지하도록 설득했습니다(이제 더는 미룰 수 없습니다. 해가 지날 때마다 이 정책은 구닥다리로 보일 뿐입니다).[23]

당연히 B 여사에게도 단점이 있었다. 무엇보다 갈수록 드세고 사나워지는 그녀의 성격이 화근이었다. 특히 법정 상속인들로 경영에 참여하는 손자 둘과는 사사건건 부딪치며 돌이키기 힘들 정도로 사이가 벌어졌다. 심지어 로널드 블럼킨은 할머니의 잔소리와 거친 언사에 진절머리를 쳤고 둘은 말도 섞지 않게 되었다. 이것은 블럼킨 가문에서 옥의 티였지만 버핏에게는 문제가 — 아니 전혀 문제가 — 되지 않았다. 퍼니처 마트는 여전히 그에게 많은 돈을 벌어주었기 때문이다.

버핏은 블럼킨 가족을 아주 높이 평가했고 그래서 블럼킨의 **두 번째** 가족 소유 업체도 품에 안았다. 오마하의 보석상 보르샤임이었다. 보르샤임은 한마디로 두 번째 돈벼락이었다. 1948년 당시 작은 보석 가게였던 보르샤임을 B 여사의 여동생 부부 레베카와 루이스 프리드먼이 인수했다. 그들은 만주와 일본을 경유했던 B 여사와는 반대로 라트비아를 거치는 서쪽 경로로 러시아를 탈출했다. 훗날 보르샤임은 미국 2위의 보석상이 되었다(1위는 뉴욕에 있는 티파니Tiffany's였다).[24] 퍼니처 마트와 마찬가지로 보르샤임도 박리다매 전략을 완벽히 구현했다. 그 전략은 일단 자리를 잡으면 선순환 고리가 만들어지는 경향이 있다. 당연히 다이아몬드로 벌어들인 수익은 카펫 수익보다 훨씬 높았다.

버핏의 관점에서 보면 퍼니처 마트와 보르샤임은 비슷한 강점을 지녔다. 각각은 경쟁자들의 추격을 저지시키는 보호 "해자(垓字, 적의 침입을 막기 위해 성 밖을 둘러 파서 못으로 만든 곳 – 옮긴이)"가 있었다(버펄로의 신문 전쟁에서 명백하게 드러났듯, 버핏은 경력 내내 경쟁이라면 치를 떨었고 경쟁을 피하는 것이 지상과제였다).[25] 그리고 막대한 자본 투입과 지루한 싸움을 각오하지 않으면 누구도 퍼니처 마트에게 도전장을 내밀 수 없었다. 이런 돈과 시간이 바로 잠재적인 경쟁자들이 시도조차 못하게 의욕을 꺾는 일종의 깊은 해자다.

실제로 버핏은 퍼니처 마트의 계산대 옆에 서서 매출이 올라가는 것을 지켜보기만 해도 전율을 느꼈다.[26] 게다가 오마하 외부에서 손님이 오면 B 여사의 가구점을 구경시켜주는 의식도 생겼다. 심지어 버크셔의 정기 주주 총회가 열릴 때는 주주들에게 B 여사의 가게를 '단체 관광'시켜주려 버스를 전세 냈다. 이렇게 볼 때 버핏의 마음속에서는 이미 버크셔의 주력 산업이 바뀌었다. 말인즉 퍼니처 마트가 고색창연한 뉴베드퍼드 섬유공장의 지위를 대체했다. 그럴 만도 했다. 버핏이 퍼니처 마트를 인수하고 15개월 동안 긁어모은 돈이 빨간 벽돌의 섬유공장에서 19년간 번 돈과 비슷했다.

하나를 보면 열을 안다는 속담처럼 그런 수익의 차이가 모든 것을 말해준다. 해서웨이 방직공장과 퍼니처 마트는 하나부터 열까지 정반대였다. 첫째 해서웨이는 경쟁자들과 전혀 **차별화되지 않았다.** 이는 해자가 없다는 말이었다. 또한 최종 소비자는 그런 회사가 존재하는지도 몰랐다. 버핏이 씁쓸하게 농담했듯 양복점에서 "해서웨이 안감을 댄 줄무늬 양복"을 요구하는 사람은 없었다.[27]

B 여사의 가구점에서는 빠른 회전율 덕분에 재고에 묶이는 자본이 최소화되었던 반면, 해서웨이 공장은 돈 먹는 하마였다. 섬유업체 한 곳이 공장 설비를 업그레이드할 때마다, 버크셔는 물론이고 다른 모든 섬유업체들도 울며 겨자 먹기로 설비를 업그레이드할 수밖에 없었다. 따라서 누구도 경쟁적 우위를 — 해자를 — 누리지 못하는데도 모두가 더 많은 자본을 투입하는 출혈 경쟁에서 벗어나지 못했다.

버핏은 결과를 빤히 알면서도, 자본을 좀만 더 투입하면 섬유공장을 회생시킬 수 있을 거라는 달콤한 유혹을 뿌리치지 못할 때가 더러 있었다. 심지어 1970년대 중반에는 뉴햄프셔 맨체스터에 위치한 또

다른 방직공장을 인수했다. 장부로만 보면 그것은 거저나 다름없었다. 하지만 결국에는 재앙이었음이 드러났다. 버핏도 나중에는 섬유회사들이 함정이었음을 깨달았지만 이미 엎질러진 물이었다.

> 따로 떼어놓고 보면, 섬유공장들에 자본을 투입한 것은 비용 대비 효율성이 높았고 합리적인 결정처럼 보였습니다. 하지만 묶어서 보면 전혀 다른 그림이었습니다. 그런 투자 결정은 서로가 서로의 발목을 잡는 형국이었고 비합리적이었습니다(퍼레이드를 구경할 때 서로 잘 보려고 모두가 발뒤꿈치를 드는 것과 같습니다).[28]

그러자 버핏이 왜 섬유회사들을 매각하지 않고 보유하는지 묻는 주주들이 하나둘씩 생겨났다. 이에 그는 원론적인 대답을 내놓았다. 섬유공장들이 각 지역에서 많은 일자리를 책임지고 노조들도 협조적이며 큰돈은 아니라도 얼마간의 수익을 기대한다고 말이다. 하지만 그게 다가 아니었다. 그의 마음 한구석에는 처음부터 해서웨이 공장을 경영했던 켄 체이스에 대한 도덕적인 의리가 있었다. 그가 주주들을 환기시켰듯, 버크셔의 성장 엔진에 연료를 제공했던 것은 체이스가 섬유공장에서 흘린 피와 땀이었다.[29] 하지만 그는 가끔 체이스에게 남몰래 경고했다. "이대로 간다면 공장에 자본을 투입해야 할 것 같은데, 저는 그러고 싶지 않습니다."

비록 B 부인만큼은 아니더라도 체이스는 그녀에 버금갈 정도로 열심히 일했고 최선을 다했다. 무엇보다 제품 라인과 주력 품목을 변경했고 기계 설비를 개량했으며 노조 지도자들과의 관계도 개선했다 (그들도 오마하에 있는 체이스의 상사가 구두쇠라는 사실을 잘 알아 그에게 협조적이었다). 하지만 그는 경쟁에서 이기지 못했을 뿐 아니라, 하나의 경쟁 파도를 넘으면 다음 파도가 연이어 닥치는 식이었다. 버핏은 체이스와 해서웨이를 보면서 일반화된 결론을 도출했다. '좋은 농부에게 나쁜 땅은 없다'는 속담과는 달리 사업이 안 좋으면 훌륭한 경영자도 소용없을 것이다.[30] 이것은 다시 업종을 떠나 모든 부실기업들에 관한 불변의 진리로 이어졌다. "'기업 회생 노력'이 성공하는 예는 거의 없다…"[31]

1980년 버핏은 맨체스터 공장의 조업을 중단했고 뉴베드퍼드 공장의 직기 개수를 3분의 2로 감축하는 초강수를 뒀다. 그럼에도 1981년 섬유회사들은 270만 달러의 적자를 기록했다. 이는 시베리 스탠턴 시절 최악이던 몇몇 연도의 적자 수준과 비슷했다. 버핏은 체이스에게 "비용을 줄이지 못하면 공장을 폐쇄할 수밖에 없어요"라고 최후통첩을 날렸다. 최후통첩이 먹혔을까, 체이스가 그토록 힘든 일을 성공적으로 해냈다. 그러자 버핏은 한편으로는 자신이 심했나 싶어 미안했고 또 한편으로는 깜짝 놀랐다.

1983년 퍼니처 마트를 인수한 것은 버핏이 그동안 섬유회사들에서 저지른 일련의 실수와 확연히 대조되었다. 마침내 그는 (에두른 표현으로) 벤저민 그레이엄에 대한 믿음 때문에 너무 오랫동안 전통적인 제조 산업에 집착했고 결과적으로 B 여사 방식의 프랜차이즈를 간과하는 대가를 치렀다고 공개적으로 인정했다.

> 저는 탈출 시기를 오래전에 놓쳤습니다. 여기에는 벤저민 그레이엄의 많은 가르침이 그동안 아주 효과적인 것도 한몫했습니다(그리고 그의 가르침은 앞으로도 효과적일 것입니다).[32]

하지만 이제는 그의 사고가 "급격하게 선회했다." 이듬해 체이스가 물러나자 버핏은 경영학 석사학위 소지자이자 섬유 관련 학위가 있는 게리 모리슨Garry Morrison을 영입했다. 그러나 자본을 투입해 달라는 신임 사장의 요구는 단호히 거부했다. 해서웨이 섬유공장은 새 피를 수혈받지 못하면 적자에서 벗어나지 못할 것이 빤했다. 마침내 버핏도 더는 버티지 못했다. 1985년 해서웨이 공장을 폐쇄했다.

대다수가 숙련된 기술자에 포르투갈 이민자 후손이었던 종업원 400여 명은 공장이 폐쇄되기 몇 달 전에 해고 통지를 받았다. 회사는 그들에게 전직을 위한 직업 재교육 프로그램을 제공했지만, 대부분은 아니더라도 많은 종업원이 결국 저임금 일자리로 옮겼다. 그들은 고용 계약서에서 보장하는 금액보다 더 많은 퇴직금을 요구했다. 뉴베드퍼드 미국 섬유 노동자 조합Textile Workers Union of America의 간사 겸 총무 데이비드 리마David Lima는 한 달 치 정도의 퇴직금을 받았다고 기억했다. "일자리를 잃은 사람들에게 그것은 있으나 마나 한 돈이었습니다."

노조가 면담을 요청했지만 버핏은 만날 이유가 없다는 말로 냉정하게 거절했다.[33] 게리 모리슨은 "버핏은 공정하게 처리하고 싶어 했고 실제로도 공정했습니다. 하지만 아주 관대하지는 않았죠"라고 회상했다.

버핏은 사람들이 자신을 그렇게 평가하는 것에 매우 민감했다. 그는 1985년 주주 서한에서 공장 폐쇄 결정을 변명하듯 지난 5년간 문을 닫은 섬유공장이 250곳이나 된다고 환기시켰다.[34] 그러면서 버크셔의 섬유공장이 지난 5년간 까먹은 돈이 500만 달러가 넘었다고 지적했다. 버핏은 자신이 섬유공장을 그토록 오랫동안 운영한 것은 일종의 '타협점'을 찾은 것이라고 합리화했다. 즉 (영국의 경제학자) 애덤 스미스보다 노동자들의 이익에 덜 무자비하면서도, 카를 마르크스보다 더 가혹한 타협점이었다. 이는 '보통 수준보다 낮은 수익성'은 기꺼이 감내하겠지만 '끝없는 적자'는 견딜 수 없다는 뜻이었다.

당연한 말이지만 버핏은 스미스의 자유주의 시장 체제와 마르크스의 사회주의 시장 체제 사이에서 자신의 '마르크스주의적'인 성향은 교묘히 잘 숨겼다. 그는 애덤 스미스의 주장을 완전히 배척하는 것이 아니라 **적당히 수용하고** 자신의 투자 수익률을 '아주 약간' 희생할 용의가 있었다. 어쨌든 1985년 주주 서한의 핵심은 명확했다. 스미스의 이론을 포기하는 것은 ― 자본을 포기하는 것은 ― 파괴적인 결과로 이어질 수도 있다. 버핏의 서한에는 어설프게 포장된 영웅과 악마가 등장했다. 영웅은 스미스의 이론을 따르는 동시에 섬유산업 밖으로 사업을 다각화했던 자신이었다. 반면에 악마는 또 다른 섬유회사 벌링턴 인더스트리스Burlington Industries였다. 버핏은 벌링턴이 다각화하지 않았고 오직 편직물을 고수했다고 지적했다. 버핏이 21년간 버크셔에서 연이은 풍년으로 곳간을 채우는 동안 벌링턴은 섬유공장에 30억 달러를 재투자했다. 이제 벌링턴은 미국 최대 섬유회사가 되었지만, 그것은 빛바랜 영광이요 상처뿐인 승리였다. 버핏이 버크셔를 통해 돈을 긁어모으던 21년간 벌링턴의 주가는 60달러에서 고작 68달러로 쥐꼬리만큼 상승했다. 심지어 인플레이션을 감안하면 벌링턴의 투자자들은 구매력의 3분의 2를 잃은 셈이었다. 마르크스라면 박수를 보냈을지 몰라도 스미스는 ― 그리고 버핏은 ― 그렇지 않았다.

> 주주들의 무덤이 된 벌링턴의 사례는, 잘못된 전제에 뛰어난 머리와 에너지를 대거 투입할 때 어떤 결과를 맞이할 수 있는지 극명하게 보여줍니다. 이 상황은 새뮤얼 존슨(Samuel

Johnson, 영국의 시인이자 평론가 - 옮긴이)의 말을 연상시키죠. "말馬이 열까지 셀 수 있다면, 말로서는 뛰어나지만 수학을 잘 하는 것은 아니다."[35]

요컨대 섬유회사가 아무리 잘 운영돼도 본질적으로 좋은 사업이 될 수는 없었다. 은퇴 후 메인주의 해안에 정착한 켄 체이스는 버핏이 그 공장을 10년 전에 폐쇄해야 했다고 평가했다. 그러면서도 버핏과의 경험이 귀중하다고 강조했다. "그와 일하는 것이 말로 다 못 할 정도로 좋았습니다." 하지만 버핏이 한 번도 속을 분명하게 보여준 적이 없어 못내 아쉬웠다. "늘 제 마음에 걸렸던 것이 하나 있었죠. 그가 저를 선택할 이유를 도통 알 수가 없었습니다. 제가 회사를 떠나기로 결심했을 때야 한마디 하더군요. '그 공장을 둘러보던 첫날부터 당신이 제게 절대적으로 정직했다는 사실을 잊지 못합니다'라고요. 그것이 그의 입으로 들은 전부였습니다."

이후 해서웨이 공장의 운명을 보면, 버핏이 그곳을 너무 늦게 폐쇄했다는 체이스의 판단이 정확했다. 공장 기계와 설비는 경매를 통해 폐업용품 처리업자들에게 떨이가격으로 낙찰되었다. 총 163,122달러였다. 특히 1981년 개당 5,000달러에 구입했던 직기들은 1985년 개당 26달러로 팔려 숫제 고물 취급받았다.[36] 그러나 버핏은 코브 가의 공장 부지는 끝까지 팔지 않았고 실크 스크린, 무대용품, 데이터-프로세싱 시트 등을 생산하는 영세 업체들과 섬유산업의 전성기에 대한 기억이 없는 여타 업체들에 임대했다. 예전에 시베리가 상아탑에서 거들먹거리며 회사를 좌지우지했던 본사 건물은 버크셔 해서웨이 부동산Berkshire Hathaway Realty, BHR의 사무실로 사용되었다. BHR이라는 이름은 뉴베드퍼드의 남쪽 끝 부두에 정박된 채 녹슬어가는 선박

워런 버핏

들처럼, 한때 그곳을 호령했던 위대한 섬유공장들에 대한 아련한 향수를 불러일으켰다.

14장   사냥꾼에 맞서는 믿음의 고릴라

1984년 버핏은 뉴욕 록펠러 센터에 입주한 타임의 본사에서 최고 경영자 J. 리처드 먼로J. Richard Munro를 만났다. 버크셔는 지분 4퍼센트를 소유한 타임의 주주였고, 버핏과 먼로는 미디어 산업에 대한 의견을 자주 나누었다. 이번 만남은 타임이 적대적 인수자의 사냥감이 되었다는 소문이 떠돌기 때문이었다.

버핏은 출판 거인이 경영권을 방어하도록 자신이 도와줄 수 있다고 생각했다. 그는 "백기사(white knight, 적대적 인수합병의 위기에 놓인 회사를 구제하기 위해 나선 개인이나 조직을 말하며 우호적 인수자라고도 한다. - 옮긴이)를 어떻게 생각하십니까?"라며 먼로를 슬쩍 떠봤다. 버핏이 80년대식으로 거래를 제안한 것이다. 먼로의 말을 들어보자.

> 버핏은 우리 회사의 대주주가 되려 했어요. 그리고 주식을 절대 팔지 않겠다고 약속했죠. 그러니까 우호적인 인수자가 되겠다고 자청한 거였습니다. 그런데 이사회에 그 안건을 상정하자 이사들이 말하더군요. "도대체 워런 버핏이라는 사람이 누굽니까?"

아직까지도 기업들은 적대적 인수에 저항할 면역 체계가 작동한다고 생각할 수도 있었다. 당연히 타임 같은 거대 기업은 더욱 그랬을 것이다. "막상 일이 벌어지기 전에는, 그래서 걱정에 뜬눈으로 밤을 새우기 전에는, 우리도 공격을 막아낼 수 있다고 생각했습니다"라고 먼로가 훗날 술회했다. 하지만 이내 타임은 현실을 직시하게 된다. 면역 체계가 전혀 작동하지 않았다. 아예 면역 자체가 없었다. 적대적 인수의 위협에 직면한 타임은 1990년 급한 불을 끄자는 심정으로 워너 커뮤니케이션즈Warner Communications와 합병했고, 그 과정에서 재무제표가 걸레로 변했다. 사실 타임은 인수합병 시대에서 자멸적인 전술의 가장 대표적인 사례라는 멍에를 썼다. 나중에서야 먼로는 "그때 버핏의 제안을 받아들이지 않은 것이 두고두고 아쉽습니다"라고 후회했다. 하지만 이미 쏜 화살이었다.

먼로가 — 그리고 다른 많은 사람들이 — 뒤늦게 깨달은 것처럼, 1980년대 중반 급격한 변화들이 목하 진행 중이었다. 퍼스트 보스턴은 10년 전만 해도 인수합병 담당자들이 겨우 4명에 불과한 구멍가게였지만, 이제는 110명이 매시간 M&A 거래를 성사시키고 있었다. 더욱이 그 속도가 더욱 빨라지고 있었다. 1975년 월스트리트는 M&A 거래로 120억 달러를 거머쥐었지만 1984년에는 1,220억 달러를 쓸어 담아 10배가 넘었다. 오래전부터 재미없고 고루한 직업이라고 여겨졌던 투자 은행가들이 갑자기 선망과 원망의 대상이 되었다. 젊고 부유하고 거만할 정도로 강력한 투자 은행가들이 빨간 멜빵을 군복 삼아 총성 없는 전쟁에 몰두하면서 기업 경영자들을 공포로 몰아넣었다.

지난 100년간 월스트리트는 '갑'인 기업 고객들의 요청을 받아 자금을 조달해 제공하는 철저히 '을'이었다. 이제는 갑을 관계가 완전히 뒤집혔다. 월스트리트 금융 경제의 '중개인'들이 주도권을 쥐었고, 메인 스트리트(Main Street, 월스트리트와 대비되는 개념으로 금융가 돈의 흐름에 따라 움직이는 중소기업이나 중산층의 실물 경제를 의미하며 실물 경제란 기업의 생산, 개인의 노동, 소비, 유통업체의 판매 행위 등 실제로 이루어지는 경제 활동을 총체적으로 일컫는다. - 옮긴이)의 실물 경제가 그들의 인수 전쟁에서 먹잇감으로 전락해 전전긍긍했다. 적대적인 인수 공격의 총알은 새로운 형태의 금융이 제공해 주었다. 바로 변절자 집단인 드렉셀 버넘 램버트Drexel Burnham Lambert가 개척한 고위험 고수익의 비우량 채권 정크본드였다. 정크본드 구매자들은 기업 사냥꾼들이 얼마로 부풀리든 마구잡이로 사들였다. 이런 점에서 보면 1980년대는 예전의 투기 시대들과 닮았다. 사실상 1960년대 활황기 증시의 무너진 제왕 프레드 카는 드렉셀 정크본드의 가장 적극적인 판매기관 퍼스트 이그제큐티브First Executive의 사장으로 화려하게 부활했다.

당연한 말이지만 투기도 인수합병 광풍도 월스트리트에는 새로운 현상이 아니었다. 하지만 이번은 달랐다. 월스트리트의 구조 자체가 **변했다**. 이제《포춘》500대 기업들은 연기금과 뮤추얼펀드 같은 기관 투자가들의 손아귀에 완전히 장악되었다. 그리고 그런 전문 투자자들은 하나 같이 높은 가격을 쳐주는 사람에게 지분을 팔고 야반도주하듯 줄행랑쳤다. 아주 오래전, 최소한 실적이 좋을 때는 대주주들이 경영진을 지지했고 덕분에 기업 사냥꾼들의 공격에서 경영권을 방어할 수도 있었다. 하지만 1980년대 중반이 되자 그런 지지는 추풍낙엽보다 더 빨리 사라졌다. 제지 회사 챔피언 인터내셔널Champion International의 앤드루 시글러Andrew Sigler CEO는 자사 주주들이 하도 빨리 바뀌어 누가 주주인지도 모를 지경이었다고 하소연했다.[1]

버핏의 투자 관점도 바뀌었다. 그가 오직 주주의 관점으로만 월스트리트를 대할 때도 있었다. 이제 50대 중반인 그도 리처드 먼로나 앤드루 시글러 같은 CEO들과 같은 입장이었다. 그는 기업 사냥꾼들은 물론이고 그들이 기업 이사회에서 불러일으키는 혼란에 의심의 눈초리를 보냈고 인수 열풍으로 부풀려진 주가들을 경계했다. 이번에도 그는 1960년대 활황기 때처럼 월스트리트가 도를 넘었다고 판단했다. 그러나 이번에는 월스트리트에서 발을 뺄 생각이 없었다. 오히려 그 세상 깊숙이 들어가 초대형 거래들에 승부를 걸어볼 참이었다.

버핏이 본게임에 뛰어든 것은 1985년 2월 26일이라고 할 수 있다. 당시 이틀 예정으로 워싱턴을 방문하고 있었는데 친구이자 캐피털 시티즈의 회장 토머스 머피에게서 연락이 왔다.

"이봐, 친구, 믿기 힘든 소식이 있네"라고 머피가 입을 열었다. "내가 막 ABC를 인수했지. 자네가 이리로 와서 인수 대금을 어떻게 지급하면 좋을지 말해줬으면 좋겠는데."[2]

버핏보다 5살이 많은 토머스 S. 머피도 그처럼 정치인의 아들이었다. 토머스가 어릴 적 브루클린에서 판사로 재직하던 그의 부친은 토머스 듀이(Thomas Edmund Dewey, 뉴욕 주에서 검사로 활동하다 뉴욕 주지사로 선출되었고 1944년과 1948년 두 차례에 걸쳐 공화당 대통령 후보로 지명되었지만 낙선했다. – 옮긴이), 앨프레드 스미스(Alfred Emanuel Smith, 4선의 뉴욕 주지사였고 1928년 민주당 대통령 후보였지만 낙선했다. – 옮긴이) 같이 자신을 찾아오는 유명 인사들에게 아들을 인사시켰다. 여름방학이면 시골에서 지내고 가족 회원권이 있는 골프장에서 골프를 즐기며 유복하고 멋진 어린 시절을 보낸 뒤 머피는 하버드 경영대학원에 진학했다. 동창이었던 제임스 버크(James Burke, 훗날 존슨 앤 존슨의 회장이 된다)는 머피가 자신의 부친처럼 타고난 정치인 같다고 생각했다. 장신에 대머리였던 머피는 서글서글해서 미워하는 사람이 거의 없었으며, 말이며 행동이 느긋하면서 겸손했고 사람들을 '친구'라고 격의 없이 불렀다. 유니레버Unilever로 유명한 영국의 비누 제조업체 레버 브라더스Lever Brothers에 잠시 몸을 담은 그는 허드슨 밸리 방송으로 이직했는데, 당시 연봉이 18,000달러였고 뉴욕 올버니의 파산한 UHF 방송국을 운영하는 일을 맡았다.

은퇴한 수녀들의 숙소로 사용되던 주택에서 방송하던 영세 방송사 허드슨 밸리는 다른 방송사를 인수했고, 1957년 주당 72센트로 주식을 공개했다. 몇 년 뒤 뉴욕으로 돌아와 적갈색 사암으로 지은 아늑한 사무실의 주인이 된 머피는 제임스의 동생 대니얼 버크Daniel Burke를 자신의 오른팔로 영입했다. 사람 좋은 머피와 좀 더 현실적이고 냉철한 버크는 '원팀'으로서 손발이 찰떡처럼 맞았다. 머피는 전략과 계약 체결에 집중했고 버크는 세부적인 운영을 도맡았다. 1959년에 캐피털 시티즈로 개명한 머피의 회사는 방송, 케이블, 출판 분야에서 차츰 미디어 제국으로 성장했다. 하지만 캐피털 시티즈의 운영 방식은 전혀 제국답지 않았다. 머피와 버크는 광범위한 자회사들에 권한과 재량권을 상당 부분 위임했으며 본사는 최소한의 필수 인력만으로 운영했다. 캐피털 시티즈에는 법률 부서도 홍보 담당 직원도 따로 두지 않았다. 사실 머피는 지독한 짠돌이였다. 단적인 사례가 있다. 올버니에 있는 본사 건물에서 도로를 바라보는 두 면만 페인트를 칠하고 허드슨강에 접한 나머지 두 면은 그대로 두었다. 머피와 버크의 비전과 비용 절감 노력이 합쳐지자 캐피털 시티즈는 막대한 이익을 꾸준히 창출했다.

1970년대 초 머피를 처음 만난 버핏은 본사 건물의 페인트 비용도 허투루 쓰지 않는 사람이라면 자신과 같은 부류라고 확신했다. 역시 유유상종이었나 보다. 그는 1977년 버크셔의 이름으로 캐피털 시티즈의 지분 3퍼센트를 매수했다. 하지만 주가가 꾸준히 상승하다 멈춘 뒤에 매도했다. 나중에 버핏은 이것을 두고 자신이 "잠깐 정신이 나갔었다"라고 후회했다. 한편 머피와 버크는 크고 중대한 결정이 있으면 매번 버핏과 미리 상의하기 시작했다. 한번은 월터 애넌버그Walter Annenberg가 《TV 가이드》와 《데일리 레이싱 폼》 같은 보석들이 포함된 출판 제국 트라이앵글 퍼블리케이션즈Triangle Publications를 매각할 의사가 있다는 이야기를 들은 버핏이 "머피, 우리 둘의 회사가 50 대 50으로 인수하면 어떨까요?"라고 물었다.[3] 둘은 베벌리힐스로 함께 가서 애넌버그를 만나 10억 달러를 제안했다. 애넌버그가 제안을 거부하자 버핏과 그의 '친구'는 — 돈이 남아돌 만큼 많은 짠돌이 두 남자는 — 아이스크림 전문점 스웬슨에서 밀크셰이크로 슬픔을 달랬다. 하지만 버핏은 머피의 동업자가 되겠다는 꿈을 포기하지 않았으며 머피-버크가 미국 기업 세상에서 가장 환상적인 짝꿍이라는 말을 곧잘 했다.

버핏은 또한 ABC에도 관심을 보였는데, 그 마음은 어제오늘에 시작된 것이 아니었다. 1960년대 말 국제 전화전신 IT&T가 ABC를 인수하기로 양측이 합의했다가 미국 법무부의 제동으로 무산되었다. 당시 태평양 증권거래소에 있다가 매각 합의가 백지화되었다는 소식을 들은 버핏은 멍거의 동료 에드워드 앤더슨에게 욕심을 그대로 드러냈다. "ABC는 차익 거래자들의 손아귀에 완전히 들어갔네요. 누구든 돈만 넉넉히 쥐어주면 경영권을 차지할 수 있죠. 제게 그럴 돈이 있으면 얼마나 좋을까요." 그는 1979년과 1984년에 ABC 주식을 소량 매수했고, 머피의 전화를 받았을 때 버크셔는 이미 ABC 지분의 2.5퍼센트를 보유하고 있었다.

머피도 버핏 못지않게 ABC가 탐났다. ABC는 수익성 좋은 지역 방송사들을 여럿 거느렸을 뿐 아니라, 뭐니 해도 화룡점정은 전국적인 방송 네트워크를 구축했다는 점이었다. 1984년 말 연방 통신 위원회Federal Communications Commission, FCC가 단일 회사의 TV 방송국 소유 지분상한선을 높일 거라는 사실이 명백해졌다. 이는 사실상 방송사와의 합병을 허용하는 조치였다. 얼마 지나지 않아 머피는 뉴욕의 ABC 건물에서 79살의 레너드 H. 골든슨Leonard H. Goldenson 회장을 방문했다. 머피는 ABC 창업자이기도 했던 골든슨 회장에게 "회장님, 39층에서 저를 던져 버리시기 전에 제 말부터 끝까지 들어봐 주십시오. 좋은 아이디어가 있습니다"라고 말문을 열었다.[4] 골든슨은 그를 창밖으로 던지지 않았다. 그도 자신의 회사를 둘러싸고 무슨 일이 벌어지고 있는지 잘 알았다. 하이에나들이 군침을 흘리며 살금살금 접근 중이다. 만약 그들이 ABC를 낚아챈다면 자신이 평생을 바친 회사가 해체될 가능성이 컸다. 그래서 굳이 회사를 매각해야 한다면 머피같이 회사를 온전하게 유지할 사람이 더 나았다.[5]

이틀 후 버핏은 뉴욕에서 머피와 버크를 만났다. 버핏은 먼저 주의를 환기시키는 말부터 시작했다. "ABC를 인수하면 당신들의 삶에 어떤 변화가 생길지 찬찬히 생각해 보세요." 머피와 버핏보다 1살 많은 버크는 버핏의 말이 무슨 뜻인지 단박에 알아차렸다. 캐피털 시티즈는 패션전문지 《우먼스 웨어 데일리》와 미주리주 캔자스시티의 지역신문 《캔자스시티 스타》 같은 언론 자회사들을 소유했지만, 캐피털 시티즈 자체는 아직 미디어 산업 외부에 거의 무명에 가까운 회사였다. 덕분에 머피와 버크는 사생활을 온전하게 누릴 수 있었다. 그런데 전국 방송사인 ABC를 인수한다면, 머피는 다른 임원들처럼 한 발짝 움직일 때도 리무진을 타야 했다. 이는 출근길에 세인트 패트릭 성당을 자주 찾아 기도할 정도로 독실한 가톨릭 신자 머피가 그런 자유를 포기해야 한다는 뜻이었다.(당시 미국 방송업계의 임원들은 점심시간에 고작 몇 블록 움직일 때도 리무진을 타는 것으로 유명했다. - 옮긴이)

머피는 버핏이 제일 먼저 '자신의 안위'를 생각해 주었다는 사실에 깊은 감명을 받았다.[6] 하지만 머피는 내친김에 갈 데까지 가보고 싶었다.

버핏이 또 다른 우려를 표현했는데, 이는 머피도 버크도 미처 생각하지 못한 부분이었다. ABC를 인수한다면, 캐피털 시티즈는 월스트리트라는 냉혹한 정글의 왜곡된 법칙에 따라 먹고 먹히는 그 게임의 일부가 될 터였다.

"그럼 그 문제는 어떻게 해야겠나, 친구?"라고 머피가 물었다.[7]

"몸무게가 900파운드(약 400킬로그램)쯤 나가는 거대한 고릴라가 있으면 도움이 되겠죠. 상당한 지분을 보유할 뿐 아니라 **가격이 얼마든** 팔지 않을 누군가 말입니다"라고 버핏이 말했다. 요컨대 그 누군가는 아주 부자인 데다 어떤 경우에도 경영진을 배신하지 말아야 했다.

"친구, 자네가 고릴라가 되면 되잖은가?"

훗날 버핏은 그 순간까지는 자신의 역할에 대해 생각해 본 적이 없었다고 고백했다.[8] 그렇다면 그는 누구를 염두에 두고 고릴라를 운운했을까? 그거야 모를 일이지만, 사실 버크는 버핏이 이미 그 부분까지 전부 생각해 둔 것 같은 인상을 받았다. 머피가 그 제안을 하자마자 버핏은 마치 기다렸다는 듯 자신이 그 고릴라가 되려면 두 가지 문제가 있다고 말했다.

캐피털 시티즈는 버펄로의 한 TV 방송사를 소유했다. 만약 버크셔가 그 '고릴라'가 된다면 FCC 법령에 따라서 그 방송사든 《버펄로 뉴스》든 둘 중 하나는 포기해야 할 터였다. 버핏은 《버펄로 뉴스》를 절대 팔 수 없다고 확실히 못 박았다. "저는 그 신문사에 제 인생을 걸었어요"라고 버핏이 상기시켰다. 머피가 버펄로의 TV 방송사를 매각하기로 한발 양보하면서 그 문제는 해결되었다.

두 번째 장애물은 좀 더 까다로웠다. 이번에도 FCC 법규가 걸림돌이었다. 법령에 따라 버핏은 워싱턴 포스트 컴퍼니와 캐피털 시티즈의 사외이사를 겸직할 수 없었다. 고향 같았던 《포스트》는 물론 캐서린 그레이엄 일가에 남다른 애착을 가졌던 버핏은 그 문제는 시간을 갖고 깊이 고민해 보고 싶었다.

버핏은 머피와 버크와 헤어진 뒤 일단 오마하로 돌아갔다. 그는 장고를 거듭한 뒤에 결론을 내렸다. 만약 자신이 WPC 이사직을 내려놓더라도 주식을 보유하고 있다면 WPC와의 관계가 계속될 수 있다는 결론이었다.*

쇠뿔도 단김에 빼라고 버핏은 그날 밤 머피에게 전화를 걸었다. 또한 미리 숫자 계산까지 마친 버핏은 버크셔가 캐피털 시티즈의 주식 300만 주를 주당 172.50달러에 매수하겠다고 즉석에서 제안했다.[9] 그것은 당시 시장 가격이었다(1957년 상장했을 때 공모주 가격이 72센트였으니 240배가 올랐다.)** 머피가 곧바로 동의했고, 결국 버핏은 캐피털 시티즈 주식 18퍼센트를 5억 달러로 매수하는 계약을 체결했다. 이것은 버핏이 가장 최근에 성사시킨 거래 즉 B 여사의 가구점을 인수한 금액보다는 8배나 많았고 미디어 산업에 대한 그의 최초 투자 다시 말해 WPC에 대한 투자액보다 무려 50배나 되는 엄청난 액수였다. 한편 캐피털 시티즈는 버크셔가 제공하는 주식 대금으로 ABC와의 인수 계약을 차질 없이 진행할 수 있게 되었다. 이제 총알 준비까지 모두 끝났고 방아쇠를 당길 차례였다.

하지만 ABC와의 협상이 난관에 부딪혔다. 퍼스트 보스턴의 인수

---

* 버핏의 친구 빌 루안이 WPC의 새로운 이사로 선임되었다. 한편 캐피털 시티즈는 ABC를 인수하기 전에 유선방송 분야에서 먼저 철수해야 했고, 버핏의 권유로 유선방송 자산들을 WPC에 매각했다.

** 172.50달러는 1994년 1주당 10주로 액면 분할한 가격을 반영하지 않았다.

합병 공동 책임자 브루스 와서스타인Bruce Wasserstein이 ABC의 대리인으로 협상에 참여했다. 통통하고 부스스한 머리가 트레이드마크인 그 은행가는 고객들을 요리조리 구워삶아 한 푼이라도 더 받아내는 악바리였다. 그러나 매도자를 대리할 때는 더 나은 사람을 찾기 힘들 정도로 일 처리가 똑 부러졌다. 캐피털 시티즈가 처음 제시한 가격은 주당 110달러였지만, 와서스타인이 몰아가는 통에 머피 3인방은 마지못해 118달러로 금액을 올렸다. ABC의 최근 시장 가격의 2배였다. 그런데도 와서스타인은 더 올리라고 배짱을 부렸다. 3월 12일 머피는 무거운 발걸음으로 3번가에 있는 검은색 고층 건물로 갔다. 그 건물에 입주한 다국적 법률 법인 스캐든 압스 슬레이트 마르 & 플롬의 대표 변호사 조지프 플롬Joseph Flom이 ABC의 법률 자문을 맡고 있었다. 머피는 플롬에게 캐피털 시티즈가 ABC 인수를 포기하겠다고 선언했다. 하지만 플롬은 머피의 마음을 돌리려 애쓰면서 거래를 살릴 수 있다고 고집을 피웠다.[10]

그날 오후 양측이 스캐든에서 협상을 재개했다. 플롬을 위시해 그들이 한데 모이니 80년대 월스트리트의 전형적인 무대를 보는 것 같았다. 플롬은 1950년대 소규모 적대적 인수 시장을 개척한 인물로, 이제는 플롬 없이는 인수 계약이 체결되지 못할 정도였다. 한편 인수합병 전쟁에서 그의 친구이자 영원한 맞수인 마틴 립턴Martin Lipton이 캐피털 시티즈의 변호사로 참여했다. 그리고 전형적인 인수합병 중개인 와서스타인이 ABC측 은행가 팀을 이끌었다(캐피털 시티즈는 투자 은행가들에 대한 버핏과 멍거의 편견 때문에 투자은행을 고용하지 않았다). 그리고 ABC와 캐피털 시티즈의 대표들이 나머지 자리를 채웠다.

하지만 진정한 협상은 두 사람이 장악했다. 버핏과 와서스타인이었다. ABC의 최고 재무 관리자 마이클 말라디Michael Mallardi는 두 사람이 너무 대조적이어서 깜짝 놀랐다. 한쪽은 느긋하고 소탈한 태도로 상대방의 무장을 해제시키는 중서부 출신의 전문 투자자였고, 다른 쪽은 총명하고 열정적인 브루클린 출신의 은행가였다. 특히 와서스타인은 나이가 버핏보다 어려도 주눅 들거나 위압 당하는 기색이 조금도 없었다. 와서스타인은 버핏이 과장된 행동으로 신파극을 연출하는 전형적인 협상 전략이 아니라 농담으로 분위기를 살린다는 것을 이내 간파했고, 버핏과 신경전을 벌이는 것을 즐기기까지 했다. 하지만 둘이 제안하는 가격에는 1억 달러나 차이가 있었다. 이에 와서스타인의 목소리는 긴장감에 약간 날카로워졌다. 그는 현금 외에도 ABC 주주들이 캐피털 시티즈의 주식을 매수할 수 있는 워런트(warrant, 일정 수의 주식을 정해진 가격에 살 수 있는 권리가 붙은 증권 – 옮긴이)를 달라고 요구했다. 다른 말로 ABC 주주들이 회사의 일부를 계속 **소유할** 수 있는 선택권을 달라는 이야기였다. 와서스타인의 말을 들어보자. "영리한 투자자라고 소문이 파다한 버핏이 ABC를 간절히 원하는 마당에 우리는 왜 ABC를 팔아야 하지라는 것이 우리 입장이었죠. 그래서 우리는 주식 첨가제(equity kicker, 투자자가 지분 가치의 증가에 따른 추가적인 자본 이득을 얻을 수 있도록 보장하는 고정 수익 증권에 부가된 권리를 말하며, 채권을 주식으로 전환할 수 있는 전환권과 새로운 채권을 발행할 때 주식을 매입할 수 있는 신주 인수권으로 나뉜다. – 옮긴이)를 원했습니다."

버핏은 강경하게 반대했다. 그는 잠시 장광설을 늘어놓았는데, 요지만 말하면, 자신은 신주 발행을 아주 싫어한다는 것이었다. 신주 발행은 그가 연례 보고서들에서 신랄하게 비판했을 뿐 아니라 사실상 버크셔 내부에서는 **금지된** 관행이었다. 그가 말을 마치자 이번에는 와서스타인이 배턴을 이어받았고, ABC 주주들은 주가 상승의 달콤함을 함께 누릴 자격이 있다고 역설했다. 그런 다음 그가 ABC 협상단을 이끌고 협상장을 나갔다. 이제 협상은 교착 상태로 접어들었다.

ABC 협상단이 돌아왔을 때 버핏이 배포 크게 양보했다. "나중에 틀림없이 후회하겠지만"이라며 그가 먼저 입을 열었고 와서스타인이 원하는 대로 워런트를 주겠다고 선언했다. ABC 협상단은 깜짝 놀랐다. 이제 양측이 워런트의 가격만 결정하면 협상은 타결이었다. 와서스타인의 컴퓨터 전문가들이 일련의 숫자를 입력하기 시작했다. 한편 버핏도 캐피털 시티즈를 위해 열심히 계산기를 돌렸다. 하지만 그의 계산기는 컴퓨터가 아니라 머릿속에 들어 있었다.[11]

버핏은 투자은행 수수료는 아꼈지만 협상에서는 와서스타인에게 졌다. 짐짓 관심 없다는 듯 약간 관망자적 태도를 취하던 멍거와는 달리 버핏은 ABC를 조금 지나치게 욕심냈는지도 모르겠다. 계약만 성사되면 이제 버핏이 개인 투자자로는 ABC의 최대 주주로 올라설 터였다. 그리고 버핏이 예상했듯 실제로 그는 워런트를 준 것을 **후회하게 된다.***

또한 버핏이 캐피털 시티즈를 대신해 ABC와 합의한 가격은 — 주가수익비율의 16배였다 — 저가주 맹신자 벤저민 그레이엄의 제자에게는 상당히 높았다. 본인도 《비즈니스 위크》에서 그 사실을 인정했다. "천국에 있는 벤저민은 이번 투자를 칭찬하지 않을 겁니다."[12] 하지만 버핏에게도 믿는 구석이 있었다. 머피와 버크가 ABC 산하 방송사들의 비대한 비용에서 군더더기를 과감히 쳐내고 수익을 증대시킬 거라는 데에 도박을 걸었다. 게다가 솔직히 말하면, 버핏은 투자할 만

---

* 워런트는 ABC 주식 10주당, 캐피털 시티즈의 주식을 주당 250달러에 매입할 수 있는 권리를 허용했다. 처음에는 워런티의 가격이 30달러였는데 나중에 최고점일 때는 207.75달러까지 올랐다.

한 곳도 딱히 없었다. 증시가 상승세인 데다 버크셔의 성장에 발맞춰 버핏은 **대규모로** 투자할 필요가 있었다. 큰 물고기는 큰물에서 놀아야 했다. 소규모 투자는 점차 의미가 없어졌다. 석유업계를 제외하고 ABC를 35억 달러에 인수한 계약은 당시까지는 역대 최대 규모였다.

이 기록은 얼마 지나지 않아 깨졌다. 이후에 인수 거래들이 쏟아져 나왔고, 그중 상당수는 적대적 인수였다. 투자은행들은 월스트리트의 오랜 '상도덕'을 무너뜨렸고 예전 고객들을 과녁에 세웠다. 피라미 기업들이 고래를 집어삼켰고, 월스트리트는 총성 없는 전쟁터가 되었다.

기업 사냥꾼들도 나름의 좋은 이미지를 구축했다. 그들은 자신들이 인수합병의 약자들, 아니 적어도 소액 주주들의 수호자라고 합리화했다. 버핏이 역사상 최대 규모의 인수를 성사시킨 바로 그 주에 석유 재벌이자 헤지펀드 투자자 T. 분 피켄스Thomas Boone Pickens가 《타임》의 표지를 장식했고 자신이 "참호를 구축"한 기업 경영자들과 싸우는 적이라고 묘사했다[경영자가 기업 매수를 방어하는 과정에서 주주들의 이익보다 자신의 이익을 우선적으로 충족시키는 현상을 경영자의 참호 구축(CEO entrenchment)이라고 부른다. – 옮긴이][13] 그러나 엄밀히 말하면 피켄스 같은 무늬만 기업가는 기업을 인수한 것이라고 볼 수 없었다. 하물며 기업을 인수해서 개선하리라는 기대는 언감생심이었다. 단지 그는 다른 구애자들의 팔에 안겨줄 수 있을 만큼 목표 기업들의 주식을 많이 매수했을 뿐이었다. 또한 그 과정에서 자신이 엄청난 차익을 남긴 것은 두말하면 잔소리였다.

하지만 기업 사냥꾼들의 목표물이 된 CEO들도 자신의 이익만 좇는 그들 사냥꾼과 다르지 않았다. 그들도 자신의 이득을 충족시키기 위한 전술을 사용했다. 많은 CEO가 사냥꾼들의 추격을 피하고 자신의 자리를 보전하려 그린메일(greenmail, 기업 사냥꾼들이 상장 기업의 주식을 대량 매입한 뒤 경영진을 위협해 적대적 인수합병을 포기하는 대가로 자신들이 확보한 주식을 시가보다 훨씬 높은 값에 되사도록 강요하는 행위 – 옮긴이)에 응했다. 이는 어떻게 포장하더라도 결국 주주들의 주머니에서 나온 돈으로 뇌물을 주는 행위였다. 월트 디즈니(솔 스타인버그가 보낸 그린메일에 희생양이 되었다) 같은 거대 기업들조차 사냥꾼들에게 겁먹어 경영권 방어랍시고 울며 겨자 먹기로 자사 주식을 높은 가격으로 되샀다. 그러자 요즘 말로 '웃픈' 현상도 나타났다. 많은 기업이 사냥꾼들에게 '맛없는 먹잇감'처럼 보이려 제 발로 깊은 빚의 구렁텅이로 들어가 재무제표를 걸레로 만들었던 것이다. 어차피 사냥꾼들에게 잡히면 그들 손에 재무제표가 너덜너덜해질 테니 밑져봐야 본전이라는 생각이었다. 월스트리트의 저승사자 칼 아이칸에게 그린메일로 협박당한 필립스 석유가 대표적인 사례였다.

　이상한 이 게임은 버핏에게 새로운 기회의 무대를 제공했다. 그는 여러 CEO들로부터 기업 사냥꾼의 표적이 되었다는 하소연을 들었다.[14] 이에 버핏은 버크셔가 우호적인 베이비시터 역할을 해보기로 마음먹었다. 버크셔는 피지배 회사의 경영에 간섭하지 않는 안정적인 소유주라는 평판이 있었다. 게다가 버크셔는 곳간도 넉넉해 자금을 조달할 필요가 없었고 그래서 신속하게 움직일 수 있는 장점도 있었다. 절박한 CEO에게는 버핏이 내민 동아줄을 잡는 것이 적대적인 기업 사냥꾼에게 굴복하는 것과 그린메일을 통해 스스로를 제물로 바치는 것이 아닌 제3의 선택일 수도 있었다. 이런 사실을 염두에 두고 버핏은 주주 서한들에서 버크셔가 안전한 항구라고 자주 '광고'했다. "적절한 기업에 — 그리고 적절한 사람에게 — 우리는 행복한 안식처를 제공할 수 있습니다."

1985년 가을 버핏에게 기회가 찾아왔다. 오하이오에 본사를 둔 스콧 앤 페처는 인지도가 높은 편은 아니었어도 상당한 규모의 복합기업이었고 월드 북 백과사전과 커비Kirby 진공청소기 같은 다양한 자회사를 거느렸다. 월스트리트는 스콧 앤 페처에게 관심이 없다가 1984년 랠프 셰이 CEO가 주당 50달러로 자사 LBO에 나서자 사정이 달라졌다. 소위 말하는 경영진에 의한 LBO 즉 MBOmanagement buy-out 제안이었다. 주당 50달러면 저렴했고 (시장 가격보다 겨우 5달러 비쌌다) 주가 상승을 예상한 투기꾼들은 주당 53달러로 입찰했다. 그런데 채 2주도 지나지 않아 60달러를 부른 사람이 나타났다. 차익 거래자 이반 보스키였다. 보스키는 강박적인 성격에 거만한 거래자로 정크본드의 제왕 드렉셀과의 연줄에 힘입어 막대를 부를 축적했다. 당연히 아직까지는 보스키가 불법 주식 정보로 (그는 1987년 불법 내부자 거래 혐의로 실형을 받아 투옥되었다) 거래한다는 사실이 알려지지 않았을 때였고 단순히 월스트리트의 일확천금 문화의 상징으로만 여겨졌다. 셰이는 원칙주의자였던 터라 보스키와 손을 잡는다는 생각만으로도 소름이 끼쳤다. 더군다나 계약 불이행시 400만 달러의 '위약금' 지급 조건이 포함된 거래를 집요하게 밀어붙이는 보스키의 뻔뻔함에 진절머리가 났다.[15] 그는 보스키의 제안을 거부하며 고비를 넘기는가 싶었지만 이내 다른 문제에 직면했다. 스콧 앤 페처의 지분 7퍼센트를 보유한 보스키가 인수 제안자가 나타나면 곧바로 매각할 것이기 때문이다.

셰이는 주당 62달러로 새로운 MBO를 추진했는데 이번 계획 자체가 무산되었다. 설상가상 그가 갈팡질팡하는 사이 주식이 '차익 거래자들'의 손아귀에 넘어가고 말았다. 그들은 (보스키 같은) 단기 투기꾼들로 첫 번째 관심도 마지막 관심도, 아니 유일한 관심이 셰이의 회사를 파는 것이었다. 셰이는 발등에 불이 떨어졌다. 어떻게든 차익 거래자들보다 먼저 인수자를 찾아야 했다. 심지어 1985년 여름 셰이는 또 다른 끔찍한 소식을 들었다. 34살의 금융업자 스티븐 레일스와 그의 29살짜리 동생 미첼이 셰이 회사의 지분 6퍼센트를 보유한다는 소식이었다. 레일스 형제는 새롭게 급부상하는 청년 사냥꾼의 대표주자들로 소규모 자본으로 (부채는 막대했다) 영세 기업들을 잇달아 인수했다. 그런 그들의 레이더에 셰이 회사가 걸리고 말았다. 그들은 레버리지의 무제한적인 힘을 등에 업고 스콧 페처의 미래 수익에 눈독을 들였다. 이제 랠프 셰이는 1980년대의 냉혹한 현실을 마주하게 되었다.

버핏도 스콧 페처가 탐났으며 이미 주식을 소량 매수한 상태였다. 버핏은 스콧 페처에게서 두 가지를 높이 샀다. 첫째는 현금 투자 수익률(cash on cash return, CoC, 연간 현금 흐름을 투자 원금으로 나눈 수익률 – 옮긴이)이 매우 양호했고, 특히 월드 북 백과사전은 버핏이 좋아하는 일종의 출판 프랜차이즈였다(그도 어릴 적 그 책을 읽었지만 그렇다고 그 회사를 인수하는 데에 양심의 가책 같은 것은 없었다). 그리고 뉴스를 통해 셰이의 행보를 줄곧 추적했던 터라 그는 기회를 단박에 포착했다. 10월 버핏은 간단한 편지를 보냈다. "저희는 언제나 좋아했던 귀사의 주식을 25만 주 보유하고 있습니다. 저희는 결코 적대적인 거래를 하지 않으니 합병 계획이 있으시다면 연락 주십시오."[16]

셰이에게 버핏의 편지는 하늘이 보내준 선물이었다. 그는 시카고에서 버핏과 멍거를 만나 저녁 식사를 하면서 거래에 대한 의견을 나누었다. 이튿날, 정확히는 10월 23일 아침 버핏은 셰이에게 주당 60달러의 인수 대금을 현금으로 지급하겠다고 제안했다. 이에 셰이는 두 가지를 요구했다. "중대한 사정 변경(material adverse changes, MAC) 조항"(계약상의 예외 조항으로 한 당사자가 계약에 대한 확신이 없을 경우 계약을 종료할 수 있는 권리)과 위약금 조항은 받아들일 수 없다고 못을 박았다. 그런 요구는 계약 당사자가 아니라 나중에 투자 은행가들과 세부사항을 조율할 때 제시하는 것이 일반적이었지만, 버핏은 투자 은행가를 고용하지 않았다. 그는 대답 대신 그저 어깨를 으쓱했고 셰이에게 계약서를 작성하자고 제의했다. 일주일 뒤 버핏은 상당히 고가인 3억 1,500만 달러짜리 새 트로피를 들어 올렸다.

버핏은 그토록 큰돈을 어떻게 조달했을까? 때마침 10월에 또 다른 거래가 성사되었다. 담배회사 필립 모리스의 호위 무사가 제너럴 푸즈를 (적대적으로) 인수한 것이다. 제너럴 푸즈의 최대 주주였던 버크셔는 3억 3,200만 달러의 수익을 실현했다. 버핏은 웃음기 가득한 목소리로 "제가 행복하지 않았다면 거짓말입니다"라고 말했다.[17] 이제 버크셔의 주식은 기록을 경신했다. 주당 2,600달러였다. 또한 바로 그달에 버핏은 《포브스》가 선정한 최고 부자 명단에서 월마트 창업자 샘 월턴, 일렉트로닉 데이터 시스템즈의 창업자 로스 페로, 부동산 재벌 해리 헴슬리 등을 바짝 추격했다. 그 명단에 처음 등장하고 세 번째만이었다.

기업들을 인수함으로써 버핏의 재산이 크게 증가한 것은 명백한 사실이었다. 하지만 그가 상당한 수익을 거두었음에도 불구하고 그는 인수 광풍 시대의 이단아였다. 기업 사냥꾼의 전형이었던 로널드 O. 페렐만Ronald Owen Perelman에 비하면 그는 정반대의 이미지를 가진 인수자에 가까웠다. 굳이 말하면 한 사람은 적대적인 인수자였고 다른 사람은 우호적 인수자였다.

하지만 투자자로서 놓고 보면 둘은 사람들이 생각하는 것보다 공통점이 더 많았다. 페렐만과 버핏 모두 기업 욕심이 컸고 기업들을 주도면밀하게 평가했다. 또한 버핏과 마찬가지로 페렐만도 첨단기술

기업을 멀리했으며 높은 현금 유동성을 선호했다. 뿐만 아니라 페렐만도 버핏처럼 장기적인 투자자인 데다 그의 혈관에는 경영인이 아니라 금융인의 피가 흘렀다. 언젠가 《포브스》와의 인터뷰에서 자신은 매주 연례 보고서 10개를 주의 깊게 읽는다고 말했다.[18]

반면 둘의 차이도 뚜렷했다. 저돌적인 페렐만은 적대적인 인수자였지만 버핏은 아니었다. 또한 페렐만은 레버리지를 선호했지만 버핏은 레버리지를 질색했다. 마지막으로 버핏은 상장 기업의 주주로서만 거래들에 관여했다. 다시 말해 그의 수익이 다른 주주들의 수익과 정비례했다. 이것은 거의 모든 인수자에게서 찾아볼 수 없는 행동이었다. 그들은 (수수료 같이) 오직 내부자들만 접근할 수 있는 방법으로 수익을 실현했다.

특히 페렐만은 자신을 부자로 만들어주었던 두 회사에서 적대적 인수자의 민낯을 여실히 드러냈다. 컬러 영화 시스템을 개발한 테크니컬러와 감초 추출물과 초콜릿을 공급하던 맥앤드류스 앤 포브스였다. 그는 그들 회사의 주주들을 말 그대로 쫓아냈는데 터무니없이 불공정한 가격으로 인수했다는 주장이 제기되었다. 그리하여 그는 두 기업의 주주들로부터 줄 소송에 휘말렸고, 버핏은 페렐만이 기소된 어떤 소송에 전문가 증인으로 출석해 증언하기로 동의했다. 원고는 그의 친구로, 맥앤드류스 앤드 포브스 주식을 보유하던 빌 루안이었다. 관련 소송에 참여했던 한 변호사에 따르면, 버핏은 페렐만이 "속임수로 주주들을 쥐어짰다"고 증언할 예정이었다고 한다.[19] 페렐만은 자신에게 제기된 혐의 일체를 강하게 부인했으며 재판이 열리기 전에 양측이 합의해 소송은 법정까지 가지 않았다. 이로써 흥미진진했을 법정 대결이 무산되었다.[20]

버핏이 스콧 펠처를 인수했을 즈음 페렐만이 월스트리트의 새로운 규칙을 증명했다. 일단 기업 사냥꾼들의 '낙점'을 받으면 해당 기업은 독립적인 개체로서의 운명이 다했다는 사망 선고였다.《월스트리트 저널》의 기자 코니 브룩Connie Bruck의 저서 『약탈자들의 무도회The Predators' Ball』를 보면, 화장품 회사 레블론에 대한 페렐만의 공격은 계급 전쟁의 모든 요소들을 포함했다. 고고한 귀족 같았던 미셸 베르주라크 레블론 회장은 담배 연기를 뿜어대는 페렐만과 그의 드렉셀 동지들을 '전당포 업자들'로 생각했다. 그는 퉁명스럽게 그들의 제안을 거절하면서 레블론은 파는 물건이 아니라고 내뱉었다. 페렐만도 지지 않고, 파리에 고급 주택을 소유하고 (페렐만은 그것을 '성城'이라고 조롱했다) 집사를 둔 고리타분한 베르주라크가 기업 쓰레기의 전형이라고 한방 먹였다. 정상적인 경우라면 레블론을 인수하는 것은 어불성설 꿈도 못 꿀 일이었다. 페렐만이 이번 전쟁에서 얼굴마담으로 내세운 식료품 소매체인 팬트리 프라이드는 순자산이 겨우 1억 4,500만 달러였던 반면, 레블론은 10억 달러의 가치가 있었다. 이것만 놓고 보면 다윗과 골리앗의 싸움이었지만, 결국 다윗의 승리로 끝났다. 페렐만에게는 정크본드라는 든든한 뒷배가 있었던 것이다. 페렐만은 레블론을 손에 넣은 뒤 눈엣가시 같은 베르주라크는 회장직에서 쫓아냈다. 이번 전쟁에서 베르주라크의 패인은 말실수였다. 레블론은 파는 물건이 아니라고 했던 말이 부메랑으로 돌아왔다. 세상 **모든 것**은 파는 물건이었다.

1985년 11월 페렐만이 자신의 최신 트로피를 차지하고 (그는 집사와 성을 유지하기로 결정했다)²¹ 일주일 뒤 버핏이 컬럼비아 법학대학원이 주최한 적대적 인수합병 세미나에 참석했다. 토론자와 청중 중에는 CEO, 은행가, 인수합병 전문 변호사, 학자들이 다수 포함되었는데 특히 레블론을 방어하지 못한 상처에서 회복 중이던 변호사 마틴 립턴도 있었다.[22] 당시는 인수합병이 산들바람 수준이었어도 광풍으로 번질 조짐이 보이고 있었다. 일례로 캐피털 시티즈/ABC 거래가 타결된 것이 불과 8개월 전이었는데 — 심지어 합병이 완벽히 마무리되지도 않았다 — 그 사이 그 기록을 능가하는 인수 거래도 5건이나 성사되었다. 심지어 바로 전날 사모펀드의 대부 헨리 크래비스가 유명 식품업체 비어트리스Beatrice 이사회에 참석해 그 회사를 단독으로 인수하고 싶다면서 62억 달러를 제시했다. 비어트리스의 한 이사는 회사가 팔리는 것이 기정사실이라는 생각에 감정이 복받쳐 갑자기 눈물을 흘렸다.[23] 돈이 월스트리트로 봇물처럼 쏟아져 들어오는 한복판에서 (레블론은 법률 비용과 은행가 수수료로 1억 2,000만 달러를 지급했다) 인수합병의 내로라하는 '선수'들이 담쟁이넝쿨로 뒤덮인 대학 교정에서 (컬럼비아대학교는 아이비리그 대학 중 하나다. - 옮긴이) 저녁 식사를 하는 것은 고사하고 맨해튼 북부까지 발걸음 한 것 자체가 이상한 일이었다. 하지만 모두가 버핏을 보고 그가 무슨 말을 하는지 듣고 싶었다.

청중들이 무엇을 기대하는지는 빤했다. 버핏이 레블론 사태에 대해 무슨 말을 하는지 들으려고 귀를 쫑긋 세웠다. 하지만 버핏의 입에서는 레블론이라는 석자가 한 번도 나오지 않았다. 메모장도 없이 무대에 오른 버핏은 레블론이 아니라 씨즈캔디와 자신에 대해 이야기했다. 11살 때 시티즈 서비스의 주식을 3주 샀으니 그가 투자자로 살아온 세월이 거의 반세기를 향해 가고 있었다. 빛바랜 까마득한 옛 기억을 더듬으며 그는 '명실상부한 주인'으로서 주주라는 지위를 아주 단순하게 생각했다고 회상했다.

저는 제가 시티즈 서비스 컴퍼니의 주인임을 증명하는 그 작은 주권 종이를 보고 싶었습니다. 또한 그 회사의 경영자들은 저를 비롯해 모든 공동 주인의 명령을 받드는 존재라고 여겼습니다. 뿐만 아니라 그 회사를 인수하고 싶은 사람은 반드시 저를 찾아와야 한다고도 생각했습니다.[24]

나이를 먹어서도 그는 주주에 관한 한, 11살 때의 생각이 그대로였다. 씨즈캔디의 경영자가 인수 제안을 받고도 자신에게 알리지 않는다면 버핏은 '약간 불쾌한' 기분을 느꼈을 거라는 말이다. 회사를 매각할지 여부를 결정하는 권리는 주주들에게 있었다. 회사의 자본이 그들의 돈이었기 때문이다. 씨즈캔디 매장의 계산대 직원의 돈이 아닌 것과 마찬가지로 CEO의 — 세상의 모든 베르주라크들 — 돈일 수도 없었다.

여기서 한 가지 분명하게 짚을 것은 주주들도 기업의 인수 거래로 이득을 얻었다는 점이다. 버핏도 필립 모리스가 인수한 덕분에 제너럴 푸즈에서 막대한 수익을 거두었으니 그것을 부인할 수 없었다. 심지어 그는 "오늘 이 자리에 저희 어머니가 안 계시니 용기 내어 한 말씀 드리겠습니다. 저는 차익 거래로도 돈을 좀 벌었습니다."* 이는 그가 기업 인수 차익 거래takeover arbitrage로 수익을 창출했다는 뜻이었다. 그리고 버핏은 과거에 '참호 속'의 CEO들이 기업 사냥꾼들과 다를 것이 없다는 이유로 경멸했다.

---

* 버핏의 차익 거래에는 나름의 엄격한 조건이 있었다. 합병에 동의한 기업들로만 대상을 국한시킨 것이다. 반면 보스키 같은 전형적인 "위험 차익 거래자들[risk arbitrageur, 위험이 포함된 차익 거래로서 보통은 기업 인수와 관련해 매수를 시도하는 기업의 주식을 공매하고 동시에 매수 대상 기업의 주식을 매입하는 거래를 말하며 합병 차익 거래(merge arbitrage)라고도 한다. - 옮긴이]"은 소문으로 떠도는 거래에 투기했고 소문이 현실이 되도록 즉 표적 기업들이 실제 인수되도록 만들었다.

워런 버핏

하지만 기업 사냥꾼들이 득세하는 세상이 보고 있자니 그는 몹시 심란했다. 이제 CEO들은 자신의 동지였고 그중에는 친구도 많았다. CEO들과의 관계를 차치하고라도 그는 기업 사냥꾼들의 적대적인 행보가 천성적으로 마음에 들지 않았다. 그러니 이래저래 시간이 흐를수록 그의 걱정은 깊어갔다.

> 저는 일종의 경제학적 다위니즘 즉 경제에도 자연선택과 적자생존 원리가 작용할 거라고 생각했습니다. 또한 만약 인수 제안이 들어왔을 때 그것은 보이지 않는 손이 작동하는 것이며 경영자들이라는 종種을 개량시킬 거라고 여겼습니다. 그런데 몇 년 전부터 두 가지 현상을 목도했고 마음이 편치 않았습니다. 지금으로서는 결과를 정확히 예단하기 이릅니다. 그냥 여러분들과 제 걱정을 나누고 싶을 뿐입니다. 첫 번째는, 경영 상태가 가장 우수했고 저도 잘 아는 좋은 회사들이 자사의 기업 가치와 비교도 안 되는 헐값으로 시장에서 매각되었다는 것입니다. 이런 현상은 어제오늘 일도, 한두 번도 아니었습니다. 아주 오래전부터 빈번하게 벌어진 일이었습니다….

이론적으로 보면 기업 인수는 일종의 치료법이었다. 즉 기업의 죽은 가지를 잘라내는 경제 시스템의 치유 수단이었다. 이성적인 경제 모델에서 보면 자산은 최고의 호가를 부르는 사람이나 조직에 흘러갔다. 여기의 논리는 명백했다. 높은 액수를 부르는 사람이나 조직일수록 피인수 기업을 최대한 활용할 수 있을 것이기에 그랬다.

문제는 주식시장이 언제나 이성적인 것이 아니었다는 점이다. 캐피털 시티즈처럼 아주 훌륭한 기업들의 주식조차 가끔은 아주 싼값으로 매입할 수도 있었고, 기업 사냥꾼이 그런 기업을 게걸스럽게 집어 삼킬 수도 있었다. 이는 머피와 버크가 경영상의 죽은 나뭇가지여서가 아니었다. 단지 그들의 주식이 미스터 마켓의 변덕스러운 우울증에 쉽게 영향받아서였다. 석유업계의 큰손 분 피켄스도 석유 산업에서 기업 인수 전쟁이 벌어지는 까닭을 지나칠 만큼 솔직하게 진단했다. 땅에서보다 "뉴욕 증권거래소의 바닥에서" 석유를 시추하는 것이 더 싸게 먹힌다는 단순한 사실 때문이라고 말이다.[25] 기업 사냥꾼들의 입맛이 오늘은 석유였다가 내일에는 다른 업종으로 바뀌었을 뿐이다. 버핏은 그것이 기업 세상의 다위니즘이 아니라 기업 세상의 복불복 룰렛게임이라고 생각했다. 세상의 많은 토머스 머피들이, 자산이라는 카드를 섞어 돌리는 도박사들로 대체되는 것이 누구에게도 좋을 리가 없었다.

버핏이 걱정했던 두 번째 현상은 기업사냥이 가격을 왜곡시켰다는 점이다. 납세자들의 돈으로 온갖 생색을 내는 정치인들처럼, 기업인들도 자신의 돈보다 투자자들의 돈을 쓸 때 훨씬 흥청망청 낭비했다. 아니, 정치인과 기업가만이 아니라 남의 주머니에 쉽게 손댈 수 있으면 누구나 그런 함정에 빠지게 되어 있었다. 실제로 CEO들은 ― 버핏에게 직접 털어놓은 CEO도 적지 않았다 ― 회삿돈으로 더 좋은 전용기를 구입했고 고급 레스토랑에서 식사를 했다.

> 또한 그들이 주주들의 돈으로 회사를 집어삼키는 것을 보면 자기 주머니의 돈을 쓸 때와는 약간 다르다는 것을 알 수 있습니다.

타인의 돈을 쉽게 끌어올 수 있는 기업 사냥꾼은 기업의 실제 가치보다 높은 가격으로 인수했다. 그리고 정크본드에 대한 월스트리트의 엄청난 식욕으로 말미암아, 막대한 눈먼 돈이 월스트리트로 끊임없이 유입되었다. 정크본드는 이미 일종의 '가짜 화폐'가 되었다(왜 가짜일까? 정크본드 매수자들이 순진해서든 무분별해서든 발행인 즉 차용인들에게 그들의 가치보다 훨씬 많은 돈을 대주기 때문이다). 그리하여 가짜 화폐를 최대한도로 발행할 수 있다면 누구든 상관없이 그 게임의 승자가 되었다. 버핏은 이런 행태가 정말 마뜩하지 않았다. 문제는 빌린 돈이 **너무나** 달콤하다는 점이었다. 한번 맛을 들이면 결국 선을 넘게 되어 있었다. 또한 버핏은 정크본드를 발행해 남의 돈으로 사냥에 나서는 이런 행태가 미래에도 반복될 걸로 예상했다. "저는 초가삼간이 다 탈 때까지 정크본드가 **쓰레기 채권**이라는 제 이름값을 톡톡히 할 거라고 생각합니다."

당시가 1985년이었으니 이것은 논란의 여지가 많은 발언이었다. 정크본드는 전성기를 구가했고 아직까지는 채무 불이행 사태도 거의 없었다. 요컨대 부도율이 매우 낮았다. 투자자들은 당시도 그랬고 앞으로도 백화점 체인 얼라이드 스토어즈, 콘티넨털 항공, 백화점 체인 메이시, 트럼프 캐슬 같은 확실한 기업 사냥꾼들 앞에 줄을 설 터였다(그런 기업 외에도 정크본드를 이용해 인수 전쟁에 뛰어들었다가 훗날 파산을 신청한 기업들이 많았다).

그날 세미나에 미시건대학교에서 재무와 법학을 가르치던 마이클 브래들리 교수도 참석했다. 그가 버핏의 발언에 반박했다. "저는 그런 고수익 증권에 **쓰레기**라는 모욕적인 수식어를 붙이는 것이 몹시 거슬립니다." 브래들리 교수는 AAA 등급의 채권과 마찬가지로 정크본드의 위험은 (높은) 이자율로 상쇄되었다고 주장했다. 요컨대 세상에 **나쁜** 채권은 없다는 말이었다.

버핏은 이론적으로는 맞는 말이라고 맞장구를 쳤다. 작년에 버크
셔도 상당히 고전하던 워싱턴 공공 전력 공급 시스템의 채권을 매입
해 (당시는 저렴했다) 많은 수익을 창출했다. 불량 채권은 종종 가치 대
비 가격 측면에서 승부를 걸어볼 만했다. 드렉셀의 정크본드 제왕
마이클 밀켄도 그런 "추락 천사들(fallen angels, 발행 당시에는 AAA에서
BBB까지의 투자 적격 등급에 속했으나 발행된 이후 투자 적격 등급 이하 즉 BB나
그 이하 등급으로 하향 조정된 채권 – 옮긴이)"을 거래하는 일로 정크본드의
세상에 입문했다. 최근에 발행된 정크본드의 가장 두드러진 특징은
아직 추락하지는 않았지만 추락할 수밖에 없는 천사라는 점이었다.
다시 말해 처음부터 투자 적격 이하 등급인 데다 액면가로 (전액으로)
발행된 채권으로 상승 가능성은 거의 없고 끝없이 하락할 가능성이
높았다.

버핏은 '모욕적인' 입장을 견지했고 정크본드의 발행자 즉 채무자
들은 물론이고 인수 중개인들이 고액의 수수료를 챙기고 있다고 일
갈했다. 버핏은 기업 인수 게임이 중독과 비슷하며, 월스트리트는 모
든 게임 참가자들이 환각 상태를 유지하도록 정크본드라는 "마약 주
사기들"을 정맥에 꽂는다고 생각했다. "금융 시스템을 획기적으로 개
혁하는 빅뱅이 나오지 않는다면 결코 근절되지 않을 겁니다"라고 버
핏이 예측했다. "너무 많은 돈이 유입되었습니다."

이 모든 것이 커다란 돌처럼 버핏의 마음을 짓눌렀다. 버핏은 캐피
털 시티즈와 ABC 합병이 마무리된 직후인 1986년 1월 애리조나주
피닉스에서 열린 캐피털 시티즈의 연례 간부 수련회에 예고 없이 깜
짝 참석했다. 버핏은 많은 거액 투자자들이 "변동하는 주가에 따라
시시각각" 주식을 매매한다고 개탄하면서 자신은 캐피털 시티즈의
지분을 무덤까지 가져갈 거라고, 아니 사후에도 한동안은 그가 보유

한 캐피털 시티즈 주식은 시장에 나오지 않을 거라고 약속했다.

> 제가 자동차 사고로 죽거나 하면 어떻게 되는지 묻는 사람들이 많습니다. 대개는 상대방 운전자에게 미안할 거라고 대답하죠. 사실 저는 제가 죽더라도 버크셔 해서웨이 주식이 단한 주도 시장에 나오지 않도록 조치해 두었습니다. 그리고 버크셔 해서웨이는 제가 했던 모든 약속을 충실히 지킬 것입니다.[26]

버핏의 '약속들'은 페렐만이나 피켄스 또는 크래비스 같은 기업 사냥꾼들이 음모를 꾸밀 가능성을 완벽히 차단하는 것이 목적이었다. 그는 머피와 버크에게 자신의 캐피털 시티즈 주식에 대한 대리 권한을 위임했을 뿐 아니라 캐피털 시티즈에게는 버크셔가 주식을 자의적으로 처분하는 것을 제지할 법적인 권한도 위임했다. 심지어 버핏은 그런 결정조차 마음대로 바꿀 자유도 없을 터였다.

버핏은 이런 이례적인 조치를 경제적인 토대에서 합리화했다. 버핏은 머피가 기업 사냥꾼에 대해 걱정하지 않고 사업에만 몰두할 수 있을 거라고 장담했다. 하지만 캐피털 시티즈에 대한 투자 결정에는 사업적인 동기가 전부는 아니었다. 그의 개인적인 동기도 작용했는데, 무엇보다 머피와는 매주 대화를 나눌 정도로 가까운 친구였고 그러니만큼 이번 투자에서는 '개인적인 요소'도 매우 중요했다. 버핏은 어떤 인터뷰에서 이렇게 말했다.

> 저는 살아 있는 동안 캐피털 시티즈와 함께할 것입니다. 제게는 캐피털 시티즈가 여러 문제를 가진 자식 같습니다. 자식을

버리는 부모 없듯 저는 5년 안에 주식을 매각할 생각은 조금
도 없습니다. 저와 버크셔는 캐피털 시티즈의 동반자입니다.[27]

그 거래는 심지어 계약이 체결되기 전부터 많은 문제가 있었다. TV
업계 전반에서 광고 매출이 급감했고 ABC는 사실상 자유 낙하 상태
였다. ABC는 황금 시간대의 프로그램과 뉴스 모두에서 3등을 기록
했다. 그런 다음 야구, 미식축구, 동계 올림픽 등은 물론이고 '기획이
잘못된' 특별 드라마 2편에서 손실을 입었다. 게다가 비용은 이미 통
제 불능 상태였다.

버핏의 한 친구는 ABC가 얼마나 낭비벽이 심한지, 관리 상태는 또
얼마나 엉망이고 방만했는지 버핏이 몰랐을 거라고 생각했다. 실제
로도 막내아들 피터에 따르면, 버핏은 ABC의 지출 내역을 검토하다
가 꽃값으로 6만 달러가 지출된 것에 노발대발했다고 한다. 버크도
계약이 체결되기 전에 멋지게 꾸며진 ABC 건물을 방문했다가 버핏
과 비슷한 충격을 받았다. 예전에 잭슨 폴록Jackson Pollock과 빌럼 데 쿠
닝Willem de Kooning의 작품들이 걸려 있던 벽들이 맨살을 드러내고 있었
다. 연말 결산의 손실분을 땜빵하러 그림들을 팔았던 것이다.[28]

캐피털 시티즈는 ABC를 인수한 첫 해 1억 3,000만 달러의 영업 이
익을 기대했는데 막상 뚜껑을 열어보니 7,000만 달러의 적자가 났다.
그나마 머피와 버크가 비용 구조를 대수술하기 위해 과감하게 메스
를 들이댄 덕분에 손실이 그 정도였다. 머피가 로스앤젤레스에 있는
ABC의 엔터테인먼트 사업부를 처음 방문했을 때 회사에서 보낸 흰
색 스트레치 리무진이 공항에 대기하고 있었다. 그때 이후 머피는 로
스앤젤레스에 갈 때면 택시만 이용했다.[29] 또한 뉴욕 본사의 구내식
당도 폐쇄했고, 몇 달 뒤 머피와 버크는 본사 건물을 통째로 한 일본

워런 버핏

인 투기꾼에게 매각했다(매각 대금은 1제곱피트(약 0.1제곱미터, 약 0.028평)
에 365달러로 역대 최고가 기록을 세웠다). 뿐만 아니라 종업원 1,500명도
해고했다.

버핏은 그들이 원할 때마다 귀를 내어주었지만 일절 간섭하지 않
았다. 한번은 버핏이 뉴욕에 있었을 때 마침 ABC가 〈먼데이 나이트
풋볼〉에 대한 독점 중계권을 재협상 중이었다. 버크는 그 계약이 울
며 겨자 먹기라는 걸 잘 알았다. 4,000만 달러의 예상 적자를 감수
한 계약이었던 것이다. 하지만 스포츠를 포함해 대규모 오락 프로그
램들을 이미 축소한 터라 NFL 중계 프로그램만은 잃고 싶지 않았
다. "버핏이 우물쭈물했어요. 그것만 보고도 딱 알았죠. 그 프로그램
을 유지하기 바란다는 것을요"라고 버크가 회상했다. 버핏은 말을 많
이 하지 않았다. 버크의 말마따나 그는 그저 "냄새를 맡는 것처럼" 쳐
다볼 뿐이었다. NFL의 최종 연락을 기다리는 동안 버핏 입에서는 딱
한 문장만 나왔다. "아마 우리 전화번호를 잃어버렸나 봅니다"라고
침울하게 말했다(그들은 전화번호를 잃어버리지 않았다. 그러나 중계권료가 예
상보다 훨씬 높아 손실도 훨씬 커졌다).

머피와 버크는 비용을 대폭적으로 삭감했다. 하지만 미디어 업계
전체에서 경쟁이 갈수록 치열해졌다. TV와 출판계 모두에서 신생 미
디어 업체들이 우후죽순 생겨난 까닭이었다. 3대 메이저 방송사의
— ABC, NBC, CBS — 시청자들이 케이블과 홈비디오로 계속 빠져
나갔다. 하루는 머피와 대형 스크린으로 〈먼데이 나이트 풋볼〉을 시
청하다가 갑자기 버핏이 소리를 쳤다. "큰 화면으로 보니 정말 좋지
않아요?" 머피는 "나는 방송국이 딱 3개뿐이던 시절 8인치짜리 흑백
TV가 더 좋다네"라고 푸념했다.[30]

당연히 버핏도 TV 방송국이 **하나**였다면 더 행복했을 것이다. 다른

어떤 산업보다 미디어 업계의 하락세가 두드러졌는데도[31] 버핏은 탈출할 시도조차 하지 않았다. 캐피털 시티즈가 ABC와 합병하고 2년여가 지났을 무렵, 월터 애넌버그는 자신의 잡지 제국을 미디어 재벌 루퍼트 머독에게 매각하는 것을 심각하게 고민했다. 버핏은 자신의 의견을 듣고자 오마하로 직접 날아온 그에게 미디어가 아직까지는 좋은 사업이지만 체질이 허약해지고 있다며 조언했다. 애넌버그는 고민 끝에 미디어 산업이 정상에 있었을 때에 탈출했지만, 버핏은 지분을 줄이려는 시도조차 하지 않았다.

버크는 버핏이 그것에 대한 대가를 치렀다고 생각했다. 캐피털 시티즈의 주가가 한때 630달러까지 치솟았고, 버크는 회사의 가치에 비해 주가가 지나치게 높다고 생각했다. 또한 그는 버핏도 그것을 틀림없이 알았다고 주장했다. "그는 그때 주식을 처분할 수도 있었어요." 그로부터 1년도 지나지 않아 캐피털 시티즈 주가가 360달러로 거의 절반 가까이 폭락했다.

월스트리트 신세대 자금 관리자의 대표주자면서 투자자이고 비평가였던 누군가는 버핏이 약간 분별력을 잃었다고 생각했다. "버핏의 투자자 경력은 3단계로 나눠집니다. 처음에는 보물찾기에 푹 빠졌어요. 그러니까 가치주를 찾아 헤맸죠. 그런데 가치주가 희소해지자 프랜차이즈 투자자가 되었어요. 합리적인 가격으로 훌륭한 기업들을 사들였다는 뜻입니다. 그런 다음 그가 이런 말을 했죠. '이제는 적정한 가격은커녕 제가 수용할 수 있는 최대치 가격으로도 좋은 기업을 못 찾겠습니다. 그래서 버크셔도 이만큼 성장했으니 지금부터는 대규모로 투자하려 합니다. 장기 투자가 무엇인지 세상에 확실히 보여주겠습니다.' 저와 동료들은 그토록 어리석은 자충수를 두다니 이제 그의 투자 감각이 죽었다고 생각합니다."

버핏과 멍거는 치고 빠지는 단기 투자 전략을 썼더라면 더 나았을 거라고 생각하지 않았다.[32] 오히려 장기 투자의 장점들을 높이 샀다. 첫째는 세제상 혜택이었다. 장기 보유는 절세 효과가 있고, 시간이 흐를수록 절세 효과가 커졌다.* 둘째 장기 투자는 알짜배기 기회들을 창출했다. 퍼니처 마트의 B 여사나 스콧 펠처의 랠프 셰이 같은 소유주들은 회사를 팔 때 버핏 같은 매수자를 더 좋아했다. 마지막으로, 자신의 사전에 이혼이란 없었기에 애초에 동반자를 선택할 때 좀 더 — 훨씬 더 — 신중했다. 비단 버핏만이 아니라 언제 어떻게 주식을 팔고 발을 뺄지 즉 출구 전략에 대해 생각하지 않는 투자자라면, 당연히 발을 담글 때도 매우 신중할 것이다. 결혼생활이 그렇듯 이것은 더 나은 결과로 이어질 가능성이 크다.

하지만 '멍청한' 전략이든 아니든 버핏이 장기 투자를 고집하는 **이유**는, 주식을 팔면 공허해지지만 '머피'와 함께하면 영원히 만족감을 느낄 수 있어서였다. 그가 《비즈니스 위크》와의 인터뷰에서도 밝혔듯, 오랫동안 보유한 주식을 파는 것은 젊은 시절을 함께한 "늙은 아내를 버리는 것"과 같았다.[33] 이것은 실제로 아내가 떠난 후에도 이혼을 거부했던 한 남자의 입에서 나온 이야기라 더 깊은 울림이 있었다. 버핏은 1989년 주주 서한에서도 위의 은유적 표현을 반복했다. 이번에는 약간 비틀어 말했다. 좋은 주식을 파는 것은 돈을 노리고 결혼하는 것처럼 십중팔구는 실수이며 특히 "부자가 그렇게 한다면 미친 짓"이라고 주장했다.[34]

---

* 당연히 버핏도 주식을 팔았다. 하지만 대개는 취득 후 상당한 시간이 흐른 뒤에 처분했다. 특히 버핏은 3개 종목에 — 캐피털 시티즈, WPC, 가이코 — 대한 버크셔의 투자와 더불어 씨즈캔디 같이 버크셔가 100퍼센트 지분을 소유한 자회사들은 "영원히" 보유할 투자처로 여겼다.

장기 보유에는 재무적으로도 타당한 논리가 있었다. 그러나 버핏의 극단적인 장기 보유는 그의 말마따나 사람들의 눈에는 '기이한' 행동으로만 보일 수도 있었다. 또한 아주 오랫동안 보유하려면 "개인적인 상황과 재무적인 상황 모두 고려"해야 했다.[35] 그는 주식과 "친구들"을 비롯해 영속성을 주는 것은 무엇이든 **보유**하는 것을 좋아했고, "두세 배" 더 준다고 손바닥 뒤집듯 마음을 바꿔 주식을 파는 것은 "어찌 보면 미친 짓"이라고 여겼다.[36] 반대로 그를 비판했던 젊은 자금 관리자 같은 다른 모든 투자자의 눈에는 버핏이 정신줄을 놓은 것처럼 보였을 것이다. 하지만 버핏은 언제나 연속성을 갈망했고 또한 언제나 연속성에서 충만함을 느꼈다. 같은 사람들과 일했고 같은 주식들을 보유했으며 같은 기업들에 투자했던 그의 인생을 간단히 정리하면 끝까지 매달리는 끈기였다.

연속성에 대한 집착만큼이나 빚을 싫어하는 그의 성향도 상당히 극단적이었다. 그리고 버크셔의 부채에 그런 사심이 가득 반영되었다. 가령 1986년 AAA 신용 등급을 자랑하던 정유회사 엑슨 모빌은 자산이 전체 부채의 4배였던 것에 반해, 버크셔는 자산이 부채보다 **25배나** 더 많았다. 이처럼 부채 비율이 극단적으로 낮은 것은 천하의 스크루지도 울고 갈 정도였다.[37] 그로서는 그럴 만한 사정이 있었다. 부채가 궁극의 비연속성으로 이어질 수도 있었기 때문이다. 버핏에게는 비연속성이야말로 "아내를 버리는 것"보다, 다른 말로 버크셔에 대한 지배력을 잃는 것보다 더 고통스러운 경험일 터였다. 버핏이 피닉스에서 열린 캐피털 시티즈의 간부 수련회에서 말했듯 부채는 재무적인 요부요 치명적인 "약한 고리"였다.

여러분 주변에 전체적인 실적은 더없이 좋은데, 술 문제라거나 쉬운 돈벌이를 좋아하는 것처럼 어떤 약점을 가진 사람이 있을 겁니다. 이는 정말 안타까운 일입니다. 그것은 약한 고리로서 그 고리가 끊어지면 그도 그의 경력도 나락으로 떨어지기 때문입니다. 특히 금융시장에서 악명 높은 약한 고리는 빌린 돈 즉 부채입니다.[38]

버핏은 역사에서 교훈을 얻어 연속성에 대한 집착이 생겼고, 그 집착은 다시 버핏이 LBO 전도사들과 척을 지게 만들었다. 그들은 탈출 전문가로서 거래 아이디어가 떠오르는 순간부터 "출구 전략"을 염두에 두었다. 그는 출구 전략이라는 말 자체가 "해괴망측한 용어"라고 생각했다. 기업 사냥꾼들에게는 애초에 거창한 출구 전략 따위가 필요하지 않았다. 어차피 귀가 얇아서 제일 먼저 걸려드는 사람들에게 (대개는 일반 대중이다) 자신이 만든 '사제 폭탄'을 기꺼이 떠넘길 것이기 때문이었다.[39] 버핏은 투자란 주가 변동에 따른 차익 실현이 아니라 기업의 최종 실적으로 이익을 창출하는 행위로 생각했다.[40] 그런 관점에서 보면 LBO 전문가들은 사실상 '투자자'의 자격이 없었다. 그들은 그저 자산을 한 사람의 주머니에서 다른 사람의 주머니로 옮길 뿐이었다. 요컨대 그들은 가치를 '창출'하지 않았다. 버핏은 사회에 유익하거나 바람직한 제품과 서비스의 총합에 더해지는 것이 가치라고 생각했다. 따라서 LBO 전문가들의 수익 대부분은 그런 가치와는 무관했다. 그저 자산을 부채로 전환함으로써 발생하는 막대한 절세가 그들의 돈줄이었다(이자는 세금 공제 대상이었다).

버핏이 LBO를 강력히 반대하는 데는 크게 두 가지 이유가 있었다. 첫째는 기업 사냥꾼들의 포상금이 부당해 보였고, 둘째는 그들이 절세한 액수만큼 사회 전체가 더욱 가난해진다는 이유였다. 이런 그의 비판에는 매우 보수적인 편견이 근저에 깔려 있었다. B 여사 같은 사람들의 일이 투자은행 메릴린치가 하는 일보다 사회에 더 유익하다는 편향적 사고방식이었다. 요컨대 파이를 만드는 일이 파이를 나누는 일보다 더 유익했다. 버핏은 (캐피털 시티즈가 개최한 다른 수련회에 참석해) LBO가 "스테이크를 더 맛있게, 옷을 더 따뜻하거나 더 질기게" 만들지 않는다고 주장했다.

> 여러분도 들었을 겁니다. 분 피켄스와 제임스 M. 골드스미스(James Michael Goldsmith, 프랑스 출신으로 런던에서 활동하던 억만장자 사업가이자 금융업자였고 특히 적대적 인수자로 유명했으며 훗날 유럽 의회에서 프랑스 대표 의원을 지냈다. - 옮긴이) 같은 사람들은 입만 열면 주주 가치를 창출한다는 식으로 말합니다. 그것은 눈 가리고 아옹 하는 짓거리입니다. 그들은 가치를 **창출하지** 않습니다. 그저 사회에서 주주들에게로 가치를 옮길 뿐입니다. 그것이 좋을 수도 나쁠 수도 있습니다. 그러나 가치를 창출하는 행위는 결코 아닙니다. 그것은 헨리 포드가 자동차를 생산하는 것이나 맥도날드 창업자 레이먼드 크로크가 가장 맛있는 햄버거를 만드는 조리법을 알아내는 것과 다릅니다. 지난 몇 년간… LBO 게임의 전문가들 때문에 기업들이 연달아 엄청난 변화를 겪었습니다. 이는 결국 모든 시민의 부담으로 돌아옵니다. 정부가 제공하는 모든 제품과 서비스에 필요 이상으로 더 지불할 수밖에 없어서입니다.[41]

캐피털 시티즈/ABC의 투자자로서 버핏은 사람들이 "출구 전략"에 대해 생각하지 않을 세상을 재창조하기 위해 노력했다. 한때 재무 상태가 가장 불안정하다는 불명예를 썼던 ABC가 캐피털 시티즈와 합병한 이후 재무 상태가 가장 안정된 방송사로 환골탈태했다. 또한 낮 시간대 주간 연속극과 저녁 뉴스 그리고 황금 시간대에서 상당한 점유율을 꾸준하게 유지했다. 반면 메이저 방송국 삼총사 중 CBS와 NBC는 반복되는 대대적인 경영 혁신으로 몸살을 앓았다. 뿐만 아니라 각 방송사의 소유주인 로렌스 티시와 제너럴 일렉트릭에 대한 끝없는 불신으로 어려움을 자초했다. 버크는 버핏의 투자가 ABC에 든든한 언덕이 되어주었다고 평가했다. 특히 미디어 산업이 암흑 같은 침체의 터널을 지나던 당시 그런 뒷배가 없었다면 다른 대안을 고려했을 수도 있다고 말했다. 다른 말로, ABC는 버핏이라는 확실한 아군이 없었다면 레버리지에 더욱 의존하는 반면 운신의 폭이 줄어들었을 것이다. 심지어 타임과 비슷한 운명에 직면했을 가능성도 배제할 수 없다. 결과적으로는 모두의 윈-윈이었다. 머피와 버크의 노련한 지휘 아래서 ABC는 최고의 실적 행진을 이어갔고, 그들에 대한 버핏의 믿음은 캐피털 시티즈의 주식이 극적으로 급반등하는 것으로 보상받았다.

15장   고독을 사랑하는 남자의 공과 사

캐피털 시티즈가 ABC를 인수할 즈음 버핏에게 추종자들이 생겼다. 버핏 덕분에 백만장자의 돈방석에 오른 사람이 오마하에서만도 50명, 미국 전역을 합치면 수백 명에 달했다.[1] 이런 영향력을 보여주듯, 그가 컬럼비아 경영대학원에서 투자에 관해 강연했을 때 수많은 팬이 운집했다. 강연장에 들어가지 못하고 발걸음을 돌린 사람만도 200명이었다. 《포브스》는 그에게 "민중의 영웅folk hero"이라는 황송한 별명까지 붙여주었다.[2] 캔자스시티에는 워런이라는 이름의 강아지가, 뉴욕에는 '버피Buffy'라는 부름에 대답하는 강아지가 있었다. 스탠퍼드 경영대학원생 윌리엄 오번도프는 버핏을 딱 한 번 보았는데, 이것은 그의 삶에서 중요한 분수령이 되었다. 그에게 동기가 부여된 그는 업계 1위 경영 컨설팅업체 맥킨지 앤드 컴퍼니의 입사 제의를 거절하고 투자 분야에 진출하기로 결심했다. 자금 관리자 크리스토퍼 스타브루는 아들의 이름을 알렉산더 워런으로 지었다. 한편 오마하의 주식 중개인 더글러스 스트랭은 버핏을 직접 만난 적이 없으면서도 그를 우상으로 숭배했다. 오죽하면 아내의 진통이 시작되자 존 트레인John Train의 『대가들의 주식투자법Money Masters』을 펼쳐 버핏에 관한 부분부터 큰 소리로 읽어주었다. 버핏의 지혜가 딸의 출생에 얽힌 거대한 신비를 설명해 주는 듯이 말이다.[3]

1986년 초 버크셔는 주당 3,000달러 선을 돌파했다. 버핏이 섬유 공장에서 나온 찌꺼기를 황금으로 바꾸는 연금술을 발휘하는 21년 동안 주가는 무려 167배나 상승했다. 동기간 다우지수는 겨우 2배 상승했을 뿐이었다. 월스트리트에서 버핏은 경외의 대상이 되었다. 일례로 미국 모기지 산업의 양대 산맥 중 하나였던 패니 매[Fannie Mae, 정식 명칭은 연방 전국 모기지 협회Federal National Mortgage Association이며 프레디 맥Freddie Mac과 함께 2008년 글로벌 금융 위기의 진앙지로 지목된다. - 옮긴이]의 데이비드 맥스웰 회장은 버핏이 그의 회사에 투자했다고 말했을 때 당장 창문을 열고 "워런 버핏이 우리 주식을 산다!"고 외치고 싶은 기분이었다. 《포브스》는 "그라면 물 위를 걸을 수 있지 않을까?"라며 숫제 기적을 행하는 사람처럼 취급했다.[4] 헤드라인 기사를 담당 기자들은 그에게 "미다스", "마술사", ― 두운을 맞춰 ― "오마하의 (신탁받은) 예언자", "오마하의 현인" 등의 별명을 붙였다.

생면부지 사람들로부터도 '거래' 제안이 홍수처럼 쏟아졌다. 파키스탄의 한 망명자는 신문 가판대를 팔려 했고 미시시피주도 잭슨에 사는 한 여성은 남북 전쟁 이전에 지어진 대저택으로 동업하자고 제안했다[5] (이에 버핏은 "제 아이디어와 당신의 돈을 합치면 우리는 성공할 겁니다"라고 재치 있게 넘어갔다).[6] 위험한 상황도 있었다. 네브래스카 링컨에서 온 한 남자는 절박한 모습으로 '농장'을 사고 싶다며 1억 달러를 '빌려' 달라고 요구했다가 버핏이 거절하자, 앙심을 품고 권총을 쥔 공범과 그의 사무실에 난입했다. 다행히 불상사는 없었다. 연방수사국FBI 요원들이 신고를 받고 출동해 그 남자를 체포했고 그러는 내내 버핏은 자신의 책상에 조용히 앉아 있었다.[7]

대중의 관심을 한 몸에 받으면서도 버핏의 사생활은 예나 지금이나 그대로였다. 희한할 정도로 개인적인 삶을 여전히 누렸다. 현대의 여느 CEO들과는 달리 버핏은 미리 일정 계획을 세우지 않았다. 그는 딱딱한 일정표에 얽매이지 않은 자유로운 생활을 좋아했다. 캐서린의 차남 윌리엄 그레이엄이 전화로 약속을 잡으려 하자 버핏은 "**아무 때나 들리게. 정해진 일정 같은 건 키우지 않으니까**"라고 대답했다. 워싱턴 포스트 컴퍼니의 사장 리처드 시몬스는 밝은 초록색으로 꾸며진 그의 사무실이 조용한 절간 같아서 깜짝 놀랐다. 장식품도 거의 없었다. 작은 황소 조각상과 곰 조각상 몇 개, 유리 돔 안에 보관된 에디슨의 예전 주식 시세 표시기, 《오마하 선》이 수상한 퓰리처 상장, 가족사진들(벤저민 그레이엄의 사진도 한 장 있었다), 뿌연 먼지로 보건대 사용한 적이 거의 없어 보이는 격자무늬 소파 등이 전부였다.[8] 그는 그 흔한 전자계산기도, 주식 단말기도, 컴퓨터도 없었다. "제가 컴퓨터입니다"라고 그가 어떤 기자에게 말했다.[9] 시몬스의 말을 들어보자. 버핏이 사무실에 있을 때 "아무 일도 일어나지 않는 것 같습니다. 그저 빌 스콧(버핏의 보조 중개인)이 얼굴을 쑥 내밀며 '주당 125.125달러에 1,000만 달러입니다. 매수할까요, 말까요?'라고 물을 때 침묵이 깨어지죠. 전화도 별로 오지 않습니다. 확실히 버핏은 보통의 CEO들보다 시간이 훨씬 **넉넉하고 한가합니다**." 버핏의 하루 일과는 계획되지 않은 시간들과 체리콜라로 꽉 채워졌다. 그는 말굽 모양의 삼나무 책상에 앉아 몇 시간이고 무언가를 읽었고 간간이 일반 전화와 (그가 직접 전화를 받았다) 투자은행 3곳과의 직통 회선을 통해 세상과 소통했다. 살로몬 브라더스와 스미스 바니 그리고 골드만삭스였다.[10]

버핏의 '실물을 처음 영접한' 사람들의 이야기는 하나같았다. 그가 어디나 있을 법한 순수한 소시민이라는 것이었다. 가령 하루는 젊은 투자 관리자 세스 클라먼이 보스턴 리츠칼튼 호텔에서 오마하의 억만장자를 만나 아침을 함께 먹었다. 훗날 '제2의 워런 버핏'으로 불리는 클라먼은 버핏이 "언론에서 듣던 대로"라고 생각했다. 그가 레스토랑 입구의 접수대 옆에 서 있었지만 그를 보고 과하게 수선을 피우

워런 버핏

거나 그가 누구인지 알아보는 사람도 없었다. "그는 기다란 소시지와 달걀을 드셨어요. 아마도 미국에서 소시지를 먹은 마지막 사람일걸요." 할리우드 영화 제작자 노먼 리어는 오마하 공항에서 약간 살이 오른 억만장자를 처음 만났을 때, 손에 자동차 열쇠를 들고 있어 그를 운전기사로 착각했다. 평범한 생김새에 귀갑테 안경에다 숱이 적고 헝클어진 머리하며 딱 이웃집 아저씨 같은 푸근한 인상이었다. 오직 제멋대로 뻗친 눈썹만이 그의 독립적인 기개를 보여주었다.

작가 애덤 스미스는 "미국 중산층(Middle America, 특히 사회와 정치적으로 전통적인 가치관을 고수하고 대도시가 아니라 소도시나 도시 근교 출신 사람들을 말한다. - 옮긴이)이 일군 놀라운 승리에서 어떤 향수"를 느꼈다.[11] 버핏은 엄청난 자산가인데도 운전기사 없이 직접 운전했고 소득 신고서도 직접 작성해서 제출했으며 1958년에 3만 1,500달러에 구입한 집에서 계속 살았다. 그의 삶은 깊이 뿌리 내린 미국 특유의 신화에 화답하는 것 같았다. 그 신화에서는 예의와 상식이 세상을 장악한 얄은 속임수를 이기고 이상화된 과거가 뿌리 내릴 새도 없이 급변하는 현재에 단호히 맞섰다. 그것은 버크셔의 주주 명단에 마리오 가벨리 같은 유명 자금 관리자들만이 아니라 아이오와 수시티 출신 칼럼니스트 에피 레더러가 포함되었다는 것과 일맥상통하는 점이 있었다. 특히 버핏을 만난 뒤 친구로 지내던 레더러는 앤 랜더스라는 필명으로 수백만의 평범한 미국인들에게 소박한 지혜를 알리는 전도사였다. 당연히 그가 전하는 월스트리트에 대한 지혜의 출처는 버핏이었다.

1980년대 중반이 되자 버핏은 (역설적이게도) 특유의 소탈하고 서민적인 태도 때문에 유명세를 얻었다. 버핏을 소개하는 기사들은 "시골 아저씨 워런 버핏", "옥수수를 먹고 자란 자본주의자" 같이 친근한 제목이 붙었고[12] 자기 비하적인 시쳇말로 '셀프 디스'하는 그의 재담과 검소한 생활방식을 강조했다. 캐럴 루미스의 친구가 작성한 그의 약력 소개란에는 "버핏은 자신의 뜻과는 상관없이 강요된 유명인의 역할을 즐기지 않는다"라고 나와 있었다.[13] 하지만 그건 이제 옛말이 되었다. 1960년대부터 버크셔의 재무 담당자로 일했던 베른 매켄지는 그의 상사가 변했냐는 질문에 버핏의 무대 체질을 콕 집었다. "저는 버핏이 대중적인 관심과 인기를 좋아할 거라고는 꿈에서도 몰랐습니다."

솔직히 말해 그는 언제나 그랬다. 다만 예전에는 그가 대중적인 무대에 오른 적이 없었을 뿐이었다. 버핏은 예나 지금이나 타고난 재담꾼에 끼 넘치는 '연예인'이었고 자서전 쓰듯 자신의 과거 이야기를 좋아했다. 또한 그는 인터뷰에서도 입담을 유감없이 발휘했다. 편안하고 겸손했으며 '자신은 옷발이 안 받는다' 같이 자조적인 표현도 마다하지 않았다. 그리고 자신의 경력에서 발생했던 크고 작은 일화들은 그의 단골 메뉴였다. 사석에서건 공석에서건 자신의 과거에 대해 이야기하고 또 이야기해서 마치 그것을 **신화화**하고 싶은 충동에 사로잡힌 사람 같았다. 심지어는 자신의 과거를 약간 미화했는데, 그렇다고 심각하게 왜곡한 것은 아니었고 그저 가끔 세부적인 사항을 약간 비틀거나 양념을 쳐서 윤색하는 정도였다. 어찌 보면 자신의 과거를 **완벽하게** 만들려는 듯했다. 일례로 버핏의 고등학교 친구 도널드 댄리는 첫 번째 핀볼 게임기를 자신의 돈으로 샀다고 기억했다. 반면 버핏은 나중에 그 이야기를 하면서 둘이 돈을 모아 게임기를 샀다고 말했다.[14] 또한 초등학교 친구 러셀은 그들의 경마 정보지 《마구간 소년의 선택》이 딱 한 번 발행되었고 그것도 연필로 작성했다고 회상했다. 그런데 버핏은 '출판된' 경마 정보지라고 한껏 그럴 듯하게 부풀렸다.[15]

버핏이 자신의 과거를 제 입으로 약간 윤색하려는 충동은 자신의 성공을 과장하고 싶어서라기보다 야심이 컸다거나 계산적으로 비칠 가능성을 피하고 싶은 마음이었다. 컬럼비아 경영대학원에 진학한 것에 대한 이야기가 대표적이다. 그는 하버드 경영대학원이 받아주지 않아 차선책을 선택한 냉정한 결정이 아니라 벤저민 그레이엄에 대한 깊은 존경심과 결부시켰다.[16] 비슷한 맥락에서 그는 그레이엄-뉴먼을 그만두고 "기본적인 사업 구상 없이" 무작정 오마하로 돌아갔고[17] 그런 다음 오직 일가친척들의 간청에 못 이겨 투자조합인 BPL을 조직했다고 말하는 것을 좋아했다. 이런 관점은 버핏 자신의 주도적인 역할을 지나치게 과소평가하는 것이다. 《오마하 월드-헤럴드》가 버핏이 뉴욕에서 고향으로 돌아왔다고 보도했을 즈음, 그의 투자조합은 출격 준비가 완벽히 끝났을 뿐 아니라 솔직히 3주 전에 이미 활동을 시작했다.[18] 또한 토머스 머피의 '고릴라' 아이디어가 자신의 머리에서 나온 것이 분명한데도 머피가 먼저 제안한 것으로 말하기를 좋아했다.[19] 이런 모든 것을 종합해볼 때 버핏은 자신의 성공을 부자가 되겠다는 평생의 열망이라기보다 부분적으로는 우연의 결과였다고 포장하고 싶었던 것 같다.

반면 친구들은 버핏이 경솔하고 예측 불가한 성향이 **거의 없다**는 점을 높이 샀다. 그는 뭐든 건성으로 대충하는 법이 없었다. TV 프로듀서 노먼 리어는 버핏이 그저 자신의 삶을 즐겼을 뿐 거짓된 구석은 하나도 없었다고 말했다. 사람들이 그런 인상을 받는 것은 버핏의 순수하고 심지어 어린아이 같은 열정에 감염되기 때문이다. 그는 격식에 얽매이지 않되 '무례'하지 않았고 감정적으로 동요하지 않되 무정한 사람이 아니었다.

버핏은 일상적인 즐거움조차도 집착의 대상물로 만드는 놀라운 재주가 있었다. 가령 종합 주간지 《뉴욕》이 그의 약력을 소개하면서

"펩시콜라의 중독자이자 특히 체리맛을 좋아한다"라고 언급했다.[20] 투자조합 초창기 버핏에게서 투자 권유를 받았던 예전 이웃 도널드 키오는 무심코 그 기사를 읽고는 속이 부글부글 끓었다. 당시 키오는 코카콜라의 사장이었다. 그는 버핏에게 "신들의 음료nectar of the Gods" 샘플을 제공하겠다는 편지를 보냈다.[21] 이후 몇 번 연락을 주고받은 뒤 버핏은 당시 코카콜라가 야심 차게 준비 중이던 신제품 '체리코크'를 시음하기로 동의했다. 키오는 버핏이 체리코크의 광팬이 되었다고 말했다. 실제로 버핏은 하루에 체리코크를 거의 5병씩 마시기 시작했다. (이제 버핏은 펩시와 영원히 '이혼'했다.) 또한 가끔씩 키오에게 다소 소년 같은 기쁨을 가득 담은 편지를 보냈다. 그는 사무실에 감자칩 과자와 한 방문자의 말처럼 체리코크 '수천' 병을 쟁여두었다.[22] 키오는 1985년 백악관의 한 행사에서 버핏과 우연히 재회했을 때 예전 이웃이 하나도 변하지 않았다고, 여전히 "삶을 사랑하고 인간미 넘치는 사람"이라고 생각했다.

매년 5월 초에 열리는 버크셔 해서웨이의 정기 주주 총회에서 버핏은 초능력자가 부럽지 않았다. 1973년부터 오마하로 무대를 옮겨오고 처음 몇 년은 극히 일부 주주들만 참석해서 버크셔의 자회사 내셔널 인뎀니티의 구내식당만으로도 충분했다. 그러다가 외부에서 오마하를 찾는 주주들이 늘어나자 레드 라이언 호텔 지하 연회실에서 주총을 열었다. 그런 다음 주주들이 파도처럼 몰려왔다. 마침내 1986년 버핏은 이슬람 사원처럼 생긴 분홍색 대리석 건물 조슬린 미술관을 대여했다. 주주들은 버핏의 연례 보고서를 손에 움켜쥐고 마치 봄 철새처럼 오마하로 날아들었다. 버핏의 추종자 무리, 큰손들, 그레이엄의 제자들, 뉴욕 은행가들, 부유한 은퇴자들, 부자가 되고 싶은 젊은 투자자들 등등 직업도 목적도 각양각색이었다. 그리고 동부와 남부는 물론이고 서부 해안의 각지에서 양복 차림으로, 셔츠 차림으로 사람들이 몰려왔다. 대부분의 정기 주주 총회는 사실상 '흥행'이 참패하지만 (대부분은 시간 낭비라는 이유에서였다) 버크셔의 주총은 450명이 참석했다. 총회가 끝난 뒤 버핏은 그들에게 퍼니처 마트를 구경시켜주었고, B 여사는 1만 달러짜리 동양풍 러그를 두 개나 팔았다.[23]

1986년 주주 총회 자체는 여느 사교 모임과 다르지 않았다. 탁자 위에는 커피 주전자와 버크셔의 '공식 음료' 체리코크 캔이 가득 담긴 통이 놓여 있었다. 주주의 95퍼센트가 최소 5년 이상 주식을 보유한 장기 투자자였다.[24] 월스트리트에서 주식 하나에 이토록 헌신하는 것은 매우 이례적이었다. 게다가 대부분은 오직 버크셔에 거의 모든 재산을 몽땅 투자했다. 그러니 투자자들은 버크셔로부터 그리고 그곳의 대사제로부터 막대한 은혜를 입고 있었다. 그들은 하나의 종파였고, 버핏을 교주로 모시는 종교 집단이었다. 그들은 버핏의 움직임 하나하나에 눈을 빛내며 주목했고, 그가 무심히 던지는 말 한마디도 마치 벽에 걸어두어야 하는 명언이라는 듯 귀를 쫑긋 세우고 들었다. 심지어는 자신들이 똑똑하다는 대리 만족까지 느꼈다. 비록 자신들은 천재가 아니지만 천재를 찾아냈다는 점에서 마치 **자신들도** 약간은 천재라고 말이다. 그 종교 집단에는 자체적인 교리도 있었고 ('그레이엄과 도드' 투자 기법) 신도들은 진짜 신앙인들이 경험하는 우월 의식마저 느꼈다.

참석자 중에는 애리조나 투손의 금속공학 기술자로 그레이엄과 도드의 저서를 읽은 제임스 레이크, 아이다호주 포커텔로에서 보험회사를 운영하던 로널드 멜턴, 버핏을 업무적으로 만났다가 주주 서한들을 읽은 뒤 버크셔 주식을 샀던 텍사스 오스틴의 사진작가 마이클 오브라이언, 오마하의 현인을 몹시 존경해서 결혼기념일 선물로 아내를 데려온 플로리다 잭슨빌의 자금 관리자 테드 맥널티 등이 있었다.

그날 주주 총회는 미시시피 잭슨에서 재무 설계사로 일하던 팀 C. 메들리에게도 영성 치유의 날이었다. 메들리의 아내가 남부 사람 특유의 느린 말투로 어이가 없다는 듯 말했다. "겨우 어떤 남자가 **말하는** 걸 들으려 네브래스카까지 1,000달러를 쓰면서 가겠다고요?" 메들리는 버크셔의 주식을 달랑 한 주 소유했다. "어쩌면 약간 미쳤는지도 모르겠소. 그렇지만 당신도 신앙을 실천할 때는 교회에 가지 않소. 버핏은 내게 그런 힘을 준다오."

메들리는 조슬린 미술관의 아치형 입구에서 버핏의 실물을 처음 보았다. 버핏은 파란색 재킷과 회색 바지를 입고 입구에서 투자자들을 맞고 있었다. 그의 머리는 여느 때처럼 제멋대로 헝클어져 있었고 허리띠는 얼마나 오래 사용했는지 닳아 얇아졌다. 고등학교 농구팀 코치라고 해도 믿을 정도였다. 메들리가 경외해 마지않는 '평범한 소시민'이었다.

버핏과 멍거가 연단에 오르자 참석자들은 경건한 마음으로 침묵했다. 1리터짜리 체리코크가 성체처럼 단상에 올려져 있었다. 버핏은 주주 총회의 공식 일정을 일사천리로 진행한 다음 질의응답 순서를 시작했다. 그는 일찍 가야 하는 사람은 멍거가 — 버핏이 아니라 — 발언하는 동안 나가도 좋다고 엄숙하게 말했다. 둘은 주거니 받거니 연례 보고서의 무삭제 버전을 횡설수설 늘어놓기 시작했고 버크셔와 사업 전반에 대해 몇 시간에 걸쳐 질문을 받았다.

멍거는 연신 시큰둥한 태도로 2인자 역할을 수행했다. 그는 '문명'에 관한 발언들을 쏟아냈는데 마치 문명이 위험에 처했다고 생각하는 사람 같았다. 멍거는 어느 해인가 주총에서 이렇게 말한 적도 있었다. "이곳의 집단 지성이 놀라울 정도입니다." 하지만 그는 주주 총회의 축제 같은 분위기는 아주 못마땅하게 여겼다. 그는 지나친 찬사와 추종은 그런 행사에 적절하지 않다고 생각했다.[25]

반면 버핏은 그 행사를 마음껏 즐겼다. 그는 연이어 농담을 날렸고, 그가 청중을 자기 마음대로 요리하는 동안 그의 눈썹은 이마에서 왈츠를 추는 것 같았다. 그는 해마다 똑같은 얼굴을 보는 것이 마냥 좋았다. 수년간 알아온 사람들이고, 자신은 그들의 기대 이상으로 부자로 만들어주었으며, 이제 주식 가치가 1,500만 달러가 되는 겸손한 심장병 전문의 윌리엄 앵글 같은 사람들이었다.[26] 언젠가 버핏은 한 친구에게, 자신이 아는 모두가 감상할 수 있게 공개된 장소에서 커다란 캔버스에 그림을 그리는 기분이라고 고백했다.[27] 마치 구세주처럼 버핏이 버크셔에 애착하는 것은 그가 단 한 주도 팔지 않으려는 이유와 직결된다. 또 어쩌면 주주 총회를 하나의 종교 행사로 만든 이유까지도 설명해 준다. 그는 인플레이션, B 여사, 경영 등에 관해 이야기했고, 투자, 캐피털 시티즈, 벤저민 그레이엄 등에 대해 질문을 받았다. 그런 질문에 이따금 간결하고 간명하게 답하는 그의 이야기를 듣고 있노라면 하도 편안해 보여 사람들은 그가 나른한 여름 오후 흔들의자에 앉아 몸을 뒤로 기댄 채 말하는 것 같았다.

한번은 그가 캐피털 시티즈에서 즉석으로 연설하던 중에 자산운용자에게 추천하는 기법이 무엇이냐는 질문을 받았다. 그는 작은 마을을 방문한 외지인에 관한 이야기를 시작했다. 그는 주민들이 어떤 사람들인지 알고 싶어 마을 광장에 갔다가 "저먼 셰퍼드처럼 사납게 생긴" 개와 함께 있던 한 노인을 보았다.

> 그는 잠시 그 개를 쭈뼛거리며 쳐다보다가 노인에게 물었어요. "어르신 개가 사람을 물까요?" "아니우." 그 노인의 말을 믿고

그가 다가가 개를 쓰다듬으려 했어요. 그런데 개가 갑자기 덤벼드는 바람에 하마터면 팔을 물릴 뻔했죠. 그는 찢어진 코트를 매만지며 원망스러운 눈길로 노인을 쳐다보았어요. 그러고는 볼멘소리로 말했죠. "어르신 개는 사람을 물지 않는다면서요." 그러자 노인은 "이 개는 내 개가 아니오"라고 했습니다.[28]

이 이야기가 관리자들에게 주는 교훈은 무엇일까? **적절한** 질문을 하는 것이 중요하다.

버핏은 장소나 시간을 가리지 않고 기회가 있을 때마다 '보석' 같은 교훈이 담긴 이런 소소한 이야기를 들려주었다. 심지어 일대일의 대화에서도 그랬다. 스티븐 글럭스턴은 버크셔의 보험회사로부터 입사 제의를 받았지만 마음이 썩 내키지는 않았다. 살이 에일 듯 추운 어느 토요일 그는 면접차 오마하를 찾았다. 언론에 보도된 버핏의 기사들은 읽었지만 그를 직접 만나면 어떤 사람일지 몰라 초조했다. 버핏은 모직 셔츠와 베이지색 면바지 차림으로 그를 맞아주었고 곧바로 편하게 대하며 그의 긴장을 풀어주었다. 사실 버핏은 글럭스턴을 **면접**하지 않았다. 그는 위험 감수에 대해 말하면서 그 개념을 쉽게 짚어주었다. "저기, 스티븐, 포커 게임을 한다면 잘 알겠지만 어떤 판이든 호구 한 명은 꼭 있어요. 사람들을 죽 훑어봤는데 누가 호구인지 모르겠다면 **당신**이 호구입니다."[29]

이 이야기에 담긴 지혜는 자신이 이해하지 못하는 위험에 관여해서는 안 된다는 것이다. 버핏은 이렇듯 은근한 방식으로 글럭스턴의 주의를 환기시켰다. 이제 글럭스턴의 마음에 드리웠던 먹구름이 사라졌다. 현실의 버핏은 주주 서한들을 작성했던 작가, 즉 커다란 맥락적 의미가 담긴 촌철살인의 작은 농담을 할 줄 아는 사람과 같은 사람이었다. 그는 그 자리에서 바로 제의를 받아들였다.

어딘지 익숙한 광경이 떠오를 것이다. 대학생 버핏이 남학생 사교 클럽 파티장의 한쪽 구석에 서서 회원들에게 에워싸여 질문을 받던 모습이나, 청년 버핏이 브란트의 맨해튼 집 거실에서 친구들을 앞에 두고 앉아 있는 모습이다. 록산느 브란트는 그들을 '예수와 사도들'이라고 불렀다. 당시 그는 완벽한 개인 버핏이었다. 지금은 비록 공인인데도 그는 여전히 사도들에게 둘러싸여 있었다.

이처럼 버핏은 사적인 삶과 공적인 삶의 일상적인 구분이 모호했다. 그의 친구들은 그를 추앙하는 사도들이었고, 수시로 조언을 듣고 자문을 구하러 그를 찾았다. 가령 스탠퍼드 립시는 애인과 잘 이별하는 방법을 물었고, 텍사스의 주식투자자 리처드 레인워터는 "현실 점검"을 위해 주기적으로 그에게 연락했다. 1986년 버핏은 당시 중대한 기로에 서 있던 레인워터에게 조금이라도 꺼림칙한 것은 절대 가까이 하면 안 된다고 조언했다. 그는 몇 푼 더 버는 것은 위험을 무릅쓸 가치가 없다고 경고했다. 얼마 지나지 않아 레인워터는 월스트리트의 몇몇 거물들이 수갑을 차고 줄줄이 잡혀가는 모습에 가슴을 쓸어내리며 버핏의 충고가 얼마나 귀중한지 새삼 깨달았다. 심지어 잭 번은 숫제 버핏이 나라의 보배라도 되는 듯 말했다. 번은 "그의 주변에는 그를 독차지하려는 사람들이 있어요"라고 불평했다. "저도 그를 **나눠 가질** 자격이 있는데 말이죠."

버핏의 최측근들은 — 이른바 그레이엄 사단 — 홀수 해마다 휴양지를 돌아가며 뭉쳤다. 처음에는 버핏과 일단의 투자자 친구들만 모였다. 게다가 모두가 돈에 인색해 한마디로 '수컷들의 짠내' 투어였다. 가령 플로리다의 유명 휴양지 팜비치에서 두 번째로 만났을 때 한 벨보이는 팁이 너무 적어 화가 나 팁을 문에다 집어던졌다.[30] 또 한 번은 갑부 중의 갑부 데이비드 샌디 고츠먼이 공항에서 일행을 만났는데 당연히 일등석을 탈 것으로 예상했다. 그런데 아무도 일등석을 타지 않았다. 고츠먼은 비서가 실수했다는 둥 말을 버벅거리다가 결국 일반석으로 바꿨다.[31]

시간이 흐르면서 그들의 모임은 점차 '통이 커졌고' 여성들도 참석하기 시작했다. 그들은 애리조나 스코츠데일과 아이다호 선밸리에서도 만났고 크루즈선 퀸 엘리자베스 2를 타기도 했다. 또한 버핏은 그들의 배우자는 물론이고 엄격히 말해 금융계 종사자가 아닌 친구들도 — 캐럴 루미스와 토머스 머피 등등 — 초대했다. 언젠가는 그들이 콜로라도 강에서 래프팅을 했는데 귀족처럼 살아온 캐서린 그레이엄이 색다른 경험에 신이 나서 말했다. "내 평생 이렇게 엉덩이가 흠뻑 젖어보기는 처음이에요."[32]

버핏은 친구들과의 이런 모임이 부담 없이 즐길 수 있어 마냥 재미있었고 다소 사적인 모임이라고 생각했다. 그는 친구들을 굉장히 좋아했고 친구들도 그를 아주 좋아했다. 하지만 그 모임들도 버크셔의 주주 총회와 별반 다르지 않은 경건한 종교 행사 같은 측면이 있었다. 수십 명이나 되는 그들 모두가 하나 같이 대단히 성공한 사람들인데도 버핏의 우산 아래에 기꺼이 다시 모였고 사실상 그를 추앙했다. 손님 명단은 버핏이 작성했다. 요컨대 누가 참석할지는 오직 그의 마음에 달렸다. 그 모임의 오랜 회원이 말했다. "모두가 버핏과 같은 테이블에 앉고 싶어 했어요. 대놓고 티를 내지 않아도 그런 욕구는 그냥 느껴지잖아요. '그가 내 테이블에 앉을까?'라는 무언의 눈치 게임이 벌어집니다." 음악의 길을 가던 막내아들 피터도 아버지의 친구들이 그의 최측근이 되고 싶어 몸이 달았다고 말했다. 자신의 우상인 비틀스Beatles의 존 레넌John Lennon과 그의 아내 오노 요코小野洋子의 사진이 걸린 자신의 스튜디오에서 피터는 아버지의 친구들을 비틀스와 어울리던 일단의 음악인들에 비유했다. 각자 재능은 뛰어나되 비틀스의 재능에는 미치지 못했던 음악가들 말이다. 원년 멤버였던 에드워드 앤더슨은 버핏을 "기적을 행하는 사람"으로 여겼다. 그들과 있을 때 버핏의 행동은 거만하기는커녕 아주 겸손했고 또한 모두가 사적인 친구들이었다 — 엄밀히 말하면 최소한 일부는 사적인 친구들이었다. 그런데도 그들에게서는 버크셔의 일반 주주들처럼 좀 더 공적인 형태의 "청중" 같은 분위기가 느껴졌다.

그의 수십 년 지기 친구 대부분도 버크셔의 주주들이었다. 희한하게도 오히려 이런 관계가 그들은 물론이고 그들 가족의 투자금에 대한 버핏의 부담을 덜어주었다. 그들이 버핏과 버크셔의 주식에 대해 말할 때면 강박적이다 싶었다. 실제로 그들은 투자한 이후 버핏이 한 걸음 내디딜 때마다 고민에 빠졌다. 예컨대 컬럼비아 경영대학원 동창으로 주식 중개인이던 마셜 와인버그는 버크셔 주가가 77달러였을 때 한 고객에게 가격이 더 떨어질 때까지 기다리라고 조언했다. 그리고 버크셔 주가가 105달러로 상승했을 때도 똑같이 말했다.[33] 심지어 또 다른 오랜 친구 헨리 브란트는 버핏의 추종자들을 대상으로 버크셔의 전망에 대해 '여론 조사'를 했다. 버크셔 주식이 1,700달러가 되자 그는 몹시 혼란스러웠고 아내 명의의 주식을 팔아버렸다.

개념적으로 보면 버크셔 주식을 파는 것은 그 주식을 샀던 이유와 상충했다. 버크셔 주식을 샀다는 것은 스스로 자신의 돈을 운용하는 것이 아니라 버핏이 자신들의 돈을 운용하도록 맡긴다는 뜻이었다. 하지만 버크셔의 주가가 천장이 뚫린 듯 비정상적일 정도로 상승하자 덜컥 겁이 났다. 레이놀즈 증권Reynolds Securities 사장 키스 웰린Keith Wellin은 버크셔 주식이 40달러였을 때 소량 매수했고, 43달러였을 때 추가로 약간 매입했다. 그리고 주가가 50달러로 상승하자 그는 주가가 떨어질 때까지 기다리기로 결심했다. 그는 기다리고… 또 기다렸다. 마침내 그는 주당 3,000달러로 버크셔 주식을 조금 샀다.

대학원에서 만난 이후 줄곧 친구로 지낸 와인버그는 버핏의 죽음이 자신의 재산에 미칠 잠재적인 결과를 강박적으로 분석했다. 버크셔 주식이 얼마나 떨어질까? 1,000달러? 아님 2,000달러? 그런 사람이 와인버그만이 아니었다. 오죽하면 그저 자신들의 돈이 어떻게 될까 봐 버핏의 건강을 염려하는 것 같았다. 한번은 주주 총회에서 이런 일도 있었다.

> 질문자: 버크셔 주식을 더 사볼까 싶은데 한 가지가 걸립니다. 버핏 씨 당신에게 무슨 일이 생기면 어떻게 되죠? 저는 우발적 위험(event risk, 짧은 기간 주가에 급격한 영향을 미치는 위험을 말하며 이에 반해 비교적 장기간에 걸쳐 부정적인 영향을 미치는 위험은 침식성 위험erosion risk이라고 한다. - 옮긴이)을 감당할 형편이 안 됩니다.
> 버핏: 그건 저도 마찬가지입니다.[34]

버핏의 공과 사의 역할 경계가 모호한 것은 가족에게도 마찬가지였다. 그는 주주 서한들을 작성할 때 아끼는 여동생 로버트에게 보내는 편지라고 상상했다. 그런데 막상 로버타와 함께 있으면 약간의 거리를 두며 데면데면 대했다. 캘리포니아에서 거주하던 로버타도 웬만하면 버핏을 방해하고 싶지 않아 늘 조심했고 하고 싶은 말이 있어도 가능한 딱 필요한 말만 짧게 끝내려 애썼다.

로버타는 버핏의 조언이 언제나 "아주 유익"했지만, "보통 사람들"과 있을 때처럼 오빠를 "편하게" 대할 수가 없었다. 그녀는 그의 시간을 "방해"하지 않으려 지나치게 의식했다고 인정했다. "오빠의 머릿속에서는 생각이 끊이질 않아요. 그래서 나랑 얘기하다가도 얼른 자신의 생각으로 돌아가고 싶어 하죠. 그의 주변에 집중력이라는 구름이 끼어 있는 것과 비슷해요. 그건 진짜 구름과 똑같아요."

버핏 자신도 공적인 페르소나와 사적인 페르소나가 있음을 인정했다. 또는 그의 말마따나 집에서는 내성적이고 바깥에서는 외향적인 사람이었다.[35] 큰 그림으로 보면, 그와 인생을 공유하는 여성 둘과의 관계에서도 이런 성향이 드러났다. 수전은 그레이엄 사단의 모임, 버크셔 해서웨이 주주 총회, 뉴욕과 캘리포니아의 오랜 친구들을 만날 때처럼 비교적 공식적인 상황에서 아내의 역할을 수행했다.

수전은 매우 활달하고 외향적인 성격이었다. 샌프란시스코에서 좀 더 좋은 아파트로 이사했지만 집에 있는 시간은 여전히 많지 않았다. 자식들이나 친구가 도움이 필요할 때 또는 아프거나 심지어 죽음을 앞둔 사람이 있을 때 수지는 짐을 챙겨 그곳으로 달려가 몇 날이든 몇 주든 상황이 끝날 때까지 머무르곤 했다. 가령 나치의 아우슈비츠 수용소Auschwitz 생존자였던 오마하의 친구 벨라 아이젠버그Bella Eisenberg가 그곳을 가보고 싶어 하자 수지는 이웃집에 놀러가는 것 마냥 두 번 생각지도 않고 비행기에 함께 올랐다. 또한 (세계 인구 감축에 관심이 많아서) 인도, 터키, 아프리카 등등 세상 곳곳을 여행했고, 본인의 말처럼 "하늘에서" 살았다.[36] 뿐만 아니라 샌프란시스코로 이사한 뒤에도 힘이 닿는 한 사람들을 도왔고, 특히 에이즈 환자 한 명은 아예 집에 데려와 같이 살기도 했다. 남편의 곁을 떠난 뒤 방랑자처럼 살던 인생 후반부에서 그녀의 삶을 지탱해준 것은 가정이나 일상이 아니었다. 자신을 필요로 하는 사람들의 곁을 지키는 것이 삶의 축이었다. 물론 남편 버핏도 포함해서 말이다. 버핏의 한 지인은 그가 집

나간 아내를 여전히 깊이 사랑하는 것이 아무리 생각해도 신기하다
고 말했다.

한편 버핏의 또 다른 반쪽 아스트리드는 매우 내성적이었고 조용
한 삶을 즐겼다. 오마하에 있을 때의 버핏과 똑 닮았다. 인근의 동물
원에서 식물들을 관리하는 것이 오전 일과였던 아스트리드는 거의
대부분 편안한 청바지와 맨투맨 셔츠를 손에 흙을 묻히고 있었다. 그
녀와 버핏은 사교 활동을 별로 하지 않았다. 버핏은 집에 있을 때면
거실 옆에 붙은 자신의 작은 "소굴"에서 거의 나오지 않았다. 수전이
집을 나가기 전에 일광욕실로 사용되던 공간인데, 그는 신문과 책을
갖다 두었고 커다란 TV도 들여놓았다. 아침을 포함해 식사는 가끔
햄 샌드위치를 먹거나 바닐라 아이스크림으로 간단히 때우기도 했
다. 이런 조용한 동거 생활은 불안정한 환경에서 성장한 아스트리드
에게 잘 맞았다. 한번은 명절 가족 모임에서 누나 도리스가 아스트리
드에게 어떻게 지내는지 대놓고 물었다. 아스트리드는 버핏이 "한집
에 살기에 가장 멋진 남자"라고 얼굴을 붉히며 대답했다.

버핏은 혼자만의 고독과 그런 시간이 가져다주는 단순성에 집착했
고, 그런 집착은 키위트 플라자 14층에도 그대로 옮겨졌다. 그는 그
곳을 버크셔 해서웨이의 "세계 본사"라고 자조적으로 불렀다. 버크셔
는 《포춘》이 선정한 500대 기업에 당당히 이름을 올렸지만 1980년
대 중, 후반 버핏의 사무실은 최소한의 인원으로 운영되었다. 직원은
전부 합쳐 달랑 11명이었다. 비서 2명, 접수 직원 1명, 회계사 3명, 보
조 중개인 1명, 재무 담당자 1명, 보험 책임자 1명, 글래디스 카이저
(버핏의 오랜 비서) 그리고 그들 모두의 상사 버핏 자신이었다. 버크셔는
변호사도 전략 기획 담당자도 홍보 직원도 인적자원 관리자도 따로
두지 않았다. 그런 마당에 경비, 운전수, 우편물 관리인, 컨설턴트 같

워런 버핏

은 지원 인력은 두말하면 잔소리다. 심지어 줄지어 앉아 컴퓨터 모니터에 눈을 떼지 않는 분석가들도 없었다. 요컨대 현대 기업 환경을 대표하는 신성한 상징물은 하나도 없었다.

이처럼 군살을 찾아볼 수 없는 지극히 간소한 경영 방식은 버핏이 "제도적 역학institutional dynamics"[37]이라고 명명한 것을 최소화하려는 의도적인 노력의 일환이었다. 말인즉, 주식 거래인들을 고용했더라면 그들은 거래할 무언가를, 변호사들을 고용했더라면 그들은 기소할 누군가를 찾아냈을 것이다.

> 필수 인력만으로 소규모 조직을 유지한 덕분에 우리 모두는 서로를 관리하는 것이 아니라 사업을 관리하는 데에 오롯이 집중할 수 있습니다.[38]

월스트리트의 한 투자 은행가는 현대 자본주의의 성지를 찾아갔던 여정을 결코 잊지 못한다. 월스트리트 5대 투자은행의 하나였던 베어 스턴스Bear Stearns의 존 오토John Otto는 레드 라이언 호텔에서 첫 번째 충격을 받았다. 오토는 한 천연가스 기업의 인수자를 물색하던 고객을 데리고 오마하를 찾은 참이었다. 오토가 호텔 도어맨에게 버크셔 해서웨이를 찾아가는 길을 물었을 때 그는 처음 들어보는 회사라는 듯 멍한 시선으로 쳐다보았다. 그들이 가까스로 키위트 플라자에 도착했을 때 오토는 두 번째 충격을 받았다. 피자가게 건너편에 위치한 "싸구려 빌딩"이었다. 건물 바깥에도 로비에도 이곳이 워런 버핏 주식회사의 본사라고 알려주는 간판조차 없었다.

버핏은 할인 마트에서 팔 것 같은 구두를 신고 방문자들을 맞이했다. 잠시 가벼운 대화를 나눈 뒤 오토의 고객은 천연가스 기업에 대해 설명하기 시작했다. 그러자 버핏의 태도가 좀 전과는 180도 달라졌다. 그는 완전히 집중했다. 입술을 꽉 다물고 숯 검댕이 눈썹이 안경에 닿을 정도로 미간을 한껏 찡그렸다. 약 90분간의 발표가 끝나자 버핏이 몇 가지를 물었다. 본래 천연가스의 경제성 자체가 복잡한데다, 준수해야 하는 규제도 많고, 법률적인 사안과 사회적인 문제도 얽혀 있다. 오토가 미리 버핏에게 한 뭉치의 정보를 보내준 터라 버핏은 모든 내용을 완벽히 파악하고 있었다. 오토의 고객이 새로운 정보를 제시하자 버핏은 바로 그 자리에서 그 기업의 경제성을 다시 계산했다. 오토는 버핏이 흔한 메모장 하나도 없다는 것을 알아챘다. 또한 사무실을 들락거리며 필요한 데이터를 수시로 '대령'하는 조수들도 없었다. 요컨대 **완벽한 1인 경기였다.** 서너 시간 뒤 버핏이 약간의 실태 조사를 조건으로 가격을 제시했다. 이번에도 오토는 깜짝 놀랐다. 경영자들은 본래 첫 번째 만남에서 곧바로 제안하지 않아서다(결과적으로 말해 그 거래는 성사되지 않았다).

이처럼 불필요한 부분들을 과감히 쳐내고 알맹이만 드러내는 버핏의 능력은 가히 천재적이다. 버핏은 자신의 목표에만 완벽히 집중했고, 그의 단순성은 그런 천부적인 능력과 환상의 짝꿍이었다. 그는 임원들이 아무리 유능하고 성실하고 좋은 의도를 가졌더라도 많아서 좋을 게 없다고, 그래 봤자 자신의 집중력만 흐리게 만들 거라고 생각했다. 게다가 그들이 어쩌면 "성취할 일" 상당 부분은 불필요한 일일 터였다(이것은 버핏의 신조에 잘 드러났다. "할 가치가 없는 일은 잘할 가치가 없다").³⁹ 그는 의사 결정을 미루는 것도, 지루하고 논쟁적인 줄다리기 협상도 좋아하지 않았다. 그의 협상 전략은 제안을 하는 쪽이든 제안을 받는 입장이든 '싫으면 말고' 식의 양자택일에 기초해서 결정하는 것이었고, 일단 결정한 뒤에는 낙장불입, 뒤집지 않았다.

워런 버핏

수십 명의 거래인과 분석가들이 투자 업무를 분할해서 처리하는 여타 투자은행들과는 달리, 버핏 사무실에서 투자 업무는 온전히 자신과 빌 스콧만의 몫이었다. 심지어 스콧은 정규 직원도 아니어서 3시면 폴카 밴드에서 연습하러 퇴근했다. 어떤 투자든 버핏이 초연한 고독 속에서 혼자 조사하고 혼자 결정했다(당연히 멍거와 전화로 상의했다). 이런 1.5명 체제가 얼마나 대단한지 단적으로 비교하면, 버크셔의 투자 포트폴리오와 규모가 엇비슷한 하버드의 대학 발전기금은 직원 수가 100명이 넘었다.

키위트 플라자 사무실 직원들은 버핏이 주연인 무대에서 든든한 배경이 되어 주었다. 조용히 자신이 할 일에 집중했고 로봇처럼 능률적이었으며 무슨 일이든 믿고 맡길 수 있었다. 버핏의 딸 수지에 따르면 "아버지를 포함해 사무실 직원 모두가 똑같은 부류예요. 아무 말 없이 그저 자신의 일에만 집중하죠."

사무실에서 버핏의 오른팔은 비서 겸 조수 글래디스 카이저였다. 그녀는 약속 없이 찾아오는 불청객들을 돌려보냈고 질문과 문의는 담담하고 단조로운 말투로 답변을 거부했다.

한편 네브래스카 프리몬트 출신으로 호리호리한 체구에 날카로운 푸른 눈을 가진 재무 담당자 베른 매켄지는 충직한 직원의 화신이었다. 매켄지는 1960년대에 일을 시작한 이후 급여를 올려달라고 먼저 요구한 적이 한 번도 없었다. "행여 저는 제 월급이 적다고 생각해도 그가 올려주지 않았다면 다 생각이 있으셨겠죠. 틀림없이 제가 잘못 생각한 것이고요"라고 매켄지가 무심하게 말했다(실제로 1960년대와 70년대에는 그의 임금이 매우 짧다. 하지만 1986년 그의 연봉은 198,000달러였다).

1970년대 초 매켄지가 뉴베드퍼드에서 오마하로 자리를 옮긴 뒤 버핏은 그가 보는 데서 목소리를 높인 적도, 하물며 속내를 언뜻이라도 내비친 적조차 없었다. 매켄지의 말을 들어보자. "제가 어디 가서 그에게 해가 되는 말을 옮기겠습니까마는 그는 본래 내성적이라 자기 이야기를 잘하지 않습니다. 앞으로도 그런 일은 없을 거라고 봅니다."

사무실 직원 모두가 믿음직했지만 그와 '지적으로 말이 통하는' 사람은 없었다. 다시 말해 그를 초연한 고독에서 끌어낼 만한 사람이 없었다. 물론 직원들과 함께 있을 때는 항상 쾌활했다. 그러나 친구들과 있을 때와는 달리 말을 많이 아꼈다. 또한 손님이 있는 경우를 제외하면 점심도 혼자 먹었고 가끔은 비서에게 맥도날드를 사다달라고 부탁했다("쿼터파운더 치즈버거랑 감자튀김 부탁할게요"). 버핏이 두 아들에게 함께 일하자고 제안한 적은 있었지만 솔직히 그에게는 어떤 '대역'도 필요하지 않았다. 멍거는 씨즈캔디 같은 버크셔 자회사들의 사장들이 그와 한 사무실에서 일하지 **않은** 것은 행운이라고 말했다. 하나하나 버핏과 비교된다면 누구든 "자존심에 생채기"가 생기기 마련이었다.[40] 일에 대한 그의 무서운 집중력을 생각하면 멀리 떨어져 있는 게 상책이었다.

버핏이 딱 한 번 젊은 '제자'를 받은 적이 있었다. 오마하에서 성장하고 스탠퍼드 경영대학원을 졸업한 대니얼 그로스맨Daniel Grossman이었다. 유명한 테니스 선수였던 그로스맨은 그때의 경험에 대해 본인 입으로 이러쿵저러쿵하지 않았다. 하지만 동료들에 따르면 그는 압도된 것 같았다고 한다. 버핏이 좋은 멘토가 아니었을 것은 안 봐도 뻔했다. 그는 목적이 있을 때만 대화하는 것처럼 보였다. 오마하의 한 변호사는 버핏의 머릿속에 모터가 늘 작동하고 있었다면서 틀림없이 분석 기계였을 거라고 말했다.

버핏이 그로스맨과의 관계에서 무엇을 기대했는지는 알 수 없다. 피터가 말하기를 "그건 아버지가 자신의 투자 기법을 다음 세대에 전달하려는 첫 번째 시도였어요. 후계자를 양성한다고나 할까요. 그런데 완전히 망쳤죠. 아버지는 그런 역할을 어떻게 해야 하는지 모르는 분이에요." 버핏은 직원들에게 프로젝트를 위임하지도 그들과 함께 일하지도 않았다. "만약 그로스맨이 아버지가 일하는 방식을 직접 눈으로 보면서 무언가를 배우고 싶었다면 처음부터 사람을 잘못 골랐어요. 아버지 사무실에서는 그런 일이 불가능하거든요"라고 버핏의 딸이 지적했다. "아버지가 어떻게 일하는지 아무도 눈으로 볼 수 없어요. 아버지 머릿속에서 이뤄지기 때문이죠." 버핏이 "사무실"에서 했던 일은 생각하고 읽는 것이 거의 전부였다.* 그로스맨은 버핏의 사무실을 그만두었고 나중 일이지만 캘리포니아에서 투자자로 성공했다.

1986년 버핏이 자신의 원칙 하나를 제 손으로 깼다. 중고 팰콘(Falcon) 자가용 비행기를 구입한 것이다. 850,000달러였으니 회사 전용기치고 비싼 편은 아니었지만, 가격을 떠나 그것은 그가 예전부터 비난했던 기업의 불필요한 사치품의 전형이었다. 그는 장난스럽게 연례 보고서에서 작은 글씨체로 팰콘 구매 사실을 알렸고 "아주 비쌌다"는 둥 "사치품"이라는 둥 지레 엄살을 떨었다.[41] 자가용 비행기를 이용한다는 생각에 마음이 못내 불편했지만 그는 팰콘을 사랑하게 되었다. 그리고 엄밀히 보면 진정한 의미의 일탈은 아니었다. 팰콘은 그저 키위트 플라자를 하늘로 옮겨놓은 것에 불과했다. 비행기 안에서 완전한 고독을 즐겼다는 이야기다. 버핏은 한 친구에게 팰콘을

---

* 버핏은 첫째 《월스트리트 저널》은 하루도 빠짐없이 읽었다. 그리고 《오마하 월드-헤럴드》, NYT, 《USA 투데이》, 런던에서 발행되는 국제 경제 전문 《파이낸셜타임스(Financial Times)》 등도 가능한 한 챙겨 봤다. 이 외에도 다양한 잡지와 각종 업계지를 섭렵했고 재무제표도 산더미처럼 쌓아놓고 읽었다.

구입한 진짜 이유를 털어놓았다. 사업이 커지자 비행기를 이용할 일이 많아졌는데 자신을 알아보는 사람들이 많아졌고 가끔은 그런 시선 때문에 자신이 시장에 나온 물건 같은 기분이 들었다는 것이다. 그것은 버핏이 혐오해 마지않던 사생활 침해였다.[42]

버핏의 별난 성격들은 양날의 칼이었다. 천부적인 재능을 타고난 투자자에게는 대단한 무기였지만 경영자로서의 활동에는 걸림돌이었다. 그는 운영상의 세부 내용보다는 추상적인 개념화를, 실질적인 문제보다는 숫자를 다루는 일에 더 능했다. 또한 자신의 독립성이 너무나 소중했고 그래서 사람들과 일상적으로 깊이 얽혀 일하기가 힘들었다.

1986년이 되자 그는 어느새 거대한 복합기업의 경영자가 되어 있었다. 그가 한순간도 원한 적이 없는 역할임에 분명했다. 경영자로서 자신이 부족한 부분을 잘 알았던 버핏은 그것을 보완할 방법을 강구했다. 『월드 북 백과사전』과 씨즈캔디 등등에서 중요한 극소수 결정만 빼고 경영과 관련된 나머지는 각 회사의 경영진에 일임했다.[43*] 버핏은 누구든 "능력 범위(circle of competence, 자신이 잘 알고 잘할 수 있는 범위 – 옮긴이)"가 넓을 필요는 없지만 "자기 능력의 한계"를 아는 것이 중요하다는 말을 자주 했다.[44] 그렇다면 버핏은? 자신의 한계를 아주 잘 알았다. 뮤지컬에 비유하면, 경영자로서 그는 합창 부분에서는 노래했지만 춤을 추려는 어설픈 시도는 하지 않았다(가령 B 여사에게 카펫에 대해 "훈수"를 두지 않았다). 괜히 간섭해 긁어 부스럼 만드는 경영자가 더러 있었지만 버핏은 복잡한 일을 단순하게 만드는 천부적인 능력

---

* 이런 자유 방임형 정책에 예외가 2개 있었는데, 버핏은 가끔 씨즈캔디와 《버펄로 뉴스》에서 가격 인상 문제는 직접 챙겼다.

덕분에 그런 함정을 피할 수 있었다.

버핏은 버크셔가 지배하는 각양각색 자회사들의 경영진에게 수익 예측을 요구하지 않았다(수익을 예측해 주는 컴퓨터 모델들은 신뢰할 수 없었다. 그런 모델은 미래를 "잘못된 방향으로 정확하게" 예측했다).[45] 그는 회의 일정을 잡지 않았다(씨즈캔디의 허긴스 사장은 20년간 오마하 땅을 한 번도 밟지 않았다). 또한 버핏은 버크셔의 기업 "문화"를 위에서 아래로 일방적으로 강요하지도 않았다. 반면 하버드 대학교를 졸업한 스콧 앤 페처의 랠프 셰이 CEO는 예산, 기획 등등 가용한 현대 비즈니스 도구들을 전부 사용했고, B 여사는… 다른 수단들을 사용했다. 하지만 셰이와 B 여사 일가가 버핏을 높이 사는 부분은 동일하다. 그는 사실상 아무 부가 조건 없이 그들의 재량으로 사업을 운영할 수 있게 해주었다.

> 우리가 인수한 기업 중에 소유자가 직접 경영하는 회사들이 있습니다. 우리는 누구에게도 — 가족과 최근에 채용한 MBA 출신 등등 — 그런 기업을 경영할 기회를 주겠다고 약속한 적이 없습니다. 앞으로도 그런 약속을 하지 않을 것입니다.[46]

이런 모든 점을 종합해볼 때 버크셔는 가장 이상한 복합기업이었다. 솔직히 현대 기업으로서도 이상했다. 현대의 시대적 화두는 전문 분업화이다. 사실상 전문 분업화가 숭배의 대상이 되었다. 이는 역사학자들이 나폴레옹 시대 프랑스인들의 신발 크기에 관한 논문들을 발표하는 이유이고, 오늘날 평범한 프로 미식축구 팀의 직원 수가 미국 제30대 대통령 캘빈 쿨리지John Calvin Coolidge의 보좌관들보다 더 많은 이유다. 또한 기업 세상에도 전문 분업화라는 명분하에 인력 과잉 현상이 만연하다. 그런 역사학자, 미식축구 감독, CEO의 공통점은 중요한 결정에 대한 책임을 직접 부담하거나 심지어 책임을 위임하는 것조차도 두려워한다는 사실이다.

버핏의 버크셔는 구조적인 측면에서 아서 왕의 궁정에 더 가까웠다. 무엇보다 버크셔에서는 권력이 두 지점으로 집중되었다. 하나는 운영상의 최고 책임자들이고 다른 하나는 버핏 자신이었다. CEO로서 버핏의 역할은 세 가지였고, 그것들은 다시 2개의 명시적 역할과 하나의 암묵적 역할로 나뉘었다. 첫째 그는 운영 책임자들을 채용했다(그리고 잠재적인 해고 권한도 있었다). 그리고 그들의 자본 유입과 유출 모두를 쉽게 말해 자본 흐름을 통제했다. 버핏의 세 번째 암묵적인 역할은 그들 책임자에게 동기를 부여하는 것이었다. 그들 중에는 스탠퍼드 립시 같이 친구도 일부 있었지만 많은 운영 책임자들은 순전히 공적인 관계였다.

가령 랠프 셰이와 버핏의 관계는 오직 업무적인 관계로 국한되었다. 그는 버핏에게 매달 재무제표를 보냈다(버핏은 버크셔의 모든 자회사에 대해 월별 재무제표를 요구했을 뿐 아니라 사실상 재무제표의 모든 내용을 암기했다). 그리고 가끔은 재무 보고서를 서술 형식으로 작성했는데, 버핏에게 스콧 앤 피처의 현황을 정확히 알려주기 위한 배려였다. 또한 둘은 한 달에 한 번 꼴로 업무와 관련해 전화 통화를 했지만, 전화를 거는 쪽은 언제나 셰이였고 버핏은 절대 셰이에게 먼저 전화하지 않았다. 그런 서면 보고서나 유선 통화를 제외하면 셰이는 다른 회사에서는 꿈도 못 꿀 만큼의 재량적 권한을 누렸다.

일례로 셰이가 『월드 북 백과사전』의 영업 관리자들을 재정비할 계획을 제안했을 때 버핏은 썩 내키지 않았지만 셰이가 계획을 추진하도록 허락했다. 결과적으로 말해, 그런 구조 조정은 직원들의 사기를 급격하게 떨어뜨렸고 급기야 매출이 20퍼센트 감소했다.[47] 셰이는

워런 버핏

그것은 절대 시작하지 말았어야 했던 일이었다며 자신의 실수를 뒤늦게 인정했다. 그러나 버핏은 그런 결과에 대해 셰이에게 아무 책임도 묻지 않았다.

이런 접근법은 영감과 동기를 부여하는 힘이 있고, 그 힘을 간과해서는 안 된다. 6월 30일 상반기 결산과 12월 31일 하반기 결산을 버핏에게 의무적으로 보고하는 경우를 제외하고, 셰이는 스콧 앤 페처를 자신의 회사처럼 생각했다. 실제로 그는 '월급쟁이 사장'이면서도 자신의 개인 회사인 듯 장기적으로 운영할 자유가 있었다. 솔직히 셰이를 비롯해 버크셔 산하 모든 자회사의 경영자들은 월급이 적은 편이었지만 고용 계약서에는 그들에게 유리한 잠재적인 인센티브 조항이 있었다(버핏과 멍거는 예외였다. 둘의 연봉은 10만 달러로 고정이었다). 셰이는 그런 금전적인 인센티브만이 아니라 버핏이라는 사람 자체에서 동기가 부여되었다. 셰이의 표현대로 옮기면, 그는 성적표를 받는 날의 아이처럼 버핏에게 나쁜 소식을 전하고 싶지 않았다.

"그는 사람들이 스스로 개인적인 책임감은 갖게 만드는 독특한 방식이 있어요. 버크셔가 우리 경영진을 통제하지 않듯 우리도 스콧 페처를 지배하지 않습니다. **우리** 본사 사무실에 직원이 총 40명입니다. 우리는 자체적인 예산을 편성해 집행하고 연간 계획과 장기적인 계획을 수립하며 규칙들을 만들어 시행하죠. 요컨대 우리 회사는 버크셔와 완전히 독립적으로 운영됩니다."

버크셔의 자회사 경영자들이 버핏에게 불만이 있었다면, 그가 너무 관여하지 않고 나 몰라라 한다는 점이었다. 그는 그들의 회사 내부 일에 일절 개입하지 않았고 그들이 조언을 요청하면 가끔은 함축적인 뜻을 담아 아주 짤막하게 말했다. 어떤 경영자의 말마따나 그는 "지혜의 진주 한 알을 떨어뜨렸다." 마치 경영자들도 자신의 "사도"인

양 선문답의 화두처럼 자본주의의 교리를 무심히 내뱉을 뿐이었다.

하지만 지혜의 진주만으로는 충분하지 않은 경영자들도 있었다. 보석가게 보르샤임을 운영하던 루이스 프리드먼이 1991년 세상을 떠났을 때 그의 사위 도널드 예일Donald Yale이 경영권을 승계했다. 40대 중반이던 예일은 경영 경험이 많지 않아 어느 정도의 도움이 필요했다. 하지만 그도 이내 깨달았다. 버핏이 숫자에는 탁월한 재능을 가졌어도, 그가 보석가게를 경영하도록 도와줄 의지가 또는 능력이 없다는 것을. 심지어 예일이 운영과 관련된 구체적인 질문을 해도 즉답을 들려줄 법도 하건만, 버핏은 일반적인 대답을 들려주거나 겸손하게 슬쩍 에둘러 대답할 뿐이었다.[48]

최소한 알려진 바로는 버핏이 경영자를 해고한 적은 없었다. 그의 다양하고 오랜 경력을 고려해볼 때 매우 놀라운 것이다. 이것과 관련해 흥미로운 사례가 있었다. 1970년대 버핏은 일리노이 마운트 모리스Mount Morrs의 작은 지방 은행 시티즌 스테이트 은행Citizen State Bank을 소유했고 그 은행은 조지 애더턴George Aderton이 경영했다. 버핏은 애더턴이 영 신통찮고 성에 차지 않은 것은 확실했다(버핏은 애더턴에게 편지를 보내 그가 올린 소위 보고서가 너무 부정확해서 몹시 "짜증이 나고" "부아가 치민"다고 말했다. 이 정도면 버핏에게는 욕이나 다름없었다).[49] 하지만 그는 애더턴을 해고하지 않았다. 아예 은행 자체를 팔아버렸다.

해고에 신중한 태도는 사업의 측면에서 보면 유익하고 합리적인 접근법이다. 특히 뉴욕 양키스 구단주로 밥 먹듯 해고했던 조지 스타인브레너George Steinbrenner의 방식과 비교하면 더욱 그렇다. 하지만 그가 경영자들에게 극단적으로 신의를 지키는 것은 단순히 사업을 고려해서만은 아니었다. 오히려 주식을 장기간 보유하는 것과 일맥상통한 점이 있다. "개인적인" 것들이 고려되었다는 사실을 암시하는 것이다.

그는 채찍보다는 당근으로 동기를 부여하는 능력이 더 뛰어났다. 본래 사람들과 대립하는 것을 싫어하기도 했지만 그는 사람들을 칭찬하고 추켜세울 때는 입에 혀처럼 굴었다. 그의 전형적인 칭찬 방식은 이런 식이었다.

> 저는 블럼킨 일가, 프리드먼 가족, 헬드먼Heldman 가족(버핏은 1986년 헬드먼 가족이 소유한 유니폼 제조업체 페치하이머 브라더스 Fechheimer Brothers에 투자했다. – 옮긴이), 척 허긴스, 스탠퍼드 립시, 랠프 셰이 같은 우리 경영자들의 이름을 부를 때면 밀러 허긴스Miller Huggins 감독이 1927년 뉴욕 양키스의 선수들을 소개했을 때 느꼈을 벅찬 감동이 밀려옵니다.[50] (뉴욕 양키스의 1927년 팀은 월드시리즈에서 우승했고 메이저리그 역사상 최강 전력으로 평가되며 야구뿐 아니라 미국 프로 스포츠를 통틀어 최강 팀으로 여겨진다. – 옮긴이)

버핏의 회사들은 하나 같이 자본 수익률은 엄청났지만, 성장률은 지극히 평범했다. 이것에 대해서는 버핏도 어느 정도 책임이 있다. 그들 기업에 대한 재투자를 꺼린 것이다. 아마도 섬유산업에서 크게 데인 경험 때문이었지 싶다. 어쨌든 재투자가 원활하게 이뤄지지 않은 대가는 명백했다. 가령 『월드 북 백과사전』은 전자책 출시가 늦어졌고, 보르샤임은 매장 수를 늘려 브랜드 인지도를 높일 수 있는 기회를 놓쳤다.

버핏이 사업 확장 기회를 원천적으로 막은 것은 아니었다. 단지 그는 블럼킨이든 립시든 셰이든, 경영자에게 한 가지를 요구했다. 자신과 멍거가 다른 곳에 투자하는 것보다 재투자할 때의 수익률이 더 높다는 것을 확신시켜주기를 바랐다. 그리고 버핏에게 확신을 주지 못한 경영자들은 수익금을 고스란히 오마하로 보냈다. 버핏은 기업 차원에서 자신에게도 똑같은 원칙을 적용했다. 가령 멍거와 자신이 뛰어난 투자처를 발굴할 수 없다면 버크셔가 외형 확장을 중단하고 주주들에게 배당금을 지급했을 거라는 말이다.

16장   무분별함이 부른 참사

시장을 예측할 수 있는 사람은 한 번도 본 적이 없습니다.

_ 워런 버핏, 1987년 버크셔 해서웨이 정기 주주 총회에서

1980년대 중반 버크셔를 움직이는 엔진은 보험이었다. 버크셔의 보험 포트폴리오는 오마하, 뉴욕 등지에 흩어진 재산 보험회사와 상해 보험회사로 이뤄졌고, 선도 주자는 오마하에 본사를 둔 내셔널 인뎀니티였다. 그들 보험사는 버핏이 재투자할 수 있는 총알을 막대하게 보급해 주었다. 버핏의 말마따나 보험료는 "약속"의 대가로 벌어들인 돈이었다. 미래에 보험금을 지급할지 여부는 불확실한 것에 반해 오늘 당장 돈이 들어오는 것이다. 그런 약속과 당장의 현금을 교환하는 것에 관한 계산은 버핏에게는 제2의 천성이었다. 버핏은 모든 것을 확률의 렌즈로 바라보았다. 경마와 항공기 추락 사고는 물론이고 심지어 핵전쟁까지 그에게는 확률 게임이었다. 한번은 그가 그레이엄 제자 25명이 모인 자리에서 캐럴 루미스에게 이른바 생일 문제로 내기를 걸었다. 그는 자신을 포함해 26명 중에 적어도 2명은 생일이 같을 거라고 장담했다.[1] 루미스는 그의 예측이 맞아떨어지자 충격을 받았다. 그것에 대한 설명은 (비록 놀라운 논리였지만) 간단했다. 그런 일이 일어날 수학적 확률이 60퍼센트인 것이다(정확히는 59.8퍼센트 - 옮긴이). 보험도 맥락은 이것과 같았다. 요컨대 보험은 삶의 모든 경험을 수학적 확률로 전환시켰다. 가이코의 CEO이자 친구였던 잭 번은 워싱턴의 유니버시티 클럽University Club에서 버핏을 만났을 때가 잊히지 않았

다. 그는 신기한 3개의 주사위를 들고 있었는데, 각 주사위는 보통의 주사위와는 다른 점들이 찍혀있었다. 버핏이 제안을 했다. 번이 아무 주사위를 선택할 수 있고 그런 다음 버핏이 나머지 주사위 중 하나를 선택하겠다고 했다. 그러면서 주사위를 20번 굴리면 자신이 이길 거라고 장담했다. "저는 얼른 휴렛패커드 계산기를 꺼냈어요"라고 번이 회상했다. "보험인으로서 자존심이 걸린 문제였습니다."

> 저는 우선 확률을 계산한 뒤 주사위 하나를 집었고, 그가 나머지 2개 중 하나를 선택했어요. 그가 20번 중에 14번을 이겼어요. 버핏이 "한 판 더 하고 싶은 눈친데, 점심 내기 어떤가?" 이번에는 앞서 그가 사용했던 주사위를 냉큼 선택했어요. 결과요? 그가 16번 이겼어요. 그래서 저는 계산기를 다시 꺼냈죠. 그는 얼굴 가득 '깜빡 속았지롱'이라는 미소를 짓고 있었어요.(이것은 비이행적 주사위nontransitive dice라고 부르는 일종의 속임수 주사위 놀이로, 주사위 1과 주사위 2를 동시에 던지면, 주사위 2가 이길 가능성이 더 높고, 주사위 2와 주사위 3을 동시에 던지면 주사위 3이 이길 가능성이 주사위 1과 주사위 3을 동시에 던지면 주사위 3이 아니라 주사위 1이 이길 가능성이 더 높다. – 옮긴이)

각 주사위는 나머지 2개 주사위 중 하나에 대해 항상 이기게 되어 있었다. 만약 적절한 주사위만 선택해서 충분히 여러 번 굴리면 사실상 지는 것이 불가능했다. 그것이 바로 보험이었다. 가령 허리케인이나 3중 교통사고가 발생할 확률을 계산해서 **그 확률 결과에 따라 보험료를 책정한다면** 속임수 주사위로 놀이하는 것과 다르지 않았다.

버핏은 항상 다른 어떤 자회사보다 보험회사들에 더 깊이 관여했

워런 버핏

다. 가령 사탕 사업과는 달리 보험은 엄청난 성장 잠재력이 있다는 확신에서였다. 반면에 다른 어떤 사업보다 보험업은 성장통이 컸다. 1970년대 버크셔는 플로리다에서 발생한 자동차보험 사기로 한번, 캘리포니아에서 노동자들의 보험금 청구 건수가 급증해서 또 한 번 휘청거렸다. 심지어 텍사스, 미네소타, 아이오와에 있던 보험 자회사들은 완전히 문을 닫아야 했다. 설상가상 법원은 거액의 배상금을 판결하는 경향이 갈수록 커졌고, 이것은 감당하기 힘든 충격적인 결과를 가져왔다. 버핏이 내셔널 인뎀니티에서 관리자들을 만났을 때 한 가지를 간곡히 부탁했다. "**나쁜** 소식도 전부 알려주세요."[2] 하지만 비록 최선을 다했지만, 반복된 결과를 놓고 보면 버크셔의 보험사들은 손실 예측이 지나치게 낙관적이었다.[3]

1982년 버핏은 경영 컨설팅업체 맥킨지 앤드 컴퍼니에서 컨설턴트로 일하다가 2년 전에 버크셔로 이직한 마이클 골드버그Michael Goldberg에게 내셔널 인뎀니티를 맡아달라고 부탁했다. 이는 사실상 그가 보험사 관리를 실패했다고 자인하는 셈이었다. 당시 36살이던 골드버그는 미국 각지에 흩어진 다른 자회사 경영자들과는 달리, 엎어지면 코 닿는 거리에 있었다. 그도 키위트 플라자에서 버핏의 '사원'과 인접한 사무실에서 일했다. 골드버그는 개인적으로 얽히지 않은 철저히 공적인 관계에 찰떡이었다. 골드버그는 버핏이 "자아가 없는 사람들"을 원했다고 말했다. 골드버그가 그 조건에 딱 들어맞았다.

뉴욕 출신인 골드버그는 호리호리한 몸매에 일 욕심이 많았고 외모는 영화감독 우디 앨런을 닮았다. 한 동료는 골드버그의 지능지수가 족히 180은 되었을 거라고 했다. 수재들만 모이는 뉴욕 명문 브롱크스 과학 고등학교Bronx High School of Science를 졸업한 골드버그는 자신보다 더 똑똑한 사람들과 어울리는 것에 익숙했다. 버핏은 골드버그가 자신보다 위험에 훨씬 더 예민하다는 점을 높이 샀다. 걱정이 많고 일 중독자였던 골드버그는 구형 올즈모빌Oldsmobile을 몰았다. 얼마나 고물차였는지 그의 한 부하직원이 그 차를 탔다가 어딘가에 걸려 코트자락이 찢어졌다.[4] 그런데 당시 골드버그는 성과급으로만 200만 달러를 받았다. 아직 자녀가 없었던 골드버그는 아내와 단둘이 버핏의 집에서 그리 멀지 않은 평범한 복층 아파트에서 살았다. 하지만 그와 버핏은 서로 왕래가 거의 없었다.

둘의 관계는 엄격히 보험으로만 국한되었다. 버핏은 수학 퍼즐 문제로 골드버그와 머리싸움을 벌이는 것이 재미있었다(장소는 언제나 골드버그의 사무실이었는데, 그래야 자신이 원할 때 자유롭게 떠날 수 있어서였다). 한편 골드버그는 가끔 그의 승인을 받으러 증권을 들고 버핏의 사무실에 들렀다. 하지만 버핏은 질문에 대답하는 데에 많은 시간을 쓰고 싶지 않다고 단단히 못을 박았다.[5] 그의 역할은 철저히 지시등이었다. 골드버그의 보험회사가 어느 방향으로 가야 하는지 정확하게 보여주는 지시등 말이다.

보험 중에서도 버핏이 좋아했던 (그러나 유일한 것은 아니었다) 틈새 분야는 "재보험"이었다. 사실상 이것은 도매업이었다. 박리다매의 소매상처럼 주택 소유주나 운전자에게 수천 건의 소액 보험을 직접 판매하는 대신에, 재보험회사는 다른 보험사들에게 상당한 고액 증권을 소량 판매하고, 고객 보험사들이 보장하는 위험에서 일정 부분을 부담한다. 그것은 전형적인 "롱테일(longtail, 보험금 지급까지 오랜 기간이 걸리는 보험 - 옮긴이)" 사업이다. 말인즉 긴 꼬리처럼 보험금을 청구하기까지 오랜 시간이 걸린다. 따라서 재보험회사는 보험료로 발생한 "플로트" 자금을 장기적으로 재투자할 수 있고, 재보험회사의 손익은 만기가 끝나봐야 주판알을 튕길 수 있다. 이러니 많은 재보험회사들이 낙관적으로 예측하는 실수를 저지르는 것도 놀랍지 않다. 버핏은 그것을 다소 재치 있게 설명했다.

> 처음에는 아침에 우편물을 열어보면 보험료를 납입하는 수표는 많은데 보험금 청구 요청은 거의 없죠. 이런 상황은 거의 황홀경에 가까운 엄청난 행복감을 안겨줄 수 있습니다. 사회 초년생이 생애 첫 신용카드를 발급받을 때의 기분과 비슷하다고 보면 됩니다.[6]

보험 분야의 영원한 숙제는 경쟁이다. 버핏도 말했듯, (물리적인 상품을 공급하는 것과는 달리) 보험의 "공급"을 늘리기 위해 필요한 것은 딱 하나, 보험을 판매하려는 보험사의 의지뿐이었다.[7] 따라서 보험료가 높았을 때 신생 보험사가 우후죽순 생겨났다. 이것은 주기적이고 잦은 보험료 인하로 이어졌다. 1980년대 전반기가 그런 시기 중 하나였고, 깊은 한숨이 나올 정도로 보험료가 추락했다. 하지만 버핏은 보험업계의 침체를 맞아 다른 보험사들과는 다르게 청개구리처럼 대응했다.

버핏이 보험 사업을 포커에 비유하는 걸 좋아했듯, 그것은 도박에서 판돈을 올리는 것에 대한 반응으로 생각하면 쉽게 이해가 된다. 버핏은 2년마다 토머스 머피와 찰리 멍거를 포함해 몇몇 친구들과 캘리포니아 페블 비치Pebble Beach에서 주말 동안 골프와 브리지 게임을 즐겼다. 그들은 내기를 많이 했는데 1980년대 초 한번은 가이코의 잭 번 CEO가 새로운 내기를 추가하자고 제안했다. 번은 참가비 명목으로 11달러의 "보험료"를 내면 주말 동안 홀인원을 하는 사람에게 1만 달러를 주겠다고 했다. 모두가 지갑을 꺼냈지만 단 한 사람, 버핏은 아니었다. 그는 확률을 고려할 때 11달러는 너무 높다고 냉정하게 판단했다. 친구들은 그가 — 당시 그의 재산은 10억 달러를 눈앞에 두고 있었다 — 11달러에도 그토록 쩨쩨하게 반응하자 어이없어 하면서 놀리기 시작했다. 그러거나 말거나 버핏은 빙그레 웃으며 자신은 11달러 내기든 1,100만 달러 투자든 똑같이 생각한다고 당당히 말했다. 그리고 그는 끝내 지갑을 열지 않았다.[8]

다시 보험 이야기로 돌아가자. 다른 보험사들은 시장 점유율을 사수하려 보험료를 인하했다. 하지만 버핏은 이것이 확률적으로 불리한 도박이라는 것을 알아보았고, 그와 골드버그는 그 게임을 거부했다. 1980년부터 1984년까지 그들은 내셔널 인뎀니티의 보험료 수입이 1억 8,500만 달러에서 1억 3,400만 달러로 감소하는 걸 묵묵히 지켜보았다. 어차피 버핏은 수익성이 없다면 그 회사를 보유할 이유도 마음도 없었다. 언젠가는 — 1982년 주주들에게 보내는 서한에서 이렇게 말했다 — 손실이 쌓이면 보험사들도 더는 버티지 못해 제 살 깎기 식의 가격 인하 경쟁을 그만둘 것이고 그러면 보험료가 반등할 터였다. 그동안 그가 할 수 있는 것은 기다리는 게 전부였다.

그토록 명약관화한데 어째서 **모든** 보험사가 그런 전략을 채택하지 않았는지 당연히 궁금할 것이다. 그들 회사의 주주들은 물론이고 경영진도 "지속적" 성장이라는 달콤한 원칙에 길들여졌다. 가격을 인상해 사업의 경쟁력을 약화시키는 것은 그 문화에 위배될 터였다. 한편 버크셔 산하 보험 운영진은 그 문화와는 확연히 다른 원칙을 고수했다(버크셔의 보험사들도 나름의 "문화"가 있었다). 버크셔의 뉴욕 보험 사업부를 이끌던 콘스탄틴 이오르다누(Constantine Iordanou)는 보험 증권을 발행할 때면 그것이 — 그의 표현을 그대로 옮기면 — "워런의 수표책"으로 놀이하는 기분이 강하게 들어서 자연히 확률에 반하는 도박을 별로 하지 않았다.

1985년 보험 시장이 전환점을 맞이했다. 보험업계는 막대한 손실과 지급 불능 사태로 힘든 시기를 보냈고, 결국 많은 보험사가 보험의 보장 범위를 축소했다. 버핏은 보험을 제공하는 능력, 다른 말로 지급 여력은 "실체적인 사실이 아니라 의지의 문제"라고 말했다.[9] 1985년 보험사들의 보험 발행 "의지"가 위축되고 그들의 자본 준비금(capital reserve, 자본 거래에서 발생한 잉여금을 재원으로 적립되는 법정 준비금 – 옮긴이) 수준이 하락했으며 가격은 치솟았다.

이제 버핏의 보수주의적인 접근법이 2배의 보상으로 돌아왔다. 상업 부문의 대형 고객들은 지급 불능 가능성이 있는 보험사의 약속은 사실상 휴지 조각에 불과하다는 사실을 깨달았다. 이제는 품질을 선호하는 현상이 생겼고, 평균적인 보험사보다 자본이 6배였던 버크셔는 미국 보험사들을 전부 통틀어 재무 건전성이 가장 좋았다.[10] 그리고 당연한 말이지만 보험업계 전반이 보험료를 인상해 가격 경쟁력까지 생기자 버크셔에 대한 수요가 크게 늘었다.

1985년 중반 버핏은 상업 부문의 대형 고객들에게 (견실하고 보장 범위가 넓은 보험사를 찾아야 하는 압박이 매우 심했다) 최소 100만 달러의 보험료를 내면 **종류 불문** 모든 위험을 보장해 주겠다는 노골적인 광고를 냈다. 여기에는 한 가지 꼼수가 있었다. 보험 가입 희망자가 직접 보험료를 제시해야 한다는 것이었다. 그리고 이른바 '간 보기'를 막기 위해 제안은 1회로만 제한했다. 만약 그가 (또는 골드버그가) 제안이 비합리적이라고 판단한다면, 두 번째 기회를 허용하지 않는다는 원칙을 재확인하며 제안을 거부할 터였다. 포커 게임 같은 이런 전략은 1억 달러가 넘는 보험료 수입을 창출했다.

강한 것이 더 강해진다는 강익강 시나리오가 재보험 분야에서 훨씬 더 두드러졌다. 전통적인 보험사들은 보호 장치들을 서둘러 마련했다. 하지만 재보험회사들도 손실로 초토화되기는 매한가지였다. 요청에 응답할 수 있는 재보험회사가 거의 없었고, 그나마 여력이 있어도 보험 인수 의지를 가진 재보험회사도 갈수록 줄었다. 낮은 보험료로 막대한 손실을 입었던 그들 회사는 **어떤** 가격이든 두려움에 일단 몸부터 사려졌다. 버핏은 그런 현상을 마크 트웨인의 고양이에 빗대 설명했다. "뜨거운 난로 뚜껑 위에 앉아본 고양이는 다시는 뜨거운 난로 뚜껑에 앉지 않겠지만 차가운 뚜껑 위에도 절대 앉지 않는다."[11]

이제 버크셔는 **초고액** 보험 증권을 발행할 수 있는 입장에 있었다. 이 모든 게 버크셔의 풍부한 곳간과 버핏의 "의지" 덕분이었다. 버핏은 **한 가지 조건**만 충족한다면 화재나 지진 같은 단일 사건에 대해 1,000만 달러 같이 큰돈을 날릴 위험도 마다하지 않을 작정이었다. 그 조건이 무엇일까? 확률이 ― 가격이 ― 유리해야 했다. 1985년 주주 서한을 보면 그가 회심의 미소를 짓고 있는 모습이 절로 떠오른다. "이제 판이 뒤집어졌습니다. 우리는 보험 증권을 인수할 역량이 충분하지만 다른 보험사들은 그렇지 못합니다."[12] 1986년 버크셔의 보험료 수입은 10억 달러로 급등했고 이는 2년 전 수치의 7배였다.[13] 이것은 8억 달러의 "플로트"가 (재투자할 수 있는 총알이) 생겼다는 뜻이었다. 심지어 이듬해에는 플로트 자금이 10억 달러를 초과했다.

1987년 버크셔의 곳간은 현금으로 가득 채워졌지만, 버핏은 그 돈을 어떻게 굴릴지 결정하지 못했다. 다만 그는 어떤 인터뷰에서 "멋진 개인 전용기를 사는 것보다 멋진 주식을 살" 거라고만 말했다.[14] 그렇지만 당시는 강세장이 여전히 맹위를 떨치던 터라 흡족할 만큼 저렴한 주식을 찾지 못했다. 1987년 봄 버크셔의 정기 주주 총회가 열렸을 때 다우지수는 2,258로 경이로운 기록을 세웠다(버크셔의 주식은 주당 3,450달러였다). 버핏은 "영구 보유" 주식 3개만 빼고 포트폴리오에 포함된 종목들을 소리 소문 없이 싹 처분했다. 캐피털 시티즈, 가이코, WPC였다. 하지만 버핏은 그 돈을 재투자할 마땅한 종목을 찾지 못해 무거운 돌에 짓눌리는 기분이었다.

버핏은 시장 예측을 믿지 않았다. 그는 벤저민 그레이엄이 예전에 다우지수가 400을 찍으며 호황이었을 때 시장에 비관적이었다고 주주들에게 상기시켰다. 버핏도 타고난 비관적인 성향을 억누를 수 없었다. 주식시장의 동향에 관한 질문에 대답하면서 그는 증시가 — 당시는 주가수익비율의 20배에 달해 벼랑 끝을 걷는 듯 아슬아슬했다 — 반 토막이 되도 놀라지 않을 거라고 했다. 주가가 최근에 기업들의 실제 수익인 12~13퍼센트의 자본 "수익률"보다 너무 급속도로 상승하고 있었다. 버핏은 이것이 "위험 지대"라고 판단했고 그의 귀에는 경고음이 연신 들려왔다.

과거의 증시 대폭락을 경험했던 한 주주가, 작금의 상황이 버핏이 투자조합을 청산했던 1969년의 주식시장을 닮았는지 질문했다. 버핏은 당시 "투자 기회가 없어서 제가 판을 접었고 조합원들에게 투자 원금을 돌려주었지요"라고 회상했다.[15] 하지만 이번에는 사정이 달랐다. 화수분이 있는 한, 그는 판을 접지 않을 생각이었다. 즉 보험, B 여사 등등 버크셔의 자회사들로부터 돈이 계속 유입되었고, 버핏은 그 돈을 투자할 적절한 대상이 필요했다.

1987년 봄부터 여름 내내 증시 활황세가 지속되었다. 7월 다우지수는 2,500선을 깨더니 8월에는 2,700 고지마저 넘었다. 강세장을 예상하며 적극적으로 매수했던 사람들은 웃음을 감출 수가 없었다. 반면 버핏처럼 방관자적 자세를 유지했던 사람들은 20세기 최고의 주식 활황기를 두 눈 뜨고 놓치고 있었다. 한편 버크셔의 주가는 기록을 또다시 경신했다. 주당 4,270달러였다. 그것은 별로 문제가 아니었다. 1969년에 그랬듯 버핏은 이번에도 지방채에 투자했다.[16] 솔직히 그 외에는 적절한 대안이 전혀 없는 상태였다. 그러던 중에 그는 살로몬 브라더스의 회장 존 굿프렌드에게서 전화를 받았다.

10년 전 힘을 합쳐 가이코를 구해낸 뒤부터 굿프렌드와 버핏은 관계를 꾸준히 이어왔고 연락 횟수도 갈수록 늘었다.[17] 최종 결정권자로서 외롭고 쓸쓸했던 굿프렌드는 조언을 핑계 삼아 버핏에게 전화를 걸곤 했다. 버핏도 그가 보통의 투자 은행가들과는 달리 훌륭한 사람이라고 존경했다. 굿프렌드는 평소 신랄하고 냉소적인 성격으로 유명했지만 사업에 있어서만은 보수적인 접근법을 고수했다. 그는 살로몬 브라더스가 정크본드를 인수하는 것을 거부했을 뿐 아니라, 막대한 수수료를 챙길 수 있음에도 대개는 적대적인 기업 사냥을 회피했다. 대신에 그의 회사는 증권 거래에 초점을 맞추었다. 찰리 멍거는 굿프렌드가 살로몬의 기업 문화에 내재된 고매한 모든 특성의 살아 있는 화신으로 생각했다. 특히 쉬운 돈벌이에 동참하느니 위태로운 어려운 길을 감수하겠다는 회사의 의지가 그를 통해 발현되는 것 같았다. 한마디로 그에게는 신세대 경영자들에게 부족한 고상한 위엄이 있었다.

그해 여름 버핏은 주가가 떨어지면 살로몬 주식을 매입할 용의가 있다고 말했었다.[18] 그런데 살로몬의 주가가 3분의 1이나 빠졌는데도, 아직 버핏이 원하는 수준은 아니었다. 그러는 사이 살로몬이 어려움이 직면했다.

살로몬의 최대 주주인 광물 자원 회사Minerals and Resources Corp, Minorco가 끊임없이 잡음을 만들어냈다. 남아프리카 공화국의 유명한 기업가 해리 오펜하이머Harry Oppenheimer가 지배하던 미노르코는 투자은행

라자드의 펠릭스 로하틴Felix Rohatyn을 고용했고, 로하틴은 미노르코가 살로몬을 매각하고 싶어 한다고 공개적으로 떠들고 다녔다. 미노르코가 14퍼센트의 지분을 보유하고 있는데도 굿프렌드는 아무런 조치도 취하지 않고 수수방관했다. 이처럼 호미로 막을 일을 가래로 막을 일로 키우는 것이 그의 치명적인 버릇이었다. 그러던 중 9월 중순 굿프렌드는 로하틴이 잠재적인 구매자를 찾았다는 것을 알게 되었다. 설상가상 그는 그 구매자가 누구인지 알고는 가슴이 철렁 내려앉았다. 로널드 페렐만의 레블론이었다.

굿프렌드는 최근에 기업 인수 사업을 시작하자는 사내 은행가들의 요구에 마침내 굴복했다. 굿프렌드가 살로몬이 인수 표적이 될 가능성에 대해 얼마나 안일했는지를 단적으로 보여주는 일이 있었다. 몇 달 전에 한 방송사와 컬럼비아 대학교가 공동으로 주최한 세미나에서 '적대적 기업 인수 해부Anatomy of a Corporate Takeover'라는 주제로 원탁회의가 열렸다. 굿프렌드를 비롯해 분 피켄스, 합병 전문 변호사 조지프 플롬, 드렉셀의 CEO 프레더릭 조지프Frederick H. Joseph, 뉴욕 남부 연방 검사 루돌프 줄리아니Rudolph Giuliani, 기업 사냥꾼 제임스 골드스미스, 버핏 등이 토론자로 참석했다. 그날 원탁회의에서 굿프렌드는 몇 달 뒤 자신의 운명이 어떻게 될지 모른 채 아주 태평했다.[19] 진행자인 루이스 케이든Lewis Kaden이 가상의 CEO "해리 올드만Harry Oldman"에 대해 설명했다. 올드만은 전형적이고 구시대적인 CEO로 장기적인 가치를 구축하는 데에 헌신해왔는데 갑자기 기업 사냥꾼의 표적이 되었다.

굿프렌드: 해리에 대해서는 많은 시간을 쓰지 맙시다. 시간 낭비입니다.

진행자: (해리 올드만의 역할을 하면서) 무슨 뜻입니까? 내가 집 뒷마

당에서 이 회사를 세웠어요.

굿프렌드: 당신이 대단한 업적을 이룬 건 인정합니다. 또한 당신 시대에서 당신은 훌륭했습니다. 죄송하지만 인생이 그렇습니다. 이사회가 해임할 겁니다.

중재자: 해임하는 게 공정한 행동입니까?

굿프렌드: 공정하고는 아무 관련이 없습니다. 당신은 절대로 시간을 되돌릴 수 없습니다. 이제는 경영진을 새로 구성해서 회사를 정상화시킬지 아니면 누군가가 인수할지…해리의 시대는 끝났습니다.

이제 굿프렌드가 거울을 볼 때 "해리 올드만"이 보였다.

드디어 굿프렌드가 페렐만을 만났다. 페렐만은 두 가지를 약속했다. "우호적"으로 인수하겠으며 굿프렌드의 자리를 보장해준다는 것이었다. 한편 페렐만은 이사회에서 두 자리를 달라고 요구했다. 더불어 살로몬 주식의 25퍼센트를 매수하겠다는 뜻을 넌지시 밝혔다. 이에 굿프렌드는 피가 얼어붙는 것 같았다.[20]

살로몬의 보좌관들이 발 빠르게 움직여 페렐만의 대리인이 투자은행가 브루스 와서스타인이라는 사실을 알아냈다. 이제 그들의 두려움이 가시화되었다. 만약 페렐만이 지배권을 갖게 된다면 얼마 지나지 않아 인수합병의 달인 "브루스"가 총대를 메고 나올 게 자명했다.[21] 페렐만은 와서스타인에게 일감을 주려고 자신의 돈을 쓸 거라는 생각 자체가 어이없다며 조롱했다. 또한 어떤 인터뷰에서는 사람들이 자신의 동기를 오해해서 억울하다는 듯이 말했다. 살로몬을 인수하고 싶은 이유는 살로몬의 사업을 대체로 긍정적으로 평가하기 때문이라고 밝혔다. 하지만 그 외에, 다른 어떤 동기가 있는지에 대해

워런 버핏

서는 말을 아꼈다. 하긴 그에게 숨은 동기가 있든 말든 어차피 상관 없었다. 굿프렌드는 그를 믿지 않았고 살로몬의 경영진도 마찬가지였다.[22] "그들은 페렐만을 훈족의 아틸라 왕(Attila the Hun, 훈족 최후의 왕으로 5세기 무렵 게르만 민족 대이동기에 동유럽 북부의 넓은 지역을 지배하는 대제국을 건설하였으며 "신의 채찍, 신의 재앙, 신의 심판자"라는 별명처럼 서양에서는 아틸라가 공포의 대상이었다. - 옮긴이)으로 여겼어요"라고 로하틴이 지적했다. 당시 페렐만은 매우 "비우호적"인 두 번째 인수를 한창 추진 중이었다. 이번 먹잇감은 질레트Gillette였고 그는 이미 그린메일을 행사했다.[23] 살로몬의 사내 수학자 마틴 레보위츠Martin Leibowitz는 "우리는 페렐만하고는 **협조할 수 없었습니다.** 우리는 그와 같은 사냥꾼이 아니었습니다"라고 말했다.

하지만 안타깝게도 그런 고결한 이상을 추구하는 사람들에게 시간이 없었다. 미노르코는 누가 되든 제일 먼저 웃돈을 제시하는 사람에게 살로몬의 주식을 넘길 터였다. 살로몬은 미노르코의 지분을 일괄 매수할 여력이 없었던 반면, 페렐만은 주당 38달러(당시 살로몬의 시가는 30달러 초반이었다)로 약 7억 달러를 준비한 채 출격 신호만 기다리고 있었다. 이때가 9월 21일이 월요일인 주의 초반이었다. 로하틴은 살로몬이 주말까지는 다른 투자자를 반드시 찾아야 한다고 생각했다. 굿프렌드는 오마하에 전화를 걸었다.

버핏은 하루 또는 늦어도 이틀 뒤 굿프렌드의 법률 고문 마틴 립턴 변호사의 뉴욕 사무실에서 굿프렌드와 살로몬의 CFO 제럴드 로젠펠트Gerald Rosenfeld와 만나기로 약속했다. 버핏은 솔기가 닳아서 해진 흰색과 파란색의 얇은 재킷 차림으로 수행원 하나 없이 옆구리에 달랑 신문 한 부를 낀 채 도착했다. 버핏이 초면이었던 로젠펠트는 초라한 행색으로 구부정하게 걷는 그를 보고는 어이가 없어 숨을 깊이 들이마셨다. "이 남자가 살로몬의 구세주라고?"[24]

버핏과 굿프렌드는 둘만 자리를 옮겼다. 서로의 의중을 알아보기 위해서였다. 30분이 지났을 때 로젠펠트가 합류했고, 버핏이 그에게 살로몬의 전망에 대해 묻기 시작했다. 특히 로젠펠트가 5년 내 살로몬의 주가를 어떻게 예상하는지 알고 싶어 했다. 둘은 60달러 중반이 유력하다는 데에 동의했다. 그래도 버핏 입장에서는 살로몬의 보통주를 매수하기에는 위험부담이 너무 컸다.[25] 하지만 "전환 우선주(convertible preferred, 다른 종류의 주식으로 전환할 수 있는 권리가 부여된 우선주를 말하며 특정 세력의 적대적 인수합병 시도가 있을 시 기존 우호 주주에게 우선 배정해 경영권을 방어할 수 있는 장점이 있다. - 옮긴이)"라면 이야기가 조금 달랐다. 버핏은 살로몬이 버크셔에게 세후 수익률로 연 15퍼센트를 보장해준다면 전환 우선주에 투자할 용의가 있었다. 이야기를 나눌수록 버핏이 전환 비율과 기간 등등 전환 우선주의 조건들을 이미 결정했다는 것이 분명해졌다.

전환 우선주는 월스트리트에서 두 가지가 결합된 혼합형 증권으로 볼 수 있다. 먼저, 채권의 특징들을 갖는다. 확정 이자와 원금 보장이다. 둘째 보유자가 보통주로 전환할 수 있는 권리를 갖는다. 그래서 흔히 전환 우선주는 복권이 첨부된 재무부 증권으로 불리는데, 매우 적절한 표현이다. 전환 우선주를 보유하는 것은 양손에 떡을 쥔 셈이다. 안전한 투자처와 대박을 칠 수 있는 기회이다. 다만 대박을 쳐도 일반 보통주보다는 수익률이 낮다.

버핏은 확정 이자 9퍼센트와 살로몬 이사회 자리 2개를 강력히 요구했다. 자신과 멍거를 위한 자리였다. 살로몬의 고위 임원들은 버핏의 조건들에 대해 열띤 토론을 벌였다. 그들의 생각은 하나였다. 조건들이 버핏에게 지나치게 유리했다. 살로몬의 시카고 지점 대표였던 월리엄 매킨토시William McIntosh는 "우리는 프리미엄(premium, 액면가를 초과하여 받은 추가 금액 – 옮긴이)이 매우 적은 반면 (전환 우선주 가격이 38달러였다) 배당금이 매우 높다고 생각했습니다. 둘 다 버핏에게 유리했죠"라고 회상했다. 거기에다가 해마다 버크셔의 통장에 꽂힐 6,500만 달러의 배당금은 (법인 기업들이 수령하는 다른 모든 배당 소득과 마찬가지로) 비과세 대상일 터였다. 그러나 살로몬은 버핏의 투자금으로 미노르코가 보유한 살로몬 주식들을 할증 가격으로 일괄 매수하고, 결과적으로 페렐만의 위협을 완전히 제거할 수도 있었다. 살로몬 임원들의 입장에서는 페렐만과 버핏 중에 선택하는 것은 선택권이 없는 것과 같았다.[26]

그 주 토요일 저녁 굿프렌드는 맨해튼 북동부에 있는 고급 호텔 플라자 아테네에서 페렐만을 다시 만나 술자리를 가졌다. 이번에는 굿프렌드가 정중하되 단호하게 선언했다. 페렐만 투자자로서는 살로몬에서 환영받지 못할 거라고 말이다.[27] 면전에서 자존심을 다친 페렐만은 이틀 뒤 살로몬에 더 유리한 조건으로 버핏과 같은 전환 우선주를 수용하겠다고 제안했다. 하지만 자신의 제안을 거부한다면 주식 시장에서 지배 지분을 확보할 거라고 협박했다.[28] 이번에도 굿프렌드는 페렐만이 내민 손을 단호히 거부했다.

그런 다음 굿프렌드는 이사들에게 양자택일의 선택권을 주었다. 버핏과의 거래를 승인해서 버크셔를 살로몬의 최대 주주로 받아들이든지, 아니면 새로운 CEO를 찾으라고 통첩했다.[29] 아울러 자신이 회사를 계속 경영하는 데에 버핏은 많은 도움이 될 거라고 힘줘 말했다. 미국의 유명 보험회사 AIGAmerican International Group 회장으로 살로몬의 사외이사였던 모리스 그린버그가 필사적으로 반대했지만[30], 이사회는 버핏과의 거래를 승인했다. 상대적으로 비싼 이번 거래를 승인한 합리적 근거는 딱 하나였다. 향후 무슨 일이 벌어지든 살로몬에게는 페렐만보다 버핏이 더 유익할 거라는 불확실한 전제였다.

9월 말 그 소식이 세상에 알려졌을 때 월스트리트는 충격에 빠졌다. 《월스트리트 저널》은 "단 한 사람만 빼고 모두에게 윈-윈인 것 같다"라고 논평했다.[31] 버핏은 채권 명가에 7억 달러를 투자했고, 단일 최대 투자 금액이라는 개인 기록을 세웠다. 버핏이 이런 거래를 한 데는 굿프렌드에 대한 개인적인 존경심이 커다란 역할을 했다. 얼마 뒤 버핏은 "찰리와 저는 굿프렌드를 좋아하고 존경하며 신뢰합니다"라고 고백했다.[32] 게다가 전환 우선주는 안전해 보였다. 세상 물정에 밝고 "월스트리트의 이단아"로 불리는 베어 스턴스의 CEO 에이스 그린버그Alan Courtney "Ace" Greenberg는 버핏이 버크셔 해서웨이 주주들에게 "매우 유리한" 거래를 했다고 생각했다. 굿프렌드가 살로몬의 주식을 헐값에 넘겼다면 그건 그의 문제였다.

하지만 일각에서는 버핏을 비난하는 목소리도 있었다. 일례로 《포브스》의 수석 편집자 앨런 슬론Allan Sloan은 버핏의 투자로 살로몬이 미노르코에게 그린메일을 지불하는 나쁜 선례를 만들었다고 지적했다.[33] 또한 버핏의 추종자들도 버핏이 월스트리트와 손을 잡았다는 사실에 실망했다. 불과 1년 전 버핏은 어떤 인터뷰에서, 만약 경영대학원을 갓 졸업한 사회 초년생이 빨리 부자가 되는 방법을 묻는다면 한 손으로 코를 막고 다른 손으로 월스트리트를 가리킬 거라고 경멸을 담아 말했던 것이다.[34] 심지어 그의 영원한 아군 캐럴 루미스조차 실망감을 담아 《포춘》에 이런 기사를 냈다.

> 버핏이 살로몬에 투자한 것과 관련해 가장 흥미로운 점은, 지난날 자신의 입으로 탐욕적이라고 경멸했던 월스트리트 종사

자들과 이제는 동침하게 되었다는 점이다.[35]

얼마 지나지 않아 버핏이 살로몬을 크게 오판했다는 사실이 분명해졌다. 살로몬이 극진히 떠받드는 중요한 고객으로서 그는 살로몬을 지나치게 좋게만 판단했다. 버핏과의 거래가 종결되고 2주 후 살로몬은 종업원 800명을 해고하고 사업부 2곳을 정리한다고 발표했다. 이런 조치에 6,700만 달러가 소요될 터였다. 게다가 굿프렌드가 회사를 완벽히 통제하지 못한다는 분위기도 읽혔다. 이것은 주식시장과 채권 시장에 광범위한 불안감이 급습한 것과 맥을 같이했다.

지난 5년간 주식시장은 천장이 뚫린 듯 비상을 계속하며 영광의 세월을 즐겼다. 1987년 거의 1년 내내 금리가 상승했지만 (이는 기업들의 내재 가치를 떨어뜨렸다) 주식시장은 아랑곳지 않았다. 8월에는 주가수익비율이 22배까지 치솟았고, 이는 과거 경험에서 볼 때 영원히 지속될 수 없는 수준이었다.

핑계 없는 무덤 없듯, 모든 강세장에도 나름의 합리적 근거가 있었다. 1987년 강세장의 근거는 과잉 "유동성"(excess liquidity, 금융시장에서 통화량 공급이 수요를 상회하는 상태 – 옮긴이)이 주가를 뒤받쳐줄 거라는 전망이었다. 이것은 더 큰 바보 이론(greater-fool theory, 나중에 누군가가 더 높은 가격으로 살 거라는 믿음으로 어떤 가격이든 정당화하는 것을 말한다. – 옮긴이)의 개념이었다. 익명의 사람들이 가진 현금이 ("유동성") 구세주일 터였다. 특히 당시 주가수익비율이 60에 달했던 일본의 닛케이 평균지수Nikkei Average Stock가 보호막이 되어줄 것으로 기대했다. 미국 다우지수가 얼마나 빛 좋은 개살구든 일본 니케이 지수가 **더한** 개살구였으므로 미국 기업들의 주가가 안전할 거라는 논리였다. 당연한 말이지만 그런 논리는 역사적으로 볼 때 예전의 상승 랠리가 하루아침에 비참하게 끝나는 것을 막아주지 못했다. 그러나 강세장은 사랑에 빠지는 것과 비슷하다. 사랑에 빠졌을 때는 예전의 사랑은 기억나지 않고 지금의 사랑이 유일하게 느껴지는 법이다.

보스턴 소재 연기금 운용사 웰링턴 매니지먼트Wellington Management의 수석 부사장 빈클리 C. 쇼츠Binkley Calhoun Shorts가 더 큰 바보 이론 일명 폭탄 돌리기 신봉자들의 대표 주자였다. 세 아이의 아빠였던 쇼츠는 하버드 경영대학원을 졸업했고 월스트리트의 동향을 정확히 파악했다. 그는 다우지수가 높다는 것을 인정하면서도 미국의 주식시장에 대한 굳건한 믿음을 드러냈다.

> 외국 자본이 미국의 주식시장에 유입되는 것은 미국 주식들이 그들의 주식시장보다 저렴하기 때문입니다. 따라서 경제 펀더멘털 지표들과는 상관없이 아마 증시의 상승세는 계속 이어질 것입니다.[36]

주가가 높다는 것은 모두가 인정했다. 그렇지만 강세장은 하나의 신념이 되었다. 가령 《비즈니스 위크》는 "어제의 잣대"는 더 이상 유효하지 않다고 주장했다.[37] 한편 버핏은 자산운용자들이 **어떤** 잣대도 사용하지 않는다고 생각했다. 요컨대 그들은 아예 주식들의 가치를 평가하는 노력조차 시도하지 않았다. "그들에게 주식은 게임에 참가하는 도구에 지나지 않습니다. 모노폴리에서 주사위와 말과 같은 것이죠."[38]

이제 펀드매니저들은 컴퓨터 프로그램을 통한 매매(program trading, 주식을 매매할 때 다수 종목을 미리 정해진 컴퓨터 프로그램을 통해 일시에 거래하는 행위 - 옮긴이)로 커다란 시장 "바구니"에 일단의 주식들을 대량으로

퍼 담았다. 마치 입맛에 맞춰 샌드위치를 주문하듯 GM 몇 백만 주, AT&T 200만 주, 원자력 발전 부문의 최강자 웨스팅하우스 일렉트릭 Westinghouse Electric Corporation 약간, 이런 식이었다. 이것과 유사한 현상이 시카고 상품 거래소Chicago Mercantile Exchange에서도 등장했는데, 바로 주가지수선물stock-index futures, SIF이었다. 돼지고기, 소고기와 나란히 거래된 이런 신종 선물 계약futures contract은 투기꾼들이 전체 주식시장의 동향에 도박할 수 있는 길을 열어주었다. 당연히 그레이엄과 도드의 이론을 추종하는 투자자는, 주가란 해당 기업의 펀더멘털 주력 **사업**에서 파생되는 가치를 따른다고 생각했다. 하지만 시장 전체를 매수하는 신형 "투자자들"은 자신이 어떤 주식을 소유하는지도 몰랐다. 이럴 경우 증권분석은 아무 의미가 없었다.

오마하에서는 아니었지만 월스트리트에서는 "자산 배분"이 대유행했다.[39] 포트폴리오 관리자들은 개별 종목을 발굴하는 대신에 "주식"에 얼마를 투자할지부터 먼저 결정했다. 이는 개별 주식의 독특한 특성을 무시한 채 모든 주식을 하나의 등급으로 간주하는 행위였다. 투자 총액은 재조정될 수 있었고 실제로도 끊임없이 재조정된다. 결국 이것은 자산이 갑자기 대량으로 변동되는 현상으로 귀결되었다. 이것은 다시 새로운 현상을 파생시켰다. 포트폴리오 관리자들이 컴퓨터 모델에 의존했을 뿐 아니라 그런 모델이 도출한 매매 결정을 그대로 따랐다. 당시 캐피털 시티즈가 소유한 투자와 금융 전문 월간지 《인스티튜셔널 인베스터Institutional Investor》는 1987년 9월호에서 '주식 고수'로 등극한 컴퓨터 도구들이 선사하는 "가짜 안전감"을 경고했다.[40] 그리고 안타깝게도 이 예언은 결국 들어맞았다.

하지만 그 경고는 거의 공염불이었다. 펀드매니저들의 최첨단 투자 전략인 "포트폴리오 보험(portfolio insurance, 약세장에서는 포트폴리오의 가치를 최저 유지 수준 이하로 하락하는 것을 방지하고 강세장에서는 포트폴리오의 가치 상승에 편승해 이익을 얻고자 하는 적극적인 자산 운용 기법 - 옮긴이)"은 오류 방지 설계가 포함된 안전장치로 여겨졌다. 이 투자 전략에 따라 자금 관리자들은 시장이 하락할 때마다 주가지수선물의 매도량을 **자동적으로** 증가시키도록 미리 설정했다. 그 이론의 골자는 선물은 주식보다 매도가 훨씬 용이할 수 있다는 것이었다. 선물을 신속하게 처분함으로써 포트폴리오 관리자들은 주식시장이 더욱 하락하기 전에 손실을 줄일 수 있다고 생각했다.

미네소타 미니애폴리스에 위치한 퍼스트 뱅크 시스템First Bank System의 투자 자문 V. 켄트 그린V. Kent Green은 주식을 매도하고 싶을 때 "포트폴리오에 편입된 일부 주식은 현금화할 수 있는 유동성이 매우 낮을 수 있다"라고 경고했다. 이는 그런 주식을 매수하려는 사람이 없다는 뜻이었다. 하지만 그린은 전혀 걱정하지 않았다. 매도할 필요가 있으면 시카고에서 옆문으로 탈출하면 그만이었다. 그는 "선물은 현재 시점으로 주식보다 유동성이 4배 정도 높습니다"라고 지적했다.[41]

그린이 미처 생각하지 못한 부분은 선물을 "현재 시점"에서 판매하는 것이 아니라는 점이었다. 말인즉 그가 선물을 매도할 필요가 있을 때는 주식시장이 하락할 때였다. 이는 무슨 뜻일까? 추정컨대 하락장에서는 다른 사람들도 전부 선물을 처분하려 할 터였다. 몇 달 뒤 투자 은행가 니콜라스 F. 브래디가 이끈 백악관의 특별 조사팀의 조사 결과에 따르면. 실제로 주식시장이 하락했을 때 그린과 똑같은 전략을 구사하는 관리자들의 포트폴리오에 편입된 선물이 600억 달러에서 많게는 900억 달러에 이르렀다.[42]

그해 10월 사건과 관련해 반면교사로 삼아야 하는 것은 증시가 갑자기 폭락했다는 것이 아니다. 주식 붕괴를 예고하는 경고음이 사방에서 울렸다는 점에 주목해야 한다. 다시 말해 트로이의 멸망을 예언한 카산드라가 아주 많았다. 일례로 《성장주 전망Growth Stock Outlook》이라는 투자 뉴스레터 발행자 찰스 알몬Charles W. Allmon은 "1929년 주식시장 붕괴에 버금가는 엄청난 대폭락"을 예고했다.[43] 하락장을 예상해 주식을 매도하는 '곰'들도 상승장을 기대하며 주식을 매입하는 '황소'들도 주가가 높다는 것은 다 알았다. 그렇지만 모두가 마지막한 방울까지 마시겠다고 욕심을 부렸다. 1월 1일부터 8월 2,722.4로고점을 찍을 때까지 다우지수는 무려 44퍼센트 상승했다. 그런 상황에서 반복적인 경고는 귀만 아프게 하는 소귀에 경 읽기였다. 세계적인 투자은행 모건 스탠리의 투자 전략가이자 월스트리트에서 가장 유명한 '족집게'로 통하던 바이런 빈Byron Wien도 전통적인 투자 교본을 휴지통에 집어던질 판이었다. 빈은 8월에 심지어 악재도 주식을 부양시킬 가능성이 있다고 주장했다.

> 아주 불가사의한 힘들이 강세장을 주도하며 주가를 계속 끌어올렸다…. 따라서 현실과 주가 사이의 연관성은 경영대학원에서 가르치는 것만큼 밀접한 관련이 없을 수도 있다.[44]

빈이 경고하고 일주일도 지나지 않아 현실이 얼굴을 드러냈다. 만성적인 무역 수지 적자, 달러 가치의 불안한 하락 등등 인플레이션의 조짐들이 보였다. 미국의 중앙은행 연방준비제도는 인플레이션에 대한 두려움을 차단하고 달러의 가치를 끌어올리기 위해 9월 첫째 월요일 노동절에 할인율을 기습적으로 인상했다. 연준이 금융기관들에 부가하는 대출 이자인 할인율은 중요한 지표였다. 채권 시장은 할인율 인상의 여파로 폭락했고 주식시장은 하루에 38포인트가 내려앉았다.

10월 초가 되자, 지난 3월 7.4퍼센트에 불과했던 장기 채권 금리가 거의 10퍼센트로 상승했다. 10월 6일 다우지수가 하루 최대 하락폭 기록을 갈아치우며 91.55포인트 급락했다. 이제 금융시장은 한 치 앞도 알 수 없는 안개 속으로 들어갔다. 그곳은 작은 사건들이 눈덩이 효과로 걷잡을 수 없이 커지고 역사적인 사건들이 발생할 가능성이 큰 미지의 영역이었다. 한마디로 상황이 갈수록 심각해졌다.

10월 12일 즈음 버핏은 버크셔의 여러 이익 분배 계획 중 최소 하나를 실행에 옮겼다. 주식 포트폴리오를 처분해서 현금을 확보했는데, 영구 보유 종목 3개를 제외하고 주식 '재고'를 말끔히 떨이했다. 버핏의 한 동료는 그것을 이렇게 설명했다. "그것은 명백한 출발 신호였어요. '다 팔아라.'"

여기서 한 가지 분명하게 짚어야 할 것이 있다. 버핏은 시장을 예측해서 움직인 것이 아니었다. 그저 자신의 두 가지 투자 철칙을 따랐을 뿐이었다. 첫 번째 규칙, "절대 돈을 잃지 마라." 두 번째 규칙 "첫 번째 규칙을 절대 잊지 마라." 멍거는 버핏이 시장을 예측할 수 있다고 말하는 것을 한 번도 들은 적이 없었다. 하지만 버핏은 사무실 벽에 붙여놓은 신문 기사를 다소 불안한 눈빛으로 쳐다보고 있었을 것이다. 1929년 주식 대폭락에 관한 기사 말이다. 그다음 주 채권 금리가 10퍼센트 이상으로 급등했다. 일본 닛케이지수는 계속 상승했지만 이제 월스트리트에서는 누구도 일본의 주식시장에 관심이 없었다. 10월 16일 금요일 다우지수가 108포인트 급락했다.

워싱턴은 들쑤셔진 벌집 같았다. 정부 관료들은 금융시장이 하락할 때마다 투기꾼이든 스위스 취리히의 작은 도깨비(gnomes of Zurich, 스위스의 투기성 주식시장과 은행가들을 경멸적으로 지칭하는 속어 – 옮긴이)든 외부 용의자를 지목하는 데에 주저하지 않았다. 심지어 한 정부 관리는 주식 폭락이 "29살짜리 트레이딩 프로그램 개발자들" 때문이라고 비난하며 엄한 데에 화풀이했다.[45] 재무부 장관 제임스 베이커James Baker는 근원적인 문제보다 금융시장의 외형에 더욱 신경을 썼고 주말 TV에 출연해 소방관 역할에 급급했다. 연준이 돈줄을 죄러 금리를 추가로 인상하지 않을 거라고 주장했다. 하지만 이미 너무 늦었다.

다음 주 월요일 10월 19일 이른바 검은 월요일Black Monday의 서막이 올랐다. 매도 주문이 시장을 마비시켰다. 다우존스 산업평균지수에 편입된 30개 종목 가운데 11개는 증시 개장 후 1시간 동안 거래가 이뤄지지 못했다.[46] 그 사이 포트폴리오 보험 매도 프로그램이 자동적으로 작동되었다. 선물 시장은 끝 모를 자유 낙하를 시작했고, 당연히 증시의 동반 하락을 촉발시켰다.[47] 결과적으로 볼 때 매도가 어디서 시작했는지는 중요하지 않았다. 매도가 한꺼번에 몰렸다는 점이 문제였다. 문은 모든 사람이 통과하기에 너무 좁았고, 무적인 양 칭송받던 포트폴리오 보험도 전혀 맥을 추지 못했다. 늦은 오후가 되자 공황 매도는 전면적인 대탈출로 비화되었다.

보스턴에서는 주식을 팔려는 사람들이 자산 운용사 피델리티 인베스트먼트Fidelity Investment 바깥에 장사진을 쳤다. 신문들은 "집단 히스테리 상태"에 대해 보도했다.[48] 그러나 정작 뉴욕의 금융 지구는 평소보다 더 한산했다. 모두가 건물 안에서 전자 모니터에 코를 박고 있었다. 검은 월요일은 근대 이후 최초의 역사적인 이변이었을지도 모르겠다. 더욱이 이번 사태는 명확한 진원지도 보이지 않는 것 같았다. 다우존스는 검은 월요일 하루에 508포인트, 22.6퍼센트가 폭락했다.

버핏의 순 자산은 3억 4,200달러가 증발했다. 그는 증시 대폭락에 대해 시시각각 확인하지 않은 극소수 미국인 투자자 중 한 명이었음이 틀림없다. 딱 한 번 버핏이 마이클 골드버그의 사무실을 찾아와 차분하게 현재 버크셔 주가를 물었다. 그런 다음 그는 자신의 자리로 되돌아갔다.

이틀 후 버핏의 그레이엄 사단이 버지니아 남동부 윌리엄즈버그에 모였다. 증시는 여전히 대혼란 상태였지만 그들은 이상할 리만치 초연했다. 주가를 확인하려 슬쩍 자리를 뜨는 사람도 없었고 아예 증시에 대한 이야기를 거의 하지 않았다. 그들은 청명한 가을 날씨 속에 인근의 관광명소인 플랜테이션들을 구경했고 아름다운 단풍을 감상했다. 대학 행정관이자 저널리스트였던 윈덤 로버트슨Wyndham Gay Robertson이 버핏에게 이번 주식 대폭락의 "의미"가 무엇인지 물었다. 그도 딱히 해줄 말이 없었다. "아마도 주가가 지나치게 높아서"일 거라는 원론적인 말만 읊조렸다.

1929년 주식 대폭락인 검은 화요일과 비교할 때, 이번 검은 월요일은 이상할 정도로 파생적인 효과 없이 조용히 끝났다. 검은 월요일에 따른 경기 침체는 물론 다른 어떤 경제적 영향도 나타나지 않았다. 처음에는 1987년 증시 대폭락이 사회경제학적인 이정표가 될 거라는 평가가 지배적이었다. 칼럼니스트들은 도박장으로 변한 증시 시대의 종말이라고, 특히 신흥 벼락부자가 된 투자은행 수장들의 몰락이라고 환호했다. 그러나 얼마간 호흡을 고른 뒤 월스트리트는 반등에 성공했다. 솔직히 1988년에 은행가들은 역사상 최다 거래를 체결했고, 주식은 손실분을 거의 대부분 만회했다. 결과적으로 검은 월요일은 딱 하나를 제외하면 아무런 흔적을 남기지 않은 것 같았다. 주식 거래자들의 모니터에 나타난 들쭉날쭉한 주가 그래프였다.

검은 월요일의 '의미'는 미국 경제 전반이 아니라 오직 소규모의 영역에서만 명백했다. 증시 대폭락이 발생하기 일주일 전 버크셔 주식은 주당 4,230달러에 거래되었고, 금요일 10월 16일은 3,890달러로 마감했다. 검은 월요일 대폭락의 광풍 속에서 버크셔 주식은 3,170달러로 폭락했다. 버크셔는 지난 22년간 부단하게 노력한 결과로 자산 가치가 거의 50억 달러에 달했다. 버크셔 자체에는 변한 것이 하나도 없었다. 스탠퍼드 립시가 경영하던 《버펄로 뉴스》의 판매 부수는 그대로였고 『월드 북 백과사전』도 여전히 초등학생의 책장에 둥지를 틀었다. 그런데 겨우 한 주 만에 버크셔는 시가 총액의 25퍼센트가 공중분해됐다. 한 세대에 걸친 노력의 열매 중 4분의 1이 고작 일주일 만에 사라진 것이다. 무언가가 확실히 잘못되었다.

17장　효율적 시장의 신기루

경제 이론들이 군중 심리에 (가끔은 군중의 광기처럼 보인다)
충분한 주의를 기울이지 않아 진한 아쉬움이 남는다.

_ 버나드 바루크(Bernard Baruch, 미국의 정치가이자 재정가)

벤저민 그레이엄은 주식의 동향을 친절하되 변덕스러운 사람에 즐겨 비유했다. 그의 이름이 바로 미스터 마켓이었다. 의욕에 넘치다 금세 싫증을 내며 우울해지는 미스터 마켓이 다음에는 어떤 변덕을 부릴지 모두가 짐작만 할 뿐 아무도 정확히 예상할 수 없었다. 따라서 투자자 입장에서는 예측 불가능한 그의 감정 기복을 무시하는 것이 최선이었다. 하지만 1987년 10월 19일 검은 월요일에 투자자들은 주식을, 아니 모든 주식을 팔라는 그의 주문 x에 완전히 홀려 꼭두각시가 되었다. 시간이 흐를수록 그의 주문은 맹위를 더해갔다.

　이것은 버핏이 익히 잘 알았던 무언가를 증명해 주었다. 월스트리트가 벤저민 그레이엄을 무시했다는 사실이었다. 그레이엄은 "신비의 묘약"과 "신비에 쌓인 비밀 기법들"을 판매하는 학계의 "주술사"로 손가락질 받으며 철저히 따돌림 당했다. "그레이엄의 미스터 마켓 우화"는 언제나 "증시와 관련해 널뛰는 전염성 강한 감정들"에 대한 효과적인 예방약이었음에도 그레이엄의 저서들을 가르치는 경영대학원이 거의 없었다. 버핏은 "전문가와 학자들"이 검은 월요일에 대한 사후 약방문에서조차 가격과 가치가 아니라 "효율적 시장efficient market, 적극적 위험 회피 전략, 베타 계수(beta, β, 변동성 비율처럼 금융에서 개별 주식

워런 버핏

이나 포트폴리오의 위험을 나타내는 상대적인 지표를 의미하며 전체 주식시장의 움직임에 대한 각 주식의 민감도를 측정하는 지표로 널리 사용된다. 베타가 1보다 큰 주식은 주가가 해당 시장보다 평균적으로 더 높은 비율로 상승하거나 하락하는 주식을, 베타가 1보다 적은 주식은 그 반대에 해당된다. - 옮긴이) 등에 대해 말하는 것"을 안타까워했다.[1]

검은 월요일은 월스트리트의 한계와 그곳의 양분된 지적 영역을 '일타쌍피'로 드러냈다. 사실 두 진영 간의 갈등은 수십 년 전에 시작되어 월스트리트 내부에서 곪을 대로 곪았다. 1960년대부터 그레이엄과 도드를 신봉하는 투자자들은 현대 금융 이론가들과 전쟁을 벌여왔다. 그들의 대표주자가 버핏이었다. 이상하게도 당대에 어쩌면 역사상 가장 성공적인 투자가가 외려 자신의 분야에서 가장 권위 있는 학자들로부터 과소평가되고 무시당했다. 금융 수도원장들과 수도사들은 그를 이단아라며 상종을 거부했고, 버핏의 눈에는 그들이 자기들만의 아집에 갇혀 지구가 평평하다고 우기는 평평한 지구 학회 무리들과 다르지 않았다. 더욱이 그들의 주장은 갈수록 더욱 정교해졌고 일견 정확하게도 보였다.

버핏의 투자자 경력을 관통하는 전제는, 어렵고 주관적일지라도 이성적인 분석에 근거해 주식을 선택한다는 원칙이었다. 아울러 더러는 "가치"보다 훨씬 낮은 가격에 거래되는 주식들이 있고 명민한 투자자는 그런 주식을 매수해 이득을 볼 수 있다고 생각했다.

그처럼 다소 평범한 투자 원칙을 대신해 학자들은 놀랍도록 깔끔하고 통합적인 기법을 고안했다. 효율적 시장 가설Efficient Market Hypothesis, EMH이었다. EMH를 간단히 정리하면, 특정한 순간 특정 기업에 대해 공개된 모든 정보는 주가에 반영되어 있다. 이에 거래자들은, 주식에 관한 새로운 정보가 공개될 때마다 즉각 반응하면서 가격이 균형에 도달할 때까지 끊임없이 주식을 팔거나 사면 그뿐이었다. 이에 대한 논리적 근거는 예전 가격이 "합리적"이어서 거래자들이 그런 균형에 도달할 수 있다는 것이었다. 고로 새로운 가격도 — 뿐만 아니라 이후에 새롭게 형성되는 모든 가격도 — 합리적일 터였다. 요컨대 거래자들은 애덤 스미스의 보이지 않는 손의 역할을 했을 뿐이었다.

특정 기업에 관해 알아야 하는 가치 있는 모든 정보가 이미 가격에 반영되어 있으므로, 대부분의 증권분석은 유명한 교재에 나온 표현을 빌리자면, "논리적으로 불완전하고 무가치"했다.[2] 특정 주식의 미래 전망은 (아직은 비공개된) 새로운 정보에 달려 있으므로 주식의 움직임을 예측하는 것은 불가능했고, 그저 갈지자의 "랜덤워크random-walk"를 이어갔다.

시장이 갈지자 행보를 보인다면 투자는 운에 좌우되는 게임이었다. 이렇게 보면 버핏은 운이 억세게 좋은 투자자이되 절대 유능한 투자자는 아니었다. 동전을 던졌을 때 계속 앞면이 나오는 사람은 그저 운이 좋을 뿐, '동전 던지기'의 달인이 아니듯 말이다. 이것은 버핏이 걸어온 경력의 타당성을 정면으로 부인했다.

투자자로서 버핏의 실적은 하나의 도전이 되었다. 그것은 효율적인 시장에서는 투자자가 시장 평균을 뛰어넘는 수익을 지속적으로 얻는 것은 불가능하다는 효율적 시장 가설이 틀렸음을 보여주는 불편한 진실이기 때문이었다. 버핏은 경력 내내 수익률이라는 부인할 수 없는 명백한 증거로 학자들을 비웃었고, 그런 조롱에는 단순한 질문 하나가 내재되어 있었다. "당신네들이 그토록 영리하다면 내가 무슨 수로 이렇게 부자가 될 수 있었겠어?"

하지만 경영대학원과 경제학과들에서는 그토록 명백한 증거는 싹

무시되었고 효율적 시장 가설이 성체와 같은 무소불위의 권력을 거머쥐었다. 그 가설의 전제들은 절대적이라고 여겨졌던 반면, 그것과 상충하는 투자 원칙들은 사실상 금기시되었다. 또한 효율적 시장 가설은 금융 관련 토크쇼와 조언 칼럼을 장악한 것은 물론이고 월스트리트에서는 투자 문화로 깊숙이 스며들었다. 사실상 효율적 시장 가설은 천 개의 바구니에 달걀을 나눠 담는 극단적인 "분산화diversification" 접근법에 대한 이론적 토대였고, 오늘날 지배적인 투자자 편향으로 자리 잡았다.

효율적 시장 가설은 1950년대부터 60년대까지 다양한 곳에서 발효 과정을 겪었지만 대동소이한 효모를 사용했다. MIT의 유명한 경제학 교수이자 교재 저술가였던 폴 A. 새뮤얼슨 교수도 효율적 시장 가설의 선각자 중의 하나였다. 새뮤얼슨은 케인스 학파였지만 냉소적인 케인스 남작은 주식시장을 카지노로 생각했던 것에 반해 그는 시장 가격에 대한 믿음이 있었다. 1950년 경 새뮤얼슨은 연 구독료 125달러짜리 주식 정보지를 받아보았다. 얼마 지나지 않아 그는 주식 정보지의 역설을 간파했다. 그 정보지 회사가 정말로 투자 정보를 "안다면" 연 구독료가 125달러보다 훨씬 높거나 그런 정보를 자신들만 알고자 하지 않았을까?[3] 논리적으로 보면 너무나 빤한 결론이었다. 새뮤얼슨의 깨달음은 훗날 효율적 시장 가설 옹호자들 사이에서 회자되는 우스갯소리보다 한 발 앞선 것이었다. 경제학자 둘이 교정을 걷다가 땅에 떨어진 10달러짜리 지폐를 발견한다. 한 명이 몸을 구부려 지폐를 집으려하자 다른 한 명이 말한다. "그냥 두세요. 진짜 돈이면 다른 사람이 진작 집어가고 아직 그 자리에 있을 리가 없죠." 새뮤얼슨이 1965년 발표한 획기적인 논문 "적절히 예상된 가격의 무작위적 변동의 증명Proof That Properly Anticipated Prices Fluctuate Randomly"은 이 개념을 학술적으로 설명한다. 그의 흥미로운 주장에 딱 어울리는 미국 속담이 있다. "앞으로 벌어질 사건은 미리 자신의 그림자부터 던진다." 다시 말해 미래에 벌어질 사건들이 현재의 가격에 반영되어 있다.

> 누군가가 주가 상승을 확신할 수 있다면 이미 주가는 올랐을 것이다…. 공짜로 얻을 수 있는 횡재는 없다.[4]

　2년 후 새뮤얼슨은 뮤추얼펀드에 관해 조사하는 상원의 금융 통화 위원회에서 증언했다. 앞서 말했듯, 주식 활황기를 틈타 펀드들이 과도한 수수료를 챙기고 있었지만 펀드매니저들이 과연 그런 수수료를 받을 자격이 있는지 명확한 기준이 없어 판단하기 힘들었다. 심지어 막대한 수수료까지 받으면서 전형적인 펀드의 수익률은 시장 평균에도 미치지 못했다. 새뮤얼슨은 "똑똑한 사람들"이 싼 주식을 매점하고 비싼 주식을 매도하며 "끊임없이 시세 차익을 추구"했을 뿐 아니라 심지어 그 과정에서 좋은 주식이 상승할 수 있는 기회마저 없애버렸다고 지적했다.[5] 그는 한술 더 떠서 펀드들은 다트를 던져서도 그런 실적을 달성할 수 있을 거라고 일침을 놓았다. '찍기'를 해도 그 정도 수익률은 가능했을 거라는 말이었다. 위원회 위원장이었던 존 스파크맨John Sparkman은 깜짝 놀랐다. 새뮤얼슨이 정말로 **다트**라고 말했을까?

> 새뮤얼슨: 제 보고서를 보시면 알겠지만, 높은 운용 수수료를 부과하는 중위 펀드(median, 모든 펀드를 일렬로 나열했을 때 중앙에 위치하는 펀드를 말한다. – 옮긴이)가 좋은 실적을 거둔 것은 맞습니다. 그러나 주식시장에서 무작위로 선택한 20개의 주식보다 수익률이 높지는 않습니다.

워런 버핏

스파크맨 위원장: 방금 20개의 무작위 주식이라고 하셨는데, 눈을 감고 손가락으로 짚어 아무거나 선택한다는 말입니까?

새뮤얼슨: 네, 정확히 그런 뜻입니다.

스파크맨 위원장: 그렇다면 증인 같은 경제 전문가가 선택하는 것입니까?

새뮤얼슨: 절대 아닙니다. 말 그대로 무작위로 찍는 것입니다. 제가 "무작위"라고 말한 것은 주사위를 굴리거나 아무 숫자를 고르거나 다트를 던지는 것과 같습니다.

물론 새뮤얼슨이 다트로 주식을 찍으라고 권하는 것은 아니었다. 그도 그럴 것이 새뮤얼슨은 효율적 시장 가설에 몇몇 오류가 있음을 잘 알았다. 무엇보다, 이론적으로 볼 때 기업의 예상 현금 흐름을 반영해야 하는 주가가 실제로는 그런 현금 흐름보다 변동성이 훨씬 컸다. 한편 새뮤얼슨은 서신으로 자주 연락하던 콘래드 타프로부터 버핏의 이야기를 자주 들었다. 그레이엄의 제자이자 버핏의 오랜 추종자로 효율적 시장 가설이 허무맹랑한 말장난이라고 주장하던 타프는 버핏이 해마다 '다트 수익률'을 능가한다고 주장했다. 여담이지만 버핏은 한동안 사무실에 다트판을 걸어두었다고 한다.[6] 어쨌든 새뮤얼슨은 버핏이라는 사람이 궁금해졌고 "버핏 관찰자"[7]가 되었다. 새뮤얼슨은 수수께끼별에 대해 궁금해하는 천문학자의 마음으로 버핏을 관찰하기 시작했다. 그리고 그를 필두로 효율적 시장 가설을 옹호하는 학자 중에서 버핏 관찰자가 많이 생겼다.

하지만 새뮤얼슨이 자신의 마음을 바꾼 것은 아니었다. 효율적 시장 가설의 장점 하나는 애덤 스미스의 고전 경제학을 금융시장으로 확대시켰다는 점이다. 버핏 같은 가치투자자들은 내재 가치를 "시장 가격의 이면이나 배후"에 자리한 고유한 특성이라고 생각했다.[8] 또한 주가 자체는 근사치에 불과하다고 여겼다. 하지만 고전주의 경제학자에게 보이지 않는 손은 시장 가격과 가치를 동시에 끊임없이 움직이는 힘이었다. 극단적으로 볼 때 가치는 매수자와 매도자가 특정 가격에 합의하는 순간에만 형성될 뿐이었다. 어떤 점에서는 그 순간에만 존재한다고 할 수도 있다. 가령 IBM이 주당 120달러에 거래된다면 IBM은 더도 말고 덜도 말고 딱 주당 120달러의 가치가 있었다. 당연한 말이지만 이것은 매수자와 매도자가 합리적으로 행동한다는 것을 전제로 했다.

　기업과 인간 행동에 관한 버핏의 생각은 좀 더 신중했다. 첫째 가치는 그렇게 정확하지가 않았다. 다시 말해 합리적인 다른 투자자는 IBM의 가치를 주당 130달러라고 판단할 수도 있었다. 게다가 투자자들도 언제나 합리적으로 행동하는 것이 아니었다. 가끔은, 특히 군중 심리의 영향을 받을 때 투자자들은 주당 160달러에 IBM 주식을 매수할 수도, 고작 80달러에 매도할 수도 있었다.

　효율적 시장 가설은 사실 시장의 비합리적인 측면 하나를 반박하기 위한 시도에서 출발했다. 그레이엄의 시대부터 월스트리트는 이른바 기술적 분석가들의 분석 결과를 널리 유포했다. 미래의 '예언자'들은 예전 가격들의 차트들을 분석함으로써 미래를 예측하려고 노력했다. 그들의 예언은 널리 채택되었고, 따라서 주식 평론가들은 주식의 "중대한 장벽을 시험하는 능력"에 대해 말하곤 했다. 솔직히 말하면 그것은 장벽이 아니라 추론된 시세 그래프에 불과했다. 효율적 시장 가설을 주장하는 사람들은 차트에 의존하는 증권분석가들을 사기꾼들이라고 또는 시카고대학교의 경제학자 유진 F. 파마Eugene F. Fama의 표현대로 "점성술사들"이라고 폭로했다.[9](효율적 시장 가설은 유진 파마가 처음 주창한 것으로 알려져 있다. – 옮긴이) 가격의 "움직임"은 오직 사후에 관찰된 변동일 뿐이며, 누구도 차트를 분석해 10퍼센트 하락한 주식이 반등할지 아니면 10퍼센트 더 하락할지 예측할 수 없었다 (메릴린치, 모건 스탠리, 살로몬 브라더스 등등의 투자은행들은 오늘날까지도 오직 그들만이 아는 이유로 그런 예언가들을 계속 고용한다).

그래 봐야 결국 도토리 키 재기였다. 효율적 시장 가설 옹호자들은 증권분석가들의 주술을 자신들의 주술로 대체했다. 그들은 주가가 미래를 예측한다는 개념을 부정한 대신에, 주가가 오히려 현재를 정확히 평가한다고 주장했다. 이는 무슨 뜻일까? 가격은 절대 틀릴 수 없다는 것이었고, 이는 다시 가격은 특정 기업의 장기적인 전망에 대해 알아야 하는 **모든 공개 정보**가 가능한 가장 완벽하게 통합된 것이었다. 이런 마당에 기업의 장기적인 전망을 조사하는 것은 시간 낭비일 뿐이었다. 따라서 효율적 시장 가설 옹호자들의 공격이 처음에는 증권분석가들에게 집중되었지만 점차적으로 버핏같이 저가주를 찾아 기업들의 재무제표를 이 잡듯 뒤지는 "펀더멘털 분석가"들로 확대되었다. 파마의 말을 직접 들어보자.

> 랜덤워크 이론이 타당하다면 그리고 증시가 "효율적"인 시장이라면 언제나 주가는 내재 가치나 기본 가치를 가능한 정확히 추정한 근사치를 반영할 것이다. 따라서 추가적인 펀더멘털 분석은 분석가가 새로운 정보를 확보했을 때만… 또는 공개된 정보의 효과와 관련된 새로운 통찰이 생겼을 때만 가치가 있다.[10]

위의 주장을 액면 그대로 받아들이면 파마는 커다란 허점을 만들어냈다. 새로운 정보나 새로운 통찰이 없는 분석가가 불리한 것은 틀림없었다. 그러나 "새로운 정보"라는 표현은 들리는 그대로가 아니었다. 실적이 월등히 좋은 투자자들을 매도하는 음흉한 속뜻이 포함된 말이었다. 쉽게 말해 그들이 내부 정보를 활용했거나 최소한 널리 알려지지 않은 유리한 정보를 사용했다고 단정했다. 그러니 누구도 시장을 이길 수 없다는 그 이론의 타당성은 조금도 훼손되지 않았다. 말인즉 아무리 완벽한 시장도 공개되지 않은 정보를 입수하는 것은 불가능했다. 여기에 영국의 권위 있는 경제 전문 주간지 《이코노미스트Economist》도 동조했다. 효율적 시장 지지자들의 모든 주장을 보편적인 지혜로 여과 없이 보도했던 《이코노미스트》는 주식의 '금손들'은 "극히 드물다고, 아니 존재할 수 없다"라고 단언했다. 그러면서 "이반 보스키처럼 불법적인 내부 정보를 손에 넣으면 도움이 된다"라고 조롱했다.[11] 새뮤얼슨은 《이코노미스트》의 편향적인 보도가 차린 밥상에 숟가락을 얹었다.

> 마찬가지로 나는 경험을 통해 세상에는 높은 수익률을 달성할 수 있는 몇몇 워런 버핏들이 있음을 인정할 수밖에 없다. 그들 자산 운용자는 다양한 펀더멘털 가운데 어떤 지표가 근본적인지, 새로운 정보 중에서 큰돈을 치르며 획득할 가치가 있는 정보는 어떤 것인지 족집게 같이 가려내는 능력이 있다. 문제는 일반인들에게 그런 슈퍼스타들은 그림의 떡이라는 것이다. 일반 투자자가 그들을 발견할 즈음이면 그들의 수수료는 천정부지로 치솟아 있을 것이다.[12]

하지만 버핏은 수수료를 부과하지 않았다. 이는 새뮤얼슨도 알고 있었다. 어떤 경우든 버핏은 연례 보고서들을 통해 "데이터"를 값싸게 획득했고, 그런 보고서는 완벽하게 공개되어 누구든 쉽게 확인할 수 있었다. 새뮤얼슨은 이것을 무시했고 결국 버핏의 성공 비결이 정보 수집에 있었다고 단언하는 우를 저질렀다. 이는 다시, 버핏이 그 "데이터"를 분석할 천부적인 능력이 있을지에 관한 논쟁도 피할 수 있었다. 마치 버핏이 그저 필요한 책을 단박에 찾아내는 유능한 사서인 것처럼 취급했다.

하지만 1970년 노벨 경제학상을 수상한 새뮤얼슨은 버핏에게 그 이상의 비범한 능력이 있음을 알고 있었다. 상원 청문회에서 증언한 뒤 언젠가 새뮤얼슨은 버크셔 해서웨이 주식을 상당수 매입했다.[13] 이것은 명백히 위험에 대비한 분산 투자로, 평생 무신론자로 살아온 볼테르Voltaire가 임종 직전에 하나님과 교회를 찾았던 것과 비슷했다. 새뮤얼슨은 그것에 대해 구체적인 언급을 거부했지만, 그런 사람이 과연 새뮤얼슨뿐이었을까? UCLA의 저명한 경제학자 아멘 A. 알키언Armen A. Alchian도 버크셔에 투자했다. 그러면서도 알키언은 한 경제학자에게 보낸 편지에서 한결같은 입장을 굽히지 않았다.

> 세상에 자타공인 특출한 능력을 가진 투자 펀드가 존재하지 않는다는 저의 생각은 변함이 없습니다. 새로운 어떤 기법을 사용하든 어떤 분야에 투자하건 똑같습니다. 운이 좋을 수는 있겠지요. 그러나 뛰어난 능력은 다른 이야기입니다…. 정확하게 예측할 수 있는 모든 이벤트가 가격에 적절히 반영되는 세상에서는 그런 능력은 있을 수 없습니다. 그저 우연일 뿐입니다. 그리고 우연은 사실상 "무작위"와 동의어입니다.[14]

하지만 알키안은 버핏의 실적을 설명하는 데에 상당히 공을 들였다. 결론적으로 말해, 알키안은 버핏이 거둔 성공의 비결을 네브래스카의 보험 관련 법률에서 찾았다. 네브래스카의 보험 법규는 주 관할권 내의 보험사들이 타주 보험사들에 비해 자신들의 투자를 더욱 적극적으로 감시할 수 있도록 허용했다.

> 저는 버핏이 성공할 수 있었던 비결은 (경쟁자들에 비해) 능력이 딱히 탁월해서가 아니라 순전히 우연과 운이 결합된 독특한 상황 덕분이라고 생각합니다.

효율적 시장 가설의 신봉자 알키안의 억지 주장에는 말문이 막힐 정도이다. 적어도 새뮤얼슨은 "내가 관찰한 바에 따르면 버핏은 투자 능력 면에서는 천재에 가깝다"라고 한발 물러섰다.[15] 그러나 천재라는 말조차도 버핏을 한 방 먹이는 것이었다. 천재성은 투자 수단이 아니었고, 고로 새뮤얼슨은 그의 수단을 부인했다고 봐야 한다. "버핏은 '천하의 바보도 《포스트》 주식이 저렴하다는 걸 알 수 있었다'는 말을 자주 합니다"라고 새뮤얼슨이 지적했다. "저는 바보가 아닙니다. 그런데도 저는 《포스트》 주식을 믿지 못하겠습니다." 그렇다면 그는 버핏이 《포스트》에 투자한 이유를 무엇이라고 생각했을까? 새뮤얼슨은 "그것이 바로 천재성과 재능의 차이입니다"라고 대답했다. 말인즉 버핏은 — 괴짜 같은 — 천재이기 때문에 열외로 치부할 수 있었다. 반면 효율적 시장 가설은 평범한 일반 투자자에게도 효과적인 투자 근거가 될 수 있었다. 심지어 스탠퍼드대학교의 윌리엄 F. 샤프 William F. Sharpe 경제학 교수는 버핏을 "3시그마 규칙(three-sigma rule, 68-95-99.7 규칙 또는 경험적 규칙empirical rune이라고도 하며 정규 분포를 나타내는 규칙으로, 평균에서 양쪽으로 3표준편차의 범위에 거의 모든 값들99.7%이 들어간다는 것을 나타낸다. - 옮긴이)"에서 벗어난다고 폄훼했다. 다시 말해 통계적으로 볼 때 그의 실적은 정규 분포 범위를 벗어나는 아웃라이어outlier 즉 이상치로 딱히 관심을 기울일 필요가 없다는 것이었다.

학자들은 효율적 시장 가설의 토대 위에 정교한 현대 금융의 건물을 올렸다. 금융finance은 투자investing와 정반대이다. 다시 말해 금융은 기업의 관점에서 자본을 조달하는 기능이다. 그것은 유익한 개념이되 정확하지 않다. 하지만 이제 투자와 마찬가지로 금융은 정량적 사회 과학으로 여겨졌다. 이로써 본래 금융의 목적은 현실을 설명하는 것인데도, 이제는 주객이 전도되어 금융이 현실보다 훨씬 정확하다고 간주되었다. 심지어 어떤 효율적 시장론자는 네 가지 변수를 사용해 주식 수익률 공식 하나를 만들었다. 주식 수익률 R, 시장을 뜻하는 M, 주식마다 달라지는 상수 a와 b, 무작위적인 우연 오차random error를 나타내는 u 이렇게 네 가지였다.[16]

$R = a + bM + u$

그 경제학자는 이것은 단지 "가장 단순한 형태"의 모델일 뿐이라고 서둘러 덧붙였다. 솔직히 사해 문서(Dead Sea Scroll, 死海, 사해 북서부 동굴에서 발견된 구약 성서 등을 포함한 고문서의 총칭이다. - 옮긴이)나 이슬람교 경전 코란의 문구 같은 불가해한 모델들은 세상에 차고 넘쳤다.

그 "과학"은 학자들이 적절하다고 생각하는 유일한 증거에 토대를 두었다. 바로 (완벽하다고 간주되는) 주가 데이터였다. 그것 말고는 수많은 변동적인 요인들을 모조리 무시했다. 그런데 기업의 전략, 제품, 시장 점유율, 경영진 등을 아우르는 그런 변수가 현실에서는 기업을 평가하는 필수 요소들이다. 그런 변수들은 주관적이고 부정확하지만, 투자자 겸 분석가인 많은 버핏이 매일 그런 데이터를 조사한다.

일부 경영대학원이 그런 주제로 토론할 때 버핏의 버크셔 연례 보고서들을 최소한 참고용으로라도 활용했을 거라고 생각할지도 모르겠다. 그러나 이따금씩 초빙 강연자로 마이크를 잡는 경우를 제외하고 상아탑에서 버핏은 숫제 투명인간이었다. 이것이 그의 예민한 역린을 건드렸다. 대부분의 투자자는 돈을 버는 것에 만족했지만 버핏은 자신이 **옳다**는 인정을 받고 싶은 욕구가 강했다. 언제나 사람들을 가르치는 것을 좋아했던 버핏에게는 그레이엄이 그리고 자신이 유익한 모델로 여겨지는 것이 매우 중요했다. 그가 1988년 주주 서한에서 이렇게 말했다.

> 그레이엄-뉴먼 코퍼레이션, 버핏 파트너십, 버크셔 등이 차익거래를 했던 시간을 전부 합치면 63년이나 됩니다. 저는 그런 경험이 효율적 시장 가설이 얼마나 엉터리인지 증명한다고 생각합니다…. 위의 세 회사는 수백 가지 주식을 사고팔았습니다…. 우리는 명확하지 않은 모호한 사실들을 분석할 필요조차 없었습니다… 그저 널리 알려진 사건들을 토대로만 행동했을 뿐입니다….[17]

그런데 하필 그레이엄이 버핏을 '배신'했다. 생의 끝자락에서 그는 주식 연구가 갈수록 활발해진다며 증권분석이 여전히 유익한 투자 기법일지에 대해 강한 의구심을 드러냈다. 아마 버핏에게는 스승의 고백이 무엇보다 마음이 아팠을 것이다. 그레이엄은 1976년 세상을 떠나기 직전 한 인터뷰에서 이렇게 말했다.

> 이제 나는 정교한 증권분석 기법을 사용해서 아주 저렴한 주

식을 찾아야 한다고 생각하지 않습니다. 그것은 말하자면 도드와 내가 공동 저서를 처음 발표했던 40년 전에는 효과적인 방법이었습니다. 하지만 그동안 상황이 달라졌습니다….[18]

그레이엄의 말을 어떻게 받아들여야 할까? 하나의 단서는 그레이엄이 그 인터뷰가 있기 불과 반년 전에 "랜덤워크"는 물론이고 특히 효율적인 가격이라는 개념을 비난했다는 것이다.[19] 따라서 그가 시장의 비효율성을 **이론적인** 관점에서 지속적으로 인지하고 있었지만 다만 누군가가 공격의 빌미로 삼을 수 있다는 생각에 말을 아꼈다고 보는 것이 가장 적절하지 싶다. 버핏은 그레이엄의 절반의 배신에 대해 아무 말도 하지 않았다. 버핏은 항상 그레이엄을 이상화했던 데다 그레이엄은 투자자보다는 스승으로서 더 대범했기 때문이다.

한편 버핏과 상아탑의 효율적 시장론자들 사이에 공통점이 하나 있었다. 자신의 발언에 신중했던 그레이엄과는 달리, 양측 모두 자신들의 주장에 조금도 거리낌이 없었다. 일례로 버핏은 경제학자들이 효율적 시장 가설을 "성서"처럼 떠받드는 행태를 비난했다.[20] 반면 리처드 브릴리Richard Brealey와 스튜어트 마이어스Stewart Myers의 공동 저서로 최근 재무 교재로 가장 널리 사용되는 『재무 관리의 이해Principles of Corporate Finance』는 효율적 시장 가설을 절대적인 정론正論으로 설명했다. 특히 저자들은 효율적 시장을 인류의 위대한 "발견"의 반열에 올렸다. 마치 그 가설이 금융의 마리 퀴리Marie Curie가 발견해 주기를 기다리던 천연 원소라도 되는 듯 말이다. 효율적 시장 가설에 대한 그들의 믿음은 가히 맹목적이었다.

효율적인 시장에서는 주가를 신뢰할 수 있다. 주가는 각 주식

의 가치와 관련된 가용한 모든 정보를 반영한다.[21]

    그렇다면 현실의 주식 거래자는 브릴리와 마이어스가 이상화한 주식시장에 어떻게 반응했을까? 투자자들은 언제나처럼 침착했고 투기꾼들은 언제나처럼 냉정했다.

> 효율적인 시장에서는 어떤 재무적인 환상이 없다. 투자자들은 기업의 현금 흐름과 그런 현금 흐름에서 자신들의 몫이 얼마일지에 대해 냉철하게 고려할 뿐이다.[22]

    학자들은 그 이론에 대한 반대 증거를 분석했지만, 흉내만 내는 수준이었다고 해도 과언이 아니었다. 가령 그들은 무작위적 가격 책정처럼 보이는 것에 대한 다양한 예외를 연구했다. 그러나 이런 예외들은 이른바 변칙들은, 산타랠리santa ralley나 서머랠리summer rally처럼 1년 중 특정한 시기나 주중 특정한 요일 혹은 소규모 기업들에서 나타나는 주가 상승 패턴처럼 순전히 정형화된 것이었다. 학자들은 무작위성이 덜해서 효율적 시장 가설에 극히 미미한 생채기만 남기는 패턴을 광범위하게 찾아냈고, 그들의 기세는 날로 더해졌다. 더욱이 그런 상세하고 신비로운 연구에 대한 수요가 급증했다. 하지만 인식론적인 그런 연구 어디에도 효율적 시장 가설에 치명상을 입힐 "변칙"에 대한 탐구는 없었다. 버핏 외에도 그레이엄, 미국 출신의 영국 투자자 존 템플턴John Templeton, 가벨리 자산관리회사Gabelli Asset Management Company Investors의 창업자 겸 CEO 마리오 가벨리, 뮤추얼펀드매니저 존 네프, 세계 최대 뮤추얼펀드 운용자 피터 린치Peter Lynch, 케인즈 학파 투자자들, 재야의 무명 투자 고수들 등등이 지속적으로 달성하는 경이로

워런 버핏

운 실적 말이다.

효율적 시장 가설 옹호자들에게 그런 투자자들의 실적은 눈엣가시였고 그래서 아예 무시하거나 없어지기를 소망했다. 일례로 뱅커스 트러스트의 투자 관리자 토니 톰슨Tony Thomson은 버핏을 "훈제 청어(red herring, 근대 유럽에서 사용하던 여우 사냥개의 훈련법에서 유래된 것으로 본래 주장에서 관심을 돌리고 본질을 흐리기 위해 제시하는 그릇된 주장이나 예시를 말한다. - 옮긴이)"라고 대놓고 무시했다. 그에게는 명약관화한 버핏의 실적은 아무 의미가 없었다. 적어도 **75년**간의 분기별 데이터가 없다면 그의 성공 비결이 머리가 좋아서인지 아니면 그저 운이 따라주었는지 누구도 "규명"할 수 없다고 톰슨이 주장했다. "따라서 아직은 버핏에 대해 판단하기가 이릅니다."[23] 프린스턴 대학교의 경제학자 버턴 G. 말킬Burton Gordon Malkiel은 베스트셀러 저서 『랜덤워크 투자수업A Random Walk down Wall Street』에서 그 개념을 널리 알렸다.

> 나는 전문 투자자가 뛰어난 실적을 달성할 수 있다고 믿는다. 하지만 그것은 내 개인적인 심증일 뿐 물증이 없다는 사실이다. 우리가 지금까지 확보한 증거는 그런 능력이 존재한다는 것을 뒷받침해 주지 못한다….[24]

말킬은 동전을 던지는 사람들이 자신의 운을 재능이라고 포장할 수 있는 수준을 능가하는 투자 "능력자"에 대한 아무 증거도 확인하지 못했다. 말킬은 "전지전능하신 하나님도 개별 보통주의 적정 주가수익비율이 얼마인지 알지 못하신다"라고 단언했다.[25]

말킬이 하나님까지 동원한 재치 있는 비유는 허수아비 논증의 오류(straw man fallacy, 허수아비 때리기 오류라고도 하며 상대방의 이야기를 곡해하여 그와 유사하지만 전혀 다른 허수아비를 정해놓고 그것을 공격하는 오류를 말한다. - 옮긴이)를 불러왔다. 그레이엄-도드 추종자들은 특정 주식의 적정 가격을 안다고 주장하지 않았다. 그들의 투자 기법은 기껏해야 원시적인 수준의 학문이었다. 그들의 핵심 주장은 **가끔** 주식이 변칙적이어서 정밀한 기법을 동원하지 않고도 충분히 높은 수익을 실현할 수 있다는 것이었다. 그런 경우가 극히 드물 수는 있었다. 실제로 그레이엄-도드의 증권분석 기법을 사용하는 투자자들은 가용한 수천 개의 주식 중에서 고작 10여 개 종목을 보유하는 것이 일반적이었다. 하지만 그런 소수의 종목이 대박을 칠 수 있었다. 이에 대한 버핏의 말을 들어보자.

> (EMP 옹호자들이) 하나는 맞았고 하나는 틀렸습니다. 먼저 시장이 **자주** 효율적이라는 것은 제대로 관찰했습니다. 하지만 그런 관찰 결과에 대한 그들의 결론은 틀렸습니다. 그들은 시장이 **항상** 효율적이라고 주장하죠. '자주'와 '항상'은 낮과 밤만큼이나 다릅니다.[26]

양 진영은 특히 "위험"에 대한 정의에서 극과 극의 대조를 보였다. 버핏에게 위험은, 기업의 잠정적인 내재 가치보다 더 높은 가격으로 주식을 매수하는 것을 의미했다. 그리고 기업의 내재 가치를 평가하는 데에 영향을 미치는 변수들은 거의 무한대였다. 충성 고객층이 얇을까? 회장에게 음주 문제가 있을까? 그런 위험의 총합을 (심지어 위험도를) 정확히 계산하는 것은 불가능하므로, 버핏은 허용 오차 내에서 위험을 감당할 수 있다고 판단되는 기업들을 — 극소수의 기업들을 — 발굴했다.

워런 버핏

반면에 효율적 시장 가설 지지자들은 그런 미묘함을 고려하지 않았다. 그들은 위험이란 측정 가능하다고 여겼다. 주가는 항상 옳으므로 특정 기업의 예상 가능한 미래 위험들은 현재의 가격에 이미 반영되었다고 가정할 뿐이었다. 기업의 전망에서 나타나는 모든 변화는 곧바로 가격에 반영되어 주가가 형성되었다. 따라서 투자 "위험도"에 대한 최고의 대용치는 해당 주식의 과거 위험도였다. 이는 위험이 가격 변동성과 일치한다는 뜻이었다. 그것은 정밀한 수학적 용어로도 정의되었다. 증시 전체의 가격 변동에 대한 특정 주식의 상대적인 변동 범위, 즉 시장 민감도였다. 그들은 한술 더 떠서, 시장과 엮어서 수학적으로 단순화시킨 그런 특성에 정당성을 부여하려는 듯 그것을 그리스 문자 베타$_\beta$라고 명명했다. 가령 베타 계수가 1인 주식은 시장 전체와 똑같은 수준으로 변동했고, 베타가 1보다 큰 주식은 예민해서 증시의 움직임보다 변동 폭이 더 컸고 1보다 낮으면 둔감해서 변동 폭이 더 적었다.

이제 그들의 논리는 아찔한 소용돌이에 휩싸였다. 투자자들은 위험을 좋아하지 않았다. 따라서 언제나 합리적인 투자자들이 베타 계수가 높은 주식을 매수했다면, 그것은 틀림없이 그런 주식의 미래 수익률이 평균 이상일 거라고 확신했기 때문이었다. 좀 더 엄밀하게 말하면, 해당 주식의 수익률이 베타 계수와 수학적으로 정비례해서 평균을 초과할 것으로 예상했다. 이를 역으로 생각하면 베타가 낮은 즉, 변동폭이 적은 주식을 보유한 투자자들은, 더 낮은 수익률을 감수함으로써 해당 주식이 이제까지 가격이 안정적이었다는 점에 투자하는 셈이었다. 솔직히 세상에 공짜 점심은 없는 법이므로 지속적으로 높은 수익률을 거두는 **유일한** 방법은 추가적인 "위험"을 다른 말로 더 높은 베타를 받아들이는 것이었다.[27] 요컨대 고수익과 고위험은 동전의 앙면이었다. 바로 이 지점에서 현대 금융의 주술신앙적인 본성이 깨어나기 시작한다. 특정 주식의 상대적인 미래 수익률을 계산하기 위해 필요한 **유일한** 요소는 해당 주식의 베타 계수였다. 특정 기업과 관련된 기본적인 경제 지표들은 아무것도 중요하지 않았다. 과거의 주가들로 계산된 숫자 베타만이 유의미한 유일한 요소였다. 효율적 시장 가설 학자들이 "당신의 베타는 얼마입니까?"라고 물었다. 그것은 주문呪文과 같은 힘을 가졌다. 그러면 월스트리트 분석가들은 주술에 걸린 듯 베타에만 온 정신을 집중했다. 사실상 미국의 모든 증권사는 사내 분석가들에게 두 가지 주식 평가 기준을 제시했다. "베타" 계수와, "베타를 감안한" "위험조정수익률risk-adjusted return"이었다.

그레이엄에게[28] 그리고 버핏에게 이것은 미친 짓이었다. 주가의 변동성은 장기적인 주식 보유자에게 전혀 위험 요소가 아니었다. 솔직히 베타 값 자체가 도리어 부메랑으로 돌아올 수 있는 "위험" 요소였다. 버핏이 WPC에 투자했을 때를 생각해 보자. 당시 시장은 WPC의 가치를 약 8,000만 달러로 평가했다. 버핏이 투자하기 전에 WPC 주가가 반 토막이 났다면 변동성이 더욱 커졌을 것이고, 그에 따라 효율적 시장 이론가들은 WPC 주식이 "더 위험"하다고 생각했을 것이다. 버핏은 "어째서 8,000만 달러보다 4,000만 달러일 때 무언가를 사는 것이 더 위험할 수 있는지 저로서는 이해가 안 됩니다"라고 일갈을 날렸다.[29]

1984년 컬럼비아 경영대학원은 그레이엄과 도드의 『증권분석』 발간 50주년을 기념해 양 진영을 한 자리에 초대했다. 버핏은 주최 측의 요청으로 그레이엄과 도드 진영을 대신해서 연사로 나섰고, 효율적 시장 가설 팀의 대표는 뉴욕 주에 위치한 로체스터 대학교University

워런 버핏

of Rochester의 마이클 C. 젠센Michael Cole Jensen 교수가 선택되었다. 효율적 시장 가설의 열렬한 신봉자였던 젠센 교수는 1978년 한 전문지에 기고한 글에서 이렇게 말했다.

> 나는 경제학에서 효율적 시장 가설보다 더욱 견고한 경험적 증거가 뒷받침해 주는 이론은 없다고 생각한다.[30]

이는 엄밀히 말해 반대자들에게 효율적 시장 가설이 "엄연한 현실로 받아들여지고 따라서 그것에 위배되는 행동 모델을 지지하는 학자는 스스로 정당성을 입증해야 하는 어려운 일에 직면한다"는 선전포고였다.[31]

젠센의 그 글이 발표된 뒤부터 효율적 시장 가설과 특히 베타 개념이 거센 공격을 받았다. 그리고 50주년 기념식이 열리던 그날 컬럼비아의 유리스 홀Uris Hall은 버핏 진영의 투자자들로 가득 채워졌다. 참석자들을 죽 훑어본 젠센은 수적인 불리함을 감지해 정중한 접근법을 전략적으로 채택했다. 그는 "마치 칠면조 사냥이 시작되었을 때의 칠면조가 된" 기분이었다.

그러나 그 칠면조는 호락호락하지 않았다. 첫째 젠센은 어떤 절대주의적인 주장을 펼쳤다. 공개 정보를 분석해서 이익을 체계적으로 창출하는 것은 **불가능**하다는 것이었다. 그렇게 운을 뗀 다음 그는 몇 가지 근거를 제시하는 동시에 예외적인 상황들도 언급했다. 언뜻 보면 간혹 뛰어난 분석가가 존재할 수도 있다고 인정하는 것 같았다. 하지만 젠센은 자신의 역할을 잊지 않았다. 증권분석가 전체를 싸잡아 조롱했다. 사람들이 마치 사제인 양 증권분석가들에게 의견을 구했지만, 그것은 그들의 "정신이 대답을 갈구"하기 때문이라고 폄훼했다.

학자들이 과학에 근거해 세상에는 알려진 대답이 없다고, 아니 아예 대답 따위는 존재하지 않는다고 말하면 사람들은 만족하지 못합니다… 그런 상황에 처하면 그들은 절박해집니다. 무슨 수를 쓰든 자신들의 입맛에 맞는 대답을 억지로 만들어 내려 하죠. 심지어는 누군가가 대답을 대신 만들어준다면 어떤 대가든 기꺼이 지불하려는 상태가 됩니다.[32]

요컨대 증권분석가들이 "치료 주술사, 신비론주의자, 점성술사, 영적 지도자"들의 정신적인 후손들이라는 말이었다. 그런 이교도적인 주식 컨설턴트들과는 반대로 젠센은 효율적 시장 가설 즉 "과학"의 타당성을 지지했고 끝까지 공격의 고삐를 늦추지 않았다. 젠센은 "그레이엄과 도드의 수제자들"이 참석했다는 사실을 염두에 두고, 널리 알려진 "선택 편향(selection bias, 사전이나 사후에 표본을 선택함에 따라 통계 분석을 왜곡하는 오류 - 옮긴이) 문제" 때문에 뛰어난 증권분석가가 "누구"인지 단정하기 힘들다고 주장했다.

투자 재능은 없고 그저 동전만 던질 줄 아는 증권분석가들을 조사해 보면, 개중에는 두 번 연속 앞면이 나온 사람도 심지어 열 번 내리 앞면이 나온 사람도 있을 거라고 생각합니다.

버핏 입장에서는 이제 완벽한 판이 깔린 셈이었다. 자산 운용자 대부분이 동전을 던져 결정하는 사람들보다 실력이 떨어진다는 주장은 이미 신물이 나도록 들은 이야기였다. 하지만 잘 생각해 보면, 그 주장의 이면에는 매우 흥미로운 점이 있었다. 전문 투자자들이 주식 거래의 대부분을 차지한다는 점에서, **평균적인** 주식 컨설턴트가 평균보다 더 높은 수익률을 달성할 수 없는 것이 당연하지 않을까? 그러니까 '평균적'인 투자자이지 않을까? 여기서 중요한 문제는, 가령 가치 투자 기법처럼 특정한 무언가를 공유하는 일단의 투자자들이 시장을 이길 뿐 아니라 지속적으로 시장을 이길 수 있을 정도로 시장의 효율성에 커다란 공백이 있을까라는 점이었다.

버핏은 젠센의 표현을 빌려 "전국 동전 던지기 대회" 시나리오를 제시했다. 매일 모든 미국인이 동전을 던졌고 뒷면이 나오면 무조건 탈락했다. 20일이 지나자 딱 215명만 남았다.

> 이제 그들은 최종 215명 안에 들었다는 사실에 어깨에 약간 힘이 들어가고 거만해질 것입니다. 인간의 본성이 본래 그러니까요. 그럼에도 마음을 다잡고 겸손해지려고 애쓸 수도 있겠지요. 하지만 칵테일 파티에서 술이 들어가자 그들은 긴장이 풀어져 매력적인 몇몇 이성들에게 잘 보이려 자신의 기법은 물론이고 동전 던지기 분야에 대한 자신의 놀라운 통찰을 떠벌일 것입니다···. 그런 이야기를 듣던 무례한 일부 경영대학원 교수들이 사실로 무장해 잘난 체를 하겠죠. 2억 2,500마리의 오랑우탄이 동전 던지기와 비슷한 게임을 해도 결과가 크게 다르지 않을 거라고 말입니다···.[33] (1984년 미국 인구는 2억 3,500만 명 수준이었다. - 옮긴이)

그런데 마지막까지 남은 오랑우탄들이 대부분 "같은 동물원", 그냥 편리하게 오마하 동물원에 살고 있었다면 어떻게 될까? 동물원 사육사가 그 결과와 모종의 관련이 있을 거라고 생각하는 것이 마땅했다. 버핏의 논리는, 동전을 던져 앞면이 나오는 사람들의 고향이 하나의 동물원 다른 말로 "그레이엄-도드 마을"이라는 "지적 공동체"에 집중되었다는 것이다. 그런 다음 그는 그레이엄과 도드 기법을 추종하는 자산 운용자 9명의 실적을 소개했다. 그들 모두 오랫동안 버핏과 개인적인 친분을 가진 사람들이었다. 그들 각자의 주식 취향은 담배 꽁초(월터 슐로스)부터 프랜차이즈 주식(빌 루안)까지 제각각이었다. 하지만 9명 모두 장기간에 걸쳐 시장 수익률을 이겼다. 게다가 각자는 이미 그레이엄-도드 사단의 일원으로 널리 알려져 있었다. 말인즉 각자는 경력 내내 시장 가격과 내재 가치 사이의 차이를 찾는 데에 집중했다. 반면 그들은 월요일이나 화요일 또는 1월이나 8월에 주가가 상승하는지 여부에는 전혀 관심이 없었다.

버핏에게는 학자들이 그런 정형적인 요소들을 조사하고 연구하는 것이 "기이"할 뿐이었다. 요컨대 그들은 유의미한 것이 아니라 **측정 가능**한 것들을 조사했다. "제 친구가 (찰리 멍거) 말하기를 망치를 손에 쥔 사람의 눈에는 죄다 못으로 보인다더군요."

버핏은 효율적 시장론자들이 자신의 모교인 컬럼비아 경영대학원을 장악하고 있다는 사실에 특히 분개한 것 같았다. 그는 컬럼비아에서 강연하는 것은 흔쾌히 동의했고 실제로도 1~2년에 한 번씩 강연대에 올랐다. 하지만 기부금 요청은 단칼에 거절했다. 컬럼비아 경영대학원의 존 C. 버턴John Campbell Burton 학장의 말을 들어보자. "그는 기부금을 내지 않는 이유를 매우 솔직하게 밝혔어요. 첫째로는 돈이 교육의 질을 높여주는 것은 아니라고 생각했어요. 그리고 경영대학원들이 자신이 지지하고 싶은 것들을 가르친다고 생각하지 않았죠. 그는 효율적 시장 연구라는 개념에 상당히 적대적이었어요."

버크셔의 주식을 소량 보유했던 버턴은 버핏의 논리가 틀린 데는 없지만 매우 근시안적이고 편협하다고 생각했다. 버핏은 자신이 그레이엄에게 많은 은혜를 입었다고 자주 말했지만, 버턴이 그에게 신세를 갚을 기회를, 어쩌면 미래의 그레이엄과 미래의 버핏들에게 '은혜를 베풀' 기회를 주었을 때 억만장자는 단호하게 거절했다.

솔직히 컬럼비아 경영대학원 전체를 놓고 보면 대부분의 경영대학원에 비하면 편향성이 덜한 편이었다. 무엇보다 월스트리트 전문가들을 시간 강사로 채용했고 그중 일부는 그레이엄과 도드의 투자 접근법을 실천했다. 하지만 금융 부문의 프로그램은 사정이 달랐다. 버핏이 줄곧 주장했듯 효율적 시장 가설이 완전히 장악했다. 대학 구내 서점에서 경영 관련 구역을 슬쩍 살펴보면 답이 나왔다. 경영대학원생들은 그레이엄과 도드의 이름은 물론이고 심지어 가치 투자에 대해 들어보지도 못하고 MBA 학위를 딸 수도 있었다. 마침내 컬럼비아도 그레이엄-도드의 투자 기법을 가르치는 과목을 개설했지만, 무슨 영문인지 브루스 그린월드Bruce Greenwald를 담당 교수로 임명했다. MIT 출신의 경제학자인 그린월드는 처가의 돈을 보고 결혼한 인물이었다. 결혼 후 채권 선물에서 100~200만 달러를 벌었다가 석유 투자로 그것과 비슷한 액수를 날렸으며 이후 처가의 강요로 월스트리트를 떠났다. 그는 자신이 "투자자로서 소질은 완전 젬병"이라고 약간 사근사근하게 인정하더니 자신의 피를 끓게 만든 것은 투기였다고 덧붙였다. 그린월드는 버핏을 객원 강사로 초빙했지만 그가 '넘사벽'이어서였을까 그를 본받고 싶다고는 생각하지 않았다. "저도 그레이엄-도드의 관점에 동의합니다. 그렇다고 제가 그레이엄과 도드의 추종자라는 뜻은 아닙니다."[34]

한편 월스트리트에서는 효율적 시장 가설의 아성이 갈수록 견고해졌다. 일례로 증권분석을 "정밀화"하는 추세가 등장했다. 또한 증권사들은 개별 종목을 선택하는 것이 아니라 종목군들에 초점을 맞췄다. 심지어 드렉셀 버넘의 수석 전략가는 1979년경에 놀라운 발언을 했다. 자신의 목표는 사내 분석가들이 단독 플레이하듯 독자적으로 주식을 평가하는 관행을 없애는 것이라고 단언한 것이다.[35] 말인즉 워런 버핏 같은 사람들과 다른 길을 가겠다는 선언이었다.

1980년대 주가지수선물의 도입은 효율적 시장 가설에는 성인식이었다. 그동안 학자들은 투자자들이 주식을 선택하지 못한다고 설파했는데, 이제 주가지수선물 덕분에 투자자들은 주식을 선택하려는 시도조차도 불필요하게 되었다. 전체 시장을 향해 다트 하나를 던지면 그만이었다. 버핏은 1982년 미국 하원 감시 조사 소위원회House Subcommittee on Oversight and Investigation의 존 딩겔John Dingell 위원장에게 주가지수선물을 허용해서는 안 된다고 촉구하는 서한을 보냈다. "주식시장에 연동하는 비본질적인 도구들로 도박하는 투기꾼들이 더 많아져서는 안 됩니다."[36] 그런 다음 선물은 과도한 투기로 귀결될 뿐만 아니라 증시에 대한 대중의 반감을 야기할 위험이 있다고 예언적인 경고까지 덧붙였다.

"선물"과 주식은 확실히 다른 개념인데도 혼동하기 십상이다. 어차피 둘 다 투자이지 않느냐고? 이것은 논쟁의 소지가 있다. 선물은 증시의 움직임에 돈을 거는 제로섬 도박이다. 기업들은 선물로 자본을 조달할 수 없는데, 주식시장의 가장 중요한 목적은 바로 기업들이 자본을 조달하는 창구의 역할을 제공하는 것이다. 선물은 특정 기업에 대한 지분을 갖는 것이 아니라 그저 도박의 판돈에 대한 일정 지분을 차지할 뿐이다.

1980년대에 시장의 평균 수익률을 모방하기 위해 등장한 "인덱스 펀드(index fund, 증권 시장의 장기적 성장 추세를 전제로 주가 지표의 움직임에 연동하도록 포트폴리오를 구성해 운용함으로써 시장의 평균 수익을 실현하는 것이 목표인 포트폴리오 운용 기법 - 옮긴이)"들은 (구성 종목과 비율을 목표 인덱스와 동일하게 구성할 수도 목표 인덱스의 일부를 합리적인 수준에서 선택할 수도 있었다) 물론이고 선물 시장에도 돈이 쇄도했다. 자금 관리자들은 시장 전체를 거래하기 위해 개별 주식투자를 포기했고, 결과적으로 시장이 자신들에게 부여한 임무를 유기했다. 저가주를 발굴하고 가격이 지나치게 높게 책정된 주식들을 걸러냄으로써 주가를 "올바르게" 유지해야 하는 책임 말이다. 1986년이 되자 "간접적으로" 운용되는 돈이 1,000억 달러를 훨씬 넘어섰다. 이는 사실상 전혀 운용되지 않는다는 뜻이었다. 더군다나 그 돈은 다양한 주가 지수들의 점괘판에 꽁꽁 묶여 있었다.

1986년 여름 마침내 그런 추세가 선을 한참 넘었다는 아우성이 터져 나왔다. 무슨 일이 있었을까? 다우지수가 62포인트 하락한 것이다. 이는 당시에는 상당한 충격이었다. 어쩌면 점괘판만 바라보는 사람들이 너무 많았을까? 버턴 말킬은 《월스트리트 저널》의 기고문에서 반론을 제기했다. 만약 시장이 효율적이라면 자동매매 투자 시스템은 칭송받아 마땅하다는 것이었다.

> …나는 증시의 효율성에 대한 믿음이 커지고 소극적 포트폴리오 운용(passive portfolio management, 효율적 시장 가설을 토대로 운용 수익률이 가능한 시장의 평균 수익률에 근접하도록 포트폴리오를 구성하고 운용하는 것을 말하며 가격의 변동에 따라서 적극적으로 자산을 사고 파는 능동적active 포트폴리오 운용과 반대이다. - 옮긴이) 추세가 탄생한 것에 내가 최소한 부분적으로나마 기여했다고 생각한다. 그리고 그것이 아주 자랑스럽다.[37]

이에 버핏이 《포스트》를 통해 공개적인 반격에 나섰다. 무엇보다 새로운 거래 기법은 증시를 카지노에 비유한 케인스의 암울한 예언을 실현시키는 것이라고 꼬집었다. 또한 이미 투기가 금융시장들을 완전히 압도하는 바람에 과도한 거래가 초래되었고, 결국 시장들은 가치를 발견하는 본래의 역할을 수행할 수 없게 되었다고 비난했다. 마지막으로 난해한 새로운 도구들은 "투자 기법"이 아니고, 어떤 사회적인 의제도 해결하지 못하며, 보이지 않는 손이 아니라 "사회의 정강이를 걷어차는 보이지 않는 발"의 역할을 했다고 주장했다. 그런 다음 버핏은 다소 야만적인 풍자를 들려주었다. 주식 중개인 25명이 타고 있던 배가 전복되어 그들 모두 무인도에서 살아간다는 설정이었다.

> 이제 그들 앞에 놓인 최우선 과제는 자신들의 소비와 쾌락을 극대화시킬 경제를 개발하는 일이었다. 나는 그들이 어떻게 나올지 눈에 선하다. 20명이 의식주 같은 경제의 필수 활동을 담당하고, 나머지 5명은 그들 20명이 생산할 산출물에 대한 선물 옵션을 끊임없이 거래할 것이다.[38]

"카지노 사회"에 대한 치료제로 버핏은 조너선 스위프트Jonathan Swift가 "겸손한 세금modest tax"이라고 불렀을 법한 무언가를 제안했다. 매수 후 1년 안에 주식과 선물을 처분할 경우 발생하는 이익에 100퍼센트 세금을 매기자는 것이었다. 한마디로 이익을 국고로 전액 환수하자는 극약 처방이었다.(1729년 스위프트는 『겸손한 제안A Modest Proposal』이라는 풍자 수필에서 '아일랜드 빈민층 아이들이 그들의 부모나 국가에 부담이 되는 것을 예방하고, 그들을 공공사회에 유익한 존재로 만들기 위한 제안'이라는 부제처럼 굶주리는 아일랜드에 대한 해결책으로 어차피 아일랜드 주민 모두가 굶을 판에

워런 버핏

는 아이들을 '영국 지주님들의 식량'으로 팔자는 반어적인 주장을 펼쳤다. - 옮긴이)
버핏의 아이디어는 아무런 주목도 받지 못한 채 흔적도 없이 사라졌다. 그러나 과도한 거래에 대한 두려움은 사라지지 않았다. 1987년 금융시장들이 계속 들썩이자 폭락에 대한 우려가 고조되었다. 말킬은 NYT에 기고한 글에서 자동매매 거래가 "유동성"을 촉진시킨다는 주장을 반복했다. 한편 시장의 불안한 움직임에 대해서는 "시장은 규모가 클수록 파급력도 커지는 규모 효과scale effect 때문에 변동성이 커 보일 뿐"이라고 덧붙였다.[39] 하지만 그의 예상은 과녁을 완전히 빗나갔다. 3주 후 증시가 폭락했다. 검은 월요일에 대한 니콜라스 브래디의 보고서는 말킬이 간과했던 자명한 이치를 폭로했다. 모두가 거래의 한 방향으로만 몰릴 때 선물 거래가 제공하는 유동성은 "환상"일 뿐이었다.[40]

말킬은 전문 투자자들이 "위험을 전가(risk shifting, 가격 변동의 위험을 원하지 않는 위험 회피형 투자자가 높은 수익을 위해 그런 위험을 감수하려는 투기형 투자자로 가격 변동 위험을 이전시키는 것 - 옮긴이)시키고 통제하며 시장의 움직임에 대응하기 위해" 선물을 사용하는 것을 칭찬했다. 반면 버핏은 진정한 위험은 — 카펫이나 『월드 북 백과사전』의 매출이 급감하는 것 같은 위험 — '이전"될 수 없다고 봤다. 그런 위험은 버크셔를 소유하는 것 자체에 내재되어 있었다. 또한 시장 움직임에는 "대응"이 필요하지 않았다. 그는 검은 월요일의 원흉들은 말킬이 침이 마르도록 칭찬했던 사람들이라고 비난했다.

이번 주가 대폭락의 가장 큰 책임은 수십억 달러를 운용하는 "전문" 투자자들에게 물어야 합니다. 무릇 자산 운용자들은 기업들이 향후 몇 년간 무엇을 할지에 초점을 맞춰야 합니다.

그런데 오늘날 유명한 많은 자금 관리자는 그것을 등한시하는 것도 모자라 앞으로 며칠 동안 다른 자금 관리자들이 어떻게 행동할지 예상하고 그것에만 집중합니다.[41]

　주식시장은 대폭락을 이겨냈지만, 효율적 시장 가설은 심각한 타격을 입었다. 대폭락이 발생하기 전에도 후에도 주가가 합리적이라는 것이 가당키나 했을까? 그런 주식 대폭락을 설명해줄 만한 새로운 정보는 하나도 없었다. 선물의 기대 수익에서도 갑작스러운 변화는 전혀 없었다. 실제로 10월 19일 주식을 매도했던 사람들에게 기업 이윤은 안중에도 없었다. 예일 대학교의 경제학 교수 로버트 J. 실러Robert James Shiller가 검은 월요일 직후 거의 1,000명에 달하는 투자자들을 대상으로 진행한 설문 조사 결과를 보면, 투자자들은 오직 증시 대폭락에 관한 언론의 보도를 보고서야 검은 월요일을 인지하게 되었다. 브릴리와 마이어스는 투자자들이 침착하고 "현실적"이라고 주장했다. 그러나 실러의 설문에 응답한 투자자들은 손에 땀이 흥건했고 맥박이 미친 듯이 고동쳤으며 혈압이 치솟았다고 대답했다. 그들이 주가를 확인한 횟수는 평균 35번이었다. 실러 교수의 설문 조사는 대폭락에서 군중 심리의 축소판이 작용했음을 반증했고, 특히 기관 투자가들의 40퍼센트가 "다른 투자자들의 두려움에 감염"되었다.[42]
　한때 차트 분석가들을 점성술사라고 비하했던 유진 파마도 효율적 시장 가설에 직격탄을 날렸다. 그는 주식의 베타 값이 실제 수익률과 전혀 **무관**하다는 사실을 증명했다.[43] 베타 계수에 관한 논문들이 이제껏 노벨 경제학상을 휩쓸어놓고는 이제 와서 베타가 무용지물이라고 주장한 것이다. 그런데도 이미 효율적 시장 가설에 단단히 중독된 분석가와 학자들은 그것을 끊지 못했다. EMP 개념들의 정의는 곳곳

워런 버핏

이 수정되었지만 기본 구조는 전혀 손상을 입지 않았다. 《이코노미스트》의 주장처럼 솔직히 말해 "불편한" 사실들에도 불구하고 EMP 자체는 살아남았다.

런던 경제대학(London School of Economics, LSE, 정식 명칭은 런던 정치 경제대학London School of Economics and Political Science이다. – 옮긴이)의 찰스 굿하트harles Goodhart 교수가 지적하듯, 누구도 EMP 보다 더 나은 이론을 만들어내지 못했다. 대신에 학자들은 불편한 증거를 덜 위협적인 방식으로 재해석하는 데 집중했다.[44]

검은 월요일 이후에도 브릴리와 마이어스의 공동 저서는 전혀 개정되지 않은 '개정판'이 나왔다. 본문 내용은 단 한 줄도 수정되지 않은 채, 그저 검은 월요일이 몇몇 문제를 드러냈다고 짤막하게 언급했을 뿐이다. 심지어 그 문장과 같은 페이지에서 저자들은 "주가를 믿어도 좋다"고 또다시 목소리를 높였다. 그렇다면 10월 19일 아침에는, 증시가 개장하고 6시간 후에는 과연 **어떤** 주가를 믿을 수 있었다는 말일까? 하나마나 한 질문이다. 어차피 그들에게는 효율적 시장 가설이 "사실들이 놀라울 정도로 확실하게 뒷받침"해 주는 '이론'이었다.[45]

좀 더 넓게 보면, 월스트리트 투자 문화에서 효율적 시장 가설의 영향력은 조금도 줄어들지 않았다. 월스트리트 전문 투자자들은 계속해서 난해한 새로운 도구들을 사용했고, 투자 컨설턴트들은 극단적인 "분산화"를 줄기차게 권고했다. 특히 버크셔의 주주들을 향해서는 "분산화"라는 조언이 끊임없이 쏟아졌다. 말이 좋아 분산이지 쉽게 말해 버크셔 주식을 팔라는 충고였다. J. P. 모건의 신탁 위탁자 중에 거의 전 재산을 버크셔에 투자한 여성이 있었다. 그녀의 포트폴리오가 수백만 달러로 치솟자, 모건의 담당 투자 컨설턴트가 그녀에게 버크셔 주식을 팔아 투자를 분산하라고 재삼재사 촉구했다(그녀는 그의 조언을 귓등으로도 듣지 않았다). 그 사람한테는 특정 투자가 다른 투자보다 나을 수 있다는 것은 꿈도 꿀 수 없는 일이었다. 오죽 불안했으면 그는 그녀의 투자 내역서에 향후 투자 손실에 대한 면책용으로 짧은 내용을 추가했다. "공동 수탁자/수익자가 버크셔 해서웨이 주식을 매도하기를 **거부함**…."

좁은 의미에서 보면, 효율적 시장 가설이 건재한 것은 버핏의 경력에는 횡재였다. 수많은 잠재적 경쟁자들이 증권을 분석하는 것은 시간 낭비라고 배웠으니 말이다. 버핏은 검은 월요일 이후에 작성한 연례 보고서에서 이렇게 말했다. "이기적으로 생각하면, 그레이엄 추종자들은 경영대학원들이 영원히 EMP를 가르치도록 크게 기부해야 할 판입니다."[46] 당연한 말이지만 버핏은 경영대학원들이 '버핏주의'를 영원히 가르치면 더 좋았을 것이다. 학계에서 그는 여전히 "변칙"이요 "훈제 청어"이며 "3시그마 규칙"의 아웃라이어였다. 그는 효율적 시장 가설 지지자들에 관해 이렇게 말했다.

> 효율적 시장론자들에게 잘못 배운 학생들이 셀 수 없이 많은데도 그중 누구 하나 잘못했다고 인정하지 않았습니다. 게다가 지금도 효율적 시장 가설은 주요 경영대학원들의 투자 교과에서 가장 중요한 필수 과목입니다.[47]

여전히 버핏은 경영대학원들에서 외면받았다. 하지만 학교에서 '버핏주의'를 가르치지 않으면 어떤가. 검은 월요일의 여파로 버핏은 평생 가장 설득력 있는 교훈을 세상에 제공할 수 있었다.

워런 버핏

18장 쉽고도 슬기로운 투자 생활

1988년 가을 코카콜라는 누군가가 자사 주식을 지속적으로 매수하고 있음을 알게 되었다. 코카콜라의 주가는 대폭락 이전 최고점에서 25퍼센트가 떨어졌는데 신비에 싸인 투자자가 대량 매수를 이어갔다. 코카콜라의 로베르토 고이수에타Roberto Crispulo Goizueta 회장과 도널드 키오 사장은 그의 정체가 몹시 궁금했다. 키오가 여기저기 알아보니 매수자가 중서부의 한 중개인으로 좁혀졌다. 키오는 순간 예전 이웃의 얼굴이 떠올랐다. 그는 충격에서 벗어나지 못한 채 고이수에타 회장에게 보고했다. "의문의 투자자가 회장님도 아는 사람일 거 같습니다. 워런 버핏이지 싶습니다." 고이수에타가 키오에게 버핏한테 전화해 보라고 부추겼다.

"워런, 잘 지내시는가?" 버핏보다 4살 많은 키오가 곧장 본론을 꺼냈다. "혹시나 해서 말인데 코카콜라 주식을 매입하지 않으셨는가?"

"어쩌다보니 그렇게 되었군요. 제가 맞습니다"라고 버핏이 순순히 시인했다.[1]

버핏은 키오에게 자신의 지분을 의무적으로 공개해야 하는 시점까지 모른 척해달라고 부탁했다. 이후에도 버핏은 코카콜라 주식을 계속 모았고 1989년 봄 버크셔는 코카콜라 주식을 10억 2,000만 달러어치, 지분으로는 7퍼센트를 보유하게 되었다. 그리고 주당 평균 매입 가격은 10.96달러였다. 그 소식이 세상에 알려졌을 때 버핏은 코카콜라에 투자한 이유가 체리코크에 중독되어서라고 농담했다. 그러면서 이번 투자에 딱 맞는 속담으로 너스레를 떨었다. "입이 가는 곳에 돈을 걸어라."[2] 또 한편으로는 아리송한 말도 했다.

> 좋아하는 여성과 결혼하는 기분이라고 할까요. 그녀의 눈이
> 예뻐서냐고요? 아니면 성격이 좋으냐고요? 다 아닙니다. 어디
> 하나가 좋은 게 아니라 그냥 모든 것이 좋습니다.[3]

월스트리트의 한 분석가는 버핏이 코카콜라 주식을 "매우 비싸게 샀다고"다고 평가했다.[4] 하지만 불과 3년 만에 버핏이 보유한 코카콜라 주식이 자그마치 37억 5,000달러로 급등했다. 이는 버핏이 코카콜라 주식을 매수하기 시작했을 당시 버크셔의 시가 총액에 거의 맞먹는 수준이었다.

그 3년 동안 코카콜라에 무슨 일이 있었던 걸까? 우선, 주당 이익이 64퍼센트 증가했다. 물론 엄청난 증가폭이지만 주가가 거의 4배로 뛴 이유를 설명하기에는 역부족이다. 핵심적인 원인은 따로 있었다. 코카콜라에 대한 월스트리트의 인식에서 상전벽해 같은 격변이 일어났다. 갑자기 투자자들은 코카콜라의 무한한 잠재력을 깨달았다. 코카콜라는 소비자들의 큰 사랑을 독차지하며 탄산음료 시장을 석권하고 있었는데도, 여전히 세상에서 인구가 가장 많은 지역들에서는 거의 존재감이 없었다. 미국에서 국민 1인당 연간 코카콜라 소비량은 296개인 데에 반해, 일반적인 외국인들이 한 해에 마시는 코카콜라는 1인당 평균 39병에 불과했다. 게다가 코카콜라는 동유럽, 프랑스, 중국, 환태평양 전 지역 등으로 시장을 공격적으로 확대해 그 격차를 무서운 속도로 좁히고 있었다. 이미 일본에서는 영업 이익이 미국의 안방 시장을 앞섰다.[5] 또한 1인당 연간 코카콜라 소비량이 고

작 4개인 인도네시아 같은 지역들에서는 잠재력이 어마어마했다. 키오가 흥분된 목소리로 자랑을 늘어놓았다. "적도에 위치한 인도네시아는 인구가 1억 8,000만 명인 데다 중위 연령(median age, 전체 인구를 연령 순서로 나열할 때 한가운데 있는 사람의 연령을 말한다. - 옮긴이)이 18세에 불과하고 술을 금지하는 이슬람 국가입니다. 그래서 저는 인도네시아 생각만 하면 마치 천국을 보는 기분입니다."[6] 1991년 코카콜라의 주가로 판단하면 월스트리트도 키오와 같은 생각임에 분명했다.

그건 차후의 문제고 다시 원점으로 돌아가 보자. 버핏은 코카콜라 주가가 급등하기 직전에 단일 최대 주주가 되었다. 갑자기 무슨 바람이 불어 코카콜라 주식을 샀을까? 도대체 무슨 생각으로 과거의 어떤 주식보다 코카콜라에 더 많이 — 아주, 아주 더 많이 — 투자했을까? 그저 운이 좋아 다트가 명중한 걸까? 아니면 이제껏 본 주식 중에서 가장 확실한 주식이었다는 그의 주장대로였을까?[7]

예전에 그가 투자했던 주식의 상당수는 재무제표를 해부해 도출한 가치 또는 특수한 조건에 근거한 결정이었다. 가령 WPC는 청산가치에 비해 주가가 터무니없이 낮았다. 한편 당시 가이코는 깊은 수렁에 빠져있었지만 회생할 거라는 확신을 가진 투자자에게는 완벽한 투자처였고, 그것을 알아본 버핏이 거의 공짜나 다름없는 가격으로 매수했다. 하지만 코카콜라는 달랐다. 버핏은 재무제표를 분석해 가치를 도출하는 것은 고사하고 가치를 **계산할** 수도 없었다. 다만 그는 그 가치를 알아볼 수 있었다.

버핏은 주식의 "가치"를 어떻게 결정하느냐는 질문을 자주 받았다. 버핏은 주가의 개념을 채권의 가치에 비유했다. 채권의 가치는 미래의 이자 수익으로 발생할 현금 흐름을 현재 시점으로 할인한 가격과 일치했다. 주식의 가치도 그것과 동일한 방식으로 계산되었다. 다시 말해 주식의 가치는 1주당 예상되는 현금 흐름과 같았다. 단지 투자자가 중요한 세부사항을 직접 조사하고 확인해야 한다는 점만 달랐다.*[8]

> 미국의 재정 증권 같은 우량 채권의 경우, 채권을 매수할 때 앞으로 어떻게 될지 정확히 알 수 있습니다. 가령 9퍼센트 확정 금리의 30년 만기 채권이라면 그 쿠폰채(coupon bond, 이표채라고도 하며 액면 가격으로 채권을 발행하고 일정 기간마다 이자를 지급하며 만기에 원금을 상환하는 채권 – 옮긴이)로 30년간 이자 수익이 얼마나 발생할지 계산할 수 있습니다… 한편 주식을 산다는 것은 주식과 더불어 이자 쿠폰이 딸린 무언가도 함께 산다는 뜻입니다. 단 여기에 문제 하나가 있는데, 쿠폰이 정확히 숫자로 정해지지 않는다는 점입니다. 그리고 제가 하는 일은 쿠폰을 액수로 표시하는 (계산하는) 것입니다.[9]

버핏은 이런 가치 개념에 입각해 가격보다 "가치"가 높은 — 상당히 높은 — 주식들을 발굴하는 데에 집중했다. 버핏이 그런 주식을 발굴할 때 사용하는 지침을 간략히 알아보자.

- 미시 경제적 추세나 예측 또는 미래의 주가 흐름에 대한 사람들의 예상을 무시하라. 대신에 장기적인 기업 가치, 다른 말로 미래의 쿠폰이 얼마일지에 초점을 맞춰라.

---

* 버핏은 현금 흐름을, 보고된 영업 이익과 유형자산의 감가상각(depreciation), 천연자원의 감모 상각(depletion), 무형 자산의 상각(amortization) 등을 비롯해 현금 유출 없는 즉 비현금의 여타 제비용을 더하고, 그런 다음 기업이 현재의 규모를 유지하고 경쟁 우위를 지키기 위해 필요한 연 평균 자본 지출을 제한 것이라고 정의했다.

워런 버핏

- 자신의 "능력 범위" 내에 속하는 주식에 집중하라. 버핏에게는 가끔 소비자 독점을 보유한 기업이 그런 범주에 해당되었다. 그러나 "능력 범위" 내의 주식을 선택하라는 규칙은 종류를 불문하고 모든 주식에 적용되었다. 가령 특정 기업을 이해하지 못하는 사람은 — 신문사든 소프트웨어 개발업체든 — 그 주식의 가격도 결정할 수 없다.

- 주주들의 자본을 마치 자기 돈인 것처럼 세심한 관심과 배려를 기울이는 경영자를 찾아라.

- 전망을 — 그리고 경쟁자들을 — 아주 면밀하게 조사하라. 분석가들의 요약 보고서가 아니라 가공되지 않은 원시 데이터를 세세하게 분석하라. 버핏은 투자자들에게 자신의 눈을 믿으라고 조언했다. 그러나 기업을 지나치게 정확히 평가할 필요는 없다. 210센티미터가 넘는 유망주를 원하는 농구팀 감독에게는 어떤 선수가 185센티미터인지 188센티미터인지는 아무 의미가 없다.

- 대다수 주식은 보유할 가치가 없을 테니 아예 신경을 끄라. 메릴린치는 개별 주식 각각에 대해 나름의 투자 의견을 도출했지만, 버핏은 그렇지 않았다. 하지만 특정 주식에 대해 확신이 생기면 투자자는 그것에 걸맞은 용기를 가져야 한다. 즉 **대량**으로 매수하라.

마지막 규칙에 대한 완벽한 사례가 있었다. 버핏은 1985년 캐피털 시티즈의 주식을 매입한 뒤 3년 동안 단 한 개의 보통주도 매수하지 않고 개점휴업 상태였다.* 그러다가 코카콜라 주식이 구미가 당기는 매력적인 수준으로 하락했고 마침내 버핏이 행동에 나섰다. 그는 대담하게도 버크셔 시가 총액의 약 4분의 1을 한 종목 즉 코카콜라에 쏟아부었다.

여기서 궁금한 것은 왜 하필 그때였냐는 것이다. 어쨌든 코카콜라 주식이 몇 년 전에는 더 쌌고 또한 전 세계 시장 점유율에서도 거의 달라진 것이 없었다. 조지아주 출신의 재계 거물로 1923년 코카콜라 사장에 취임한 로버트 윈십 우드러프Robert Winship Woodruff는 코카콜라를 세계인의 음료수로 만들겠다고 다짐했다. 코카콜라는 1928년 중국 본토에 상륙했고, 2차 세계대전 중에는 미국 정부를 설득해 59개의 해외 병입 공장(bottling plant, 원액을 공급받아 병에 주입하는 공장 – 옮긴이)으로 콜라 원액을 공급했다. 이론적으로는 병사들의 사기를 진작시킨다는 기치를 내걸었지만 속내는 코카콜라를 널리 퍼뜨리려는 사심이 가득했다.[10] 그리고 1949년 태국 방콕의 병입 공장 개소식에서는 불교 승려 9명이 행사를 주관했다. 코카콜라가 전 세계에 얼마나 널리 보급되었는지 보여주는 극단적인 사례가 있었다. 1956년 코카콜라의 야심 찬 한 홍보 담당자가 코카콜라를 알지 못하는 사람을 찾아 자신이 직접 '전도'하겠다고 결심했다. '신들의 음료'를 난생 처음 영접할 사람을 찾아 나선 그는 150마일(약 240킬로미터)을 달려 페루의 산간 오지로 들어갔다. 그는 정글에서 한 원주민 여성을 만나 통역사를 통해 자신의 목적을 설명했다. 그런데 그 여성이 들고 있던 자루에 손을 넣더니 코카콜라 한 병을 꺼냈다.[11]

버핏이 경이로운 그 음료를 처음 만난 것은 1935년 즈음이었다. 그

---

* 차익 거래나 비공개된 소규모 매수는 제외시켰다.

는 1989년 주주 서한에서 대여섯 살 때 시작한 '코카콜라 사업'에 대해 이렇게 말했다.

> 제 기억이 정확합니다. 1936년이었습니다. 제가 그때부터 저희 할아버지가 운영하던 식료품점 버핏 앤 선에서 6개짜리 코카콜라를 25센트에 사서 동네를 돌아다니며 개당 5센트에 팔기 시작했습니다. 20퍼센트의 이윤이 남는 그 장사를 통해 저는 두 가지를 확실히 알게 되었습니다. 코카콜라의 높은 브랜드 인지도와 상업적 가능성이었습니다. 이후 52년간 코카콜라가 전 세계 시장을 집어삼키는 동안 저는 그 두 특성에 계속 주목했습니다. 하지만 그 기간 동안 저는 일부러 코카콜라 주식을 단 한 주도 매수하지 않았습니다. 대신에 저는 저의 재산의 대부분을 전차회사, 풍차 터빈 제조업체, 무연탄 생산업체, 섬유 기업… 등등에 골고루 분산 투자했습니다.[12]

코카콜라는 어찌 보면 — 가격 결정력pricing power과 보호 '해자'를 가진 — '단순한' 기업이었다. 버핏은 특히 1970년대에 투자 취향이 '굴뚝 산업'에서 씨즈캔디 같은 프랜차이즈 기업들로 바뀌면서 그런 단순한 기업을 발굴하는 데에 열정을 쏟았다. 코카콜라의 주력 사업은 콜라 자체를 판매하는 것이 아니라, 병입 공장들과 소다 분수 디스펜서 업체들에게 농축 원액과 시럽을 제공하는 것이었다. (병입과 달리) 그런 사업에는 자본이 거의 필요하지 않았다. 게다가 높은 브랜드 인지도는 독보적이었고, 특히 해외에서는 판매량 기준으로 펩시콜라를 4대 1로 압승했다.[13] 버핏의 용어로 말하면 코카콜라의 상표명 자체가 일종의 보편적인 유료 다리였다.

그러나 1970년대에 코카콜라가 세상을 뒤덮었음에도 회사는 표류했다. 해외 판매는 각 지역의 병입 회사가 도맡았는데, 개중에는 판매 업무를 감당할 수 없는 업체들도 있었다. 또한 코카콜라가 시장에 진입하는 데에 방해가 되는 특정한 문화적 성향들도 있었다(가령 프랑스에서는 미국화에 반대하는 사람들이 포도농장들과 손잡고 불매 운동을 벌였다).[14] 설상가상 코카콜라의 최고 경영자 J. 폴 오스틴은 회사의 잉여 현금으로 무엇을 어떻게 해야 할지 갈피를 잡지 못했다. 1970년대 중반 잉여 현금은 3억 달러짜리 문제가 되었다. 하버드 대학교 재학 중에 조정 선수로 올림픽에도 참가했던 빨강머리의 잘생긴 오스틴은 당시 알츠하이머와 파킨슨병을 앓고 있었지만 외부에 알려지지는 않았다.[15] 오스틴은 그런 잉여 현금을 콜라와는 무관한 사업들에 분산 투자했다. 정수 사업, 포도주, 새우 양식업, 플라스틱 제조, 유청乳淸을 함유한 영양 보충 음료, 과일과 야채 등이었다. 버핏은 그런 움직임이 귀중한 자본을 탕진할 뿐이라고 생각했다.[16] 아니나 다를까 1970년대 코카콜라의 평균 수익률은 고작 1퍼센트였다.

쿠바 출신의 화학공학 기술자 로베르토 고이수에타는 1981년 코카콜라 회장에 오르자마자 전임 회장의 사업 다각화 전략을 계승하기로 결정했다. 이는 사업성을 분석한 것이 아니라 그저 첫 번째 본능에 따른 결정이었다.[17] 그리고 영업직에서 잔뼈가 굵고 활짝 잘 웃는 키오를 오른팔로 기용했다. 1982년 코카콜라는 컬럼비아 픽처스를 인수함으로써 영화산업에도 진출했는데, 이것은 버핏이 싫어하던 전형적인 '곁가지' 사업이었다.[18] 그해 코카콜라의 연례 보고서는 컬럼비아 픽처스와 포도주 사업에 장장 6쪽을 할애한 (그중 한 장은 햇볕에 그을린 더스틴 호프먼 사진으로 도배되었다) 반면, 콜라의 해외 판매에 대해서는 달랑 3쪽만 배정했다. 완전히 주객이 전도되었다.

워런 버핏

또한 코카콜라는 다이어트 콜라를 출시해 결과적으로 대성공을 거두었다. 얼마 지나지 않아 고이수에타는 미국 콜라 시장을 둘러싼 치열한 패권 싸움에 관심을 집중하기 시작했다.[19] 그는 펩시와의 시장 주도권 다툼에 거의 사활을 걸었는데 급기야 1985년 지난 100년간 코카콜라를 먹여 살렸던 원액 시럽을 포기하고 대신에 비장의 무기로 '뉴 코크New Coke'를 선보였다. 이것은 엄청난 실수였고 코카콜라는 예상치 못한 값비싼 수업료를 치렀다. 그리고 대중의 요구에 따라 원조 콜라로 복귀했다.

바로 그 즈음 버핏은 거의 반세기를 함께했던 펩시와 결별하고 체리코크를 새로운 동반자로 맞았다. 체리 맛의 거품이 목을 타고 몸속으로 넘어가는 것이 촉매 효과가 있었는지 그는 별안간 코카콜라 주식을 조사하기 시작하더니 관심은 갈수록 커졌다.[20] 심지어 뉴 코크의 대실패조차 그가 매력적인 투자처로서 코카콜라를 재발견하는 계기가 되었다. 버핏의 말마따나, 코카콜라는 뉴 코크를 통해 자사의 확실한 경쟁 이점을 재확인했다. 코카콜라의 판단대로 미국인들은 확실히 단맛이 더 강한 뉴 코크를 선호했다. 하지만 뉴 코크를 갈아타야 하는 상황에 놓이자 그들은 예전의 콜라를 돌려받고 싶어 했다. 코카콜라는 "단순한 음료 취향 이상의 무언가가 있었습니다. 코카콜라는 우리 모두가 지나온 과거의 일부입니다. 야구 경기 등등 어린 시절 즐거운 모든 경험에서 코카콜라가 늘 동무처럼 함께였죠."[21] 버핏은 코카콜라에 대한 본격적인 조사에 착수했고 코카콜라에 관한 모든 것을 닥치는 대로 읽었다. 그러던 중 《포춘》에 실린 오래된 어떤 기사가 그의 눈을 사로잡았다.

신중하고 영향력 있는 한 투자자가 해마다 몇 차례씩 코카콜라의 실적을 존경심 가득한 눈길로 한참을 들여다본다. 하지만 애석하게도 매번 투자 적기를 놓쳤다며 입맛만 다신다.[22]

이것은 거의 50년 전인 1938년에 보도된 기사였다(당시 코카콜라 주식은 훗날 액면분할을 조정해서 주당 46센트였다). 그때에도 코카콜라는 미국이 의미하는 모든 것의 "승화된 본질sublimated essence"로 여겨졌다.[23] 또한 그때에도 투입구에 5센트 동전을 넣을 때 철컥거리는 소리와 '윙~콩'하는 소리 그리고 얼음처럼 차가운 콜라가 미끄러지며 떨어지는 소리는 무척 듣기 좋았다. 심지어 1938년에도 해외 시장의 잠재력이 엄청나다는 것은 기지의 사실이었다. 버핏은 바로 그 점에 주목했다.

1980년대 중반 그는 드디어 코카콜라 경영진에 서광이 비친다는 것을 알아보았다. 고이수에타는 콜라와 무관한 곁가지 활동들에서 철수했다. 그리고 부유한 설탕 왕의 아들로 태어나 예일 대학교를 졸업한 뒤 쿠바 수도 아바나의 한 병입 공장에서 경력을 시작한 고이수에타는 코카콜라의 해외 판로 개척에 더욱 관심을 쏟았다.

해외 시장 개척에 관한 아주 좋은 사례는 필리핀이었다. 필리핀에서는 산 미겔 브루어리가 토종 브랜드의 맥주를 생산하는 동시에 코카콜라도 병입했다. 그런데 산 미겔은 청량음료를 등한시했고 결국 필리핀 콜라 시장의 주도권을 펩시에 빼앗겼다. 이에 코카콜라 본사는 산 미겔에 1,300만 달러를 투자해 제휴사가 되었고, 얼마 지나지 않아 코카콜라는 필리핀 콜라 시장의 3분의 2를 재탈환했다.[24]

필리핀에서의 성공에 고무된 코카콜라는 브라질, 이집트, 대만, 중국, 인도네시아, 벨기에, 네덜란드, 영국 등지에서도 병입 사업을 강화했다. 특히 국민 1인당 연간 콜라 소비량이 31개에 불과했으며 반미감정이 폭넓게 형성되었던 프랑스에서 코카콜라는 병입할 자회사

워런 버핏

를 찾아 기나긴 싸움을 시작했다. 또한 코카콜라는 영업 이익률에도 더욱 관심을 기울였다. 수익은 평균 이하여도 거대 시장이었던 멕시코에서 콜라 가격이 급등했고 순이익도 덩달아 치솟았다. 코카콜라의 관심이 바뀌었다는 것은 공공연한 비밀이었다. 사실 코카콜라의 연례 보고서들에서 해외 시장에 대한 관심이 뚜렷하게 드러났다. 일례로 1986년 연례 보고서 표지는 세계 지도 위에 코카콜라 3캔이 놓인 사진이 장식했다. 그리고 보고서 본문에서 코카콜라는 자사의 미래에 전망에서 야욕을 숨기지 않았다.

> 잠재력이 무한해 보입니다. 코카콜라 시스템은… 전 세계에서 청량음료의 가용성availability, 경제성affordability, 수용성acceptability을 공격적으로 확대하고 있습니다.

코카콜라의 연례 보고서들에 포함된 수치들은 코카콜라의 전략이 매우 성공적이라는 것을 반증했다. 1984년부터 1987년, 다시 말해 버핏이 투자하기 **전까지** 해외 총 매출이 34퍼센트 상승했다.[25] 그리고 갤런당(약 3.79리터) 영업 이익률도 22퍼센트에서 27퍼센트로 뛰었고, 결과적으로 꿩 먹고 알 먹는 상황이 연출되었다. 그리고 해외 시장 전체의 이익은 6억 700만 달러에서 11억 1,000만 달러로 거의 2배 가까이 급증했다.

더욱 고무적이고 커다란 변화는 회사의 방향이 재설정되었다는 점이다. 1984년 코카콜라의 해외 이익은 전체 이익에서 절반을 약간 넘기는 (52퍼센트) 수준이었지만 1987년에는 그 비중이 4분의 3을 꽉 채웠다. 게다가 미래의 성장 잠재력도 엄청났다. 가령 환태평양 지역은 급성장 중인데도 주민 1인당 코카콜라 연간 소비량은 여전히 25개를 밑돌았고 아프리카는 더 낮았다. 심지어 코카콜라가 상륙한 지 수십 년이 지난 유럽과 라틴 아메리카는 아직도 1인당 연간 소비량이 채 100개를 넘기지 못했다.[26] 더욱이 인구밀도가 높고 콜라에 대한 잠재적 수요가 막대한 그들 지역에서 콜라 1개당 이익은 미국 본토보다 훨씬 높았으니 금상첨화였다. 버핏은 이런 모든 사실을 종합해볼 때 코카콜라 주식에 부가된 '이자 쿠폰'이 아주 오랜 기간에 걸쳐 상승할 거라는 확신을 갖게 되었다. 버핏은 1989년 연례 보고서에서 이렇게 말했다. 그때는 그가 코카콜라 주식을 매입한 뒤였지만 아직 상승세를 타기 전이었다.

> 당시 제가 인지한 사실은 명확하고도 대단히 매력적이었습니다…. 이미 세계에서 가장 유명한 제품인데 해외 판매가 거의 폭발적으로 증가하면서 새로운 추진력을 얻었습니다.[27]

또 다른 호재도 있었다. 고이수에타는 회사의 잉여 현금으로 자사 주식을 되사기 시작했다. 이는 버핏이 WPC의 캐서린 그레이엄에게 조언했던 방법과 동일했다. 고이수에타는 한발 더 나아가, 자본 수익률에 근거해 임원들의 등급을 매기기 시작했다. 화학공학 전공자로 재무나 금융을 전문적으로 공부한 적이 없던 고이수에타는 훗날 그 조치에 대해 이렇게 말했다. "사람들에게 자신이 사용하는 자본에 대한 대가를 요구할 때 온갖 (좋은) 일들이 벌어지더군요."[28] 이는 버핏 같이 전문 교육을 받은 사람도 울고 갈법한 놀라운 통찰력이었다. 이제 버핏의 머릿속에서는 모든 구름이 걷혔다. 버핏은 그가 자신과 같은 부류라는 것을 알아보았다.[29]

1988년 후반기 코카콜라는 1989년의 예상 수익의 13배, 평균 주가보다 약 15퍼센트 높은 가격에 거래되었다. 그것은 저렴한 가치주에 투자하는 벤저민 그레이엄 사단의 누군가가 투자하기에 높은 가격이었다. 하지만 코카콜라의 막강한 수익력earning power을 고려할 때 버핏은 쉐보레 가격으로 메르세데스 벤츠를 사는 격이라고 생각했다. 또한 그의 입장에서는 그레이엄의 투자 기법을 포기하기는커녕 안전 마진에 입각한 결정이었다.

> 저는 유니언 전차를 순 현금 흐름의 40퍼센트에 매수했을 때와 똑같이 코카콜라의 안전 마진에 대한 확신이 있었습니다. 투자자는 두 기업 모두에서 투자 원금 이상의 수익을 거둘 수 있다는 말입니다. 차이라면 그저 둘 중 하나를 찾아내기가 더 쉬웠다는 점뿐입니다.[30]

공정하게 말하면, 월스트리트의 모든 분석가도 코카콜라의 성장 가능성을 알았다. 버핏이 코카콜라에 대해 수집한 모든 정보는 회사의 연례 보고서들에 상세히 공개되었고 평범한 초등학교 4학년조차 직관적으로 이해할 수 있는 내용이었다. 요컨대 코카콜라는 전 세계 브랜드 인지도가 부동의 **1위**였다. 하지만 딱 2명만 제외하고 (퍼스트 보스턴의 분석가 마틴 롬은 코카콜라에 대해 "적극 매수"라는 투자 의견을 냈다) 모두가 주저했다. 그들이 코카콜라 매수를 추천하기 힘들었던 것은 조사 결과 때문이 아니었다. 그냥 방아쇠를 당길 용기가 없어서였다. 주식 중개회사 딘 위터의 로렌스 아델만은 "향후 5년간 코카콜라의 수익률이 S&P 500 지수보다 **훨씬** 높을 가능성이 있다"고 생각했다.[31] 하지만 아델만은 배짱 그릇이 딱 거기까지였다. 그는 고객들에게 코카콜라에 대해 "매수/보유"라는 미지근한 투자 의견을 냈다. 심지어 투자은행 키더 피바디의 코카콜라 담당자 로이 버리도 수익률이 급증할 걸로 예상하면서도 결국 '매수 비추천' 의견을 냈다. **"달러의 단기 변동에 불확실성"**이 있다는 이유였다.[32]

더욱 흥미로운 사례는 투자은행이자 주식 중개회사 페인웨버의 에마누엘 골드만이었는데, 그는 코카콜라를 좋아했지만 사업이 더욱 다각화된 펩시코의 손을 들어주었다.[33] 골드만은 숲이 아니라 나무들에 지나치게 연연하는 월스트리트의 고질병에 걸렸다. 그는 펩시코가 감자튀김 과자 프리토 레이의 가격 인상으로 수익이 상승하고 마운틴듀, 피자헛의 배달 서비스, 타코벨의 49센트짜리 밀세트, KFC의 더 건강한 메뉴 등으로 실적이 개선될 것으로 내다봤다. 버핏도 펩시코를 주시했다(그리고 펩시코의 전망을 밝게 예상했다).[34] 그러나 버핏은 피자, 닭튀김, 타코 등에 대해서는 코카콜라 같은 **확신**을 갖지 못했다. 그는 코카콜라의 장점들을 한 문장으로 요약할 수 있었다.

> 누군가가 1,000억 달러를 주며 세계 청량음료 시장에서 코카콜라를 1위에서 끌어내리라면, 그 돈을 돌려주며 그런 일은 불가능하다고 말할 것이다.[35]

버핏은 코카콜라의 상당한 지분을 확보한 뒤 코카콜라의 이사회에 진출했지만 이사회에서 그의 역할은 수동적이었다.[36] 엄밀히 말하면, 버핏과 같은 시기에 코카콜라 주식을 매수했다면 누구든 수동적인 사외이사에 만족해야 했을 것이다. 한편 월스트리트의 투자자들은 버핏이 코카콜라에 투자한 것을 배우기는커녕 도리어 색안경을 끼고 쳐다봤다. 그들은 버핏이 정보망으로부터, 당연히 자신들은 접근할 수 없는 '알짜배기' 정보원들로부터 투자 아이디어를 얻었다고 주장했다. 일례로 오마하의 한 주식 중개인은 버핏이 최고의 **인맥**을 갖고 있었다며 알은체를 했다. 이것은 월스트리트의 케케묵은 불문율 중에 가장 진부한 것을 증명했다. 일반 개미 투자자는 정보로 무장한 전문가를 절대 이길 수 없다.

물론 버핏의 사업상 인맥은 아주 넓었다. 또한 살로몬 브라더스처럼 버핏이 직접 협상했던 몇몇 거래는 그의 개인적인 친분에서 비롯한 것도 틀림없었다. 하지만 그는 대부분 시장에서 공개적으로 거래되던 주식에 투자했다. 게다가 그는 자신의 중개인들에게 아무리 좋은 아이디어라도 사양한다고, 자신을 방해하지 말아달라고 요청했다.[37] 멍거에 따르면, 버핏은 자신이 직접 유망한 주식을 조사한 뒤 필요하면 인맥을 통해 좀 더 알아보았을 뿐이었다.

버핏은 어째서 정보의 가치에 회의적이었을까? 그의 일상적인 주식 보유 기간을 생각해 보면 답이 나온다. 지금의 정보가 5년 후에도 유의미한 '정보'일지 어떻게 장담할 수 있겠는가. 그렇다면 월스트리트는 어째서 버핏이 정보의 덕을 봤다고 생각했을까? 버핏과 같은 아이디어를 생각해내지 못했으면서 그의 성공에 분개하고 시샘했던 사람들에게는 "정보"가 합리적인 핑곗거리였던 것이다. 한번은 맨해튼의 어떤 주식 중개인이 한 투자자로부터 버크셔 주식을 추가 매수해달라는 요청을 받자 쌀쌀하게 대꾸했다. "**버핏**도 더러 실수를 합니다." 솔직히 전문 투자자들이 버핏을 곱지 않게 생각한 것도 놀랍지 않았다. 버핏의 실적은 다른 자금 관리자들이 신성시하던 복잡한 '도구들'에 대한 정면 도전이었기 때문이다. 더욱이 일부는 연례 보고서들을 샅샅이 분석하지 않았으면서 버핏이 연례 보고서를 통해 주식들을 발굴했다는 주장을 믿지 않으려 했다. 심지어 한 경제지의 편집인은 버핏의 "비밀"을 들추었다. 혹시 키위트 플라자의 깊숙한 곳에 브랙 박스(black box, 기능은 알지만 작동 원리를 이해할 수 없는 복잡한 기계 장치, 시스템, 물체 등을 지칭한다. – 옮긴이)를 숨겨두지 않았을까?

버핏은 비밀의 지름길을 알지 못한다고, 수정 구슬 따위는 없다고 계속 주장했다. 그런데도 사람들은 믿지 않았다. 일례로 집을 사려던 한 중개인이 금리 전망에 대해 묻자 버핏이 장난스럽게 대답했다. "미래의 금리는 딱 두 사람만 알죠. 둘 다 스위스에 사는데, 그 둘도 의견이 정반대입니다."[38]

연례 보고서와 다양한 업계지들을 파헤치는 것을 포함해 버핏의 투자 '비법' 대부분은 개미 투자자도 충분히 할 수 있는 일이었다. 그는 투자는 아무나 하는 게 아니라는 일반적인 통설이 완전히 틀렸다고 거의 확신했다. 말인즉 개미 투자자도 주식에 **투자할** 수 있었다. 단 그레이엄과 도드의 투자 기법을 따라야 했다.[39] 하지만 그가 보기에 사람들은 둘 중 하나였다. 그런 접근법을 곧장 실천하거나 아니면 영원히 무시했다. 세상에는 주식투자를 복잡하게 만들려는 '비뚤어진' 욕구가 있는 사람이 아주 많았다.[40] 버핏의 가족조차도 이런 왜곡된 욕구에 사로잡혔다.

언젠가 누나 도리스가 수익을 극대화하려는 욕심에 '무방비 옵션(naked option, 선택권부 주권을 소유하고 있지 않은 증권업자가 제공하는 선택권으로 옵션 행사 시 인도할 수 있는 기초 자산을 보유하지 않고 발행되는 옵션이다. – 옮긴이)'을 매도했는데, 버핏은 무방비 옵션이 시장의 룰렛 게임이라고 질색했다. 다소 위험을 무릅쓰는 모험적인 투자를 선호했던 도리스는 운명의 검은 월요일 빚더미에 올랐다.[41] 무려 140만 달러였다. 버핏이 어려움에 처한 누나를 배려해 가족 신탁을 재구성해 준 덕분에 도리스는 신탁에서 매달 일정 금액을 받게 되었다. 하지만 버핏의 아량은 딱 거기까지였다. 빚을 대신 변제해 달라는 도리스의 부탁을 단칼에 거절했고 그녀는 개인 파산을 신청할 수밖에 없었다. 결국 도리스는 동생의 거절에, 버핏은 이후 누나의 쌀쌀맞은 태도에 몹시 섭섭하고 서운했다. 그러나 투기꾼을 구제하는 것은 그의 신조에 맞지 않았다. 그리고 버핏은 아무리 누나라도 그 원칙을 깨고 싶지 않았다.

공정하게 말하면, 도리스만이 아니라 대부분의 사람이 그레이엄과 도드의 투자 기법을 따른다고 버핏과 같은 재능을 가질 수 있는 것은 아니었다. 버핏은 회사 이름만 들어도 — 어떤 회사든 — 그 주식을 온통 사실로만 요약해줄 수 있었다. 어릴 적 각 도시의 인구를 암기해 정확히 말했듯 말이다. 비슷한 맥락에서 그의 뛰어난 숫자 재능도 주변 투자자들이 놀라 기함하게 만들었다[42](버핏은 자신의 암산 습관에 대해, 수치를 **머리**로 이해하지 못하면 정확히 '이해하지' 못한 거라고 설명했다. 따라서 컴퓨터 같은 기계의 도움은 전혀 필요하지 않았다).[43]

주변인들은 그의 암산 과정을 기계적인 용어로 설명하는 버릇이 있었다. 가령 도리스는 그런 질문을 받자마자 버핏의 머릿속 '스크린'에 정보가 순식간에 나타난다고 반사적으로 대답했다. 또한 버크셔의 보험 사업부 관리자 마이클 골드버그는 버핏이 보험 증권들을 완벽히 외워 마치 보고 읽는 것처럼 "반복iterate"했다고 주장했다. 이처럼 정신적인 색인 카드를 신속, 정확하게 선별하는 능력이 있었기에 버핏은 과거의 패턴을 포착할 수 있었다. 또한 그런 정신 활동을 부단히 반복함으로써 투자 본능을 키웠다. 그러나 애석하게도 보통의 투자자는 계산기 같은 숫자 머리나 온라인 백과사전 같은 암기력을 타고 나지 못한다.

그렇다고 버핏이 보통 투자자에게 유익한 모델이 될 수 없다는 뜻은 **아니다.** [테드 윌리엄스(Ted Williams, 미국 프로야구팀 보스턴 레스삭스의 선수로 메이저리그 역사상 마지막 4할 타자로 알려져 있다. – 옮긴이)가 지도해 주면 비록 4할의 강타자는 못 되어도 더 나은 타자가 될 수 있다.] 누구든 옵션을 자유롭게 매매할 수 있는 것처럼, 주식을 모니터상의 숫자가 아니라 특정 기업에 대한 지분으로 평가하는 접근법을 선택하고 말고는 개인의 자유다. 멍거도 버핏의 투자 기법은 누구나 "완벽히 배울 수 있다"고 말했다.

> 오해는 하지 마십시오. 수만 명이 버핏만큼 높은 수익을 거둘 수 있다는 말이 아닙니다. 하지만 수십만 명이 좋은 성적을 거둘 수는 있죠. 엄밀히는 자신의 능력에 비해 수익률이 더 좋다고 해야겠죠. 거기에는 이원적인 특징이 있습니다.

그 '이원성duality'의 일부는 사람들이 '단순성'과 '용이성'을 혼동한다는 점이었다. 버핏의 방법론은 직선형이었고, 그렇게 보면 '단순'했다. 하지만 쉽게 실천할 수 있는 용이성의 측면에서는 그의 방법이 단순하지 않았다. 코카콜라 같은 기업들의 가치를 평가하려면 오랜 시간 축적된 지혜가 필요했다. 하지만 그런 지혜가 필요조건이되 충분조건은 아니었다. 그것 외에 매우 주관적인 요소가 하나 더 있었다. 하루는 버크셔의 주주 한 명이 코카콜라 같은 프랜차이즈가 더는 없다고 불평했다. 멍거가 신랄하게 맞받아쳤다. "두어 번 대박치면 가족 전체가 평생 떵떵거리며 살 수 있는 일이 그렇게 쉬울 리가 있겠소?"[44]

그렇다면 버핏은 투자자의 조건이 무엇이라고 생각했을까? 전문 교육? 좋은 머리? 버핏은 둘 다 필요하지 않다고 말했다.[45] 중요한 것은 기질이었다. 그는 경영대학원들에서 강연할 때 이것을 작은 게임으로 설명했다. 동기생 하나의 미래 수익에서 10퍼센트를 가질 수 있다면 누구를 선택하겠는가 라고 물었다. 학생들은 서로를 열심히 평가하기 시작했다. 가장 똑똑한 친구를 선택했을까? 꼭 그렇지는 않았다.

워런 버핏

결론적으로 말해 그들이 찾던 기준은 무형의 자질이었다. 열정, 자제력, 성실성, 직관력 등등.

그중 가장 중요한 것은 자신의 판단에 대한 확신이었다. 그리고 그런 확신이 있으면 영국의 소설가이자 시인이었던 러디어드 키플링 Joseph Rudyard Kipling의 시구처럼 "모든 것을 잃을 때"도 흔들리지 않고 당당히 머리를 당당히 들 수 있게 된다(키플링의 "만약에If"에 나오는 구절 – 옮긴이). 주식 용어로 설명하면, 만약 특정 주식의 가치가 얼마인지 **알았다면** — 그 **기업**의 가치 — 주가가 하락한다고 걱정할 이유는 전혀 없었다. 버핏은 그런 확신에서 한 걸음 더 나아갔다. 특정 주식에 투자하기 전에, 만약 주식시장이 몇 년간 폐쇄되어 주가 정보를 **전혀** 알 수 없더라도 그 주식을 행복하게 보유할 만큼 편안함을 느끼고 싶었다.[46] 아무나 할 수 없는 일처럼 들릴 것이다. 그렇지만 집값을 생각해 보라. 우리가 매 순간 집값에 일희일비하지 않고 편히 잠잘 수 있는 것은 주택가가 매일 공시되지 않아서다. 버핏은 코카콜라를 바로 그런 집처럼 생각했다.

1989년 3월 버핏이 코카콜라에 투자했다는 사실이 공개되자 버크셔 해서웨이의 주가에 '기포를 유난히 많이 발생하는 이산화탄소'를 주입한 것 같은 효과가 나타났다. 공개 당일 주당 4,800달러였던 버크셔 주가가 채 반년도 지나지 않아 66퍼센트가 급등해 8,000달러 고지를 넘었다.

이제 버핏은 38억 달러의 거부가 되었고 코카콜라 투자를 위해 태어난 사람 같았다. 그는 곧바로 코카콜라주의의 원천이 되었다. 버튼만 누르면 코카콜라에 관한 정보를 쏟아내는 자동판매기 같았다. 가령 세계 각국의 코카콜라 '1인당 소비량'을 줄줄 읊었고 콜라 한 캔을 재무적 성분으로 분석할 수 있었다. 또한 코카콜라의 매출 다른 말로 성장률도 손바닥 보듯 훤했다. 그는 슈퍼마켓에서 흰색과 빨간색의 캔들이 수북이 쌓인 모습만 봐도 아드레날린이 분출했고 밥을 안 먹어도 배가 부른 기분이었다. 언젠가 한 방문자에게 그들이 마주 앉은 바로 그 순간에도 사람들이 콜라를 마신다는 사실에 흐뭇하다고 말했다.[47] 그는 코카콜라와 관련된 모든 수치를 달달 외웠다. 8온스(약 235밀리리터)짜리 콜라 한 캔의 수익을 센트 단위까지 정확히 알았고, 하루 7억 개 1년 2,500억 개가 팔린다는 것도 알았다.

19장　부자 아버지의 기부 딜레마

1980년 버핏은 《오마하 월드-헤럴드》에 기고한 신랄한 기고문에서 갑부들의 방종을 통렬히 비난했다. 버핏은 자신을 포함해 막대한 개인 재산은 사회에 이롭게 쓰일 자원을 임시로 맡아둔 '보관증'이며 언젠가는 사회에 환원해야 한다고 생각했다. 그 기고문에서 그는 신문 재벌 윌리엄 랜돌프 허스트를 과녁의 중앙에 두었다. 허스트는 캘리포니아 산 시메온의 웅장한 대저택에 임시 보관증을 낭비했고, 이는 "사회에 유익한 다른 목적들에 사용될 엄청난 노동과 물자"를 갈취한 것과 같았다.

또한 버핏은 전형적인 평등주의자의 관점에서, 상속자들에게 막대한 재산을 물려준 거부들에 대해서도 일침을 놓았다. 이번 공격의 주요 대상은 현대의 듀폰 가문이었다. 그는 그들이 "어떤 식이든 사회에 거의 기여하지 않았으면서 사회가 생산한 것에서 막대한 몫을 주장"했다고 비난했다. 또한 "식품 구매권이 빈곤층을 더욱 가난하게 만드는 역효과가 있다고 생각할지 몰라도" 그들 자신은 사실상 "민간의 돈으로 운영되는 식품 구매권"의 "무한한" 공급에 의지해 살았다고 힐책했다.[1]

듀폰 가문은 버핏 집안을 인정하지 않았을 것이다. 택시 운전수인 사촌, 재즈밴드에서 연주하는 조카 등등 버핏의 집안에는 '소시민'들이 많았다. 물론 일가친척의 일부는 버크셔의 주식을 보유했지만 버핏은 그들을 특별 대우하거나 정보를 제공하지 않으려 더욱 주의했다. 그는 재정적인 의존이 가족 관계를 해치며 고로 금전으로 얽히지 않으면 가족 관계가 "더 순수"할 거라고 여겼다.

무엇보다도 성인이 된 딸과 두 아들이 정상적이고 독립적인 삶을 살기 바랐던 버핏은 최소한 자신이 물질적이라고 생각한 부분에 한해 자식들에게 재정적인 지원을 거의 끊다시피 했다. 특히나 그는 사랑하는 자식들이 '공짜 식품 구매권'에 맛 들여 나쁜 버릇이 생길까 몹시 걱정했고 그리하여 밥술깨나 뜨는 집안의 자식들이 당연하게 여길 약간의 재정적인 도움조차도 거부했다.

부자 친구들은 버핏의 이처럼 엄격한 사고방식에 고개를 절레절레 저었다(버핏과 자녀 교육관이 거의 비슷했던 멍거는 예외였다). 한번은 그레이엄 사단이 자식들에게 물려줄 "적정"한 상속 액수에 대해 토론을 벌인 적이 있었다. 버핏이 몇십만 달러면 충분하다고 하자[2] 그보다 7살 많은 로렌스 티시는 "**잘못된** 생각이네. 부잣집 아이라도 열두서너 살 때까지 문제가 없으면 앞으로도 돈 때문에 잘못될 일은 없을 걸세"라고 반박했다. 아들을 WPC의 후계자로 키웠던 캐서린 그레이엄은 "우리가 (버핏과 자신) 생각이 달랐던 유일한 문제가 그거였어요"라고 술회했다.

버핏은 자식들을 애지중지했을 뿐 아니라 관대한 아버지요 여러 점에서 깨어 있는 '신식' 아버지였다. 그는 각자 꿈을 좇아가라며 용기를 북돋아 주었고 가령 경력이나 결혼생활에서 실패하고 좌절할 때도 인내심을 갖고 묵묵히 기다려주었다. 하지만 돈이 개입되면 그는 찬바람이 쌩 불었고 확실하게 선을 그었다. 그처럼 매정할 때 보면 그들을 그저 자신이 경제적으로 뒷받침해야 하는 피부양자로만 생각하는 것 같았다. 억만장자는 **무릇** 자신의 돈과 관련해 명백한 한계를 정해야 한다는 것이 그의 소신이었다. 하지만 버핏은 직업적인 삶에서도 그랬듯, 중간 지대가 없고 너무 극단적이었다. 하루는 딸 수지가 공항에 주차했는데 주차비가 20달러 나왔다. 그날따라 돈이 없었던 수지는 버핏에게 수표를 써주고서야 20달러를 빌릴 수 있었다. 수지만이 아니라 하워드와 피터도 아버지한테 돈을 빌리려면 차용증을 작성하고 서명해야 했다. 이로써 그들 사이에는 명명백백히 법적인 채무 관계가 성립되었다.[3]

버크셔의 많은 주주들은 자식들에게 상당한 주식을 증여했지만, 버크셔의 최대 주주인 버핏은 아니었다. 매년 크리스마스 선물로 딸과 두 아들 그리고 사위와 며느리들에게 1인당 연간 공제 한도액인 1만 달러를 주었을 뿐이었다.(오늘날 미국에서 부모가 자녀에게 1년간 비과세로 증여할 수 있는 한도액은 1만 5,000달러이다. - 옮긴이)

그런 철두철미한 원칙은 삼 남매에게 수백만 달러를 증여받는 것과 똑같은 명확한 메시지를 전달했다. 아이들이 아주 어렸을 때 버핏은 제리 오런스에게 보내는 편지에서 최소한 "나무에 어떤 열매"가 열리는지 확인할 때까지 거액을 증여하고 싶지 않다고 말했다. 수지와 하워드와 피터는 성인이 된 뒤에도 한동안은, 아버지가 자신들을 아직 열매를 맺지 못한 '어린 묘목'으로 생각한다는 사실을 받아들여야 했다. 머리로 생각하면, 그들은 아버지의 교육법을 옹호했을 뿐 아니라 상당히 자랑스럽게 여겼다. 그러나 하워드의 말처럼, 그들은 아버지가 어째서 '마음을 놓지' 못하는지 가슴으로는 이해하기 힘들었다. 게다가 가끔은 버핏이 하도 노골적으로 동기를 부여하려 애쓰는 것 때문에 도리어 반감도 가진 듯했다.

삼 남매는 버핏을 쏙 빼닮아 솔직하고 현실적인 태도를 지녔다(다들 코카콜라보다 더 강한 음료는 입에 대지 않았다). 또한 아버지의 열정도 고스란히 물려받았지만, 늦되는 편이었다. 하나같이 대학을 중퇴했고 하나같이 이른 나이에 결혼했지만 하나같이 결혼생활이 원만하지 못했다. 그들 각자가 할아버지에게서 받은 유산을 버핏이 버크셔에 투자해 주었다. 말인즉 그들은 단 하루를 일하지 않아도 백만장자가 될 수 있었다.

그러나 동서고금을 떠나 자식 농사는 역시 마음대로 안 되나 보다. 짙은 머리칼에 활달한 딸 수지는 주식을 일부 팔아 (버크셔 주가가 1,000달러 이하였을 때) 포르쉐를 구입했다. 그리고 첫 결혼에 실패한 뒤에는 워싱턴으로 이사해 그곳에서 부쩍 친해진 캐서린 그레이엄이 적극적으로 도와준 덕분에 진보 성향의 정치 문화 잡지 《더 뉴 리퍼블릭》에서 행정직 일자리를 구했다.[4] 그리고 1983년 공익 전문 변호사로 훗날 어떤 하원의원의 보좌관이 되는 앨런 그린버그와 재혼했다. 약간 냉소적인 점만 빼면 점잖고 서글서글한 그린버그가 마음에 쏙 들었던 워런 부부는 "완벽한 사위"라고 자랑이 대단했다.[5]

워싱턴 듀폰서클 인근의 타운하우스로 이사할 즈음 수지는 이미 버크셔 주식이 하나도 남지 않았다. 수지 부부는 생활비가 빠듯해 집의 일부를 세놓아야 했고 자신들은 작은, 정말로 코딱지 같은 주방을 사용했다. 그러다가 첫아이를 임신하게 된 수지는 식구도 늘어나니 이참에 주방을 넓혀 식탁도 들이고 주방에서 뒷마당으로 연결되는 문도 달고 싶어졌다. 견적이 3만 달러 정도 나왔다. 워런이 그 돈을 순순히 도와줄 리 없다는 것을 누구보다 잘 알았던 수지는 시중 금리로 돈을 빌려달라고 부탁했다.

버핏은 딸의 부탁을 단칼에 거절했다.

"남들처럼 은행 대출을 받지 그러냐?"라고 버핏이 하나마나한 제안을 했다.

수지가 자꾸 조르는 통에 부녀는 한참 입씨름을 벌이다가 워런이 자신의 입장을 쉽게 설명했다. 네브래스카 미식축구팀의 쿼터백이 자식에게 그 포지션을 물려준다면 불공정한 짓이듯 자신의 돈도 마찬가지라고 했다. 워런 딴에는 딸이 "가장 잘 되기"를 바라는 마음에서 내린 "합리적"인 선택이었다. 그것이 문제였다. 마치 딸을 남처럼 대하며 지나치게 합리적이었다. 수지는 그것 때문에 꽤나 속을 앓았다.[6]

수지가 둘째를 임신했을 때는 힘이 들어 침대에 누워있던 시간이 아주 많았다. 하루는 "그레이엄 여사님이" — 그녀의 든든한 아군이었다 — 저녁 무렵 자신의 요리사를 데리고 와서 아귀 조림과 데친 복숭아를 요리해 수지의 침실까지 직접 날라주었다. 수지의 침실에 놓인 작은 흑백 TV를 본 그레이엄이 좀 더 큰 컬러 TV를 사라고 말했다가 억만장자 버핏의 딸이 컬러 TV를 살 돈이 없다는 대답을 듣고는 경악했다. 어쨌건 워런 **자신**은 집에 대형 TV를 갖고 있었다. 그레이엄이 행동 대장처럼 당장 워런에게 전화를 걸어 따지자 이번에는 그도 매정하게 거절하지 못했다.[7] 그러나 스스로 마음이 내켜서가 아니라 그레이엄이 하도 무안을 주니 마지못해 TV를 사주었다. 적당한 TV로.

자신의 인생에서 돈이 핵심적인 동기 부여 요인이었으므로 어쩌면 버핏은 다른 사람들도 자신처럼 돈이 최우선적일 거라 여기는 듯싶었다. 그는 수지가 새 TV를 (자신처럼) 오직 돈의 관점에서 생각하거나, 그 선물이 딸의 솔직하고 때 묻지 않은 반듯한 성격을 조금이라도 망칠까 봐 걱정하는 것 같았다. 하지만 그녀에게는 그냥 TV일 뿐이었다.

워런을 깊이 존경했던 수지는 아마 남동생들보다 그를 있는 그대로 가장 수월하게 받아들였지 싶다. 예컨대 씩씩한 성격대로 주방 수리비를 빌리려다 매몰차게 거절당한 일도 마음에 담아두지 않았다. 그저 자신이 아는 딱 아버지다운 행동이었다고 생각했다. 수지는 "아버지는 자신의 생각에 솔직하신 분이에요. 그저 저희에게 공돈을 주지 않으실 뿐이에요"라고 버핏을 감쌌다.

한편 장남 하워드는 아버지의 기대에 부응하는 것이 투쟁에 가까웠다. 그도 부전자전 늘 셔츠와 운동화를 고집하며 격식에 얽매이지 않았지만, 평생 호리호리한 몸매를 유지한 버핏과는 달리 하워드는 상당한 비만이었다. 하워드도 누나처럼 버크셔 주식을 전부 처분했다. 집도 샀고 오마하 인근에 버핏 엑스커베이팅이라는 토목 회사를 차려 운영하는 데에 고스란히 들어갔다. 그러나 오래지 않아 회사가 망하자 로스앤젤레스로 건너가 씨즈캔디에서 근무했다. 1980년대 초반 오마하로 다시 돌아온 뒤 새 가정을 꾸린 하워드는 부동산 회사에 나가는 직장인인 동시에 토지를 임대해 농사를 짓는 주말 농부이기도 했다.

하워드의 진짜 꿈은 농부였다. 이는 버핏도 잘 알았다. 한 친구의 말마따나 버핏은 스스로를 "고문한" 뒤 자기 딴에 아주 관대한 제안을 아들에게 했다. 자신의 명의로 농장을 사서 아들에게 통상적인 임대 조건으로 빌려주겠다고 했다(하워드가 농장 수입에서 일정 부분을 버핏에게 주고 세금도 직접 납부한다는 조건이었다). 하워드는 그동안 아무리 자식이라도 돈 문제만큼은 철저했던 아버지가 갑자기 왜 그러는지 의아해 어머니에게 물었다. 수전은 "아무것도 묻지 말고 그냥 농장만 생각하렴"이라고 조언했다.

하지만 버핏의 입맛에 맞는, 즉 싸고 좋은 농장을 찾기가 쉽지 않았다. 버핏이 농장의 잠재 소득별로 농장 구입 대금의 상한액을 정한 터라 하워드는 이 농장 저 농장 발품을 팔며 "모욕적인 수준"의 금액을 제안했다. 그렇게 백여 군데를 보고 나자 하워드도 차츰 체념하는 기분이었고 눈앞에서 농부의 꿈이 사라지기 시작했다. 그런데도 버 핏은 가격에서 한 푼도 양보하지 않았다. 마침내 1985년 오마하에서 북쪽으로 차를 타고 45분 걸리는 테카마Tekamah의 한 농장을 30만 달러에 매입했다.

"그것은 딱 투자자 워런 버핏다운 거래였어요. 부동산 시장이 가장 바닥이었을 때 그 농장을 샀습니다. 지금 생각하면 아마 아버지는 제 게 협상에 대해 조금이라도 가르쳐주고 싶어 그러셨지 싶습니다."

농장은 전화도 들어오지 않는 외진 시골에 있었지만 하워드는 마 냥 좋았고 구중궁궐이 부럽지 않았다. 옥수수와 콩을 재배했던 하 워드는 봄과 가을이면 아예 농장에서 살다시피 하면서 트랙터에 올 라 밭고랑 사이를 누볐다. 가끔은 가족을 데려가기도 했지만 버핏을 농장에 데려가 '농사 체험'을 같이 하는 소원은 끝내 이루지 못했다. "아버지를 농장에 모시고 가서 제가 농사지은 작물을 보여드리고 싶 었는데 못 했어요"라고 하워드가 풀 죽은 목소리로 말했다.

버핏은 6년간 농장에 딱 두 번 들렀는데 하워드가 초대할 때마다 "임대료나 꼬박꼬박 보내거라. 애비는 그걸로 충분하다"며 웃어넘겼 다. 재정적인 지원 말고도 아버지의 인정까지 받고 싶었던 하워드는 못내 섭섭했다. 버핏은 아들을 위해 농장을 살 정도로 속정은 깊으면 서도 아들이 그토록 바라던 인정을 표현할 줄 몰랐다. 또한 하워드 의 장부를 봐줄 수는 있어도 아들이 키우는 농작물을 봐줄 수는 없 었다. 하워드가 그에게서 진정 바란 것이 그것이었는데 말이다. 그 농 장조차 하나의 투자였던 버핏은 철저히 투자자의 관점에서 최종 생 산물이 아닌 원재료에는 심드렁했다. 요컨대 버핏에게는 원재료인 옥수수와 콩을 키우는 하워드의 농장이 신통찮은 사업이었다. 이는 1988년 주주 서한에서 보인 그의 냉소적인 일갈에 잘 드러났다. "슈퍼마켓에서 하워드 버핏이 키운 옥수수를 찾는 손님은 없습니다."[8]

한편 버핏은 그 농장을 하워드에게 무언가를 "가르치는" 당근으로도 사용했다. 가령 하워드가 일정 수준 아래로 몸무게가 내려가는 해에는 임대료를 낮춰주기로 했다(버핏은 날씬한 몸매를 유지하는 것에 집착했다. 체중이 장수와 관련 있다고 생각한 까닭이다. 심지어 그는 아내의 딸과도 돈을 무기로 비슷한 "몸무게 거래"를 했다). 하지만 돈을 당근으로 하워드를 날씬하게 만들어보려던 그의 뻔뻔한 시도는 거의 대부분 실패했다.[9]

하워드가 종종 버핏에게 조언을 구했고, 그럴 때는 버핏도 좀 더 실질적인 도움을 주었다. 일례로 하워드는 농장을 운영하게 된 뒤 카운티 최고 운영위원 선거에 출마하기로 결심했다(할아버지 하워드처럼 공화당 소속으로 출마할 계획이었다). 하워드는 버핏이 적극적으로 지원해도 걱정, 나 몰라라 해도 걱정이었다. 자칫하면 아버지가 돈으로 표를 산다는 오해를 받을 수도 있었고, 아니면 아버지가 아들을 전혀 지원하지 않는다며 무정한 아버지로 비춰질 수도 있었다. 경중을 따지면 그로서는 후자가 더 나빴을 것이다. 결과적으로 말해 이는 하워드의 기우였다. 버핏이 하워드가 직접 모금한 선거 자금의 10퍼센트를 후원하겠다고 선언해서 하워드의 시름을 덜어주었다. 마침내 그는 위원으로 선출되었다.

하워드도 아이들을 낳아 아버지가 된 뒤부터, 특히 하워드가 자신에게 맞는 경력을 찾아 "나무에 열매를 맺기" 시작한 뒤부터, 부자 관계도 덩달아 좋아졌다.[10] 어엿한 선출 공직자가 된 뒤 하워드는 네브래스카주 정부가 추진하던 에탄올 활성화를 위한 일명 에탄올 위원회 위원으로 위촉되었다. 그리고 에탄올과 관련된 정치활동을 하다 보니 에탄올 생산업체 아처 대니얼스 미들랜드의 회장으로 정치계의 마당발이었던 드웨인 안드레아스와 친분을 쌓게 되었다. 훗날 공직에

워런 버핏

서 물러난 뒤 하워드가 안드레아스의 회사에 들어가 제트족 임원이 되자 버핏은 한 친구에게 아들 하워드가 자신보다 더 많이 번다고 자랑했다. 이는 아들에 대한 자부심을 드러내는 나름의 방식이었다.[11] 자식들이 본인의 힘으로 성공하는 모습을 보는 것이 "아버지의 숙원 사업"이었다고 하워드가 말했다. 아버지 버핏의 인정을 받는 것이 하워드 본인에게 평생의 숙제였던 것처럼 말이다.

막내아들 피터도 아버지의 인정을 받는 것이 중요했다고 솔직히 인정했다. 피터도 누나와 형처럼 버크셔 주식을 팔았다. 음악 스튜디오를 시작하려 최고의 사립 명문 스탠퍼드를 중퇴한 피터는 버핏이 논리적인 근거를 대며 말리는데도 부득불 주식을 팔아 3만 달러짜리 24트랙 테이프 녹음기를 샀다. 피터는 얼마 지나지 않아 녹음 장비에 투자한 만큼 수입이 받쳐주지 못한다는 사실을 깨달았지만 포기하지 않았다. 마침내 아내와 함께 샌프란시스코에서 음악 제작 회사 인디펜던트 사운드를 서서히 성장시켰고, 훗날 위스콘신주 밀워키로 이전했다. 피터는 주로 광고 CM송을 만들었지만 영화 〈늑대와 춤을〉의 사운드트랙에 참여해 모닥불 주위에서 춤추는 장면에 삽입된 '불의 춤Fire Dance'을 작곡했으며 몇몇 뉴에이지 음악 앨범으로 호평을 받기도 했다.

어느 추운 겨울날 아침, 밀워키의 방음 유리 스튜디오에서 2명의 음악가와 CM송 작업을 하던 피터는 스튜디오 바깥으로 나와 자신의 아버지에 관해 이야기하기 시작했다. 특히 워런이 자신에게 다소 어설프게 영향을 미치려 시도했던 일화를 들려주었다. 언젠가 워런이 워싱턴에서 열리는 알팔파 클럽(Alfalfa Club, 미국 지도층의 사교 모임으로 1년에 딱 하루 1월 마지막 토요일 워싱턴 D. C. 소재 캐피털 힐튼에서 연례 정식 만찬을 개최하는 것이 유일한 목적이다. ─ 옮긴이)에 피터를 초대했다. 극소수

특권층만 참석하는 연례 만찬 행사였는데 피터가 꽁지머리를 잘라야 한다는 조건을 달았다. 그래서 피터는 아버지의 초대를 정중히 거절했다. "아버지는 뭔가를 해줄 때 조건 다는 걸 좋아하세요."

몇 년 전부터 버핏은 다양한 종목으로 구성된 1만 달러어치 주식을 자식들에게 성탄절 선물로 증여했다. 피터는 거기에도 "메시지"가 있다고 생각했다. "역시나 조건이 붙었어요. 아버지는 그냥 아무 데나 쓰라고 주는 돈이 아니라고 말씀하셨죠, 그걸 투자한다면 더 크게 불어날 거라는 의미였어요. 그러니까 저희들의 인내심을 시험한 셈이었습니다."

"저는 제가 보유한 (버크셔) 주식 대부분을 팔아버렸어요. 진즉에 팔기 잘한 거 같아요." 고무줄로 꽁지머리를 깔끔하게 묶은 피터가 말했다. "그 돈이 없어도 지금까지 잘 산다고 말하는 기분이 정말 좋거든요." 하지만 잠시 뒤, 워런이 버크셔 주식을 담보로 대출을 받고 주식을 계속 보유할 수 있다고 말해주지 않은 점은 — 아니 어쩌면 그가 그렇게 말했는데도 자신이 귀담아 듣지 않은 것이 — 심히 유감스럽다고 덧붙였다.

피터는 시종일관 겸손했고 심지어 '학구열'을 보였다. 마치 자신도 워런의 성격에 대해 궁금한 것이 많은 사람처럼 이것저것 되물었다. 그는 투자자로서 아버지의 성과는 물론이고 개인으로서 그의 높은 도덕적 기준도 매우 자랑스러워했다. 하루는 워런이 자신에게 이렇게 말했다고 회상했다. "아들아, 언젠가 너도 이 애비한테 지옥으로 떨어지라고 저주하는 날이 꼭 올 게다." 피터는 어릴 적에는 그 말이 무슨 뜻인지 몰랐지만, 지금 생각하면 자신이 새로운 도시에 정착하고 버크셔의 주식을 매도한 것이 워런에게는 그런 저주의 하나였다고 말했다. 그렇다면 워런은 자신의 아버지한테 지옥으로 꺼지라고 말한 적이 있었을까? 당연히 피터는 모르겠다고 했다.

워런 버핏

피터는 자신이 음악가로 성공하면서 아버지를 더 이해할 수 있게 되었다. 일례로 피터가 밀워키에서 15인조 밴드와 협주로 피아노를 연주한 적이 있었는데, 그날 700명이 모인 공연장을 찾았던 워런이 피터를 침이 마르게 칭찬했다. 또 한 번은 "너나 나나 똑같은 일을 하는 거다"라고 말한 적도 있었다. 피터에게는 아버지의 이런 말이 가슴 벅찬 찬사였다.

어릴 적 가족한테 무심해 보이는 워런이 섭섭해 『아버지 안내서』를 안겨주었던 피터는 1980년대 후반이 되자 마침내 부자가 서로 대화하는 법을 배웠다는 기분이 들었다. 피터가 1993년 이혼했을 때 버핏이 조언을 아끼지 않았고 이제껏 살아오면서 막내아들에게 가장 많은 공감을 보여주었다. 어느 밤 둘은 오마하의 집에서 단둘이 수다를 떨며 즐거운 시간을 보내다가 자정 무렵 피터가 어머니 수전 이야기를 슬쩍 꺼냈다. 워런은 아내가 버핏 재단에 좀 더 적극적으로 관여해 주기를 바란다고 신이 나서 말했다. 즉 아내가 자신의 세상에서 더 많은 시간을 보내주길 바란다는 뜻이었다. 피터는 "아버지와 저는 버핏 재단이 어머니가 원하는 일을 할 수 있는 정말 좋은 기회라는 데에 의견 일치를 봤죠"라고 말했다. 그런 다음 버핏이 갑자기 잠잠해졌다. 이는 그가 감정이 북받친다는 신호였다. "우리는 새벽 2시까지 이야기를 나누었어요. 대화를 끝낼 즈음 저는 '와우, 아버지에게도 감정이 있구나'라고 생각했던 게 기억납니다. 아버지의 표정을 보면 알 수 있었어요. 그리고 말수도 확 줄어들었죠. 정말 신선한 충격이었습니다."

워런과 가족들의 사이가 한층 가까워진 데는 아내와의 관계가 차츰 회복된 것도 부분적으로 작용했을 것이다. 특히 수전은 자신이 떠난 이유를 워런에게 이해시키려 많은 공을 들였고, 덕분에 둘은 서로를 마음으로 이해했으며 서로에게 아주 솔직할 수 있었다. 그들을 가까이서 지켜보았던 조카 톰 로저스는 이모 부부가 관계를 회복하러 일부러 무언가를 시도할 필요가 없었다고 말했다. "둘은 서로에게 또 다른 자아요 분신이었습니다. 수전 이모도 필요할 때면 이모부 못지않게 감정을 개입시키지 않고 결정할 수 있었죠."[12]

워런은 수전과 꾸준히 연락했고 자주 만났으며 한결같은 애정을 보여주었다. 하루는 버핏 부부가 뉴욕주 웨스트체스터 카운티에 있는 토머스 머피의 집에서 저녁 모임을 가진 후 스탠퍼드 립시와 함께 리무진을 타고 맨해튼으로 돌아왔다. 두 사람은 뒷좌석에 나란히 앉아 내내 말없이 손을 꼭 잡고 있었다. 수전은 부부 모두가 친구처럼 지내는 조지프 로젠필드에게 "아주 잘 풀렸어요"라고 말했다. 이는 수전과의 결혼 생활을 지키고 싶어 하던 워런이 소망을 이루었다는 뜻이었다.[13] 심지어 수전이 집을 나가고 몇 년이나 흘렀는데도 수지는 예나 지금이나 그가 세상에서 온전히 믿을 수 있는 사람, 아니 유일무이한 사람이었다.

1987년 버핏은 가족을 향해 큰 발걸음을 내디뎠다. 사위인 앨런 그린버그에게 버핏 재단을 관리하는 일을 제안한 것이다. 늘 그렇듯 이번 당근에도 조건이 붙었는데, 딸 부부가 오마하로 돌아와야 한다는 단서를 달았다.[14] 그들은 워런의 집에서 몇 블록 떨어진 곳에 집을 장만해 오마하로 돌아왔다. 그리고 얼마 지나지 않아 수지는 버핏 주위에 촘촘히 처진 거미줄에 걸려들었다. 가령 워런이 자동차를 바꾸고 싶으면 수지가 자동차 대리점으로 달려갔고, 정기 주주 총회가 열리면 워런의 비공식적인 사교 일정을 짜는 데도 손을 보탰다. 요컨대 수지는 워런의 그림자처럼 따라다니며 살뜰히 챙겼다.

버핏이 사위에게 연봉으로 4만 9,846달러밖에 주지 않았으므로 세계적인 갑부의 딸인 수지의 삶이 오마하에 사는 여느 엄마들과 조금도 다르지 않았다. 어린 자녀들을 돌보는 동시에 사회활동에도 적극적으로 참여하며 종종걸음을 쳤다. 수지를 방문한 날 하필이면 그녀의 아들이 수두에 걸렸다. 수지는 간병인도 보모도 없이 아픈 아들의 몸을 씻기는 등 하나에서 열까지 직접 돌봤다. 역설적이게도 수지는 기금 모금자들이 그녀가 집안에 돈을 쌓아두기라도 한 듯 오해해서 들러붙는 통에 애를 먹었다.

한번은 워런이 마이크로소프트의 젊은 억만장자 빌 게이츠에게 보르샤임 보석가게를 보여주던 중에 귀퉁이에서 "버핏 예약 구매(lay-away, 상품 값을 일부만 내고 예약한 뒤 잔액까지 완불한 후 상품을 수령하는 방식 – 옮긴이)"라고 적힌 상자 하나를 발견했다. 워런이 어찌된 일이냐고 묻자 종업원은 수지가 진주 목걸이를 할부로 사면서 완불할 때까지 맡겨둔 거라고 멋쩍어하며 대답했다. 워런은 딸의 생일 선물 삼아 잔액을 완불했다. 그 일을 계기로 워런은 돈 쓰는 재미를, 특히 보르샤임에서 돈 쓰는 맛이 쏠쏠하다는 것을 깨닫기 시작했다. 또 한 번은 마치 대단한 사실이라도 발견한 듯 "세상에, 수지야, 여자들은 보석을 정말 **좋아하는구나**"라고 말했다.

뿐만 아니라 워런은 딸네 가족이 지척에 있으니 새삼 대가족의 재미도 알게 되었다. 아스트리드는 가끔 수지가 맡긴 아이들을 돌봐주었고 그렇게 버핏의 가족과 더욱 끈끈해졌다. 뿐만 아니라 수지는 아스트리드의 입장을 배려해 (이제는 색이 많이 낡았지만) 자신의 어머니가 꾸민 그대로이던 밝은 색조의 집안을 바꾸자고 먼저 제안했다. 두 여인이 의기투합해 집을 새로 단장하자 안주인의 성품대로 분위기가 한결 차분해졌다. 그리고 아스트리드가 수집한 옛날 토스터들도 그동안 제자리를 찾지 못했다가 이제 주방 한 칸을 차지했다(사람들 눈에 어떻게 보이든 말든 워런의 법적 아내와 동거하는 여자 친구는 한결 더 가까워졌다. 버핏의 친척들에게 선물을 보내면서 동봉한 카드에 "워런, 수지, 아스트리드로부터" 라고 셋이 공동으로 서명했다).[15]

수지는 아이들을 데리고 아버지 집에 문턱이 닳도록 드나들었고 그들이 워런에게 인간의 온기를 전염시키는 것 같았다. 워런도 낡은 운동복 차림으로 딸네 집을 찾아가 바닥에 엎드려 손주들과 놀아주었다. 저녁 식사 때는 복잡한 눈길로 입을 다문 채 음식을 오물거리며 딸네 가족의 수다에 가만히 귀를 기울이다가 간간이 재미있는 농담을 던지며 끼어들었고 자신의 햄버거에 소금을 뿌렸다(솔직히 한 입 먹을 때마다 소금을 다시 쳤다). 워런은 캐서린 그레이엄에게 수지가 오마하로 돌아온 덕분에 자신의 인생을 달라졌다고 속을 털어놓았다.[16] 심지어 수지에게 루비 팔찌도 선물했는데, 이는 워런이 좀체 하지 않는 마음의 표현이었다.

그가 "나무에서 열린 열매"에 점차 만족한다는 것을 보여주는 징후 하나는 수지를 버핏 재단의 이사로 위촉했으며 자신의 상속 정책을 눈에 띄게 완화했다는 점이다. 이제 그는 3남매에게 **무언가**를 남겨도 어쩌면 각자에게 300만 달러 정도를 상속해도 되겠다는 생각이 들었다.[17] (그는 자식들에게 정확한 상속 액수를 말해주지 않았다.)

상속 액수가 얼마든 수지와 하워드와 피터가 방탕한 '억만장자'처럼 살 정도는 아닐 터였다.[18] 큰돈이 아이들의 인생에 미칠 영향과는 전혀 별개로, 그는 부자 부모에게서 태어났다는 이유만으로 큰돈을 가질 **권리를 타고 났다**고 생각하지 않았다. 돈이 있는 곳에는 지나치게 많은 권력이 따라오기 마련이고, 그는 그런 권력의 주인이 대중이라고 생각했다. "부잣집 자식이라는 이유로 평생 식품 구매권을 공짜로 제공받는 것은 내가 생각하는 공정함과 정면으로 대치"한다고 그가 말했다.[19] 궁극적으로 그 보관증은 사회로 환원되어야 했다.

하지만 자선 활동은 자식들에게 돈을 증여하는 것만큼이나 버핏에게는 커다란 딜레마였다. 그는 돈을 대가 없이 준다는 아이디어 ― 심지어 자선 단체일지라도 ― 자체가 마뜩잖았다. 머피의 하버드 동창이자 버핏의 친구였고 또한 존슨 앤 존슨의 회장에서 은퇴한 뒤 마약 없는 미국을 위한 파트너십(Partnership for a Drug-Free America, PDFA)의 2대 총재가 된 제임스 버크는 버핏에게 "영원한 숙제"가 있었다고 말했다. 돈을 기부하는 것이 그에게는 "돈을 벌 수 있는 밑천을 내주는" 셈이었다.

버핏 재단은 아주 오랫동안 애들 장난 같았다. 버핏의 순 자산이 1억 5,000만 달러였던 1979년 재단의 총 출연금은 고작 72만 5,000달러였고 그해 재단의 무상 지원금은 3만 8,453달러에 불과했다.[20] 그러나 1981년 버핏이 버크셔 자선 프로그램을 시작한 뒤로 공동 이사장인 버핏과 수전은 그 프로그램을 통해 재단의 재원을 마련했다. 그리고 버핏은 버크셔의 주가만큼 신속하게 증가한 것은 아니었지만 어쨌든 버크셔의 기부금을 꾸준히 늘렸다. 마침내 1990년이 되자 버크셔의 주주 각자는 주당 6달러를 버크셔의 공금으로 자신들이 선택하는 자선 단체에 기부할 수 있게 되었다. 이는 버핏 부부가 300만 달러를 간접적으로 기부한다는 뜻이었다.

기업 차원의 자선 프로그램이 특히 버핏 자신에게 꿩 먹고 알 먹기였다. 사회에 좋은 일을 하면서도 자신의 주머니를 털 필요가 없었기 때문이다. 버크셔와 전혀 무관한 버핏의 개인 재산이 최소 수천만 달러, 많게는 수억 달러로 추정되었지만[21] 그는 자신의 재단에 단 1센트도 기부하지 않았다. 심지어 버크셔 프로그램을 통한 간접적인 기부금조차도 **40억** 달러라는 그의 재산에 비하면 새 발의 피였다.

친구들은 버핏의 인색함이 못내 아쉬웠다. 물론 버핏이 사회적 의식이 높다는 것도, 자신을 위해 돈을 낭비하지 않는다는 점도 잘 알았다. 더욱이 그들은 그가 주변 사람들에게 "관대"하다고 생각했으며 실제로 이 표현을 종종 사용했다. 가령 버핏은 어릴 적 친구인 러셀의 어머니에게 크리스마스 선물로 소정의 '용돈'을 익명으로 보냈다(하지만 은행 측의 실수로 들키고 말았다). 이런 매우 예외적인 경우를 빼면, 그는 사려 깊은 친필 편지를 보내거나 기꺼이 자문 역할을 해주는 것처럼 비금전적인 방식으로 자신의 관대함을 주로 표현했다. 그러나 가치 있는 일을 위해서라도 **돈**을 요구하면 그는 매몰차다 싶을 만큼 얄짤 없이 거절했다. 아무리 가까운 친구의 부탁이라도 예외는 없었다. 한번은 작가인 제프리 코완이 미국 공영 라디오National Public Radio, NPR의 생방송 뉴스 프로그램 〈위크엔드 에디션〉이 재정 위기에 직면했다는 소식을 들었을 때 버핏에게 전화를 걸었다. 조속히 5만 달러를 마련하지 못하면 〈위크엔드 에디션〉이 방송을 중단하는 사태가 벌어질 수 있었다. 잘은 몰라도 대부분은 주위의 시선 때문에라도 얼마간씩 기부했을 것이다. 그러나 버핏은 자신의 전매특허인 초연한 독립심을 유지하며 눈썹 하나 까딱하지 않고 얄미울 정도로 편안하게 거절했다. 결국 그는 단 1센트도 내놓지 않았다.[22] 조언 칼럼니스트로 활동하던 친구 앤 랜더스 그러니까 에피 레더러는 버핏에게 지갑을 좀 열라고 기회가 생길 때마다 잔소리했다. 그녀는 버핏이 "자신이 세상을 위해 할 수 있는 일들"에 좀 더 관심을 가지도록 만들기 위해 "젖 먹던 힘"까지 다했다고 말했다.

> 그가 하는 일이라고는 돈을 쌓고, 쌓고, 또 쌓는 일이에요. 쓰지도 않을 거면서 그렇게 악착같이 돈을 모으는 이유가 뭘까

요? 그는 개인 비행기에 돈을 썼고 또 그것을 아주 **사랑하죠.** 그래서 제가 그 비행기를 예로 들어 설득했어요. "전용기가 있어서 얼마나 좋은지 생각해 봐요. 좋은 일에 돈을 쓴다면 그것에도 즐거움을 느낄 수 있을 거예요"라는 식이죠.

하지만 버핏은 랜더스의 간곡한 노력에 킬킬 웃을 뿐 한쪽 귀로 듣고 한쪽 귀로 흘렸다. 버핏이 자선에 대해 그토록 회의적인 데는 나름의 이유가 있었다. 1970년대 아이오와에 위치한 그리넬칼리지와의 불쾌한 경험도 그중 하나였다. 친구 조지프 로젠필드의 설득으로 학교 이사회에 참여한 버핏은 평범하던 작은 인문대학을 금융의 산실로 키웠다. 그리넬의 대학 발전기금은 버핏의 도움을 받아 데이턴의 한 TV 방송사를 1,360만 달러에 인수했다가 4년 뒤 4,800만 달러에 매각했다. 하지만 버핏은 좋은 의도로 했던 일의 결과에 경악하고 말았다. 그리넬이 이렇게 돈벼락을 맞자 그 돈의 일부를 사실상 **흥청망청 써버린** 것이다. 그의 기준에서 보면 너무 많은 돈을 낭비했다. 버핏은 그 돈이 학생들에게 질 높은 교육을 제공하는 데에 쓰이지 않고 오히려 교수들의 쌈짓돈처럼 쓰였다고 분개했다.[23]

이 일로 고등 교육에 정나미가 떨어진 버핏은 대학 기금을 통하지 않고 수많은 학생에게 직접 장학금을 지급했다. 하지만 사위 그린버그의 말처럼 "장인은 돈에 깔려 죽는 한이 있어도 대학에 기부금을 내지 않으실 겁니다." 심지어 모교인 네브래스카 대학교의 기금 모금 담당자가 사무실을 찾아왔을 때 버핏은 네브래스카 미식축구팀의 광팬임에도 불구하고 만남조차 거부했다.[24]

솔직히 버핏은 투자나 자선 활동이나 접근법이 별반 다르지 않았다. 그는 '다각화'를 거부했으며 투자 대비 수익률에 초점을 맞췄다.

즉 투자액에 대비해 사회에 가장 큰 영향력을 미칠 거라고 생각하는 몇몇 '고수익' 일들에 재단 기금을 사용하는 것이었다. 특히 엄선된 어딘가에 기부를 집중하고 싶은 분명했다. 또한 많은 자선 단체들에서 운영자들의 점심값 등등으로 기부금이 흥청망청 낭비될 수 있음도 잘 알았다. 언젠가 라구나 비치로 일단의 친구와 지인들을 초대했을 때 버핏이 정색을 하고 물었다. "가장 좋은 일에 쓰이게 자선 단체 한 곳에만 기부한다면 어디가 좋을까요?"[25]

말하자면 그는 자선 세상의 코카콜라를 찾았던 것 같다. 사회를 향해 날린 투자라는 공이 경기장 담장 밖으로 날아가는 커다란 홈런 말이다. 그는 이 접근법으로 주식에서는 장외 홈런을 날렸지만, 자선 활동에서는 별로 재미를 보지 못했다. 가령 의학 연구처럼 자금을 필요로 하는 프로젝트 중에서 실질적이고 유익한 결과물을 내는 것은 복불복이다. 따라서 후원자는 어느 정도의 손실을 감수할 의지가 필수적이다. 게다가 버핏의 말마따나, 예컨대 순수 예술처럼 특정 분야에서는 "가장 좋은 일"이라는 것이 유의미한 개념적 가치조차 없을 수 있다(하지만 "약간 좋은 일"을 하는 것은 의미가 있다. 아무도 박물관이나 미술관에 기부하지 않으면 사회가 더욱 팍팍해질 것은 자명하다). 달리 말해 사회적 진전은 코카콜라의 수익처럼 쉽게 측정할 수 있는 대상이 아니다. 그러나 버핏은 코카콜라 같은 "구체적인 결과"를 원했다.[26]

이처럼 까다로운 제약 조건들이 있으니 당연히 적당한 자선 단체를 찾기가 힘들었다.[27] 워런이 아내 수전과 공동 이사장을 맡고 그린버그가 관리하던[28] 버핏 재단은 **미래**에 기부금으로 사용하려고 기금의 상당 부분을 안전하게 투자했다. 1990년 버핏 재단이 버크셔 기부 프로그램으로 조성한 자본과 자체적인 투자 포트폴리오의 수익금을 합쳐 수입이 380만 달러에 이르렀지만, 자선 활동들에 기부한 액수는 겨우 230만 달러였다. 그러는 사이 버핏 재단의 자산은 1,800만 달러로 불어났다. 그것은 어느 모로 보나 영락없는 버크셔의 축소판이었다. 신중하게 선택한 소수의 자선 활동에만 기부하는 반면 자산은 '자가 증식'했으니 말이다.

버핏이 지지하던 사회적 대의는 두 가지였다. 핵전쟁 억제와 세계 인구 감소였다. 먼저 핵전쟁 위험은 2차 세계대전 당시 미국이 히로시마에 원자폭탄을 투하했을 때부터 줄곧 그를 괴롭혀왔다. 하지만 군비 축소는 민간인들이 실질적인 방식으로 영향을 미칠 수 있는 목표가 아닌 것 같았다. 버핏은 1950년대 초반 모스크바 주재 미국 대사로 명성을 얻었고 모교인 프린스턴으로 돌아와 급진적인 핵무기 감축 옹호자로 활동했던 조지 F. 케난의 연구에는 순순히 기부금을 내주었다. 그런 다음 1984년 버핏은 하버드 법학대학원 교수로 협상 전문가인 윌리엄 유라이가 우발 전쟁accidental war 예방책을 연구한다는 사실을 알게 되었다. 버핏은 보스턴 리츠칼튼 호텔에서 유라이와 아침식사를 함께하면서 인류 최후의 전쟁 아마겟돈에 대한 자신의 두려움을 아주 인간적인 방식으로 털어놓았다. 버핏은 유라이를 찻잔 너머로 쳐다보면서 검은 구슬 하나가 섞인 수천 개의 흰 구슬이 탁자 위에 쌓여 있다고 상상해 보라 말했다. 그런 다음 누군가가 매일 구슬 하나를 집어낸다고 가정해 보라 덧붙였다. 언젠가는 아마도 100년쯤 뒤에 드디어 누군가의 손에 검은 구슬이 들어갈 터였고, 그것이 바로 핵전쟁이었다.

유라이는 일찍이 모스크바와 워싱턴에 가칭 "핵무기 감축 센터"를 세우자고 제안했었다. 양국의 센터에는 팩스와 전화기가 설치되고 위기 상황에서 그 센터들을 통신 연락선으로 활용한다는 복안이었다. 그러나 유라이의 제안은 유야무야되었다. 유라이는 당시 집권 초기였던 레이건 행정부가 소련과 협력하는 것에 적대적이었다고 지적했다.

이에 버핏이 기다렸다는 듯 힘줘 말했다. "맞아요, 이들이 인류의 적입니다. 온 세상을 화염에 휩싸이게 만들 수도 있는 이런 시스템을 다름 아닌 우리 미국이 만들었습니다." 그런 다음 곧바로 덧붙였다. "당신 연구에 돈을 대겠습니다. 10만 달러를 지원하죠(궁극적으로 버핏 재단은 유라이의 연구에 20만 달러를 지원했다)." 그로부터 1년 뒤 스위스 제네바에서 열린 레이건과 미하일 고르바초프의 첫 미-소 정상 회담에서 핵무기 감축 센터를 설치하기로 전격 합의가 이뤄졌고 그 센터들은 지금까지도 운영되고 있다.[29] 하지만 냉전이 종식되자 버핏이 군비 축소를 위해 할 수 있는 일들이 줄어들었다.

한편 핵전쟁 방지 외에 버핏이 지지하는 모든 사회적 대의의 모태는 세계 인구 억제였다. 가령 1990년 총 기부금의 75퍼센트인 약 170만 달러가 가족계획, 성 교육, 산아 제한, 낙태권 등등에 지원되었다. 아내 수전도 인구 억제의 대의에는 부창부수로 깊이 공감했지만 각자가 지향하는 점은 달랐다. 수전은 제3세계에서 자신이 직접 목격한 사람들 특히 여성들의 열악한 삶의 조건들에서 크게 영향을 받았다.[30] 반면 워런은 거시 경제적인 관점에서 인구 억제를 개념화했다. 그는 인구 과잉이 식량, 주택, 심지어 인류의 생존 같은 모든 분야에서 문제를 악화시킬 거라는 맬서스주의자들(영국의 경제학자인 토머스 맬서스 Thomas Robert Malthus는 저서 『인구론An Essay on the Principle of Population』에서 인구는 기하급수적으로 증가하지만 식량은 산술급수적으로 증가하므로 인구와 식량 사이의 불균형이 필연적으로 나타날 수밖에 없고, 여기에서 기근, 빈곤, 악덕 등이 비롯한다고 주장했다. - 옮긴이)의 두려움과 맥을 같이했다.[31]

이런 관점 자체도 실용적이었지만, 놀라운 점은 버핏이 지지하는 두 가지 '대의들'의 목표가 미래의 전쟁이나 미래의 인구 과잉처럼 **미래**에

닥칠 불행의 씨앗을 완화하거나 예방하는 것이라는 사실이다. 거꾸로 말하면, 이미 태어난 사람들을 돕는 데는 막대한 그의 재원에서 사실상 한 푼도 들어가지 않았다. 실제로 그는, 자신과 동시대를 살아가는 빈곤층, 병약자, 도시 빈민, 문맹자 등은 물론이고 지금 당장 콘서트홀, 미술관, 박물관, 대학교, 병원 등을 세울 자금이 필요한 사람들은 철저히 외면했다(당연히 자신이 지지하는 낙태나 가족계획 프로그램을 지원하는 단체에는 기부했다).* 버핏이 그처럼 미래에 발생할 거시 경제적인 사안들에만 거의 모든 초점을 맞춤으로써 그의 자선 활동은 비현실적이라는 — 거의 비인간적이라는 — 특성을 갖게 되었다.

　전통적인 자선 단체들에 기부했다면 그의 돈이 '소비'되었을 것이다. 반면에 인구 억제에 기부하는 것은 '투자'로 일종의 글로벌 주식 되사기라고 해석될 수도 있었다. 미래의 사회적 파이를 나눠가질 '입'의 수를 줄이는 것이기 때문이다. 한편 찰리 멍거도 버핏 못지않은 멜서스주의자였다. 멍거는 1969년 캘리포니아의 벨루스 낙태 권리 소송에서 자신들과 '한편'을 먹었던 산부인과 의사 키스 러셀을 위한 파티에서 이런 사고방식을 명확히 드러냈다. 러셀의 몇몇 환자들이 그의 도움으로 무사히 태어난 아기들을 위해 건배사를 했다. 그런 다음 멍거가 자리에서 일어나 잔을 높이 치켜들고 엄숙하게 선언했다. "저는 수천 명의 인구를 **줄여준** 러셀 박사에게 경의를 표합니다."[32]

　정말 이상한 것은, 자신이 원해서 인구 억제 문제에 기부했고 또한 자신의 돈이 자신이 원하는 일에 쓰이는데도 웬일인지 버핏은 조금

---

* 이에 대한 예외들이 있었다. 1982년 버핏은 외조부의 이름을 딴 네브래스카 웨스트포인트의 한 도서관에 10만 달러를 기부했다. 또한 1993년 컬럼비아 대학교 공공 보건 대학원(School of Public Health)에 40만 달러를 기부했다. 단 가족계획 클리닉에 사용해야 한다는 단서를 달았고, 따라서 그의 평소 기부 방식에 더 부합했다.

도 기쁘지 않았다. 그래서일까 그는 주변 사람들에게 좋은 자선 활동 아이디어가 있는지 종종 **묻곤** 했다. 예전에 저가주가 고갈되었다고 생각했던 것처럼 세상에 그런 것들이 부족한 듯 말이다. 그러나 어떤 것도 실질적인 행동으로 이어지지 못했다. 마치 모든 아이디어가 그를 둘러싼 보이지 않는 막에 튕겨 나가는 것 같았다. 그럴 만도 했다. 그는 수혜자들이 도움받을 가치가 없을 수도 있다는 생각에 사로잡혀 있었다. 말인즉 자선은 공여자와 수혜자 모두를 타락시킬 가능성이 있는 "무료 식품 구매권"이었다. 흥미로운 점은, 버핏이 공짜로 주는 것도 공짜로 받는 것도 똑같이 불편하게 여긴다는 사실이었다. 한번은 오마하의 굿리치 데어리에서 초콜릿 과자를 주문하고 나서 곤란한 일이 생겼다. 지갑에 100달러 지폐뿐이라는 것을 ─ 너무 늦게 ─ 알게 되었는데, 하필 굿리치도 거슬러줄 잔돈이 부족했다. 마침 버핏과 아는 사이였던 한 노부인이 우연히 그 가게에 있었고 고맙게도 과자 값을 대신 내주었다. 전부 합쳐 1.5달러였다. 버핏은 괜찮다는 그녀에게 과자 값을 꼭 갚겠다고 **큰소리를 탕탕 쳤는데**, 나중에 그녀의 이름이 기억나지 않아 몹시 괴로웠다. 그것이 그의 양심을 크게 짓눌렀는지 그는 기어코 그녀를 찾아내 1.5달러를 갚았다.[33]

한편 버핏은 해마다 오마하 공립학교 교사 15명을 선발해 각자에게 1만 달러씩 수여했다. 그는 이번 활동에서는 진정한 기쁨을 느끼는 것 같았다. 그는 학교 선생님으로 어릴 적 워싱턴을 탈출해 할아버지 집에서 살았을 때 자신을 돌봐주었던 고모의 이름을 따서 '앨리스 버핏 우수 교사상Alice Buffett Outstanding Teacher Award'으로 명명했고 자신이 가치 있게 생각하는 공로에 근거해 수상자들을 선발했다. 그는 부자들이 모교 대학에는 거액을 쾌척하고 자신의 이름을 붙인 건물을 보답으로 받으면서도, 인격 형성에 중요한 유년기를 보낸 초등학교를 위해서는 아무것도 하지 않는다는 말을 자주 했다. 그는 그 상이 자신의 유년기를 함께 해준 오마하에 대한 고마움의 표시라고 생각했다.

하지만 버핏이 고향 오마하에 보여준 자선 활동은 그게 다였다. 오마하의 일반적인 자선 활동에는 일절 참여하지 않았고, 그런 튀는 행동 때문에 오마하 유지들 사이에서 미운털이 박혔다. 가령 제조업체를 운영하던 로버트 도허티는 "그는 돈을 기부하지 않는 것으로 **유명합니다**"라고 일갈했다. 사실 오마하 어디를 봐도 미국 최고 부자의 고향임을 보여주는 물리적인 흔적을 찾을 수 없다. 오마하 시내에 버핏 공원도 없고 대학에 버핏 프로그램도 없으며 조슬린 미술관에 버핏관도 없었다.

그렇게 무심해 보이는 몇 년이 지나고 1990년 버핏은 두 번째 신탁기금을 조성했다. 오직 오마하에 있는 자선 단체들만 지원하는 셔우드 재단Sherwood Foundation이었다. 셔우드 재단은 버핏 재단보다 규모는 훨씬 작았지만, 상징적인 의미가 있었다. 이제 환갑이 된 버핏이 오마하가 오늘날의 자신을 만들어주었음에도 사실상 아무것도 돌려주지 못했음을 서서히 자각한다는 의미였다.

셔우드 재단은 버핏을 짠돌이로만 생각하던 오마하 유지들의 허를 찔렀다. 버핏이 높은 공동체 의식을 갖고 있다는 사실에 대한 명백한 증거였던 것이다. 사실 정치적으로 볼 때 버핏은 정부의 무상 지원 정책을 경멸했지만, 빤한 보수주의의 길을 가지 않았다. 오히려 그의 정부관은 진보적이었다. 무릇 정부는 사회 구성원 각자에게 선물을 나눠주는 산타클로스가 아니라 사회 전체를 위해 일해야 한다는 강한 신념을 굽히지 않았다. 일례로 1977년 버핏은 "우리 사회에서 대규모 조직들이 경제 문제들을 해결하기보다 다른 데로 떠넘기려 투표권을 악용하는 경향"이 있다고 신랄하게 비난했다.[34] 심지어 당시는 "특수 이익 집단들"에 대한 공격이 일반화되기 훨씬 전이었다.

그때부터 종종 버핏은 경제 문제들을 해결하는 매우 창의적인 방법을 《포스트》를 통해 제안했다. 그의 주제를 한마디로 요약하면, "파이를 재분배"하는 것이 아니라 "파이의 크기를 키우는" 활동을 촉진하자는 것이었다(이는 그가 월스트리트의 "파이 재분배" 인수합병을 경멸했던 것과 같은 맥락이었다). 그중 눈에 띄는 제안은 무역 적자 해소 방안이었다. 그는 할당제나 관세 혹은 관료적인 행정 규제에 의존하지 말고, 단방 처방을 통해 무역 수지 적자를 해소할 방법이 있다고 주장했다. 그는 명쾌한 로드맵도 제시했다. 닛산 트럭을 몇 대, 아디다스 운동화를 몇 켤레 수입할지 결정하는 것은 자유 시장에게 맡기되, 그런 활동 모두를 아우르는 기본 틀을 만드는 것이었다. 쉽게 말해 (정부의 단순한 칙령 하나로) 총 수입액을 총 수출액 이하로 제한시키는[35], 즉 총 수출액 이내로 수입을 허용하는 수입 총량 규제였다. 그의 계획에는 사회가 **전체** 무역 수지와 깊은 이해관계가 있는데도 다양한 산업 사이에서 심판 역할에 관심을 두지 않는다는 전제가 깔려 있었다. 실제로 사회는 그 역할을 제대로 해내지 못한다.

버핏은 빈민 구제를 위한 '식품 구매권'을 반대하지는 않았지만, 보편적으로 볼 때 정부가 무상으로 지원하는 이전 지출(transfer, 실업 수당, 재해 보상금, 사회 보장 기부금 등등 정부가 당기의 생산 활동과 무관한 사람에게 반대급부 없이 지급하는 것 - 옮긴이)에는 회의적이었다. 예리한 통찰력이 가장 돋보이는 글 중 하나는 "정체된 섬Static Island" 우화를 통한 경고였다. 정체된 섬은 인구 변동이 없고 구성원들은 모두를 위해 막대한 식량을 생산하는 가상의 사회를 말했다. 그곳은 온정적인 따뜻한 사회였기에 노동자들은 비경제활동 고령자들에게도 고정된 배급량을 보장해 주었다. 버핏은 간단한 계산을 통해 안타까운 결론을 들려 주었다. 은퇴자들 즉 비경제활동 인구가 증가함에 따라 생산자들은 살인적인 강도로 일해야 하고 선조들이 입법화한 관대한 배급량을 맞추기 위해 자신들의 식량을 포기해야 할 터였다.[36]

버핏의 제안 대부분은 사람들의 '선의'에 의존하기보다 그들의 이 기심을 활용하는 데에 초점을 맞추는 신보수주의적 전술을 따랐다. 그는 아내 수전과는 달리 공상적인 사회 개량가들do-gooder을 경계했 다. 1970년대 수전은 흑인들에게 신용 대출을 제공한다는 그럴듯한 명분을 내세운 신용조합의 운영자 래리 킹과 친해졌다. 그런데 킹은 (연봉이 겨우 1만 6,200달러였는데) 흰색 메르세데스 벤츠를 탔고 호화 파 티를 열었으며 금시계, 얼룩말 가죽으로 만든 장신구, 여성 원피스 같 은 표범 가죽 의상 등으로 자기 치장에 공을 들였다. 결과적으로 말 해 킹은 고향 사람들을 상대로 사기를 쳤다. 피해자만도 당연히 수전 을 포함해 오마하 시민의 절반에 이르렀다.[37] 하지만 그런 그도 버핏 을 속이지는 못했다. "한눈에 봐도 사기꾼의 악취가 풍겼습니다. 제 가 자신의 정체를 간파했다는 걸 그도 알았다고 봅니다. 그랬으니 저 한테는 돈을 요구하지 못했겠지요. 아마 오마하에서 그에게 돈 요구 를 받지 않은 사람은 제가 유일했을 겁니다"라고 버핏이 의기양양하 게 말했다.[38] 그가 이런 말을 했을 당시 킹은 수백만 달러를 갈취한 혐의로 유죄를 선고받아 수감 중이었다.

한번은 수전이 버핏에게 오마하의 민권 운동가 찰스 워싱턴을 도와 달라고 부탁했다. 버핏은 미심쩍었지만 아내의 부탁이라 그에게 2만 4,900달러를 빌려주었다. 아니나 다를까 워싱턴은 반년이 지나도록 돈을 갚지 않았다. 버핏은 자신의 엄청난 재산에 비하면 푼돈이었지 만 바보처럼 속아 돈을 뜯겼다는 사실이 너무 분해 워싱턴을 고소했다. 그가 누군가를 고소한 것이 워싱턴이 처음이자 마지막이었다.

한편 버핏의 정치적 인맥은 날로 넓어졌다. 유엔 대사를 역임한 대니얼 패트릭 모이니한, 윌리엄 브래들리, 조지프 케리 등등 이름만 들어도 쟁쟁한 많은 정치인과 교류했다. 하지만 버핏은 대다수 사업가와는 달리 그들의 비위를 맞추며 환심을 사려는 노력을 일절 하지 않았다.[39] 또한 섬유 수입품에 대한 보호무역 정책을 시행하도록 정치권에 로비하던 섬유 무역 단체가 끈질기게 도움을 요청했지만, 버핏에게는 이빨도 들어가지 않았다. 그 정책이 시행되면 그의 섬유공장에도 이로울 텐데 버핏은 요지부동이었다.[40]

좀 더 극적인 사례도 있었다. 버크셔의 자회사 저축대부조합이 미국 저축기관 연합회United States League of Savings Institutions, USLSI의 회원이었다. 여타의 특수 이익 단체와 마찬가지로, USLSI도 회원사들을 위해 정부 파이에서 가능한 큰 조각을 차지하는 것이 조직의 사명이라고 생각했다. 그러다가 1,000억 달러의 부실이 고스란히 납세자들의 부담으로 전가된 일명 S&L 스캔들(미국에서 1986년부터 1995년까지 3,234개의 저축대부조합 중에서 1,043개가 파산한 사건 – 옮긴이)이 수면 위로 드러나기 시작했을 때 USLSI의 뻔뻔함은 극에 달했다. S&L의 자기자본 비율 상향을 의무화하는 정부 시책에 반대하는 로비를 전개한 것이다.

버핏과 멍거는 로비스트라도 사회적 양심은 지녀야 한다는 것에 뜻이 맞아 항의의 의미로 USLSI에서 탈퇴했다. 특히 수년 전부터 S&L에서 위험 징후들을 포착해 꾸준히 경고의 목소리를 내왔던 멍거는 USLSI가 "이기적인 헛소리를 지껄인다"라고 비난하는 통렬한 서한을 언론에 공개했다.*

---

* 멍거는 스캔들이 터지기 6년 전 웨스코의 주주들에게 보내는 1983년 서한에서 탁월

미국 저축기관 연합회가 오랫동안 정부 당국을 오도한 것이 명백하고 결국 납세자들에게 커다란 손실을 안겨주었습니다. 그러니 정부를 계속 오도하는 노력을 강화할 것이 아니라 대국민 사과를 하는 것이 순리입니다.[41]

버핏은 정부의 구제 금융에는 회의적이었지만, 그렇다고 시장의 판단이 본질적으로 옳다는 신보수주의적 신념에 동조하지 않은 것도 확실했다. 또한 당시에는 자유 시장이 궁극적으로 개인의 가치를 결정한다는 신조가 대세였지만 그런 관점에도 동의하지 **않았다.** 사회와 시장에 목소리를 낼 만한 직업을 갖지 못한 사람들은 특히 여성들은 버핏이 오만하거나 잘난 체하지 않고 그저 겸손하게 자신들을 대한다는 사실을 알아챘다. 한번은 버핏이 스스로를 자신의 비서로 가정해서 이렇게 말했다.

한 선견지명을 발휘했다. "미국 정부의 한 기관이 (연방 저축대부보험공사(Federal Savings and Loan Insurance Corporation, FSLIC) 이제껏 그래왔듯 저축대부조합의 저축 계정들에 대한 보험을 계속 허용하고 있습니다. 이는 많은 저축대부조합들이 갈수록 대담하게 행동하도록 부추길 것이 확실합니다. 그러다가 ('나쁜 대출 관행이 좋은 대출 관행을 쳐내는') 일종의 그레셤 법칙(Gresham's law)이 시장을 완전히 장악해 예치금에 대해 보험을 가입한 기관들만 살아남을지도 모릅니다. 만약… '대담한 행동이 보수적인 행동을 구축한다'면 무모한 신용 연장이 연쇄적인 지급 불능 사태를 불러오고 결국 불능 사태가 걷잡을 수 없이 확대되어 끔찍한 결과로 귀결될 수도 있습니다.[그레셤 법칙은 16세기 영국의 금융업자이자 무역업자 토머스 그레셤(Thomas Gresham)이 제창한 화폐 유통에 관한 법칙으로 원재료인 금과 은의 가치가 다른데도 금화와 은화가 액면가가 동일한 화폐로 유통될 경우 원재료의 가치가 높은 금화인 양화(良貨)가 사라지고 가치가 낮은 화폐인 은화 다른 말로 악화(惡貨)만 유통되는 현상을 말하며 이 법칙은 흔히 "악화가 양화를 구축(驅逐)한다"라는 말로 표현된다. – 옮긴이]

(저는) 아이들도 훌륭하게 양육하고 지역 사회에도 많이 기여합니다. 시장 사회에서는 제 재능들이 — 아주 많은 재능들이 — 정당하게 평가받지 못합니다. 그런데 아프가니스탄이나 다른 어딘가에 저를 데려다놓아 보세요. 제가 얼마나 유능한지 분명하게 드러날 것입니다.[42]

억만장자치고 그의 관점은 매우 급진적이었다. 당연히 그의 정치인 친구들은 민주당이었지만, 그의 일부 아이디어는 그들보다 왼쪽으로 훨씬 치우쳤다. 즉 좌익적인 성향이 훨씬 강했다. 한번은 버핏이 캐피털 시티즈에서 질의를 받는 중에 세법을 어떻게 개정하고 싶으냐는 질문을 받았다. "제가 정말로 그렇게 할 수 있다면 여러분 모두가 놀라 뒤로 자빠질 겁니다"라고 그가 대답했다. 그는 개인 소비에 무거운 세금을, 그것도 누진세를 때리고 "막대한" 상속세를 부과할 거라고 말했다.

지금처럼 제가 전용기를 타고 돌아다니고 싶다면 그것을 감당할 능력만 되면 누가 뭐라고 하겠습니까. 다만 그런 편의에 대해 **막대한** 세금을 부담해야 옳습니다. 저는 사회로부터 연료와 인력 등등의 자원을 끌어다 쓰는 것이기 때문입니다.[43]

사람들이 보기에는 버핏이 그토록 진보주의적인 관점을 가졌다는 것과, 그가 사회를 위해 더 적극적으로 노력하지 않는 모습이 상충적이었다. 버핏처럼 자선에 대해 회의적이었던 멍거조차 거액을 기부했을 뿐 아니라 자신이 기부한 어떤 사립학교와 병원에서 이사로 깊이 관여하며 재능 기부에도 열심이었다. 하지만 버핏은 **기부자 명단에 이**

름을 올리는 것을 극구 사양했다. 그의 자선 울렁증을 보여주는 단적인 사례가 있었다. 저명한 TV 제작자 노먼 리어가 자신이 설립한 비즈니스 엔터프라이즈 트러스트Business Enterprise Trust라는 한 교육 프로그램의 시상식에서 버핏에게 간단한 자기소개를 부탁했다. 버핏은 사회적 책임을 실천하는 기업가들을 후원하는 그 프로그램에 관여한 바도 있거니와 어쨌든 시상식에 참석할 예정이었다. 하지만 그는 리어의 요청을 매몰차게 거절했다. 이유인즉슨 한 달에도 그런 요청을 50번은 받는다고 했다. 몹시 당황한 리어는 믿지 못하겠다는 듯 덧붙였다. "무대 위로 열두 걸음 걸어나가 딱 32초만 마이크를 잡으면 충분합니다."

버핏의 입장에서는 모두가 자신에게 무언가를 원했다. 카메라를 목에 건 관광객들이 다채로운 민속 의상을 입은 원주민을 보고 연신 셔터를 눌러대듯 말이다. 캐서린 그레이엄이 정확히 파악한 것처럼 버핏은 이에 대한 나름의 방어 전략을 만들었다. 다른 많은 분야에서와 마찬가지로 자선 활동에서도 자신이 주도권을 갖고 **자신만의** 의제를 정하는 것이었다. 돈을 단단히 틀어쥐는 것은 통제력을 유지하는 하나의 방법이었다. 가령 《포스트》의 주식은 하나도 없고 그저 배달 소년이던 10대 때도 신문 배달로 번 돈에는 어머니조차 손가락 하나 못 대게 할 정도로 자신의 돈에 애착이 강했다.

어릴 적의 그런 기질은 나이를 먹어서도 그의 안에 그대로 살아 있었다. 물론 지금은 액수가 그때랑 비교도 되지 않았지만 자신이 소유한 버크셔 주식 47만 4,998주에 대한 애착은 다르지 않았다.[44] 빌 게이츠는 자신이 보유한 마이크로소프트의 일부 지분을 더러 매각했고 크라이슬러의 회생을 주도한 전설적인 경영자 리도 앤서니 아이어코카Lido Anthony 'Lee' Iacocca도 크라이슬러 주식을 일부 처분했다. 그처럼 미국 산업계에는 자사의 주식을 팔았던 경영자가 아주 많았다. 하지만 버핏은 자신이 직접 그린 대작의 한 귀퉁이조차도 팔지 않았다. 25년간 버크셔 주식을 단 한 주도 팔지 않았다. 요컨대 버크셔의 괄목상대한 성장을 상징적으로 대변하는 결과물에서 즉 천정부지로 치솟은 버크셔의 주식으로 버핏은 단 1센트도 개인 주머니에 챙기지 않았다.

버핏은 사회의 관점에서 보면 그것이 좋은 일이라고 주장했다. 그가 예전에 기부할 수도 있었던 푼돈이 이제는 결코 푼돈이 아니었으니 말이다. 버핏에게는 10센트가 그냥 10센트가 아니었다. 나중에 수많은 25센트로 50센트로 불어날 종잣돈이었다. 버핏은 자신이 "죽은 뒤에도 지금처럼 사회적 본질과 관련된 심각한 문제들이 계속"될 거라고 말했다.[45] 그는 자신의 주식을 아내 수전에게 상속하고, 남은 사람마저 사망하면 버크셔 주식이 재단에 자동적으로 기증되도록 계획을 세워두었다. 그때부터는 사회가 그의 돈으로 막대한 혜택을 누리겠지만, 자신이 살아 있는 동안에 그의 역할은 미래 사회를 위해 돈을 쌓고 또 쌓는 일이었다. 이런 논리에 누가 틀렸다고 반박할 수 있겠는가. 그러나 분명 강박이기도 했다. 솔직히 버핏이 1980년대 후반부터 1990년대 초반까지 매년 사회의 '심각한 문제들'을 해결하는 데에 수천만 달러를 기부했더라도 버크셔의 주가가 상승한 덕분에 최소한 장부 가치로 보면 개인 재산이 단 1퍼센트도 줄어들지 않았을 수도 있었다.

행여 재산을 통제하고 싶은 욕구가 자신의 삶은 물론이고 자신의 죽음까지 통제하고 싶은 그의 욕구와 조금이라도 맞닿아 있는 것은 아닐까? 하긴 위대한 삶의 여정이 한창일 때 영원히 살고 싶지 않은 사람이 있을까. 또한 영원히 살 수 있다고 믿는 것도 지극히 인간다운 감정이다. 게다가 버핏은 평생 죽음에 대한 두려움에서 벗어나지 못했다. 그랬으니 버크셔를 자신의 손으로 통제하는 것이 그 두려움을 달래주었는지도 모르겠다. 버펄로의 어떤 판사가 말했듯 "헤아릴 수 없는 인간의 마음"속에서는 말이다. 어쩌면 전쟁이 한창일 때 하늘의 부름을 받을 수 없다던 링컨 대통령처럼 그도 자신의 전쟁이 한창일 때는 하늘의 부름을 받지 않을 것이다. 그리고 그가 계속 돈을 쌓는 동안에는 그의 전쟁이 끝나지 않을 것이다.

20장 현금 공포증이 야기한 투자 실패?

검은 월요일의 기억이 희미해지자 월스트리트는 온통 맑음이었다. 주식시장은 반등해 최고 기록을 내리 갈아치웠고 기업 사냥꾼들은 레버리지(leverage, 영어로 'leverage'란 지렛대를 의미한다. 안전성을 추구하는 저축과 달리 투자에서는 종종 레버리지 효과가 발생하게 된다. 금융에서는 실제 가격 변동률보다 몇 배 많은 투자수익률이 발생하는 현상을 지렛대로 비유해 레버리지로 표현한다.) 매수라는 새로운 광풍을 만들어냈다. 이번이 파도라면 지난 열풍들은 잔잔한 물결이었다. 1980년대 말의 수학은 단순했다. 어떤 기업이든 자산과 부채를 맞바꾸기만 해도 세제상의 혜택 덕분에 곧바로 가치가 상승했다. 게다가 모든 기업이 그 전략으로 풍성한 수확을 얻을 수 있다고 여겨졌다.

탐욕이 두려움을 이겼다는 확실한 징후들이 사방에서 보였다. 무엇보다 투자은행들이 '종합 금융'에 뛰어들었다. 이는 그들이 LBO를 중개했을 뿐 아니라 위험을 무릅쓰고 자기자본으로 기업들을 직접 인수했다는 뜻이었다. 심지어 전통주의적인 접근법을 고수하던 살로몬 브라더스의 존 굿프렌드 CEO도 그 게임에 발을 담갔다. 그 바람에 살로몬의 사외이사였던 버핏과 멍거가 인수합병 시대의 후반기를 유리창 너머로 생생히 지켜볼 수 있게 되었다.

둘은 좋은 경찰과 나쁜 경찰 역할을 완벽하게 해냈다. 거래 제안이 있으면 '좋은' 이사인 버핏이 살로몬의 은행가들에게 외교술을 발휘해 두루뭉술하게 질문했다. 그런 다음 나쁜 이사인 멍거가 나서서 거래를 박살 내버렸다. 일례로 살로몬의 한 고위 임원은 어떤 주유소 체인에 대한 인수 제안이 버핏과 멍거 콤비의 '활약'으로 이사회를 통과하지 못한 일을 두고 그들이 "발표장을 완전히 갈아엎어 버렸다"고 회고했다.

살로몬에서 종합 금융 부문의 총 책임자 마이클 지머맨은 버핏의 태도를 간단히 정리했다. "그는 자본으로 거래하는 것이 타당하지 않으면 부채로 거래하는 것도 이치에 맞지 않다는 주의였습니다." 버핏은 응당 은행가라면 재무제표를 '손볼' 것이 아니라 우량 기업들을 찾는 데에 초점을 맞춰야 한다고 생각했다. 하지만 오해하기 전에 말하지만 인수 거래를 무조건 반대한 것은 결코 아니었다.

1988년 10월 어느 일요일 저녁 버핏은 오마하의 집에 있다가 굿프렌드로부터 다급한 전화를 받았다. 굿프렌드는 맨해튼 5번가에 있는 자신의 아파트에서 일단의 살로몬 은행가들과 회의 중이었다. 지난 수요일 윈스턴, 살렘 같은 담배와 리츠 크래커와 오레오 쿠키를 제조하는 담배식품회사 RJR 내비스코의 CEO F프레더릭 로스 존슨이 자신의 회사를 직접 인수 시장에 내놓았다. 경영진 차입매수 MBO 제안이었다. 존슨이 선택한 투자은행은 아메리칸 익스프레스의 자회사 시어슨 리먼 허턴이었다. 시가 총액 기준 재계 19위였던 내비스코의 LBO 거래는 그야말로 초대형이었다. 그 소식이 세상에 알려지자마자 월스트리트의 모든 투자은행이 벌떼처럼 그 거래에 '숟가락'을 얹기 위한 계획에 착수했다. 굿프렌드가 버핏에게 전화한 것도 경쟁 입찰을 앞두고 있었기 때문이었다. 살로몬의 은행가들은 버핏에게서 두 가지를 확인하고 싶었다. 첫째, 살로몬의 이사이자 대주주로서 버핏이 그 거래를 승인해 줄 것인지, 둘째 버크셔가 무한 책임 파트너 즉 GP로 1억 달러를 태울 것인지 알고 싶었다.[1]

살로몬의 은행가들은 몰랐지만 버핏은 로스 존슨이 발표한 직후부터 며칠간 RJR 내비스코 주식을 야금야금 사 모았다.[2] 게다가 앞서 기술했듯, 버핏은 1980년대 초반에 그 주식을 보유한 전력도 있었다. 살로몬의 수석 투자 은행가 제이 히긴스가 그 회사의 강점을 설명하기 시작하자 버핏의 중서부 사람 특유의 콧소리가 스피커폰으로 흘러나왔다.

"경제성에 대해서는 설명하지 않아도 됩니다. 그 회사가 대단한 거야 저도 압니다. 그들은 원가가 1센트인 제품을 100배나 높은 1달러에 그것도 중독자들에게 팔고 브랜드 충성도도 아주 강력하죠."[3]

한때 버핏과 멍거는 테네시 멤피스에 본사가 있는 씹는 담배 제조업체 콘우드 컴퍼니를 인수할 뻔했던 적이 있었다. 하지만 둘은 경제성이 아무리 좋아도 담배 산업에는 발을 들이지 말자며 막판에 뒤집었다. 버핏은 살로몬의 은행가들과 통화하면서도 그런 생각이 머리를 맴돌았다.

"그런데 그 회사의 제품 자체가 좀 문제가 있습니다"라고 버핏이 냉소적인 발언을 이어갔다. "제 묘비에 담배 회사의 동업자였다는 사실이 기재되는 것은 싫습니다." 하지만 살로몬은 버핏이 참여하지 않아도 계약을 계속 추진할 수 있었다.

이튿날 글로벌 투자은행 콜버그 크래비스 로버츠Kohlberg Kravis Roberts, KKR가 입찰팀을 꾸려 제안서를 제출했다. 이에 살로몬도 시어슨-로스 존슨의 경영자 입찰 팀에 합류했다. 드디어 월스트리트 역사에서 사상 유래없는 입찰 전쟁의 막이 올랐다. 역대 최대 규모의 거래가 코앞에 와있었고 오랜 시간 담금질해온 인수 열병은 기세를 더해갔다. 마침내 인수합병 광풍은 절정에 이르렀고 오레오를 품에 안기 위한 비용이 천정부지로 치솟았다.

막판에 KKR은 입찰에서 유리한 위치를 차지하려 비장의 카드를 꺼냈다. 거래가 최종 타결된 뒤 적당한 때가 되면 자사가 LBO 자금을 마련하기 위해 팔았던 정크본드의 금리를 "재조정"하겠다고 약속한 것이다. 다시 말해 RJR 내비스코는 실적이 **부진**할수록 지불해야 하는 이자가 **상승**하는 조건이었다(대출 금리가 '조정'되는 모기지로 주택을 구입한다고 생각하면 이해가 쉬울 것이다. 집주인이 실직하면 금리가 2배로 치솟는다). KKR이 그런 거래를 제안한 이유야 척하면 삼천리다. 거래만 따오면 KKR은 7,500만 달러의 수수료를 당장 챙길 터이니 내비스코 투자자들이야 어떻게 되든 안중에도 없었다.[4] 굿프렌드가 KKR의 정크본드 금리 '조정'에 맞불 작전을 펼칠 기회가 있었다. 하지만 다행스럽게도 그가 그 카드를 거부했고, RJR 내비스코는 KKR의 품에 안겼다.[5]

KKR이 사상 최대 인수 전쟁의 승자가 되자 버핏은 RJR 내비스코 주식을 추가로 매수했다. 이는 단기 차익을 노린 매수였다(거래가 타결되는 쪽에 도박을 걸었다). 버크셔는 그런 차익 거래로 순식간에 6,400만 달러의 수익을 올리게 된다.[6] 차익 거래에 대한 버핏의 혐오감은 널리 알려져 있었고 따라서 이번 일로 그를 위선자라며 곱지 않게 보는 시선들도 있었다. 하지만 버핏은 생각이 달랐다. 인수 거래가 테이블에 오르면 그는 늘 그렇듯 오직 수익과 손실에만 초점을 맞춰 위험과 보상을 분석했다. 또한 그는 비어트리스, 메이시스 백화점의 전신 페더레이티드 백화점, 식료품 가공업체 크래프트, 가구업체 인터코, 세븐일레븐의 모회사 사우스랜드를 비롯해 여타의 LBO 거래 대상 주식들에 대한 차익 거래로 수익을 달성했다.[7]

하지만 버핏은 자신에게 차익 거래를 가르쳐준 벤저민 그레이엄처럼 월스트리트의 일반적인 차익 거래자들과 다른 점이 있었다. 차익 거래의 인기가 달아오르면 버핏은 오히려 열정이 식었다. 몇 해 전 기업 인수에 관한 컬럼비아 경영대학원 세미나에서 버핏은 가짜 화폐 즉 정크본드에 의존하는 은행가들이 언젠가는 인수 시장을 뜨거운 용광로로 만들 거라고 경고했다. RJR 내비스코가 당시로서는 역대 최대 규모인 250억 달러에 매각된 뒤 버핏은 자신의 경고가 더는 단순한 예언이 아니라고 판단했다.

기업 사냥꾼들은 "제로 쿠폰 채권(zero-coupon bond, 무이표 채권이라고도 하며 표면 이자가 없는 대신에 할인율을 적용해 액면가 이하로 발행되고 투자자는 만기일에 액면가를 상환 받는 채권 – 옮긴이)"을 발행해 LBO 자금을 조달했다. 이것은 기업 인수자들이 거액을 차입하면서도 이자 지급을 (그리고 원금 상환을) 수년 뒤로 지연시킬 수 있는 일종의 가짜 화폐였다. 그런 가짜 화폐를 발행하기가 아주 쉽다는 점을 — 아울러 투자자들의 자발적인 불신 유예 성향(suspension of disbelief, 심리와 문학 비평에서 사용하는 용어로 가상의 이야기에 몰입해서 상식적으로나 현실적으로 맞지 않는 부분도 개의치 않게 되는 것을 뜻하며 영국의 시인이자 평론가 새뮤얼 테일러 콜리지Samuel Taylor Coleridge가 주창했다. – 옮긴이)을 — 고려하면 인수 가격이 천정부지로 치솟은 것도 전혀 놀랍지 않다. 이에 대한 버핏의 말을 들어보자.

> 인수 시장에서 몇몇 거래는 금액이 과도하게 부풀려졌어요. 『오즈의 마법사』에서 도로시가 했던 말이 생각나는군요. "토토, 여긴 캔자스가 아닌 거 같아."[8]

버핏이 이 말을 한 것은 RJR 내비스코 거래가 완결될 즈음인 1989년 2월이었다. 그도 어부지리로 수익을 얻었지만, 이제 더는 차익 거래를 하고 싶지 않았다. 그런 거래는 너무 위험했다.

> 버크셔가 지난해 차익 거래로 좋은 실적을 거두었으므로 올
> 해도 차익 거래를 계속하리라 기대하는 분들도 있겠습니다.
> 그러나 우리는 차익 거래에서 발을 뺄 생각입니다.[9]

증시가 강세를 보이자 버핏은 (당시는 코카콜라 주식을 막바지로 쓸어 담
던 중이었다) 주식시장에서도 관망하는 자세를 유지했다. 하지만 버
핏은 현금을 투입할 투자처가 필요했다. 이제는 버크셔가 공룡이 된
탓에 투자처를 발굴하는 것이 훨씬 더 어려운 숙제가 되었다. 버핏
은 버핏 파트너십의 초창기부터 언젠가는 평균 회귀의 법칙(law of
averages, 좋은 시절이 있으면 나쁜 시절도 있어서 결국 장기적으로는 평균에 수렴
한다는 법칙 – 옮긴이)이 자신을 덮칠 거라고 예견해 왔다. 다행히도 아직
까지는 그런 운명의 날을 미룰 수 있었지만, 1989년 주주 서한에서처
럼 그는 경계를 늦추지 않았다. "높은 성장률도 종국에는 끝이 있기
마련입니다."[10] 중력을 거슬러 높은 수익률을 지속하려면 방법은 하
나뿐이었다. 돈을 굴려야 했다.

그런 강박적인 투자 충동은 위험할 수 있다. 그리고 그것을 부르는
안성맞춤의 용어가 있다. 바로 현금 공포증(rhinophobia, 현금을 뜻하는
속어 rhino와 공포증의 phobia가 합쳐진 것이다. – 옮긴이)이다. 이는 투자자
들의 고질병으로 말 그대로 "현금을 놀리고 있는 것에 대한 공포증"
을 뜻한다.*[11] 버핏도 그런 감정을 솔직하게 인정했다. 노는 현금이 있

---

* 현금 공포증은 주식 중개인에서 작가로 변신한 프레드 슈웨드 주니어(Fred Schwed, Jr.)
가 주식시장을 신랄하게 풍자하는 1940년 저서 『고객의 요트는 어디에 있는가(Where

으면 투자하고 싶은 "엄청난 유혹"을 느낀다고 말이다.

> 수중에 현금이 있으면 좀이 쑤시는 사람이 있죠. 솔직히 저도
> 그렇습니다. 뭔가를 하고 싶은 욕구가, 참기 힘든 갈증이 꿈틀
> 대죠. 특히 한동안 아무것도 하지 않으면 더 그렇습니다.[12]

1989년 후반기 버핏은 드디어 뭔가를 했다. 갑작스러운 충동에 이끌려 3종목을 대량 매수했는데 — 질레트, US항공, 제지 업체 챔피언 인터내셔널 — 전부 합쳐 13억 달러에 이르렀다. 그들 기업 세 곳을 통째로 놓고 보면 그의 통상적인 투자 기준에 못 미쳤다. 세계 면도날 시장을 지배하던 질레트는 버핏의 전형적인 기호품이었지만, US항공과 챔피언은 자본 집약적인 업종들로 한마디로 돈 먹는 하마들인 데다 그가 이제까지 투자해서 재미를 보았던 종목도 아니었다 (특히 챔피언은 그의 과거 투자 실패들과 모종의 공통점이 있었다. 버핏은 인플레이션의 위험을 상쇄하기 위해 챔피언에 투자했다).[13]

버크셔는 각 회사에서 신규로 발행하는 전환 우선주를 매입했다. 이는 살로몬 브라더스의 주식을 매입했을 때와 동일한 기법이었다. 코카콜라처럼 인지도 높은 소비자 브랜드 질레트를 제외하고 버핏은 나머지 두 회사의 전망에 별다른 기대가 없었다.[14] 그렇기 때문에 그들 회사의 (확정 배당률) 전환주를 매입했다. 솔직히 버핏조차도 "코카

Are the Customers' Yachts?)』에서 처음 소개한 용어다. 당시 슈웨드는 버핏 같은 알뜰한 실속파들을 한둘 정도 알았던 것 같다. 그는 "먹고 마시며 일시적 쾌락을 추구하는 데에 돈을 쓰는 것을 낭비라고 생각하는 짠돌이들"이 현금 공포증에 걸릴 위험이 높다고 주장했다. "그들은 저녁에 1점당 0.25센트 내기 브리지 게임을 하다가 17달러를 잃으면 십중팔구 몹시 낙담해 우거지상을 하고 집으로 돌아간다."

콜라 같은 기업이 4개만 더 있다면 그들 주식은 쳐다보지도 않을 것"이라고 다소 우울하게 말했다.[15]

한편 이번 투자들의 배후에는 공통점이 있었다. 세 회사 모두 기업 사냥꾼들의 위협을 받고 있었다. 질레트는 로널드 페렐만의 '간택'을 받았고, US항공은 뉴욕의 자금 관리자 마이클 스타인하트가 눈독을 들였으며, 챔피언도 구체적인 사냥꾼 이름은 드러나지 않았어도 기업 사냥의 표적이라고 여겨졌다. 버핏은 《포스트》와의 인터뷰에서 말했다. "유능한 경영진이 있다면 능력을 맘껏 펼치도록 시간을 줘야 합니다."[16] 이제 그들 기업 각각은 사냥꾼들로부터 보호해 주는 버핏이라는 '고릴라'가 생겼다. 그에 대한 보답으로 버크셔는 평균 9퍼센트의 확정 쿠폰 즉 이자 그리고 주가가 상승할 경우 보통주로 ('로또 복권'이었다) 전환할 수 있는 선택권을 갖게 되었다.

하지만 버핏의 최근 행보들을 바라보는 시선은 부정적이었다. 캐피털 시티즈에서 버핏은 여느 투자자들과 똑같이 보통주를 매수했지만, 새로운 거래들에서는 오직 자신에게만 특혜를 주는 특별 담보를 협상했다. 일례로 《월스트리트 저널》의 기자 린다 샌들러는 버핏이 피투자 기업 CEO들의 자리를 보전해 주는 대가로 버크셔를 위해 높은 할인 쿠폰을 강탈한다고 직격탄을 날렸다.

> 월스트리트에는 버핏 씨의 특별한 거래들이 일종의 백기사 놀이로 변질되었다고 우려하는 투자자들이 많다. 그들은 예전 솔 스타인버그 같은 기업 사냥꾼들이 "그린메일"을 받고 사냥을 중단했던 반면, 버핏 씨는 경영자들의 곁에서 손을 잡아주고 "화이트메일(whitemail, 주식 저가 매입 담합을 말하며 적대적 피인수 위험에 처한 기업이 인수 시도를 물리치기 위해 사용하는

방어 전략이다. – 옮긴이)"을 받는다고 지적한다.[17]

샌들러는 그것이 명백히 CEO들과의 공모 거래(sweetheart deal, 불법적 담합에 의한 비윤리적인 거래로 가령 노조 간부와 경영자가 결탁해 노동자에게 불리한 저임금 계약을 체결하는 등의 행위를 말한다. – 옮긴이)이며 주주들은 인수 과정에서 주식을 매도할 자유를 박탈당했다고 덧붙였다. 《포브스》도 비슷한 주장을 했다.

> 양 당사자인 버핏과 경영진 모두 거래에서 각자 원하는 바를 챙긴다…. 워런 버핏이 적대적 인수에서 막아주는 대가로 얼마를 받는지 몹시 궁금할 따름이다.[18]

당연한 말이지만 버핏은 질레트, US항공, 챔피언의 주주들에게 아무 **책임**이 없었다. 오히려 그는 버크셔에게 유리한 거래를 해야 하는 책임이 있었다. 그러나 세상은 도덕주의자들을 판단할 때는 훨씬 엄격한 잣대를 들이대는 법이다. 버핏은 갑자기 수세에 몰리자 공든 탑이 무너지랴 자신의 좋은 평판을 보호하고 싶어 마음이 급해진 듯 보였다. "화이트메일" 거래가 있고 난 후 주주들에게 보낸 서한에서 이렇게 주장했다.

> …우리가 전환 우선주를 매입한 기업들의 주주들은 향후 몇 년 동안 이익을 볼 것입니다. 이제 각 회사는 안정적이고 우호적이며 이해관계가 있는 대주주(interested shareholder, 회사의 결정에 직, 간접적으로 영향을 미칠 정도의 의결권이 있는 주주 – 옮긴이)가 생겼다는 사실이 유익하게 작용할 것입니다….[19]

워런 버핏

이런 주장에 문제가 하나 있다. 모든 CEO가 — 또는 버핏이 좋아하는 모든 CEO가 — 보호받을 가치가 있으며 잠재된 이해 충돌을 공정하게 다룰 거라고 가정하는 것이다. 하지만 모든 CEO가 캐피털시티즈의 토머스 머피인 것은 아니다. 컬럼비아 경영대학원 세미나에서 버핏 자신도 인수 과정이 원활하지 못할 가능성은 있겠지만 궁극적으로는 "작은 종잇조각(들)"을 소유한 사람들 즉 주주들이 매각 결정을 해야 한다고 주장했다.

챔피언은 특히나 의심스러웠다. CEO 앤드루 시글러는 기업 인수에 대한 강력한 반대자인 데다, 거대 기업들의 이익을 옹호하는 로비 단체 비즈니스 원탁의 회원이었다. 시글러는 회사 설비에 막대한 돈을 투자했지만 결국 주주 가치를 창출하는 데에 실패했다. 지난 10년간 챔피언의 주식과 관련된 희소식을 굳이 꼽으라면 어느 해에 주가가 3퍼센트 상승한 것이 고작이었다. 제지 업계에서도 챔피언의 주가 수익률은 꼴찌 중의 하나였다.[20]

시글러의 참담한 실적에 영향을 받지 않은 인물이 딱 하나 있었다. 바로 앤드류 시글러 자신이었다. 부진의 늪에 빠져 있던 1989년 시글러의 연봉은 80만 달러였고 "성과 보수" 명목으로 42만 5,000달러를 따로 가져갔다. **여기에다** 챔피언의 낮은 주가를 이용해 스스로 3만 1,000주에 대한 옵션까지 챙겼다. 이듬해 챔피언의 수익은 반 토막이 났다. 하지만 시글러의 탐욕은 멈출 줄 몰랐다. 자신의 연봉을 120만 달러로 인상했고 자신이 개인적으로 고용한 세금 담당자의 수수료도 회사 경비로 처리했다. 그것이 자그마치 2만 8,000달러였다. 심지어 또다시 옵션을 받았는데 작년의 1.5배보다 조금 많은 4만 7,000주였다.

널리 알려진 대로 버핏은 이제까지 옵션에 대해 날선 비판을 이어왔다.[21] 특히 실적이 저조한 CEO들이 옵션을 받는 것에 핏대를 올렸다. 그랬으니 챔피언에 눈독을 들였던 사람이라면 어째서 버핏이 옵션의 대마왕 같은 시글러의 백기사로 나서 자신의 행동을 막았는지 쉽게 이해되지 않았을 것이다.

반면 질레트와 US항공의 경영진은 이야기가 달랐다. 먼저, 중간 정도의 시장 규모를 가진 도시들에 허브 공항을 거느린 US항공은 전국적인 항공사로 발돋움하고 있었다. 하지만 아직은 통합 작업이 마무리되지 못한 상태였고, 따라서 시간과 약간의 '보호'를 보장하는 전략적 관계가 필요해 보였다. 한편 질레트는 말 그대로 돈 찍는 기계였다.

버핏의 조건들이 일반 개미 투자자가 공모주에서 얻을 수 있는 혜택보다 **더 유리**했던 것은 부인할 수 없는 사실이다.[22] 그러나 그를 비판하는 사람들이 주장하는 것만큼은 아니었다. 가령 버크셔는 계약 조건에 묶여 각사의 주식을 10년간 매도하는 것이 금지되었고, 월스트리트에서 10년이면 영원보다도 긴 시간이다. 솔직히 자금 관리자 대부분은 버핏 같은 "공모 거래"를 거부했을 것이다.

그럼에도 불구하고 그 거래들에는 사실 찜찜한 측면이 있었다. 어딘지 내부자 거래라는 불온한 냄새를 풍겼는데, 각 회사의 이사회에 그와 지나치게 친밀해 보이는 얼굴들이 보였다. 게다가 하필 그가 그해에 670만 달러를 들여 좀 더 호화로운 전용기를 구입했는데 이것마저 의심을 받을 여지가 있었다. 실제로도 어쩌면 단순한 우연의 일치가 아니었을 수도 있었다. 버핏은 1989년 주주 서한에서 자신이 누리는 그 유일한 혜택을 두고 스스로를 마음껏 놀렸다(자신의 연봉이 겨우 10만 달러라는 사실은 입 밖에도 내지 않았다). 그는 새 전용기 구입 대금이 "지금의 금리로 매년 100퍼센트 복리로" 오른다면 "얼마 지나지 않아 전용기를 구입하는 데 버크셔의 순자산이 통째로 들어갈" 판이라고 설레발을 쳤다.[23] 하지만 그가 **인디펜서블**(Indefensible, 특히 도덕적으로 변명이나 옹호의 여지가 없다는 뜻이다. - 옮긴이)이라고 재치 있는 이름을 붙여준 전용기는 그가 오마하 외부에서 매우 중요한 사람들과 더 많은 시간을 보낸다는 사실을 반증했다.

1980년대 말이 되자 시골 양반인 버핏은 어디를 가나 아는 사람이 있는 것 같았다. 기업 이사회, 프로미식축구 챔피언 결정전 슈퍼볼, 영화배우 폴 뉴먼이나 에드워드 케네디 상원의원 같은 유명인들이 참석하는 파티 등에 갈 때마다 전용기가 그의 발이 되어 주었다.[24] 또한 유명 CEO들의 사교 모임인 코퍼레이트 아메리카 팀과 브리지게임을 즐겼고, 특히 17세기에 지어진 《포브스》의 발행인 말콤 포브스의 호화로운 런던 저택 올드 배터시에서 의원들과 브리지 대결을 펼치기도 했다. 심지어 어떤 컨퍼런스에서 누군가가 대통령을 만나면 어떤 금융 조언을 해줄 것인지 질문하자 그는 솔직히 지난 토요일에 조지 H. W. 부시 대통령과 저녁 식사를 같이했다고 대답했다.[25]

아내 수전은 딸한테 그랬듯 워런한테도 이제는 좀 "품위 있게" 입으라고 잔소리했다. 한번은 수전이 오마하를 방문했을 때 딸과 함께 버핏을 억지로 끌고 나가 1,500달러짜리 제냐 양복을 사게 만들었다. 그때부터 이탈리아 고급 남성복 브랜드 제냐가 체리코크와 전용기와 비슷한 그의 최애 유니폼이 되었다(그러나 버핏은 점원이 양복을 맞춤 주문하라고 간곡히 권하는데도 한사코 거절했다. 제냐의 뉴욕 매장을 약속도 없이 찾아가 기성품 여러 벌을 한꺼번에 구입하는 것을 더 좋아했다).[26]

그의 새로운 인맥은 놀랍도록 넓었다. 보스턴에 가면 《보스턴 글로브》의 편집장 토머스 윈십과 경제학자 존 케네스 갤브레이스 같은 사람들과 어울렸다. 특히 윈십은 화려한 인맥을 자랑하는 버핏이 "대단한 친구 **수집가**"라고 말했다. 주식을 수집하고 장기간 보유하는 취미를 가진 사람에 대한 아주 재미있는 표현이었다. 뿐만 아니라 워싱턴과 캘리포니아에도 각각 친구 사단이 있었다. 한 친구는 수전과 워런이 뉴욕에 올 때는 "보통의 뉴욕 방문자들처럼" 아는 사람들을 전부 만나려 일종의 "프로그램"을 짠 것 같았다고 말했다.

버핏은 최측근들과는 — 캐서린 그레이엄, 캐럴 루미스, 토머스 머피, 찰리 멍거, 빌 루안 등을 포함하는 집단 — 여전히 자주 만났다. 하지만 리처드 홀랜드를 비롯해 오마하의 친구들은 그의 부재를 다른 말로 그가 자신들과 보내는 시간이 줄었다는 것을 체감했다. 버크셔의 재무 담당자 베른 매켄지는 버핏이 일주일에 최소 하루 이틀은 오마하를 비웠다고 기억했다.

그가 다른 영역들에서는 시대에 뒤떨어진 편이면서도, 사교 활동에서는 '핫피플'이었다. 버핏은 사교계 명사라도 된 듯 전용기를 타고 미국 대륙의 동서를 분주히 오갔다. 가령 서부 해안 로스앤젤레스로 날아가 아카데미 시상식에서 컨트리 가수 돌리 파튼과 만찬을 즐겼고[27], 동북부의 마서즈비니어드 섬에 있는 캐서린 그레이엄의 저택에서 낸시 레이건과 CBS의 간판 시사 프로그램 〈60분〉의 전설적인 진행자 마이크 월리스 등등과 만남을 가졌다.[28] 또 하루는 샌프란시스코에 들러 아내 수전을 태워 캘리포니아 사막 한가운데의 고급 휴양지 팜 스프링스에 있는 출판 재벌 월터 애넌버그의 호화 저택도 방문했다. 만개한 꽃들, 은빛 잎사귀의 관목, 다양한 형태로 다듬은 관목들이 즐비한 그곳에 월마트 창업자 새뮤얼 월턴도 참석했다.

이런 유력 인사들 사이에서 버핏은 인기가 있었다. 시쳇말로 돈 냄새를 풍기지 않아서였다. 그는 여전히 소탈한 옛날식 표현을 즐겨 사용했는데 이것이 어딘가 1930년대를 연상시켰다(가령 "통화 중"이라고 말할 때 "I'm on the wire"보다는 "I'm on the phone"이라고 말하는 식이었다). 1988년 캐나다 캘거리 동계 올림픽에 ABC와 토머스 머피의 손님 자격으로 참석했을 때는 원시의 아름다움이 보존된 루이즈 호수에서 점심하자는 초대를 피해 시내에 처박혀 일에 몰두했다. ABC의 드라마 작가이자 제작자 아그네스 닉슨은 올림픽에서 버핏을 만나고는 그가 카우보이이기도 했던 유머리스트 "윌 로저스의 환생"이라며 감탄했다. 심지어 자신이 제작 중인 주간晝間 연속극 〈러빙Loving〉에 카메오로 출연해 달라고도 부탁했다. 버핏은 뉴욕에서 촬영을 마친 뒤 닉슨을 포함해 ABC 관계자들과 이스트사이드에 위치한 북이탈리아 레스토랑 브라보 지아니에서 저녁을 함께했다. 식사를 마치고 나오던 닉슨의 시야에 때마침 레스토랑을 나서던 독일 출신의 미국 TV 방송 재벌 존 클루게가 눈에 들어왔다. 클루게는 대기 중이던 리무진에 올랐고 버핏은 보도로 내려가 손을 들고 택시를 잡았다.[29]

버핏은 자신이 상류 사회를 잠시 왔다 가는 일종의 나그네로 묘사하는 것을 좋아했다. 널리 알려진 그의 순진한 일면을 단적으로 보여주는 일화들은 무궁무진했다. 예컨대 어떤 디너파티에 참석했다가 유명 패션 디자이너이자 사교계 명사이며 당시에는 헨리 크래비스의 아내였던 캐롤라인 로엠의 옆자리에 우연히 앉게 되었다. 로엠이 "제 스테이크 좀 잘라주시겠어요?"라고 물었을 때 버핏은 그것이 상류층에서 새롭게 유행하는 가식인지 아니면 유혹인지 — 이것이 더 나빴다 — 구분이 가지 않았다. 버핏은 식사 내내 그녀를 철저히 무시했고, 거의 손도 대지 않은 그녀의 스테이크 접시가 치워졌을 때 그는 경악했다. 그녀가 한쪽 손목에 깁스를 하고 있었던 것이다.[30]

그는 자신의 순박한 이미지는 좋았지만 어엿한 유명 인사가 된 현실에는 불편한 듯 보였다. 일례로 TV 연속극 〈유명한 부자들의 라이프스타일〉에 카메오로 출연한 뒤 그는 몹시 민망해서 제작진이 알리지도 않고 자신이 나오는 장면을 짜깁기했다고 여기저기 떠들고 다녔다. 그러나 그건 사실이 아니었다. 정확히 말하면 버핏은 떡하니 마이크까지 차고 정식으로 인터뷰했다.[31]

1989년 버핏은 불미스러운 사건으로 오마하의 매스컴에 등장했다. 당시 퍼니처 마트는 카펫 여왕 B 여사의 두 손자 로널드와 어빈이 운영했는데, 그들이 카펫 사업부에서 B 여사의 모든 권한을 박탈했다. 분한 마음에 가게를 그만두고 뛰쳐나간 그녀는 버핏이 자신을 헌신짝처럼 내다버렸다고 비난했으며 두 손자를 "히틀러들"이라고 대놓고 모욕했다.[32]

오마하에서 B 여사의 집안싸움은 대단한 뉴스거리였다. 아마 전 세계 다른 모든 곳에서 영국 왕실의 찰스 황태자(본명은 Charles Philip Arthur George, 공식 명칭은 Charles, Prince of Wales이다. – 옮긴이)와 다이애나 황태자비(본명은 Diana Frances Spencer, 공식 직함은 Diana, Princess of Wales이다. – 옮긴이)의 불화만큼이나 뜨거운 관심을 끌었다. B 여사는 두 손자가 허구한 날 "회의"한답시고 아까운 시간을 허비하고 "백만장자"처럼 사치스럽게 산다며, 은혜도 모르는 배은망덕한 망나니라고 비난했다. 뒤이어 그녀는 비통한 심정을 토해냈다. "저승 갈 날이 멀지 않은 이 나이에 그런 일을 당하면 억장이 무너진다우."[33]

아흔다섯이라는 나이가 무색할 정도로 정력적인 그녀가 몇 달간 집에 콕 박혀 지냈다. 그리고 와신상담 끝에 이제 자신의 철천지원수가 된 퍼니처 마트 바로 옆에 새로운 가구점을 열었다. "B 여사의 창고Mrs B' Warehouse"였다.

"그 일로 가슴이 찢어졌다오"라고 어느 일요일 새 가구점에서 예전처럼 카트를 타고 카펫들의 바다를 누비며 B 여사가 말했다. 그러고는 "복수하러 깡으로" 버틴다고 냉큼 덧붙였다.

B 여사의 일로 마음이 계속 무거웠던 버핏은 어떻게든 화해하고

싶어 B 여사의 생일에 분홍색 장미 24송이를 보냈다. 그러나 어디까지나 사업상의 일이니만큼 그는 자신의 경영진을 공개적으로 지지했다. 주주들에게 불행한 그 사건에 대해 보고하면서, 그는 B 여사의 아들 루이를 비롯해 두 손자 로널드와 어빈이 "장사 수완이 뛰어나다"라고 두둔했다.

> 아마 사업에 있어서는 B 여사가 생존하는 미국인 중에서 가장 현명한 결정을 해왔겠지만 이번 경우는 B 여사의 다른 가족 구성원들의 결정이 완벽히 옳다고 생각합니다. 지난 3년간 퍼니처 마트의 다른 사업부는 매출이 24퍼센트 상승했지만 유독 카펫 매출은 하락했습니다….[34]

만약 버핏이 B 여사의 입장이었다면 어땠을까? 십중팔구는 그녀와 똑같이 억울하다고 바락바락 뻗댔을 것이다. 솔직히 바로 그런 악바리 성정도 그가 그녀를 존경하는 이유 중 하나였다. B 여사와 갈라서고 얼마 뒤 그는 그녀의 이야기를 하면서 깊은 연민을 드러냈다.

> B 여사가 분별력을 잃은 것은 절대 아닙니다. 어떤 모습, 어떤 형태, 어떤 방식으로도 분별력을 잃지 않았습니다. 단지 어쩌다 보니 퍼니처 마트를 경영하는 두 손자에게 악감정을 갖고 말았습니다. 그녀를 옹호하려는 것이 아닙니다. 저도 그녀가 심했다고 생각합니다. 그들도 가끔 하루씩 쉬면서 가족과 시간을 보내고 싶어합니다. 그게 비난받을 짓은 아니지요. 게다가 그들이 훌륭한 사람들이라는 것은 제가 보증합니다. 다만 B 여사만큼 일 중독자가 아닐 뿐입니다…. 그녀가 원만한 가

족 관계를 갖지 못했다는 점에서는 같은 인간으로서 저도 가슴이 아픕니다. 하지만 그들은 B 여사가 걸어온 길보다 수월한 삶을 살아왔습니다. 이 또한 그들의 잘못은 아닙니다.[35]

B 여사의 부재는 버크셔에 아무 영향을 미치지 않았을 뿐더러 버크셔 주가는 1989년 9월 주당 8,750달러로 사상 최고치를 경신했다. 그러나 버핏의 고질병이 도졌다. 그의 경력 내내 희한하게 반복되었던 것처럼 이번에도 강세장이 되자 불안감이 최고조에 달했다. 그는 투자 기회가 줄어들어 우울했고 버크셔와 관련해서도 비관적인 기분을 떨칠 수 없었다.

이에 대한 그의 탁월한 대응은 아무리 칭찬해도 지나치지 않았다. 그는 질레트, US항공 등등의 전환 우선주를 매입했던 방법을 역으로 선택했다. 버크셔 주식으로 전환될 수 있는 전환 사채convertible bond, CB를 발행해 4억 달러를 마련한 것이다. 그 채권을 매입한 사람들은 확정 수익률을 보장받았고 버크셔의 주식에 대한 '복권'을 동시에 거머쥐었다.

이번에는 버핏의 조건들이 설탕보다 더 달콤했다. 첫째, 채권 금리는 5.5퍼센트에 불과했다. 낮은 금리는 버크셔 주가가 계속 상승할 거라는 투자자들의 믿음을 보여주는 척도였다(그들은 확정 금리보다 미래의 복권에 돈을 걸었다).

게다가 15년짜리 '제로 쿠폰' 채권이었기 때문에 버크셔는 이자를 빚졌지만 만기 때까지 이자 지급을 유예받았다. 그러나 세법의 독특한 조항 덕분에 버크셔는 마치 이자를 실제로 지급하는 것처럼 만기때까지 이자에 대해 해마다 꼬박꼬박 공제받을 수 있었다.

유리한 조건은 또 있었다. 버크셔는 원한다면 3년 안에 제로 쿠폰 채권들을 상환할 수 있었다. 따라서 투자자들은 단순히 버크셔의 주가가 상승하는 것이 아니라 **조속한 시일 안에** 주가가 상승할 거라는 데에 돈을 걸었던 셈이다. 다만 그들이 간과한 것은, 버핏은 정확히 그 반대에 즉 버크셔의 주가 하락에 돈을 걸었다는 사실이었다.

2주 후 10월, 거의 기정사실화되던 유나이티드 항공에 대한 LBO가 좌절되었다. 차익 거래자들은 — 버핏은 몇 달 전에 그 게임에서 발을 뺐다 — 막대한 손실을 입었고, 주식시장이 단 하루 만에 191포인트가 빠졌다. 이는 연쇄 반응을 일으켜 정크본드 시장이 붕괴했고, 결국 거침없이 내달리던 기업사냥 열차의 엔진이 멈춰 섰다. 특히 정크본드의 황제 드렉설 버넘은 채 몇 달도 버티지 못하고 파산했다. 월스트리트와 부채 사이의 오랜 정사(情事)가 드디어 막을 내렸다. 1990년대 초반 월스트리트는 깊은 침체의 늪으로 빠져들었고 버크셔 주가는 8,000달러 선이 무너졌다.

버핏은 주주 서한에서 버크셔의 순자산이 향후 3년 내 언젠가 (그가 버크셔의 회장이 된 이후 처음으로) 하락할 것이 "거의 확실"하다고 예상하면서 이제까지의 비관적인 전망에 확인도장을 재차 찍었다. 그는 버크셔의 최근 행보를 월스트리트의 현재 위기와 짐짓 객관적인 태도로 결부시켰다. 백화점 블루밍데일스의 모기업 페더레이티드를 포함해 이제 결렬 위험에 처한 많은 LBO도 제로 쿠폰 채권으로 자금을 조달했었다는 것이다. 당연히 버핏의 머릿속에는 더 큰 그림이 있었다. 월스트리트에서는 좋은 아이디어 때문에 오히려 곤경에 처하는 경우가 더러 있었다. 현명한 사람이 처음에 했던 것을 바보가 맨 끝에 가서 따라했기 때문이었다.[36] 쉽게 말해 영리한 사람이 첫차를 바보는 막차를 탔다. LBO와 제로 쿠폰 채권이 바로 그런 사례였다.

주주 서한들에서 보여준 특유의 방식대로 버핏은 이번에도 먼 과

거의 작은 것부터 시작했다. 그는 독자들을 "사과 즉 선악과를 아직 따먹지 않았던 에덴동산"으로 이끌었다.[37]

> 여러분 중에 제 연배인 분이라면 2차 세계대전 중에 처음으로 제로 쿠폰 채권을 샀을 것입니다. 일명 전쟁 채권으로 유명한 시리즈 E 미국 저축채권인데 역사상 가장 많이 팔린 채권입니다.

누구도 그것을 제로 쿠폰 채권이라고 부르지 않았지만, 시리즈 E 저축채권은 이자가 만기에 일시불로 지급되었으니 명백히 제로 쿠폰 채권이었다. 시리즈 E 채권을 구입한 일반 미국인들은 결코 바보가 아니었다. 신용이 가장 확실하다고 여겨지는 미국 재무부가 발행한 채권이니만큼 그들은 자신의 돈이 2.9퍼센트의 연 복리로 안전하게 불어난다고 믿었고 아무 걱정 없이 두 다리 쭉 뻗고 잘 수 있었다.*

1980년대 투자은행들은 자금을 조달하려는 대형 대출기관들을 위해 제로 쿠폰 채권을 창조했다. 그런 채권은 — 버크셔의 주식처럼 — 최고 우량 등급인 AAA 등급을 받았다. 그런 다음 은행가들은 제로 쿠폰 채권과 등가의 현물 지급 채권(pay-in-kind, PIK, 이자를 현금으로 지급하지 않고 원금에 쌓아서 나중에 상환하는 채권을 말한다. - 옮긴이)을 LBO의 총알로 사용할 수 있다는 사실을 깨달았다. 장점은 명백했다. 수년간 이자를 현금으로 지급할 필요가 없었으므로 LBO 제안자는 원하는 액수만큼 차입할 수 있었다. 버핏은 이런 눈 가리고 아웅

---

* 하워드 버핏 하원의원은 시리즈 E 저축채권에 대해 회의적이었다. 그는 1951년 시리즈 E 채권 보유자들을 인플레이션으로부터 보호하기 위해 법안을 제출했다.

행위를 아주 쉽게 설명했다.

> 제로 쿠폰 (또는 PIK) 채권은 채권 발행자에게 막대한 이점을 제공합니다. 만기 때까지 이자를 한 푼도 지급하지 않으므로 채무 불이행 사태가 벌어지지 않습니다. 달리 말하면, 만약 1970년대에 (멕시코와 브라질 등등의) 개발도상국들이 제로 쿠폰의 장기 채권 외에 다른 채권을 발행하지 않았더라면 오늘 날 그들 국가는 흠잡을 데 없는 완벽한 채무자가 되었을 것입니다.

버핏은 한 걸음 더 나아가, 투자자들로 하여금 은행가들에게 자신들이 당한 대로 똑같이 앙갚음하라고 제안했다. 이는 버핏 특유의 화법으로, 월스트리트가 지독히도 황당한 가짜 화폐로 장난치고 있다는 사실을 실물 경제 시장의 보통 사람조차도 직관적으로 명백히 이해할 수 있게 해주었다.

> 우리의 조언은… 지갑을 닫으라는 것입니다. 그리고 받은 대로 돌려주는 겁니다. 채권 발행자와 고액 연봉을 받는 그들의 은행가에게 제로 쿠폰 수수료를 지급하겠다고 제안해 보세요. 제로 쿠폰 채권이 완불될 때까지 그들의 수수료를 유예시키는 것입니다. 그런 다음 거래에 대한 그들의 열정이 얼마나 오래가는지 지켜보십시오.

하지만 위의 글들은 풀스윙으로 방망이를 크게 휘두르기 위한 몸풀기였다. 그는 그런 글에서 자신의 전략에 관해 입도 벙긋하지 않았다. 버핏은 자신의 본심을 숨기는 데는 가히 달인이었다.

언론이 정크본드에 대한 그의 비판을 보도한 바로 그 시점에 버핏은 역사상 최대 규모의 정크본드 중 하나를 사들이고 있었다. 4억 4,000만 달러어치의 RJR 내비스코 채권이었다. RJR 내비스코 채권은 채권 시장과 동반으로 하락했지만, 버핏은 시장이 과민하게 반응했다고 생각했다(어쨌든 RJR 내비스코는 "중독자들"에게 제품을 팔아 많은 이익을 내고 있었다). 겉으로만 보면 그가 정크본드를 매수한 것이 위선적이라고 볼 수도 있다. 하지만 속을 들여다보면 그렇지 않다. 버핏은 채무를 불이행할 것이 거의 확실한 즉 부도 위험이 높은 정크본드를 **파는** 것이 도덕적인 해이 행위라고 생각했다. 정크본드를 사는 것은 달랐다. 투자자로서 버핏에게는 금융 도구가 "그 자체로 사악"한 것은 없었다.[38] 오직 가격의 문제였을 뿐이다.

버핏이 RJR 내비스코의 채권을 매수했다는 사실이 알려지자, 스승의 아들이자 버크셔의 주주이며 의학 박사였던 벤저민 그레이엄이 버크셔가 담배 회사에 투자한 것에 항의하는 서한을 보냈다. 버핏은 자신이 담배를 제조하지 않는 한, 시장에서 합법적으로 거래되는 담배 회사의 증권을 보유하는 것은 — 마찬가지 맥락에서 담배를 광고하는 신문사를 소유하는 것은 — 아무 문제 없다는 답장을 보냈다. 버핏은 "이것이 논리적으로 타당한지는 잘 모르겠다"라고 인정했다. 하지만 그는 복잡한 세상에서 그것이 확실한 경계를 긋는 실용적인 방법이라고 생각했다.[39]

1990년 8월 이라크가 쿠웨이트를 침공해 점령하자 '신용 경색'이 눈덩이처럼 커져 전면적인 경기 침체로 비화되었다. 새로운 10년이 과거와 단절된 새로운 시대라고 규정할 필요는 없지만, 1990년대는 그랬다. 1980년대는 투자 심리가 고조되었다. 반대로 버핏은 신중한 자세를 유지했다. 1990년대 월스트리트는 또다시 두려움에 휩싸였다. 채권자들은 돈을 회수하려 안달이었고, 한때 수백만 달러 정도는 눈 깜짝할 새에 빌렸던 기업들은 이제 어디서도 돈을 빌릴 수 없었다.

전국 각지에서 기업들이 줄도산 하는 와중에 채무 불이행을 선언하는 정크본드까지 속출했다(이는 1985년 버핏이 컬럼비아 경영대학원 세미나에서 예견했던 '빅뱅'이었다). 프레드 카의 보험회사는 — 정크본드가 산더미처럼 쌓여 있었다 — 보험 역사상 최대 규모의 파산이라는 멍에를 썼다. 천신만고 끝에 외채 위기에서 막 벗어난 은행들은 이번에는 LBO와 상업용 부동산 등등 안방에서 발생한 금융 위기의 늪에 빠져 옴짝달싹 못 하게 되었다. 은행 파산이라는 돌림병이, 텍사스 해안에 상륙한 뒤 북상해 콜로라도를 넘어 대서양 연안의 중북부까지 집어삼키는 허리케인처럼 순식간에 퍼져나갔다. 사태의 심각성을 인지한 사람들이 투자 세미나에 인산인해를 이루었고 대형 시중은행 씨티코프나 체이스 맨해튼의 파산 가능성에 대해 토론했다.

버핏은 — 버핏과 프레드 카는 언제나 엇갈렸다 — 지금이야말로 약간의 위험을 감수할 적기라고 판단했다. 아니나 다를까 버크셔의 주식도 다른 모든 주식과 마찬가지로 폭락했다(그해의 최저점은 5,500달러였고 이는 최고점에서 거의 40퍼센트가 하락한 수치였다). 하지만 버핏이 불사조처럼 가장 높이 날아오르는 순간이 바로 그런 때였다. 강세장에서는 현금 공포증이 그의 손발을 꽁꽁 묶어두었을지도 모르겠다. 하지만 세상이 암울해지면 그의 투자 본능이 완벽히 깨어났다.

1990년 전반기 — 대공황 이후 은행업계에는 최악의 해였다 — 버핏은 샌프란시스코에 본사가 있는 공룡 은행 웰스파고의 주식을 10퍼센트 매수했다. 캘리포니아의 부동산 시장이 막 하락하기 시작한 터라 캘리포니아 은행들은 깊고도 긴 어둠의 터널을 지나게 될 것으로 예상되었다. 더욱이 웰스파고는 미국의 다른 어떤 은행보다 캘리포니아 부동산에 대한 대출 비중이 높았다.

　당연히 버핏도 그 사실을 알았다. 그리고 대체로 보면 버핏은 은행들을 좋아하지 않았다. 외부인으로서는 은행들의 대출 건전성을 측정할 방법이 없었고, 마침내 그것을 알게 되었을 때는 이미 버스는 떠난 뒤였기 때문이다. 하지만 버핏은 수년 전부터 나름의 이유로 **웰스파고**를 콕 집어 예의 주시하고 있었다.[40] 무엇보다. 웰스파고는 캘리포니아 일대에서 강력한 프랜차이즈를 확보한 데다 미국의 모든 대형 은행을 통틀어 영업 이익률이 가장 높은 축에 속했다. 또한 웰스파고의 CEO 칼 레이차트(Carl Edwin Reichardt)는 토머스 머피 같은 부류의 비용 절감형 경영자였다. 예전에 은행이 고전했을 당시 레이차트는 회사 전용기를 매각했으며 — 전용기를 사랑했던 버핏이니 이 것이 얼마나 큰 희생인지 잘 알았다 — 고위 임원들의 임금도 동결시켰다. 이런 비용과의 전쟁 외에도 레이차트는 중남미에 대한 대출 같이 은행업에 주기적으로 불어 닥쳐 많은 은행을 휘청하게 만들었던 열풍들을 대부분 피했다. 뿐만 아니라 버핏이 주목했던 또 다른 점은, 웰스파고의 1인자 레이차트와 2인자 폴 헤이즌은 1970년대에 부동산 대출의 위험에 눈을 뜬 덕분에 70년대 부동산 폭락에서 거의 생채기 없이 탈출했다는 사실이었다.

　그렇다고 해서 웰스파고의 내년 전망이나 단기 전망이 장밋빛이었다고 오해하지 마라. 오히려 이런 모든 사실에도 불구하고 단기적으로 볼 때 웰스파고의 앞날은 안개 속이었다. 하지만 버핏은 1~2년이 아니라 훨씬 길게 내다보았다. 그리고 웰스파고는 자본 구조가 매우 탄탄하니만큼 이번 위기를 틀림없이 극복할 것으로 믿었다. 실제로 버핏은 1990년 주주 서한에서 한 해 실적이 나쁘다고 "걱정하지 않

을 것"이라고 보고했다.[41]

게다가 다른 사람들은 **투자 심리가 위축되고 몸을 사렸기** 때문에 버핏은 주당 평균 58달러, 주가수익비율의 5배로 2억 9,000만 달러어치의 주식을 쓸어 담을 수 있었다. 최근 고점이 84달러였으니 그야말로 재고 떨이 특가였다.

하필 버핏이 투자한 뒤 웰스파고의 포트폴리오가 붕괴하기 시작했고, 그러자 월스트리트는 올 것이 왔다는 듯 웰스파고의 파산을 기정사실화하는 분위기였다. 모건 스탠리의 수석 전략가 바턴 빅스는 웰스파고의 미래가 짙은 안개 속이라며 워런 버핏도 자신처럼 확신이 없다고 주장했다.[42] 1991년 봄 분기 웰스파고는 미상환 대출금에 대비해 막대한 준비금을 마련했다. 주가 수익EPS이 주당 21센트로 폭락했고 이는 1년 전 동기간 주가수익비율 4.4달러의 채 5퍼센트에도 못미쳤다. 상황이 이렇게 급박한데도 버핏은 천하태평이었다. 심지어 발을 빼기는커녕 오히려 규제 기관에 자신의 투자를 **2배**로 늘리는 것을 승인해 달라고 요청했다.

그즈음 웰스파고는 공매도로 이익을 실현하려는 사람들의 사랑을 독차지했다. 웰스파고가 상업 부동산에 묶인 대출금이 자그마치 150억 달러에 육박했는데, 자기자본 대비 부동산 대출 비율은 강력한 경쟁자 뱅크 오브 아메리카의 2.5배였다. 또한 웰스파고의 부동산 대출의 절반은, 최근 부동산 가격의 폭락으로 미국 신용업계의 새로운 뇌관으로 떠오르던 남부 캘리포니아에 몰려 있었다. 특히 호황을 이루던 경제가 폭삭 주저앉은 로스앤젤레스에서는 부동산 개발업자들이 임대도 나가지 않을 고층건물을 완공하느라 한창인 모습이 비현실적으로 보일 정도였다. 가령 오렌지카운티에서 사무실 공간의 22퍼센트가 공실이었다. 투자 뉴스레터의 발행인으로 웰스파고의 주식을 매도하라고 추천했던 누군가는 《배런즈》에 기고한 글에서 "오마하의 현인 워런 버핏"이 그런 모든 것에 발목을 잡혔다고 냉소를 날렸다.[43]

버핏의 주변에도 웰스파고에 투자하는 것은 신뢰를 무너뜨리는 행위라고 걱정한 사람들이 많았다. 그레이엄과 도드의 투자 기법을 따르는 자금 관리자 스콧 블랙은 "피가 거꾸로 솟는 기분입니다. 그가 **실수**했습니다"라고 마치 버핏이 금기를 깬 것처럼 말했다. 한편 1980년대 과도한 레버리지에 질겁했던 사람들은 레버리지의 죄인들이 마침내 응분의 대가를 치른다며 고소함에 회심의 미소를 지었다. 부동산 대출기관들은 "죄인"이었다.

버핏도 과도한 레버리지를 비난했지만 계산할 때는 감정을 철저히 배제시켰다. 그는 가격만 적당하면 은행은 물론이고 심지어 정크본드라도 마다할 이유가 없었다. 경기 불황이 최고조였을 때 맨해튼의 한 친구가 버핏에게 전문가들은 웰스파고가 파산할 거라고 예상한다며 걱정했다. 버핏은 이런 말에도 차분하게 대응했다. "누가 옳을지는 두고 보면 알겠죠."

버핏에게는 불행한 일이지만, 불경기가 너무 빨리 끝났다. 1991년 초 미국이 사막의 폭풍 작전(Operation Desert Storm, 1990년 8월 이라크가 쿠웨이트를 침공하자 미국 주도로 영국과 프랑스 등등 34개 다국적 연합군이 이라크를 상대로 전개한 페르시아만 전쟁의 일환으로 준비 과정은 사막의 방패 작전, 본격적인 무력 공격은 사막의 폭풍 작전이라고 불리며 페르시아 만 전쟁은 제1차 걸프 전쟁, 쿠웨이트 전쟁, 제1차 이라크 전쟁 등으로 알려져 있다. - 옮긴이)으로 이라크를 공격했을 때 증시가 반등했다. 전쟁은 단 6주 만에 미국을 위시한 다국적군의 승리로 끝났지만, 강세장은 끝나지 않았고 7월 다우지수는 3,000선을 돌파했다. 이는 버핏 개인에게는 악재였다. 가용한 현금은 불어났는데 투자처가 줄어들었다는 뜻이었고, 이 때문에 버핏은 자칫하면 현금 공포증이 재발할 판이었다. 때마침 아메리칸 익스프레스 CEO 제임스 D. 로빈슨 3세에게서 전화를 받은 버핏은 귀를 쫑긋 세우며 들었다.

애틀랜타의 명망 높은 은행가 가문에서 태어난 로빈슨 회장은 버핏과 함께 코카콜라 이사회 일원이었고 버핏과는 사회적인 인연이 상당히 깊었다. 무려 13곳의 기업에서 사외이사로 활동하며 이사회의 단골손님이었던 로빈슨은 교양 있는 정치인 같은 분위기를 풍겼다. 강이 내다보이고 중후한 색깔의 목재로 꾸며진 그의 사무실은 "유서 깊은 부자 가문의 금수저"를 연상시켰다. 버핏은 로빈슨을 개인으로서는 좋아했지만 아메리칸 익스프레스의 CEO로서는 그를 어떻게 생각했는지 정확히 알 수 없었다.

아메리칸 익스프레스의 신용카드와 여행자 수표는 여전히 황금알 사업이었다. 최근 10년간 아메리칸 익스프레스의 수익이 해마다 평균 18퍼센트씩 성장했지만 로빈슨의 주주들은 그 18퍼센트를 구경도 못 했다. 로빈슨은 그런 좋은 사업으로 벌어들인 수익을 보험업, 은행업, 주식 중개업, 심지어 19세기 미국 화가 전문관 같은 일련의 나쁜 사업에서 탕진했다. 특히 1980년대의 "금융 슈퍼마켓" 광풍에 편승하고 싶은 욕심에 로빈슨은 자회사 시어슨 리먼 허턴에 무려 40억 달러를 꼬라박았다. 하지만 관리 감독은 느슨했고 (시어슨은 콜로라도의 한 스키 리조트에 "회의장"을 짓는다고 2,600만 달러를 '투자'했다) 시어슨은 자금이 쪼들릴 때마다 모회사에 손을 벌렸다. 설상가상 아메리칸 익스프레스는 나쁜 소식들을 감추다 일이 다 벌어진 뒤에야 실토하는 안 좋은 버릇이 있었다.[44] 그런데도 로빈슨은 그런 실수와 실패에 대해 일체의 책임을 모면했다. 사내 홍보 부서가 열심히 일한 덕도 봤고 이

사회에 '돈으로 산' 이사들을 가득 심어둔 덕도 봤다. 헨리 키신저도 '매수된' 이사 중 하나였는데, 그는 자신이 관리 감독해야 하는 경영 진으로부터 자문 수수료로 연간 35만 달러를 챙겼다.

언론이 로빈슨에 대해 호평 일색의 보도를 쏟아내도 버핏의 눈은 피할 수 없었다. 그는 로빈슨의 실적을 정확히 꿰뚫고 있었다. 버핏은 1985년 아메리칸 익스프레스의 이사회에 참석한 적이 있었다. 당시 아메리칸 익스프레스는 자회사 소방관 기금의 보험 사업부를 매각 하는 것을 고려 중이었는데, 인수단에 버핏이 포함되었다. 버핏은 아 메리칸 익스프레스의 이사회에 참석한 김에 약간 훈수를 두었다. 소 방관 기금을 누군가에게 매각하고 대신에 자신들의 독보적인 사업에 집중하라고 말이다.[45] 얼마 후 가이코가 아메리칸 익스프레스의 주 식을 상당량 매수하자 버핏이 가이코에 전화를 해서 우려를 표현했 다. 버핏이 정확히 이런 식으로 말한 것은 아니었지만, 어쨌든 로빈슨 의 행적은 그가 주주 서한들에서 한탄했던 경영자가 저지르는 치명 적인 죄악들의 만물상이었다.

그러나 로빈슨이 구조 요청을 했을 때 버핏의 머릿속에서는 이런 모든 것이 싹 잊혔다. 버핏은 곧장 인디펜서블을 타고 뉴욕으로 날아 갔다. 오직 하나의 생각에 사로잡힌 게 분명했다. 25년 전 자신이 아 메리칸 익스프레스에 투자했을 때의 기억이었다. 그것은 그의 투자자 경력에서 데뷔 1호 만루 홈런이었다. 몇 주 전 신용 등급까지 강등당 한 아메리칸 익스프레스는 예전처럼 또다시 위치에 처했고, 로빈슨이 3억 달러의 긴급 투자를 요청했을 때 버핏은 곧바로 동의했다.

당시 버핏도 지적했듯, 증시가 호황이었던 터라 그는 마음에 드는 투자처를 찾기 힘들었다. 또한 그는 아메리칸 익스프레스의 기본적 인 사업이 **몹시 마음에 들었다**. 그래도 그가 "우리가 투자한 것은 제임스 로빈슨과 한배를 타기 위해"서라고 말한 것은 선뜻 이해가 되지 않는다.[46] 버핏의 친구들은 깜짝 놀랐다. 심지어 그는 버크셔의 상승 잠재력(upside potential, 특정 증권이나 증권 지수에 기대할 수 있는 잠재적 가격 상승 혹은 이득 - 옮긴이)을 제한하는 조건도 ─ 마뜩잖지만 그럼에도 불구하고 ─ 받아들였다. 가이코의 구원 투수 역할을 성공적으로 수행한 뒤 1985년부터 소방관 펀드의 CEO를 지내며 아메리칸 익스프레스의 이사로도 활동하던 잭 번도 버핏의 결정이 의아하기는 마찬가지였다. 《비즈니스 위크》와의 인터뷰에서 버핏이 "유전적으로" 그런 계약을 못 하는 사람일 줄 알았다고 말했다.[47]

번은 버핏과 단둘이 이야기해본 결과 그의 마음을 이해하게 되었다. 25년 전 아메리칸 익스프레스에 투자한 것을 자신의 경력에서 이정표로 여겼던 버핏은 그 회사를 회생시키는 데서 일익을 담당하고 싶은 열망이 컸던 것이다. 버핏은 이번 투자를 가리켜 "고향으로 돌아가는 것과 같습니다"라고 말했다. 당연히 가이코와 《포스트》도 그에게는 일종의 고향이었다. 그는 익숙한 헌 구두처럼 그 기업들이 좋았다. 이런 마음은 어릴 적 저녁 어스름에 동네를 돌며 팔았던 청량음료에 투자하는 것과 같은 이치였다. 그런 모험적인 투자를 재연하는 것은 그를 편안했던 옛 시절로 데려다주었다. 무한한 가능성의 미래가 있었던 어린 시절로 말이다. 멍거도 자신의 동업자 경력이 이상한 우연의 일치로 가득하다고 생각했으며 그가 자신의 과거를 좋아했다고 인정했다.

1991년 8월이 되자 버핏의 포트폴리오에서 최근에 편입된 기업 중많은 곳이 고전했다. 가령 웰스파고는 재앙 같은 사분기가 점점 현실화되고 있었다. 뿐만 아니라 아메리칸 익스프레스에서도 커다란 문제가 가시권에 들어왔다. 특히 가맹점 수수료를 둘러싼 식당들의 반발, 카드 회원 감소, 수익 급감 등의 삼중고에 시달렸다.

버핏을 '욕받이'로 만들었던 3대 '화이트메일' 거래 중에서 질레트는 고공행진을 이어갔고 버크셔는 우선주를 보통주로 전환할 수 있었다. 버핏이 일찍이 주장했듯, 질레트의 다른 주주들도 얼굴에 웃음꽃이 폈는데, 주가가 페렐만이 제시한 인수 가격보다 2배로 뛰었기 때문이다. 뮤추얼펀드 운용자로 질레트의 주식을 보유했던 피터 린치는 "버핏과의 거래가 모두에게 도움이 되었다"라고 시인했다.

반면 질레트와 닮은꼴 거래였던 챔피언은 사정이 딴판이었다. 챔피언의 수익이 85퍼센트가 폭락했다. 물론 버크셔는 확정 배당률 조건 덕분에 아무런 피해를 입지 않았다. 그 와중에도 제 버릇 남 못 준다고 챔피언의 시글러 CEO는 자기 잇속을 챙기기 급급했다. 심지어 회사의 장부 가치보다 훨씬 낮은 가격으로 25만 주의 옵션을 추가로 챙기는 뻔뻔함을 보였다.

US항공은 버핏이 전환 우선주를 매입한 삼총사 중 최악이었다. 버핏이 투자한 것과 거의 때를 같이해 항공업계에서 운임 전쟁이 발발했고, 그런 다음 페르시아 만 전쟁의 여파로 비행기 여행 산업이 붕괴했다. 설상가상 US항공은 인건비가 매우 높아, 가뜩이나 비용 상승 압박이 거센데 인건비가 기름을 부었다. 그리하여 버핏이 투자한 뒤 1년간 무려 4억 5,400만 달러의 손실을 기록했다. 그런데도 US항공의 어두운 터널은 언제 끝날지 한 줄기 햇살마저도 보이지 않았다.

US항공의 최고 경영자 세스 스코필드는 투자를 해준 버핏에게 미안해서 사과 전화를 걸었다. "한 가지만 기억하십시오"라고 버핏이 대꾸했다. "제가 먼저 투자를 제안한 것이지 회장님이 제게 요구한 것이 아닙니다. 따라서 투자가 실패하더라도 그 책임은 오롯이 제게 있습니다. 그러니 더 이상 문제 삼지 말고 묻고 가죠." 버핏도 자신의 발등을 찍고 싶을 만큼 자책했다. 버핏은 치열한 경쟁이며 높은 고정비 등등 항공업계의 역학을 잘 알면서도 오직 자신이 직접 투자를 결정했다. 그는 자신의 이번 실수를 공개적으로 솔직히 인정했고 특히 주주 서한에서 윌 로저스를 연상시키며 참회했다. "아무도 제게 강요하지 않았습니다. 테니스 용어로 말하면 저는 '강요되지 않은 실수(unforced error, 상대의 기술이나 노력이 아닌 자신의 실수로 저지른 잘못 – 옮긴이)' 즉 범실을 저질렀습니다."[48] US항공은 버핏 개인만 놓고 보면 실리도 명분도 잃은 투자였다. 그의 경력을 통틀어 최악의 투자라고 해도 틀리지 않았고 버핏 자신의 투자 신조에도 어긋났던 것이다. 하지만 그에게는 자책골이 역설적이게도 US항공의 다른 주주들에게는 아마 좋은 일이었을 것이다. 추락 직전의 항공사에게 절박했던 자본을 수혈해 생명을 연장시켜 주었으니 말이다.

버핏의 포트폴리오에서 이런 오점들은 크게 부각되지 않았다. 코카콜라, 질레트, RJR 내비스코 정크본드 등등이 포트폴리오를 풍성하게 만들어준 덕분이었다. 특히 RJR 내비스코 정크본드로 버핏은 순식간에 약 2억 달러의 수익을 올렸다.[49] 버크셔의 순 가치는 버핏의 예언과는 달리 계속 상승했고, 주가도 깔끔하게 반등에 성공했으며 8월이 되자 8,800달러를 회복했다. 게다가 버핏은 자신이 원하지 않으면 버크셔가 지배하는 회사들의 사내 문제에 개인적으로 관여할 필요도 없었다. 이는 그가 즐겨 하는 말에 그 답이 있다. 자신이 좋아하지 않는 일은 하지 않아도 될 만큼 그는 자신의 인생 '계획'을 잘 짜놓았다. 1991년 여름 이것은 절대 허언이 아니었다. 당시 그는 캐서린 그레이엄의 아들 도널드에게 코앞에 다가온 콜로라도와 네브래스카 미식축구팀의 경기가 가장 걱정이라고 말했다.[50]

버핏이 자신의 화이트메일 거래들을 방어하며 내세운 포괄적인 근거는 — 그들 기업에 "안정적이고 우호적이며 이해관계가 있는 대주주"가 도움이 될 것이다 — 아직 검증되지 않았다. 어쩌면 끝내 그 결과를 알 수 없을지도 모르겠다. 하지만 그것에 대한 논란은 사라졌다. 심지어 1호 화이트메일 거래는 즉 가끔 곤경에 처하는 살로몬 브라더스는 해마다 기록을 경신하고 있었다.

21장 월스트리트 왕의 몰락을 불러온 나비효과

존 굿프렌드는 뛰어난 경영자로 살로몬을
놀라울 정도로 잘 운영하고 있습니다.

_ 워런 버핏, 1991년 버크셔의 정기 주주 총회에서

훗날의 예고편일까, 살로몬 브라더스의 기원을 거슬러 올라가면 집안 싸움으로 귀결된다. 페르디낭 살로몬은 프랑스 알자스로렌의 금융업자 집안에서 태어났고 19세기 말 뉴욕으로 이민을 온 뒤 가업을 이어 증권회사들에 단기 대출을 알선했다. 20세기 초반 그의 네 아들 중 셋이 집안 사업에 참여했다. 당시에는 월스트리트가 토요일에도 오전 반나절을 근무하던 시절이었지만, 페르디낭은 정통파 유대교도로 유대교의 안식일(sebbath, 유대교에서 안식일은 금요일 저녁 일몰 몇 분 전부터 토요일 밤하늘에 별 3개가 나타날 때까지의 시간을 가리킨다. ─ 옮긴이)을 철저히 지켰다. 반면 그의 아들들은 다른 회사들이 전부 근무하므로 안식일에도 일해야 한다고 주장했다. 그러다가 아버지와 세 아들 간의 불화가 회복할 수 없는 지경으로 악화되었고, 1910년 세 아들은 십시일반 5,000달러를 모아 자신들의 회사를 차려 독립했다.[1]

맨해튼 브로드웨이 80번지에 사무실을 차린 형제들은 매일 아침 은행들을 '순례'했다. 잉여 자금을 가진 사람들에 대해 수소문하고 그런 자금을 중개인들에게 맡기기 위해서였다. 한편 그들은 회사채 거래에 점진적으로 발을 담그기 시작했다. 유대인이라는 혈통 때문에 월스트리트에서 늘 뒷방 신세였던 살로몬 브라더스가 이내 자신들을

차별하지 않는 고객을 발견했다. 바로 미국 정부였다. 1917년 살로몬은 미국 재무부 증권 트레이더로 정식 등록되었다. 훗날 국채 거래에서 살로몬의 위상을 단적으로 보여주는 것이 있었다. 살로몬의 조합원이 되는 것은 "미국 재무부의 조합원이 되는 가장 확실한 방법"이라는 말이 생긴 것이다.[2] 하지만 그것은 나중 이야기고, 당시 살로몬은 수년간 영세한 회사에서 벗어나지 못했다. 그러다가 2개의 중대한 결정을 계기로 급속하게 성장했는데, 궁극적으로 워런 버핏이라는 든든한 동업자를 얻게 되었다.

처음부터 살로몬은 공격적인 데다 통찰도 뛰어났다. 비록 시작은 미미했지만 맏형인 아서 살로몬은 월스트리트에서 J. P. 모건 주니어가 상담하는 소수의 인물 중 하나였다. 하루는 아서가 면도 중에 모건으로부터 만나자는 전갈을 받았다. 그는 면도를 하다말고 대충 비누만 닦아낸 채 그길로 모건의 사무실로 달려갔다. 그런 충성에 대한 보답으로 모건 가문은 살로몬에게 — 소규모 회사채 인수 같은 — 작은 뼈다귀를 던져주었다.

하지만 살로몬은 들러리 역할에 만족하지 않았다. 대공황 시절 월스트리트의 '모건들'이 신설된 증권거래위원회 SEC에 항의해 "자본파업capital strike"을 벌였을 때 살로몬은 그 공백을 메웠고 유가증권 인수 분야에서 확실한 발판을 마련했다.[3] 그런 공격적인 행위와 자본으로 위험한 도박도 서슴지 않으려는 동업자들의 의지가 결합해 살로몬 브라더스는 번영을 맞이했다.

바로 그런 것이 살로몬의 성장 동력이었기 때문에 2차 세계대전이 끝난 뒤에는 살로몬이 "시장성" 있는 채권 분야에 진출할 거라고 점쳐졌다.[4] 그럼에도 아직까지 살로몬의 무대는 틈새시장이었다. 채권 거래자로서는 두려운 존재였지만 살로몬은 콧대 높은 유가증권 인수 업계와 투자은행계에서는 여전히 '왕따' 신세였다.

1958년 창업 삼형제의 막내 퍼시의 아들로 2세 조합원 중 하나로 업무 집행 조합원이었던 윌리엄 살로몬이 탁월한 결정 하나로 회사를 혁신시켰다. 윌리엄은 조합원들의 연간 자본 인출액을 5퍼센트로 제한했고 각 조합원은 반드시 나머지 자본을 회사에 맡겨야 한다고 결정했다. 이따금 집을 사고 싶어 예외로 해달라고 간곡히 요청하는 조합원들도 있었지만 짙은 머리칼에 침착한 성품이었던 윌리엄 살로몬은 단호히 거부했다.[5] 따라서 조합원들의 운명이 한데 서로 뒤엉켰고 일종의 경제 공동체 의식이 생성되었다. 게다가 당시 750만 달러였던 살로몬 브라더스의 자본도 증가하기 시작했다.

살로몬 브라더스는 급증한 자본에 힘입어 관계 기반 금융에서 탈피해 거래 기반 금융으로 성장할 수 있었고, 불도저처럼 밀어붙여 증권업과 투자은행 시장으로 진출했으며, 마침내 모건과 키더 피바디 같은 정통적인 금융 명가들의 텃밭에 도전장을 내밀었다. 1968년 1세대 증권 판매원 중 하나로 살로몬 브라더스에 입사했던 브루스 해켓의 소회를 들어보자.

> 우리 회사는 주요 금융기관 중에서 시장 조사 분야의 최후발주자였고 투자은행 설립도 막차를 탔습니다. 우리 회사의 사업 토대는 고객들이 아니라 금융시장들이었기 때문입니다. 한마디로 우리는 가격을 책정하는 기계였습니다.

1979년까지 모건 스탠리가 IBM의 회사채 발행을 단독으로 주관해 왔다. 그런데 IBM이 10억 달러어치의 채권을 발행하면서 그동안 보호자 역할을 충실하게 해준 모건 스탠리에 난데없는 요구를 했다.

살로몬과 공동으로 인수하라고 요청한 것이다. 모건은 주도권을 잃지 않으려 일방적인 통보에 콧대를 세우며 거절하자 IBM은 투자 업계에서 철옹성 같은 선도 지위를 유지하던 모건을 경악하게 만든 결정을 내렸다. 살로몬을 채권 발행의 단독 주관사로 선택했다.[6] 이제는 살로몬의 누구도 면도하다가 모건의 전화 한 통에 급히 달려가는 일은 없어졌다. 살로몬이 명실상부 투자은행 시장에 입성했고, 이미 당시 살로몬의 자본은 2억 달러로 채권 시장에서 노는 조무래기가 아니었다.

이즈음 월스트리트에 새로운 유행이 생겼다. 자본의 필요성을 인지한 비상장 금융회사들이 너도나도 주식을 공개하기 시작한 것이다. 하지만 윌리엄 살로몬은 조합원 정신이 중요하다는 신조를 굽히지 않았고 월스트리트의 대세에 맞서 주식 공개를 완강히 거부했다. 그의 오른팔인 굿프렌드도 윌리엄과 같은 생각이었다. 하루는 조합원 몇이서 주식 공개에 대해 토론하는 말을 우연히 들은 굿프렌드가 끼어들며 퉁명스럽게 말했다. "여러분들이 그런 일을 생각한다면 저는 지금 이 자리에서 회사를 그만두겠습니다."[7]

굿프렌드는 성공적인 육류 운송회사를 운영하던 부친 덕분에 뉴욕주 웨스트체스터 카운티의 부촌 스카스데일에서 성장했다. 이지적이고 내성적인 그는 오하이오의 유서 깊은 인문대학 오벌린대학교에서 영문학을 전공했으며 졸업 뒤에는 교육자의 꿈을 잠시 미루고 군대에 입대했다. 한편 굿프렌드의 부친과 종종 골프를 쳤던 윌리엄 살로몬이 굿프렌드가 한국 전쟁에 참전했다가 돌아왔을 때 뉴욕 시내로 초대했다. 이것이 교육자를 꿈꾸던 그의 인생 경로를 급격히 바꿔놓았다. 거래소의 활기와 에너지에 매료된 다부진 체격의 청년은 수습 직원으로 일하기 시작했다.

워런 버핏

지방채와 신디케이트(syndicate, 유가증권을 인수하기 위한 금융기관의 연합체를 말한다. – 옮긴이)를 통해 조직 사다리를 올라간 굿프렌드는 34살에 조합원이 되었다. 그의 주도하에 살로몬은 유가증권 인수 분야에서 괄목상대한 성장을 이루었지만, 월스트리트의 높은 벽에 막혀 주류로 진입하지 못하고 변두리를 맴돌았다. 심지어 굿프렌드는 베트남 전쟁 중에 수염을 덥수룩하게 기른 채 맨해튼 금융 구역에서 반전 평화 시위를 주도했다.[8]

월스트리트의 주류에서 소외된 것에 대한 보상 심리인 듯 굿프렌드는 거친 외모에 더해 심지어 무례하게 보일 정도로 센척했다. 어느 날 뉴저지주 트렌턴에서 정장을 입어야 하는 어떤 공식 행사에 참석했다가 뉴저지주 정부의 연기금을 운영하던 롤랜드 마숄드를 소개받았다. 굿프렌드는 그 행사에서 확보한 자금 규모에 실망해 무심코 속을 내비치고 말았다. "뉴저지주와는 노닥거릴 가치가 없을 것 같군요."[9]

동료들은 그의 거친 언사가 의도된 위장 같다고, 즉 딱딱한 등딱지를 가진 아르마딜로처럼 자신의 내성적인 성격을 숨기는 보호막 같다고 생각했다. 일례로 살로몬 사내에서 그와 매우 가까웠던 지데일 호로위츠는 "그 친구의 문제는 자신이 정 많은 사람이란 걸 누구에게도 들키고 싶지 않았다는 점이죠. 그는 자신의 껍질을 깰 수 없었습니다"라고 설명했다.

굿프렌드가 다혈질의 독선적인 태도를 벗고 대성할 재목이라고 판단한 윌리엄 살로몬은 1978년 살로몬 브라더스의 사령탑을 넘겨주었다. 3년 후 1981년 윌리엄 살로몬에게 운명의 그날이 찾아왔다. 그로서는 눈에 흙이 들어가는 날까지도 받아들이기 힘든 운명이었다. 굿프렌드와 사내 경제학자 헨리 코프먼 그리고 조합원 한 명이 뉴욕의 사우샘프턴 해변에 위치한 윌리엄 살로몬의 자택을 방문했다. 윌리엄은 편한 차림으로 줄무늬 정장을 칼같이 차려 입은 그들을 맞이했다. 그들은 비통한 소식을 가져왔다. 비공개 회사인 조합을 상품 거래 회사로 상장 기업이었던 피브로 코퍼레이션에 매각할 예정이었다(굿프렌드는 팔고 싶지 않았지만 매각을 원하는 동료들에게 항복했다).[10] 70명에 달하는 살로몬의 조합원들은 1인당 평균 700만 달러를 받았다.

당시 굿프렌드는 꿈에서도 상상하지 못했지만, 결국 사우샘프턴에서 시작된 길이 거침없는 기세로 오마하까지 이어졌다. 피브로에 인수됨으로써 공개 시장들의 자본에 접근할 수 있는 길이 열린 살로몬은 회사 역사상 유례없는 성장을 이루었다. 하지만 세상에 공짜는 없는 법, 회사의 문화가 돌이킬 수 없을 방향으로 변질되었다. 경영자들은 예전과 다름없이 서로를 "조합원"이라고 불렀지만 그것은 허상이었다. 그렇게 눈 가리고 아웅 해봤자 진실은 그대로였다. 이제 그들은 회사에 돈을 투자하지 않았고 그래서 지분도 없었다. 그러니 조합원일 리가 없었다. 윌리엄 살로몬은 "갑자기 그들이 수백만 달러, 심지어 천만 달러를 가지게 되었습니다. 그랬으니 결과야 빤하지 않습니까. 예전처럼 회사 일에 열과 성을 다하는 것은 물 건너갔죠. 마음 한쪽은 늘 자신의 돈이 있는 콩밭에 가 있었으니까요"라고 회상했다.

굿프렌드는 피브로의 최고 경영자 데이비드 텐들러와 공동 회장을 맡았다. 그러던 중 텐들러가 담당하는 사업 부문이 몰락하자 살로몬은 기다렸다는 듯 본래 궤도로 돌아갔다. 그리고 거트프런트도 이때다 싶어 곧바로 그를 축출했다. 1980년대 중반 살로몬의 전통적인 강점이었던 채권 사업이 급성장했을 뿐 아니라, 유가증권 분야 전반에서 존재감이 날로 더해갔다. 특히 살로몬이 유가증권 인수 부문에서 선두를 놓치지 않자 《비즈니스 위크》는 황송하게도 살로몬을 "월스트리트의 왕"으로 추대했다. 그 잡지는 예언도 덧붙였다. "어떤 이유로든 회사가 어려움에 처하고 수익이 감소한다면 살로몬은 순식간에 피비린내 나는 권력 암투가 벌어질 수 있는 회사다."[11]

당시는 누구도 월스트리트의 왕이 고전할 거라고 예상하지 못했다. 당시는 굿프렌드가 자유의 여신상을 굽어보는 체육관 크기의 전설적인 거래소에서 회사를 경영하던 시절이었다. 단신에 입술이 두툼하고 자두만 한 목살이 늘어진 굿프렌드는 줄지어 일하는 트레이더들 사이를 어슬렁거렸고 그가 지나간 자리에는 엽궐련 연기가 남았다. 그리고 직원들을 질책할 때면 그는 장소를 불문하고 누가 보건 말건 공개적으로 독설을 쏟아냈다. 한 동료는 "그는 툭하면 직원들을 꾸짖었어요. 그의 독설에 걸리면 완전 똥밭에 구르는 심정이었습니다"라고 회상했다.

채권 트레이더들이 시장이 한가할 때 심심풀이로 일명 라이어스 포커(liar's poker, 본인의 패를 숨기고 상대의 패를 읽으면서 태연하게 거짓말을 잘 해야 이길 수 있는 게임이다. ─옮긴이)라는 게임을 즐겼다. 들리는 말에 따르면, 굿프렌드가 유명 채권 거래인으로 사내 라이어스 포커의 1인자 존 메리웨더에게 100만 달러짜리 라이어스 포커를 한판 하자고 도전했다. 살로몬의 채권 판매자에서 작가로 변신한 마이클 루이스Michael Lewis의 베스트셀러 『라이어스 포커』에 자세히 설명된 그 사건은 허구일 가능성도 배제할 수는 없다. 하지만 그 일화는 굿프렌드가 채권 트레이더들의 왕이라는 이미지를 신격화시키는 효과를 가져왔다.*

---

* 메리웨더 사업부의 트레이더 중 하나였던 에릭 로젠펠트(Eric Rosenfeld)는 자신이 직접 그 사건을 목격했다고 주장한다. 그의 이야기는 회자되는 이야기와 조금 달랐다. 게임 당사자들은 메리웨더와 지금은 고인이 된 유명한 채권 판매원 존 오그래디(John O'Grady)였다. 메리웨더가 유난히 바쁘던 어느 날 오그래디가 하도 조르자 메리웨더가 100만 달러를 걸고 '개평' 없이 단판 승부를 내자고 도발했다. 구경꾼들이 지켜보는 가운데 메리웨더가

메리웨더의 채권 마법사들은 비록 라이어스 포커에서는 아니었지만 채권 시장에서 거액의 도박판을 벌였다. 박사 학위 소지자들도 상당수 포함된 그들은 복잡한 채권 거래 공식들을 즉 고등 수학 기반의 금융 공학을 사용해 금리의 변동에 100만 달러의 도박을 했다. 굿프렌드는 위험을 감수하라며 그들을 독려했을 뿐 아니라, 불가피한 손실은 문제 삼지 않고 통 큰 배포를 보여주었다. 채권 트레이더들에 굿프렌드는 두려움의 대상인 동시에 깊은 충성심을 다하는 왕 같은 존재였다. "굿프렌드의 통치 방식은 정말 놀라웠어요"라고 살로몬의 수학자 마틴 레보위츠가 말했다. "그가 거래소의 복도를 어슬렁거리면서 지나간 자리에 찌리릿 스파크가 튀었습니다."

굿프렌드의 높은 긍지는 회사 전체에 스며들었다. 살로몬의 트레이더들은 도덕적인 문제를 일으킨다면 바로 그날로 짐을 싸야 한다고 믿었다. 그것도 원-스트라이크 아웃이었다. 실제로 살로몬에서는 드렉셀, 키더, 모건 스탠리 등에게 불명예를 안겨 주었던 내부자 거래 스캔들이 벌어지지 않았다. 구시대적인 윤리 의식이 투철했던 굿프렌드는 자신이 부도덕하다고 생각하는 고객들과 '손절'했고 불건전하다고 생각하는 거래들도 내쳤다.[12]

하지만 도덕군자 같았던 그도 결국에는 예전에 조합을 매각했을

오그래디의 콧대를 납작하게 만들었다. 로젠펠트에 따르면 그 게임은 순전히 재미였으며 굿프렌드는 아예 그 자리에 없었다고 한다. 하지만 굿프렌드가 판돈이 크지 않아도 채권 트레이더들과 라이어스 포커를 자주 즐긴 것은 사실이었다. "그는 절대 근무 시간에는 하지 않았습니다"라고 로젠펠트가 주장했다. 한편 『라이어스 포커』의 저자 마이클 루이스는 훗날, 그 책이 세상에 나올 수 있었던 데는 "다른 누구보다" 메리웨더 공이 컸다고 '감사 인사'를 전했다. 그러나 메리웨더와 굿프렌드 둘 다 라이어스 포커에 대한 루이스의 주장을 부인했다.

워런 버핏

때처럼 자신의 신조를 굽힐 수밖에 없었다. 그는 사내 은행가들의 요구에 못 이겨 살로몬이 전국적인 약국 체인 레브코와 세븐일레븐의 모회사 사우스랜드의 LBO 거래를 지원하도록 허용했으며, TVX 방송사의 정크본드에 대한 담보 대출도 승인했다. 이런 우유부단한 결정들은 — 자신의 거친 외모와도 어울리지 않았다 — 결국 치욕적인 실패의 3종 세트로 끝났다.

속을 들여다보면 굿프렌드가 회사를 전혀 장악하지 못한다는 것이 확연히 드러났다. 각 부서는 아예 예산도 세우지 않았고, 심지어 살로몬은 1987년까지 최고 재무 관리자 CFO도 두지 않았다. 1987년 채권 시장이 붕괴했을 때 굿프렌드는 조직이 너무 비대해졌다는 사실을 깨달았지만, 이미 때는 늦었다. 주식을 공개한 이후 살로몬의 종업원은 3배가 증가해 6,800명에 이르렀다. 굿프렌드는 유가증권 부문과 투자은행 사업부에 막대한 자본을 투입했는데, 아직까지는 그런 사업에서 이렇다 할 재미를 보지 못했다. 굿프렌드는 NYT와의 인터뷰에서 암울한 전망을 내놓으며 고백했다. "제 문제는 인사사를 너무 심각하게 생각한다는 점입니다."[13]

한때 조합원이었던 동료들은 그의 고뇌를 엿보았다. 그것은 그가 그토록 숭배하던 불운한 역사적인 인물들에게서 볼 수 있는 모습이었다. 그는 괴상한 집단인 채권 트레이더들에게 둘러싸여 자신의 사무실에 유폐된 박제한 새에 지나지 않았다. 언젠가 매사추세츠 케이프 코드에서 열린 간부 수련회에서 레보위츠는 그가 혼자서 침통한 표정으로 술을 홀짝이며 깊은 생각에 빠져 있는 것을 보았다. 레보위츠가 무슨 문제가 있는지 묻자 굿프렌드가 속내를 털어놓았다. "내일이란 게 상처 주고 싶지 않은 사람들에게 상처를 줄 수밖에 없을 거 같군."

굿프렌드는 회사의 지배권을 차지하고 권력 투쟁에서 밀리지 않으려 경영진을 반복해서 교체했다. 일례로 가까운 동료였던 루이스 라니에리조차 가차 없이 해고했다. 라니에리는 모기지 사업의 총 책임자로 그 부서에 대한 사실상 전권을 행사했다. 모기지 거래인들이 거래소 바닥에 토마토 조각을 던지는 버릇이 있었다는 것만 봐도, 라니에리의 막강한 영향력을 짐작할 수 있었다. 솔직히 살로몬은 중세 시대에 버금가는 계급 사회였다. 살로몬 제국의 '왕족'은 채권 트레이더들이었고 그들 아래에 투자 은행가와 유가증권 판매자들이 있었다. 양 진영 간의 치열한 경쟁 관계로 살로몬은 늘 전운이 감돌았다. 오죽했으면 M&A 거래 달인이었던 이라 해리스와 채권 시장의 거인 헨리 코프만 같은 내로라하는 간판스타들이 퇴사했다. 심지어 그를 정면으로 노리는 칼도 있었다. 성공하지는 못했어도 굿프렌드를 몰아내려는 음모가 실제로 있었다.

이런 마키아벨리식의 권력 암투 한복판에는 연례 성과급 배분 문제가 있었다. 굿프렌드는 성과급을 줄이려 애를 썼지만, 살로몬의 왕자들, 대공들, 봉신들, 부족장들 등으로부터 성과급을 인상하라는 협박 조의 요구를 끊임없이 받았다. 그런데 그가 사내에서 직면한 문제들은 도리어 본인의 사생활 때문에 더욱 악화되었다. 조합을 매각했던 즈음 그는 팬 아메리칸 월드 항공의 승무원 출신으로 사교계 명사를 꿈꾸던 한 여성과 재혼했다. 예전에는 내성적이었던 굿프렌드가 갑자기 개츠비가 되었다. 가령 그들은 2,000만 달러로 추정되는 5번가의 고급 이층집을 구입해 초호화 파티를 자주 열었다. 설상가상 금발 머리에 남편보다 16살이나 어렸던 수전 굿프렌드는 파리 별장으로 사용한답시고 그레넬레가의 18세기 저택도 구입했다.[14]

종종 그녀의 '베갯머리 송사' 때문에 굿프렌드가 회사 일에 집중하지 못한다고 비난하는 사람들도 있었지만 근거 없는 비방이었다. 그래도 그녀의 존재가 문제를 몰고 온 것은 분명했다. 그녀는 굿프렌드와 경영진 사이의 긴장감을 고조시켰고, 이제 그들은 그의 관심을 얻기 위해 그의 어린 아내와 경쟁해야 한다는 기분마저 들었다. 심지어 수전 굿프렌드는 그들이 소중히 여기던 임원 회의실도 마음대로 뒤집어엎었다. 안락하고 커다란 소파를 치운 대신에 폭신한 긴 의자와 골동품 재떨이를 들여놓았다. 그것도 한마디 상의도 없이 말이다. 한 임원은 "프랑스의 매춘업소 같았어요"라고 볼멘소리를 했다. "담배를 피우다가 어디에 재를 떨어야 할지 몰랐죠."

그럴수록 굿프렌드는 자꾸 회사 밖으로 돌면서 외부에서 점점 더 많이 자문을 구했다. 1980년대 말 그는 일주일에 두어 번 오마하로 전화를 걸었다. 살로몬의 최대 주주였던 버핏은 변함없는 지지를 보여주었고 굿프렌드가 투자 및 금융 월간지 《인스티튜셔널 인베스터》와의 인터뷰에서 고백했듯 그는 경영진보다 버핏을 더 신뢰했다.

> 제게 버핏은 마지막 보루 같은 사람입니다. 사내 누구한테도 신뢰할 만한 대답을 들을 수 없는 일이 생기면 저는 그에게 연락합니다. 아니, 그는 더 중요한 존재입니다. 회사 내부에서는 정말로 객관적인 대답을 들을 수 없다고 생각될 때도 저는 그를 찾습니다. 그의 말은 무조건 믿을 수 있고 객관적이죠.[15]

버핏은 1970년대 중반 가이코를 회생시키는 데서 굿프렌드가 결정적인 역할을 해준 뒤로 그의 지지자가 되었다. 버핏은 걸핏하면 굿프렌드가 진실하다느니 성실하다느니 칭찬했다.[16] 하지만 그도 멍거도 살로몬 내부의 밥그릇 싸움과 혼란을 알고는 아연실색했다. 심지어

그들을 포함해 사외이사들은 최근의 재무제표를 여태 구경도 못 해 봤다.[17]

1990년 살로몬 브라더스의 수익이 1억 1,800만 달러나 감소했는데도 굿프렌드가 성과급 총액을 1억 2,000만 달러까지 인상하자 버핏도 질겁했다. 살로몬 브라더스의 자기자본 대비 수익률(ROE)은 세전으로 10퍼센트였는데 이는 미국의 기업 평균보다 훨씬 낮았다. 또한 살로몬의 주가는 무려 8년간이나 20달러대 초반에서 꼼짝하지 않았다(동기간 다우지수는 거의 3배로 상승했다). 주주 가치는 단 1센트도 창출하지 못하면서 상여금은 해마다 인상되었다. 버핏이 즐겨 사용하는 표현을 빌리자면, 살로몬의 투자 은행가들은 주주들을 희생시킨 대가로 자신들은 풍족한 공짜 '식품 구매권'을 챙기고 있었다. 이것은 버핏이 믿는 모든 것에 위배되었으며 버핏은 그런 사실에 몹시 낙담했다.

그해 말 버핏은 살로몬의 경영 위원회 위원들을 만난 자리에서 — 그로서는 매우 이례적인 경영 간섭이었다 — 성과급을 삭감하라고 요구했다. "여러분이 성과급을 어떤 방식으로 지급하든 저는 상관없습니다. 그리고 한 사람에게 전부 몰아줘도 괜찮습니다." 버핏은 다른 두 명의 이사와 함께 보상 위원회에서 활동했다. "하지만 총액이 잘못되었습니다."

버핏의 지지를 받지 못하자 다른 선택지가 없었던 굿프렌드는 관리자들에게 성과급 총액을 낮춰 조정해 제출하라고 지시했다. 그리고 마침내 그는 성과급 수정안을 승인했다. 원안보다 700만 달러가 더 **많았다.**[18]* 그가 경영진의 집단 반발에 무릎을 꿇은 것이다.

---

* 그나마 굿프렌드는 성과급의 상당액을 주식으로 지급할 수 있게 허용하는 새로운 조치

이에 버핏은 자신이 쓸 수 있는 무기를 사용했다. 성과급 계획안에 반대표를 던진 것이다. 이는 그가 버크셔의 피투자 회사 경영자들에게 반대표를 던진 유일무이한 사건이었다. 하지만 나머지 위원들이 정면충돌을 피하고 사태를 조용히 수습하고자 성과급 계획에 찬성했다. 하지만 버핏이 굿프렌드가 승인한 계획에 반대했다는 소식은 전광석화의 속도로 살로몬 전체에 퍼졌다. 훗날 버핏은 자신이 제동을 걸지 않으면 비이성적인 급여 체계가 걷잡을 수 없는 문제로 비화될까 우려했다고 설명했다. 말인즉 그처럼 매우 편파적인 보상 체계가 회사 전체에서 "무모함과 불합리성"을 촉발시키는 계기가 되는 것을 걱정했다.[19] 그리고 살로몬의 급여 체계는 확실히 비이성적이었다. 그의 걱정은 단순한 기우가 아니었다. 회사의 저조한 실적에도 불구하고 자그마치 106명이나 되는 임원 각자가 최소 100만 달러를 받아 그야말로 성과급 잔치를 벌였다.

메리웨더의 최정예 채권 차익 거래 팀의 한 트레이더는 2,300만 달러를 가져갔다. 물론 그를 포함해 메리웨더의 어벤저스 팀이 살로몬에게 막대한 수익을 안겨준 것은 사실이었다. 하지만 그의 성과급 소식이 알려지자 젊은 트레이더들 사이에서 평등을 요구하는 강경한 목소리가 터져 나왔다. 그들의 성과급은 겨우 백만 단위였던 것이다. 특히 살로몬의 국채 사업부 수장 폴 모저는 화가 나서 "눈이 뒤집어졌다."[20]

가느다란 눈매에 금속테 안경을 쓰고 격정적인 성격의 모저는 34살이라는 나이에 비해 상당히 신임 받는 지위에 있었다. 롱아일랜드 출신인 그는 일리노이주 노스웨스턴대학교의 켈로그 경영대학원에서

를 단행했다.

MBA를 마친 뒤 1979년 채권 판매원으로 살로몬에 입사했다.

모저는 2년간 메리웨더의 채권 드림팀에서 활약한 뒤 1988년 굿프렌드의 설득에 넘어가 국채 사업부를 맡았다. 그는 국채를 "차선책"으로[21] 생각했지만 늘 그렇듯 일에 최선을 다했다. 그는 월스트리트에서 근무하던 아내와 맨해튼 남쪽 배터리 파크 시티의 한 아파트에서 살았는데 회사까지 도보로 출퇴근이 가능한 거리였다. 심지어 그는 침실에까지 거래 모니터를 들여다 놓았으며 아침 6시에 일어나 런던에서 걸려온 전화를 받는 것이 일과의 하나였다. 모저는 성과급을 합쳐 1989년 400만 달러, 1990년에 475만 달러를 받았다.[22]

채권 트레이더라는 직업을 감안해도 모저는 유달리 까칠하고 예민했다. 살로몬의 감사였던 존 맥도너가 국채 사업부에 대한 감사가 예정되어 있다고 말했을 때 모저의 성질이 폭발했다.

"감사님, 저희 부서는 아주 잘 굴러간다고요."

"모저, 당신은 감사를 거부할 권한이 없습니다." 맥도너가 정곡을 찔렀다.

"우리가 머리를 짜내 뭔가 일을 도모해 보려 할 때마다 열나 쥐어터지니 그렇죠." 모저도 지지 않고 되받아쳤다.

모저의 상관이었던 메리웨더는 그 이야기를 듣고 킬킬거렸다. "모저의 말은 걸러서 들으세요." 하지만 회사에 대한 모저의 헌신만큼은 모두가 인정했다.

모저의 일은 미국 재무부가 발행하는 국채의 공매에 응찰해 계약을 따내면 국채를 발행해 매매하는 일이었다. 재정 증권이라고도 불리는 미국 국채는 매일 약 1,000억 달러가 거래되는 세계 최대 시장이었다. 쉽게 말해 일일 거래량이 약 80억 달러였던 뉴욕 증권거래소의 12배에 달하는 규모였다. 미국 재무부 증권 시장은 "주요 딜러들

(primary dealer, PD, 국채 전문 딜러라고도 하며, 주로 증권회사 중에서 자본이 탄탄하고 국채 인수, 매매 실적이 좋은 업체가 전문 딜러로 지정받는다. 국채 전문 딜러로 지정되면 발행 국채의 인수 독점권을 갖는 대신 국채 유통 시장에서 시장 조성의 의무를 지게 된다. 즉, 유통 시장에서 항상 매매 가격을 호가해야 하고 일정 물량을 사거나 팔아야 한다. – 옮긴이)"이 지배했다. 그들은 국채 거래를 감독하던 뉴욕 연방준비은행이 국채 트레이더로 선택한 일단의 금융기관들을 말한다. 재무부의 국채 공매에 입찰할 수 있는 자격은 제한이 없었지만, 그들 전문 딜러만이 입찰서를 제출할 수 있었기에 고객들은 반드시 그들을 거쳐야 했다. 따라서 대체로 그들은 국채 시장의 동향에 대해 누구보다 빨리 많은 정보를 입수할 수 있는 특혜를 누렸다. 그리고 39곳의 주요 딜러 중에서 채권 최강국이었던 살로몬은 단연코 국채 시장에서 점유율이 가장 높았다.

그런 귀중한 특혜에 대한 대가는 크게 두 가지였다. 살로몬을 포함해 주요 딜러들은 국채의 발행부터 유통까지 정부의 국채 업무가 순조롭게 진행되도록 돕고, 정부 관리들에게 채권 시장의 최신 동향을 지속적으로 알려줘야 했다. 살로몬의 트레이더들도 거의 하루도 빠짐없이 연방준비은행의 실무 담당자들과 연락을 주고받으니 허물없이 지냈다.

그 관계는 비공식적이었다. 굳이 말하면, 법적 규제보다는 신사도의 신뢰와 의리가 우선되던 시절의 배타적인 사교 모임을 연상시켰다. 매 분기 살로몬을 포함해 주요 딜러들과 투자자들은 재무부 회의에 초대받았다. 그곳에서 그들은 정부가 계획하는 자금 조달 규모에 대한 정보를 제공받았고, 대신에 국채 발행 과정에 관한 조언을 제공했다(주요 딜러들은 그 회의에서 들은 내용을 사무실에 전화로 알려서도 그 소식을 토대로 거래해서도 안 되는 것이 불문율이었다. 이는 명예와 관련된 문제였다). 그런 다음 트레이더들과 정부 관료들이 매디슨 호텔로 자리를 옮겨 양 갈비로 저녁 식사를 함께하는 것이 관례였다.[23, 24]

국채 공매에서 양 당사자의 역할은 여타의 경매 입찰 과정과 다르지 않았다. 주요 딜러들과 재무부는 정반대의 목적을 위해 최선을 다했다. 딜러들은 최저의 금액으로 입찰을 따내는 것이 목표였고, 재무부는 최대의 금액을 받아내고자 했다. 공매가 열리기 직전까지 모저 같은 트레이더들은 국채에 대한 수요 규모를 파악하기 위해 미친 듯이 고객들을 찾아다녔다. 그러는 사이 살로몬을 포함해 주요 딜러들은 이탈리아 르네상스풍의 연방준비은행 건물에서 줄지어 서 있는 전화기 옆에 '주자'들을 대기시켜 놓았다. 오후 1시 마감 직전 주자들이 응찰 액수를 수기로 적은 입찰서를 나무 상자에 넣었고, 시계가 1시 종을 울리면 연방준비은행의 한 직원이 손으로 상자 투입구를 막았다.

미국 정부는 독특하면서도 고풍스러운 이런 방법으로 1차 세계대전 이후부터 국채를 발행해 자금을 성공적으로 조달했다. 1990년 재무부는 총 1조 5,000억 달러 규모로 3종류 국채에 대한 공매를 주관했다(미국 재무부가 발행하는 국채는 만기에 따라서, 만기가 10년보다 더 긴 장기 국채는 본드bond, 만기가 1년 이상 10년 미만인 중기 국채는 노트note, 만기가 1년 미만인 단기 국채는 빌bill로 나뉜다. - 옮긴이) 그런 공매 시스템에 사고가 발생한 경우는 딱 한 번이었는데, 1962년 모건의 은행가가 1년 미만 단기 국채 공매에서 절반에 응찰했을 때였다. 재무부 장관은 국채를 매점해 국채 시장을 독점하려는 모건의 시도를 크게 우려했다. 당연히 재무부는 오직 소수의 주요 딜러에만 의존하는 상황을 피하고 싶었다.[25] 그리하여 1962년 이후 재무부는 각 계정의 최대 낙찰 규모를 35퍼센트로 제한했다.

대개의 경우 낙찰자들은 35퍼센트까지 따내지 못했다. 각 딜러에게

워런 버핏

발행량이 안분되기 때문이다. 그런데 약삭빠른 모저가 허점을 찾아냈다. **낙찰** 비율은 최대 35퍼센트로 제한되었지만 **응찰가**에는 그런 상한이 적용되지 않았던 것이다. 그러자 모저는 1990년 6월 공매에 부쳐진 전체 채권액의 2배에 달하는 입찰서를 제출했다. 심지어 비율에 따라 배분했는데도 모저는 가장 많은 국채를 할당받을 수 있었다.

재무부의 국채 공매를 담당했던 고위 관료 마이클 바샴이 즉각 모저에게 전화해서 다시는 그런 꼼수를 부리지 말도록 주의를 주었다.[26] 당연히 바샴은 모저가 그런 행동을 그만둘 거라고 생각했다.

2주 후 재무부는 50억 달러어치의 국채 공매를 진행했다. 그런데 모저가 100억 달러의 입찰서를 제출했다. 바샴은 크게 놀랐다. 그는 딜러가 미국 재무부의 방침에 공개적으로 반기를 들 거라고는 꿈에서도 생각하지 못했다. 하물며 75년간이나 양고기 스테이크를 함께 먹었던 딜러가 그런 짓을 벌일 거라고는 더더욱 상상도 못 했다. 바샴은 모저의 응찰을 무효화시켰고 입찰도 35퍼센트로 제한한다고 선언했다.

행동 심리학에 조예가 깊었던 찰리 멍거라면 모저가 이제 망상적 행동 단계에 돌입했다고 말했을 것이다. 그는 바샴이 국채 전문 딜러의 활동을 제약했으니 재무부 장관에게 정식으로 항의하겠다고 협박했으며 언론을 통해서도 자신의 불만을 표출했다. 이는 의리와 명예를 소중하게 여기는 신사협정의 불문율을 위반한 행위로 재무부는 노발대발했다. 그러자 사태의 심각성을 인지한 살로몬 고위자들이 금융 부문을 담당하던 재무부 차관 로버트 글라우버와 조찬 자리를 마련했다. 모저에게 사과시킬 요량이었다. 그러나 결과적으로 그 자리는 아니한 만도 못하게 되었다. 모저가 적반하장으로 자신이 억울하다는 분위기를 풍긴 것이다.[27] 재무부의 반응이 몹시 신경 쓰였던 살로몬은 모저에게 당장 전화를 걸어 사과하라고 닦달했다. 그런 다음 잠시 냉각기를 가지기 위해 모저를 런던으로 전보시켰다.

그러나 모저는 살로몬의 생각보다 그 일에 더 깊이 빠져 있었다. 각각 7월과 8월의 공매에서 모저는 사실상 고객들의 명의를 도용해 응찰함으로써 낙찰량을 부풀렸다.[28]

그의 행각은 갈수록 대범해졌다. 1990년 12월 4년 만기 국채 공매에서 모저는 고객이었던 머큐리 자산 운용사의 이름으로 10억 달러의 허위 입찰서를 제출했다. 이는 명백한 불법 차명거래였고 머큐리는 자신들도 모르게 공범이 되었다. 모저 혹은 모저의 보좌관이 한 직원에게 머큐리의 계정에 꽂힌 국채를 살로몬에게 "매각"하라고 주문했다. 마치 머큐리가 합법적으로 응찰 받은 국채를 합법적으로 파는 것처럼 말이다. 심지어 그 직원은 모저의 행위를 은폐하기 위해 거래 전표에 "확인 불필요"라고 기입했다. 이는 머큐리에게 그 거래가 통보될 가능성을 차단하기 위해서였다.

이후에도 모저는 이런 불법 행위를 계속했다. 급기야 1991년 2월 공매에서는 살로몬의 합법적인 입찰과 함께, 두 고객의 — 퀀텀과 머큐리 — 명의를 무단으로 도용해 35퍼센트의 입찰서를 별도로 제출했다. 결과적으로 살로몬과 "고객들"은 합쳐 전체 입찰 물량의 57퍼센트를 낙찰받았다.

모저의 허위 입찰을 계속했다는 점에서 알 수 있듯, 재무부는 그런 모든 국채가 한 사람의 수중으로 들어가는 것을 꿈에서도 몰랐다. 그런 매점은 재무부의 규칙을 명백히 위반하는 행위였다. 하지만 꼬리가 길면 밝히는 법, 그해 4월 재무부의 한 관리가 지난 2월의 공매를 검토하다가 머큐리의 고위 임원인 찰스 잭슨에게 일상적인 확인 서한을 보내면서 모저에게도 한 부를 보냈다. 이 정도면 모저도 발등에 불이 떨어졌을 것이다. 그 서한에는 2월 국채 공매에서 살로몬이 "머큐리 자산 운용사"의 이름으로 응찰했다는 사실이 적시되어 있었다. 당연히 머큐리는 그것이 금시초문이었다.

빠져나갈 구멍을 찾으려는 절박한 시도로 모저가 또 다른 꼼수를 부렸다. 잭슨에게 연락해 그 입찰은 담당 직원의 실수이며 살로몬이 그 실수를 바로잡는 중이라고 짐짓 부끄럽다는 듯 말했다. 그러면서 잭슨에게 재무부에 알려서 자신을 난처하게 만들지 말아달라고 부탁했고, 잭슨은 모저의 부탁대로 그 일을 덮어주었다.

그래도 불안했던 모저는 혹시 몰라서 메리웨더에게도 언질을 주었다. 자신이 딱 한 번 고객 명의를 도용해 허위로 응찰했다면서 뒤탈이 없도록 잘 무마했다고 설명했다. 메리웨더는 깜짝 놀랐고 그런 일은 모저의 경력을 박살낼 수도 있다고 경고했다.

"그것 말고 다른 건 없나?"라고 메리웨더가 물었다. 모저는 거짓말로 빠져나갔다. 그것은 딱 한 번 실수였다며 다시 기회를 달라고 매달렸다. 며칠 후인 4월 29일 세계 무역 센터의 빌딩 중 하나로 살로몬이 신사옥으로 사용하던 47층짜리 7WTC에서 최고위자 4명이 참석한 비밀 회동이 열렸다. 분홍색 화강암과 유리로 지어진 그 고층건물의 한 사무실에서 굿프렌드, 살로몬의 사장 토머스 스트라우스, 고문 변호사 도널드 퓨어스타인 그리고 메리웨더가 마주앉았다.[29] 메리웨더에게서 모저의 일을 보고 받은 굿프렌드는 충격에 빠졌다.

"어떻게 고객 명의를 도용할 생각을 할 수 있지?" 굿프렌드는 기가 막혔다.[30] 메리웨더는 모저가 이번에 바보 같은 실수를 저질렀지만 평소 열심히 일하는 관리자라고 옹호했다. 하지만 4인방은 모저의 문제가 그것 하나만이 아니라는 것을 잘 알았다. 모저가 적반하장의 태도로 바샴과 신경전을 벌여 그때도 그들이 대책을 머릴 맞댔었고, 사내 감사와도 충돌한 전적도 있었다.

변호사로서 퓨어스타인은 법률적으로 볼 때 허위 입찰은 범죄 가능성이 있다는 소견을 밝혔다. 그러면서 의무는 아니지만 그래도 살로몬이 모저의 행위를 정부 측에 보고해야 한다고 주장했다. 그러나 굿프렌드는 주저되었다. 그리고 재무부와 — 모저와 바샴의 기 싸움을 고려할 때 좋은 방법은 아니었다 — 연방준비은행 중 어디에 보고해야 할지도 문제였다. 어쩌면 곧바로 뉴욕 연방준비은행의 제럴드 코리건 총재에게 전화로 보고했더라면 그 사건이 마무리되었을 수도 있었다. 아니 어쩌면 직접 찾아가 얼굴을 마주보고 좀 더 부드럽게 전할 수도 있었다. 그런데 그들은 모저의 일은 보고해야 **마땅하지만** 누가 언제 총대를 멜지 결정하지 못한 채로 대책 회의를 마쳤다. 그게 다가 아니었다. 놀랍게도 그들은 조치를 취하려는 시늉은커녕 모저를 국채 사업부 책임자로 유임시켰다.

누구라도 모저의 입장이라면 적어도 한동안은 몸을 사리며 신중하게 행동했을 것이다. 하지만 신중함은 모저의 교과서에 없었다. 5월 2년 만기 재무부 중기 채권에 대한 공매에서 모저는 살로몬과 살로몬의 고객 2곳을 대신해 예상을 뛰어넘는 높은 가격을 적어냈고 무려 106억 달러어치의 국채를 낙찰받았다. 이는 발행 총량의 87퍼센트에 해당했다. 물론 영리한 전략이었다. 그러나 도가 지나치게 영리했다.

고객들의 위임을 받아 국채에 응찰했던 많은 딜러는 빈손으로 돌아가야 했다. 고객들에게 약속한 물량을 채워야 했던 그들은 "스퀴즈 (squeeze, 쥐어짜다, 압박하다라는 영어 표현처럼 채권 시장에서는 매입 대상 채권의 부족 현상을 말하며 이는 채권 가격의 상승 요인이 된다. 한편 주식시장에서 스퀴즈는 펀더멘털이 아닌 시장의 기술적 요인으로 주가가 급등하는 현상을 일컫는다. – 옮긴이)" 상황에 처했다. 이것은 "5월 발행 2년 만기 국채"에 대한 쟁탈전을 야기했고, 가격이 치솟았다. 모저는 이처럼 가격을 왜곡시키는 스퀴즈로 약 1,800만 달러를 벌었다(뿐만 아니라 앞서 허위 입찰로 400만 달러 정도의 수익을 올렸다).

그러자 채권 트레이더들이 가만히 있을 리가 없었다. 그들은 살로몬이 채권 사재기로 시장을 매점(corner, 인위적인 공급 부족을 야기하기 위해 대량으로 매수하는 행위 – 옮긴이)했다고 — 크게 그리고 어떤 경우에는 워싱턴에 직접 — 불평했다. 가격을 조작하려는 의도가 없다면 스퀴즈가 불법은 아닐뿐더러 시장에서 흔하게 볼 수 있는 매매 기법이다. 하지만 5월의 스퀴즈는 광범위한 손실을 야기한 데다 그 여파로 파산한 트레이더들도 나타났다.[31]

재무부는 그때까지도 모저의 허위 입찰에 대해 전혀 몰랐다. 하지만 모저를 예의 주시하던 눈들이 있었다. 바샴과 그의 동료들이었다. 이제 바샴은 재무부의 '공식' 파트너로 여겨지는 트레이더의 수상한 행위를 확실히 포착했다. 그는 눈에는 국채 시장을 조작하려는 불순하고도 뻔뻔한 시도처럼 보였다. 바샴은 그야말로 소스라치게 놀랐다.[32] 5월 마지막 월요일 전몰자 추도 기념일 직전에 그는 SEC에 그 사실을 보고했다.

워싱턴이 만개한 벗꽃으로 뒤덮였을 즈음 정부의 조사 기관들은 조용히 움직이기 시작했다. SEC와 법무부는 5월 스퀴즈 행위에서 살로몬이 어떤 역할을 했는지를 밝히기 위해 내사를 시작했고[33] 살로몬의 고객들에게 소환장을 발부했다.

한편 재무부의 처지도 난감하게 되었다. 매사추세츠 민주당 하원 의원으로 소위원회 위원장이던 에드워드 J. 마키는 그동안 채권 트레이더들의 불만을 계속 듣다가 마침내 재무부를 불러 추궁했다. 특히 마키 의원은 재무부 채권 시장에 대한 관리 감독을 강화하는 법안을 준비 중이었다.

살로몬의 대정부 로비스트였던 스티븐 벨은 마키 의원이 준비 중인 그 법안이 걱정이었다. 또한 교활해도 제 일에서만큼은 똑 부러진 벨은 스퀴즈에 관한 언론 보도를 보았을 때 사태가 심상치 않다는 것을 직감했다.

뉴멕시코주 출신으로 카우보이 부츠를 분신처럼 신고 다녔던 벨은 살로몬의 국채 사업부로 전화를 걸어 으르렁거렸다. "도대체 이 개소리가 뭡니까?"[34] 모저는 불법적인 일은 하나도 없었다며 안심시켰다. 그러자 벨은 모저의 세치 혀에 넘어가 워싱턴이 아무것도 아닌 일에 공연히 호들갑을 부린다고 생각했다.

6월 초 굿프렌드는 벨에게 등 떠밀려 재무부 차관 글라우버를 '의례상' 방문했다. 살로몬의 고문 변호사 도널드 퓨어스타인이 계속 촉구했는데도 불구하고[35] 굿프렌드는 여전히 허위 입찰 사실을 공개하지 않았다. 하긴 이제는 공개하고 싶어도 시기가 좋지 않았다. 재무부가 스퀴즈에 대해 우려하는 지금에 와서 허위 입찰을 고백하는 것이… 상당히 거북했을 법도 했다. 굿프렌드는 허리를 세우고 뻣뻣하게 앉아 살로몬의 행동을 해명한 뒤 스퀴즈 조사에 성실히 임하겠다고 약속했다. 하지만 살로몬의 국채 사업부의 책임자가 재무부 공매에 허위로 참여했다는 사실은 차마 입이 떨어지지 않아 이번에도 말하지 못했다. 그러는 내내 글라우버의 유화 초상화가 그를 내려다보았다. 그쯤 되니 글라우버는 굿프렌드가 무슨 목적으로 찾아왔는지 의아할 지경이었다.[36]

굿프렌드의 입장에서 한번 생각해 보자. 살로몬이 마침내 부활의 기지개를 켜는 시점에 굳이 '양심 고백'하고 싶지 않았을지도 모르겠다. 게다가 이제는 자신이 그 사실을 지금껏 숨겨온 이유를 해명해야

워런 버핏

하는 난감한 문제도 있었다. 너무 오랫동안 입을 다물었던 목격자처럼 그리고 제 발 저리는 도둑처럼 그는 자신도 죄가 있는 양 행동하기 시작했다. 그럼에도 사실 그는 스트라우스에게 털어놓았듯, 허위 입찰 사실을 공개할 의도가 있었다. 다만 그것이 "사소한" 문제라는 생각에는 변함이 없었다.[37] 다른 것은 차치하고라도, 굿프렌드가 재무부의 입장을 전혀 고려하지 않았다는 사실은 도저히 납득이 가지 않는다. 살로몬에게는 가장 오래되고 가장 귀중한 파트너인 재무부가 사안들을 다르게 받아들일 수 있음을 조금만 생각해봐도 알 수 있었을 텐데 말이다.

그렇게 시간만 흘러 보내다 6월 말 굿프렌드는 살로몬이 민사상으로 — 그리고 형사상으로도 — 조사 대상이라는 사실을 알게 되었다. 그는 곧바로 5월의 스퀴즈에서 살로몬의 행동을 자체적으로 조사하기 위해 기업법무 분야에서 최고인 법률회사 와치텔 립튼 로젠 앤 캐츠Wachtell Lipton Rosen & Katz를 고용했다. 그러나 그는 와치텔 립튼에게도 모저의 허위 입찰에 대해서는 입을 닫았다. 굿프렌드는 자신의 변호사에게도 털어놓지 못할 정도로 그 문제만큼은 여전히 조심스러웠다. 7월 12일 마침내 와치텔 립튼의 한 변호사가 허위 보고의 증거를 발견했을 때야 비로소 살로몬이 전말을 실토했다.[38]

다음 달 와치텔 립튼은 6건의 공매 입찰 위반을 더 찾아냈다. 그 법률회사의 수석 파트너이자 굿프렌드의 막역한 친구 마틴 립튼도 그에게 비록 공개할 의무는 없지만 그럼에도 허위 입찰 사실을 공개해야 한다고 조언했다. 굿프렌드는 마침내 마음을 정했다. 그는 자신이 옳은 일을 한다고 — 그리고 옳은 일을 했다고 — 생각했다. 그리고 자신이 늦었지만 지금이라도 공개한다면, 잘했다고 칭찬하지는 않겠지만 최소한 마음으로는 사정을 이해해 주리라 기대했다.[39]

8월 8일 목요일 살로몬은 사외이사들에게 그 소식을 전했다. 버핏은 캘리포니아와 네바다의 주 경계에 위치한 타호 호수의 한 레스토랑 바깥에 있는 공중전화로 그 소식을 들었다.[40] 공중전화라 많은 이야기를 듣지 못한 버핏은 크게 걱정하지 않았다. 반면 멍거는 미네소타에 있는 자신의 오두막집에서 식사하던 중에 전화를 받았는데 자세한 설명을 강력하게 요구했다.[41]

그날 밤 굿프렌드와 스트라우스는 뉴욕 연방준비은행의 코리건 총재에게 오랫동안 미뤄왔던 그리고 피하고 싶었던 전화를 걸었다. 그들은 와치텔 립튼이 발견한 사실들을 간략히 설명하면서 특히 한 건의 허위 입찰은 한참 전부터 인지했다고 실토했다. 당연한 말이지만 코리건은 아주 냉담하게 반응했다. 굿프렌드는 SEC 의장 리처드 브리든과 재무부 차관 글라우버에게도 비슷한 전화를 돌렸다.[42]

금요일 살로몬은 언론 보도문을 통해 대중에게도 사실을 알렸다. 그런데 와치텔 립튼의 변호사들이 보도문을 작성하면서 법률 전문가 특유의 '발끝으로 걷는' 신중한 습관을 소환했다. 살로몬의 1인자와 2인자가 불법 행위를 몇 달 전부터 알았다는 사실을 누락시킨 것이다. 알맹이가 빠진 언론 보도문은 횡설수설했고 불완전했다. 굿프렌드도 직원들에게 언론 보도문에 담긴 내용보다 더 많은 이야기를 해주지 않았다. 채권 판매원과 트레이더들은 모저와 그의 허위 입찰을 알면서도 눈감아주었던 그의 보좌관, 그들 두 사람으로 문제가 국한된다고 안심하면서 평소와 다름없는 주말을 보냈다. 모저와 그의 보좌관은 이미 징계 처분을 받았다.

월요일 8월 12일 분위기가 싹 달라졌다. 《월스트리트 저널》은 굿프렌드와 스트라우스가 은폐에 공모했을 가능성에 초점을 맞췄다.

살로몬의 내부 사정에 정통한 한 소식통에 따르면 "저로서는 믿기 힘듭니다. 아니 상상할 수도 있을 수도 없는 일입니다. (살로몬의 경영진이 회사의) 입찰 물량을 모른다는 게 말이 됩니까?"[43]

굿프렌드가 허위 입찰에 관여했을 거라는 공모 주장은 사실이 아니었다. 그렇지만 굿프렌드는 자신에게는 억울한 일이지만, 그 기사를 읽으면서 이제 모저에게서 자신에게로 초점이 옮겨왔다는 사실을 직감했다. 그리고 그의 직감이 옳았다.

그는 곧바로 사내 투자 은행가들의 월요 회의를 주관하는 데릭 모건Deryck Maughan과 주간 영업 회의를 이끄는 윌리엄 매킨토시를 소집했다. 굿프렌드는 둘에게 문제가 "수습"되었으니 직원들을 안심시키라고 말했다. 모건과 매킨토시는 별다른 의심 없이 굿프렌드의 요구대로 했다. 하지만 문제는 수습되지 않았다. 살로몬의 주가는 증시가 열리자마자 하락세로 출발했으며, 설상가상 트레이더들이 살로몬의 기업어음commercial paper, CP도 외면하기 시작했다. CP는 단기 IOU(빚졌다는 'I owe you'의 준말로 약식 차입 증서를 말한다. - 옮긴이)로 살로몬이 운영 자금을 조달하는 주된 방법이었다.[44]

월요일 금융시장이 폐장할 즈음 시장은 온갖 소문으로 넘쳐났다. 이에 매킨토시는 굿프렌드와 스트라우스와 다시 마주앉았다. 그리고 이번에는 그들도 위반 행위가 더 있었으며 특히 행위 하나는 지난 4월부터 알았다고 인정했다. 30년간 채권 판매 분야에서 산전수전을 겪었고 이제는 머리가 벗겨지기 시작한 매킨토시는 대담하게도 굿프렌드에게 사임하라고 요구했다.[45] 굿프렌드는 사임 요구를 거절하면서 매킨토시가 첫 번째 보도문보다 더 나은 보도문을 작성할 수 있다면 시도해 보라고 허락했다.

화요일 매킨토시는 모건에게 전화를 걸었다. "내가 뭔가를 알게 되었는데 지옥에 있는 기분일세"라고 매킨토시가 운을 뗐다. "내가 믿을 수 있는 사람은 자네뿐이네."[46]

영국에서 석탄 광부의 아들로 태어나 런던 경제대학을 졸업한 43살의 모건은 살로몬의 일본 도쿄 지점을 회사의 주요 수익원으로 성장시킨 장본인이었다. 최근 기업금융 사업부를 부활시키라는 특명을 받아 뉴욕으로 돌아온 그는 이미 굿프렌드의 유력한 후계자로 알려져 있었다.

모건은 불과 하루 전 직원들 앞에서 굿프렌드의 진실성을 두둔했다. 이제 그와 매킨토시는 흠씬 두들겨 맞은 기분이었다. 얼굴이 벌겋게 달아오른 모건은 퓨어스타인 밑에서 일하는 살로몬의 법률 자문 재커리 스노우Zachary Snow에게 전화를 걸었다.

"꼭 뵈어야겠습니다. 저는 정확히 사실만 알고 싶습니다. 제 사무실로 오시지 않는다면 제 마음대로 판단하라는 뜻으로 알겠습니다."

그러는 사이 연방준비은행이 사람을 보내 굿프렌드에게 편지를 전달했다. 코리건도 사실을 원했고, 살로몬의 주요 딜러 자격이 박탈될 위험에 처했다고 암시했다. 화들짝 놀란 굿프렌드와 스트라우스는 코리건에게 전화를 걸었지만 이제 코리건도 그들이 알던 코리건이 아니었다. 그는 목소리가 싸늘했고 불쾌함을 감추지 않았다. 미국 중앙 금융의 실세 중 하나로 체격이 좋았던 코리건은 자신의 재임 기간 중에 초유의 스캔들이 터졌다는 사실에 노발대발했다. 심지어 통화 중인데도 코리건은 굿프렌드와 스트라우스가 정보를 "찔끔찔끔" 흘린다는 기분을 떨칠 수 없었다.[47] 들리는 말에 따르면 그가 스트라우스에게 "어떻게 내게 이럴 수 있느냐"며 발끈했다고 한다.

워런 버핏

화요일 밤 살로몬의 고위 경영자들이 와치텔 립튼의 사무실에 다시 모였다. 그들은 굿프렌드의 행위가 얼마나 심각하냐를 두고 다소 열띤 토론을 벌이는 동시에 두 번째 언론 보도문을 작성했다. 이번에는 미약하나마 "고위 경영진"이 사전에 알았다는 사실을 인정했다. 그런 다음 멍거가 전화를 걸어 따졌다. "'고위 경영진'이라고 두루뭉술하게 말하지 마쇼. 누군지 콕 집어 말하라고요!"⁴⁸ 멍거의 요구로 책임 소재에 관한 논란은 일단락되었다.

일주일 전 굿프렌드는 월스트리트에서 가장 경외 받던 경영자였다. 그런데 수요일이 되자 그의 경력은 풍전등화 신세였다. 지난 4월 위반 행위를 처음 알았다는 — 그러고도 모저가 위법 행위를 계속 저지를 수 있는 자리에 유임시켰다는 — 사실이 알려지자 연쇄 반응이 촉발되었다. 정부 규제자, 법조인, 기자, 살로몬의 직원 등등의 머릿속에는 지금도 생생한 어떤 이름이 얼른거렸다. 정부와의 지루한 공방 끝에 작년 2월 파산하고도 지금까지 월스트리트에 어두운 망령을 드리우는 드렉셀 버넘이었다. 이제 그들은 살로몬이 드렉셀의 운명을 닮기 시작했다고 생각했다.

목요일이 되자 고객들의 탈출 러시가 가시화되었다. 위스콘신 주정부의 투자 위원회는 살로몬과 계약을 해지했고, 무디스는 살로몬의 신용 등급이 하락될 가능성을 발표했다. 기업 고객들은 살로몬에게 최고위자를 교체하기 전에는 전화도 하지 말라며 최후 통첩했다. 43층의 사무실에서 충복들에게 둘러 싸여 있던 굿프렌드는 이제 기피 인물이 되었다.

13층 아래에서는 짧은 머리의 모건이 지휘관과 연락이 두절된 소대장처럼 임시 사령관 역할을 수행하고 있었다. 그러나 모건이 아무리 노력해도 시장을 진정시키는 데는 역부족이었다. 살로몬의 주가가 단

2주 만에 37달러에서 27달러 아래로 추락했으며 채권 시장도 예전의 왕에게 등을 돌렸다. 살로몬의 중기 어음은 재무부 국채의 수익률 곡선(yield curve, 일정 시점에 동일한 신용 등급을 가진 채권들의 수익률을 선으로 나타낸 것 – 옮긴이)에서 마이너스 60포인트이던 것이 마이너스 300포인트로 급락했다.[49] 그리고 살로몬의 신용도 하락세가 지속되었다. 사람들은 이제 방법은 버핏에게 구조 요청을 보내는 것뿐이라며 빨리 전화하라고 성화였지만, 버핏과 일면식도 없던 모건은 선뜻 전화기를 들 수 없었다. 목요일 밤 코리건과 굿프렌드가 다시 대화를 시도했다. 이번에는 코리건이 살로몬의 국채 주요 딜러 자격을 박탈하는 일에 착수했다고 분명하게 통보했다.[50]

높으신 분들은 특히 파리에 별장이 있는 사람들은 자신의 몰락을 예고하는 종소리가 울리는 것을 받아들이기 힘들 수도 있다. 단언컨대 굿프렌드는 모저의 작은 음모를 알았을 때 그 일로 자신이 위험에 처하리라고는 꿈에서도 생각하지 못했다. 하지만 이제는 굿프렌드의 귀에도 그 종소리가 들렸다. 코리건이 살로몬의 주요 딜러 자격을 박탈한다면 그가 자리를 보전할 희망도 함께 사라질 터였다.

금요일 아침 굿프렌드는 NYT 1면에서 대문짝만하게 걸린 자신의 사진을 보자 마치 자신의 부고기사를 보는 기분이었다. 아침 6시 반 그는 코리건에게 전화를 걸어 사임 의사를 밝혔는데 만류하려는 거짓 시늉도 하지 않았다. 그런 다음 립튼에게 전화를 걸었다. 면도 중에 전화를 받은 립튼은 늘 그렇듯 친구 편이었고 — 비록 그의 고객은 굿프렌드가 아니라 살로몬이었음에도 — 다시 생각해 보라며 간곡하게 말렸다.

한때 얼마 동안 월스트리트의 왕으로 군림했던 굿프렌드가 이제 '하야' 준비를 서둘렀다. 굿프렌드는 사무실로 급히 달려간 뒤 뉴욕

시간으로 아침 8시, 오마하 시간으로 아침 7시 직전에 버핏의 집으로 전화를 걸었다. 그는 자다가 전화를 받은 버핏에게 사임 결심을 알렸고 — 이번에는 버핏의 조언 없이 순전히 혼자만의 결정이었다 — 버핏에게 살로몬을 지켜달라고 부탁했다.

버핏은 주저되었다. 그는 그런 식으로 휘말리지 않으려 항상 조심했었다. 오마하에서 그는 깔끔하게 정돈된 삶을 살고 있었다. 예전에 토머스 머피가 ABC를 인수하려했을 때 버핏은 그의 주의부터 환기시켰다. "당신의 삶이 어떻게 바뀔지 깊이 생각해 보세요." 이제는 버핏 자신이 그 고민을 해야 하는 처지가 되었다. "뉴욕으로 와주십시오"라고 굿프렌드가 고집을 부렸다. "저는 방금 제 부고기사를 읽었습니다. 신문을 한 번 보십시오."

"생각할 시간이 필요합니다."[51]

버핏은 평소와 다름없이 샤워를 한 뒤 옷을 입고 익숙한 길을 따라 키위트 플라자로 출근했다. 하지만 머릿속은 온통 살로몬 생각이었다. 우선 살로몬의 재무제표부터 떠올렸다. 자산이 약 1,500억 달러 정도이고 그중 자본은 40억 달러에 불과하다는 사실은 익히 알고 있었다. 살로몬은 씨티그룹 다음으로 미국의 모든 기업 중에서 부채가 제일 많았다. 그런 다음 버핏은 살로몬의 무형 자산에 대해 생각하기 시작했다. 회사의 주력 사업은 수익성이 나쁘지 않으니 회사 전체가 파산하지는 않을 터였다. **문제는 고위 경영진이 하룻밤 새에 떠난다는 점이었다. 신뢰가 매우 중요한 사업에서 그것은 정말 심각한 위기였다.**[52] 이사들은 일요일에 회의를 열어 굿프렌드와 스트라우스의 사임을 승인할 예정이었다. 그러고 나면 정말 중요한 숙제가 남을 터였다. 누군가가 선장과 부선장을 한꺼번에 잃은 살로몬 호虢가 항해를 계속하도록 선장실을 맡아주어야 했다.

버핏의 측근들은 그가 살로몬의 짐을 짊어지는 것에 회의적이었다. 멍거 톨레스 앤 올슨에서 버핏을 담당하던 변호사 로널드 올슨Ronald Olson은 위험 부담이 아주 큰 자리라며 우려를 표명했고 자칫 잘못된다면 버핏의 평판에 영원히 지울 수 없는 오점이 생길 거라고 걱정했다.[53] 장남 하워드는 아버지에게 마치 예언자처럼 말했다. "아버지에게 악감정을 갖고 공격하고 싶었던 사람들이 기회가 왔다며 한꺼번에 달려들 거예요."

버핏도 쉽고 안전한 길이 무엇인지 모를 리 없었다. 침몰 중인 살로몬이 조용히 가라앉도록 관여하지 않는 것이다. 물론 버크셔는 살로몬의 우선주에 7억 달러를 투자했다. 하지만 우선주는 보통주보다훨씬 안전하므로 멍거과 버핏은 살로몬이 청산해도 큰 손해를 없을 거라고 예상했다.[54]

그러나 버핏은 무언가를 잃을 수밖에 없는 입장이었다. 버핏은 경력 내내 주주와 기업 사이에 존재하는 일종의 협정을 옹호해왔다. 굿프렌드가 나약하고 우유부단한 태도로 주주들이 보여준 신뢰를 져버렸다. 그럼에도 불구하고 그 협정은 상호적이었다. 살로몬의 최대주주로서 버핏 또한 책임에서 자유롭지 못했다. 버핏은 살로몬에 대한 **의무**가 있었고 극단적으로 보면 그것은 숙명과 비슷하다.

그가 결심하는 데는 오랜 시간이 걸리지 않았다. 정오 무렵 버핏은 인디펜서블에 올라 뉴욕으로 날아갔다.

그날 금요일 대부분 시간 동안 살로먼의 주식 거래가 정지되었다. 뒤숭숭한 분위기 속에 일상적인 업무도 중단되었고 고위 임원들은 회의실에 모여 두문불출했다. 정오 무렵 굿프렌드가 회의실에 나타나 버핏이 CEO 제의를 수락했다는 소식을 알렸다. 이제 모두는 서성이며 초조하게 기다리는 것 외에 할 수 있는 일이 없었다. 모건의 말을 들어보자.

> 회사 전체가 일손을 멈추었습니다. 모두가 회장실에서 회의가
> 열리고 있다는 것을 알았습니다. 새 CEO가 전용기를 타고 슈
> 퍼맨처럼 우리를 구하러 오기를 기다리는 동안 모두가 이처럼
> 기이한 가사(假死) 상태에 빠져 있었습니다.

경영자들은 시기가 문제였을 뿐 파산은 기정사실로 받아들이고 있
었다. 빠르면 며칠 길어도 일주일 안에 회사가 무너질 거라고 예상했
다. 그들의 두 눈에는 의심과 경계심이 가득했고 너무 많은 회의로
진이 다 빠져 있었다. 살로몬의 CFO 도널드 하워드는 "우리 모두 충
격으로 멍한 상태"였다고 술회했다.

오후 늦게 버핏이 회의실 문을 열고 들어오며 "안녕들 하십니까?"
라고 씩씩하게 인사했다. 그는 좌중의 무거운 분위기를 깨며 마치 귀
중한 우편 담당 직원이 갑자기 퇴사한 것처럼 "우리에게 작은 문제"
가 생겼다며 농담을 던졌다. 그러고는 혼잣말하듯 덧붙였다. "굿프렌
드와 스트라우스 일은 정말 안타깝습니다. 메리웨더까지 잃을 수는
없는데 그를 구할 좋은 방법이 있을까요?"[55]

버핏은 자신이 막중한 책임을 떠맡았음에도 이번 스캔들의 세부사
항에 대해서는 일절 몰랐다. 하지만 그는 누군가를 닦달하며 추궁할
마음은 추호도 없었고 그런 시도도 하지 않았다. 회의실을 죽 둘러
보니 그럴 만한 상황도 아니었다. 모두가 지친 기색이 역력해 우선 좀
쉬라고 말했다. 그의 편안하고 느긋한 태도는 사람들의 긴장을 누그
러뜨리는 진정 효과가 있었다. 일주일 만에 처음으로 경영진은 기운
이 조금 나는 듯했다.[56]

"곧 지나갈 일시적인 어려움일 뿐입니다."

그는 사건의 전말을 다 아는 사람처럼 말했다.

버핏은 그렇게 경영진을 다독인 뒤 살로몬의 관리자들이 모여 있던 강당으로 갔다. 굿프렌드가 먼저 마이크를 잡았다. 버핏이 CEO를 맡아 주어 회사가 운이 좋았다고 말한 다음 그들을 응원하겠다고 덧붙였다. 그는 시종일관 감정을 드러내지 않았다. 단지 예전의 반항심을 약간 내비쳤을 뿐이었다. 그는 어떤 범죄도 저지르지 않았는데 이제 쫓겨나다시피 회사를 떠나야 했다. 수학자 레보위츠는 그의 담담한 작별 인사가 도리어 "몹시 슬펐다"라고 소회를 밝혔다. 투자 은행가 리처드 바렛Richard Barrett은 "마지막까지 굿프렌드다웠어요. 안 좋은 순간을 더 안 좋게 만드는 재주는 그를 따를 자가 없죠"라고 말했다. 누구도 그의 마지막 말을 잊지 못했다. "미안하다는 입에 발린 사과 따위는 하지 않겠소."

잠시 뒤 버핏이 처음으로 관리자들을 마주했다. 그들은 살로몬 호가 좌초될 위기에 처한 걸 잘 알았다. 그들은 자신들을 이끌어줄 강인한 선장이 절실했지만 어디로 가고 싶은지는 확신이 없었다. 버핏은 이제부터 살로몬 브라더스는 법규를 철저히 준수하는 것보다 더 노력해야 한다고 힘줘 말했다. 사실 그의 기준은 법규보다 훨씬 더 엄격했다.

"선을 넘는 것은 물론이고 선 가까이 가는 행위만으로도 짐을 싸야 할 것입니다. 두 번째 기회는 없습니다."[57]

그것은 경고인 동시에 도전이었고, 오래전에 잃어버린 회사의 긍지에 대한 희미한 기억을 되살렸다. 이튿날 NYT에 그 자리에 참석했던 사람들의 전언이 실렸다. 버핏은 그들이 꼭 듣고 싶던 말을 콕 집어 해주었다고 했다.

워런 버핏

버핏 씨가 상무급 임원들에게 앞으로는 모두가 법규를 엄격히 준수해야 한다고 말했다. 그가 말을 마치자 고위 임원들이 곧 자신들의 회장이 될 사람에게 박수갈채를 보냈다.[58]

22장   오만이 불러온 나비효과 겸손으로 잠재우다

1막: 위기

금요일 저녁 버핏은 굿프렌드와 스트라우스와 함께 살로몬의 건물을 나왔다. 그들을 태운 리무진이 퇴근 행렬로 꽉 막힌 금융 지구를 느릿느릿 뱀처럼 빠져나왔다. 뉴욕 연방준비은행에 도착하자 코리건이 근엄하게 그들을 맞이했다. 코리건은 먼저 살로몬이 주요 딜러 자격을 박탈당할 위험에 처했다고 강조했다. 그런 다음 허위 입찰 문제의 완벽한 해결과 **대대적인** 구조개혁을 분명하게 요구했다. 이제 그는 살로몬의 오만방자한 행태를 더는 봐줄 수 없었다. 버핏은 시간을 달라고 간곡히 부탁했다. 그 밖의 다른 점에서는 임무에 실패한 사무라이처럼 모든 처분을 달게 받아들이며 납작 엎드렸다.[1]

　다음 날 아침 버핏은 살로몬 고위 임원 12명을 맨해튼 중심부에 있는 와치텔 립튼의 사무실에 소집했다. 버핏은 일일이 — 몇몇은 초면이었다 — 눈을 맞추며 그들 중 한 사람을 뽑아 회사 운영을 맡길 계획이라고 냉랭하게 선언했다.

　"지금부터 한 분씩 만나 똑같은 질문을 하나 하겠습니다. '이 회사를 이끌 적임자가 누구입니까?' 여러분들이 원하는 대로 순서를 정해서 한 분씩 들어오십시오." 그런 다음 버핏이 옆방으로 들어가서 문을 닫았다.[2]

　두 사람을 제외하고 모두가 한 사람을 가리켰다. 그리고 모건은 "외람되지만 제가 우리 회사를 맡아서 이끌어야 합니다"라고 스스로를 추천했다.

버핏이 다시 돌아오자 와치텔 립튼의 파트너 로렌스 페도위츠가 모저 사건에 대한 조사 결과를 요약해서 설명했다. 버핏은 채권 사업부의 수장으로 회사의 보물인 메리웨더에 대해 물었다. 대체적인 의견이 하나로 좁혀졌다. 본인이 직접 위법한 일을 저지르지 않았지만 깨끗한 뒤처리에 대한 요구가 많으므로 그도 자진 사퇴 쪽으로 가닥을 잡자는 의견이었다. 나중에 버핏은 메리웨더를 따로 만났다. 월스트리트 최고 채권 트레이더로 꼽히던 메리웨더는 이번 사건의 첫 번째 부수적 피해자가 되어 쓸쓸히 퇴장했다.

토요일 밤, 장소는 맨해튼 이스트사이드의 유명 스테이크 레스토랑 크리스트 첼라였다. 많은 손님 가운데 버핏과 멍거 그리고 굿프렌드가 보였다. 굿프렌드는 무료로 자문 서비스를 제공하겠다고 제안했다. 버핏은 고사리 손도 아쉬운 심정인데 도움을 주면 큰 힘이 될거라고 공손하게 말했다. 월스트리트의 채권 왕국의 예전 왕이 잔을 들고 새로운 살로몬 왕국의 건승을 빌며 건배했다.[3]

이제 시간을 앞으로 빨리 감아보자. 시간은 일요일 오전 10시, 장소는 7WTC 건물 바깥이었다. 이사들이 구름처럼 모인 사진기자들을 뚫고 건물로 들어간 뒤 45층 회의실로 직행했다. 하지만 외부 상황은 그들보다 한발 앞서 달리고 있었다. 그들이 옹이무늬가 선명한 호두나무 회의 테이블에 둘러앉았을 때 따끈따끈한, 그러나 청천벽력 같은 소식이 전해졌다. 방금 재무부가 국채 공매에 살로몬의 참가를 금지시켰다는 소식이었다. 쉽게 말해 국채 전문 딜러 자격이 박탈되었다. 사실상 살로몬에 대한 사형 선고가 내려진 셈이었다.

이사회 회의는 몹시 어수선했다. 한 이사는 북미 최고봉 알래스카의 맥킨리산Mount McKinley의 오두막집에서, 또 다른 이사는 메인 주에서 스피커폰으로 참여했다. 버핏은 재무부 장관 니콜라스 브래디, 재무부 차관보 제롬 파월, 코리건 등을 포함해 정부 관리들의 전화를 받느라 회의실을 수시로 들락거렸다. 위의 세 사람도 서로 그리고 연방준비제도 이사회 앨런 그린스펀 의장과 긴밀하게 회의 중이었다.[4] 버핏은 정부 규제자들에게 관용을 베풀어달라고 간청했다. 특히 살로몬의 재무제표에 기재된 무려 1,500억 달러의 자산 대부분이 오직 단기자금으로 조달된 것이라고 강조하며 설득했다. 말인즉 살로몬이 파산할 경우 그 부채가 고스란히 채권자들의 몫이 된다는 이야기였다. 살로몬은 매일 만기가 돌아오는 500억 달러에 대해 상환을 연장받는데 그중 살로몬의 담보 대출은 10억 달러에 불과했으며 그 자산조차 신속하게 고갈되고 있었다.[5] 따라서 차입금에 대해 리파이낸싱(refinancing, 부채를 상환하기 위해 다시 자금을 조달하는 금융 거래로 재대출이나 재융자로도 불린다. – 옮긴이) 못하면 살로몬은 청산이 불가피했다. 실제로 그 시각 와치텔 립튼은 파산 서류를 준비하고 있었다.[6] 뉴욕은 일요일 오전이었지만 불과 몇 시간 후면 도쿄 증시가 개장할 터였다. 버핏이 두려웠던 시나리오는, 재무부가 주요 딜러 자격을 취소한 것 때문에 일본 증시에서 자금 조달이 어려워지고 결국 그런 재정 위기가 연쇄 반응을 일으켜 살로몬의 파산으로 이어지는 것이었다.[7] 버핏은 살로몬이 — 또는 버핏 자신이 — 미국 정부의 신임을 받는다는 증거가 필요했다. **어떤** 증거라도 상관없었다.

그러는 사이 살로몬이 국채 시장에서 축출되었다는 소식이 전화선을 타고 순식간에 퍼졌고 직원들은 망연자실해 거래소를 이리저리 배회했다. 가족의 임종을 앞둔 사람들 같았다. 경영진은 각자의 위치에서 최선을 다했다. 모건은 일본 측과 끊임없이 연락했고, 채권 트레이더 에릭 로젠펠트, 성과급 포함 연봉이 2,300만 달러인 차익 거래자 로렌스 힐리브랜드Lawrence Hilibrand, 매킨토시 등은 긴급 사태에 대비한 자금 조달 방법을 검토했다. 37살의 재무 담당자 존 맥팔레인John Macfarlane은 철인 3종 경기를 마치자마자 사무실로 뛰어와 앞으로 며칠간 살로몬에게 필요한 자금이 얼마일지 계산하느라 여념이 없었다. 거대한 거래소 위에는 3개의 전자시계가 뉴욕과 런던과 도쿄의 시간을 초단위로 알려주었다. 맥팔레인은 "지난 삶이 주마등처럼 스쳐갔습니다"라고 당시의 착잡한 심정을 토로했다.

다시 회의실로 장면을 옮겨보자. 굿프렌드가 정식으로 사임한 뒤 버핏이 CEO에 선임되었다. 이제 사람들을 편하게 해주는 유머 감각은 온데간데 없어졌지만 특유의 침착함과 확고한 목적의식으로 회의를 이끌었다. 사외이사였던 정치계의 마당발 드웨인 안드레아스는 버핏도 살로몬에 거액을 투자했다는 사실에서 위안을 얻고 마음을 다잡았다. 또 다른 이사는 버핏이 최소한 정부 관료들과 개인적으로 친분이 있다는 생각에 기운이 났다. 이유는 제각각이었지만 이사들 각자는 버핏이 회사를 구하기 위해 필요한 평판, 금융계에 대한 영향력, 경험, 강인한 정신력 등을 두루 갖춘 인물이라고 확신했다.[8] 그의 지난 경험 모두가 — 특히 홀로 결정을 내리는 습관이 — 이제는 지금 이 순간을 위한 준비 과정인 것처럼 보였다.

하지만 버핏은 자신이 구원투수의 역할을 원하는지 여전히 확신이 없었다. 만약 재무부가 살로몬을 블랙리스트에 계속 올려놓는다면 버핏이 아무리 용을 써도 살로몬의 장의사 역할에 그칠지도 몰랐다. 멍거는 버핏이 그런 불구덩이에 들어가서는 안 된다고 길길이 뛰었다.

정오 무렵 재무부 장관 브래디의 전화를 받으러 회의실을 나가는 버핏의 뒤통수에 대고 멍거가 소리를 질렀다. "미치지 않고서야 누가 그런 일을 떠안냐고!"

　브래디는 뉴욕 주의 유명한 온천 휴양지 사라토가Saratoga에 있는 여름 별장에 머물면서 월스트리트의 최대 금융기관이 파산할 경우 금융시장에 미칠 파괴력을 계산하고 있었다. 버핏은 골동품 도자기와 라벤더 색 벽지로 도배된 옆방에서 전화를 받았다. 그는 ㅁ저를 해고했고, 굿프렌드와 스트라우스가 사임했으며, 재발 방지를 위해 구체적이고 새로운 절차들을 마련했다는 등등 살로몬의 변화에 대해 조곤조곤 설명했다. 아울러 버핏은 대대적으로 청소해 조직을 일신시키겠다고 **자신의 개인적인 명예를** 걸고 약속했다.

> 만일 장관님이 저를 믿고 살로몬의 미래를 맡겨준다면 살로몬이 완벽히 통제될 거라고 약속드렸습니다…. 마찬가지로 과거와는 몰라보게 달라진 살로몬의 미래를 구상 중이라고도 말씀드렸죠.[9]

　하지만 버핏은 재무부가 끝끝내 살로몬의 손을 뿌리친다면 자신이 살로몬의 회장이 될 이유가 없을 거라고 압박했다.[10] 브래디도 그 말이 협박이라는 것을 알았지만 그런 말과는 달리 버핏이 어중간하게 포기하는 사람이 아니라는 것도 직감했다. "이제까지 자신이 투자한 회사가 위기에 처했을 때 나 몰라라 한 적은 없어"라고 브래디는 혼잣말했다.[11]

　사실 브래디는 살로몬이 파산하든 말든 별로 개의치 않았다. 미국의 금융 체계는 검은 월요일과 드렉셀 파산 등등 시장의 비슷한 비극적인 사건들에서 살아남을 정도로 강건했다. "누구도 미국 정부하고 맞장 뜰 수는 없지"라고 그는 생각했다.[12]

워런 버핏

하지만 브래디도 버핏이 어떤 인물인지 잘 알았다. 그가 바로 하버드 경영대학원 시절 자신의 가족 기업에 관한 논문을 썼던 니콜라스 브래디였고 그 가족회사가 버크셔 파인 스피닝이었다. 그는 버핏이 버크셔를 인수하기 전에 자기 몫의 주식을 처분했지만 이후 버핏이 버크셔에서 해온 일들을 아주 잘 알았다. 더군다나 최근 몇 년 캐서린 그레이엄의 디너파티들에서 버핏과 가깝게 어울렸고 캐서린처럼 그도 가끔 "현실을 점검"할 필요가 있을 때면 버핏에게 전화를 걸곤 했다. 버핏의 엄포 정도는 대수롭지 않게 떨쳐버릴 수 있어도 살로몬을 혁신하겠다는 그의 약속은 믿어 의심치 않았다. 결국 둘은 결론을 내지 못한 채 수화기를 내려놓았다.

버핏의 기자회견이 예정된 오후 중반이 될 때까지 회의실은 여전히 풍랑을 만나 침몰 직전인 선상의 분위기였다. 기자회견을 하러 회의실을 나가면서 버핏이 데릭 모건에게 다가가 고개를 끄덕이며 "자네가 회사를 이끌어줘야겠네"라고 말했다. 월스트리트 채권 트레이더들의 최고 산실 살로몬의 운명이 이제는, 한때 단기 매매 차익에 100퍼센트 세금을 부과해야 한다고 제안했던 예순이 넘은 중서부 출신과 영국 재무부 소속 공무원으로 경력 개발 담당관에서 금융맨으로 변신한 43살의 채권 판매원 출신의 두 손에 달렸다.

강당에서 열린 기자회견에서 버핏은 먼저 자신과 모건을 소개하면서 특히 자신은 살로몬이 위기에서 벗어날 때까지 — 딱 그때까지만 — 무급의 임시 회장을 맡을 거라고 말했다. 그런 다음 버핏은 조건부이지만 뜻밖의 낭보를 알렸다. 브래디 재무부 장관이 살로몬의 국채 주요 딜러 자격을 전면 박탈하려는 계획을 조금 전에 철회했으며, 살로몬이 고객들을 대신해 공매에 참여할 수는 없지만 회사 계정으로는 입찰을 허용하기로 결정했다고 전했다. 이것은 제한적이어도 살로몬의 숨통을 틔워 주는 매우 중요한 유예 결정이었다.

버핏은 기자들이 질문을 쏟아내자 모든 질문에 답해 주겠다며 그들을 진정시켰다. 그리고 "변호사를 만난 적이 없는 사람처럼 질문에 대답하려 노력"할 거라고 덧붙였다.[13] 아직까지도 버핏은 모저 스캔들의 전모는 모른 채 큰 줄기만 대략적으로 파악하는 수준이었다. 하지만 버핏은 버크셔의 정기 주총에서처럼 기자들의 질문에 유들유들하고 재치 있게 대답하며 자신의 특기를 유감없이 발휘했다. 언제 용서를 구하고 또 언제 부드럽게 항의할지 등등 버핏의 머릿속에는 기자회견 전략이 완벽히 수립되어 있었다. 그는 살로몬의 지난 과오에 대해서는 기꺼이 사과하는 반면 그런 과거와 미래를 확실히 구분하려 최선을 다했다.

> 기자: 『라이어스 포커』를 읽으셨는지 궁금합니다.
> 버핏: 몇 년 전에 읽었습니다.
> 기자: 소감 한마디만 해주시죠.
> 버핏: 딱히 드릴 말씀은 없습니다만 2판이 나오지 않았다는 말로 대답을 갈음하죠.

초미의 관심사는 살로몬의 문화가 이번 사태에 책임이 있느냐는 것이었다. 다시 말해 모저는 살로몬 문화의 많은 증상 중 하나였을 뿐일까? 버핏은 살로몬이 "어떤 방식, 어떤 형태, 어떤 양식의 범죄 행위도 양산하지" 않았다면서 전반적으로 존경할 만한 회사라고 옹호했다. 다만 동기가 무엇인지는 본질상 모호하다며 어쩌면 회사의 문화가 동기 부분에서 모종의 역할을 했을 수도 있다고 한발 물러섰다. "수도원에서는 그것과 똑같은 일이 발생하지 않았을 겁니다."

워런 버핏

가장 민감한 질문과 대답은 굿프렌드에 관한 내용이었다. 버핏은 굿프렌드가 모저의 행위를 알고도 묵인한 것은 "설명할 수도 변명할 수도 없는" 처신이라고 단언했다. 하지만 그것 말고는 친구를 존경하는 마음은 예나 지금이나 그대로였다.

> 기자: 존 거트프런트 전임 CEO를 잘못 판단했다고 생각하십니까? 살로몬 브라더스에 투자하신 걸 후회하십니까?
>
> 버핏: 둘 다, 그렇지 않습니다.

버핏의 독무대였던 기자회견은 장장 3시간이나 이어졌다. 기자회견이 끝난 뒤 그는 고위 임원들을 모여 있던 회의실로 가서 오해의 여지가 없는 명백한 메시지를 밝혔다. "모건이 회사를 운영할 것입니다. 그러니 제게 전화하지 마십시오. 승진도 해고도 모두 그가 결정합니다. 제 말은 이게 답니다. 그럼 다음에 뵙죠."[14]

그런 다음 그는 인근의 메리어트 호텔에 여장을 풀었다. 버핏은 단 하루 만에 정부, 언론, 경영진, 직원들 모두를 상대했다. 살로몬을 살리려면 반드시 그들 집단 전부를 만족시켜야 했다. 거기에다 살로몬의 고객과 채권자들도 안심시켜야 했다. 최근에 그런 위기를 겪고도 살아남은 투자은행은 없었다.

2막: 전쟁

"살로몬의 고난은 이제 시작일 뿐이다"[15]고 월요일 《월스트리트 저널》은 암울하게 예상했다. 왜 시작이냐고? 범죄는 만천하에 발가벗겨졌고 범인은 회사에서 쫓겨나지 않았냐고? 결과적으로 말해 《월스트리트 저널》의 예언은 적중했다. 워싱턴에서 규제 당국들은 전면적인 수사를 공언했다. 살로몬의 신용 등급이 강등되었고, 기업어음 즉 CP 시장에서 여전히 외면당했다. 설상가상 코네티컷 주정부, 매사추세츠 주정부, 캘리포니아 공무원 연기금California Public Employees' Retirement System, CalPERS, 세계은행 등등 살로몬과 손절하는 대형 기관 고객들이 늘어났다. 이런 일들을 하나씩 떼어 생각하면, 미리 대비책을 세울 필요도 거의 없는 일시적인 바람이었다. 하지만 한데 묶어보면 익숙한 그림이 등장했다. 요컨대 "스캔들"은 목하 진행 중이며 콧대 높던 굿프렌드의 채권 하우스를 왕따 집단으로 전락시켰다.

버핏은 여러 전선에서 반격의 시동을 걸었다. 월요일 오전, 그는 살로몬 고위 임원들에게 자택 전화번호를 알려주면서 무엇이든 불미스러운 행위의 징후가 보이는 즉시 알려달라는 당부도 잊지 않았다. 전화번호를 알려주는 게 대수냐 싶을 것이다. 그러나 단순한 이 행위에는 매우 상징적이며 강력한 의중이 담겨 있었다. 대부분의 CEO는 집에 있을 때는 전화 받고 싶어 하지 않기 때문이다.

같은 날 버핏은 멍거와 함께, 살로몬에 대한 조사를 주도하던 SEC의 리처드 브리든 위원장을 면담하기 워싱턴으로 내려갔다. 브리든은 증권 감독 기관 SEC의 관할권을 증시 테두리를 넘어 국채 시장으로까지 확대할 기회를 호시탐탐 노리던 중이었다. 강경한 매파hawkish 규제자라는 평판에 걸맞게 그는 "모래 한 알을 찾기 위해 해변을 전부 뒤엎을" 작정이라고 으름장을 놓았다.

"원하시는 정보를 얻지 못하실 때는 언제든 저희 둘에게 전화를 주십시오"라고 버핏이 담담하게 대답했다. "20분 안에 담당자를 교체하겠습니다." 브리든은 깊은 인상을 받았다.[16] 뉴욕으로 돌아온 뒤 버핏은 현금을 마련하기 위한 조치들에 박차를 가했다. 먼저 살로몬은 자사 트레이더들이 거래하는 증권들의 금리를 크게 인상했는데, 이는 그들이 증권을 적극적으로 팔도록 유도하기 위한 자구책이었다. 첫 주가 끝나갈 무렵에도 전사적인 자산 현금화 노력은 여전히 진행형이었다.[17]

그런 다음 버핏은 거트프런트의 고문 변호사 퓨어스타인에게 사임을 요구했다. 버핏은 LA에 있는 멍거 톨레스의 파트너 로버트 덴햄 Robert Denham에게 그쪽 일을 정리하고 뉴욕으로 와서 퓨어스타인의 자리를 대신해달라고 간청했다. 청렴하기가 흰 눈 같은 덴햄은 15년 전부터 버핏의 고문 변호사로 버크셔의 문제들을 담당하고 있었다. "당신이 꼭 와주셔야 합니다." 덴햄은 버핏이 그렇게까지 부탁하니 거절하는 것은 도리가 아니라고 생각했다.

당장 가장 큰 걱정은 법무부가 기소하려고 단단히 벼른다는 점이었다. 버핏은 살로몬이 법무부와 법정 다툼을 하면서 사업을 정상적으로 운영하는 것은 불가능하다는 사실을 잘 알았다. 게다가 혐의 하나라도 유죄를 인정하는 날에는 회사가 파산에 버금가는 타격을 입을 것도 빤한 이치였다[18](타인의 자산을 수탁받아 운용하는 기관 중 상당수는 범죄자와 거래하는 것이 금지되어 있었고, 그런 금지 조항이 없더라도 금융 범죄를 저지른 기관과 거래하려는 조직은 거의 없을 터였다). 그런 것을 고려할 때 이제 남은 희망은 하나뿐이었다. 최선을 다해 협조해 법무부로부터 집행 유예 결정을 이끌어내는 것이었다. 와치텔 립튼은 그 전략이 성공할 가능성은 거의 희박하다고 생각했다.[19] 이제껏 미국 정부가 대중의 이목을 끌 수 있는 대형 사건을 포기한 적이 거의 없어서였다.

그러나 버핏에게는 적극적인 협조 말고 다른 카드가 없었다. 그것이 마지막 보루였다. 그는 본능적으로 반대자들에 맞서는 것을 피했지만, 마음만 먹으면 싸우지 않고도 상대방의 마음을 사는 데서는 명수였다. 그렇다고 그가 말로 구워삶는 것은 아니었다. 오히려 스스로 무장을 해제하고 자발적으로 협력했다. 그도 사람들의 적의는 두려웠다. 그런데 그는 많은 사람들이 뒤늦게야 깨닫는 무언가를 잘 알았다. 웃는 얼굴에 침 못 뱉는다는 속담처럼, 진심을 담아 신의를 지속적으로 보여주면 신의로 보답 받을 가능성이 크다는 사실이었다. 단, 유의할 점은 **그런 신의에 어긋나는 행동을 해서 신의를 깎아먹지 말아야 했다.** 그는 바로 그 방법으로 캐서린 그레이엄의 신뢰를 얻어냈고, 스탠퍼드 립시가 버펄로의 신문사를 살리도록 만들었으며, 블루칩에 대한 SEC의 조사 중단을 이끌어냈다. 이제는 살로몬을 위해 그렇게 해야 했다. 살로몬을 조사하는 사람들에게 협조하고 살로몬을 고소한 사람들에게 납작 엎드려 선처를 구하며 법무부가 살로몬 사건을 입증하도록 성심껏 도와주어야 했다. 아울러 그는 자신만이 할 수 있는 방식으로 그 스캔들에 대한 개인적인 책임을 져야 했다. 그것도 책임 있는 자세를 매우 공개적으로 보여야 했다. 향후 그런 행위를 근절시킬 뿐 아니라 진심으로 깊이 뉘우친다는 것을 보여주어야 했다. 다시 말하지만 버핏에게는 그것이 유일한 카드였다.

그 사건과 관련해 정치적인 요소도 해결해야 하는 숙제였다. 사실 정계는 그 일에 매우 적대적이었다. 또한 대중 여론도 예전의 여러 스캔들과 마이클 루이스의 『라이어스 포커』의 영향으로 매우 싸늘했고, 아예 살로몬 전체가 썩었다고 생각했다. 게다가 S&L 사태에서 안이하게 대처했다가 역풍을 만났던 많은 의원과 정부 규제자들은 살로몬의 사건을 자신들의 "강인한 힘"을 보여줄 기회라고 단단히 칼을 갈고 나왔다. 그들의 분노는 단순히 그 사건에 국한되는 것이 아닌 것 같았다. 일례로 살로몬을 조사하던 텍사스 민주당 하원의원 J. J.

피클James Jarrell Pickle이 성명서를 냈다. "내가 걱정하는 것은 이번 스캔들이 유일하게 탈선한 기차가 아니라는 점입니다. (살로몬에서) 진짜 탈선 사고는 아직 드러나지 않았을 뿐입니다."[20] 한편 살로몬 사태를 드렉셀 스캔들의 복사판으로 간주한 SEC의 브리든 위원장은 135개의 소환장과 정보 공개 요구서를 발부했다.[21]

당연한 말이지만 보스키나 밀켄에 비하면 모저는 잔챙이였다. 하지만 그가 재무부를 대담하게 농락한 것은 월스트리트의 오만함을 집약적으로 보여주는 사례였다. 그리고 대중은 다른 어떤 범죄보다 오만함에 더욱 공분했다. 실제로 살로몬은 한 가지 점에서 가장 오만했다. 살로몬에서 오랫동안 고위 임원을 지낸 지데일 호로위츠는 "우리는 미국 정부의 재정증권을 장난감처럼 갖고 놀았습니다. 심지어 밀켄도 그러지 않았습니다"라고 술회했다.

여름이 저물어가면서 워싱턴 정가는 "살로몬 스캔들"을 둘러싸고 오직 그들만이 할 수 있는 방식으로 분주했다. 에드워드 마키 하원의원은 노동절 다음 이틀간 청문회를 열기로 결정했고 버핏을 핵심적인 증인으로 불렀다. 한편 상원도 하원의 청문회 다음 주에 청문회를 열기로 예정했다.

살로몬의 정계 로비스트 스티븐 벨은 영민하게도 버핏과 일부 심문자들의 만남을 사전에 주선했다. 몇몇 의원들은 살로몬 이사회가 관리 감독에 미흡했던 부분을 지적하며 까다로운 질문들을 던졌다. 버핏은 모범 답안을 내놓았다. 자신도 그런 일에 진작 더 주의를 기울이지 못해 후회한다고 말이다. 그는 비굴해 보일 정도로 겸손하면서도 자신의 치명적인 매력인 상냥함을 유감없이 발휘했다. 또한 자신이 하원의원의 아들이라는 점을 상기시키면서 그런 자신이 하원 청문회의 핵심 증인으로 마음을 졸이는 역설적인 상황에 놓인 것에 대

해 농담도 잊지 않았다.[22]

그는 의원들에게 살로몬의 잘못을 솔직하게 인정했을 뿐 아니라 그들의 생각에 십분 공감한다며 살살 달랬다. 버핏과 만난 후에 제이크 가른Edwin Jacob "Jake" Garn 상원의원은 보좌관에게 말했다. "정신을 똑바로 차리지 않으면 우리가 당하게 생겼군."

버핏이 마키 위원장처럼 청문회의 핵심 의원들과 친분이 있다는 사실은 거의 문제가 되지 않았다. 반대로 많은 기업인들과는 달리 버핏이 의원들에게 규제의 폐해에 대해 일장 연설하지 않은 것은 확실히 플러스 요인이었다. 버핏은 정부를 믿었고 예전부터 그것을 공공연하게 밝혔다.

의회 청문회의 보편적인 전술은 사냥감인 양 증인에게 수류탄을 무차별적으로 난사해 궁지로 모는 것이었다. 하지만 이번 청문회는 여타의 청문회와 결이 달랐다. 의원들은 버핏에게 진흙을 던지는 것조차 조심스러워했다. 의원들은 버핏이 살로몬에 7억 달러를 투자했다는 명백한 사실에도 불구하고 그가 대평원에서 월스트리트와는 전혀 무관한 삶을 산다고 생각했다. "그들 중 절반은 오마하가 들판뿐인 깡촌이라고 생각하죠"라고 벨이 정곡을 찔렀다.

청문회를 준비하면서 버핏과 오랜 시간을 보낸 스티븐 벨은 그가 워싱턴 정가의 내부 사정을 훤히 꿰고 있어 깜짝 놀랐다. 그는 버핏이 겉으로는 루소 같은 자연주의자처럼 보이지만 내면은 훨씬 복잡한 인물이라고 생각했다.

> 그는 언제나 따뜻하고 다정합니다. 대놓고 신경질을 부리는 것은 한 번도 본 적이 없습니다. 하지만 저는 버핏이 예전 뉴잉글랜드의 엄격한 청교도주의자 같은 인상을 받았습니다.

워런 버핏

사업상의 성공이 신의 은총 덕분이라는 18세기의 윤리 의식을 그대로 간직하고 있죠. 그의 도덕 기준은 아주 엄격하고 감정이 끼어들 여지가 없어요. 또한 자신이 원하는 대로 행동하지만 아주 논리적이고, 아니다 싶은 때는 조금도 주저하지 않고 "노"라고 말합니다. 정말이지 얄미울 정도로 가식적인 면이 거의 없습니다. 물론 모순점은 있습니다만, 가식과 모순은 전혀 다른 개념이잖아요. 그는 속과 겉이 똑같습니다만 아주 복잡한 사람입니다.

재판처럼 청문회도 예기치 못한 일이 현장에서 즉흥적으로 벌어지는 특성이 있다. 무슨 일이 벌어지든 두 번째 기회는 없고, 내뱉은 말은 주워 담을 수 없다. 9월 4일 무더운 오후 청문회장의 문이 개방되기 전부터 많은 사람이 레이번 하원 회관Rayburn House Office Building의 복도를 가득 메웠다. 마침내 문이 열리자 기자들, 로비스트들, 방청객들이 2123호로 우르르 들어갔다. 순식간에 자리가 다 찼고 일부는 벽 쪽 통로에 서 있었다. 정확히 3년 전 마이클 밀켄이 못마땅한 표정으로 묵비권을 행사하며 답변을 거부했던 바로 그 장소였다. 환한 조명을 비추는 TV 카메라, 녹음기, 사진기기 같은 방송 장비들이 증인석 바로 앞에 진을 쳤다. 사람들의 시선이 한곳으로 쏠렸다. 짙은 색깔의 정장을 입고 증인 테이블에 앉아 있는 버핏과 그의 정면에 앉은 캐서린 그레이엄이었다. 의원들은 청문회 모두 발언에서 방송을 의식한 분노를 간헐적으로 쏟아냈다. **오만하게… 미국 국민들… 멸시하고… 일부 공격적인 트레이더들이 자행한 사기 행각… 이반 보스키… 마이클 밀켄… 우리 미국의 금융 문화… 이런 불미스러운 사건들….**[23]

제임스 슬래터리James Charles Slattery 하원의원이 증인에게 질문했다. **버**

핏 씨, 이 나라의 납세자들에게 훌륭하게 봉사할 수 있는 기회가 당신한테 주어졌습니다… 그리고 저는 증인이 책임이 있어 보이는 고위 경영자들을 신속하게 해고 조치한 점을 기쁘게 생각합니다… 앞으로는 해고된 그들 관리자와 물밑 거래를 한다는 이야기를 앞으로 영원히 듣지 않기를 바랄 뿐입니다… 적어도 제 입장에서는 그들 책임자가 살로몬 브라더스로부터 아무 것도 받을 자격이 없다고 봅니다. 퇴직 수당은 물론이고 어떤 형태의 보수도 지급해서는 안 되며 그들의 변호사 비용을 지원해도 안 됩니다… 당장 살로몬 브라더스에서 거리로 내쫓는 것 말고 무엇도 해서는 안 됩니다….

그들은 구정권을 참수한 뒤에 이제는 신정권에 대한 찬사를 늘어놓았다. 버핏 씨, 우선 회장이 되신 걸 축하드립니다… 버핏 씨 당신이 진실한 분이라는 것은 믿어 의심치 않습니다…. 버핏 씨… 올곧은 진실의 길만 걸어오셨지요….

오마하 출신의 피터 호그랜드Peter Jackson Hoagland 하원의원은 청문회 소속이 아닌데도 자신의 이웃을 소개하기 위해 참석했다. 그는 중서부에서 나고 자란 전형적인 중서부 가치관을 지닌 인물입니다…. 그는 가로수가 즐비한 오마하의 조용한 중산층 동네에서 줄곧 살았습니다…. 그는 세금 신고서도 직접 작성합니다….

버핏이 성큼성큼 연단으로 나가자 스무 명 정도의 사진기자와 카메라맨이 그 뒤를 따랐다. 그리고 그가 마키 위원장과 악수할 때는 그 장면을 놓칠세라 카메라 셔터가 여름 매미 떼의 합창처럼 쉼 없이 터졌다. 이제 예순한 살이 된 버핏은 머리칼이 약간 희끗희끗했고 살이 제법 올라 배가 살짝 나온 모습이었다. 약간 떨리는 목소리로 말을 할 때마다 눈썹이 안경테 위에서 춤을 췄고 말끝에는 초조한 웃음을 흘렸다.

청문회는 TV로 실황 중계되었다. "페록사이드"라는 별명의 노마

진 서스턴은 고등학교를 졸업한 뒤 TV 화면 너머로 처음 보는데도 어릴 적 친구가 지닌 특유의 버릇과 기지를 단박에 알아보았다. 와튼 스쿨의 동창으로 멕시코에서 사업가로 성공한 해리 베자도 청문회를 생중계로 시청했다. 그도 옛 친구의 "밝은 기운"을 곧장 알아보았지만 수줍음 많던 친구를 생각하니 걱정스러운 마음에 표정이 굳어졌다.

버핏은 증인석에 앉아서 의원들을 마주보았다. 그가 두 팔을 가지런히 내린 채 발언을 시작했다.

> 저는 가장 먼저, 이런 사태를 촉발시킨 모든 행동에 대해 사과 말씀부터 드리고 싶습니다. 국가는 국민 모두가 규칙과 법률을 준수할 거라고 기대할 권리가 있습니다. 살로몬에서 그런 규칙과 법률을 위반하는 일부 불미스러운 행위들이 있었습니다.

그의 진솔한 사과는 그날 청문회의 꽃이었고 역사에 길이 남게 된다. 월스트리트의 금융 수장들은 1912년 J. P. 모건 시니어가 일명 푸조Pujo 청문회에서[하원의 금융 통화 위원회 위원장 아르센 푸조Arsène Pujo가 모건과 동료들의 금융계 기업 협회(트러스트)를 조사하기 위한 위원회를 소집했다. 그리고 그해 12월 독점 자본을 겨냥해 일명 푸조 청문회를 개최했다. - 옮긴이] 청문회에서 반골적 기질을 드러내며 치열한 공방을 벌인 이후 청문회의 단골손님이었다. 하지만 그들 중 누구도 청문회장에서 공개적으로 사과한 적이 없었다.

여남은 명의 사진기자들이 연신 셔터를 눌렀다. 버핏은 이어진 발언에서 8,000명에 달하는 살로몬의 임직원 대부분은 "성실하고 유능하며 정직"하다고 옹호했다. 그런 다음 살로몬의 엄격한 법률 준수를 강제하기 위한 새로운 조치들을 마련하겠다고 약속했다. 하지만 결국에는 그도 "준법정신이 법률만큼이나 아니 법률보다 더 중요하다"라고 인정했다. 새로운 살로몬에 대한 자신의 청사진을 설명하면서 버핏은 성인군자가 미국의 모든 가정에 들려줄 법한 교훈 중 하나를 아주 생생하게 소개했다.

> 저는 우리 직원들이 어떤 행위를 하고자 할 때는 다음 날 지역 신문의 1면에 실려 배우자와 자녀들 그리고 친구들이 읽어도 부끄럽지 않을 것인지 스스로에게 물어보기 바랍니다…. 그들에게 부끄럽지 않을 자신이 있다면 저의 어떤 메시지도 두려워할 필요가 없습니다. 회사의 돈을 잃는 것은 이해할 수 있습니다. 그러나 회사의 평판을 손톱만큼이라도 훼손시키는 것은 절대 좌시하지 않을 것입니다.

버핏이 평판을 강조한 것은 이상하게도 모건이 푸조 청문회에서 ─ 돈이 아니라 ─ 사람의 됨됨이가 신용의 토대라고 증언했던 것을 떠올리게 했다. 그러나 둘의 유사성은 그게 다였다. 모건은 무엇보다도 월스트리트의 완벽한 전형이었다. 반면 주식시장에서 부를 축적한 버핏은 월스트리트의 과도함에 대한 메인스트리트 즉 실물 경제의 해독제로 칭송받았다. 요컨대 버핏은 현존하는 미국인 중에서 양극단의 두 세계를 대변하는 최고의 상징이었다. 살로몬에게는 버핏보다 더 나은 선택은 없었다.

하원 청문회는 물론이고 일주일 뒤 상원 청문회도 고성 한 번 오가지 않고 놀랄 정도로 화기애애하게 진행되었다. 분과 위원회는 버핏에게 아껴두었던 수류탄을 규제자들을 향해 마음껏 투척했다. **그렇다면 코리건 총재님, 연방준비은행은 무슨 일이 벌어지는지 처음부터 끝까지**

알았습니까? …버핏이 하원 위원회 사무실을 나가자 기자들이 우르르 그의 뒤를 쫓았다. 하지만 버핏은 아무 말 없이 대기 중인 리무진에 올라 《포스트》로 향했다.[24]

한편 살로몬의 "해고된 관리자들"은 거리로 내동댕이쳐지지 않았다. 오히려 굿프렌드와 스트라우스는 살로몬의 예전 본사에서 비어 있던 사무실과 비서까지 제공받았다. 게다가 살로몬은 그들의 법률 비용까지 대납하고 있었다.

버핏은 CEO로 취임한 뒤 굿프렌드에게 몇 차례 전화했다. 굿프렌드의 한 측근은 "제가 보기에 버핏은 굿프렌드에게 아주 친절했습니다. 그를 나쁜 사람으로 생각하지 않는다는 말도 했다더군요"라고 자신의 생각을 밝혔다. 하지만 하원 청문회가 열리기 전날 굿프렌드는 입방아에 오를 수 있으니 서로 연락하지 않는 것이 좋겠다고 먼저 제안했다.

청문회 다음 날 살로몬의 이사들이 뉴욕에서 회동을 가졌다. 버핏은 굿프렌드와 해고된 다른 전직 관리자들의 혜택 문제를 정식으로 거론했다. 슬래터리 의원의 일갈이 귀에 쟁쟁했던 이사들은 퇴직 수당, 성과급, 변호사 비용, 사무실, 비서, 의료 보험 요컨대 모든 혜택을 끊었다. 굿프렌드는 친구들에게 회사를 구하려는 버핏의 노력을 이해한다고 담담하게 말했다. 한 동료가 안부 전화를 했을 때 굿프렌드는 "자네는 나와 거리를 둬야 하네. 자네나 회사를 위해 그렇게 하는 게 하는 게 옳네"라고 완곡하게 말했다.[25]

그동안 버핏은 허드슨 강과 이스트 강이 멀리 굽어보이는 탁 트인 전망을 가진 굿프렌드의 사무실을 사용했다. 또한 친구의 예전 비서도 친구의 이탈리아산 올리브 나무 책상도 그대로 두었다. 하지만 버핏은 그 모든 것이 낯설고 부담스러웠다.[26]

금요일 오후 그는 오마하로, 익숙하고 편안한 안식처로 돌아가고 싶어 일각이 여삼추 같았다. 그를 태운 인디펜서블이 오마하에 착륙할 때에 맞춰 아스트리드와 가족이 그의 단골 레스토랑 고레이츠에서 기다리고 있었다.[27] 그는 언제나처럼 끊임없이 들려오는 오르간 연주 속에서 금융은 '금'자도 모르는 사람들에게 둘러싸여 편안한 분위기를 만끽하며 마침내 긴장의 끈을 내려놓고 지난 한 주간 월스트리트에서의 모험담을 풀어놓았다.

살로몬에서 가장 힘든 부분은 그가 아주 다양한 외부 세력들을 상대해야 한다는 점이었다. 그는 은행가, 신용 평가 기관, 투자자, 언론 등을 안심시켜야 했다. 게다가 버크셔에서와는 달리 그는 살로몬에서 벌어지는 일들을 **통제**할 수 없었다. 그가 한 친구에게 "나머지 신발 한 짝이 언제 지네 위로 떨어질지 몰라 전전긍긍하는 신세라네"라는 찰떡 비유로 긴장의 연속 속에 사는 고단함을 토로했다.[28] 좀체 드문 경우인데 버핏이 걱정으로 잠을 설치기도 했다.[29]

버핏의 평소 성정을 잘 알았던 가까운 사람들은 걱정이 많았다. 그는 당면한 일에 집중하는 대신에 다른 사람들의 일에 개입하지 않았으며 낯선 것을 피하려 조심하고 또 조심했다. 그런 그가 월스트리트라는 정글의 한복판에 내던져진 셈이었다. 멍거는 버핏이 아내 수전이 수술 받았을 때를 제외하고 그토록 힘들어하는 모습을 본 적이 없었다. 보트 전복 사고에서 그의 목숨을 구해주었던 릭 게린은 "버핏이 살로몬 브라더스에 얼마나 큰 축복인지 사람들은 모릅니다"라고 속상해했다. 또 다른 친구는 다소 냉정하게 평가했다. "평시에는 그가 아주 훌륭한 리더입니다. 그가 전시의 지휘관 역할도 잘해낼지는 두고 보면 알겠죠."

버핏은 마지못해 지휘관이 되었지만 자신감, 넓고 균형 잡힌 시각,

목표에 집중하는 탁월한 능력, 이런 모든 것을 병사들에게 소통하는 재능 등등 유능한 지휘관의 자질들을 두루 갖추었다. 지금은 전시이고 따라서 이제는 이런 모든 자질을 발휘해야 했다.

SEC는 살로몬이 와치텔 립튼의 조사 보고서를 제출하기를 바랐다. 살로몬 입장에서는 그 보고서야말로 모저 사건에서 가장 치명적인 증거 일명 스모킹-건이었다. 변호인과 의뢰인 사이에 오간 모든 정보가 비밀 유지 특권의 대상인 것처럼, 그 보고서도 소환장의 대상이 아니었고 살로몬은 공개할 의무가 없었다.

살로몬의 외부 변호인들은 버핏에게 SEC의 요구를 거부하라고 조언했다. 사실 미국의 어떤 변호사도 그렇게 조언했을 것이다. 로비스트 스티븐 벨에 따르면 변호사들은 "그 보고서가 공개되면 법적 책임을 피할 수 없을 겁니다. 그건 죄를 자백하는 꼴입니다. 완전히 악몽이 될 거예요"라고 말했다.

"그런 말은 듣고 싶지 않습니다"라고 버핏이 쏘아붙였다. 그는 민사상 책임 따위는 안중에도 없었다. 돈이야 다시 벌면 그만이었다. 그에게는 법률적인 세부사항보다는 자신이 연방준비은행에 했던 약속을 지키는 것이 훨씬 더 중요했다.

"회사의 입장을 분명히 말씀드리죠"라고 버핏이 말을 이었다. "우리는 잘못을 저질렀습니다. 그러니 우리가 어떤 식으로 잘못을 저질렀는지 **공개할** 겁니다. 우리는 조서에도 서명했어요."

그런 다음 버핏이 벨을 쳐다보았다. 버핏은 살로몬이 고용한 정치 컨설턴트들을 벨이 해고해 주기를 바랐다.

"따로 이야기 좀 할 수 있을까요?"

"물론이네."

벨은 일단 버핏이 마음을 바꾸도록 설득해 보려 했다. 그들이 워싱턴 정가의 내부자들로 정치에 빠삭하다고, 살로몬이 그들의 전문성을 활용할 수 있다고 설득했다. "자네 말도 일리는 있지"라고 버핏이 말했다. "하지만 이것이 옳은 방법이네."

그리하여 정치 컨설턴트들이 떠났다. 버핏은 전문적인 거간꾼들이 싫었다. 그들은 전체적인 메시지를 모호하게 만들 터였고, 버핏은 고독한 전령처럼 자신이 직접 그 메시지를 전달할 작정이었다.

이것은 물론이고 솔직히 버핏의 모든 행보는 단 하나를 염두에 둔 조치였다. 용서였다. 그는 먼저, 살로몬이 도주한 '석유왕' 마크 리치(Mark Rich, 1983년 미국에서 조세 포탈, 적성국과의 거래 등 혐의로 기소되자 스위스로 도주했고 도피 기간에도 여러 사업을 운영했다. - 옮긴이)와 거래하는 것을 금지시켰다. 또한 정치권에 대한 기부도 일절 중단시켰다. 혹시라도 그들의 환심을 사려는 뇌물처럼 보일 여지를 차단하기 위해서였다. 뿐만 아니라 굿프렌드와 관련 있었던 와치텔 립튼과도 단절했다.

버핏은 살로몬의 트레이더들에게 "선에서 멀리 아주 멀리 떨어져" 거래하라고 거듭 경고했다. 이는 버핏의 단순하되 강력한 또 다른 일면이었다. 그러자 몇 주 동안 새로운 일을 계획할 때 "코트의 중앙"에 대한 버핏의 정의에 부합하는지 버핏에게 직접 확인한 트레이더가 6명이나 되었다.[30]

가령 하버드 대학교 교수였다가 트레이더로 변신한 뒤 모저의 뒤를 이어 국채 사업부를 맡았던 에릭 로젠펠트가 세법의 허점을 이용할 수 있는 트레이딩 전략을 제안했다. 로젠펠트는 몇 달 전부터 그 아이디어에 매달렸고 변호사들에게 법률 자문을 받아 문제 소지가 없다는 확인을 받았으며 수익성이 매우 높다고 생각했다.

버핏은 "몹시 찜찜한데"라면서 아마도 합법적인 행위이겠지만 "경계선과 너무 가깝다"라고 설명했다.[31]

워런 버핏

그처럼 도덕적인 훈계를 반복한 데는 버핏 나름의 노림수가 있었다. 직원들의 자아상을 고양시키기 위한 미묘한 노력이었다. 살로몬의 은행 담당 분석가 토머스 핸리Thomas Hanley는 이제까지 직원들이 그토록 대동단결하는 모습을 본 적이 없었다. 그는 버핏이 "머리가 아주 비상"하다고 생각했다.[32]

하지만 그런 버핏도 살로몬의 이름이 신문 1면에서 사라지게 만들 마법은 부리지 못했다. 살로몬은 모저의 위법 행위에 관한 새로운 세부사항이 나올 때마다 공개했고, 살로몬에 대한 새로운 또는 확대된 조사를 진행하겠다는 정부의 발표도 계속 이어졌다(연방 기관 5곳과 다양한 주 정부가 조사에 동참했다). 언론도 모저의 사건과는 무관한 살로몬의 다른 범법 행위들이 곧 드러날 거라는 추측성 보도를 끊임없이 양산했다. 살로몬에 제기된 민사 소송도 수십 건에 이르렀고 은행 여신도 끊겼다. 근본적인 사실은 변하지 않았는데도 표면적으로만 보면 스캔들이 확대 재생산되는 것 같았다.

게다가 살로몬 고객들의 두려움도 심상치 않았다. 수그러지기는커녕 오히려 날로 확산되었다. 그들은 당장 내일이라도 기소될 수 있는 금융기관과 거래하고 싶지 않았다. 영국 최대 통신 사업자 영국 통신British Telecommunications, BT은 자사의 유가증권 주요 인수자에서 살로몬의 이름을 뺐다. 채권 거래 고객들도 이탈했다.[33] 한 대기업 고객의 CEO를 안심시키기 위해 버핏은 말 그대로 가슴에 손을 얹고 맹세해야 했다. "더 이상의 불미스러운 일은 절대 없습니다."[34]

5주 후 마침내 살로몬의 위기가 진정되어가는 것처럼 보였을 즈음 복병이 등장했다. AT&T의 회장으로 미국에서 가장 존경 받는 CEO의 한 사람이었던 로버트 E. 앨런Robert Eugene Allen이 측면 공격을 가했다. 살로몬의 도덕적 해이는 "용서받을 수 없다"라고 공개적으로 비난한 것이다.[35] 살로몬은 그야말로 속담에 나오는 강아지 신세였다. 꼬리에 깡통을 매단 강아지 말이다. 어디를 가든 강아지는 시끄러운 소리 때문에 금방 들키고 만다. 결국 다음 날인 9월 24일 살로몬의 주가는 20.75달러로 저점을 갈아치웠다.

이틀 뒤 버핏은 그레이엄 사단을 만나러 캐나다 브리티시컬럼비아의 빅토리아로 갔다. 친구들과 그들의 배우자들로 구성된 그레이엄 사단은 그동안 인원이 꾸준히 늘어 50명 남짓으로 커졌고, 젊은 빌 게이츠도 '신입' 회원이 되었다. 버핏의 상황을 누구보다 잘 알던 그들은 그가 시간을 내 멀리 캐나다까지 날아온 것에 놀랐지만, 그에게는 그 여행이 활력소와 같았다. 일행들은 녹음이 우거진 아름다운 빅토리아의 정원들을 구경하러 나간 사이 그는 홀로 숙소에 머물렀다. 어차피 버핏은 정원 투어를 건너뛸 참이었다. 대신 그는 어떤 세미나에 참석했다. 살로몬 스캔들이 터지기 직전에 정해진 세미나의 주제는 "나의 가장 멍청했던 투자 또는 사업"이었다.

다시 뉴욕 이야기를 해보자. 모저 스캔들은 여전히 살로몬 직원들의 사기와 자존심을 갉아먹었다. 한 관리자는 "아침에 출근해 신문을 펼치는 것조차 겁이 납니다. 언제까지 이래야 하는 건지 정말 미치겠습니다"라고 불안한 마음을 드러냈다.[36] 국채 사업부의 새로운 수장이 된 유능한 트레이더 로젠펠트는 맨해튼 북동부 지역에서 일하는 젊은 금융인들의 아지트인 한 레스토랑을 방문한 적이 있었다. 그는 다른 손님들이 마치 살로몬이 사기꾼들의 소굴인 양 '씹어대는' 이야기를 우연히 들었다. 특히 한 명은 로젠펠트를 알아보고 들으라는 듯 "정말 극혐이라니까"라고 말했다.

10월 초 버핏은 임직원들의 침체된 사기를 북돋우려는 격려 차원에서 마이크를 잡았다. 그는 회사의 전망에 대해 매우 낙관한다고 **힘**

줘 강조했다. 임직원들은, 아니 그들 대부분은 생애 처음으로 위기를 맞이했다. 그러나 버핏은 이번 위기가 처음이 아니었다.

> 기업 두 곳이 응급실에 들어간 것을 가까이서 지켜보았죠···. 1963년 아메리칸 익스프레스와 1976년 가이코가 그랬습니다···. 몇몇의 실수 때문에 자부심의 화신 같았던 가이코가 하루아침에 생존조차 불확실한 조직으로 전락했어요. 수만 건의 보험 계약이 해지되었죠. 이런 말은 하고 싶지 않지만 안타깝게도 힘든 시기가 한동안 계속되었습니다. 잭 번은 연이어 나타나는 악어를 한 마리씩 상대하며 고군분투했습니다.[37]

버핏은 직원들에게 당시 2달러였던 가이코의 주식이 이후에 194달러 근처까지 급등했다고 차분하게 상기시켜주었다. 아울러 하락장에서 주식을 사는 것처럼 순간의 열정에 휘둘리지 말고 살로몬의 미래를 보라고 촉구하면서, 살로몬의 미래는 분명 밝을 거라고 장담했다.

이제 월스트리트는 살로몬의 생존 가능성을 의심하지 않았다. 하지만 예전 같은 월스트리트 왕가의 위세는 되찾지 못하고 '평민'적인 금융기관으로 명맥을 이어갈 걸로 예상했다. 특히 《비즈니스 위크》는 살로몬이 "규모도 수익성도 영향력도 모두 약화되는" 3중고에 빠질 거라고 내다봤다.[38] 요컨대 월스트리트는 버핏이 대대적으로 구조조정한 탓에 살로몬은 이제 빈껍데기만 남았다고 우려했다. 살로몬은 그의 진두지휘하에 500억 달러어치의 자산을 매각함으로써 신용 우려는 일소되었다. 하지만 공짜 점심이 없듯, 살로몬의 전매 특허였던 능력 즉 위험을 무릅쓰고 대담하게 크게 도박을 능력이 크게 약화되었다. CBS의 CEO로 버핏보다 7살이 많은 로렌스 티시가 단도직

입으로 물었다. "이제 살로몬에서는 누가 굿프렌드식의 위험을 감수하려 하겠나?" 버핏은 대답을 내놓지 못했다.[39]

버핏이 살로몬에 매일 '출근 도장'을 찍은 것은 아니었다. 더러는 임원 식당에서 다른 사람들이 얇은 송아지 구이를 먹는 동안 혼자서 햄 샌드위치를 해치웠다. 그러나 굿프렌드처럼 거래소 복도를 몰래 어슬렁거리는 일은 일절 없었다. 게다가 사건이 질질 끌며 길어지자 버핏이 오마하에서 보내는 시간이 갈수록 많아졌다.

버핏이 긴밀하게 연락하는 고위자들은 손에 꼽을 정도였다. 천재 트레이더 에릭 로젠펠트, 재무 담당자 존 맥팔레인, 최고 재무 관리자 도널드 하워드, 고문 변호사 로버트 덴햄, 사장 데릭 모건 등이었다. 특히 로젠펠트는 차익 거래에 관한 버핏의 상세하고 해박한 지식에 깜짝 놀랐고, 모건은 버핏이 걸어 다니는 기업 백과사전처럼 의지했다.

살로몬의 경영진은 처음에 버핏의 온화한 겉모습을 유약함으로 오해했다. 하지만 버핏은 보이는 이미지보다 훨씬 엄격하다는 것을 즉 외유내강형이라는 것을 그들도 이내 알게 되었다(이는 그들이 직전에 겪은 내유외강형 굿프렌드와는 정반대였다). "이전 회장님과는 해와 달처럼 극과 극이었습니다"라고 수석 부사장 윌리엄 제닝스William Jennings가 말했다. "버핏은 쉽게 설득당하지 않고 굿프렌드는 쉽게 거절하지 못하는 성격이었죠."

그렇지만 버핏은 살로몬에 **남아달라는** 요청은 단호히 거절했다. 그는 자신을 붙잡는 모건에게 타이르듯 말했다. "자네를 실망시키고 싶지 않네만 나는 살면서 투자은행을 경영하고 싶은 적이 한 번도 없다네."[40] 사실 그는 살로몬에서 자신의 역할에 명확한 한계를 그었다. 씨즈캔디에서처럼 그는 먼발치서 한 발짝 비켜서서 걱정하며 도와주는 감독자 이상이 될 생각은 조금도 없었다.

워런 버핏

대부분의 CEO들과는 달리 버핏은 자신을 경영자로 생각하지 않았다. 굳이 따지면 경영자라기보다는 무대 맨 앞자리에서 지켜보는 투자자였다. 그리고 살로몬의 투자자로서 그는 매우 불행했다. 10월 버핏이 모건에게 말했다. "살로몬이 굉장한 회사일지언정 주식은 정말 끔찍하군." 그것은 새로운 경기의 시작을 알리는 일종의 신호였다. 지난 5년간 살로몬의 주식 수익률은 S&P에 편입된 500대 기업 중에서 고작 445위로 참담하다 못해 비참한 수준이었다. 이제 버핏의 관심이 스캔들에서 주식으로 서서히 이동하고 있었다.

3막: 고난

버핏이 장기 투자자로서 살로몬을 평가하면 절대 좋은 그림이 아니었다. 살로몬의 자산은 증가했지만 자기자본수익률은 크게 감소했다. 도쿄 지점, 차익 거래와 채권 거래, 유가증권 인수 같이 지속적으로 수익을 달성하는 부문들도 있었다. 하지만 고연봉의 투자 은행가들은 수년째 적자를 이어왔다. 주식시장의 실적도 어떤 해는 흑자였다가 바로 다음 해에 적자로 돌아서는 등 들쭉날쭉했다.[41] 종합적으로 볼 때 밑지는 장사였다. 거대한 엔진이 가동했고 자본과 인력도 아낌없이 투입되었지만 수익이 아주 보잘것없었으니 말이다.

버핏은 그 문제의 근원에 살로몬의 과도한 성과급이 있다고 확신했다. 굿프렌드 시절에는 회사 수익의 75퍼센트를 임원들이 골고루 나눠가졌다. 굿프렌드가 파트너십을 매각하기 전 그러니까 임원들이 회사의 조합원이었던 시절의 방만한 관행에서 벗어나지 못한 탓이었다.[42] 그 바람에 진짜 조합원인 주주들이 역차별당했다. 관리자들에게 책임을 지우지 않은 것은 왜곡된 신호를 발산했다. 이는 예전에 아버지로서 버핏이 용돈을 너무 많이 주면 자식들에게 잘못된 메시지를 줄까 봐 걱정했던 것이 현실화된 형국이었다. 관리자들은 어차피 실적과 무관하게 자신들의 성과급이 꾸준히 인상되자, 자신들의 사업부가 "수익이 적든 하나도 없든" 남의 일 마냥 아무 신경도 쓰지 않았다.[43]

버핏은 이런 행태를 척결하려면 특단의 조치가 필요하다고 단단히 벼렸다. 마침내 그는 10월 29일 '쩐의 전쟁'을 알리는 신호탄을 쐈다. 미국 양대 일간지 NYT와 《포스트》 그리고 세계 양대 경제지 《월스트리트 저널》과 《파이낸셜타임스》에 2장짜리 광고를 냈고 살로몬의 3분기 재무제표를 공개했다. 그 광고의 화룡점정은 살로몬의 급여 체계를 맹렬히 비난하는 버핏의 서한이었다. 그는 고성과자들에게 고액 연봉으로 보상하는 것은 문제되지 않는다는 점을 강조했다. 하지만 살로몬의 "부의 분배" 시스템이 주주들을 희생시킨 대가로 모두에게 — 실적이 평범한 직원들까지 — 보상하는 것은 문제라고 꼬집었다.

그렇게 운을 뗀 다음 그는 폭탄을 떨어뜨렸다. 1991년 성과급 예산에서 1억 1,000만 달러를 삭감한다고 선언했다 결과적으로 말해 살로몬의 (모저 스캔들이 터지기 전에 거둔) 1991년 수익은 1990년보다 2배였지만 성과급은 1990년보다 약간 줄어들게 될 터였다. 사실상 새로은 "부의 분배" 체계에 불만이 있으면 짐을 싸라는 무언의 도발이었다.

> 새로운 성과별 지급 원칙 때문에 일부 관리자들이 퇴사하는 것은 불가피합니다…. 어쨌든 직원들이 회사의 원칙에 따라야지 그 반대는 절대 용납할 수 없습니다. 더는 회사가 직원들

에게 끌려 다니지 않을 작정입니다.[44]

25년 전 버핏은 해서웨이 공장이 드리우는 그늘 아래에서 켄 체이스에게 회사에 대한 주인의식을 지진 직원들을 원한다고 말했었다. 이제는 유리와 강철로 지어진 멋진 월스트리트의 건물에서 버핏은 모건에게 많은 직원들을 잃을 각오가 되어 있다고 말했다. 모건은 부엌의 뜨거운 열기를 참지 못해 부엌을 뛰쳐나가는 사람들이 얼마나 많을지 가늠조차 되지 않았다. 버핏은 단정적으로 말했다. "충성심을 돈으로 살 수 없다네."[45]

버핏의 선언은 살로몬 외부에서 전폭적인 지지를 받았다. 그리고 많은 사람들은 — 마침내 — 월스트리트의 미친 급여 체계가 어느 정도 '제정신'을 찾아가기를 희망했다. 그러나 살로몬 내부에서는 전혀 다른 그림이 전개되었다. 임직원들은 모저가 저지는 일에 대한 책임을 자신들에게 뒤집어씌운다는 생각에 억울했다. 또한 버핏이 회사 내부의 일을 외부에 대고 떠든다고 깊이 분개했다. 신문 광고가 실린 날 헤드헌터 게리 골드스타인Gary Goldstein에게 자신들의 충성심을 기꺼이 돈에 팔려는 살로몬 경영자들로부터 전화가 빗발쳤다.

설상가상 성과급의 축소 규모는 그들을 아연실색하게 만들었다. 월스트리트가 최고의 실적을 달성한 한해였기에 충격은 더했다. 모건은 살로몬 관리자 10명 중 7명의 성과급을 대폭 삭감했다.[46] 투자 은행가들은 평균 25퍼센트가 깎였고, 개중에는 무려 50만 달러가 증발한 은행가도 일부 있었다. 그게 다가 아니었다. 버핏과 모건은 전문가 80명과 지원 인력 200명을 해고했다.[47]

얼마 지나지 않아 감탄고토라는 말처럼 버핏에 대한 감정이 부정적으로 변했다. 임직원들은 그가 살로몬을 구해준 것에는 감사했다. 그러나 이제는 단물을 죄다 빨아먹었으니 버핏이 쓸모없는 존재가 되었다. 그들은 한술 더 떠서, 버핏이 규제자들의 꼭두각시라고 생각할 뿐 아니라 굿프렌드를 매정하게 내쫓았다고 비난했다. 어떤 노련한 분석가의 말이 당시 상황을 잘 말해준다. "오래 근무했던 일부 임직원은 존 굿프렌드에게 애정 같은 것을 갖고 있었습니다. 그것도 꽤나 끈끈한 편이었죠. 버핏이야 천하가 아는 구세주였지만 사람들이 구세주를 어떻게 생각하는지 아시잖습니까? 사랑과 증오가 함께하는 애증 관계지요."

굿프렌드의 채권 왕국 살로몬에서 주식 거래 사업부의 총 책임자였던 스탠리 샵콘Stanley Shopkorn은 귀족 중에서도 단연코 황제의 오른팔이었다. 건장한 체격에 경마 광이며 몸치장을 좋아하던 샵콘이 주식을 거래하는 사이 굿프렌드가 그의 사무실에서 한가로이 담배를 피우는 것은 그들 사이에서는 익숙한 광경이었다. 월스트리트에서 샵콘은 공격적인 일괄 매매와 자신의 '감'에 의존해 거래하는 것으로 명성이 높았고, 덕분에 그에게는 범접하기 힘든 어떤 아우라 같은 것이 생겼다.

그러나 본인은 전설적인 거래자라고 불렸어도 그가 이끌던 주식 사업부는 사내에서 실적이 저조한 편이었다. 그의 도박사적인 매력에 아무런 감흥을 받지 못한 버핏은 그에게 하락 주식 2종목을 매도하고 투기적인 투자를 중단하라고 지시했다. 이에 샵콘은 사직서를 던졌다.

샵콘이 퇴사하자 주식 부문에서 이탈자가 속출했다. 그런 마당에 주식 사업부의 보잘것없는 성과급이 발표되자 샵콘의 후임자 브루스 해켓이 부서 방송을 통해 직원들에게 큰소리로 말했다. "나는 지금 화가 나서 미칠 지경입니다. 그 이유는 여러분 각자가 알아서 생각

워런 버핏

하시오." 회사를 쇄신하려던 버핏의 가차 없는 조치가 꽁꽁 닫혀 있던 살로몬의 다락방 문을 개방한 형국이 되었다. 그 문이 열리자 지난 10년간 다락방에서 케케묵은 온갖 잡귀들이 갑자기 우르르 쏟아져 나왔다.

1991년 4분기는 그야말로 재앙이었다. 신주 발행 시장에서 살로몬의 점유율이 스캔들 이전에는 8퍼센트였는데 이제 2퍼센트로 폭락했다. 게다가 시기적으로도 매우 끔찍했다. 월스트리트는 신주 발행 규모에서 새로운 역사를 썼고 따라서 월스트리트 전역에서 성과급 잔치가 벌어졌던 것이다. 하지만 살로몬은 초상집 분위기였다. 판매원과 분석가들은 고객들에게 투자 설명회를 열 거리조차 없었고 투자 은행가들은 거래의 씨가 말랐다. 그래서 그들도 회사를 떠났다.

"버핏은 사람들이 얼마나 쉽게 회사를 그만둘 수 있는지 알지 못합니다. 그는 자신이 정말 똑똑하다는 생각에 갇혀 있었어요"라고 퇴사 결심을 굳힌 한 투자 은행가가 남성 전용 클럽에 있을 법한 가죽 등받이 의자에 몸을 기대며 분개했다. "그는 회사를 마치 주식투자하듯 운영합니다. 그는 직원들에 대해서는 눈곱만큼의 관심도 없어요."

자신의 이야기에 도취된 그 은행가가 말을 이었다. "**그의** 전체 실적이 계속해서 신문 1면의 단골 메뉴가 될 거라고 보십니까? 뜨거운 피를 가진 보통 사람이라면 거의 불가능한 일입니다. 냉혈한이 아니라면 성인이나 뭐 그런 존재여야 하겠죠."

1992년 1월 버핏은 위기에 봉착했다. 은행 담당 분석가로 한때 버핏의 공동체 정신에 열광했던 토머스 핸리가 자신의 급여를 2배 올려 200만 달러로 인상해 주지 않으면 퍼스트 보스턴으로 이직하겠다고 으름장을 놓았다. 핸리는 과거에도 비슷한 전략으로 급여 인상

요구를 관철시킨 전례가 있었다(1991년에는 급여가 40퍼센트 인상되었다). 비록 독불장군 식의 프리마돈나(능력이 뛰어나고 인정받고 싶은 욕구가 강한 반면 남의 능력을 인정하려 들지 않으려는 특성이 있다. ─ 옮긴이)이었지만 핸리는 귀중한 분석가였고 살로몬이 은행들과 거래를 성사시키는 데서 중요한 다리 역할을 했다. 하지만 버핏은 그의 요구를 들어주지 않았고 그는 회사를 나갔다.

핸리 외에도 4명의 분석가가 같은 주에 짐을 쌌다. 그것은 공황 상태를 촉발시켰다. 호랑이가 없는 골에서 여우가 왕 노릇하듯, 부서 핵심들이 사라지자 이제 경쟁자들이 그 부서를 통째로 먹겠다고 들고 일어났다. 버핏은 모건의 간곡한 청에 못 이겨 약간 물러섰고 상대적으로 젊은 6명의 분석가들에게 성과급을 보장해 주었다. 이는 버핏이 살로몬에서 처음으로 양보한 것이었다.

한편 버핏과 모건은 집단별 성과급을 각 집단의 자기자본수익률과 연계시키는 체계를 마련하기 위해 고군분투했다. 이 일은 쉽지 않았다. 이제까지 살로몬은 다양한 사내 사업부별로 얼마의 자본을 사용하는지 계산한 적이 없었기 때문이다. 버핏은 이것이 관리 감독 업무에서 치명적인 실수라고 생각했다. 그가 사내 분석가들에게 했던 말을 들어보자.

> 솔직히 40억 달러에 가까운 자본이 투입되는 회사에서 누가 자본을 얼마나 사용하는지 모른다는 이런 현실을 어떻게 받아들여야할지 모르겠군요.[48]

성과급을 둘러싼 쩐의 전쟁이 한창이었을 때 가이코 CEO 잭 번의 아들 패트릭Patrick이 버핏을 인사차 방문했다. 스탠퍼드 대학교에서

워런 버핏

경제학과 철학 박사 과정에 있었던 패트릭은 동기 부여에 대해 버핏과 많은 대화를 나누었다. 버핏은 청년 번에게 교과서에 나오는 독단적인 원리에 의문을 가지라고 조언했다. 사람들은 — 적어도 일부 사람들은 — 경제 이론가들의 주장과는 달리 오직 경제적 요인으로 동기가 부여되는 것이 아니라고, 더러는 충성심으로 동기가 부여될 수도 있다고 그가 말했다.

좋게 말하면, 충성심이 동기 부여가 될 수 있다는 버핏의 이론이 월스트리트에서는 다소 낯설었다. 월스트리트에서는 돈을 벌려고 투자 은행가가 되었고, 따라서 원하는 만큼 돈을 받지 못하면 미련 없이 짐을 싸는 것이 그들의 방식이었다. 한때 투자 은행가로 일했던 니콜라스 브래디 재무부 장관도 버핏이 투자은행의 생리와 맞지 않다고 생각했다. "(투자은행을 경영하는 것은) 오페라단을 운영하는 것과 같습니다. 콧대가 하늘을 찌르는 자아도취적인 프리마돈나들을 단체로 다루는 것이죠. 제가 보기에는 그가 살로몬을 완벽히 이해하지 못한 것 같습니다."[49]

브래디처럼 생각하는 사람들이 많았다. 한 걸음 더 나아가, 버핏이 홍보 목적으로 중서부 특유의 도덕적 기준을 강요한다고 삐딱하게 바라보는 사람들도 있었다. 하지만 그들의 비판은 도리어 월스트리트가 항상 버핏에 대해 얼마나 불편했는지를 단적으로 보여주는 것이기도 했다. 다시 말해, 그들 비판가의 목소리가 컸다는 것은 그들 역시도 업계의 흥청망청한 돈 잔치와 전반적인 행태를 우려했다는 반증이었다. 살로몬의 경쟁사이자 대형 비상장 회사의 CEO는 버핏이 "오마하 출신의 '미스터 도덕책'이 월스트리트 세상에 뛰어들어 쓴소리"한다고 이죽거렸다.

그는 절대로 도덕군자가 아니었습니다. 그저 빈틈없고 영리한 운영자일 뿐이죠. 그래도 급여 체계를 합리화하려는 그의 시도는 순진했습니다. (신경질적으로 낄낄거렸다.) 어느 정도는, 아니 상당 부분 저도 그의 노력에 박수를 보냅니다. 성과급이 터무니없다는 데는 저도 동의하죠. 하지만 제 급여가 대중의 결제를 받아야 한다면 그건 다른 문제입니다. 당연히 저도 싫을 겁니다. (또다시 낄낄거렸다.) 그래도 급여 문제를 철저히 하나의 사업처럼 다루어야 한다는 그의 말이 꽤 설득력 있기는 합니다.

버핏이 살로몬의 구원투수로 등판했을 때 장남 하워드가 했던 예언이 맞아떨어졌다. 기회를 호시탐탐 노리던 사람들이 사방에서 튀어나왔다. 《비즈니스 위크》는 1992년 초 (코카콜라는 생략한 채) 웰스파고와 살로몬 같은 "불량품"들을 언급하면서 버핏이 투자자로서의 감각을 잃었다고 단언했다.[50] 심지어 투자자로 사망 선고를 내린 지 3주 후에는 그가 살로몬을 '말아 먹었다'고 공격의 수위를 높였다. 살로몬을 구했다는 점은 인정하면서도 임직원들을 비통함과 불행 속으로 빠뜨렸고 급여 수준을 후퇴시켰으며 살로몬 특유의 위험 감수 성향을 고사시키는 등등 그가 "일련의 실수"를 저질렀다고 혹평했다. 특히 흥미로운 점은 "리더십 부재와 신뢰 부족"을 그의 '죄목' 중 하나로 꼽았다는 점이다.[51]

일부 비판은 다분히 인신공격성 발언이었다. 《월스트리트 저널》의 기사가 대표적이었다. 《월스트리트 저널》은 인물 소개란에서 버핏의 내연녀를 언급했는데, 이는 그의 서민적인 이미지가 일종의 대중 사기극이라는 은근한 암시가 담겨 있었다.[52] 이에 그치지 않고 《월스트리트 저널》은 이런 수정주의적인 관점을 다방면으로 확대시켰다. 버핏이 주주 서한들을 보내는 이유는 "어려운 질문들"을 회피하기 위해서였고, 자신의 이미지를 조작함으로써 주가를 부양시켰으며, 그의 성공은 순전히 초특급의 화려한 인맥 덕분이라고 결론 내렸다. 뿐만 아니라《월스트리트 저널》은 유명한 가치 투자자로 버핏의 경쟁자였던 마이클 프라이스Michael Price와의 인터뷰도 소개했다. 그는 "버핏이 보이지 않는 시장의 가장 큰손 중 하나였으며 최상의 시장 정보를 입수한 거래로 엄청난 차익"을 거두었다고 폄훼했다. 아울러 "이것이 사람들이 소탈하고 현실적이라고 생각하는 사람의 실체"라고 단언했다.

막내아들 피터에 따르면, 이제껏 자신을 칭송하는 언론에 익숙했던 버핏이《월스트리트 저널》의 기사에 "매우 분노"했다. "당시 제가 함께 있었는데 아버지는 그 기사에 강박적일 만큼 매달렸어요." 결국 버핏은《월스트리트 저널》에 항의 서한을 보내 그 기사에서 언급한 많은 주장들을 조목조목 반박했다. 하지만 버핏은 늘 그렇듯 자신의 심적 고통을 만천하에 드러낼 마음이 없었고 자신의 항의 서한이 보도되어서는 안 된다고 못을 박았다.

그런 다음 마이클 루이스가 버핏의 비판가 배턴을 이어받았다. 『라이어스 포커』의 저자는 좌익 성향의 정치 문화 전문지《더 뉴 리퍼블릭》에서 버핏에게 맹공을 퍼부었다.[53] "성자 워런: 월스트리트의 타락 천사Saint Warren: Wall Street's Fallen Angel"라는 제목의 기고문에서 루이스는 버핏의 투자 실패와 윤리적 결함들을 총망라했다. 얼마나 신랄했는지 버핏에 대해 모르는 사람이라면, 세기의 난봉꾼이 저지른 세기의 악행에 관한 기사라고 착각할 수 있을 정도였다. 게다가 루이스는 효율적 시장 가설을 절대적인 진리로 칭송한 반면 버핏의 전체 경력을 싸잡아서는 순전히 운이 좋아 동전의 앞면이 계속 나왔을 뿐이라고 일축했다. 결론적으로 말해 동전 던지기 주장은 차치하고라도 루이스의 "타락 천사"는 실체적 오류로 가득했다.*

버핏은 루이스의 기사에 노발대발했다. 『브라이디 머피를 찾아서 The Search for Bridey Murphy』의 저자이자 벤저민 그레이엄 추종자로 버핏과도 사사로운 친분이 있었던 모리 번스타인Morey Bernstein이 버핏에게 위로 편지를 보내면서 원색적인 욕설에 가까운 말로 루이스의 기사를 깎아내렸다. 이에 버핏이 — 항상 단어 선택에 신중했다 — "모리, 마이클 루이스의 기사에 대해 보여준 공감에 감사드립니다. 당신이 그를 정확히 묘사했습니다"[54]는 답장을 보냈다.

그렇다면 여기서 흥미로운 질문을 해보자. 루이스는 버핏의 어떤 점에 심기가 뒤틀렸을까? 이에 대한 단서는 『라이어스 포커』에서 찾아볼 수 있다. 그것은 버핏에 대한 월스트리트 전반의 불편한 감정과 맥을 같이한다. 루이스는 저서에서 젊은 채권 판매원 시절의 일화 하나를 들려주었다. 그는 모두가 기피하던 대형 부동산 개발회사 올림피아 앤 요크Olympia & York의 회사채 8,600만 달러어치를 '어떤 호구'에

---

* 루이스의 주장에서 몇 가지 오류를 짚어보자. 첫째, 루이스는 "1988년 중반 (버핏이) 자신의 엄격한 장기 투자 규칙을 깨뜨렸고 차익 거래자가 되었다…"고 주장했다. 버핏이 차익 거래를 시작한 것은 1954년부터였고 연례 보고서에서도 종종 그 사실을 언급했다. 둘째, 루이스는 버핏이 RJR 내비스코 거래에 자금을 태우자며 먼저 제안했다고 말했지만, 사실 그는 그 거래에 돈을 대는 것을 거부했다. 셋째, 루이스는 버핏이 공개적으로 부인했음에도 아랑곳하지 않고 "심지어 그가 1985년 한번은 미국 기업들의 평균 수익률을 능가하는 것이 자신의 이상적인 목표라는 취지로 말했다"라고 주장했다. 진실을 말하면, 버핏은 그저 "한번"이 아니라 매년 연례 보고서에서 그런 목표를 명백하게 설명했다. 마지막으로, 루이스는 버핏이 RJR 채권에 투자했는데 그 채권은 "역사상 거의 최대 규모의 파산"이었다고 주장했다. 버핏이 RJR 채권에 투자한 것은 명백한 사실이지만 그는 그 채권이 하락한 뒤에 투자했고 그 투자로 막대한 수익을 올렸다.

워런 버핏

게 매도한 것을 자랑하는 듯 보인다. 그런데 또 한편으로는 고객에게 폭탄을 떠넘긴 일에 대해 회한 같은 당혹감을 약간 암시했다. 그는 자신을 믿었고 자신의 "최고 고객"이었던 사람에게 살로몬에서 자신의 위상을 높여줄 "영광"만 없었다면 "아마 기다란 작대기로도 건드리고 싶지 않았을" 회사채를 떠넘겼다.

> 나는 그때도 그것이 끔찍한 짓이라는 걸 알았다. 하지만 지금 그 일을 떠올리면 당시보다 마음이 더 무겁다.[55]

그는 버핏에 대한 글에서 이렇게 결론 내렸다.

> 사람들을 겁박해 한동안은 그들을 순한 양으로 만들 수 있다. 그러나 장기적으로는 겁박 전략이 통하지 않는다…. 따라서 우리는 일명 버핏의 딜레마라고 부를 만한 상황에 직면한다. 좋은 일을 할 것이냐, 돈을 따를 것이냐, 그것이 문제로다.

솔직히 말하면 좋은 일과 돈 중에서 택일한 장본인은 루이스였다. 반면 버핏은 지극히 힘든 상황 속에서도 좋은 일도 하고 돈도 벌고 둘 다를 위해 노력했다. 버핏의 단골 조언은 — "좋은 실적과 훌륭한 행동은 모순되는 것이 아니다"[56] — 루이스의 (그리고 다른 비판가들의) 합리화에 대한 도전이었다.

루이스의 기사가 발행될 즈음인 1992년 2월 중순 살로몬은 교착 상태에 빠져있었다. 주가는 반등에 성공해 30달러를 회복했고, 세계은행과 여러 주 정부의 연기금 같은 기관 고객들도 돌아왔으며 대대적인 경영 혁신도 마무리되었다. 이제 버핏은 오마하에서 대부분의 시간을 보냈다.

하지만 살로몬의 기업 사업 부문은 아직도 출혈이 멈추지 않았다. 게다가 직원 사기도 여전히 바닥을 헤맸다. 여기에는 크게 두 가지 원인이 있었다. 첫째는 살로몬의 핵심적인 성장 동력이 계속 약해진다는 인식 때문이었다. 거기에다 버핏이 살로몬을 회사의 "뿌리"인 채권하우스로 복귀시키고, 대신에 투자은행을 포함해 다른 모든 사업을 정리할 거라는 소문이 잦아들지 않았다. 2월 한 달에만도 100명의 직원들이 퇴사했다. 지난 8월 급여 명부에 올라 있던 직원 가운데, 주식 부문에서는 3분의 1이 투자은행 부문에서는 4명 중 한 명이 사라졌다.[57] 심지어 1970년대 초 신출내기 투자 은행가로 버핏과 살로몬과의 첫 거래에서 버핏의 담당자로 처음 만난 뒤부터 버핏을 추앙했던 데니스 보빈조차 베어 스턴스로 이직했다.

그런 대규모 직원 이탈은 몹시 고통스러웠다. 그러나 버핏은 살로몬이 정상적인 길로 가고 있다고 강경하게 주장했다. 또한 혼란스러운 과도기가 지나고 나면 살로몬이 **모든** 영역에서 예전보다 더 강력해질 거라고 임직원들을 계속 다독였다. 사내에서는 그가 조금이라도 흔들리는 모습을 아무도 보지 못했다. 그런 태도야말로 버핏의 최고 강점이었다. 자신의 항로를 끝까지 고수할 수 있는 용기 말이다. 최고 재무 관리자 도널드 하워드는 "회장님은 저에게 극복 못 할 문제가 없다는 용기를 심어줬습니다"라고 회상했다.

겉으로야 어떻든 버핏의 속은 새까맣게 타들어갔다. 이제까지 자신이 팥으로 메주를 쑨대도 일단 믿어줄 사람들에게 둘러싸여 일했던 터라 자신에게 개인적으로 충성하지 않는 사람들과 일하는 것이 가장 힘들었을 것이다. 멍거가 그해 봄에 말했다. "정말 괴롭습니다. 이렇게 피를 말리는 것은 살인이나 다름없습니다. 지금 이 순간에도 살로몬의 핵심 직원들이 짐을 싸고 있습니다." 재무부와의 소송이 양단간에 결론이 나오지 않은 한, 상황을 반전시킬 희망은 거의 없었다.

4막: 첫사랑

버핏은 미국 정부가 살로몬이 속을 태우며 기다리게 만듦으로써 벌을 주고 있다는 생각이 들었다. 그는 재무부에 가부간의 결정을 내려달라고 애원했다. 물론 늘 그렇듯 누구도 압박하지 않으려 조심했다. 그는 "이제 그만 겨누고 그냥 방아쇠를 당기세요"라는 식으로 말했다. "재무부가 결정하기를 기다리다 우리가 피 말려 죽을 지경입니다. 그렇게 죽을 수 없습니다."[58]

법무부와 SEC는 살로몬이 중죄를 인정하고 4억 달러의 벌금을 내라고 요구했다. 살로몬이 고용한 형사 전문 변호인 게리 나프탈리스 Gary Naftalis는 그 요구가 너무 가혹하다고 생각했다. 1980년대에 나프탈리스가 변호했던 증권사 키더 피바디는 벌금액이 겨우 2,500만 달러였고, 키더 피바디의 유명한 기업 사냥꾼 마틴 시겔 Martin Siegel이 사내에 만연한 내부 거래를 자백했는데도 기소조차 되지 않았다. 한편 지금 정부가 쥐고 있는 살로몬의 혐의는 허위 입찰뿐이었다(가장 중대한 혐의는 스퀴즈를 통해 시장을 조작했다는 것이었는데. 그것은 증거 불충분으로 기각되었다).

동안의 나프탈리스는 심지어 정부 변호사들의 면전에서 그 사건이 중요하지 않다는 것을 부각시키려 "그 일로 죽은 아이도 없잖습니까" 라며 너스레를 떨었다.

정부 측의 검사 시보는 "당신네들이 정부에 거짓말을 했습니다. 그건 내부자 거래보다 죄질이 더 나쁩니다"라고 반박했다.

최종 결정은 맨해튼의 연방 검사 오토 오버마이어Otto George Obermaier 에게 달려 있었다. 백주대낮에 수갑을 채운 투자 은행가들을 공개적으로 연행했던 전임자 루돌프 줄리아니와는 달리 오버메이어는 법학자였고 온건파로 여겨졌다. 하지만 검사들의 본분은 범죄를 억지하는 것이다. 오버마이어는 유죄 인정 답변을 받아내고 싶었다.

연방 검사측과 협상이 시작되자 나프탈리스는 버핏이 자신에게 미묘한 무기를 제공했다는 사실을 깨달았다. 지난 8월 버핏은 정부 조사에 적극적으로 협조하겠다고 약속했는데, 정부는 버핏이 약속을 잘 지켰다고 생각했다. 이에 나프탈리스는 그 점을 적극적으로 부각시키기로 마음먹었다. 이제 와서 살로몬을 기소한다면 그동안 버핏이 보여준 솔직함이 바보처럼 보일 것이며 결과적으로 역풍을 맞게 될 거라고 항변했다. 즉 미래의 범죄를 억지하는 것이 기소의 목적인데 살로몬을 기소해 성실히 협조한 버핏의 뒤통수를 갈긴다면 앞으로 누가 협력하겠냐는 말이었다. 요컨대 버핏은 — 모저나 굿프렌드의 행위가 아니라 — 자신의 행동을 그 사건에서 핵심 쟁점으로 만들었다.

4월 사건이 절정으로 치달아가자 나프탈리스는 비장의 카드를 꺼냈다. 살로몬의 변호인 3인방 나프탈리스, 덴햄, 로널드 올슨이 연방 검찰청으로 오버마이어를 만나러가면서 버핏을 대동했다. 연방 법원 옆의 낮은 갈색 건물에서 열리는 이번 쇼의 주연은 버핏이었고, 행여 일을 그르칠까 봐 변호인들은 입을 다물었다.

버핏은 특유의 겸손한 태도로 말을 시작했다. 먼저 오버마이어에게 자신의 경력을 간략히 들려주었다.[59] 그리고 사건에 대해서는 일절 왈가왈부하지 않았고, 살인죄로 기소된 의뢰인을 변호하는 시골 변호사가 의뢰인 가족의 강직한 성품을 부각시키려는 듯 자신의 이야기를 묵묵히 이어갔다. 사실 이것은 은근한 회유 전략인 셈이었다. 특히 살로몬이 예전에 버크셔에게 자금을 어떻게 조달해줬는지, 그때부터 살로몬이 자신의 위탁 중개인으로 어떻게 활동했는지, 굿프렌드가 어떻게 가이코를 구해주었는지 등등 자신과 살로몬의 관계에서 이정표가 되었던 사건들을 조용히 들려주었다. 버핏의 경험에서 보면 살로몬은 긍지 높은 회사였고, 21년간 살로몬과 관계를 이어왔다는 사실이 그것을 반증했다. 굿프렌드가 지푸라기 잡는 절박한 심정으로 자신에게 SOS 쳤을 때 살로몬이 도덕적으로나 재정적으로 얼마나 힘든 상황이었는지를 과소평가하지 않았지만, 버핏은 이제 살로몬이 두 가지 모두에서 회복되었다고 주장했다. "오늘날 살로몬은 작년 8월의 살로몬과 전혀 다른 회사입니다"라고 버핏이 완강하게 말했다.

오버마이어는 딱 하나만 물었다. 살로몬의 손을 언제까지 잡을 거냐는 질문이었다. 버핏은 자신의 장기 투자 철학 즉 피투자 기업들이 자신의 동업자라는 원칙에 대해 설명했다. 그리고 자신의 경력 초반부터 시작해 증시 활황기며 검은 월요일이며 변화무쌍했던 1980년대까지 그 원칙을 지켜왔노라 강조했다. 말인즉 자신은 단물만 뽑아먹고 버리는 투자자가 아니며 그들 기업과 함께했다. 아울러 지금처럼 앞으로도 살로몬의 투자자로서 이사직을 유지하고 주의해서 감시할 예정이라고 말했다. 지난 일요일 니콜라스 브래디를 만나 탄원했듯 — 아니 살로몬 스캔들이 터지고 나서 시종일관 그랬듯 — 버핏은 그 사건을 개인적인 관점에서 설명했다.

오버마이어는 지금까지 밝혀진 사실만도 차고 넘쳐 기소하기에 충분하다고 주장했다.[60] 그러나 5월 오버마이어는 불기소 결정을 내렸으며, 때를 같이해서 다양한 연방 기관들도 살로몬과의 민사 합의를 발표했다. 미국 정부의 내로라하는 고위 관료들이 한 사람에게 개인적으로 설득 당했다. 재무부 차관보 제롬 파월의 발언이 이를 단적으로 증명했다. "저는 살로먼의 모든 주주가 워런 버핏의 작은 사진을 침대 탁자에 갖다 둬야 한다고 생각합니다."[61]

살로몬은 합의에 따라 총 2억 9,000만 달러의 벌금을 물게 되었다(여기에는 민사 소송의 합의금 명목으로 책정된 1억 달러도 포함되었다). 이는 미국 증권회사들에 부과된 역대 벌금 중에서 두 번째로 큰 액수였다.

SEC는 최종 소장에서 "매우 심각한" 입찰 위법 행위 10개를 나열했다. 브리든 의장은 살로몬의 범법 행위를 밝히기 위해 400개의 소환장을 발부했고 3,000쪽에 달하는 증언 진술서를 확보했다고 근엄하게 말했다. 하지만 결과적으로는 SEC가 살로몬의 죄를 밝히는 것보다 살로몬의 진실성을 입증하는 데에 더 많은 노력을 기울인 셈이되었다. SEC는 광범위한 저인망식 조사를 벌이고도 모저의 허위 입찰 외에 명백한 다른 불법 행위의 증거를 찾지 못했다. 그나마 모저의모든 위법 행위도 살로몬이 직접 나서서 밝혀내 공개한 것들이었다.

6월 버핏은 9개월 동안 수행했던 회장직에서 내려왔다. 이제 살로몬 주가는 33.625달러에 이르러 1991년 8월 주가보다 25퍼센트가상승했다. 버핏은 후임 회장으로 과묵한 자신의 변호사 로버트 덴햄을 선택해 월스트리트를 깜짝 놀라게 만들었다.

텍사스 출신으로 온화하고 상냥한 덴햄은 월스트리트에서는 철저한 외부인인 데다 오직 버핏에게 충성하는 그의 사람이었다. 그리고그의 임무는 버핏이 시작한 회사 개혁 임무를 완성하는 것이었다. 한편 데릭 모건이 사장으로서 살로몬을 계속 운영하겠지만, 막후의 실세는 변화가 없었다. 바로 버핏 자신이었다. 팡파레를 받으며 화려하게 살로몬에 입성했던 버핏은 아무 행사도 없이 조용히 살로몬을 떠났다. 달랑 한 장 남겨 놓은 메모도 윌리엄 매킨토시가 급한 대로 작성한 것이었다.

> 저는 언제나 "제가 살로몬과 함께합니다"라고 자랑스럽게 말했습니다. 이제 여러분 덕분에 앞으로도 계속 그 말을 할 수 있게 되었습니다.

버핏은 살로몬의 주식을 추가로 매수해 버크셔의 살로몬 지분을 20퍼센트까지 끌어올렸다. 그리고 살로몬의 주식은 50달러까지 상승했다가 버핏이 매수한 뒤에 폭락했다. 그래도 그가 회장으로 재임했던 시절의 고점보다도 높은 수준을 유지했다.

미국의 국채 시장은 다소간의 개혁적인 조치들이 있었다. 연방준비은행은 살로몬의 주요 딜러 자격을 유지시켜주었지만, 모저 스캔들이 몰고 온 변화들로 말미암아 주요 딜러의 중요성이 약화되었다. 그리고 딜러들이 입찰서를 넣던 나무 상자도 역사의 뒤안길로 사라졌다.

폴 모저는 국채 공매에 허위 입찰한 혐의를 인정했고, 4개월 징역형을 받아 경비가 엄격하지 않은 교도소에 수감되었다. 또한 다양한 벌금으로 총 110만 달러를 지불했고 증권업에서 영구히 퇴출되었다.

SEC는 모저에 대한 관리 감독을 소홀히 했다는 혐의로 굿프렌드를 상대로 소송을 제기했다. 그는 미국의 어떤 증권회사도 경영하지 않는다는 조건으로 10만 달러의 벌금에 합의했다. 월스트리트에서 추방된 뒤 그는 자신이 결백한데도 부당하게 책임을 뒤집어썼다는 생각과 그간 쌓아온 사회적 지위를 한꺼번에 잃은 것에 대해 갈수록 분통이 터졌다. 그리고 버핏과의 오랜 우정도 종말을 고했다. 굿프렌드는 자신이 퇴직 수당, 옵션, 성과급을 받을 자격이 있다며 살로몬을 상대로 주식과 현금을 반환하라며 이의 신청을 제기해 추한 뒷맛을 남겼다. 그가 소유권을 주장한 주식은 살로몬의 주가가 상승한 덕분에 5,500만 달러로 불어나 있었다. 그는 직접 담판을 지으려 버핏과 멍거를 캘리포니아에서 만났지만 그들 앞에서 이성을 잃고 성질을 부리고 말았다.[62] 어쨌든 중재 위원회는 굿프렌드에게 불리한 판결을 내렸고, 결국 굿프렌드는 한 푼도 받지 못했다.

일반적으로 굿프렌드는 윤리적 결함이 있는 거물급 경영자로 일컬어졌다. 역설적이게도 그 두 가지가 뒤바뀌었다. 그는 윤리적으로는 별다른 문제가 없었지만 관리자로서는 무능했다. 재임 기간 내내 지속적인 주주 가치를 거의 창출하지 못했다. 그가 모저 사건에 우유부단하게 대처한 것은 경영자로서의 실패 목록에 하나를 추가했을 뿐이었다.

살로몬은 유가증권 인수 부문에서 예전의 채권 왕국의 명성을 완벽히 되찾지는 못했지만 어느 정도 점유율을 끌어올리는 데는 성공했고 트레이더들도 재정비했다. 또한 예전의 위세는 사라졌지만 투자은행 부문에서도 약진했고 글로벌 시장에서 존재감을 다시 구축했다.

스캔들이 터진 뒤 2년간 살로몬은 기록적인 수익을 달성했다. 그런 다음 1994년 채권 시장이 불안정해지자 살로몬은 막대한 손실을 입었다. 그러는 사이 스캔들로 야기된 일부 피해는 갈수록 뚜렷해졌다. 메리웨더의 예전 채권 드림 팀에서 최고 선수들이 — 탁월한 재능을 발휘했던 에릭 로젠펠트를 포함해 — 메리웨더가 설립한 차익거래 전문 회사 롱텀 캐피털 매니지먼트Long Term Capital Management, LTCM로 옮겨갔다. 당연히 실력자들이 빠져나간 살로몬의 차익거래 사업부는 빈사 상태가 되었다. 게다가 2년간 잠잠하던 성과급이 또다시 고삐 풀린 망아지처럼 통제 불능 상태가 되어 결국 악순환이 재발되었다. 투자 수익이 크게 줄어들자 버핏은 성과급 체계를 대대적으로 재정비했고, 이는 다시 직원들의 새로운 대거 이탈 사태를 촉발시켰다. 우여곡절 끝에 살로몬이 수익성을 회복했지만, 버핏이 만족할 만한 수준의 투자처는 아니었다. 모든 것을 종합해볼 때, 살로몬을 채권 명가라는 명성이 말해주듯 회사의 "뿌리"이자 최고 강점이었던 채권 분야로 회귀시키는 대신에 회사 전체를 대대적으로 재정비하고 모건 같이 무난한 관리자에게 운영을 맡긴 버핏의 결정이 옳았는지 판단하기에는 아직 일렀다. 게다가 버핏은 여전히 티시의 질문에 대한 대답을 찾지 못했다. 살로몬에서 굿프렌드를 대신할 수 있는 "위험 감수자"가 누구일까? 그런 사람이 있기나 할까?

　살로몬의 회장직에서 내려왔을 때 버핏은 회사를 구했다는 자부심 못지않게 살로몬에서 벗어나고 싶은 마음도 아주 컸다. 아들 피터는 살로몬 사태가 해결된 뒤 아버지와 이야기하면 그가 전혀 다른 사람 같다는 기분이 들었다. 그로부터 얼마 뒤 버핏은 아내 수전과 《버펄로 뉴스》의 직원 야유회에 참석해서 파이 던져 맞추기 게임에도 참여했다. 그런 다음 그들은 《버펄로 뉴스》의 발행인 스탠퍼드 립시의 안내를 받아 시내 관광에 나섰고 막 비가 그친 뒤라 여기저기 물웅덩이가 파여 있었다. 앞서 가던 립시가 물웅덩이를 피하며 잘 따라오고 있는지 확인하려 돌아보니 둘은 다정하게 팔짱을 낀 채 천천히 따라오고 있었다. 오래된 공동묘지를 둘러보았을 때는 버핏이 묘비 하나하나를 찬찬히 살펴보았고, 셋은 올브라이트-녹스 화랑Albright-Knox Art Gallery으로 발길을 돌렸다. 입구에 도착하니 재즈 밴드가 한창 연주 중이었다. 그들은 잠시 발을 멈추고 연주를 감상하다 립시와 수전은 그림을 구경하러 화랑 내부로 들어갔고 버핏은 느긋하게 계단참에

서서 재즈에 귀를 기울였다. 마지막으로 그들은 립시의 여자친구, 편집장 머리 라이트와 그의 아내까지 합석해 립시가 오마하에서 직접 공수한 스테이크를 먹으며 하루를 정리했다.

버핏은 잘 정돈된 자신의 삶을 되찾아서 기분이 날아갈 듯했다. 그는 주주 서한에서 몇 달간 살로몬으로의 탈선이 "흥미롭고 가치" 있었던 모험이었지만 "재미와는 거리가 멀었다"라고 썼다.[63] 이제는 키위트 플라자의 성전이 주는 평온함을 만끽했다. 버핏은 주주들을 향해 누구도 의심할 수 없는 사랑의 맹세를 했다. "버크셔는 저의 첫사랑이자 영원한 사랑입니다."[64]

23장 버핏의 투자 전차는 멈추지 않는다

예측은 예측자에 관해 많이 알려줄지언정
미래에 대해서는 아무것도 알려주지 못합니다.

_ 워런 버핏, 1980년 버크셔의 주주 서한에서

1990년대 초반 버핏의 행보를 간략히 정리해 보자. 1991년 말 소비에트 연방이 붕괴하자 영원한 평화가 도래했다는 이야기가 솔솔 흘러나오면서 방위 산업 주가를 끌어내렸다. 버핏은 이 틈을 노려 방위 산업체 제너럴 다이내믹스의 주식 14퍼센트를 주당 11달러에 쓸어 담았다.[1] 이윽고 구舊 유고슬라비아에서 내전이 발발하는 바람에 유토피아가 잠정 보류되자 제너럴 다이내믹스의 주가가 59.125달러로 급등했다.*

버핏은 웰스파고에 대한 지분을 늘렸다. 부동산 업계의 침체가 진정되자 웰스파고의 주식이 화려하게 귀환했으며 웰스파고의 수익이 급등했다. 그동안 사방에서 맹렬한 공격을 받았던 버핏의 투자는 주당 평균 매수 가격이 62달러였는데 216달러로 치고 올라갔다. 뿐만 아니라 버핏은 자신의 전매특허 같은 친숙한 유형의 기업 2곳에서 주식을 대량 매수했다. 먼저 조니 워커 브랜드로 유명한 양조업체 기네스의 주식을 매입했고 가장 최근에는 신문 제국 개닛에 투자했다.

마지막으로, 버핏은 뉴잉글랜드의 신발 제조업체 3곳의 주식을 샀

---

* 23장에 나오는 모든 주가는 1995년 12월 31일 종가이다.

다. 전부 합쳐 약 6억 달러였고, 잘 알려지지는 않았어도 버크셔의 포트폴리오에서 꽤나 비중 있는 새 식구들이 되었다. 그중 규모가 큰 두 회사 H. H. 브라운과 덱스터 슈는 B 여사 같은 박리다매 사업 방식을 고수했는데 작업화와 야외용 신발같이 업계의 틈새시장을 공략함으로써 값싼 수입품의 맹공을 이겨냈다. 또한 두 회사 모두 B 여사의 회사처럼 관리가 잘 되는 가족기업 유형으로 버핏의 투자 취향에 딱 맞았다.

한편 손자들과 화해한 B 여사는 자신이 실수했다고 공개적으로 인정했다. 심지어는 새 회사를 버크셔에 500만 달러를 받고 매각한 뒤 옛 둥지인 네브래스카 퍼니처 마트로 돌아갔다.[2] 현재 아흔아홉 살인 B 여사는 카펫 사업부의 책임자로 일요일에도 쉬지 않고 매일 출근해 매장을 누비고 있다. 버핏은 "저는 B 여사가 저희와 다시 한식구가 되어 정말 기쁩니다"라고 행복하게 보고했다. "그녀의 성공 신화는 가히 독보적입니다."[3]

이제 버핏의 기존 투자처들을 살펴보자. 먼저 효자 종목부터 말하면, 질레트는 52.125달러로 코카콜라는 74.25달러로 각각 단 6년 만에 4배와 약 7배가 상승했다.* 심지어 최근에 매수한 개닛도 순식간에 25퍼센트가 올랐다. 게다가 자칫 손해를 본 뻔했던 챔피언의 주식도 다행히 이익을 남기고 처분했다.

아메리칸 익스프레스는 제임스 로빈슨 CEO를 해고하자 아니나 다를까 버핏의 지갑이 열렸다. 그는 오래전부터 아꼈던 회사에 추가로 10억 달러를 투자했고, 1995년 말 아메리칸 익스프레스의 지분은 47퍼센트까지 상승했다. US항공은 버핏이 투자한 이래로 총 누적

---

* 1996년 코카콜라는 1주를 2주로 늘리는 액면 분할을 단행했다.

손실액이 30억 달러가 되었다. 1994년 US항공은 버크셔에 대한 우선주 배당금을 보류했고, 버핏은 이듬해 US항공의 실적이 향상되자 조금이라도 손해를 줄이려 탈출을 결심했다.

이런 주식들이 아무리 선전했어도 버크셔의 극적인 성장에 비할 만한 것은 없었다. 1992년 6월 버핏이 살로몬의 회장에서 물러났을 때 9,100달러였던 버크셔의 주가는 5달 뒤 11월에는 1만 달러 고지를 점령했다. 그해 말 버핏은 버크셔의 제로 쿠폰 채권을 상환했다. 이는 그가 버크셔의 주가가 아직 저렴하다고 다시 말해 버크셔의 주가가 더 오를 거라고 예상한다는 징후였다. 그의 예상이 들어맞았다. 1993년 버크셔는 마치 신들이 거래하는 주식 같았다. 버크셔는 2월 14일 밸런타인데이에 1만 2,400달러를 기록하더니 봄과 여름 내내 마치 올림포스 신전으로 달려가는 전령처럼 거침없이 내달렸고 1만 7,800달러에서 정점을 찍었다. 그런 다음 약간 숨을 고르다가 1만 6,325달러로 여름을 마감했다.

고등학교 시절 이발소들에 핀볼 게임기를 임대했던 버핏이 이제는 《포브스》가 선정하는 세계 최고 부자 자리에 올랐다.[4] 1994년 버핏은 그 왕좌를 젊은 빌 게이츠에게 물려주었지만, 엄밀히 말하면 그해 버크셔의 주가가 25퍼센트 증가했으니 그의 재산이 감소한 것은 아니었다(1994년 S&P 500의 수익률은 고작 1퍼센트였다). 1995년 황홀한 강세장이 열리자 버크셔는 57퍼센트라는 경이로운 기록을 달성했고, 버핏이 정확히 주당 7.6달러에 매수하기 시작했던 주식이 3만 2,100달러라는 놀라운 숫자가 되었다. 그 주가로 환산할 때 버핏의 자산은 152억 달러로 게이츠를 앞질렀다.

31년에 걸쳐 그의 주식은 매년 복리로 27.68퍼센트씩 상승했다. 동기간 다우존스 산업평균지수는 배당금을 포함해 연 10.31퍼센트씩,

S&P 500 지수는 연 10.7퍼센트씩 성장했다.[5] 달리 말해 가령 1965년 버크셔 주식, S&P 500 기업, 석유 등에 각각 1만 달러씩 투자했다고 해보자. 1995년 말 버크셔에 투자한 1만 달러는 1,780만 달러라는 천문학적인 액수를 기록한 반면 S&P 포트폴리오와 석유에 투자한 돈은 각각 22만 4,000달러와 7만 2,000달러가 되었다.

버핏의 경력을 버핏 파트너십까지 포함시킨다면 그는 무려 40년간 불패 신화를 써왔다. 그의 기록이 더욱 대단한 것은, 차입금도 별로 없었거니와 투기나 과도한 위험을 감수하지도 않았으며 단 한 해도 손실을 보지 않았다는 점이다.[6] 반대론자들은 버핏이 새롭게 투자할 때마다 매번 "이번만큼은" 버핏이 드디어 실수했다고 합창을 부르지만, 그처럼 오랫동안 그의 놀라운 실적에 견줄 만한 실력을 보여준 사람은 없었다. 아니, 어깨를 나란히 하는 것은 고사하고 발뒤꿈치도 따라간 사람이 없었다.

역사상 위대한 자본가들을 통틀어 기업을 평가하는 기술에서는 버핏이 가히 독보적인 실력을 자랑한다. 석유왕 존 D. 록펠러, 철강왕이자 자선 사업가 앤드루 카네기, 고객 최우선을 외치는 월마트 창업자 새뮤얼 월턴, 소프트웨어 괴짜 빌 게이츠 이들의 공통점은 각자가 하나의 제품이나 혁신으로 부를 축적한다는 사실이다. 하지만 버핏은 순수한 투자자로서 즉 다양한 사업과 주식들에 투자해서 천문학적인 부를 쌓았다.

1965년 그가 버크셔를 인수했을 때 한때 위대했던 방직 공장은 쇠락의 길을 걷고 있었다. 그는 버크셔의 자본을 보험, 초콜릿 사탕, 백화점(투자 실수였다), 금융, 언론 등에 분산 재배치했다. 그런 다음 담배, 청량음료, 면도날, 항공사(또 다른 투자 실수였다) 등을 포함해 백과사전에서부터 신발까지 수많은 사업으로 버크셔의 포트폴리오를 확대했다. 요컨대 그는 망해가는 섬유공장에서 설비를 고철값으로 팔기 직전까지 찔끔찔끔 짜낸 작은 현금을 밑천으로, 오늘날 380억 달러의 가치가 있는 산업 제국을 건설했다. 지금도 버핏까지 총 12명의 소수 정예 어벤저스 팀이 관리하는 버크셔는 시가 총액 순으로 미국 19위 기업이 되었다. 아메리칸 익스프레스, 시티코프, 종합 화학회사 다우 케미칼, 사진 필름 제조업체 이스트먼 코닥, 식료품업체 제너럴 밀스, 종합 유통업체 시어스 로벅, 정유 회사 텍사코, 복사기업체 제록스 같이 기라성 같은 유명 기업들도 버크셔의 발아래다.[7]

버핏이 지금의 궤도를 유지할 거라 믿고 투자하고 싶다면, 자산 규모에서 비롯하는 부담에 대한 그의 볼멘소리를 유념해야 한다. 지금까지는 그런 부담이 그의 실적에 영향을 미치지는 않았다. 지난 10년간 버크셔의 주가상승률appreciation rate은 버핏의 경력 전체 상승률인 29.2퍼센트보다 조금 높았다. 하지만 버핏이 관리하는 자산이 증가함에 따라 자본 배분이 갈수록 어려워질 거라는 점은 우울하지만 엄연한 사실이다.

또한 이제껏 그에게 엄청난 황금알을 낳아준 최고의 거위 3마리들은 즉 소비재 프랜차이즈 부문과 일단의 신문사 그리고 TV 방송국은 노화를 피할 수 없을 것이다. 일례로 사회 전반의 쇼핑 추세는 자체 브랜드를 소유한 창고형 유통업체로 옮아갈 것이고, 이는 유명 기성 브랜드들에게 실질적인 위협이다. 가령 1994년 버핏은 기네스 산하 유명 주류 브랜드들의 시장 경쟁력이 자신의 생각보다 강력하지 않다는 사실을 깨달은 뒤 기네스의 주식을 급하게 처분했는데 손실이 15~20퍼센트에 이를 걸로 추산된다. 뿐만 아니라 버핏이 기네스보다 훨씬 더 많이 투자한 코카콜라와 질레트도 머잖아 영업 이익률에서 심각한 위협이 현실화될 가능성도 없지 않다.

신문과 TV 방송국 부문도 사정은 비슷하다. 미래학자들의 예측이 부분적으로만 맞더라도, 뉴스와 엔터테인먼트 업계는 복마전이 불가피하다. 새로운 업체들이 우후죽순 생겨날 터이고 이제까지 없었던 신종 미디어 유형도 등장할 것이다. 따라서 기존의 신문과 TV 방송국은 그들과의 경쟁을 피할 도리가 없다. 당연히 지금 승자와 패자를 지목하는 것은 지나치게 시기상조다. 다만, 한때 미디어 기업들에게 안정적인 "통행료" 수입을 가져다준 "유료 다리"가 공격받을 가능성이 매우 높다고 보는 편이 좋겠다.

어쩌면 이것은 버핏이 1995년 여름 어떤 제안에 신속하게 반응했던 이유를 설명하는 부분적인 단서가 될 수도 있겠다. 유명 투자 은행가 허버트 앨런Herbert A. Allen Jr.은 해마다 엔터테인먼트 기업인들과 그들의 가족을 아이다호 선밸리로 초대해 친목회를 열었다. 1995년 버핏도 원시적인 자연을 자랑하는 리조트에서 열린 그 모임에 초대를 받았는데, 월트 디즈니의 회장으로 버핏보다 12살 아래인 마이클 아이스너Michael Eisner도 참석했다. 아이스너는 모임이 끝난 뒤 짐을 챙겨 주차장으로 가던 길에 우연히 버핏과 마주치자 대뜸 물었다. "전액 현금으로 드릴 테니 ABC를 저희한테 매각하실 의향은 없으신가요?"

버핏은 자신의 친구이자 캐피털 시티즈/ABC 회장인 토머스 머피를 배신하지 않겠다고 맹세했다. 그러나 아이스너의 제안을 받자 그의 본능이 꿈틀거렸다. 예전에 그런 제안들을 수없이 거절했던 머피가 지금은 생각이 달라졌을 수도 있겠다 싶었다. 특히 아이스너가 인수 대금을 주식으로 지불하도록 설득할 수 있다면, 가능성이 없는 것도 아니었다. 게다가 버핏도 ABC가 기우는 달이라고 생각하던 참이었고, 여전히 캐피털 시티즈의 최대 주주였지만 최근에는 머피 회사의 주식 일부를 주당 63달러에 매도했다.* 다행히 선밸리에서 아이스너를 만났을 즈음에는 주기적인 광고 수입 상승에 힘입어 캐피털 시티즈/ABC는 주가가 102달러까지 회복되었다.

"나야 마다할 이유가 없죠"라고 버핏이 대답했다. "머피와 셋이서 의논해 보면 어떻겠습니까?" 마침 머피와 빌 게이츠와 골프를 치러 가던 길이었던 버핏이 아이스너에게 같이 가자고 제안했다.

머피는 확신이 없는 듯했다. 하지만 가격만 적당하다면 ABC의 방송 네트워크를 디즈니의 인지도 높은 브랜드와 제품 라인과 '결혼'시킬 가능성을 차마 거부하기 힘들었다. 그 회동 이후에 머피는 늘 그렇듯 버핏과 긴밀하게 상의하면서 아이스너와 본격적인 협상을 시작했다. 머피의 최우선 사항은 자신의 주주들이 합병 이후에도 여전히 주주로 참여할 기회를 제공하는 것이었다. 그의 말마따나 주주들에게 "마권"을 주고 싶었다.

놀랍게도 그들은 불과 2주일 만에 거래를 종결지었다. 디즈니는 캐피털 시티즈/ABC를 총 195억 달러에 인수하기로 합의했다. 이는 당시까지 RJR 내비스코에 이어 역대 두 번째로 큰 인수 거래였다. 캐피털 시티즈의 주주들은 — 당연히 버크셔가 포함되었다 — 주당 127달러를 받았고, 버핏은 캐피털 시티즈를 17.25달러에 샀으니 무려 7배의 수익을 올렸다(머피와 아이스너 각자 한발씩 양보해 매각 대금을 주식과 현금으로 지불하기로 합의했다. 덕분에 버크셔는, 1960년대 경력 초반 버핏의 최고의 투자처 중 하나였던 디즈니의 대주주가 되었다). 결과적으로 버핏은 자신이 오랫동안 좋아하던 CEO 머피에게 투자함으로써 총 25억 달러가 조금 넘는 수익을 거머쥐었다. 이거야말로 꿩 먹고 알 먹기였다.

---

* 캐피털 시티즈/ABC 주가는 1994년 1 대 10 액면 분할로 조정되었다.

더욱이 버핏은 그 돈으로 무엇을 할지 이미 계획이 있었다. 드디어 가이코와의 그림을 완성하는 것이었다. 가이코는 그가 벤저민 그레이엄의 투자 수업을 들으며 투자자 경력을 시작했을 때 첫눈에 반한 뒤 여전히 콩깍지가 씌어 있는 투자처였다. 아버지의 중개회사에서 판매원으로 투자 세상에 본격적으로 뛰어들 때 그는 자신의 명의로 가이코 주식을 샀을 뿐 아니라 고객들에게도 적극적으로 추천했다. 1951년 경제 주간지 《커머셜 앤 파이낸셜 크로니클Commercial and Financial Chronicle》은 셔츠 단추를 끝까지 채운 보송보송한 21살짜리 귀여운 청년의 상반신 사진을 곁들여 버핏의 가이코 분석 보고서를 "내가 가장 좋아하는 주식"이라는 절묘한 제목으로 실었다.[8] 그렇게 첫 인연을 맺고 30여 년이 지난 1980년대 버크셔는 가이코 주식의 절반을 소유했다.

솔직히 버핏은 가이코가 상장한 뒤 가이코의 나머지 지분도 인수할까 잠깐씩 생각하곤 했다. 하지만 1990년대에 가이코는 버핏을 실망시켰다. 가이코의 예전 성공 공식은 위험도가 낮은 자동차 운전자들에게 중간 대리점을 거치지 않고 보험을 직접 판매하는 전략이었다. 그런데 가이코가 초심을 잃고 금융, 주택 보험, 항공 보험 등등의 새로운 시장에 문어발식으로 진출함으로써 어려움을 자초했다. 게다가 잭 번의 후임 CEO 윌리엄 스나이더William Snyder는 직접 판매 전략을 사용하지 않는 보험사 2개를 인수했고, 1992년에는 허리케인 앤드루까지 겹쳐 가이코의 수익이 급감했다. 설상가상 가이코는 핵심 동력도 잃고 방황하는 것 같았다.

버핏은 애정이 컸던 만큼 가이코의 방황에 마음이 많이 아팠고 이사회 내에서 입김이 센 두 이사에게 자신의 우려를 토로했다. 새뮤얼 버틀러와 루이스 심슨이었다.[9] 심지어 버핏은 자신의 지분을 매각하는 가능성도 배제하지 않는다고 말했다. 이는 그들의 경각심을 일깨

우기 위한 일종의 경고성 발언이었다. 솔직히 버틀러와 심슨도 그 전부터 가이코에 대해 걱정이 많았는데 이제 버핏의 경고까지 나오자 아직 임기가 1년 남았지만 스나이더를 당장 해임하기로 마음을 정했다. 버핏은 그들을 지지했고 스나이더가 물러났다. 버핏의 소리 없는 쿠데타가 완성되자 가이코는 버핏이 좋아하는 방식으로 알아서 개혁하기 시작했다. 이내 가이코는 열매를 맺기는커녕 산만하게 뻗어나간 곁가지들을 과감히 쳐냈고 주력 사업인 자동차 분야에 더 많은 자본을 투입했다.

1994년 가이코의 개혁에 흡족했던 버핏은 버틀러와 심슨과 기꺼이 합병 협상을 시작했다. 1년 뒤 디즈니 거래가 타결된 직후 버핏은 또 다른 거래를 체결했다. 버크셔가 가이코의 나머지 지분을 총 23억 달러에 인수하기로 합의했다. 피상적으로 보면 매우 비싼 가격임에 분명했다. 그러나 여기에서 두 가지를 고려해야 했다. 버핏의 장기 보유 원칙과 다시 성장 엔진을 가동하기 시작한 가이코의 전망이었다. 그 둘을 감안하면 보이는 것만큼 비싸지는 않았다. 게다가 버핏은 지난 44년간 자신이 "가장 좋아"했던 주식을 전부 소유하게 되었으니 그 또한 기쁜 일이었다. 가이코의 전 CEO 잭 번은 그것이 "숙명"이었다고 말했다.

심지어 가이코의 지분을 인수하기 전부터 버핏은 보험에 대한 열정이 재점화되었다는 신호를 발산하고 있었다. 보험은 어차피 확률 게임인데 확률이라면 버핏의 전문 분야가 아닌가. 특히 버크셔의 미래에서 갈수록 중요성을 더해갈 사내 보험 사업부는 얼마 전부터 특별한 재보험 증권을 인수하기 시작했다. 그것은 일명 "슈퍼-재앙super-cats"으로 버핏이 초대형 재앙super-catastrophics을 줄여 부르는 말이었다.

보험사들은 대형 재난에 대비해 슈퍼 재앙 보험을 구매한다. 그런 재난이 발생하면 보험사가 지불해야 하는 보험금 청구 건수가 엄청나기 때문이다. 버크셔는 1989년 두 개의 대형 재난이 발생한 뒤부터 그 사업을 시작했다. 하나는 미국 남동부 해안에 큰 피해를 안긴 허리케인 휴고Hugo였고 다른 하나는 샌프란시스코를 강타해 메이저리그 챔피언 결정전 월드시리즈World Series를 중단시킨 대지진이었다. 보험사들의 곳간이 텅 비고 보험료가 급등하자 버핏은 '돈 냄새'를 기막히게 맡았다. 그는 언제나 그런 일에 흥미가 발동했다. 나쁜 소식은 언제나 기회와 함께 오게 되어 있었다.

그때부터 버크셔의 슈퍼-재앙 사업은 거의 매년 돈을 쓸어 담으며 성장을 거듭해 공룡이 되었다. 하지만 뫼가 높으면 골도 깊듯, 커다란 재앙이 연거푸 발생하거나 허리케인 앤드루 같이 강력한 재앙 하나가 발생하는 것처럼 유독 운이 나쁜 해에는 버크셔가 **천문학적인** 손실을 입을 수밖에 없었다. 최악의 경우 손실이 6억 달러에 이를 수도 있었다[10](슈퍼-재앙을 보장하는 보험사들이 거의 전무한 이유도 위험 부담이 너무 크기 때문이다).

버크셔의 슈퍼-재앙 사업의 중심에는 인도 출신으로 하버드 대학교를 졸업한 아지트 자인이 있었다. 버핏은 코네티컷에서 근무하는 자인과 뉴질랜드에서 대지진이 일어날 확률, 중서부에서 홍수가 발생할 확률, 장기적인 기후 패턴이 급진적으로 변할 가능성 등에 대해 자주 대화를 나눈다.[11] 하지만 슈퍼-재앙은 발생 빈도가 극히 희박해서 발생 확률을 정확히 계산하기 힘들다. 결국 버핏과 자인은 자신들의 판단력과 과거 자료들에서 수집한 정보에 의존할 수밖에 없다.

버핏은 최근의 주주 서한에서 미국 최악의 지진이 미주리주 뉴마드리드에서 발생할지 누가 짐작이나 했겠냐고 말했다. 정말 그랬다. 1812년 리히터 규모 8.7로 추정되는 강진이 뉴마드리드에서 발생했다. "이제 여러분은 제가 왜 눈이 침침하고 피로한지 이해할 겁니다. 웨더 채널의 애청자이기 때문이죠."[12]

슈퍼-재앙 보험에 크게 힘입어 버크셔의 보험 플로트 자금이 10년에 걸쳐 10배가 증가했다. 1995년 버크셔의 플로트 자금은 36억 달러였고 이제 가이코까지 한 식구가 되었으니 거의 2배로 증가할 것으로 예상된다. 저리 대출이나 진배없는 플로트 자금은 보험금이 청구될 때까지 버핏의 든든한 총알 역할을 해준다. 실제로 최근 몇 년간 버핏은 장기 국채 금리보다 낮은 비용으로 막대한 플로트 자금을 다양하게 활용했으니 비용 대비 효율이 어마어마했다. 이는 다시 버핏에게 엄청난 경쟁 우위를 가져다준다.

보통은 미래에 대해 예단하는 것을 꺼리지만 버핏은 버크셔의 보험 사업에 대해서만은 장밋빛 전망에 거리낌이 없다. 그는 자신과 멍거가 보험 사업이 "향해 수십 년간 주요 수입원"이 될 걸로 기대한다고 단정적으로 말했을 뿐 아니라 보험 사업의 가치를 아주 높게 평가한다는 내심을 은근히 흘렸다.[13] 하지만 버핏도 스스럼없이 인정하듯, 슈퍼-재앙에 대한 그의 도박이 잭팟일지 깡통일지는 수십 년에 걸친 손실 경험이 축적되어봐야 결판날 것이다.

이처럼 곳간이 미어터지니 — 디즈니에서부터 가이코와 슈퍼 — 재앙 보험에 이르기까지 — 버크셔에 대한 대중의 기대가 날로 커졌다고 해서 놀랄 일은 아니다. 1996년 초 버크셔의 주가는 4만 달러를 턱밑까지 추격했다. 그러자 버핏은 뜻밖의 걱정거리가 생겼다. 버크셔의 주식이 투기 세력의 먹잇감이 되었던 것이다. 특히 2개의 작전세력이 저렴한 "복제 주식"을 팔아 버크셔의 경이로운 주가를 악용하려는 계획에 매우 분노했다(그들은 투자 신탁 회사를 설립해 버크셔의 주식을 매수하고 그런 다음 소액 투자자들에게 분할해서 매도하려고 했다). 언제나처럼 버크셔의 모든 측면을 통제해야 직성이 풀렸던 버핏은 이번에는 베이비 버크셔를 앞세워 그들 작전세력에 선수를 치기로 결심했다.

　일종의 주식 분할 자작극으로서 버핏은 진입 장벽을 낮추려 버크셔의 신주를 발행했다. B 클래스 보통주로 가격은 원 주식의 30분의 1이었고 당연히 원가격의 30분의 1로 거래될 예정이었다. 기존 주주들은 둘 중 하나를 선택할 수 있었다. A 클래스 등급의 본래 보통주를 보유하거나 A 클래스 한 주에 대해 30주의 B 클래스 주식으로 (언제든) 전환할 수 있었다(버핏은 가격이 높은 A 클래스 주식을 보유할 예정이었다). 물론 가격 조건 면에서는 두 종류의 주식이 동일했다. 그저 본래 주식이 워낙 고가인 탓에 엄두도 내지 못했던 소액 투자자들에게 투자할 수 있는 기회를 제공하고자 전체 피자 한 판을 30개의 조각으로 작게 나눴을 뿐이었다.

　하지만 특히 개미 투자자들이 버크셔의 주식을 사는 이유는 버핏의 유명세 때문이었고, 따라서 "더 싼" B 클래스 주식에 무작정 올라타고 싶은 유혹을 느낄 가능성이 컸다. 버핏은 이 점을 우려해서 사실상 다른 어떤 최고 경영자도 이제까지 한 적이 없는 행동을 했다. 만약 자신이 투자자라면, 버크셔의 주가가(당시 3만 6,000달러였다) 자신이 매수하려는 적정 수준보다 매우 높다고 경고했다. 버핏이 최근의 연례 보고서에서도 밝혔듯, 버크셔의 내재 가치가 놀라운 속도로 꾸준히 상승했지만 최근 버크셔의 주가 상승률은 내재 가치 상승률을 훨씬 앞질렀다. **"언제인지는 모르지만 수익률이 떨어지는 날은 반드시 오게 됩니다."** 요컨대 투자자가 지나치게 부풀려진 버크셔 주식을 — 이 경우는 다른 모든 주식도 마찬가지다 — 산다는 것은 버크셔가 앞으로 수년간 높은 수익을 지속적으로 달성할 거라는 쪽에 암묵적으로 돈을 거는 것이다.

워런 버핏

버핏의 주주들은 그처럼 막연히 먼 미래에 대한 이야기를 들으면 불안해진다. 그들이 가장 두려워하는 슈퍼-재앙 시나리오 하나를 떠올리게 만들기 때문이었다. 버크셔의 주주이자 버핏의 친구는 직설적으로 인정했다. "우리 모두는 워런의 건강 덕분에 기득권을 누리고 있습니다."[14] 요컨대 그의 건강에 그들 모두의 경제적 이득이 달려 있다는 말이었다.

주주들 사이에서 "버핏 프리미엄"의 규모는, 즉 버크셔의 적정 가치 외에 버핏의 존재가 버크셔의 주가에 얼마만큼의 가치를 부가하는가는 끝없는 논쟁거리이다. 그들은 버핏이 사망하면 공황 매도 다른 말로 투매가 촉발될 수 있다고 걱정했다. 버핏이 그런 말을 들으면 곧바로 반박하겠지만, 그의 죽음이 코카콜라 주식을 포함해 버크셔가 보유한 모든 자산의 가치에 영향을 미칠 리가 없었다. 최근의 주주 서한 같이 극히 드문 경우를 제외하고, 버핏은 버크셔의 가치에 대한 **자신의** 생각을 밝히지 않는다. 대신에 그는 버크셔에 관한 자신의 유언 내용을 공개하고 주식 문제는 순리대로 이뤄지도록 시장에 맡긴다.

버핏도 자신의 수명에 매우 집착한다. 아니, 투자자들과 이유는 다르지만 버핏은 그것에 누구보다 더 많이 신경 쓴다. 그는 기회가 생길 때마다 죽은 뒤에도 최소 몇 년간 교령회를 통해 버크셔를 운영할 거라는 농담을 달고 산다(심지어 하늘의 부름을 받더라도 버크셔에는 작별 인사를 하지 않을 거라고도 했다).

예전에 누나인 도리스가 집안의 가계도를 조사했을 때 워런은 **자신이** 알고 싶은 것은 하나뿐이라고 선조들이 몇 살까지 살았는지 그것만 알고 된다고 말했다.[15] 언젠가는 한 친구에게 과학자들이 수명과 부富의 상관관계를 밝히지 못했지만 자신은 그들이 수명과 초고도 자산super-rich의 관계는 조사도 하지 않았을 것으로 생각한다고 말했다.[16] 또 다른 경우도 있다. 어떤 주주가 이제 미국 최고 부자가 되었으니 다음 목표가 무엇이냐고 물었을 때 그는 "미국의 최고령자"[17]가 되는 거라고 태연하게 말했다. 운명의 장난인지 천생연분인지 그는 사람들이 죽음에 잘 대처하도록 도와주는 것이 유일한 관심사인 여성과 결혼했다.

죽음에 대한 두려움이 그의 수집 욕구에 불을 댕겼다고 봐도 무방하지 싶다. 불가지론자에다 지나치게 합리적인 버핏이 열정을 쏟는 일은 별로 없다. 그런 그가 오랫동안 열정을 쏟아온 것이 수집이었다. 정확히 말하면 돈이 아니라 자신의 존재를 대변해 주는 실체적이고 가시적인 증거를 모았다. 그는 친구든 집이든 음식이든 브랜드든 한 번 정을 주면 영원히 변치 않는다. 당연히 자신이 투자한 주식들에도 그렇다. 무엇보다 그는 사업을 운영하는 것이 아니라 사업을 **소유**하는 것을 좋아한다고 당당히 말한다.[18] 친구 바버라 모로는 그가 예민한 시기에 오마하를 억지로 떠나 워싱턴의 학교로 '끌려가다시피 했던' 경험이 평생토록 지워지지 않는 정신적 트라우마를 남겼다고 생각한다. 한마디로 강제 분리였다. 그는 평생 자산을 축적해오면서도 일단 손에 들어온 자산은 팔든 아니든 거의 놓지 않았다. 최근의 주주 서한에서 밝혔듯 "저희는 사는 것을 좋아합니다. 그러나 파는 것은 영 취미가 없습니다."[19] 어찌 보면 그의 전체 경력이 무언가를 계속 움켜쥐는 즉 작별 인사를 거부하는 행위였다.

장면을 전환해 보자. 장소는 오마하, 때는 버크셔 정기 주주 총회가 열리기 하루 전 일요일 봄날 아침이다. 전차 한 대가 오마하 시내 호텔들을 돌며 손님들을 태운다. 버핏은 자신이 어릴 적 탔던 것과 크게 다르지 않은 그 전차의 출입문에 서서 손님들을 따뜻하게 맞이한다. 와튼 스쿨 친구의 미망인, 벤저민 그레이엄 수업을 같이 들었던 동창, 버핏이 소유하는 기업의 CEO 등등 그가 삶의 다양한 단계에서 만났던 사람들로 마치 앨범 사진 속에서 튀어나온 것 같다. 편안한 복장의 버핏은 활기가 넘치고, 그의 추종자이면서 친구이고 또한 그를 존경하는 최측근들을 태운 전차는 특별 브런치가 준비된 그의 컨트리클럽으로 향한다. 참석 인원만도 100명이 훌쩍 넘는다.

오후의 축하 행사는 보르샤임에서 열리고 이번에는 모든 주주가 참석한다. 보석과 고급 도자기 옆에 놓인 테이블마다 철갑상어 알, 산딸기와 키위를 얹은 타르트, 치즈케이크, 서양 고추냉이 소스를 발라 구운 소고기 요리가 준비되어 있다. 현악 4중주가 연주하는 가운데 턱시도 차림의 웨이터들이 벨벳에 감싼 다이아몬드와 샴페인 쟁반을 들고 손님 사이를 조심조심 누빈다.

버핏은 뒤쪽 방에서 몇몇 친구들과 브리지 삼매경이다. 연회의 흥이 오르면 그는 행사장으로 가서 조용히 어슬렁거리다 다이아몬드 귀걸이들이 전시된 선반에 기대서서 참석자들을 둘러본다. 주주들이 용기를 내어 삼삼오오 무리를 지어 돌아다닌다. 버핏은 가슴이 벅차오른다. 연회장을 가득 메운 장엄한 광경 때문이 아니다. 정확히는 그들 모두가 자신의 개인적인 쇼의 **일부**라는 느낌 때문이다.

보르샤임 행사의 참석자 대부분은 버핏에게 익숙한 얼굴들이다. 그는 버크셔의 7,500명 주주 중 90퍼센트에 대해 그들의 가족이나 친구를 곧바로 기억해낼 수 있다고 자부한다. 가령 머리가 벗겨지기 시작한 천문학과 교수 제임스 얼을 맞이하면서, 얼의 부모님이 1957년 버핏 파트너십에 투자했다는 기억을 자랑스럽게 들먹이는 식이다. 솔직히 버핏은 100만 주가 넘는 버크셔 주식 하나하나의 운명을 훤히 꿰고 있다. 어떤 상장 기업의 CEO도 그렇게까지 할 수 없다. 아니, 그렇게까지 하고 싶은 마음조차 없다. 그러나 버핏은 주식 하나하나의 변동을 손바닥 들여다보듯 한다. 버크셔의 주식이 한 주라도 거래될 때마다 버핏은 마치 주총 전날 전차에서 누군가가 타고 내리는 것처럼 그 사실을 기억 속에 단단히 주입한다.

이는 버핏이 자신을 흠모하는 추종자들에게 미치는 강한 영향력을 설명하는 데에 도움이 된다. 그의 성공 자체도 불가사의했지만 그의 두터운 신의는 가히 국보급이다. 오랜 친구들에 대한 그의 충심과 오랜 습관에 대한 그의 진심은 그의 경력 전체를 더욱 가치 있게 만들어준다. 존 트레인이 베스트셀러 저서 『대가들의 주식투자법』에서 들려주는 귀중한 한 구절을 잠시 생각해 보자.

> 세상만사 다 때가 있고, 그것은 영원히 지속하지 않는다. 세상이 변하듯 무릇 투자자도 자신의 투자 방식을 변화시켜야 한다.[20]

월스트리트에서 트레인의 이 말은 거의 불문율에 가깝다. 그의 주장에 동의하지 않거나 곰곰이 생각하는 사람도 거의 없다. 일례로 크래비스와 페렐만 같은 예전의 LBO 전문가들은 이미 차입 매수에 대한 흥미를 잃었고 1990년대에 들어서는 지분 매각에 집중하고 있다.

버핏은 달랐다. 옷으로 치면 단벌 신사였고 연애로 치면 지고지순형이다. 즉 평생 곁눈 한 번 돌리지 않고 동일한 투자 기법을 고수했다. 60년대 증시 활황기의 주식이든 80년대 LBO든 아니면 90년대의 금융 파생상품이든 그는 유행에 편승해 투자한 적이 한 번도 없었다. 대신에 그는 자신의 스승이 "내재 가치"라고 명명한 가장 기본적인 핵심을 발굴하는 한길만 걸어왔다.

버핏이 벤저민 그레이엄의 투자 원칙인 "가치주"에서 벗어나 "성장주" 투자자로 변신하기까지 우여곡절이 많았다. 월스트리트는 본래 그런 식으로 구분하는 것을 좋아한다. 미술 평론가가 파블로 피카소 그림이 청색 시대(Blue Period, 1901년부터 1904년 사이의 시기 - 옮긴이) 작품인지 입체주의 양식 작품인지 구분하듯 말이다. 하지만 정작 화가에게는 그런 구분이 아무 의미가 없다. 버핏도 마찬가지다. 그에게는 성장주냐 가치주냐의 구분이 언제나 피상적이고 공허할 뿐이었다. 그는 기업의 성장 잠재력이 자산과 마찬가지로 그 기업 가치의 구성요소 중 하나라고 생각한다.[21] 가령 코카콜라의 잠재력이 특정 주가에서는 가격 대비 가치가 높지만, 주가가 좀 더 상승하면 그렇지 않다. 요컨대 성장 잠재력의 가치는 주가와 상대적이다.

중요한 것은 버핏이 자신의 **모든** 투자를 그리고 자신이 시도했던 모든 활동을 "가치 투자"라고 생각한다는 점이다. 그는 살로몬 사태가 진정되고 1년이 흐른 뒤 주주들에게 보낸 서한에서, 성장 잠재력에 대한 투자 말고는 아무것도 가치 투자라는 명칭에 부합하지 않는다고 단언했다.

> 적어도 지불한 금액을 정당화할 수 있을 충분한 가치를 찾는 행위가 아니라면 "투자"가 무엇이겠습니까? 자신이 계산한 가치보다 주가가 더 높은 걸 알고도 — 조만간 더 높은 가격으로 팔 수 있을 거라는 희망으로 — 주식을 사는 것은 투기라고 불러야 옳습니다···.[22]

이미 세상은 그런 구분에 거의 신경 쓰지 않는다. 캘리포니아 오렌지카운티의 재정 집행관은 막대한 부채를 끌어오는 것은 물론이고 공립학교, 도로, 상수도 등에 책정된 예산을 암호문 같은 금리의 파생상품에 투기하는 것에 조금도 개의치 않았다. 그 결과는 참혹했다. 1994년 12월 대표적인 부촌인 오렌지카운티가 파산했다. 사실상 **내재** 가치라는 개념 자체도 잃어버린 이상理想처럼 되었다. 준거 기준을 변경하고 "얼룩"을 바꾸는 세상에서 가치는 내재된 것이 아니라 일시적이다. 이는 아름다움의 가치는 보는 사람에 따라 다른 법인데도 미술평론가가 평가를 내려야만 그림의 가치가 정해지는 형국이다. 오렌지카운티에서 아름다움은 문제의 그 재정 집행관 또는 카운티에 투자자문을 제공했던 메릴린치나 사내 투자 컨설턴트가 정의했다. 그들 중 누구도 그 가치를 정말로 알지 못했고 그랬기에 투기도 서슴지 않았다. 이처럼 가치에 대한 확신 없이 투기한 결과의 종착지는 대개가 빤하다. 비겁함과 평범함으로 귀결된다.

오늘날 에머슨 같은 내적 확신을 가진 사람들이 사라졌다면, 우리 세상이 예전에 그들이 길잡이로 삼았던 항성恒星을 잃었기 때문이다. 현대의 상대성은 우리 모두를 "성장"과 "파생상품"이라고 명명된 작은 구멍으로 세상을 내다보는 겁쟁이 투기꾼으로 만들었다. 비슷한 이유에서 — 즉 내재 가치 시스템이 없는 까닭에 — 교육자들은 알맹이 없는 말을 장황하게 늘어놓고 배심원단은 유무죄 결정을 내릴 수 없는 것처럼 보인다. 그들은 이를테면 모호함과 복잡성 그리고 불협화음의 세상으로 후퇴한다. 하나의 확신이 부족하면 천 개의 사견이 활개 칠 것이고, 사실상 결정을 내릴 때는 오직 그런 사견에만 의존하게 된다. 비단 월스트리트만이 아니라 재계, 교육계, 정부, 일반 대중의 삶 모두에서 지도층은 내적 확신의 부재로도 작아 보인다.

반면 자립심이 남다른 버핏은 그것 때문에 더 커 보인다. 버핏은 그런 자립을 "저는 제가 좋아하지 않은 사람과 일하지 않아도 됩니다"[23]라고 표현했다. CEO와 정치인들을 포함해 그렇게 당당히 말할 수 있는 사람은 거의 없다.

그는 자신만의 고요한 성전에서 머무른다. 거기는 조언가도 시중을 들어주는 사람도 없다. 마주보는 벽에는, 누렇게 변색된 신문 기사 액자들과 에머슨식의 온화한 초연함을 키우라고 조언했던 부친의 빛바랜 사진이 걸려있다. 그는 그곳에서 아무 방해받지 않고 몇 시간 홀로 시간을 보내고 전화벨조차 그의 고독을 깨지 않으려는 듯 거의 울리지 않는다. 그는 주식 거래 모니터에서 특정한 양식을 찾지 않는다. 오히려 근본 가치, 한길에 헌신해온 상인, 신발 회사, 허레이쇼 앨저와 B 여사를 섞어놓은 사업가, 벤저민 로스너 유형의 소매업자, 『월드 북 백과사전』 같은 프랜차이즈, 뉴베드퍼드의 켄 체이스 같이 정직과 신뢰의 화신, 토머스 머피처럼 양심적인 경영자, 브랜드 인지도가 높은 제2의 코카콜라 등을 찾는다. 그는 그들을 "때"에 따라서 평가하지 않는다. 대신에 부친이나 조부 또는 벤저민 그레이엄이 알아보았을 법한 견실한 원칙과 지혜로운 금언을 토대로 평가한다. 그렇다고 버핏이 언제나 그 영웅들의 발자취를 그대로 따른다는 뜻은 아니다. 그도 인간일 뿐이고 또한 당연히 갓길로 탈선한 적도 있었다. 하지만 최소한 그는 그들에 대한 기억만큼은 한순간도 잊지 않았다.

그가 하늘의 부름을 받을 때 그의 유산은 역대 최대 규모일 가능성이 크다. 어쩌면 그의 유산에 비하면 앤드루 카네기, 헨리 포드, 존 록펠러 등등 그보다 먼저 이 세상을 다녀간 사람들의 유산이 하찮아 보일 수도 있다.[24] 그리고 아마도 버핏 재단은 미국에서 곳간이 가장 풍성한 최대의 자선 단체가 될 것이다(현재 미국 최대의 자선 단체인 포드 재단은 자산 70억 달러이다). 그러나 버핏에게 가장 중요한 유산은 자신의 돈이 어떻게 사용될 것인가가 아니다. 자신이 이 세상을 떠난 뒤 버크셔가 어떻게 될 것인가에 온 정신이 팔려 있다. 그는 엽기적인 동화를 꿈꾼다. 자신이 무덤에 들어가고 난 뒤에도 버크셔가 이제까지처럼 계속 운영될 거라는 환상이다. 실제로 그는 그 환상을 현실로 만들기 위해 많은 노력을 기울여왔다. 투자자들에게 자신과 아내 중 누가 먼저 저세상으로 가든 "세금과 상속 때문에 버크셔 주식을 대량으로 처분하는 일은 없을"²⁵ 거라고 단단히 약속했다.

가령 버핏과 멍거가 동반 교통사고로 죽는다면 어떻게 될까? 혹은 버핏이 후계자를 키우지 못하고 죽는다면 버크셔의 운명은 어떻게 될까? 최소한 일시적으로라도 버핏이 선택한 "제3자"가 버크셔를 운영하게 될 것이다. 버핏이 간택한 해리 라임의 정체는 오랫동안 비밀이었고, 심지어 버핏의 자식들도 몰랐다.* 하지만 가이코를 100퍼센트 인수한 뒤 버핏은 "만약 멍거와 제게 무슨 일이 생기면" 가이코의 루이스 심슨이 버크셔의 '대타'로 등판할 거라고 공개했다.²⁶

대타 작전 외에도 버핏은 또 다른 작전도 세워두었다. 자신이 직접 선정한 이사회가 버크셔는 계속 지배하는 것이다. 최근에 그는 버크셔의 사명감을 영구히 존속시켜줄 거라는 기대를 갖고 아내인 수전과 장남 하워드를 이사로 새로 선임했다(그들 외에, 버핏 자신을 포함해 총 4명의 이사가 있다. 버크셔의 전임 회장 아들 맬컴 G. 체이스 3세, 멍거, 오마하의 사업가 월터 스콧 주니어이다). 그의 식구들은 버크셔의 지배 소유주 지위를 갖게 될 것이고 아마 버핏 재단도 그들이 운영할 것이다. 버핏은 최근의 주주 서한에서 "대체로 버크셔는 '트럭 사고'에 대해 완벽한 대비가 되어 있습니다"라고 말했다.²⁷

올해 예순다섯 살인 버핏은 잠도 잘 자고 건강 상태도 매우 양호하

---

* 해리 라임은 1949년에 개봉한 고전 영화 〈제3의 사나이(The Third Man)〉에서 오슨 웰스(Olson Welles)가 연기한 의문의 인물이다.

다. 물론 그의 식습관은 전문가 계층들의 혁명적인 식단을 무색하게 만든다. 버핏은 보통 아침에 눈을 뜨자마자 땅콩 한 접시와 체리코크부터 찾는다. 한번은 슈퍼볼 주말을 이용해 토머스 머피가 주선한 모임에서 버핏은 이튿날 아침 식사로 바닐라 아이스크림과 초콜릿 시럽을 주문했다. 친구들이 그의 건강에 대해 놀리기 시작하자 그가 연극조로 받아쳤다. "내 장례식에서 조문객들이 내 관을 지나가면서 '이 녀석, 천수를 누렸네!'라고 말했으면 좋겠네."[28]

지금도 버핏은 일에 푹 빠져 지내지만 성공에 대한 열정은 약간 식었다. 두 아들은 버핏이 몇 년 전보다 한결 느긋해지고 여유가 생겼다고 말한다. 특히 피터는 이제 더는 아버지의 머릿속에 째깍거리는 시계가 들어 있다고 생각하지 않는다.

버핏이 이렇게 변하는 데서 아스트리드가 일익을 했을지도 모르겠다. 버핏은 그녀라는 존재에 매우 편안해졌고, 자신이 그녀의 자존감을 키우는 데에 도움을 주었다고 뿌듯해 한다.[29] 또한 버핏 입장에서는 둘의 관계가 상호적이라는 것도 몹시 기쁜 일이다. 이제는 저녁 외식처럼 둘이 외출할 때면 오마하의 평범한 노신사와 그의 아내같이 제법 부부 티가 나고, 가끔은 그가 다정하게 그녀의 어깨를 안기도 한다.[30] 아스트리드는 자신의 역할에 대해 심각하게 고민하지 않는다. 도리어 버핏의 어떤 친척에게 워런과 사는 것이 이제껏 자신이 선택한 직업 중 "최고의 일자리"라고 우스갯소리를 할 정도로 편안하게 받아들인다. 버핏과 친구로 지내는 80대의 조지프 로젠필드는 둘에 대해 이렇게 말한다. "지금 그에게 필요한 사람은 아스트리드라오. 그가 오늘 당장 떠나도 그녀는 개의치 않을 겁니다. 그녀는 자유로운 영혼이기 때문이죠. 게다가 품성도 아주 좋다오."

아스트리드와는 별개로, 워런과 아내 수전의 관계는 여전히 아주 끈끈하다. 둘은 (코카콜라 이사회에 참석하기 위해 파리로 동행하는 것처럼) 이런저런 장소에서 거의 매달이다시피 만난다. 이제 워런도 한 친구에게 수전이 너무 부자라 그녀와 이혼할 수 없다고 농담할 정도로[31] 아내와의 관계에 유머 감각을 발휘할 수 있게 되었다.

최근 들어 버핏에게 또 다른 변화가 생겼다. 돈주머니를 약간 푸는 재미가 들었다. 가령 사재 125만 달러를 들여 오마하의 마이너리그 야구단의 지분 25퍼센트를 인수했는데, 이것은 투자가 아니었다. 그 팀을 오마하에 잔류시키기 위한 자선 행위였다.[32] 또한 1993년 B 여사의 100번째 생일 때는 평소처럼 꽃과 씨즈캔디를 선물하는 대신에, 그녀가 버려진 극장을 사서 어린이 전용극장으로 개조 중이던 로즈 블럼킨 공연예술 센터Rose Blumkin Performing Arts Center에 100만 달러짜리 수표를 쾌척했다. 뿐만 아니라 여행이나 고가의 양복 같이 자신을 위해서도 지갑을 좀 더 열기 시작했다. 비록 명품 양복들은 그의 옷장에서 계속 잠자고 있는 것 같지만 말이다. 하지만 그의 어마어마한 재산에 비하면 그가 쓰는 돈은 시쳇말로 새 발의 피다(이는 자선 행위도 마찬가지다).*

그에게는 일 자체가 인생이다. 의식주는 사소한 문제로, 버핏은 지금도 파란색 링컨 타운 카를 직접 운전하며 고급 자동차를 구입한 적도 호화 저택을 소유한 적도 없다. 행여 그런 자동차나 집을 소유했어도 어차피 그에게는 아무 의미가 없었을 것이다. 최근 바다가 보이는 라구나 비치의 집에 2주간 머무는 동안 (딸 수지가 계산한 바에 따르

---

* 1994년 버핏이 운영하는 재단 2곳은 버크셔의 기부 프로그램과 이자와 배당금을 합쳐 총 700만 달러를 모금했는데 지출액은 그것보다 조금 더 많았을 뿐이었다. 1995년 버핏은 버크셔의 주당 기부금을 11달러에서 12달러로 올렸다.

면) 외출을 딱 세 번 했다. 두 번은 극장에 한 번은 점심 먹으러 나갔다. 그의 브리지 사랑은 변함이 없지만 친구들과 마주보고 하던 시절은 이제 옛말, 대개는 컴퓨터와 대결한다(그는 업무용으로 컴퓨터를 사용하는 것은 지금도 거부한다).[33]

오마하에서 버핏은 호기심의 대상이 되었다. 사람들은 버핏의 집앞 도로를 지날 때 거북이 운행하고 가끔은 아예 멈춰 점멸 신호등옆의 그 집을 구경하기도 한다. 사람들의 반응은 대동소이하다. 미국최고 부호라는 명성에 어울리지 않는 평범한 중산층 주택에 너무 놀라 입을 다물지 못한다. 버핏은 "소굴"에 들어박혀 신문과 연례 보고서들을 보면서 입을 다실 체리코크를 가지러 왔다가 또는 아이스크림을 퍼먹으며 주방 창문 너머로 그들을 내다볼 때도 있다. 현재는 버핏과 아스트리드 둘만 살고 있다. 경비나 개인 경호원도 집사나 입주가사 도우미도 없다. 2주에 한 번 외부 가사 도우미가 올 뿐이다.[34] 아스트리드는 요즘도 싼 물건을 찾아 상점들을 순례하고 운 좋게 체리코크를 할인하면 한아름 사서 자신의 스테이션왜건을 가득 채운다.

버핏도 억만장자의 삶을 즐기지만 부자들의 전형적인 방식과는 많이 다르다. 그의 말마따나 돈으로 건강이나 사람들의 애정을 살 수는 없지만 돈이 있으면 "좀 더 흥미로운 환경"을 즐길 수 있다.[35] 버핏은 CEO와 정치인들을 포함해 내로라하는 사회 지도층과 교류한다. 일례로 세계 체스 챔피언 출신으로 러시아에 자본주의를 정착시키는 일에 앞장서는 러시아 정치 활동가 가리 카스파로프Gary Kasparov는 버핏을 만나러 오마하를 방문했다. 1994년 여름 끝자락 버핏은 마서즈비니어드 섬에서 빌 클린턴 대통령과 골프를 쳤고 그런 다음 캐서린 그레이엄의 저택에서 대통령과 조용히 저녁 식사를 했다. 그의 화려한 인맥에서 가장 눈에 띄는 인물은 최고 부자 자리를 엎치락뒤치락하는 빌 게이츠이다. 둘은 네브래스카에서 열린 미식축구 경기에서 본격적으로 서먹함을 깬 뒤로 25년의 세월을 뛰어넘는 흥미로운 우정을 이어온다. 게이츠는 IT 괴짜인 반면 버핏은 철저한 IT 문외한이지만 둘은 죽이 잘 맞는 게 분명하다. 둘은 경쟁심이 대단하고 호기심이 아주 왕성하며 CEO들치고 유달리 소년 같은 장난기가 많다. 그리고 천하가 알 듯 둘 다 어마어마한 부자들이다. 1995년에는 둘이 부부동반으로 중국 여행을 다녀왔다.

오늘날 버핏은 워런 버핏의 초연한 투자 철학을 설파하고 싶을 때면 '준비된' 청중을 직접 찾아간다. 특히 요즘에는 대학들, 자신이 소유한 회사들, 소규모의 비공식 집단들을 자주 찾는다. 그는 자신의 투자 철학을 설명하고 자신이 살아온 이야기를 들려주며 투자자들에게 사랑의 연가를 부른다.

그의 삶에서 많은 부분이 독특하고 또한 버핏은 여전히 많은 부분에서 수수께끼 같은 사람이다. 문득 예전 버펄로의 한 판사가 버핏의 이른바 독점주의자적 목표에 관해 했던 말이 떠오른다. 어쩌면 개인으로서의 버핏은 "가늠할 수 없는 마음속에" 몰래 숨어 있는지도 모르겠다.

한편 대외적으로 그의 유산은 명백하다. 버핏은 자신의 삶을 연대순으로 기록하고픈 강렬한 충동에 이끌려 미국적인 삶에서 자신의 독특한 이미지를 구축했다. 위대한 자본가이자 미국 자본주의에 대한 리처드 파인만Richard Phillips Feynman 즉 위대한 설명가(Great Explainer, 이는 물리학자 리처드 파인먼의 별명으로 그는 복잡한 개념을 아주 쉽게 설명했고 동료 물리학자들도 개념을 이해하러 파인먼의 수업을 들었다고 한다. - 옮긴이)라는 유일무이한 이미지를 탄생시켰다. 그는 지난 30년간 사업이 무엇이고 어떻게 생각해야 하는지를 가르쳤다. 또한 주식은 모노폴리 게임의 가짜 돈 같은 투자 게임에 사용하는 칩이 아닐 뿐더러 투자가 복불복의 확률 게임과 다를 수 있음을 입증했다. 오히려 투자는 피투자 기업들과 마찬가지로 논리적이고 상식적인 사업이었다. 그는 월스트리트에서 신비로움을 제거했고 월스트리트와 메인스트리트를 재결합시켰다. 이제 월스트리트는 실체가 없는 혹은 손에 잡히지 않는 세상이어도 보통 미국인 모두가 쉽게 이해할 수 있는 세상이다.

대중은 월스트리트의 어두운 얼굴에는 매우 친숙하지만 버핏의 어두운 얼굴에 대해서는 익숙하지 않았다. 그는 막대한 부를 쌓는 과정에서 희생자들을 만들지 않았던 소수 자본가 중의 한 사람이었다. (버펄로에서 그를 적대시하는 사람들이 유일한 예외였다.) 멍거의 표현을 빌리자면 그는 "비열한 자산가"보다 더 나은 사람이 되려고 노력했다. 그런 노력의 일환으로 그는 특히 투자자들과 피투자 기업들을 동반자로 생각했고 오직 감과 운에 맡기고 도박한 적도 없었으며 "출구 전략"도 없었다.

이제 버핏은 금융계를 벗어나 더 '큰물'에서 놀기 시작한다. 주식을 "영원"히 보유하는 것을 좋아한다는 그의 발언은 월스트리트와 외부 세상 모두에서 일상적인 투자 기간과 뚜렷하게 대조된다. "영원"이라는 단어는 오늘날 포스트모더니즘을 살아가는 사람들을 당혹스럽게 만든다. 오히려 그들에게는 그 단어가 투자보다는 3류 소설과 동화에 어울리는 것 같다.

버핏은 초콜릿캔디 회사, 신문사, 토머스 머피와 캐서린 그레이엄 등등 아주 많은 기업과 사람들에게 '영원한 주주'가 되겠다고 약속했다. 신의와 충심이 헌신짝 취급받는 시대에서 그는 투자 행위를 관계로, 사실상 하나의 사회적 계약social contract의 경지로 끌어올렸다.

1969년 조합원들에게 보내는 서한에서 그는 버크셔 해서웨이에 대해 이렇게 말했다.

> 저는 제가 좋아하고 존경하는 사람들이 잘 관리하는 좋은 회사를 단지 값을 더 쳐준다는 이유로 팔 생각이 전혀 없다고 약속드립니다. [36]

이런 투자 철학은 당시 월스트리트에서는 전대미문이요 콧대 높은 학계에서는 신성모독이었다. 심지어 메인스트리트에서도 좀체 듣기 힘든 말이었다. 사반세기도 더 지난 오늘날 그의 약속은 더 놀랍게 다가온다. '영원'이라는 개념이 갈수록 천연기념물처럼 되고 있기 때문이다. 그것은 널뛰기하는 뮤추얼펀드는 물론이고 사실상 사회에 잠시 왔다 가는 모든 일시적인 현상과는 정반대이다. 오늘날 금융 세상과 일상 모두를 지배하는 것은 소위 광란의 거래frenetic trading다. 이는 직업, 이웃, 가족, 시민연대, 과거 등에 대한 예전의 확고했던 사회적 연결성이 급격하게 약화되는 현상을 비유적으로 보여주는 것일지도 모르겠다. 게다가 그런 탈연결화 속도는 날마다 빨라진다. 팝아트의 선구자 앤디 워홀은 '미래에는 누구나 15분 정도는 유명해질 수 있다'는 말을 남겼다. 이는 절반의 진실이다. 쉼 없이 변하는 오늘날 세상에서 15분 안에 사라지는 것은 우리의 명성만이 아니다. 예전에는 관계가 영원하거나 최소한 지속적인 관계를 가치 있게 생각했다. 그러나 이제는 모든 관계의 유효 기간이 15분을 넘기지 못하는 것처럼 보인다. 직업적인 동업자들이 갈라서고, 유명 선수들은 돈을 따라 팀을 버리며, 고용주들은 과잉채용, 과잉해고의 늪에 빠진다. 심지어 과거의 기록 저장소로 여겨지는 대학들도 천 년 가까이 이어져 온 규

워런 버핏

범들을 재창조하려는 경쟁이 치열하다. 일상적인 삶에서 우리 각자가 모는 전차에 올라타는 얼굴들이 하루아침에 바뀐다. 투자자들은 출구 전략을 원하지만, 어찌 그들만 그것을 원하겠는가. 이렇게 볼 때 월스트리트의 투자처 '갈아타기' 즉 자산 재분배 광풍이 무엇을 의미하는지 빤하다. 한때는 오래 지속되었던 약속들에 가격을 매기려는 보편적인 조급증을 보여주는 가장 명백한 징후일 뿐이다. 바로 이래서 버핏이 정말 위대한 것이다. 거의 언제나 버핏은 바꿔 타기가 아니라 장기간 보유함으로써 즉 '영원' 약속을 지킴으로써 달콤한 보상을 얻었다.

후기

2008년 1월

다른 위기 같은 원칙

이 책이 출간되고 몇 달 뒤인 1996년 봄 나는 버크셔 해서웨이의 정기 주주 총회가 열리는 오마하로 순례를 갔다. 공식 행사가 시작되기 전에 주주들을 대상으로 조촐한 사인회가 열렸다. 주주들은 버핏의 친필 서명을 받으러 그에 관한 도서나 버크셔의 연례 보고서 혹은 기념품을 손에 들고 긴 행렬을 이루었다. 3년이 넘도록 그의 전기傳記에 매달렸건만 주인공으로부터 한마디 피드백도 듣지 못한 나는 이번만큼은 그냥 넘어가지 않을 심산이었다. 『버핏』 한 부를 들고 줄을 서 있는데 몇 해 전 그에 관해 조사하던 중에 그가 내게 했던 말이 떠올랐다. 내 조사를 방해하지는 않겠지만 어떤 도움도 제공하지 않을 거라는 말이었다. 드디어 내 차례가 되었다. 책과 볼펜을 건네면서 결의에 차서 말했다. "이제는 한 말씀을 꼭 듣고 싶습니다." 그는 궁지에 몰린 사람처럼 얼굴을 찡그렸다. 그러더니 겉장을 열고 속표지에 특유의 휘갈기는 글씨체로 "워런 버핏" 딱 두 단어를 꾹꾹 눌러 쓴 다음 탁 소리 나게 다시 닫았다. 이는 더없이 명백한 거부의 메시지였다. 불만이든 친밀함에 호소하는 애원이든, 아니 최소한 책에 대한 몇 마디라도 해달라는 부탁이든 내가 입을 열 여지를 주지 않겠다는 뜻이었다.

워런 버핏

가끔 독자들이 묻는다. 버핏에 관한 설명 중에서 바꾸고 싶은 내용이 있느냐고. 그럴 때면 나는 종종 그날의 서명을 떠올린다. 그것은 백 마디 말보다 더 확실하게 그의 마음을 보여주었다. 그의 수십 년 지기 친구로 2005년 향년 80세의 나이로 세상을 떠난 빌 루안이 그 주총 무렵에 했던 말이 있다. "내가 보기에 당신은 버핏이 얼마나 **단단한** 사람인지 이해하지 못한 것 같군요." 아마 루안의 말이 맞았을 것이다. 하긴 호구 같은 사람이었다면 망해가던 섬유회사를 2,200억 달러의 가치가 있는 기업으로 (미국 6위 기업) 어찌 키웠겠는가. 무엇보다 철갑을 두른 것 같은 단단한 껍질이 없었다면 지난 반세기 동안 투자의 모든 지뢰밭을 어떻게 피할 수 있었겠는가. 온갖 종류의 투자 제의가 있었을 것이요 한탕주의자들이 또 얼마나 접근했을 것이며 악의는 없어도 망상에 빠진 중개인들도 심지어 그의 이야기를 쓰고 싶은 전기 작가들도 줄을 섰을 것이다. 그는 그런 모든 사람을 물리칠 수 있는 남다른 비책이 있었다. 그는 딱 한 사람에게만 귀를 열어주었다. 바로 자신이었다.

독자들이 묻는 또 다른 질문도 있다. 사실 갈수록 그 질문을 자주 듣고 있다. 후속편을 낼 생각입니까? 이 질문은 어렵지 않게 대답할 수 있다. 『버핏』이 출간된 이후 그의 개인 신상에서 변한 것이 거의 없고 투자 프로필(investment profile, 투자나 금융자산과 관련된 핵심적인 데이터를 말하며 투자자의 위험 감내도, 위험 수용 능력, 투자 기간, 수익률 등등을 포함한다. ─옮긴이)은 아예 달라진 것이 없다. 주가가 놀라운 상승세를 이어가는 것은 차치하고라도, 버크셔의 자산이 무서울 정도로 팽창했기에 이상하게 들릴 수도 있다. 1994년 말 주당 20,400달러에 거래되던 버크셔 해서웨이의 주식이 13년 뒤에는 주당 141,600달러라는 눈을 의심하게 만드는 숫자가 되었다. 서론에서 설명했던 일련의 수치를 2007년 말 기준으로 수정해 보자. 1956년 투자조합의 원년 조합원이 버핏에게 1만 달러를 투자했다면 오늘날에는 5억 5,000만 달러라는 천문학적인 액수가 되어 있을 것이다. 이를 단순 비교하면, 당시 1만 달러는 전설의 4할 타자 테드 윌리엄스 같은 메이저리그 유명 선수의 2주치 급여에 해당했지만 오늘날 5억 5,000만 달러는 메이저리그 최고 유격수 알렉스 로드리게스Alex Rodriguez와 20년 장기 계약을 체결하기에 충분한 액수다(로드리게스는 2007년 11월 뉴욕 양키스와 10년간 2억 7,500만 달러에 계약했다. - 옮긴이).

물론 1주 가격이 미국 소도시의 작은 아파트 한 채 값이지만, 버크셔의 현재 주가는 사실 성장 속도가 눈에 띄게 둔화되었다는 증거다. 버핏이 시버리 스탠턴에게서 성장 엔진이 꺼진 뉴잉글랜드 섬유회사의 운전대를 넘겨받아 언론, 보험, 제조 복합기업 등으로 변신을 시작한 이후 30년간 버크셔 주식은 매년 27퍼센트로 성장했다(이는 3년마다 주가가 2배로 뛰었다는 뜻이다). 안타깝게도 『버핏』의 초판이 출간된 이후로 버크셔 주가의 연평균 성장률은 16퍼센트에 그쳤다. 이런 "성장 둔화"는 새삼스러운 일이 아니다. 정확히 버핏이 예상했던 시나리오였다. 수학 법칙들에 따르면, 버크셔의 덩치가 커질수록 각각의 신규 투자가 전체 포트폴리오에 미치는 영향은 줄어들게 마련이고, 결과적으로 성장세가 주춤하는 것이 당연했다. 놀라운 것은, 아니 최소한 인상적인 것은, 70대에 접어든 뒤 투자 행보가 굼떠졌음에도 버핏이 시장을 얼마의 격차로 이겼냐는 것이다. 1994년 이래로 전반적인 평균 주가는 2배로 성장했지만 버크셔는 무려 6배로 자가 증식되었다.

좀 더 최근의 실적은 버핏의 일관된 원칙 하나를 여실히 보여준다. 아마도 그 원칙은 버핏의 여러 투자 특성 가운데 사람들이 가장 간과하는 것일지도 모르겠다. 그의 첫 번째 투자 원칙은 ("절대 돈을 잃지

워런 버핏

마라") 하도 많은 사람이 주야장천 외쳐서 이제는 평범한 경구처럼 들릴 지경이 되었다. 그러나 기간을 넓게 생각하면, 그 원칙이야말로 그의 핵심적인 성공 비결 중 하나임을 알 수 있다. 특히 최근 12년간은 어리석은 투자의 전성기였다고 해도 틀리지 않다. 깊이 생각하지 않아도 몇 가지가 곧바로 떠오른다. 1990년대 불안정한 신흥 자본주의 국가 러시아에 대한 무분별한 대출에 이은 모라토리움[moratorium, 대외(對外) 채무 지불유예 – 옮긴이] 사태, 헤지펀드업계에서 신데렐라 신화를 썼던 롱텀 캐피털 매니지먼트의 파산, 광란 같았던 닷컴 버블. 특히 닷컴 버블에서는 수익 실현 가능성이 없는 기업들의 주식이 급등한 반면, 버크셔의 주식은 수익률이 꾸준히 상승하는데도 불구하고 절반으로 떨어졌다. 이는 어떤 논리로도 설명될 수 없는 기현상이었다. 대중은 20대의 IT 스타트업 창업자들에게 집착했고, IT기피증이 있던 버핏을 향해서는 구시대적이라느니, 구경제의 유물이라느니 등등의 수식어가 붙었다. 하지만 버핏에게는 닷컴 버블이 1960년대 증시 활황기의 재연에 불과했다. 즉 그것은, 그가 더 큰 위험을 감수하게 만드는 것이 아니라 활황기 때처럼 2배로 신중하게 만드는 투기 광풍일 뿐이었다. 동료 투자자들의 명백한 수익을 눈으로 보게 되자 좀 더 분별력이 있는 투자자들마저 너도나도 닷컴 게임에 뛰어들었지만 신중함이 제2의 천성인 버핏은 눈도 돌리지 않았다. "절대 돈을 잃지 마라"는 동서고금을 막론하고 모든 투자에 예외 없이 적용되는 기준이다. 그것은 어떤 것이든 투기적인 위험을 감수하는 선택을 원천적으로 배제시킨다. 이렇기 때문에 버핏은, 수년간 높은 수익률을 달성하고도 가끔 투기의 달콤한 유혹에 넘어가 결국 막대한 손실을 입은 투자자들을 크게 능가하는 것이다. 간헐적인 막대한 손실조차도 누적 수익률에는 파괴적인 영향을 미친다.

2007년 버크셔 주가는 무려 29퍼센트가 상승했다(덕분에 버핏은 미국 1위 부자 자리를 재탈환했을 뿐 아니라 오늘날 세계 최고 부자로 가장 유력하다). 뒤늦은 감은 있지만 어쨌든 29퍼센트의 놀라운 성장률은 버핏의 현명한 접근법에 대한 보상이었다. 투자자들이 공황 상태가 되어 안전 자산으로 쇄도했을 때 재무부 증권이 어부지리를 얻었고 버크셔 해서웨이 주식도 수혜주가 되었다. 마치 버크셔가 재무부 산하 기관인 것처럼 보일 정도였다. 그런 상황은 자세히 살펴볼 가치가 있다. 그 시나리오가 아주 익숙하기 때문이다. 요컨대 미국은 또 다른 금융 위기의 제물이 되었다. 이번 위기의 원흉은, 악성 주택담보 대출인 모기지 대출의 채무 불이행 사태와 그것에 따른 무더기 주택 압류였다. 이런 현상은 다시, 주택 가격 급등이 불건전한 대출 관행을 부추긴 결과였다. 모기지 대출과 별다른 관련이 없는 금융기관들조차 그 수렁으로 깊이 빨려 들어갔는데, 그들 기관이 모기지에 기반을 둔 증권에 투자했기 때문이었다.

과열된 부동산 시장이 식었을 때 피해는 상상을 초월했다. 사실상 모든 주요 금융기관들이 — 씨티그룹Citi Group부터 투자 은행들인 메릴린치와 베어스턴스 그리고 금융 복합기업으로 거듭난 제너럴 일렉트릭에 이르기까지 — 막대한 손실로 휘청거렸다. 한때 버크셔가 패니매와 더불어 미국의 양대 모기지 업체였던 프레디맥의 지분을 상당량 보유했었는데 프레디맥이 지나치게 급속한 성장을 욕심내는 것을 우려한 버핏이 몇 해 전에 매각했다. 결과적으로 2007년 미국 경제를 강타한 모기지 사태에서 버크셔는 생채기 하나 입지 않은 것은 물론이거니와 유동 자산이 450억 달러에 이르렀고 완벽한 AAA 신용등급까지 획득했다. 자금 위기로 다급해진 채권 보증사들이 버핏에게 SOS 구조를 요청했고, 버크셔가 어려움에 처한 이런 저런 대출기관의 구조 요청에 화답할 거라는 소문이 자주 흘러나왔다. 당연한 말이지만 버핏은 살로몬 브라더스가 심각한 위기로 내몰렸을 때 자본을 긴급 수혈했고, 1998년에는 파산 위기에 놓인 헤지펀드 LTCM를 (유리한 조건으로) 인수하는 계약을 체결하기 직전까지 갔다. 모기지 사태가 터졌을 즈음 버핏은 또는 버크셔는 미국에서 독보적인 존재가 되었다. 1세기 전 J. P. 모건이 걸었던 길과 비슷했다. 버크셔는 침몰하는 월스트리트의 구명보트였다. 아니 최소한 구명보트가 될 능력이 있는 유일한 기업이었다. 월스트리트가 최악의 상태였을 때 버크셔는 변함없이 가장 견고한 신용등급을 유지했기 때문이다. 그런 위상을 증명이라도 하듯 2007년 말 버크셔는 다양한 부문으로 자산을 분산시킨 시카고 소재 마몬 홀딩스Marmon Holdings 지분 60퍼센트를 45억 달러에 인수했다. 이는 버크셔가 보험업계 외에서 성사시킨 역대 최대 규모 인수였다. 일흔일곱 살의 노장 투자자 버핏은 5대조 할아버지 지블런 버핏의 인생철학으로부터 이득을 얻고 있었다. "신용을 지켜라. 신용이 돈보다 더 중요하다."

오늘날 버핏의 기업 제국은 (언제나 그렇듯 중심에는 보험이 자리하고 항공사, 카펫, 정수 제품, 가정용 페인트에 이르기까지 수십 개의 사업을 포함한다) 10년 전보다 더 커졌고 더 다양해졌다. 또한 버크셔는 해외로도 뻗어나갔다. 특히 이스라엘과 중국 같이 서로 관련이 없는 국가들을 포함해 다양한 대륙과 국가들에 진출했다. 당연히 산업별로 상대적인 투자 비중과 집중도도 변했다. 무엇보다 중고등학교 시절 사랑했던 신문사와 다른 언론 자산들은 인터넷으로 직격탄을 맞아 비중이 크게 줄어들었다. 반면에 최근 몇 년간 버핏은 특유의 탁월한 타이밍 감각을 발휘해 에너지 산업에서 많은 지분을 획득했다. 하지만 버핏은 언제나 기회를 따라왔을 뿐이었다. 또한 경영대학원 시절 벤저민 그레이엄에게 배웠던 가격과 가치의 괴리에 기반 하는 투자 원칙을 고수하기 때문에 투자 접근법은 하나도 변하지 않았다.

오늘날 버핏은 명실상부 유명 인사가 되었다. 1990년대 초반만 해도 내 책 제목을 다시 발음해달라고 요청하는 사람들이 더러 있었다. 이상한 새 단어를 외우려는 듯 말이다. 오늘날 버핏은 어떤 설명도 필요 없는 사람이 되었다. 이웃집 아저씨 같이 정감 있는 그의 얼굴은 — 나이를 먹으면서 더욱 푸근해졌다 — 잡지 표지를 장식하고 TV 특별 프로그램의 단골로 등장하며, 그의 발언은 경제 전문 채널 CNBC의 머리기사로 소개된다. 또한 알렉스 로드리게스 같은 메이저리그 스타 선수들은 물론이고 힐러리 클린턴(Hillary Clinton)부터 버락 오바마(Barack Obama, 오바마는 저자가 후기를 쓰고 10개월이 흐른 뒤 2008년 11월 4일 치러진 대통령 선거에서 당선된다. - 옮긴이)까지 민주당 정치인들과 친하게 어울린다. 하지만 그런 변화는 급작스러운 것이 아니라 진화하듯 점진적으로 이뤄졌고, 대중과 호흡하고 싶은 욕구는 언제나 그의 안에 숨 쉬고 있었다. 심지어 친구들이 그의 발아래에 옹기종기 앉아 경외심에 말문이 막힌 채 그의 금융 설교에 귀를 기울이던 20대에도 그런 욕구가 꿈틀댔다.

이 책이 처음 출간된 이후에 버핏은 진정으로 중요한 변화 하나를 감행했다. 자산을 재정비한 것이다. 역설적이게도, 이것은 그의 개인 일신상의 문제인데도 그의 어떤 투자보다 그가 사회에 남기는 유산에 지대한 영향을 미칠 것이다. 반세기 전 펩시콜라 중독자였던 청년 버핏은 (친구 제리 오런스에게 고백했듯) 자신의 재산으로 무엇을 할지 고민이 많았다. 당시는 재산을 축적한 상태도 아니었고 그저 언젠가 자신이 꼭 부자가 될 거라는 확신만 있던 시절이었다. 다시 말해 상상 속의 재산이었다. 이후 반세기 동안 그 문제가 그의 머리를 떠나지 않앉으며 자산이 불어날수록 더 큰 문제로 다가왔다. 그나마 아내 수전이 자신보다 오래 살 것이며 따라서 필요하다면 수전이 부부의 재산을 처분하게 될 거라는 막연한 믿음에 마음이 조금 가벼웠다. 그런데 2004년 72살의 수전이 뇌졸중으로 세상을 떠났다. 버핏은 2년 뒤 오랫동안 자신의 곁을 지켜준 아스트리드 멩크스와 재혼했지만, 상속 문제는 더 이상 미룰 수 없는 일이었다. 2006년 버핏은 죽을 때까지 재산을 움켜쥐고 있겠다는 마음을 돌연 바꿔 사람들을 깜짝 놀라게 만들었다. 버크셔 주식 85퍼센트를 (해마다 유증을 통해) 점진적으로 기부하겠다고 공식적으로 발표했다. 그중 6분의 5는 주로 제3세계의 질병 퇴치에 앞장서는 빌 앤드 멜린다 게이츠 재단Bill and Melinda Gates Foundation에 기부하고 나머지는 4개의 재단에 골고루 나눠주게 될 것이다(자신과 수전의 이름으로 된 재단과 자신의 삼남매 각각이 운영하는 3개의 재단으로 총 4개이다).(버핏 재단에서 이름을 바꾼 수잔 톰슨 버핏 재단Susan Thompson Buffett Foundation, 딸이 운영하는 셔우드재단Sherwood Foundation, 하워드 버핏 재단Howard G. Buffett Foundation, 막내아들의 노보 재단Novo Foundation이다. ‒옮긴이)

버크셔 주식을 게이츠 재단에 기부한다는 계획은 오직 버핏이기에 생각해낼 수 있는 기상천외한 묘수였다. 자신의 재산을 가까운 친구와 ‒ 최근 몇 년간 미국에서 버핏 자신보다 더 부자인 유일한 사람 ‒ 결합시킴으로써 유례없는 세계 최대 재단이 탄생하게 될 것이다. 당연히 버핏의 연간 기부액 규모는 버크셔의 미래 주가에 달려있지만, 현재 주가로 보면 버핏의 재산은 640억 달러(환율 1,200원을 적용할 때 약 한화 77조 원)에 이른다. 아마도 개인 재산으로는 세계 최대일 것이다. 액수도 액수거니와 그의 기부 계획이 정말로 놀라운 것은 그 속에 내포된 겸손함이다. 그것은 버핏의 막대한 돈을 어떻게 집행할 것인지를 다른 누군가에게 전적으로 맡기는 그 이상의 의미가 있다. 어떤 병원에서도 버핏의 이름을 딴 건물을 볼 수 없을 것이다. 뿐만 아니라 전 세계 연구원, 과학자 의사들은 자신들이 받는 지원금을 오마하의 현인과 연결시키지 않을 것이다. 이것은 자신의 "능력 범위" 내에 머무르고자 하는 버핏의 한결같은 고집이다. 즉 오직 자신이 잘하는 일만 한다는 것이다. 그는 기질적으로 자선 사업과는 맞지 않았다. 그는 마음 편히 수표를 쓸 수 있을 정도로 투자 대비 좋은 가치를 수확하지 못하는 것이 호환마마보다 더 무서운 사람이었다(혹은 버핏의 투자 철학을 통칭하는 버핏주의로 표현하면 그는 지나치게 인색했다). 이유여하를 막론하고 그는 기부를, 아니 정확히는 그의 막강한 재력에 비례해 기부하기를 거절했고, 이것은 오래전부터 친구들 사이에서는 꽤 불만거리였다. 그랬던 그가 자신의 재산에 대해 논리적으로 심사숙고한 끝에, 자신보다 기부금을 더 효과적으로 집행할 수 있는 누군가에게 기부하기로 냉철하게 결정했다. 그는 두 가지 조건을 고려했다. 믿을 수 있는 친구로 앞으로 수십 년 동안 유증에 따른 자신의 기부금을 감독할 수 있어야 했다. 그리고 가장 중요한 것은 자신의 수십억 달러를 기부할 가치가 있는 목적에 헌신하는 사람이라야 했다. 세계 최빈곤 지역들에서 질병을 퇴치하는 일이었다. 포트폴리오 관리자로서 버핏은 항상 자신이 이해할 수 있고 또한 마음 편히 보유할 수 있는 몇몇 — **극소수** — 종목에만 집중하려고 노력했다. 자신의 재산에 대해서도 기준은 비슷하다. 마치 버핏은 게이츠 부부를 다시 말해 빌과 멜린다 모두를 자선계의 슈퍼 스톡(superstock, 블루칩이 대형 우량주를 의미한다면 슈퍼 스톡은 향후 주가가 급상승할 가능성이 높은 우량주를 말한다. – 옮긴이)으로 생각하는 것 같다. 역사상 누구 돈보다도 자신의 돈이 인류의 건강을, 어쩌면 인류 전체의 삶의 수준을 개선하는 데에 더 많이 기여할 수 있다고 기대되는 비분산 투자 수단 말이다. 투자의 역사를 새로 쓴 오마하의 현인이 이제는 기부의 역사를 다시 쓰기 시작했다. 기부의 귀재로 거듭나는 투자의 노장에게 박수를 보낸다.

주

아래의 주석에서 출판물이나 공식 모임 또는 기록 문서에 대한 언급 없이 소개되는 인명들은 저자와의 인터뷰를 지칭한다.

"SEC 파일 No. HO-784, 블루칩 스탬프 외"는 1974년부터 1976년까지 2년간 블루칩, 버크셔 해서웨이, 버핏 등에 대한 증권거래위원회(SEC)의 조사를 말한다. 그리고 "SEC 파일 No. HO-784"에 이어지는 빗금 부호 "/"는 해당 사건과는 무관하되 SEC가 자체적으로 수집해서 정보공개법(Freedom of Information Act, FOIA)에 의거해 저자에게 공개한 자료를 가리킨다.

들어가며

1 Figures are based on total returns, 1957-1995. The "major" averages are the Standard & Poor's 500 and the Dow Jones Industrial Average, as calculated by S & P and Lipper Analytical Securities. Buffett Partnership had a compound annual gain of 29.5 percent for 1957-69 inclusive, before fees to Buffett. From 1970 through 1995, shares of Berkshire Hathaway advanced at a compound rate of 29.2 percent.

2 The calculation assumes that one invested $10,000 in Buffett Partnership prior to 1957, Buffett's first full year, and that when the partnership disbanded, at the end of 1969, one used the investment (then worth $160,270) to buy 3,909 shares of Berkshire Hathaway, then priced at $41 a share, and held to December 31- 1995.

3 Berkshire Hathaway Inc., 1989 *Annual Report*, 21.

4 Peter Derow.

5 Berkshire Hathaway Inc., 1982 *Annual Report*, 11.

6 Jack Newfield, Rofcert *Kennedy: A. Memoir* (New York: Dutton, 1969), 19.

7 Wyndham Robertson.

8 Peter Lynch.

1장 오마하에 투자 거목의 싹이 움트다

1 Doris Buffett Bryant researched the family lineage.

2 Lincoln initially designated the neighboring city of Council Bluffs, Iowa, as file terminus. However, the site was changed to Omaha. George R. Leighton, "Omaha, Nebraska: The Glory is Departed," *Harper's Monthly*, July and August, 1938; Lawrence H. Larsen and Barbara J. Cottrell, *The Gate City: A History of Omaha* (Boulder, Colo.: Pruett, 1982).

3 Leighton, "Omaha, Nebraska."

4 John Taylor, "Grocery Will Close After 100 Years," *Omaha World-Herald*, October 29,1969 (Italics added).

5 Robert McMorris, "Leila Buffett Basks in Value of Son's Life, Not Fortune," *Omaha World-Herald*, May 16, 1987.

6 Leila Buffett's memoirs.

7 Ernest Buffett, letter to Clarence Buffett, Match 28, 1930.

8 Leila Buffett's memoirs.

9 L. J. Davis, "Buffett Takes Stock," *New York Times*, April 1, 1990.

10 Leila Buffett's memoirs.

11 Ibid.

12 Robert Falk.

13 "The Money Men: How Omaha Beats Wall Street," *Forbes*, November 1, 1969; Davis, "Buffett Takes Stock."

14 Bob Russell.

15 Warren's sisters attested to his fear.

16 Carol J. Loomis, "The Inside Story of Warren Buffett," *Fortune*, April 11, 1988.

17 Warren's sisters declined to discuss their mother's "moods" in detail, but confirmed that Leila had such outbreaks and provided background.

18 Peter Buffett.

19 Stuart Erickson.

20 Arthur W. Baum, "Omaha," *Saturday* Evening Post, September 10, 1949.

21 "Omaha: A Guide to the City and Environs" (unpublished, part of the American Guide Series, Federal Writers' Project, Works Progress Administration, 1930s). For descriptions of Depression Omaha, see also A *Comprehensive Program for Historic Preservation in Omaha* (Omaha: Landmarks Heritage Preservation Commission, 1980); Baum, "Omaha"; Larsen and Cottrell, The Gate City; and Leighton, "Omaha, Nebraska."

22 "Buffett Files for Congress, Fights 'Political Servitude,'" *Omaha World-Herald*, June 29, 1942.

23 Davis, "Buffett Takes Stock."

24 Ibid.

25 Doris Buffett Bryant.

26 Berkshire Hathaway Inc., 1985 *Annual Report*, 10.

27 Ernest Buffett, letter to Clarence Buffett, March 28, 1930.

28 Gladys Mary Falk.

29 Charles Munger.

2장 다시 오마하로

1 Leila Buffett's memoirs.

2 For an account of Warren's time in Washington, see "The Corn-fed Capitalist," *Regardie's*, February 1986.

3 Doris Buffett Bryant.

4 Roger Bell; Doris Buffett Bryant; Roberta Buffett Bialek.

5 "Cotn-fed Capitalist."

6 Warren Buffett, speech to newspaper circulation managers, June 11,1985.

7 Ibid.

8 Adam Smith, *Supermoney* (New York: Random House, 1972), 180.

9 Robert Dwyer.

10 "Corn-fed Capitalist."

11 John '[Train, *The Money Masters* (New York: Harper & Row, 1980), 4.

12 "Corn-fed Capitalist."

13 Sam Fordyce.

14 Patricia E. Bauer, "The Convictions of a Long Distance Investor," *Channels*, November 1986.

15 "Buffett Asks U.S. Policy," *Omaha World-Herald*, March 26, 1944.

16 On aid to Britain, *Journal of the House of Representatives*, 79th Congress, ist Session (Washington: U.S. Government Printing Office, 1946), 197-98; on school lunches, *Journal of the House*, 79th Congress, 2nd Session, 101-3; grain exports, *Omaha World-Herald*, September 11,1947; and on Bretton Woods, *Omaha WorldHerald*, March 10, 1945.

17 Leila Buffett's memoirs.

18 "Buffett Lashes Marshall Plan," *Omaha World-Herald*, January 28,1948. See also "Buffett Sees Stalin Trick," *Omaha World-Herald*, Match 18, 1947.

19 Don Danly

20 Warren Buffett, letter to Jerry Orans, August 4, 1950.

21 Martin Wiegand.

22 Davis, "Buffett Takes Stock."

23 Buffett, speech to circulation managers, 1985.

24 Anthony Vecchione.

25 Harty Beja.

26 Richard Kendall; Robert Martin; Anthony Vecchione.

27 Anthony Vecchione.

28 Robert Martin and Laurence Maxwell had the same recollection.

29 Davis, "Buffett Takes Stock."

30 Warren Buffett, letter to Jerry Orans, August 31, 1949.

31 Buffett, speech to circulation managers, 1985.

32 Warren Buffett, letter to Jerry Orans, January 30, 1950.

33 Warren Buffett, letter to Jerry Orans, April 29, 1950.

34 Warren Buffett, letter to Jerry Orans, July 19, 1950.

35 Buffett, speech to circulation managers, 1985.

36 Smith, *Supermoney*, 180.

37 Warren Buffett, letter to Jerry Orans, May 1, 1950.

38 Loomis, "Inside Story."

39 Warren Buffett, letter to Jerry Orans, August 4, 1950.

40 Wood was unsure of when the conversations took place. Loomis ("Inside Story") said Buffett read *The htelligent Investor* early in 1950, or wtien Buffett and Wood were living in Lincoln.

3장 그레이엄을 통해 가치 투자에 눈을 뜨다

1 Elaine Sofer Hunt [Benjamin Graham's daughter].

2 Barbara Dodd Anderson.

3 The Germanic-sounding surname was changed during World War I.

4 This account draws on Irving Kahn and Robert D. Milne, *Benjamin Graham: The Father of Financial Analysis*, Occasional Paper Number Financial Analysts Research Foundation.

5 Douglas W. Cray, "Benjamin Graham, Securities Expert," *New York Times*, September 23, 1976.

6 Kahn and Milne, *Benjamin Graham*, 12-16.

7 John Kenneth Galbraith, *The Great Crash* (ist ed. 1954; Boston; Houghton Mifflin, 1988), 70.

8 Ibid., 108-9.

9 Howard Newman.

10 Kahn and Milne, *Benjamin Graham*, z2.

11 Benjamin Graham and David L. Dodd, *Security Analysis* (New York: McGraw-Hill, 1934), 5.

12 Benjamin Graham, "Should Rich but Losing Corporations Be Liquidated?" *Forbes*, July 1, 1932.

13 Lawrence Chamberlain and William W. Hay, *Investment and Speculation*, as cited in Graham and Dodd, *Security Analysis*, 8.

14 Gerald M. Loeb, *The Battle for Investment Survival* (ist ed. 1935; New York: Hurry House, 195;), 22,73,65,23.

15 Ibid., 57; see also 64-67.

16 Ibid., 33, 61-63. 75.

17 Graham and Dodd, *Security Analysis*, 341.

18 Ibid., 22-23.

19 Benjamin Graham, "Ate Corporations Milking Their Own Stockholders?" *Forbes*,

June 1, 1932.

20 Graham and Dodd, *Security Analysis*, 3.

21 Ibid.,493 [italicsadded].

22 Ibid., 19; see also 14, 18.

23 Ibid., 22.

24 Graham, *The Intelligent Investor* (1st ed. 1949; 4th rev, ed,, New York: Harper& Row, 1973), 277.

25 Ibid., 107.

26 Ibid., 108.

27 "How Omaha Beats Wall Street"; Robert Dour, "Investor Warren Buffett Views Making Money as 'Big Game,'" *Omaha World-Herald*, March 24, 1985; Smith, Supermoney, 181.

28 Janet Lowe, *Benjamin Graham on Value Investing: Lessons from the Dean of Wall Street* (Chicago: Dearborn Financial Publishing, 1994), 158.

29 Jack Alexander; Loomis, "Inside Story."

30 Roger Murray.

31 Jack Alexander.

32 Kathryn M, Welling, "The Right Stuff: Why Walter Schloss Is Such a Great Investor," Barron's, February 25, 1985.

33 Walter Schloss; Loomis, "Inside Story."

34 Warren Buffett, talk at Columbia Business School, October 27, 1993.

35 Ibid.

36 Warren E. Buffett, "The Security I Like Best," *Commercia! and Financial Chronicle*, December 6, 1951.

37 Buffett, talk at Columbia, 1993

38 Graham, *Intelligent Investor*, 287.

39 "Com-fed Capitalist."

40 Elaine Sofer Hunt.

41 Marjorie Graharn Janis; Elaine Sofer Hunt; Benjamin Graham, Jr.

42 Warren Buffett, speech to Graham and Dodd commemorative seminar, Columbia Business School, May 17, 1984.

43 Warren Buffett, 1989 Capital Cities/ABC management conference.

44 Warren Buffett, 1992 annual meeting of Berkshire Hathaway.

45 "Columbia Business School, 1986" (annual report), 21.

46 Wayne Eves; Walter Schloss; Lowe, *Benjamin Graham*, 160.

47 Ron Chernow, *House of Morgan* (1st Touchstone ed. 1991; New York: Simon & Schuster, 1990), 581.

48 Barbara Morrow.

49 Robert Berkshire.

50 Al Pagel, "Susie Sings for More Than Her Supper," *Omaha World-Herald*, April 17, 1977.

51 Ibid.

52 Ibid.

53 Milton Brown; Dorothy Thompson Rogers.

54 Faith Stewart-Gordon.

55 Barbara Morrow.

56 Barbara Morrow; Marshal! Weinberg.

57 Susan and Warren Buffett, eulogy for Daniel Cowin, 1992.

58 Lorimer Davidson; John J, Byrne, Government *Employees Insurance Company: The First Forty* Years (New York: Newcomen Society, 1981), 14 [account of Newcomen Society dinner, Washington, D.C., 1980]; Berkshire Hathaway inc., 1995 *Annual Report*, 9.

59 Buffett, talk at Columbia, 1993.

60 Don Daiily; Wayne Eves; Dan Monen.

61 Rea! estate: "2 Omaha Firms File Incorporation Papers," *Omaha World-Herald*, July 30, 1952. Texaco: Warren Buffett, 1992 annual meeting of Berkshire Hathaway.

62 "Columbia Business School, 1986," 21.

63 Robert Dorr, "Investor at 11, Warren Buffett Controls $4; Million Fund at 35," *Omaha World-Herald*, May 29, 1966.

64 Dan Monen; Leland Olson.

65 Leila Buffett's memoirs.

66 Doris Buffett Bryant.

67 Wayne Eves.

68 Lowe, *Benjamin-Graham*, 163.

69 Martin Mayer, *Wall Street: Men and Money* (ist ed. 1955; New York; Harper & Brothers, 1959), 118.

70 Tom Knapp. Graham articulated his fear in "The New Speculation in Common Stocks," *Analysts Journal*, June 1958.

71 Buffett, talk at Columbia, 1993; Tom Knapp.

72 Buffett, talk at Columbia, 1993.

73 Walter Schloss. Buffett referred to a personal holding in Union Street Railway in an August 1957 letter to Jerry Orans.

74 Berkshire Hathaway Inc., 1988 Annual *Report*, 15.

75 Howard Newman.

76 Irving Kahn; Walter Schloss.

77 Lowe, *Benjamin Graham*, 169.

78 Ibid., 167.

79 Ibid.

80 Lorimer Davidson.

81 Lowe, Benjamin *Graham*, 162.

82 Walter Schloss.

83 Lowe, Benjamin *Graham*, 166.

84 Walter Schloss; "Walter & Edwin Schloss Associates, LP's," *Outstanding investor Digest*, Match 6,1989.

85 U.S. Senate, Committee on Banking and Currency, 84th Congress, 1st Session, "Factors Affecting the Buying and Selling of Equity Securities," Statement of Benjamin Graham, Match 11, 1955.

86 Tom Knapp.

87 Graham-Newman letter to stockholders, February 28,1946; Walter Schloss; Kahn and Milne, *Benjamin Graham*, 43, 46. Figures for Graham-Newman ate net returns to stockholders. Note that as G-N generally did not allow reinvestment of dividends, the figures for G-N and the S & P are average returns, not compound returns.

88 Davis, "Buffett Takes Stock."

89 Linda Grant, "The $4-Billion Regular Guy," *Los Angeles Times*, April 7, 1991.

90 Norton Dodge; Train, *Money Masters*, 10.

91 Ed Anderson.

4장 본 게임이 시작되다

1 Warren Buffett, letter to Jerry Orans, June 19, 1957.

2 Warren Buffett, letter to Jerry Orans, May 26, 1957.

3 Wiesenberger was the principal of Wiesenberger & Co., a well-known firm that evaluated mutual funds.

4 Lee Seemann [Edwin Davis's son-in-law).

5 Deficiencies were carried forward; thus, if the partnership earned zero in one year, it would have to make 8 percent in the next before Buffett could draw a share. Buffett's other partnerships were structured similarly, though the precise formulas varied. After 1962, when the partnerships merged, all investors got the first 6 percent of the profits and shared any remaining profits with Buffett on a 75-2; basis.

6 Warren Buffett, letter to Jerry Orans, Match 12, 1958.

7 "Sam Reynolds Home Sold to Warren Buffetts," *Omaha 'World-Herald*, February 9, 1958.

8 Doris Buffett Bryant.

9 Jack D. Ringwait. *Tales of National Indemnity Company and Its Founder* (Omaha: National Indemnity Co., 1990), 6-7.

10 William Angle.

11 Dan Monen.

12 Warren Buffett, letter to partners, January 50, 1961.

13 Ibid.

14 Train, Money Masters, 10.

15 Donald Keough.

16 Dan Monen.

17 Warren Buffett, letter to partners. January 18, 1963.

18 David Strassler.

19 Warren Buffett, letter to partners, January 24, 1962.

20 In Ills letter to partners of January 24, 1962, Buffett wrote: "You will not be right simply because a large number of people momentarily agree with you." Compare this to Graham's comment on disagreeing with the crowd on page 44.

21 Warren Buffett, letter to partners, January 24, 1962.

22 Ibid.

23 Hugh S. Hord.

24 Keith McCormick.

25 James Koley; Gordon Ryan.

26 Peter Buffett; Tom Rogers; Phama Friedman.

27 Doris Buffett Bryant.

28 Ibid.

29 Peter Buffett.

30 Eunice Denenberg.

31 Yale Trustin.

32 Eunice Denenberg.

33 Warren Buffett, letter to partners, January 24, 1962.

34 Roy Tolles.

35 Lee Seemann.

36 Richard Holland.

37 Robert Dorr, "Ex-Omahan Traded Law for Board Room." *Omaha World-Herald*, August 31, 1977.

38 3Warren Buffett, letter to partners, January 18, 1963.

39 Ibid.

40 Dorr, "Investor at ii."

41 Bob Biliig; Ed Anderson.

42 Warren Buffett, appendix to letter to partners, 1964.

43 Warren Buffett, letter to partners, January 18, 1963.

5장   비상의 날개에 올라탄 조합원들

1 Warren Buffett, letter to partners, January 20, 1966.

2 Frederic Sondern, Jr., "Checks That Never Bounce," *Reader's Digest*, August 1963.

3 "Credit: Toward a Cashless Society." *Time*, November 5, 1965.

4 American Express Co., 1963 *Annual Report*, 22.

5 Howard Clark.

6 See the Pulitzere-prize-winning account of Norman C. Miller in the *Wall Street Journal*, "How Phantom Salad Oil Was Used to Engineer $100 Million Swindle." December 2, 1963; Murray Kempton, "The Salad Oil Mystery," *New Republic*, July 24, 1965.

7 Josephine Lorella [owner of Ross's]

8 "How Omaha Beats Wall Street."

9 Graham, *Intellingent Invertor*, 283.

10 Smith, *Supermoney*, 193.

11 Howard Clark.

12 Davis, "Buffett Takes Stock."

13 Warren Buffett, letter to partners, January 20, 1966.

14 Warren Buffett, letter to partners, January 18, 1965.

15 Warren Buffett, letter to partners, January 18, 1963.

16 Warren Buffett, letter to partners, January 18, 1965.

17 Warren Buffett, letter to partners, January 18, 1963.

18 Ibid.; Warren Buffett, letter to partners, January 18, 1965.

19 William Brown.

20 Warren Buffett, letter to partners, January 24, 1962.

21 Warren Buffett, letter to partners, January 18, 1964, and January 18, 1965.

22 Warren Buffett, letter to partners, January 18, 1965.

23 Ibid.

24 Warren Buffett, letter to partners, January 20, 1966.

25 Ibid.

26 Ibid.

27 Graham, *Intellingent Invertor*, 282.

28 Warren Buffett, letter to partners, January 18, 1965

29 Richard Holland.

30 Marshall Weinberg.

31 Martha Tolles.

32 Smith, *Supermoney*, 182; Richard Holland.

33 "Buffett Enthusiastic Birch Member," *Omaha World-Herald*, April 1, 1961.

34 Keith McCormick.

35 Elizabeth Flynn, "Panel Cracks Wall of Prejudice with Humor, Common Sense," *Omaha World-Herald*, March 30, 1962. Similar groups had been organized in Kansas Cith and Des Moines.

36 U.S. Senator Bob Kerrey [D-Neb].

37 Dan Monen.

38 Howard Graham Buffett.

39 The phrase is from Peter Buffett.

40 Marshall Weinberg.

41 Ibid.

42 Barbara Morrow.

43 Tom Rogers. "The younger Susie recalle that when the Buffetts went to Disneyland, Warren would sit on a bench and read and join the family at lunchtime.

44 "How Omaha Beats Wall Street"; Barbara Morrow.

45 "How Omaha Beats Wall Street."

46 Smith, *Supermoney*, 193.

47 Warren Buffett, talk at Kenan-Flagler Business School, University of North Carolina, October 20, 1994.

48 Warren Buffett, letter to partners, January 20, 1966.

49 Warren Buffett, letter to partners, January 25, 1967.

50 Warren Buffett, letter to partners, January 20, 1966.

51 Dorr, "Investor at 11."

52 Jack Hyde, "Buffett Means Business." *Daily News Record*, May 20, 1965.

53 Ann Seemann Drickey.

6장 사람들이 탐욕을 부릴 때 두려워하라

1 Warren Buffett, letter to partners, January 20, 1966.

2 Warren Buffett, letter to partners, July 12, 1966.

3 Ibid.

4 Warren Buffett, letter to partners. January 25, 1967.

5 Ibid.

6 John Brooks, *The Go-Go Years* (New York: Weybright & Talley, 1973), 210.

7 'The Ghost of Fred Carr," Business Week, August 25, 1973.

8 "A Fund Wizard Builds an Empire," *Business Week*, May 3,1969.

9 Warren Buffett, letter to partners, January 25, 1967.

10 Ibid.

11 Benjamin Rosner.

12 Warren Buffett, letter to partners, July 12, 1967.

13 U.S, Senate, Committee on Banking and Currency, "Mutual Fund Legislation of 1967," August 2, 1967.

14 John M. Keynes, *The General Theory of Emptoymeni*, Interest and Money (1st ed. 1936; New York: Cambridge Univ. Press, 1973), 154-55

15 *The Collected Writings of john Maynard* Keynes, vol. 12, ed. Donald Mog- gridge (New York: Macmillan, 1983). See ch. 1, "Keynes as an Investor."

16 Keynes, *General Theory*, 156.

17 All discussionsofcrowdpsychology—including this one—are indebted to Gustave Le Bon's small-shelf classic *The Crowd: A Study of the Popular Mind* (1st trans. 1896; London: Ernest Benn, 1938).

18 This version of the tale, which Buffett knew in the sixties, is from Berkshire Hathaway Inc., 1985 Annual Report, p. 5.

19 Galbraith, *The Great Crash*, 47.

20 Brooks, Go-Go Years, 280-85.

21 Ford Foundation, 1966 Annual *Report*, vii.

22 Ross, "McGeorge Bundy and the New Foundation Style," *Fortune*, April 1968.

23 Warren Buffett, letter to partners, October 9, 1967.

24 Warren Buffett, letter to partners, January 24, 1968.

25 Loomis, "Inside Story"; Davis, "Buffett Takes Stock."

26 Buffett, talk at UNC, 1994; Berkshire Hathaway Inc., 1995 *Annual Report*, 16.

27 Warren Buffett, letter to partners, January 24, 1968.

28 Warren Buffett, letter to Graham group, January 16, 1968.

29 Warren Buffett, letter to Graham group, January 2, 1968.

30 Charlie Munger; Davis, "Buffett Takes Stock"

31 Warren Buffett, letter to partners, October 9, 1967.

32 Buffett discussed his continuing fidelity to Graham's ideas in the Berkshire Hathaway 1983 *Annual Report*, p. 4.

33 Lowe, *Benjamin Graham*, 3.

34 Jack Alexander.

35 Warren Buffett, talk at Columbia. 1993.

36 Warren Buffett, letter to partners, January 24, 1968.

37 Brooks, Co-Go Years, 183-84.

38 Warren Buffett, letter to partners, July 11, 1968.

39 Brooks, Go-Go Years, 267-68.

40 Warren Buffett, letter to partners, January 24, 1968.

41 Warren Buffett, letter to partners. January 22, 1969.

42 "Expert on Investing Plans to Slow Down." *Omaha World-Herald*, February 25, 1968.

43 Ed Anderson.

44 Robin Wood.

45 *Wall Street Transaifit*, January 1969; Burton G. Malkiel, A Random *Walk down Wall Street* (ist ed. 1973; New York: Norton, 1991), 173; Brooks, Go-Go Years, 267-70.

46 *Wall Street Transcript*, January 1969.

47 Warren Buffett, letter to partners, January 22, 1969.

48 *Walt Street Transcript*, multiple issues.

49 *Wali Street Transcript*, interview with William R. Berkley, December 8, 1969.

50 Warren Buffett, letter to partners, January 22, 1969.

51 "Fund Wizard Builds an Empire."

52 Warren Buffett, letter to partners. May 29, 1969.

53 Dan Monen; Charlie Munger.

54 Warren Buffett, letter to partners. May 29, 1969.

55 Estimated from a partnership filing of January i, 1969.

56 Warren Buffett, letter to partners. May 29, 1969.

57 Robert Dorr, "Buffett Plans to Shut Down Finance Firm," *Omaha World-Herald*, June 2, 1969.

58 C. J. Loomis, "Hard Times Come to the Hedge Funds," *Fortune*, January

59 Smith. Supermoney, 198-99.

60 Fran Burton. Burton's father supported Buffett's entry.

61 Jonathan R. Laing, "The Collector: Investor Who Piled Up $100 Million in the '60s Piles Up Firms Today," *Wall Street Journal*, March 31, 1977.

62 The reference to *Belous* is from Supreme Court of the U.S., No. 70-18, 1971 Term, Roe v. *Wade*, Brief for Appellants, 108-9.

63 Evelyn Simpson, "Looking Back: Swivel Neck Needed for Focus Change Today," Omaha World-Herald, October 5, 1969.

64 Brooks, Go-Go Years, 261.

65 Lipper Analytical Services; "Ghost of Fred Carr."

66 Brooks, Go-Go Years, 4.

67 Warren Buffett, letter to partners, February 18, 1970.

68 Leland Olson.

69 Warren Buffett, letter to partners, February 25, 1970.

70 Warren Buffett, letter to partners, December 5, rg6g.

71 Ibid.

7장 버크셔는 우연? 운명?

1 Herman Melviile, Moby-Dick (isted. 1851; New York: Bantam, 1986), 40.

2 *Spinner: People and Culture in Southeastern Massachusetts*, vol, 4 (New Bedford: Spinner Publications, 1988), 185.

3 Bess Zarafonitis, "When Cloth Mills Made City's Gold," New *Bedford Sidn- dard-Times*, August 18, 1985.

4 Horatio Hathaway, A New *Bedford Merchant* (New Bedford; private printing, 1930), 3-10; Zarafonitis, "When Mills Made Gold"; "The New Mill of the Hathaway Manufacturing Company," New *Bedford Evening Standard*, December 14, 1888.

5 *People and Culture*, 185; Zarafonitis, "When Mills Made Cold."

6 *People and Culture*, 185.

7 ibid., 186.

8 Seabury Stanton, *Berkshire Hathaway Inc: A Saga of Courage* (New York: Newcomen Society, 1962), 15-16 [account of Newcomen Society dinner, Boston, 1961].

9 Stanton, *Saga of Courage*, 17-18; *People and Culture*, 186.

10 Malcolm Chace; "The Chace Tradition," *Warp and Pilling* [Berkshire Hathaway magazine], Autumn 1965.

11 Stanton, *Saga of Courage*, 10.

12 Ibid., It.

13 Kenneth V. Chace.

14 Ibid.

15 Jack Stanton.

16 Ralph Rigby.

17 Stanton, *Saga of Courage*, 20; Ken Chace.

18 Value Line, reports of Richard N. Tillison, March 18,1963, June 17,1963, and September 13, 1963.

19 "The New Team at Berkshire Hathaway," *Warp and FiUing*, Autumn 1965.

20 Susan and Warren Buffett, eulogy for Daniel Cowin.

21 "New Berkshire Interests Plan No Policy Shift,' New *Bedford Standard-Times*, May It, 1965.

22 Ken Chace; Jack Stanton. *Warp and Filling*, published by Berkshire, reported in the Autumn 1965 edition that Buffett had been "suddenly revealed" as the controlling shareholder.

23 Malcolm Chace.

24 "New Berkshire Interests Plan No Policy Shift."

25 Ibid.; Joseph L. Goodrich, "K. V. Chace Heads Berkshire Hathaway," *Providence Journal*, May 11, 1965.

26 "Seabury Stanton Resigns at Berkshire," New *Bedford Standard-Times*, May 10, 1965.

27 Berkshire Hathaway, *Letters to Shareholders*, 1977-1984, 1.

28 Berkshire Hathaway Inc., 1985 *Annual Report*, 8.

29 Berkshire Hathaway Inc., 1966 *Annual Report*, 3.

30 Ringwait, *Tales of National Indemnity*, 3.

31 Ibid., 46.

32 Robert Dorr, " 'Unusual Risk' Ringwait Specialty," *Omaha World-Herald*, March 12, 1967.

33 Ringwait, *Tales of National Indemnity*, 62-63.

34 Berkshire Hathaway Inc., 1969 *Annual Heport*, 2.

35 Ralph Rigby.

36 SEC File No. HO-784, in the matter of *Blue Chip Stamps*, et al.

37 Ibid, [italics added].

38 Berkshire Hathaway Inc., 1970 Annual *Report*, 1.

39 Warren Buffett, letter to partners, December 5, 1969.

40 Ken Chace.

41 See, for instance, Buffett's letter to partners of January 20, 1966: "Berkshire is a delight to own."

8장 사람들이 두려워할 때 탐욕을 부려라

1 Train, *Money Masters*, 9.

2 Warren Buffett, letter to John Spears, July 6, 1971.

3 Loomis, "Hard Times."

4 Doris Buffett Bryant.

5 Jack Z. Smith, "Warren Buffett: Corn-fed Capitalist," *Fort Worth Star-Tele-gram*, June 7, 1987.

6 Caroline Mayer.

7 Layne Yahnke.

8 SEC File No. HO-784, *Blue Chip Stamps, et al.*/Charles E. Riekershauser, Jr., letter to Stanley Sporkin, December 1, 1975.

9 SEC File No. HO-784, *Blue Chip Stamps, et al.*/Warren Buffett, letter to Lawrence Seidman, March 4, 1975.

10 SEC File No. HO-784, *Blue Chip Stamps, et al.*/Wairen Buffett, letter to Ambrose Jackson, April 2, 1973.

11 George Rushing. As a minority-owned venture, the bank failed. It was ultimately sold to Norwest Corp., at a 90 percent loss to the original stockholders.

12 Charles Heider; Sam Thorson, "Warren Buffet [sic], Omahan in Search of Social Challenges," *Lincoln Journal & Star*, March 18, 1973.

13 Thorson, "Omahan in Search."

14 Charlie Peters. One of the editors was Taylor Branch, later the biographer of Martin Luther King, Jr.

15 Stan Lipsey.

16 Previously, Boys Town's report was combined with that of the Archdiocese of Omaha.

17 SEC File No. HO-784, *Blue Chip Stamps, et al.*/Warren Buffett, letter to Martin J. Burke, October 27, 1972.

18 Laing, "The Collector."

19 Stan Lipsey.

20 There is a record of Berkshire's stock purchases in SEC File No, HO-784, *Blue Chip Stamps, et al.*

21 Peter Buffett.

22 Barbara Morrow.

23 Peter Buffett; Tom Rogers (the Buffetts' nephew).

24 Buffett, 1984 Graham and Dodd seminar.

25 Norman Williamson.

26 William H. Schumann III, Executive Director, Corporate Development, letter to author, September 21, 1992. Buffett's compound average gain was 8.6 percent. The year-by-year record: 1973, -14.2 percent; 1974, -12.6 percent; 1975, +33 percent; 1976, +45.4 percent; 1977, +4.1 percent. FMC also hired several other value managers at Buffett's suggestion.

27 SEC File No. HO.784, *Blue Chip Stamps, et al.*/Donald Mutscliter, letter to Warren Buffett, August 29, 1973.

28 Buffett, 1984 Graham and Dodd seminar.

29 *Wall Street Transcript.* May 7, 1973.

30 SEC File No. HO784, *Blue Chip Stamps, et al.*/Warren Buffett, letter to William Taylor, October 1, 1973.

31 1986 Capital! Cities/ABC management conference.

32 "Pension Fund and Money Managers," *Wall Street Transcript*, December 23, 1974.

33 Cari Spielvogel.

34 Verne McKenzie; Conrad Taff.

35 Ed Anderson; Walter Schloss.

36 SEC File No. HO-784, *Blue Chip Stamps, et al.*/Wartcn Buffett, letter to Eugene Abegg, January 23, 1974.

37 Berkshire Hathaway Inc., 1974 *Annual Report*, 4.

38 *Wall Street Transcript*, April 23, 1973.

39 William G. Shepherd, "The Size of the Bear," *Business Weei*, August 5, 1974; William Gordon, "Poppa Bear Market," Barron's, August 26, 1974.

40 *Wall Street Transcript*, January 1974.

41 Howard Stein, "Some Thoughts for Financial Analysts," reprinted in *Wall Street Transcript*, June 17, 1974 (italics added).

42 Benjamin Graham, "Renaissance of Value," as reprinted in *Barron's*, September 23, 1974.

43 Reprinted in *Wail Street Transcript*, September 1, 1974.

44 "Look at All Those Beautiful, Scantily Clad Girls out There!" *Forbes*, November 1, 1974. *Forbes* prudishly substituted "harem" for "whorehouse."

9장 따로 또 같이

1 Charlie Munger.

2 James Gipson.

3 George Michaelis witnessed the interchange.

4 Berkshire Hathaway Inc., 1991 *Annual Report*, 9-10; Robert Flaherty; SEC File No. HO-784, *Blue Chip Stamps, et al.*, testimony of Warren Buffett, March 21, 1975, p. 22.

5 SEC File No. HO-784, *Blue Chip Stamps, et al.*/Warren Buffett, letter to Charles N. Huggins, November 29, 1974.

6 SEC File No, HO-784, *Blue Chip Stamps, et al.*/Warren Buffett, fetter to Charles N. Huggins, December 13, 1972.

7 SEC File No. HO-784, *Blue Chip Stamps, et al.*/Warren Buffett, letter to Donald Koeppel [president. Blue Chip], May 8, 1972.

8 SEC File No. HO-784, *Blue Chip Stamps, et al.*/Warren Buffett, letter to Donald B. Koeppel, April 6, 1972.

9 SEC File No. HO-784, *Blue Chip Stamps, et al.*, testimony of Buffett, p. 26.

10 Ibid., 24-26.

11 Ibid., 42-43.

12 SEC File No. HO-784, *Blue Chip Stamps, et al.*, testimony of Buffett, pp. 63-64; testimony of Charlie Munger, March 19-20, 1975, p. 53.

13 SEC File No. HO-784, *Blue Chip Stamps, et al.*, notes of Louis R. Vincenti, February 7, 1973.

14 Ira Marshall.

15 *California v. Belous*, Amici Curiae in Support of Appellant. Joan Babbott; Mary Ripley; Ruth Roemer; Dr. Keith Russell.

16 Joan Babbott.

17 Charles Munger, "Bad Judgments, Common Causes," talk at California Insti-tute of Technology, February 17, 1992.

18 SEC File No. HO-784, *Blue Chip Stamps, et al.*, testimony of Elizabeth Peters, March 20, 1975, p. 19, 32-40.

19 Elizabeth Peters.

20 Ibid.; SEC File No. HO-784, *Blue Chip Stamps, et al.*, testimony of Peters, p. 38-39.

21 Berkshire Hathaway and *Blue Chip Stamps*, 1975 proxy statements; Berkshire *Prospectus*, November 27, 1978.

22 SEC File No. HO-784, *Blue Chip Stamps, et al.*, Charles Munger, letter to Charles E. Rickershauser, Jr., October 22, 1974.

23 SEC File No. HO-784, *Blue Chip Stamps, et al.*, Order directing private in-vestigation, December 10, 1974.

24 SEC File No. HO-784, *Blue Chip Stamps, et al.*, testimony of Munger, pp. 51-52, 73, 87-88.

25 Ibid., 111-14.

26 SEC File No. HO-784, *Blue Chip Stamps, et al.*, testimony of Buffett, pp. 98-102.

27 SEC File No. HO-784, *Blue Chip Stamps, et al.*, testimony of Munger, pp. 17, 30-31, 36-37, 193.

28 SEC File No. HO-784, *Blue Chip Stamps, et al.*, testimony of Buffett, pp. 70-71, 133-34.

29 SEC File No, HO-784, *Blue Chip Stamps, et al.*, testimony of Munger, p. 195.

30 SEC Fife No, HO-784, *Blue Chip Stamps, et al.*, testimony of Buffett, p. 157.

31 SEC File No, HO-784, *Blue Chip Stamps, et al.*, Charles Rickershauser, letter to Stanley Sporkin, December 1, 1975.

32 SEC File No. HO-784, *Blue Chip Stamps, et al.*, testimony of Buffett, p. 161.

33 Ibid.

34 SEC, *Schedule 13D*, Berkshire Hathaway Inc., July 28, 1983. The $32,45 is based on Buffett's interest in Berkshire following the 1983 conversion of Blue Chip shares into Berkshire.

10장 믿음은 배신하지 않는다

1 Lynn Rosellini, "The Katharine Graham Story," *Washington Star*, November 13 and 14, 1978 [first two of five-part series].

2 Robert G, Kaiser, "The Strike at The Washington Post," *Washington Post*, February zg, 1976; Pat Munroe and Caryl Rivers, "Kay Graham Talks About Her Job at the Helm of Washington Post," *Editor&Publisher*, May 2, 1964.

3 Kaiser, "Strike"; Carol Felsenthal, *Power*, Privilege, and the Post (New York: Putnam, 1993), 228-31.

4 Riehaid Cohen, "A Woman of Influence," Women's *Wear Daily*, March 27.

5 Katharine Graham, "Learning by Doing," *Bulletin of the American Academy of Arts and Sciences*, May 1989; Jane Howard, "Katharine Graham: The Power That Didn't Corrupt," Ms., October 1974; Felsenthal, *Power, Privilege, and the Post*, 226-28.

6 Graham, "Learning by Doing."

7 Carl Bernstein and Bob Woodward, *All the President's Men* (New York: Simon 5; Schuster, 1974), 105.

8 "Remarks of Katharine Graham," *Wall Street Transcript, April* 1, 1974.

9 Geoffrey Cowan.

10 Katharine Graham; Larry Israel.

11 "Corn-fed Capitalist." Berkshire's stake would rise to 15 percent as the Post reduced the number of its outstanding shares.

12 Berkshire Hathaway Inc., 1975 *Annual Report*, 4.

13 Kaiser, "Strike."

14 Lloyd Cutler [then outside counsel for the Post].

15 *Buffalo Courier-Express, Inc,, v, Buffalo Evening News*, Inc., Civil Action No. 77-582, U.S. District Court, Western District of New York. Deposition of Katharine Graham, p. 34.

16 Rosellini, "Katharine Graham Story," November 16, 1978.

17 William Graham.

18 Donald Graham.

19 "Columnist Discovers Buffett," Omaha World-Herald, March 11, 1977.

20 Katharine Graham.

21 Ron Olson. See also "Corn-fed Capitalist."

22 Thama Friedman.

23 Pagel, "Susie Sings."

24 Ibid.

25 Michael Harrison.

26 Barbara Morrow.

27 Barbara Morrow; Roxanne Brandt.

28 Peter Buffett.

29 Kay Graham.

30 Alan Spoon.

31 Joel Chaseman.

32 Lorimer Davidson; Jack Byrne; Michael Frinquelli; Robert Sobel, *Salomon Brothers*: 1910-1985 (New York: Salomon Brothers [corporate history], 1986), 149.

33 According to an SEC finding, GEICO "failed in material respects to disclose its deteriorating financial condition." Among other things, it failed to report a change in the formulas for calculating loss reserves which, over the second and third quarters of 1975, reduced reported reserves by $25 million. SEC file. *In the matter of GEICO, ef al.*, p. 11, October 27, 1976.

34 Lawrence Seidman; John Steggles.

35 Remarks of Benjamin Graham, La Joila, April 11, 1974.

36 Charles Brandes.

37 Ed Anderson; Walter Schloss; James Fogarty, "Buffett Questioned in IBM Suit," *Omaha World-Herald*, January 24, 1980.

38 William H. Jones. "Stockholders Questioning Often Angry," *Washington Post*, April 1, 1976.

39 Sobel, *Salomon Brothers*, 150.

40 If GEICO had failed, other insurers would have been forced to meet its liabilities by making contributions to state guarantee hinds. Byrne thought GEICO was so feared that State Farm preferred to pay for its burial rather than to bring it back to health.

41 Byme, GEICO, 14-15.

42 CEICO; A.M. Best Co.

43 Warren Buffett, 1987 Capital Cities/ABC management conference.

44 Ibid.

45 Ronald Gutman; Warren Buffett, 1987 Capital Cities/ABC management conference.

46 Jack Byrne.

47 Ibid.

48 Michael Frinquelli.

49 Ibid.

50 Sobel, *Salomon Brothers*, 151.

51 Jack Byrne.

52 Byrne, GEICO, 21.

53 "Walter & Edwin Schloss Associates, LP's."

54 Philip A. Fisher, *Common Stocks and Uncommon Profits* (New York: Harper & Row, 1960).

55 Warren Buffett, "Benjamin Graham: 1894-1976," *Financial Analysts Journal*, November-December 1976.

56 "Warren Buffett; Reluctant Billionaire," WNET/Thirteen, *Adam Smith's Money World*, broadcast June 20, 1988.

57 Buffett, "Benjamin Graham."

11장 신문왕으로 등극하다

1 *Courier-Express* v. Evening News, Civil Action No. 77-582, U.S. District Court, Western District of New York, Deposition of Graham, pp. 54-57; Deposition of Vincent Manno, pp. 161-63.

2 Guild collective bargaining manual, February 1, 1977.

3 *Courier-Express* v. Evening News, Affidavit of Richard C. Lyons, Jr., pp. 4-5.

4 Deposition of Graham, p. 61.

5 Deposition of Manno, pp. 98, 235.

6 Albert Mugel.

7 Deposition of Graham, pp. 64-73.

8 Deposition of Manno, p. 165.

9 601 *Federal Reporter*, ad series, p. 50, *Courier-Express* v. Evening News, appellate decision, April 16, 1979.

10 Deposition of Manno, pp, 61, 115-16, 165-80.

11 Murray Light

12 Justin Kaplan, Mr. *Clemens and Mark Twain* (New York; Simon & Schuster, 1966), 99.

13 Audit Bureau of Circulation figures for 1976.

14 601 F.ad 48 (1979) [appellate decision], p. 50. The Evening News published a weekend edition on Saturdays that attracted a large circulation but not a lot of ads.

15 Blue Chip Stamps, 1977 *Annual Report*, 3.

16 *Courier-Express v. Evening News*, Affidavit of Warren Buffett, Exhibit A, letter of Buffett to Charles Munger, July 26, 1977.

17 Deposition of Graham, p. 83.

18 *Courier-Express v. Evening News*, Plaintiffs memorandum in support of preliminary injunction, pp. 2-3.

19 Affidavit of Buffett, pp. 8, 18.

20 "5 Testify in Lawsuit by Courier," *Buffalo Courier-Express*, November 6, 1977.

21 Affidavit of Buffett, p. 3.

22 *Courier-Express v. Evening News*, testimony of Warren Buffett, pp. 12-13.

23 Ibid., 22-23, 28-29.

24 Ibid., 30-31.

25 Daniel Mason.

26 *Courier-Express v. Evening News*, testimony of Buffett, pp. 44-45.

27 Ibid., 46-47.

28 Ibid., 48. Furth was citing Laing, "The Collector."

29 Ibid., 50-52.

30 Blue Chip and/or Berkshire had owned stock in the bridge since the early seventies. After a failed attempt at buying the entire company. Blue Chip sold its interest in 1979.

31 441 *Federal Supplement* 1977, p. 644, *Courier-Express v. Evening News*, November 9, 1977.

32 Ibid., 633, 634, 639, 641-42.

33 Dick Hirsch, "Read All About it," *Bflo.* , Winter 1978.

34 Berkshire Hathaway Inc., June 30, 1983 *Prospectus*, 48.

35 Warren Buffett, 1987 Capital Cities/ABC management conference.

36 Ibid.

37 Blue Chip Stamps, 1978 *Annual Report*, 2.

38 601 F.ad 48 (1979), pp. 54-55, *Courier-Express v. Evening News*, U.S. Court of Appeals, second circuit, April 16,1979.

39 Blue Chip Stamps, 1980 *Annual Report* (as reprinted in Berkshire Hathaway Inc., 1980 *Annual Report*, 45-46).

40 Blue Chip Stamps, 1979 *Annual Report* (as reprinted in Berkshire Hathaway Inc., 1979 *Annual Report*, 40).

41 Blue Chip Stamps, 1980 *Annual Report* (as reprinted in Berkshire Hathaway Inc., 1980 *Annual Repor*, 46).

42 Richard Feather [labor negotiator for the Evening News].

43 Charlie Munger.

44 Audit Bureau of Circulation figures as of March 1982.

45 As of year-end 1982. Blue Chip Stamps 1982 *Annual Report* (as reprinted in Berkshire Hathaway Inc., 1982 *Annual Report*, 53).

46 Blue Chip Stamps, 1981 *Annual Report* (as reprinted iri Berkshire Hathaway Inc., 1981 *Annual Report* 46).

47 Stan Lipsey.

48 Guild collective bargaining manual, April 1, 1991.

49 Berkshire Hathaway Inc., 1984 *Annual Report*, 8.

50 Ibid., 7.

51 Audit Bureau of Circulation.

52 In 1981, the Courier-Express's last full year, the combined weekday circulation of the two papers was 396,000. A decade later, in 1991, weekday circulation at the News alone was 306,000, a decline of 23 percent. Similarly, combined Sunday circulation was 449,000 in 1981, compared to 383,000 for the News in 1991.

53 SEC File No. HO-784, *Blue Chip Stamps, et al.*/Warren Buffett, letter to Martin J. Burke, October 17, 1972.

12장 무소의 뿔처럼

1 Michael Harrison; "Buffett Serious," *Omaha World-Herald*, September 14, 1976.

2 "Buffett Serious"; Peter Buffett.

3 Michael Harrison.

4 Sidney Wood.

5 Pagel, "Susie Sings."

6 Ibid.

7 Steve Millburg, "Williams Songs Outshine Voice," *Omaha World-Herald*, September 5, 1977; Michael Harrison.

8 Peter Buffett; Tom Rogers.

9 Roberta Buffett Bialek.

10 Susan Buffett Greenberg; Charlie Munger; Art Rowsell.

11 Susan Buffett Greenberg.

12 Peter Buffett; Joe Rosenfield.

13 Peter Buffett; Susan Buffett Greenberg; Roberta Buffett Bialek; Anthony Abbott.

14 Anthony Abbott.

15 Peter Buffett.

16 Ron Suskind, "Legend Revisited: Warren Buffett's Aura as Folksy Sage Masks Tough, Polished Man," *Wall Street Journal*, November 8, 1991.

17 Peter Buffett.

18 "Corn-fed Capitalist."

19 George Bush, speech to Hartford Society of Financial Analysts, October 5, 1979, as reprinted in *Wall Street Transcript*.

20 Berkshire Hathaway Inc., 1978 *Annual Report*, 5.

21 Ibid., 4.

22 Laurie Meisler, "The Coming Rush into Equities," *Institutional Investor*, September, 1979.

23 Heinz H. Biel, "What Alternative?" *Forbes*, June 25, 1979.

24 "The Death of Equities," *Business Week*, August 13, 1979.

25 Warren Buffett, "You Pay a Very High Price in the Stock Market for a Cheery Consensus," *Forbes*, August 6, 1979.

26 Art Rowsell.

27 Ciiffotd Hayes; Art Rowsell.

28 Rick Guerin.

29 Richard Azar, letter to Louis Lowenstein, June 24, 1992.

30 Berkshire Hathaway Inc., 1981 *Annual Report*, S. On inflation, see also Berkshire reports for 1979 and 1980, and Warren Buffett, "How Inflation Swindles the Equity Investor," *Fortune*, May 1977.

31 Berkshire Hathaway Inc., 1979 *Annual Report*, 9.

32 Berkshire Hathaway Inc., 1980 *Annual Report*, 8-9.

33 Berkshire Hathaway Inc., 1979 *Annual Report*, 3.

34 Berkshire Hathaway Inc., 1981 *Annual Report*, 8.

35 Ibid., 4.

36 Berkshire Hathaway Inc., 1982 *Annual Report*, 13.

37 Ibid., 13.

38 Ibid., 12.

39 Berkshire Hathaway Inc., 1988 *Annual Report*, 3.

40 Warren Buffett, letter to shareholders, October 14, 1981.

41 Berkshire Hathaway Inc., 1979 *Annual Report*, 11.

42 Robert K. Otterbourg, "Banishing Boredom," *Public Relations Journal*, July 1990.

43 Berkshire Hathaway Inc., 1979 *Annual Report*, 10.

44 Berkshire Hathaway Inc., 1982 *Annual Report*, 3.

45 Berkshire Hathaway Inc., 1983 *Annual Report*, 2.

46 Berkshire Hathaway Inc., 1981 *Annual Report*, 4.

47 Gary Putka, "In Binge of Optimism, Stock Market Surges by Record 38.81 Points," *Wall Street Journal*, August 18, 1982.

48 Alan Abelson, "Up & Down Wall Street," *Barron's*, May 9, 1983.

49 Berkshire Hathaway Inc., 1983 *Annual Report*, 12-13.

50 Ibid., 2.

13장 카펫 왕국의 작은 거인

1 Berkshire Hathaway Inc., 1983 *Annual Report*, 3.

2 Rose Blumkin; Louis Blumkin; Warren Buffett, talk at Columbia, 1993; Buffett, 1986 Capital Cities/ABC management conference.

3 Michael Kelly, "Mrs, B Cruises into Year 100," *Omaha World-Herald*, December 17, 1992.

4 Rose Blumkin.

5 Rose Blumkin; Joyce Wadler, "Furnishing a Life," *Washington Post*, May 24, 1984; Robert Dorr, "Break with Furniture Mart Begins to Heal," *Omaha World Herald*, February 2, 1992.

6 Frank E. James, "Mrs. Blumkin's Secret: Sell Cheap, No Cheating," *Wall Street journal*, May 27, 1984.

7 "Price Cutting Basis of Suit" and "Manufacturer Loses in Fair-Trade Suit," *Omaha World-Herald*, July 9, 1949, and June 4, 19gt; James, "Mrs. Blumkin's Secret"; Wadler, "Furnishing a Life"; Berkshire Hathaway Inc., 1983 *Annual Report*, 3.

8 Wadler, "Furnishing a Life."

9 Louie Blumkin.

10 Robert Doti, "Furniture Mart Handshake Deal." *Omaha World-Herald*, September 15, 1983, Rose Blumkin; Don Danly.

11 Smith, *Supermoney*, 192.

12 Buffett, talk at Columbia, 1993.

13 Dorr, "Furniture Mart Handshake Deal."

14 Berkshire Hathaway Inc., 1988 *Annual Report*, 8.

15 Warren Buffett, 1986 Capital Cities/ABC management conference.

16 Smith, "Reluctant Billionaire."

17 Rose Blumkin.

18 Warren Buffett, 1990 Capital Cities/ABC management conference.

19 "Getting Personal," *Omaha World-Herald*, June 12, 1977.

20 Chris Olson, "Mrs. B. Uses Home to Eat and Sleep," *Omaha World-Herald*, October 18, 1984.

21 Warren Buffett, 1986 Capital Cities/ABC management conference.

22 Donald Yale.

23 Berkshire Hathaway Inc., 1987 *Annual Report*, 8.

24 Berkshire Hathaway Inc., 1990 *Annual Report*, 8.

25 Buffett, talk at Columbia, 1995.

26 Donald Keough.

27 Tim Medley, "The Pilgrimage to Omaha," *Mississippi Business journal*, June 10, 1991.

28 Berkshire Hathaway Inc., 1985 *Annual Report*, 9.

29 Berkshire Hathaway Inc., 1977 *Annual Report*, 2-3.

30 Berkshire Hathaway Inc., 1980 *Annual Report*, 7.

31 Berkshire Hathaway Inc., 1979 *Annual Report*, 5.

32 Berkshire Hathaway Inc., 1983 *Annual Report*, 4.

33 Edward Clark [Amalgamated Clothing and Textile Workers Union].

34 Berkshire Hathaway Inc., 1983 *Annual Report*, 7-10.

35 Ibid.

36 Ibid.

14장 사냥꾼에 맞서는 믿음의 고릴라

1 Allan Sloan, "Why Is No One Safe? (From Hostile Corporate Takeovers)," *Forbes*, March 11, 1985.

2 Leonard H. Goldenson with Marvin J. Wolf, *Beating the Odds* (New York:

Scribner's, 1991), 464. Goldenson's memoir includes recollections by Buffett, Murphy, and others.

3 Tom Murphy.

4 Tom Murphy, 1988 Capital Cities/ABC management conference.

5 Ken Auletta, *Three Blind Mice: How ths TV Networks Lost Their Way* (New York: Random House. 1991), 26; Goldenson, *Beating the Odds*, 461-62.

6 Tom Murphy [interview and 1988 management conference].

7 Dan Burke; Tom Murphy. Dialogue is largely from Buffett, in Goldenson, *Beating the Odds*, 464-65, supplemented by Auletta, *Three Blind Mice*, 41-42.

8 Goldenson, *Beating the Odds*, 465.

9 Ibid.

10 Dan Burke; Tom Murphy.

11 Reconstruction from Dan Burke, Jeffrey Epstein. Ev Erlick, Michael Mallardi, Tom Murphy, Frederick Pierce, and Bruce Wasserstein.

12 Anthony Bianco, "Why Warren Buffett Is Breaking His Own Rules," *Business Week*, April 15, 1985.

13 John Greenwald, "High Times for T. Boone Pickens," *Time*, March 14, 1985.

14 John C. Coffee, Jr., Louis Lowenstein, and Susan Rose-Ackerman, eds., *Knights, Raiders, and Targets: The impact of the Hostile Takeover* (New York: Oxford University Press, 1988), 22-23.

15 Ralph Schey.

16 Schey was paraphrasing the letter from memory.

17 Robert Dorr, "General Foods Proves Rewarding," *Omaha World-Herald*, October 3, 1985.

18 Robert McGough, "The Joys of Being an Insider." *Forbes*, December 31, 1984.

19 Gary Greenberg.

20 Fraud litigation brought by Cinerama, a former Technicolor holder, in 1983 was dismissed in 1995. Cinerama's appraisal claim against Perelman-owned MacAndrews and Forbes was still pending. See Connie Bruck, *The Predators' Rall: The junk Bond Raiders and the Man Who Staked Them* (New York: Ameri-can Lawyer/Simon & Schuster, 1988), 199-201; Ralph King, Jr,. "Ron Perelman's $640 Million Unsure Thing." *Forbes*, October 30. 1984; and McGough, "The Joys of Being an Insider."

21 Bruck, *The Predators' Ball*, 237.

22 Louis Lowenstein, the author's father, was the moderator.

23 George Anders, *Merchants of Debt* (New York: Basic Books, 1992), 113.

24 Transcript of seminar; *Knights, Raiders, and Targets*, 11-27.

25 Greenwald. "High Times for T. Boone."

26 Warren Buffett, 1986 Capital Cities/ABC management conference.

27 Bauer, "Convictions." See also Berkshire Hathaway Inc., 1985 *Annual Report*, 20.

28 Dennis Kneale, "Duo at Capital Cities Scores a Hit, but Can Network Be Part of It?" *Wall Street journal*, February 2, 1990.

29 Ibid.

30 Medley, "Pilgrimage."

31 Bauer, "Convictions."

32 Charlie Munger.

33 Bianco, "Why Buffett Is Breaking His Rules."

34 Berkshire Hathaway Inc.. 1989 Annua/ Report, 7.

35 Bianco, "Why Buffett Is Breaking His Rules"; Berkshire Hathaway Inc., 1987 *Annual Report*, 15.

36 Buffett, talk at Columbia, 1993.

37 Debt is defined as term debt plus short-term borrowings, exclusive of other liabilities. Berkshire's insurance unit makes a precise comparison somewhat fudgy, but the basic point holds.

38 Warren Buffett, 1986 Capital Cities/ABC management conference.

39 Warren Buffett, 1988 Capital Cities/ABC management conference.

40 *Knights, Raiders, and Targets*, 26.

41 Warren Buffett, 1988 Capital Cities/ABC management conference.

15장   고독을 사랑하는 남자의 공과 사

1 Robert Dorr, "Early Faith Made Many 'Buffett Millionaires,'" *Omaha World - Herald*, May 4, 1986.

2 William Baldwin and Jean A, Briggs, "We Love You, Ben Graham, but It's Time to Take a Vacation," *Forbes*, June 3, 1985.

3 Marsha Strang.

4 Jason Zweig, "Faces Behind the Figures," *Forbes*, September 4, 1989.

5 Robert Dorr, "Buffett Hears from Large, Small in His Search for New Busi-nesses," *Omaha World-Herald*, December 3, 1986.

6 Robert Dorr, "Investor Warren Buffett Views Making Money as 'Big Came,'" *Omaha World-Herald*, Match 24, 1985.

7 Terry Hyland, "Lincolnite Cohen Ordered to Trial in Extortion Case," *Omaha World-Herald*, February 18, 1987.

8 Robert Spass.

9 Davis, "Buffett Takes Stock."

10 Ronald Gutman.

11 Smith, *Supermoney*, 179.

12 Bernice Kannet, "Aw, Shucks, It's Warren Buffett," *New York*, April 22,1985; "Corn-fed Capitalist" *(Regardie's)*; and Smith, "Warren Buffett: Corn-fed Capitalist" *(Fort Worth Star-Telegram)*.

13 Grant, "$4-Billion Regular Guy."

14 "Corn-fed Capitalist."

15 Davis, "Buffett Takes Stock"; Bauer, "Convictions"; Grant, "$4-Billion Regu-lar Guy."

16 Kanner, "Aw, Shucks"; Laing, "The Collector"; "Corn-fed Capitalist," Har-vard was often omitted from the story until Carol Loomis's probing interview in 1988 ("Inside Story").

17 Davis, "Buffett Takes Stock"; Dorr, "Buffett Plans to Shut Down Finance Firm."

18 "Buffetts in New Home," *Omaha World-Herald*, May 23, 1956.

19 Goldenson, *Beating the Odds*, 465.

20 Kanner, "Aw, Shucks."

21 Donald Keough.

22 Robert Spass [Salomon Brothers banker].

23 Berkshire Hathaway, 1986 *Annual Report*, 21.

24 Warren Buffett, 1986 Capital Cities/ABC management conference.

25 Stan Lipsey; Charles Munger.

26 William Angle, The figure includes his wife's stock.

27 Richard Rainwater.

28 Warren Buffett, 1990 Capital Cities/ABC management conference.

29 Steven Gluckstern.

30 Walter Schloss.

31 Roxanne Brandt.

32 Tom Knapp.

33 Louis Lowenstein.

34 Tim Medley. "Medley on Money." *Mississippi Business Journal*, July 1989.

35 Doris Buffett Bryant.

36 Robert Dorr, "Buffetts Fund Efforts for Population Control." *Omaha World-Herald*, January 10, 1988.

37 Berkshire Hathaway Inc., 1989 *Annual Report*, 22.

38 Berkshire Hathaway Inc., 1982 *Annual Report*, 14.

39 William Snyder.

40 Charlie Munger; Loomis, "Inside Story."

41 Berkshire Hathaway Inc., 1986 *Annual Report*, 21.

42 Thomas Winship.

43 Warren Buffett, talk at Columbia, 1993.

44 Warren Buffett, 1993 annual meeting of Berkshire Hathaway.

45 Warren Buffett, 1987 annual meeting of Berkshire Hathaway.

46 Berkshire Hathaway Inc., 1990 *Annual Report*, 27.

47 Ralph Schey.

48 Donald Yale.

49 SEC File No. HO-784, *Blue Chip Stamps, et al.*/Warren Buffett, letter to George Aderton, January 14, 1975.

50 Berkshire Hathaway Inc., 1989 Annual Report, 8.

16장 무분별함이 부른 참사

1 Tom Knapp.

2 Quentin Breunig.

3 Berkshire Hathaway Inc., 1984 *Annual Report*, 10-12.

4 Steven Atkins.

5 Michael Goldberg.

6 Berkshire Hathaway Inc., 1980 *Annual Report*, 10.

7 Berkshire Hathaway Inc., 1982 *Annual Report*, 9.

8 Jack Byrne.

9 Berkshire Hathaway Inc., 1985 *Annual Report*, 15.

10 A.M. Best Co.

11 Berkshire Hathaway Inc., 1985 *Annual Report*, 16.

12 Ibid., 16.

13 The 1986 total includes $233 million from a new contract under which Berkshire took 7 percent of the business written by Fireman's Fund. Excluding Fireman's, premiums were up sixfold.

14 "What Buffett Isn't Buying Now," *Fortune*, April 27, 1987.

15 John Constable, annual meeting notes.

16 Tim Medley, summer 1987 newsletter to clients.

17 Michael Zimmerman.

18 Laurie P. Cohen and Steve Swartz, "Salomon Buys Holder's Stake for $809

Million," Wall Street journal, September 28, 1987; James Sterngold, "Too Far, Too Fast, Salomon Brothers' John Gutfreund," *New york Times Magazine*, January 10, 1988.

19 Coproduction of Channel 13 in New York and the Columbia University Seminar on Media and Society. The program was taped early in 1987 and aired on Channel 13, October 31, 1987.

20 Ronald Perelman; Felix Rohatyn; Sterngold, "Too Fat, Too Fast"; Anthony Bianco. "Salomon and Revlon: What Really Happened—How Perelman Drove Gutfreund into Buffett's Arms," *Business Week*, October 12, 1987.

21 Gedale Horowitz; Gerald Rosenfeld.

22 Jay Higgins; Gedale Horowitz; Martin Leibowtiz; William McIntosh; Gerald Rosenfeld.

23 Lisa Belkin, "Gillette Deal Ends Revlon Bid," New York Times, November 25, 1986.

24 Gerald Rosenfeld.

25 Berkshire Hathaway Inc., 1987 *Annual Report*, 19.

26 William McIntosh.

27 Ronald Perelman; Sterngold, "Too Far, Too Fast."

28 Ronald Perelman; Felix Rohatyn; Laurie P. Cohen, "Revlon Offers to Buy Interest in Salomon Inc.," *Wall Street joumal*, September 29, 1987.

29 Gedale Horowitz; Sterngold, "Too Far, Too Fast."

30 Huey Lowenstein [no relation to author]; Jay Higgins.

31 Steve Swartz, "Home to Roost: Raid on Salomon Inc. Has Turned the Tables on Wall Street Firms," *Wall Street Journal*, October 2, 1987.

32 Berkshire Hathaway Inc., 1987 *Annual Report*, 19.

33 Allan Sloan, "What Color Is Your Mail?" *Forbes*, October 19, 1987.

34 Warren Buffett, "How to Tame the Casino Society," *Washingtort Post*, December 4, 1986.

35 Carol J. Loomis, "The Wisdom of Salomon?" *Fortune*, April 11, 1988 (sidebar to Loomis, "Inside Story").

36 "The Money Manager," *Wall Street Transcript*, June 29,1987.

37 Jeffrey M. Laderman, "Why the Bull Is Such a Long-Distance Runner," *Business Week*, August 24, 1987.

38 Berkshire Hathaway Inc., 1987 *Annual Report*, 17.

39 Julie Rohrer, "Timing from the Top," *institutional Investor*, February 1987.

40 Henny Sender, "Turmoil in the Trading Room," *institutional Investor*, September 1987.

41 "The Money Manager," *Wall Street Transcript*, February 23, 1987.

42 Report of the Presidential Task Force on Market Mechanisms, January 1988, p. 29 [the "Brady report"].

43 "The Money Manager," *Wall Street Transcript*, April 13, 1987.

44 Byron R Wien, "Investment Strategy," Morgan Stanley research report, August 11, 1987.

45 Peter T. Kilborn, "U.S. Aides Calm, but Worried," *New York Times*, October 17, 1987.

46 Tim Metz, Alan Murray, Thomas E, Ricks, and Beatrice E. Garcia, "Stocks Plunge 508 Amid Panicky Selling," *Wall Street Journal*, October 20, 1987.

47 Brady report; Scott McMurray and Robert L. Rose, "Chicago's 'Shadow Market' Led Free Fall in a Plunge That Began Right at Opening," *Wall Street Journal*, October 20, 1987.

48 Alison Leigh Cowan, "Day to Remember in Financial District," *New York Times*, October 20, 1987.

17장 효율적 시장의 신기루

1 Berkshire Hathaway Inc., 1987 *Annual Report*, 14.

2 James H. Lorie and Mary T. Hamilton, *The Stock Market: Theories and Evidence* (Homewood, Ill.: Richard D. Irwin. 1973), 100.

3 Peter L. Bernstein, *Capital ideas: The Improbable Origins of Modem Wall Street* (New York: Free Press, 1992), 115, 118-19.

4 Paul A. Samuelson, "Proof That Properly Anticipated Prices Fluctuate Randomly," MIT *Industrial Management Review*, Spring 1965, pp. 782-85.

5 Paul A. Samuelson, memorandum with testimony on mutual funds, U.S. Senate, Committee on Banking and Currency, August 2, 1967.

6 Thorson, "Omahan in Search."

7 Paul A. Samuelson.

8 Bernstein, *Capital Ideas*, 117.

9 Eugene F, Fama, "Random Walks in Stock Market Prices," *Financial Analysts loumal*, September-October 1965.

10 Ibid.

11 "Tile Stock-picking Fallacy," *Economist*, August 8, 1992.

12 Paul A. Samuelson, foreword to Marshall E. Blume and Jeremy J. Siegel, "The Theory of Security Pricing and Market Structure," *Journal of Financial Markets*,

Institutions and Instruments, Vol. 1, No. 3, 1992, pp. 1-2.

13 Warren Buffett, private correspondence.

14 Armen A, Alchian, letter to Tibor Fabian, June 29, 1992.

15 Paul A. Samuelson.

16 Michael C. Jensen, "Random Walks: Reality or Myth—Comment," *Financial Analysts Journal*, November-December 1967, p. 7.

17 Berkshire Hathaway Inc., 1988 *Annual Report*, 18.

18 "A Conversation with Benjamin Graham," *Financial Analysts Journal*, September-October 1976.

19 Kahn and Milne, *Benjamin Graham*, 38.

20 Berkshire Hathaway Inc., 1988 *Annual Report*, 18.

21 Richard A. Brealey and Stewart C. Myers, *Principles of Corporate Finance*, 2nd ed. (New York: McGraw-Hill, 1984), 266, 272.

22 Ibid., 273.

23 Tony Thomson, letter to Louis Lowenstein, March 3, 1993.

24 Malkiel, *Random Walk*, 185.

25 Ibid., 98, 175.

26 Berkshire Hathaway Inc., 1988 *Annual Report*, 18.

27 E.g., see Malkiel, *Random Walk*, 231-41.

28 Graham, *Intelligent investor*, 60.

29 Recording of 1984 Graham and Dodd seminar; and Warren Buffett, "The Superinvestors of Graham-and-Doddsville," *Hermes* [Columbia Business School], Fail 1984.

30 Michael C, Jensen, "Some Anomalous Evidence Regarding Market Effi-ciency," *Journal of Financial Economics* 6 (1978), p. 95.

31 Ibid., 96.

32 1984 Graham and Dodd seminar.

33 1984 Graham and Dodd seminar; Buffett, "Superinvestors,"

34 Bruce Greenwald.

35 Laurie Meisler, "Can Analysts Learn to Love MPT?" *institutional investor*, February 1979.

36 Reprinted in *Fortune*, December 7, 1987.

37 Burton G. Malkiel, "Why Markets Are Working Better," *Wall Street Journal*, August 22, 1986.

38 Buffett, "How to Tame the Casino Society."

39 Burton G. Malkiel, "But Markets Only Seem More Volatile," *New York Times*, September 27, 1987.

40 Brady report, vi.

41 Berkshire Hathaway Inc., 1987 *Annual Report*, 17.

42 Robert J. Shiller, "Investor Behavior in the October 1987 Stock Market Crash: Survey Evidence," Working Paper 2446 (New Haven: Cowles Foundation, November 1987), pp. 11-12.

43 Eric N. Berg, "A Study Shakes Confidence in the Volatile-Stock Theory," *New York Times*, February 18, 1992.

44 "Beating the Market: Yes It Can Be Done," *Economist*, December 5, 1992.

45 Richard A. Brealey and Stewart C. Myers, *Principles of Corporate Finance*, 4 th ed. (New York: McGraw-Hill, 1991), 297-300, 310.

46 Berkshire Hathaway Inc., 1988 *Annual Report*, 18.

47 Ibid.

18장　쉽고도 슬기로운 투자 생활

1 Donald Keough.

2 Michael J. McCarthy, "Coke Stake of 6.3%, 2nd Biggest Held in Soft-Drink Giant, Bought by Buffett," *Wall Street Journal*, March 16, 1989.

3 Michael J. McCarthy, "Heard on the Street: Buffett's Thirst for Coke Splits Analysts' Ranks," *Wall Street Journal*, March 3, 1989.

4 Ibid.

5 Eben Shapiro, "Coke vs. Pepsi as an Investment," *New York Times*, October 23,

6 Roger Cohen, "For Coke, World Is its Oyster," *New York Times*, November 21, 1991.

7 Warren Buffett, talk at Columbia, 1993.

8 Berkshire Hathaway Inc., 1986 *Annual Report*, 24.

9 Smith, "Reluctant Billionaire."

10 E. J. Kahn, Jr., "The Universal Drink," *New Yorker*, February 14, 1959, PP. 47, 66.

11 Ibid, 37, 38, 50, 52.

12 Berkshire Hathaway Inc., 1989 *Annual Report*, 15.

13 Cohen, "For Coke, World Is Its Oyster."

14 Mark Pendergrast, *For God, Country and Coca-Cola: The Unauthorized History of the Great American Soft Drink and the Company That Makes It* (New York: Scribner's, 1993), 241-44.

15 John Huey, "The World's Best Brand," *Fortune*, May 31, 1993.

16 Buffett, talk at Columbia, 1993.

17 Coca-Cola Co., 1982 *Annual Report*, 2.

18 Buffett, talk at Columbia, 1993.

19 Pendergrast, *For God, Country and Coca-Cola*, 343.

20 Donald Keough.

21 Buffett, talk at Columbia, 1993.

22 "The Coca-Cola Industry," *Fortune*, December 1938. Buffett quoted the *Fortune* piece in the Berkshire Hathaway Inc. 1993 *Annual Report*, p. 14.

23 Ibid. *Fortune* was quoting William Allen White.

24 Huey, "World's Best Brand."

25 Emanuel Goldman, "The Coca-Cola Company," Paine Webber research re-port, January 16, 1989.

26 Pendergrast, *For God, Country and Coca-Cola*, 375.

27 Berkshire Hathaway Inc., 1989 *Annual Report*, 15.

28 Huey, "World's Best Brand."

29 Buffett, talk at Columbia, 1993.

30 Ibid.

31 Lawrence Adelman, "Coca-Cola," Dean Witter research report, February 6, 1989 [italics added].

32 Roy D. Burry, "The Coca-Cola Company," Kidder Peabody research report, July 25, 1988 [italics added].

33 Beverage Roundtable, *Wall Street Transcript*, December 26, 1988.

34 Ron Gutman.

35 Huey, "World's Best Brand."

36 Donald Keough.

37 Ron Gutman.

38 Art Rowsell.

39 Berkshire Hathaway Inc., 1987 *Annual Report*, 18.

40 Buffett, "Superinvestors."

41 Caroline E. Mayer, "Doris Buffett Said to Invest at Failed Firm," *Washington Post*, October 28, 1987.

42 Denis Bovin; Ken Chace; Mike Goldberg; Ron Gutman; Art Rowsell; Alan Spoon; Marshall Weinberg.

43 "Corn-fed Capitalist."

44 1992 annual meeting of Berkshire Hathaway.

45 *Lifestyles of the Rich and Famous* [television program], October 25,1992; Buffett, talk at Columbia, 1993.

46 Berkshire Hathaway Inc., 1987 *Annual Report*, 14; Buffett, talk at Columbia, 1993.

47 Edith Kenner; John Otto.

19장 부자 아버지의 기부 딜레마

1 Warren Buffett, "Kiewit Legacy As Unusual as His Life," *Omaha World-Herald*, January 20, 1980.

2 Richard I. Kirkland, Jr., "Should You Leave It All to the Children?" *Fortune*, September 29, 1986.

3 Susan Buffett Greenberg.

4 Susan Buffett Greenberg; Kay Graham.

5 Ann Landers.

6 Susan Buffett Greenberg.

7 Ibid.

8 Peter Buffett.

9 Howard Buffett.

10 Ibid.

11 Joe Rosenfield.

12 Tom Rogers.

13 Joe Rosenfield.

14 Susan Buffett Greenberg.

15 Robin Wood.

16 Kay Graham.

17 Larry Tisch. In 1988, Buffett told Adam Smith ("Reluctant Billionaire") that "99 percent plus" of his money eventually would go to society. In 1991, by which time Buffett's fortune was considerably larger, he told Linda Grant ("$4-BiHion Regular Guy") that his kids would get "substantially less" than half of 1 percent of his estate.

18 Robert Lenzner, "Warren Buffett's Idea of Heaven: 'I Don't Have to Work with People I Don't Like,' " *Forbes*, October 18, 1993.

19 Bauer, "Convictions."

20 Internal Revenue Service; Buffett Foundation report for year ending June 1980. Net worth calculated as of December 31, 1979.

21 His private wealth was, indeed, private, but the visible tip of the iceberg was sizable. Buffett netted $16 million in cash and stock from the sale of the Rockford Bank in 1985. In 1987, he disclosed a 5.1 percent stake in ServiceMaster Limited Partnership, worth about $40 million. Also at about that time, he told a friend that he had $50 million in liquid securities.

22 Geoffrey Cowan.

23 Richard Holland; Joe Rosenfield.

24 William Wenke. In 1989, Buffett did give Nebraska $10,000.

25 Geoffrey Cowan.

26 Dorr, "Buffetts Fund Population Control." The quote is from the elder Susan Buffett, who was speaking about Warren.

27 Warren Buffett, 1993 annual meeting of Berkshire Hathaway.

28 Allen Greenberg. Aside from Warren and Susie, the foundation board included Carol Loomis, Tom Murphy, and the Buffetts' daughter. Their son Peter was added to the board in 1994.

29 William Ury.

30 Allen Greenberg; Jeannie Rosoff (Alan Guttmacher Institute)

31 Susan Buffett Greenberg.

32 Keith Russell.

33 Eunice Denenberg.

34 Buffett, "How Inflation Swindles the Equity Investor."

35 Warren E. Buffett, "How to Solve Our Trade Mess Without Ruining Our Economy," *Washington Post*, May 3, 1987, Other Post op-eds include "The Age-Old Lesson of Static Island," September 28, 1982; "How to Tame the Casino Society," December 4, 1986; "Depositors' Insurance: A Little Help for the Feds," September 25, 1990; and "The 3 Percent Solution," September 14, 1993.

36 Buffett, "Static Island."

37 Kathleen Rutledge, "Franklin More Than Financial Story," *Lincoln Journal-Star*, Match 19, 1989; Howard Buffett; Tom Rogers.

38 James Traub, "Other People's Money," GQ, December 1991.

39 Bill Bradley; Bob Kerrey.

40 Buffett, "How to Solve Our Trade Mess."

41 Charles T. Munger, letter to United States League of Savings Institutions, May 30, 1989.

42 Warren Buffett, 1989 Capital Cities/ABC management conference.

43 Ibid.

44 Lenzner, "Buffett's Idea of Heaven."

45 Ibid.

20장 현금 공포증이 야기한 투자 실패

1 Jay Higgins; Michael Zimmerman.

2 Berkshire Hathaway Inc., 1988 *Annual Report*, 17.

3 Michael Zimmerman; Jay Higgins. See also the Bryan Burrough and John Helyar page-turner Barbarians *at the Gate: The Fall of RJR Nabisco* (New York; Harper & Row, 1990), 218.

4 Anders, *Merchants of Debt*, 216.

5 Michael Zimmerman; Burrough and Helyar, *Barbarians*, 493-99.

6 Buffett, as an insider, was prevented from buying stock while Salomon was bidding. As Buffett disclosed (1988 Annual Report, 17), his board seat "cost Berkshire significant money."

7 Tatiana Pouschine and Carolyn Torcellini, "Will the Real Warren Buffett Please Stand Up?" *Forbes*, March 19, 1990.

8 Berkshire Hathaway Inc., 1988 *Annual Report*, 17.

9 Ibid.

10 Berkshire Hathaway Inc., 1989 *Annual Report*, 5.

11 Fred Schwed, Jr., *Where Are the Customers' Yachts? or A Good Hard Look at Wall Street*, (ist ed, 1940; Burlington, Vt.: Fraser, 1985), 81.

12 1990 Capital Cities/ABC management conference. See also Buffett's talks at Harvard (1991) and Columbia (1993).

13 Larry Tisch.

14 Berkshire Hathaway Inc., 1989 *Annual Report*, 17.

15 Davis, "Buffett Takes Stock."

16 Martha M. Hamilton, "Billionaire Buffett Puts $358 Million into US Air; Preferred Stock Can Become 12% Stake," *Washington Post*, August 8, 1989.

17 Linda Sandler, "Heard on the Street: Buffett's Savior Role Lands Him Deals Other Holders Can't Get," *Walt Street Journal*, August 14, 1989.

18 Pouschine and Torcellini, "Will Buffett Stand Up?"

19 Berkshire Hathaway Ine., 1989 *Annual Report*, 17.

20 Linda Sandler, "Heard on the Street: Knightly Warren Buffett Trips Up 'Rescued' Champion Shareholders," *Wall Street Journal*, December 15, 1989.

21 Berkshire Hathaway Inc., 1985 *Annual Report*, 12.

22 Richard Nelson, a convertible specialist at Lehman Brothers, examined the deals for the author. Nelson said Berkshire's dividends were a point or two higher than those on market-priced issues. Also, its conversion premiums were a tad lower (and thus more attractive) than the usual 20 to 24 percent. Premiums on Buffett's

deals were as follows: Salomon, 19 percent; Gillette, 20 percent; USAir, 15 percent; Champion, 20 percent.

23 Berkshire Hathaway Inc., 1989 *Annual Report*, 24.

24 Lee Seemann.

25 1990 Capital Cities/ABC management conference.

26 Edward Devera [Zegna salesman, New York].

27 Ron Gutman.

28 Felsenthal, *Power, Privilege, and the Post*, 412-13.

29 Agnes Nixon.

30 Robin Wood.

31 Howard Buffett understood from talking to his father that Warren hadn't done a formal interview. Also, Liz Smith repotted in *Newsday* ("Mr. Buffett Does TV," November 4, 1992) that Buffett was telling friends, "I don't give interviews, but they made it look as if I did." Leellen Childers, the show's producer, said that, in fact, Buffett had donned a microphone and been interviewed at Borsheim's jewelry store "in a room with lights and cameras." Donald Yale, CEO of Borsheim's, confirmed that.

32 Rogers Worthington, "Granny, 95, Takes On Grandsons; Buffett Neutral," *Chicago Tribune*, October 24, 1989; Robert Dorr, "Mrs. B: 'I Got Mad and Quit,'" *Omaha World-Herald*, May 12, 1989.

33 Dorr, "Mrs. B: 'I Got Mad and Quit.'"

34 Berkshire Hathaway Inc., 1989 *Annual Report*, 10.

35 1990 Capital Cities/ABC management conference.

36 Berkshire Hathaway Inc., 1989 *Annual Report*, 19.

37 Berkshire Hathaway Inc., 1989 *Annual Report*, 18-21.

38 Ibid.

39 Warren Buffett, letter to Benjamin Graham, M.D., April 8, 1991.

40 Robert Wilmers.

41 Berkshire Hathaway Inc., 1990 *Annual Report*, 16.

42 Fred R. Bleakley, "Paper Losses: Some Savvy Investors Bought Bank Stocks, Now Look Less Savvy," *Wall Street journal*, December 5, 1990.

43 Charles Biderman, "California's Real Estate Woes Pose Risk to Wells Fargo," *Barron's*, June 10, 1991.

44 Journalists have since made a sobspecialty of cataloguing Robinson's failures, e.g., Linda Sandler, "Heard on the Street: American Express Dismantles its Eighties Superstore," *Wall Street journal*, January 9, 1990; Robert Teitelman, "Image vs. reality at American Express," *Institutional Investor*, February 1992; Brett D.

Fromson, "American Express: Anatomy of a Coup," *Washington Post*, February 11, 1993.

45 Louis Lowenstein, *Sense and Nonsense in Corporate Finance* (Reading, Mass.; Addison-Wesley, 1991), 164; Jack Byrne.

46 David Greising, "For Buffett, Amex Is a Great Place to Stash Cash," *Business Week*, August 19, 1991.

47 Ibid.

48 Berkshire Hathaway Inc., 1990 *Annual Report*, 18.

49 An estimate. In March 1991 (1990 *Annual Report*, p. 17) the market value of Berkshire Hathaway's investment in RJR Nabisco was up by more than $150 million.

50 Donald Graham.

21장 월스트리트 왕의 몰락을 불러온 나비효과

1 Sobel, *Salomon Brothers*, 1-17.

2 Ibid., 169.

3 Ibid., 21, 36-37, 46~50.

4 Brooks, Go-Go Years, 264.

5 William Salomon.

6 Chernow, *House of Morgan*, 626.

7 William Salomon.

8 Stephen Bell.

9 Roland Machold.

10 David Tendler.

11 Anthony Bianco, "The King of Wall Street," *Business Week*, December 9, 1985.

12 Michael Fringuelli; William Jennings.

13 Sterngold, "Too Far, Too Fast."

14 John Taylor, "Hard to Be Rich," *New York*, January 11, 1988.

15 Gilbert Kaplan, "True Confessions," *Institutional Investor*, February 1991.

16 Grant, "$4-Billion Regular Guy."

17 Donald Howard.

18 Jay Higgins; Warren Buffett, testimony, September 11,1991, in "The Activities of Salomon Brothers, Inc,, in Treasury Bond Auctions," Subcommittee on Securities of the Committee on Banking, Housing, and Urban Affairs, U.S. Senate, p. 68.

19 Warren Buffett, talk at Harvard, 1991.

20 Eric Rosenfeld.

21 Daniel Hertzberg and Laurie P. Cohen, "Scandal Is Fading Away for Salomon, but Not for Trader Paul Mozer," *Wall Street Journal*, August 7, 1992.

22 U.S. House of Representatives, Subcommittee on Telecommunications and Finance of the Committee on Energy and Commerce, "Salomon Brothers and Government Securities," Hearing, September 4, 1991, p. 70.

23 John McDonough.

24 David Wessel, "'Treasury and the Fed Have Long Caved In to 'Primary Dealers,'" *Wall Street journal*, September 25, 1991.

25 Chernow, *House of Morgan*, 540.

26 Michael Basham.

27 Robert Glauber.

28 The public record is extensive. See SEC *v. Salomon Inc. and Salomon Brothers Inc.*, 92 Civ. No. 3691, Complaint for permanent injunction and other relief, May 20, 1992. For a summary of the SEC's allegations against Mozer, see SEC *v. Paul W. Mozer and Thomas F. Murphy*, 92 Civ. No. 8694, December 2, 1992.

29 For a complete account of the meeting, see SEC File No. 3-7930, *In the Matter of john H. Gutfreund, Thomas W. Strauss, and john W. Meriwether*, Release No. 34-31554, December 3, 1992.

30 Peter Grant and Marcia Parker, "Hurtling Toward Scandal," *Crain's New York Business*, June 1, 1992.

31 Constance Mitchell, "Precise Roles of Salomon, Others in May Sale Probed," *Wall Street Journal*, August 19, 1991.

32 Michael Basham,

33 "Salomon Brothers," House Subcommittee, especially pp. 131-35 and 166-74. See also Michael Siconolfi and Laurie P. Cohen, "Sullied Solly: How Salomon's Hubris and a U.S. Trap Led to Leaders' Downfall," *Wall Street Journal*, August 19, 1991.

34 Stephen Bell.

35 SEC File No. 3-7930, *Gutfreund, Strauss, and Meriwether*.

36 Robert Glauber.

37 SEC File No. 3-7930, *Gutfreund, Strauss, and Meriwether*.

38 Ibid.

39 Laurie P. Cohen, "Benched and Blue: Gone from Salomon 16 Months, Gutfreund Finds Life Frustrating," *Wall Street Journal*, December 4, 1992.

40 Laurie P. Cohen, "Buffett Shows Tough Side to Salomon—and Gutfreund," *Wall Street Journal*, November 8, 1991.

41 Buffett in "Activities of Salomon," Senate Subcommittee, p. 64.

42 Events of August 8-18 were recounted by participants, supplemented by

"Salomon Brothers," House Subcommittee; and "Activities of Salomon," Senate Subcommittee.

43 Michael Siconolfi, Constance Mitchell, Tom Herman, Michael R. Sesit, and David Wessel, "The Big Squeeze: Salomon's Admission of T-Note Infractions Gives Market a Jolt," *Wall Street Journal*, August 12, 1991.

44 John Macfarlane.

45 William McIntosh.

46 Deryck Maughan.

47 Gerald Corrigan.

48 William McIntosh.

49 Ibid.

50 Gerald Corrigan.

51 At a press conference two days later, Buffett said he "volunteered" for the job, a version he would repeat to associates. Gutfreund insisted that he asked Buffett. See, for example, his letter to the *New York Times*, June 8, 1992.

52 Buffett recounted the morning in talks at Harvard (1991) and Columbia (1993) and also in a family chat shortly afterward.

53 Ron Olson.

54 Charlie Munger.

55 Jay Higgins.

56 Leo Higdon; Deryck Maughan; William McIntosh.

57 Siconolfi and Cohen, "Sullied Solly."

58 Kurt Eichenwald, "Salomon's 2 Top Officers to Resign Amid Scandal," *New York Times*, August 17, 1991.

22장   오만이 불러온 나비효과를 겸손으로 잠재우다

1 Gerald Corrigan.

2 Jay Higgins; Deryck Maughan; William McIntosh.

3 Cohen, "Buffett Shows Tough Side."

4 "Salomon Brothers," House Subcommittee, p. 174; Salomon directors; Gerald Corrigan; Jerome Powell.

5 John Macfarlane.

6 Wachtell Lipton attorney.

7 James Massey [Salomon executive and director].

8 Dwayne Andreas; James Massey; William May; Robert Zeller.

워런 버핏

9 Salomon transcript of August 18, 1991, press conference.

10 Stephen Bell; Nicholas Brady; Charlie Munger; Jerome Powell; Salomon attorneys.

11 Nicholas Brady.

12 Ibid.

13 Transcript of August 18 press conference.

14 Jay Higgins; Deryck Maughan.

15 Siconolfi and Cohen, "Sullied Solly."

16 Richard Breeden.

17 John Macfarlane.

18 Deryck Maughan.

19 Told to Gary Naftalis by a Wachtell Lipton attorney.

20 Kurt Eichenwald, "Salomon Expects to Continue Finding Bidding Violations," *New York Times*, September 21, 1991.

21 "Salomon Brothers," House Subcommittee, p. 131. Breeden told the author that he considered the Drexel and Salomon cases to be "quite comparable."

22 Interviews with congressional staff, Stephen Bell.

23 "Salomon Brothers," House Subcommittee, pp. 2. 3. 5-6, 9, 11-13, 67-68, 98-99, 164.

24 David C. Beeder, "Buffett Treated Like a Hero," *Omaha World-Herald*, September 5, 1991.

25 James Massey.

26 Robert Denham; Charlie Munger.

27 Susan Buffett Greenberg.

28 Faith Stewart-Gordon.

29 Jim Burke; Charlie Munger; Tom Murphy.

30 "Activities of Salomon," Senate Subcommittee, p. 73.

31 Eric Rosenfeld.

32 Thomas Hanley.

33 Eric Rosenfeld.

34 Warren Buffett, talk to Salomon employees, October 2, 1991.

35 Randall Smith and Michael Siconolfi, "Salomon Is Scolded by AT&T Chairman, Who Calls Bid Scandal 'Unforgivable,'" *Wall Street journal*, September 24, 1991.

36 Floyd Norris, "Forcing Salomon into Buffett's Conservative Mold," *New York Times*, September 29, 1991.

37 Buffett, talk to Salomon employees, October 2, 1991.

38 Leah Nathans Spiro, "How Bad Will It Get?" *Business Week*, October 7, 1991.

39 Larry Tisch.

40 Deryck Maughan.

41 Donald Howard.

42 From 1987 to 1990, the average of compensation divided by compensation plus pretax income was 72.5 percent.

43 Salomon Inc., 1991 third-quarter report to shareholders.

44 Ibid.

45 Deryck Maughan.

46 Ibid.

47 Salomon Inc.

48 Warren Buffett, meeting with analysts, February 14, 1992.

49 Nicholas Brady.

50 Gary Weiss and David Greising, "Poof! Wall Street's Sorcerers Lose Their Magic," *Business Week*, January 17, 1992.

51 Leah Nathans Spiro and Richard A. Melcher, "Rescuing Salomon Was One Thing, but Running It…" *Business Week*, February 17, 1992.

52 Suskind, "Legend Revisited."

53 Michael Lewis, "The Temptation of St. Warren," *New Republic*, February 17, 1992.

54 Bernstein described the Lewis article as "a piece of s———" in a November 20, 1992, letter to Richard Lowenstein, the author's uncle, and copied to the author. He added that he also wrote to Buffett about the Lewis piece, and attached Buffett's response.

55 Michael Lewis, *Liar's Poker: Rising Through the Wreckage on Wall Street* (1st ed. 1989; New York: Penguin, 1990), 180-84.

56 Salomon Inc., 1991 third-quarter report to shareholders.

57 The figures refer to professionals in the United States and Europe.

58 Jerome Powell.

59 Gary Naftalis.

60 Stephen Labaton, "Salomon to Pay Phony-Bid Fine of $290 Million," *New York Times*, May 21, 1992.

61 Jerome Powell.

62 Charlie Munger.

63 Berkshire Hathaway Inc., 1992 *Annual Report*, 6.

64 Berkshire Hathaway Inc., 1991 *Annual Report*, 6.

1 Buffett paid $36 a share, but $25 was returned in special distributions in a partial liquidation.

2 Robert Dorr, "Mrs. B Gets $4.9 Million for Building," *Omaha World-Herald*, January 22, 1993.

3 Berkshire Hathaway Inc., 1992 *Annual Report*, 19.

4 Lenzner, "Buffett's Idea of Heaven."

5 Lipper Analytical Securities; Salomon Brothers. Figures are calculated from May 10, 1965 (Buffett's first day at Berkshire), through December 31, 1995.

6 There have been years in which Berkshire's share price has fallen. But its book value, which Buffett has consistently used as a proxy for intrinsic value, has risen every year.

7 "Fortune 500," *Fortune*, April 18, 1994.

8 Buffett, "The Security I Like Best," *Commercial and Financial Chronicle*, December 6, 1951.

9 This account is from the GEICO proxy, December 20, 1995, and various interviews. See also Roger Lowenstein, "To Read Buffett, Examine What He Bought," *Wall Street Journal*, January 18, 1996.

10 Berkshire Hathaway Inc., 1993 *Annual Report*, 13.

11 Buffett, talk at Columbia, 1993.

12 Berkshire Hathaway Inc., 1992 *Annual Report*, 11.

13 Berkshire Hathaway Inc., 1992 *Annual Report*, 12; see also 1993 *Annual Report*, 12-13.

14 Ira Marshall.

15 Doris Buffett Bryant.

16 Barbara Morrow.

17 1994 annual meeting of Berkshire Hathaway.

18 Louis Lowenstein.

19 Berkshire Hathaway Inc., 1992 *Annual Report*, 13.

20 Train, *Money Masters*, 176.

21 Berkshire Hathaway Inc., 1992 *Annual Report*, 14.

22 Ibid.

23 Lenzner, "Buffett's Idea of Heaven."

24 Ibid.

25 Berkshire Hathaway Inc., 1993 *Annual Report*, 18.

26 Warren Buffett, 1989 annual meeting of Berkshire Hathaway; Alan Gersten,

"Berkshire Chief Leads Annual Meeting: 1,000 Come to Hear Buffett," *Omaha World-Herald*, April 25, 1989. Berkshire Hathaway Inc., 1995 *Annual Report*, 10.

27 Berkshire Hathaway Inc., 1993 *Annual Report*, 18.

28 Tom Murphy.

29 Barbara Morrow.

30 Peter Buffett.

31 *Thomas Winship.*

32 Jim Rasmussen, "Buffett to Tap 'Personal Funds' for Royals Deal," *Omaha World-Herald*, July 16, 1991.

33 David C. Churbuck, "Games Grown-ups Play," *Forbes*, December 19, 1994.

34 Susan Buffett Greenberg.

35 Bauer, "Convictions."

36 Warren Buffett, letter to partners, May 29, 1969.

옮긴이   김정혜

한양대학교 화학과를 졸업하고 미국 필라델피아 커뮤니티칼리지에서 SLP 과정을 수료했으며 버지니아의 컬럼비아 칼리지에서 유아교육을 공부했다. 현재 바른번역 소속 번역가로 활동 중이다. 옮긴 책으로는 『유연함의 힘』, 『얼굴 없는 중개자들』, 『최강의 조직』, 『실리콘밸리의 리더십』, 『부자의 사고법』, 『101가지 흑역사로 읽는 세계사 고대~근대 편』, 『101가지 흑역사로 읽는 세계사 현대 편』, 『앞서가는 조직은 왜 관계에 충실한가』, 『아마존처럼 생각하라』, 『긍정적 일탈주의자』, 『이제 우리의 이야기를 할 때입니다』, 『이젠 내 시간표대로 살겠습니다』, 『브로토피아』, 『아마존 웨이』, 『아마존 웨이 사물인터넷과 플랫폼 전략』, 『대량살상수학무기』, 『디자인 유어 라이프』, 『침대는 어떻게 침대와 세상을 정복했는가』, 『우리는 왜 위험한 것에 끌리는가』, 『리더십은 누구의 것인가』, 『미래 사상가들에게 묻다』, 『인생의 중요한 순간에 다시 물어야 할 것들』, 『나폴레온 힐의 성공으로 가는 마법의 사다리』, 『원소의 세계사』, 『눈 먼 자들의 경제』, 『화이트칼라의 범죄자들』, 『왜 그녀는 저런 물건을 돈 주고 살까?』, 『하버드 인텔리전스』, 『생각이 차이를 만든다』, 『위대한 성과의 법칙』, 『설득의 힘』 등등이 있다.

WARREN BUFFETT
위대한 자본가의 탄생
위런 버핏

초판 1쇄 인쇄 | 2023년 12월 22일
초판 1쇄 발행 | 2024년 1월 8일

지은이 | 로저 로웬스타인
옮긴이 | 김정혜

발행인 | 고석현
발행처 | ㈜한올엠앤씨
등 록 | 2011년 5월 14일

주 소 | 경기도 파주시 심학산로12, 4층
전 화 | 031-839-6805(마케팅), 031-839-6814(편집)
팩 스 | 031-839-6828
이메일 | booksonwed@gmail.com
ISBN | 978-89-86022-77-3 03320